SMART 신뢰성공학

Reliability Engineering

서순근 지음

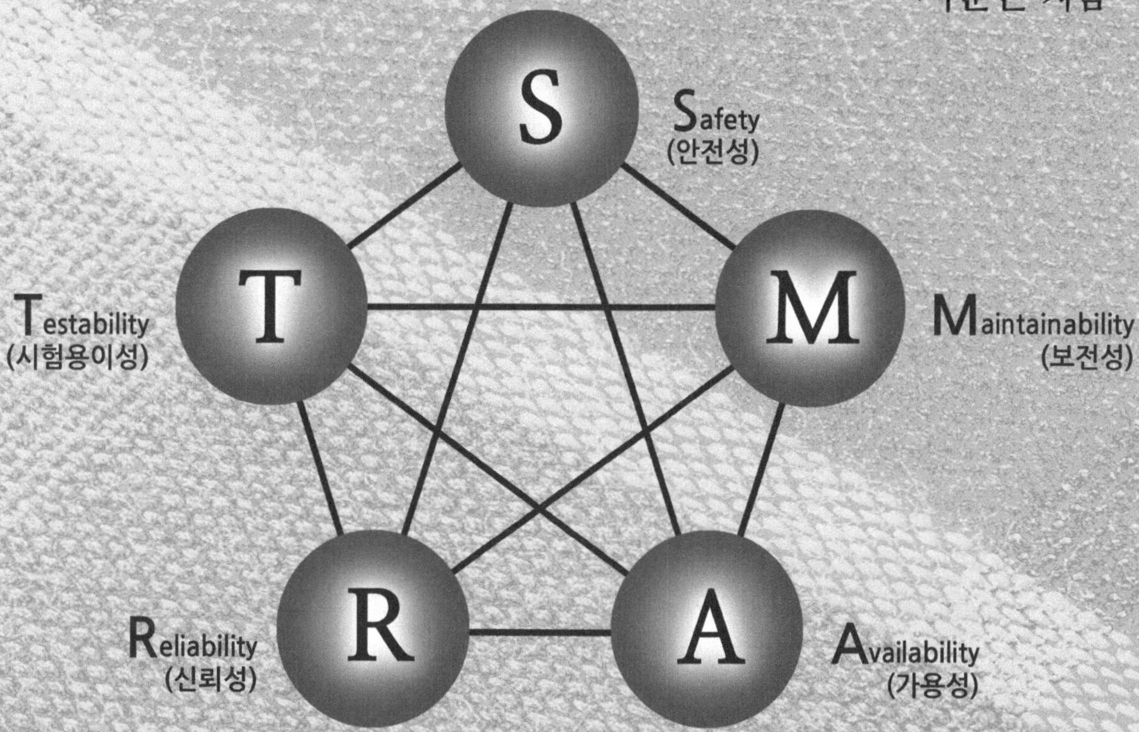

머리말

신뢰성(R: Reliability)은 제품의 시간에 따른 품질척도로, 보전성(M: Maintainability) 및 가용성(A: Availability)을 포함시켜 보통 RAM를 광의의 신뢰성으로 보고 있다. 최근 들어 안전성 문제가 기업과 사회에서 대두됨에 따라 신뢰성과 분리할 수 없는 안전성(S: Safety)까지 포함시켜 전반적인 신뢰성기술을 RAMS로 통칭하고도 있다. 저자는 신뢰성 평가에 필수적인 시험의 효율성 척도인 시험용이성(T: Testability)까지 수용하여 광의의 신뢰성 개념을 요즈음 유행하는 단어인 SMART(RAMS+T)로 통칭하여 본서의 제목으로 삼고자 한다.

신뢰성공학은 이차대전 전후로 태동하여 70여년 정도의 역사를 가지고 있는 학문분야이지만, SMART로 대표되는 신뢰성 기술이 기업의 주요 경쟁력 요소로 인식되고 있는 것은 그리 오래 되지 않는 실정이다. 특히 학부학생과 현업 엔지니어에게는 통계적 품질관리 또는 품질경영보다 비교적 생경하며, 보다 어려운 관리기술 영역으로 인식되고 있다. 또한 신뢰성 공학에 관한 학부(주로 산업공학과와 통계학과)과정의 전공학도를 위한 입문서나 참고서가 학부 졸업생에게 요구되는 능력을 배양하고자 하는 수요에 비해 드문 편이다. 또한 저자의 다년간의 내·외부 강의 경험에 의하면 신뢰성공학이 품질경영보다 이론과 기법측면에서 어렵다는 견해와 더불어 실무에서 요구하는 다양하면서 심층적인 주제를 보다 쉽게 학습하고 싶다는 양면적 요구를 충족시키지 못하는 난점을 조금이라도 해소하고자 하는 욕심에서 본서를 출간하게 되었다.

이 책은 기본적으로 산업공학 관련 학부생을 위한 신뢰성공학 교재로서 기초 확률통계학을 이수한 독자를 대상으로 내용의 범위와 수준을 설정하였지만, 이를 이수하지 않더라도 어느 정도 따라갈 수 있도록 구성하였다. 또한 기업의 신뢰성 엔지니어, 고유기술 엔지니어, 품질업무 종사자 등에게도 도움이 될 수 있도록 실무적인 주제와 기법도 포함시켰다.

본서는 신뢰성공학의 계량적인 방법론과 실무기법, 소프트웨어(SW)의 활용 등을 비교적 균형 있게 다루고자 노력하였다. 먼저 1장에서는 신뢰성과 신뢰성공학의 개요와 중요성, 신뢰성 기초척도, 안전성과 RAMS, SMART 등을 소개하고, 2장에서는 신뢰성 자료 유형과 특징, 신뢰성 척도와 이들 간의 관계, 와이블 분포를 포함한 주요 수명분포를 설명한다. 3장에서는 기업에서 활용도가 높은 신뢰성 7가지 도구를 소개하고, 이 중에서 후속 장에서 다루지 않는 신뢰성정보시스템과 설계심사를 자세하게 살펴본다. 4장에서는 현업에서 가장 활용도가 높은 설계 FMEA의 전개 및 적용과정을 다루며 치명도 분석, FMECA와 공정 FMEA를 소개한다. 그리고 5장에서는 시스템 신뢰도 평가방법, 신뢰성 설계, 신뢰도 예측, 구조 신뢰도 분석을 다루며, 더불어 에러방지 기술을 소개한다.

또한 6장에서는 수명자료의 통계적 분석법 중에서 기초적인 비모수적 방법과 함께 실무에서 널리 쓰이는 확률지를 이용하는 와이블 분석 및 이 분포의 모수추정법을, 7장에서는 우리나라에서 널리 보급된 통계 SW인 Minitab을 활용하여 다양한 신뢰성 자료를 분석하는 절차를 예시한다. 더불어 8장에서는 신뢰성시험을 소개하고 신뢰도 추정시험계획 및 신뢰성 실증시험계획과 함께 신뢰성 샘플링검사를 다루며, 9장에서는 고장해석 절차와 고장물리, 이와 유관한 물리적 모형이 이론적 기반이 되는 가속수명시험의 구체적 활용법을 소개한다. 마지막으로 10장에서는 수리가능 시스템에 관한 보전성·가용성 척도와 가용도 모형, 보전유형 및 RCM과 TPM를 다룬다. 한편 7장외에도 수작업으로 수행하기 힘들거나 SW의 이용이 편리한 경우는 Minitab을 이용하여 해를 보다 수월하게 도출할 수 있도록 구성하고 있다. 이 책에서 활용하는 Minitab 신뢰성 기능은 다른 SW(JMP, R, 그리고 신뢰성 분석 전용 SW 등)으로도 충분히 대체할 수 있을 것이다.

본서가 저자가 의도한 바대로 보다 쉽게 학습할 수 있는 신뢰성공학 전문서적으로서 미흡한 점이 여러 있을 것으로 여겨지므로, 독자와 교강사 분들의 의견을 적극적으로 수용하여 향후에 좀 더 나은 신뢰성공학 교재가 될 수 있도록 미비한 점을 지속적으로 보완할 것을 약속드린다.

이 책이 출간되는 데는 미완성된 초고를 2~3회 교재로 삼아 동아대학교의 산업경영공학과와 산업공학과(계약학과)의 학부강의를 분담한 이만웅박사의 노고가 큰 도움이 되었으며, 끝으로 책을 출판할 수 있는 있는 기회를 마련해준 민영사의 김동현사장님과 출판사 관계자 여러분께 진심으로 감사의 마음을 전하고자 한다.

2018년 7월

저자 씀

CONTENTS

제1장

신뢰성이란?

1.1 신뢰성과 신뢰성공학

1.2 신뢰성의 중요성

1.3 신뢰성공학의 발전과정

1.4 안전성과 기능안전성

1.5 신뢰성 기초척도

1.1 신뢰성과 신뢰성 공학

현대인들은 복잡한 기기나 시스템에 의존하여 편의성을 누리고 있지만, 이들에 돌발적인 고장이 발생하여 기능이나 안전성을 상실하게 되면 우리들의 생활은 막대한 지장이나 영향을 받는 고도기술사회에 살고 있다. 이에 따라 구성부품을 포함한 제품 전체의 품질보증과 고장이 잘 나지 않으면서 오래 사용할 수 있을 것(신뢰성)에 대한 관심은 크게 증대되고 있다.

신뢰성공학(Reliability Engineering)은 제2차 세계대전 중에 빈번하게 발생하는 '군용 전자장비의 고장'을 방지하기 위한 필요성으로 인하여 미국에서 태동하였으며 동일한 시기에 독일에서도 V2 로켓의 임무 달성률 제고를 위해 신뢰성 개념이 적용되었다. 우리나라는 산업계에 품질관리가 도입되어 획기적 성과를 올린 후에 1980년대 이후 신뢰성 기술이 본격적으로 보급되기 시작하였으며, 신뢰성 관련 기술은 품질관리의 연장으로 받아들여져 산업용 기기에서부터 가정용 일상제품까지 널리 적용되고 있다.

1.1.1 신뢰성

사전적 의미로 '신뢰'라는 말은 "믿고 기대는 것, 신용하여 맡기는 것"이라 정의되며 특히 제품에 적용될 경우 고장을 일으키지 않는 성질의 의미로 쓰이고 있다. 신뢰성(reliability)은 개념적으로 시스템이나 장치가 규정된 사용조건 하에서 의도하는 기간 동안 만족스럽게 작동하는 시간적 품질(quality over time)을 의미하고 있다. 그러므로 품질관리에서의 제품품질이 일정시점에서의 정적인 품질, 즉 시간에 무관한데 반하여 신뢰성은 시간에 의존적이므로, 고가의 내구성 제품일수록 더 많이 요구되는 품질특성에 속한다. 따라서 제품의 시간적 품질인 신뢰성을 나타내기 위해서는 이것을 정량적으로 표현할 수 있는 척도가 있어야 하며, 이 척도로서 확률로 표현되는 신뢰도라는 용어를 사용하고 있다.

국내외 표준규격에서 신뢰도는 "시스템, 기기 및 부품 등이 규정된 사용조건에서 특정한 기간 동안 의도된 기능을 수행할 확률"이라고 정의되고 있다. 이 정의는 5가지 중요요소, 즉, 적용대상 범위, 제품의 운용 또는 환경조건의 규정, 제품 사용기간의 척도, 제품에 요구되는 기능과 고장의 규정, 정량적 척도로 구성되어 있다.

첫째, 적용대상

신뢰도의 정의는 시스템에서부터 부품과 소자까지 모든 수준에 공통적으로 적용할 수 있으며, 대상수준의 구별 없이 적용할 수 있도록(MIL-STD-721), '아이템(item)' 이란 용어로 통칭하고 있다. 따라서 시스템 수준에 적용 시에 사람이 개재될 경우는 이의 포함여부를 명확하게 하여야 하므로 부품의 신뢰도와는 다른 의미를 가질 수 있다.

둘째, 운용 및 환경 조건

운용환경은 단순하게 아이템의 작동조건만 해당되는 것이 아니며, 온도, 진동, 부하 등의 환경 스트레스, 보전 가능 여부, 보전환경, 사용자의 능력 등을 포함한 넓은 의미의 환경을 의미한다. 이는 고장의 정의와도 관련이 있으며 어떤 제품이라도 극단적으로 부하를 가하거나 오용 혹은 고의로 파손하면 제품의 고장이 발생하므로 사용조건(범위)을 명확하게 규정해 두는 것은 고장의 책임이 사용자 측에 있는가, 제조자 측에 있는가를 결정하는 관건이 된다. 또한 소비자가 사용법을 쉽게 습득할 수 있도록 매뉴얼과 교육기회 등을 제공하는 것도 제조자 측의 임무이며, 적정 신뢰도를 보증하는 기간 등의 정보를 소비자에게 알려 주어야 한다.

셋째, 사용기간

사용기간에 따른 정의가 신뢰도의 특징이다. 이 기간은 주로 시간으로 표현되지만 대상에 따라 사이클(cycle) 수, 거리, 반복횟수 등 시간에 대응되는 척도를 의미한다. 또한 시간에도 연속사용, 간헐적 사용, 방치하는 경우와 장시간, 단시간, 극히 짧은 시간동안에 1회만 사용되는 경우 등의 여러 가지 형태가 있으므로 이의 구별도 중요하다. 기업에서는 특정 사용기간을 목표 또는 설계수명으로 설정하기도 한다.

넷째, 요구 기능

대상 제품의 고장을 명확하게 정의하여야 한다. 제품이 요구되는 기능을 발휘하지 못하는 것을 고장이라고 하지만 기능에는 중요도에 따라 중요한 것과 그렇지 않은 것으로 분류될 수 있다. 따라서 그 고장에 의해 발생하는 손실도 각각 다르며, 또한 고장 시 대책마련이 용이한 고장과 그렇지 못한 경우도 있다. 따라서 고장은 그 횟수(확률)뿐만 아니라 질도 고려하여 기능별로 신뢰도를 평가해야 된다.

그리고 신뢰성 분야에서는 요구 기능의 발휘 여부에 따라 상태를 여러 개로 세분할 수 있지만 보편적으로 작동(정상)상태와 고장상태의 두 가지로 구분하고 있다.

여기서 고장은 다음의 2가지로 크게 구분할 수 있다.

(i)파국고장 : 기능의 갑작스런 정지현상으로 시스템의 기능이 모두 상실되는 고장으로 하드(hard) 고장에 속한다.

(ii)열화고장 : 동작 특성의 점진적인 열화 및 성능의 저하 등으로 내구한계에 도달하는 고장으로 소프트(soft) 고장으로 불린다.

또한 이런 고장이 발생하게 되면 고장의 형태를 의미하는 고장모드(failure mode)와 제품을 고장에 이르게 하는 물리적, 화학적, 기계적 과정을 의미하는 고장 메커니즘(failure mechanism)을 조사하게 된다. 예를 들어 전자 제품에서 단선, 단락, 특성치 열화 등이 고장모드이며 산화막 파괴, 전자이주(electromigration), 알루미늄 부식, 금속 내 화학물 성장 등이 고장 메커니즘에 속한다.

다섯째, 척도

제품 단위별로 달라지는 불확실성을 반영한 신뢰성 척도를 0~1사이의 값을 가지는 확률로 정량화하고 있다.

1.1.2 신뢰성공학

우리가 보통 접할 수 있는 신뢰성 요구를 몇 가지 들어 보자.

사례 1

비행기용 엘리먼트의 하나인 유닛을 일정한 온도로 유지할 필요가 있다. 지금은 전원이 연결되면 전원의 on-off 제어에 의해 일정온도를 유지하고 있는데, 에너지 절감 요구에 따라 유닛의 on-off 제어를 보다 세분화 하여 에너지 소비량을 종래의 1/3로 줄이고자 한다. 신뢰성 및 안전성에 관련된 문제점을 미연에 방지하기 위해 어떤 접근법을 적용해야 하는가?

사례 2

미국 시장에서 승용차에 대한 보증기간은 보통 3년-5.76만km인데, 우리 회사가 납품하는 완성차 업체에서 10년-15만km 보증 프로그램을 출시하였다. 이에 따라 우리 회사가 공급하는 부품에 대해 신뢰도 99%로 10년-16만km을 보증하도록 요청을 받았다. 우리는 어떻게 이런 신뢰도를 달성하고 어떤 방식으로 우리 회사 제품이 이를 충족하고 있다고 원청회사에 보여 주어야 하겠는가?

사례 3

영업부서에서 동남아로부터 공작용 로봇에 대한 수출물량을 수주하였다. 이 지역의 사용환경이 여름에 옥외는 49℃, 공장건물 내는 55℃까지 상승한다고 알려져 있으며, 또한 정전이 자주 발생한다. 이런 사용환경 조건 하에서 어떻게 제품의 신뢰성을 확보할 수 있도록 해야 하는가?

직전 소절의 신뢰성 개념을 [사례 1~3]과 같은 제품개발과 설계, 생산, 보전 등의 기술분야에 응용한 것이 신뢰성공학이다. 즉, 신뢰성을 대상으로 개발된 여러 기법들이 1940년대부터 70여 년간 체계화 되고 하나의 학문영역으로 정립되어, 현재는 관리기술(어떤 목적을 달성하기 위한 활동 중에 발견된 보편성이 있는 과학적 원리·원칙에 따라 개발된 기법들의 체계)에 의해 구성된 공학 분야의 하나가 신뢰성공학이다.

따라서 여러 고유기술 분야의 엔지니어는 신뢰성공학의 기법과 체계를 상세하게 학습하여 이를 본인의 영역에 활용하는 것이 높은 신뢰성을 확보하는 지름길이 될 수 있다. 예를 들면, 기계 또는 전기 분야 엔지니어이더라도, 그의 고유공학의 지식에 신뢰성에 관한 관리기술을 융합시키는 것이 고신뢰성을 구현하는데 보다 도움이 될 수 있을 것이다. 기술의 급속한 진보에 따라 시스템이 거대화 되고, 복잡해짐에 따라 대상 시스템 내에는 제품 출하전의 예견 시보다 실제로 더 많고 다양한 새로운 문제가 내포되어 있기 때문이다.

신뢰성공학은 관리기술이 중심에 위치한 공학에 속하므로, **[그림 1.1]**과 같이 기계공학, 금속 및 재료공학, 전기·전자공학, 소프트웨어 공학, 화학공학, 토목공학 등의 고유기술에 대해 서로 융합할 수 있도록 횡단적 관계를 가진 범용기술 성격의 다학제적 공학으로 볼 수 있다. 예를 들면 설계심사(3장 참고)나 FMEA(4장 참고) 등을 이용하여 대상 아이템을 분석하는 데는 기계공학 등의 고유기술을 기반으로 하여 신뢰성 기술을 효과적으로 활용해야 한다. 또는 신기술로 높은 신뢰성을 가진 전자부품을 보증하는 데는 전기·전자공학 기술을 기초로 신뢰성시험(8장 참고)과 고장해석(9장 참고)을 실시해야 한다. 아무리 관리기술 기법을 잘 알고 있더라도 고유공학에 대한 지식이 없으면 '사상누각' 처럼 추진 업무의 성과를 기대하기 어렵다.

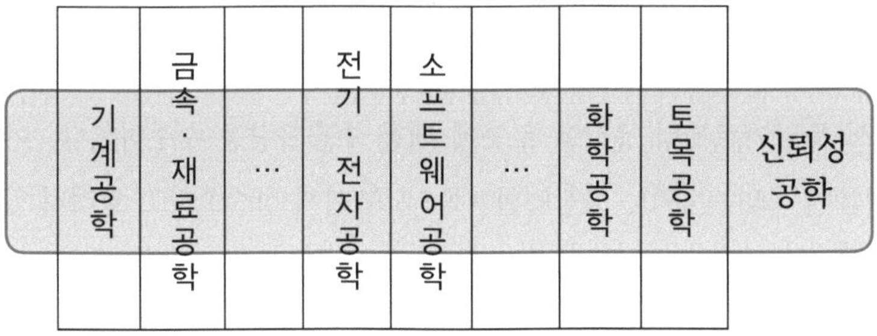

그림 1.1 고유기술과 관리기술(신뢰성공학)

이와 같이 신뢰성공학은 기기의 수명을 추정하고 고장을 감소시키며 소비자가 안심하고 사용할 수 있는 신제품 개발과 제품의 품질을 보증하기 위한 기본적인 관리기술이라 할 수 있다.

1.1.3 품질과 신뢰성

신뢰성을 언급할 때 품질 및 품질관리를 무시하고 다룰 수 없다. 매우 우수한 신기술로 이용하여 고 품질의 제품을 설계하더라도 부품의 가공 정밀도가 떨어지거나, 조립공정에서 조립 실수가 많으면 이 제품의 신뢰성을 보증하기 어렵다.

에를 들면, 미국의 J. D. Power and Associates사는 승용차에 대해 90일이 경과된 신차 100대당 발생한 문제점의 수로 나타내는 신차 초기품질(Initial Quality: IQS)지수와 3년 경과된 차량의 직전 1년간 발생한 100대당 문제점의 수인 중고차 내구신뢰성(Vehicle Dependability Study: VDS)지수로 자동차 제조사의 품질과 신뢰도를 각각 평가하여 소비자에게 정보를 제공하고 있다.

협의의 품질관리에 있어서는 제품의 시간적 품질을 무시하지는 않지만, “출하 시점에서 제품이 만족한 상태로 제조되어 왔는가? ”, “요구특성이 정확하게 규격 내에 있으며 관리상태로 생산되고 있는가?”를 대상으로 삼고 있다. 한편 신뢰성공학에서는 제품의 수명이나 시스템이 작동하고 있는 비율 등을 중시하며 제품의 품질특성이 만족한 상태에 있는 시간적 지속의 정도를 대상으로 한다. 제품의 고장이 발생한 시간(수명)이 규정된 시간보다 긴지, 고장이 발생하더라도 시간적 빈도(고장률)가 규정치 이하인가를 문제로 삼는다. 또한 보전을 행하는 수리가능한 제품에서는 기능정지 시간이 규정값 이하로 유지되도록 요구되고 있다.

신뢰성공학에서는 기능특성에 시간을 고려하여 기기가 기능을 제대로 발휘하여 사용되는 기간을 수명이라 하고 이 기간 중 발생하는 고장에 관심을 두고 있다. 즉, 직전 소절에서 언급한 바와 같이 두 분야는 관리기술에 속하고 통계적 기법을 활용하고 있지만, 품질관리가 제품의 물리적 특성 변동을 최소화하고 품질특성치의 평균을 목표치에 유지시키고자 하는 데 반해 신뢰성공학은 기능특성을 시간의 함수로 표현하여 수명기간 중에 발생하는 고장을 감소시키는데 중점을 두고 있다.

신뢰성은 제품의 필수적이고 중요한 품질요소의 하나이므로 품질관리의 중요한 과제임은 말할 것도 없으나, 결함제품 문제는 통계적 품질관리(SQC)나 QC 분임조 등 TQC활동이 정착되어 왔음에도 불구하고 계속 발생되고 있다. 이런 결함제품은 제품의 시간적 품질, 즉, 수명품질의 결함에서 유래되기 때문이다. 종래의 품질관리에서는 제품의 사용초기 품질확보에만 중점을 두고 있었기 때문에 제조품질의 개선은 지속되었으나 설계품질이나 사용품질과 밀접한 관계가 있는 수명품질의 평가와 확인이 불충분하였다. 수명품질의 확보는 제조단계에 수행되는 품질관리와 달리 제품개발 및 설계 단계에 의존하며, 보편적으로 제품이나 시스템의 고장발생 확률이 (극히) 적으므로 일반적인 시험방법이나 분석적 방법을 적용하여 품질을 보증하기가 쉽지 않다. 따라서 획득된 수명자료를 과학적으로 분석하는 통계적 기법만으로는 힘들며, 고장의 발생원인, 고장 메커니즘, 고장모드 등을 조사하는 작업이 필요하다. 이런 작업에 도움이 되는 것이 고장물리(Physics of Failure) 또는 신뢰성 물리(Reliability Physics)와 고장모드 및 영향 분석(Failure Mode and Effects Analysis; FMEA)이나 결함나무분석(Fault Tree Analysis; FTA), 사건나무분석(Event Tree Analysis; ETA), 에러방지(error (mistake)-proof) 사고방식의 구현 등 고유기술을 근거로 하고 있어 품질관리와는 이질적인 신뢰성 기술에 속한다.

다음의 [표 1.1]에서 품질과 신뢰성의 차이점을 간략하게 정리하였다.

표 1.1 품질과 신뢰성의 비교

항목	품질	신뢰성
시간	• 정적(t=0, 현 시점에서 제품의 특성)	• 동적(t>0, 미래의 제품 기능특성)
추진	• 전사적 추진 • 주로 생산단계	• 전문분야 기술자로 구성된 팀에 의해 추진 • 개발 및 설계단계
결함/데이터	• 불량(defective)/부적합 • 완전 자료(불량에 대한)	• 고장(failure) • 관측중단(censored) 자료(고장에 대한)
척도	• 불량률/부적합품률(%, ppm) • 평균	• 고장률(FIT) • 수명(MTTF, MTBF, B10수명) • 신뢰도
분포	• 정규분포(Normal Distribution) • 이항분포(Binominal Distrbution) • 포아송 분포(Poisson Distribution)	• 지수분포(Exponential Distribution) • 와이블 분포(Weibull Distribution) • 대수정규분포(Lognormal Distribution)

하여튼 고도기술사회로 진입한 후에도 더욱 중시되고 있는 사고나 고장을 저감시켜야 하는 중요한 목적을 달성하는 관리기술로서 신뢰성공학과 품질관리의 역할은 보다 더 증대될 것으로 예상된다.

1.2 신뢰성의 중요성

요즘 들어 신뢰성을 중시하게 된 근본 이유 중의 하나는 시스템이나 장치에 요구되는 임무가 질적으로 고도화되고 인간의 생활에 밀착되어 있지만, 인간이 포함된 시스템이나 장치의 복잡성이 증대되어 시스템이나 장치 내부의 구성부품의 고장으로 인해 전체가 정지하는 경우가 증가되고 있기 때문이다. 이런 고장에 의한 기능정지는 국가, 사회, 기업과 조직, 개인의 임무와 안전을 위협하고 결국 사회적 손실을 증대시키고 있다. 또한 새로운 기술이 개발되어 신제품의 설계에 적용되었으나, 이의 우수성에 대한 평가와 확인이 되지 못하는 경우가 발생하여 제품에 대한 신뢰성과 안전성을 불신하는 원인이 되고 있다. 그리고 고성능, 고정밀화된 장치의 사용도가 증가함으로써 인간에게 부과되는 업무가 많아져 인간의 실수에 의해 큰 사고가 일어날 수 있는 가능성도 급증되고 있다.

신뢰성의 중요성을 경제적 측면과 제품 복잡성 측면, 기업의 내외 환경의 변화 등으로 구분하여 다음과 같이 서술할 수 있다.

먼저, 경제적 측면을 보자. 근대적 관점([그림 1.2] 참고)으로 보면 고 신뢰도를 달성하기 위해 필요한 비용이 너무 과대하거나 기술적으로 불가능하여 적당히 높은 수준에서 신뢰도 목표를 정했으나(O'Connor and Kleyner(2012)), 현대적 관점에서는 빠른 기술개발과 신뢰성 기술의 발전에 따라 완벽한 신뢰도를 달성하는 데 소요되는 비용이 과거보다 높지 않으며, 신뢰도 저하에 따른 직접비용(수리 및 A/S 비용)과 간접비용(경쟁력 상실에 따른 손실)이 매우 높아지지만 설계 검증 및 유효성 확인을 위한 시험비용 및 예비부품 유지비용이 감소하여 거의 완벽한 신뢰도를 달성하는 것([그림 1.3] 참고)이 경제적이 되고 있다.

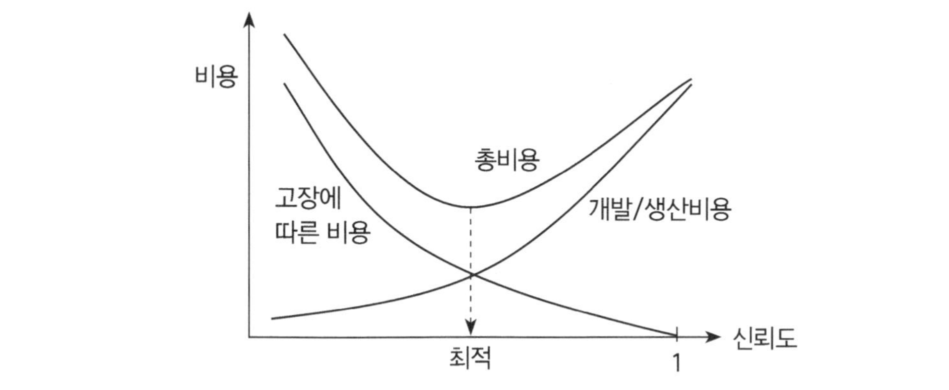

그림 1.2 신뢰도와 비용(근대적 관점)

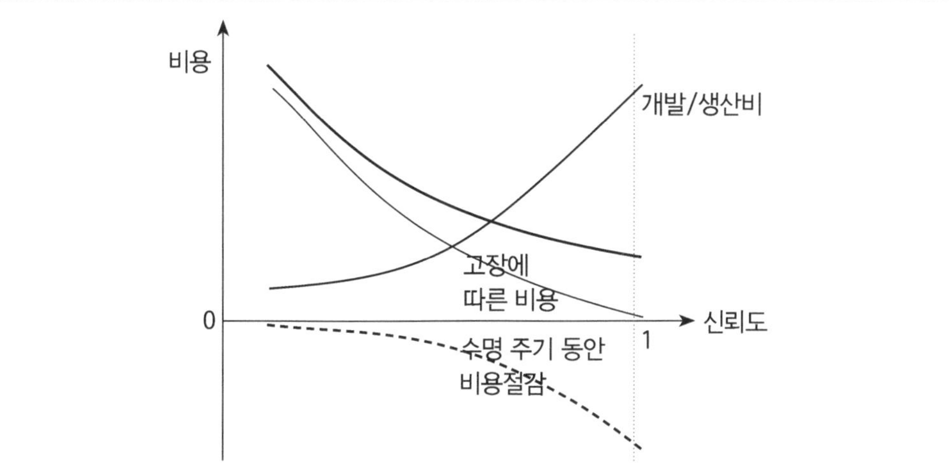

그림 1.3 신뢰도와 비용(현대적 관점)

이에 대한 경험칙으로 D. L. Dietrich(2010)는 신뢰성 관련 개발비를 20%(50%) 증대시키면 보증비용을 1/2(1/5)로 감소시킬 수 있다고 보고하고 있다. 또한 **[그림 1.4]**의 예시처럼 신뢰성 문제(결함) 발견이 다음 단계로 지연됨에 따라 10배의 비용이 발생한다는 경험적 법칙(factor of 10 rule)이 기업에서 통용되고 있다.

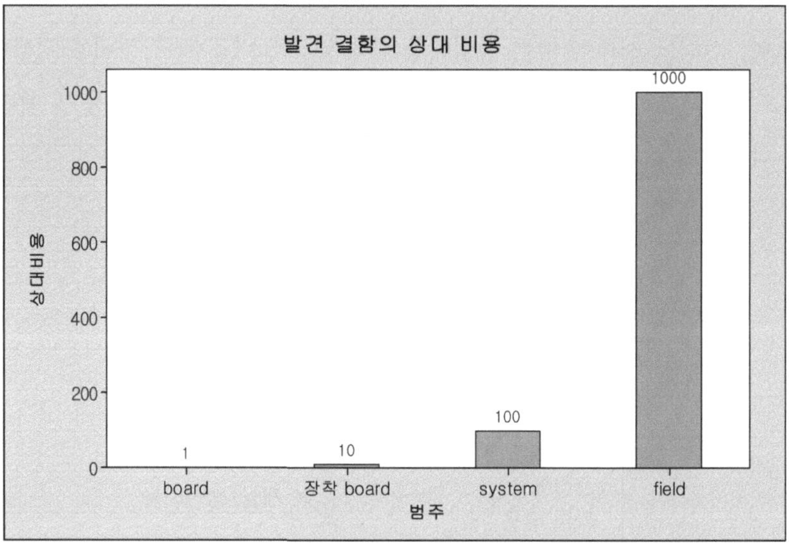

그림 1.4 발견 지연에 따른 10배 법칙

둘째, 고객의 선호도가 높은 제품들은 점점 고도의 기능이 요구되어 더욱 복잡화되고 거대화(예를 들면, 자동차의 부품 수는 2~3만개, 대형 제트여객기의 부품 수는 450만개)되고 있다. 이에 비해 부품의 품질성능 향상은 이런 요구를 따라가지 못하는 실정이며, 특히 다수의 전자부품에서 이런 경향을 보이고 있다.

[표 1. 2]의 농업용 트랙터의 예를 보면, 부품의 신뢰도가 상당히 높더라도 점점 제품의 복잡성 증대에 따라 고장오류 발생 가능성이 증가되어 시스템의 신뢰도가 저하되고 있음을 쉽게 파악할 수 있다.

셋째, 1953~1954년 영국이 자랑하는 최초의 상업용 제트 여객기 코멧트(Comet)의 피로파손에 의한 추락사고, 국내 전투기 기체 결함사고, 원자력 발전소 사고(1979년 미국의 쓰리마일 섬(Three Mile Island)에서 발생한 원자력 발전소의 부분적 노심용융사고, 1985년 구소련의 체르노빌 원자력 발전소 사고, 2011년 쓰나미에 의한 일본의 원자력 발전소 사고),

표 1.2 농업용 트랙터의 부품 수 추이

년도	중요 부품의 수	부품 신뢰도 99.99%일 경우 트랙터 신뢰도
1935	1,200	88.7%
1970	2,400	78.7%
1990	2,900	74.8%

1986년 solid rocket booster에 의한 우주선 Challenger 사고 등과 같이 인명과 직결된 안전과 신뢰성 문제에 관심이 급증되고 있다. 즉, 안전인증이 요구되거나, 고장이 극히 적은 미사일, 인공위성, 첨단 자동화 설비 등의 고 신뢰도 제품의 수요가 점차 증가되고 있으므로 이런 제품들의 신뢰도를 단기간에 평가하기 위한 새로운 시험기술의 필요성도 증대되고 있다. 더불어 제품안전을 더욱 강조하는 기능안전성(1.4.2절)과 안전 품질 등의 개념이 대두되고 있다.

넷째, 소비자 욕구에 따른 대응 방식이 변화(생산자(규격 부합)에서 소비자(고객 만족)로)되고 있음에 따라 신뢰성의 객관적이고 체계적 요구가 높아지고 있으며, 이에 따라 기술적 고장이 발견되지 않는 소비자 클레임이 약 50%가 되는 기업이 있는 등 사유가 특정되지 않는 환불이 증가되고 있다. 또한 무상보증기간의 확대로 인해 무상 보증비용이 매출액에서 약 3%(미국 자동차 제조사의 평균)를 차지하여 기업에 부담이 되고 있다. 더불어 소비자 보호운동과 환경운동(recycling 문제 등)의 확산과 더불어 2002년 7월 시행된 제조물 책임(Product Liability: PL)법의 시행에 따라 신뢰성이 기업의 주요 경쟁력 요소로 자리를 잡고 있다.

1962년 미국에서 지도적 판례가 되는 제조물 책임을 부과하는 판례가 나온 이후 1970년 이후 미국에서 PL에 관한 소송 건수가 급속하게 증가되었다. PL은 “시장에서 설계, 제조 또는 표시에 결함이 있는 제품을 사용한 사람이 그 결함에 기인한 손해를 입을 경우에 그 손해에 대해 제조자 또는 판매자가 부담해야 될 배상책임”으로 볼 수 있다. 이 경우에 책임근거가 되는 ① 결함의 존재 ② 결함과 손해의 인과관계가 원고(주로 소비자)와 피고(주로 제조자)간의 소송 쟁점 대상이 되지만, 신뢰성 엔지니어 입장에서 문제를 보면 설계와 제조단계의 신뢰성 기법을 중심으로 하는 품질보증활동으로 결함을 미연에 방지하고자 하는 제조물책임예방(PL Prevention: PLP)의 역할이 더욱 중요해지고 있다.

[표 1.3]은 미국에서 신차 가격차이가 $500인 중형 자동차 8개 모델에 대해 3년 후 중고차 가격과 Consumer Reports의 신뢰성 평가 점수(최악이면 -80, 최고이면 80점)을 비

표 1.3 중고차 가격과 신뢰성 평가 점수

자동차 모델	중고차 가격	신뢰성 평가 점수
A	$8,400	−45
B	$9,500	20
C	$9,700	18
D	$11,100	25
E	$11,200	30
F	$13,300	−5
G	$14,400	55
H	$15,200	50

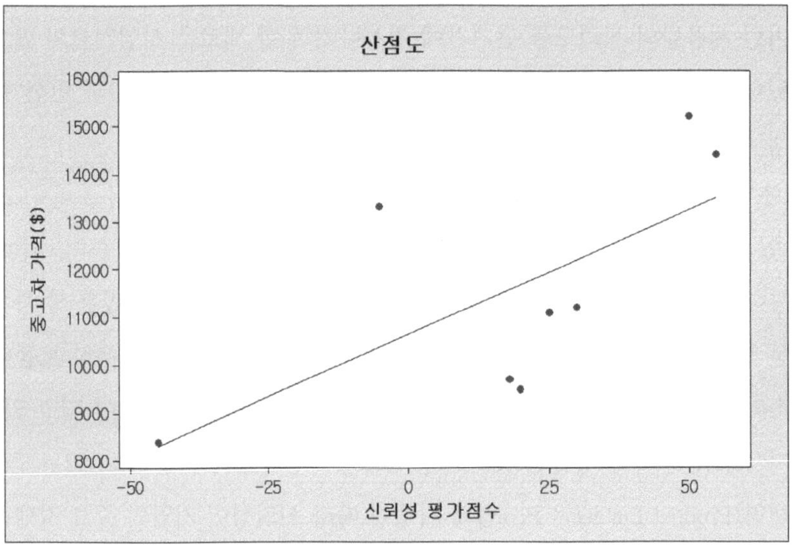

그림 1.5 신뢰성 평가 점수와 중고차 가격의 관계 : 산점도

교하고 있다. 두 가지 값의 관계를 도시한 [그림 1.5]을 보면 신뢰도와 중고차 가격은 양의 상관관계가 있음을 확인할 수 있다. 따라서 소비자 입장에서는 신뢰도를 상품구매의 중요한 기준으로 삼지 않을 수 없다.

다섯째, 제품수명에 비해 개발기간이 점점 짧아지는 추세이며, 구매 측 요구사항도 통계 및 신뢰성 용어를 사용하여 명시할 정도로 매우 엄격해지고 있다. 예를 들면 어떤 가전제품은 신뢰성 보증목표 10년을 달성하기 위해 할당된 개발기간이 6개월 정도이며, 자동차 제조사와 협력업체간에 “60% 신뢰수준으로 10년(15만마일)의 신뢰도가 97% 이상임을 보증하라”는 요구조건이 부과되고 있다.

이에 따라 공급사슬의 하류로 갈수록 요구되는 신뢰성 요건이 엄격해 지고 있으며, 자동차를 비롯한 제품의 결함에 의한 사고를 미연에 방지하기 위해서 결함제품을 회수 및 수리하는 리콜제도가 시행됨에 따라 리콜이 급속하게 증가하는 추세가 되고 있다.

또한 엄격하고 다양한 환경에서 사용되거나 특수한 환경에서 운용되는 제품 및 신기술 신소재를 활용한 제품의 개발이 늘어나고 있다. 이에 따라 보다 빨라지는 기술 발전 속도(아날로그에서 디지털로)와 내재된 미지의 고장요소에 의해 신뢰도 등을 예측하는데 어려움이 발생되고 있다. 더불어 제조, 시험, 보전을 위한 설비와 인원, 기술능력, 교육훈련 프로그램 등이 제품의 발전 속도를 따르지 못하는 경우도 있다.

1.3 신뢰성공학의 발전과정

어떤 전기제어장치가 1년의 보증기간과 내용연수가 10년이라고 한다면, 1년간은 무상 수리를 받을 수 있으며, 10년간은 사용할 수 있는 제품이라는 의미이다. 이러한 실제 제품의 수명에 관한 정보를 얻기 위해서는 실제 사용환경을 모의실험하여 제품의 수명을 예측해야 한다. 이때 보다 빠른 시간 내에 경제적 비용을 고려한 시험방법을 통해 정확한 수명 정보를 얻는 방법을 신뢰성 기법이라고 할 수 있다. 또한 대상 제품에 대한 적절한 시험방법을 통해 신뢰성의 특성값(신뢰도, 수명 등)을 한정된 시간 내에 평가하기 위해서 예측의 정확도를 높일 수 있는 통계적 방법이 필요하다.

이러한 신뢰성과 관련된 의사결정에 필요한 제품의 수명자료 분석기법들을 신뢰성 분석(reliability analysis)이라 부르며 이와 유사한 보건, 의학과 생물학 분야에 관련된 자료 분석기법을 생존분석(survival analysis)이라 부른다.

신뢰성 기술을 태동시킨 동인은 통계학의 발전과 이를 품질문제에 적용한 W. Shewhart의 통계적 품질관리(SQC)의 탄생, E. Whitney의 호환성 부품과 H. Ford로 대표되는 대량생산의 적용과 개발, 현재의 디지털 사회를 가능케 한 진공관의 발명과 이의 낮은 신뢰도를 들 수 있다.

최초로 적용된 신뢰성 기술의 목표는 Bell 연구소에서 자동계산기 개발 시 신뢰성이 낮은 진공관을 어떻게 향상시키는 가에 있었다. 1940년대는 부품이나 기기의 신뢰성에 대해서는 인식이 낮은 시대였지만 진공관의 짧은 수명을 개선하는 것이 최우선적인 문제이었으므로 이것의 해결이 하나의 과제가 되었다. 또한 2차 대전 중에 독일의 미사일 개발에 신뢰성 개념이 적용되었으며, 특히 미군에서 전투장비가 전투현장에서 고장이 잦아 이를 개선하기 위해 군에서 먼저 신뢰성 기법이 도입되어 획기적으로 발전되었다. 이후에 항공우주 분야 등을 중심으로 민간부문에 정착되는 과정을 거쳐 하나의 학문분야로 정립되었다.

즉, 1950년대는 미 국방성과 전자업체가 결성한 AGREE(전자제품의 신뢰성 자문 위원회) 등이 주도하여 부품의 관점에서 사용현장에 투입되기 전에 필요한 신뢰성 예측, 신뢰성 요구 조건의 규정, 신뢰성 개선 프로그램 중심으로 발전되었으며, 1957년 AGREE 보고서가 발표된 이후 신뢰성 개념과 신뢰성 향상 기법이 차례대로 정립되었다. 특히 1953~1954년에 당시 영국이 자랑하는 제트여객기 Comet이 공중 분해되어 추락하는 사고가 3회 발생하여 당시의 사회의 큰 과제로 대두되었다. 기체의 금속피로에 따른 기체의 신뢰성이 결여된 것이 이 사고의 원인으로 판명되었다.

1960년대는 고급 통계적 기법, 고장의 물리적 원인을 규명하는 고장물리, 건물과 교량 등에 대한 구조 신뢰도의 도입 등 학문의 전문화 과정으로 볼 수 있다. 1970년대 이후는 원자력 발전소를 비롯한 복합시스템에 초점을 맞춘 신뢰도와 안전을 고려한 위험분석 및 RCM(Reliability Centered Maintenance)을 비롯한 설비보전, 소프트웨어의 증가추세를 반영한 소프트웨어 신뢰도 분야 등으로 확대되었다. 현재는 기업과 공공기관의 DFSS(Design for Six Sigma)의 활발한 도입과 더불어 전 산업 분야의 제품개발 및 품질향상을 위한 필수적인 수단으로 신뢰성 평가 및 분석기법들이 활용되고 있다. 특히 우리나라는 1999년~2008년의 10년간 산업통상자원부의 기술표준원이 주관하여 부품·소재 종별 신뢰성 평가 센터(현재 기계부품, 자동차부품, 전기전자부품, 화학소재, 섬유소재, 기초금속 및 세라믹소재의 6분야 13개 기관)를 통한 범국가적 신뢰성 평가 네트워크를 구축하였으며, 지속적으로 신뢰성 평가·인증·확산·향상 사업을 지원하고 있다.

[표 1.4]는 신뢰성 기술의 발전과정을 미국, 일본, 우리나라를 중심으로 연대순으로 정리하였다.

표 1.4 신뢰성공학의 연대표

연도	내용
1816년	영국의 시인 겸 비평가인 S. T. Coleridge가 용어 최초 사용
1930년대	제1차 대전 이후 다발비행기 개발 : 평균 고장횟수와 평균고장률 개념 적용
1940	미 Bell 연구소에서 일체형 자동계산기의 개발 시 진공관 수명 연구
1942	독일 V1, V2 미사일 개발 시 신뢰도 개념 도입
1940년대	극동 지방에 수송된 미 항공장비의 60%가 도착 시 결함 미군 창고 적재 예비장비의 50%가 사용 전 고장 미 해군 전자장비의 약 70%가 한국전 초기에 적절하게 가동하지 못함
1950	전자통신기기 특별위원회의 결성(미국)
1951	지수분포를 따르는 진공관 수명의 추정법 논문(B. Epstein) 발표
1952	AGREE(Advisory Group on Reliability of Electronic Equipment) 창설(미국)
1957	AGREE 보고서 발간(미국)
1958	MIL-STD-441(군용기기의 신뢰성) 제정 및 유닛, 조립품, 부품의 신뢰성 요구 지침 도출
1962	미국에서 제1회 신뢰성, 보전성 심포지엄 개최 미국에서 제1회 고장물리 심포지엄 개최
1963	MIL-STD-690(고장률에 관한 시험법) 제정
1964	신뢰성 성장곡선에 관한 신뢰성관리 매뉴얼(AFSC-M-375) 제정
1965	MIL-STD-785(신뢰성 프로그램 요구사항) 제정
1971	일본에서 제1회 日科技連(JUSE) 신뢰성 심포지움 개최
1977	MIL-STD-781C 신뢰성시험법(지수분포) 제정
1991	제1회 신뢰성, 보전성 심포지엄(한국) - 1997년 제7회로 중단
1999	신뢰성 학회 발족(한국)
1999	신뢰성 평가 인증사업(한국, 산업통상자원부 기술표준원) 착수 3단계(2009-12) 사업 완료

1.4 안전성과 기능안전성

1.4.1 안전성과 안전품질

매스컴에서 자주 등장하는 안전과 안전성은 대상이 공산품에 한정된 게 아니고, 자연재해, 사회적 불안요인, 식품위생 및 산업안전에 관한 문제이면서, 또한 의약·의료분야, 국가의 안전보장 문제이기도 하다. 이 절에서는 안전성의 대상을 공산품과 시스템에 한정시키며, 신뢰성공학 관점에서 다루고자 한다.

안전성은 ISO/IEC Guide 51에 의하면 수용할 수 없는 리스크로부터 해방된 상태(freedom from unacceptable risk) 또는 ISO 26262를 따르면 불합리한 리스크가 존재하지 않는 상태(absence from unreasonable risk)로 정의되고 있다. 즉, 국제표준규격에서는 리스크가 존재하지 않는 것을 안전성으로 간주하는 것이 아니며, 대상이 되는 리스크가 안심하고 받아들일 수 있는 정도로 억제되는 상태로 보고 있다.

안전성은 '신뢰성과 안전성'이란 용어로 자주 사용되므로 둘을 연관시켜 비교해 보자. 앞서 얘기한 신뢰성의 정의에서 주어는 명확하게 아이템인데 반해 안전성의 주어는 명시되어 있지 않지만 사람이나 이들의 집합체인 사회로 볼 수 있다. 신뢰성은 어떤 기능의 수행 및 상실을 기준으로 대상이 되는 물건에 따르는 개념으로 정의되지만, 안전성은 사람(사용자)의 관점에서 물건을 수용하고 있는 상태 및 상황에 의해 판단된다.

요약하면 신뢰성은 사람의 안전여부보다는 기능이 정지(고장)되는 시점에서 종료되지만, 이에 반해 안전성은 아이템 기능의 작동에 관한 척도를 고려하지 않으며, 아이템이 고장상태가 되더라도 아이템이 안전한가의 여부에 관한 고찰로 연결된다.

표 1.5 신뢰성과 안전성

구분		신뢰성	
		정상	고장
안전성	안전	아이템이 정상적으로 작동하고 사람에 대해 안전한 상태	아이템이 고장 또는 파괴되어 있으나 사람에게는 안전한 상태
	위험	아이템은 정상이지만 사용 시에 위험을 초래하는 상태 [예] 표면이 뜨거워 화상 위험 있음. 모서리에 의해 상처 가능	아이템이 위험한 상태로 고장 [예] 측로(by-pass) 콘덴서의 임피던스 저하에 의해 줄열이 발생하여 PCB기판이 발화함

즉, 안전성과 신뢰성은 일치하지 않으며, [표 1.5]는 둘의 관계를 보여 주고 있다.

따라서 안전성을 객관적으로 또한 정량적으로 전개하기 위해서는 위험원(hazard)에 대한 개념 이해가 먼저 필요하다.

위험원은 "위험을 초래하는 원인 또는 위해(harm)의 잠재적 원인"으로 정의된다. 여기서 위해는 "사람이 입게 되는 신체상의 상해 또는 건강상의 상해, 또한 재산 또는 환경 상의 손실"로, 위험원보다 일보 진전된 위험상태(hazardous situation)는 "사람, 재산, 환경이 하나 또는 복수의 위험원에 노출되는 상황"으로 정의된다. 일반적으로 위험상태를 포함하여 위험원으로 지칭하기도 한다.

구체적으로 예를 들면,

(i)교통량이 많은 도로에 매설되어 있는 일부 부식된 가스관

(ii)시중에 운영되는 시스템에서 잠재적으로 시간이 지남에 따라 열화가 진행되고 있는 보안부품

(iii)알코올 혈중농도가 기준치 이상인 음주자가 자동차를 운전하는 상황의 주변

중에서 (i)와 (ii)는 위험원에, (iii)는 위험상태에 속한다. 이중에서 특히 (iii)의 경우는 기계시스템인 자동차 측면에서 보면 고장 등에 의한 신뢰성 문제가 존재하지 않는다.

안전성을 높이는 수단으로 기술개선, 설계, 제조, 운영, 보전 등의 담당자에 대한 교육 훈련, 행정적 규제, 정보시스템 정비 등의 다양한 대책이 대상의 특성에 따라 강구될 수 있다.

안전성의 정량적 평가로 위험원에 대한 리스크(risk)는 위험원 발생 확률(p)과 위험원에 파급되는 위험의 크기(e)로 표현된다. 따라서 위험원에 대한 리스크는 순서 쌍(p, e)로 표시되며, 이 둘을 작게 하면 리스크를 줄일 수 있다.

또한 대상 위험원이 복수가 되는 것이 일반적이므로 이 경우는

$$\{(p_i,\ e_i),\ i=1,\ 2,\ \cdots,\ n\}$$

로 표시된다.

여기서 안전성을 높이는 기초적인 방법은 리스크가 높은 위험원을 순차적으로 분석하여 p_i, e_i를 작게 하는 대책안을 검토하여 실시하는 것이다.

상기의 안전성에 관한 두 가지 요인을 신뢰성에 활용할 수 있는 접근법으로 [표 1.6]

표 1.6 리스크 맵

<table>
<tr><td rowspan="8">발생빈도(발생도)</td><td colspan="3"></td><td colspan="5">위해정도(심각도)</td></tr>
<tr><td></td><td>건/(대·시간)</td><td>빈도</td><td>5</td><td>4</td><td>3</td><td>2</td><td>1</td></tr>
<tr><td>5</td><td>10^{-4} 초과</td><td>자주 발생</td><td>V</td><td>II</td><td>I</td><td>I</td><td>I</td></tr>
<tr><td>4</td><td>10^{-4}~10^{-5}</td><td>가끔 발생</td><td>V</td><td>III</td><td>II</td><td>I</td><td>I</td></tr>
<tr><td>3</td><td>10^{-5}~10^{-6}</td><td>드물게 발생</td><td>V</td><td>IV</td><td>III</td><td>II</td><td>I</td></tr>
<tr><td>2</td><td>10^{-6}~10^{-7}</td><td>발생 가능성 낮음</td><td>V</td><td>V</td><td>IV</td><td>III</td><td>II</td></tr>
<tr><td>1</td><td>10^{-7}~10^{-8}</td><td>발생 가능성 매우 낮음</td><td>V</td><td>V</td><td>V</td><td>IV</td><td>III</td></tr>
<tr><td>0</td><td>10^{-8} 이하</td><td>발생 가능성 거의 없음</td><td>V</td><td>V</td><td>V</td><td>V</td><td>V</td></tr>
<tr><td colspan="4" rowspan="3">I: 수용 불가능 영역(대책 필요)
II~IV: ALARP(As Losw As Reasonably Practical) 영역(합리적으로 실시 가능한 한 리스크를 낮게)
V: 널리 수용 가능 영역(대책 불필요)</td><td>무해</td><td>경미</td><td>중간</td><td>중대</td><td>치명</td></tr>
<tr><td>없음</td><td>경상</td><td>통원</td><td>중상 입원</td><td>사망</td></tr>
<tr><td>없음</td><td>제품 발연</td><td>제품발화/손상</td><td>화재</td><td>건물 소손</td></tr>
</table>

의 리스크 맵(Risk-Map)분석법이 쓰이고 있다(門田靖(2012)). 리스크 맵은 p를 발생빈도(발생도)의 6수준으로, e를 사물과 사람, 재해 수준에 따른 위해정도(심각도)를 5수준으로 구분한 후에 두 척도를 고려한 등급을 5수준으로 구분한다. I 등급은 대책마련이 시급한 수용 불가능 영역이며, V 등급은 대책이 필요 없는 널리 수용 가능한 영역이고, 중간의 세 등급은 합리적으로 실시가능한 한 리스크를 줄여야 하는 ALARP(As Low As Reasonably Practical) 영역으로 구별하고 있다.

한편 2010년 2월에 토요타 자동차의 미국에서 타의적 리콜사태(230만대), 2009년 10월에 발생한 국내 가전업체에서 만든 양문형 냉장고의 폭발사고(21만대 리콜)와 2010년 2월 또 다른 국내 가전업체에서 생산한 드럼세탁기에서 어린이 안전사고, 2016년 9월 갤럭시노트 7 폭발사건 등을 계기로 국내에서 안전성과 밀접하게 관련된 품질(안전품질)이 기업체의 중요한 관리목표로 대두되고 있다. 또한 그동안 플랜트와 철도차량 등에 한정적으로 적용되고 있던 기능안전성이 자동차에 대한 기능안전성 표준인 ISO 26262가 2012년 10월에 공표됨에 따라 이에 대한 관심도 급속하게 증대되고 있다.

이에 따라 안전품질이 2010년도 지식경제부(현 산업통상자원부) 주관 품질혁신기반사업의 주요 연구주제가 되었으며, 2011년에 한국품질경영학회에서는 안전품질을 "개발, 설계, 제조, 출하, 사용, 폐기 등의 수명주기에 존재하는 위험요소를 제거함으로써 얻을 수 있는 사용자의 물리적, 심리적 만족감을 충족시키는 제품 또는 서비스의 총체적 특성"으로 정의하였으나 그 의미가 다소 모호한 편이다.

1.4.2 기능안전성

위험사건을 예방하고 인간·환경·재산에 미치는 영향을 경감하기 위한 안전제어시스템(Safety Instrumented System; SIS)의 기능안전성(functional safety)에 대한 요건을 정립한 IEC 61508이 1998년에 공표된 이래 매우 높은 안전 방호시스템이 요구되는 산업부문에서 이의 적용이 일반화되고 있다. 기능안전성은 안전기능이나 안전대책에 의해 허용되지 않는 리스크를 미연에 방지하는 기술의 총칭으로, 지금까지 주로 기계 및 전자부품 수준의 신뢰성에 초점이 맞추어진 안전의 개념이 하드웨어와 소프트웨어를 통합한 시스템에 적용될 수 있는 기능안전성이라는 신개념으로 발전되어 시스템 수준의 신뢰성과 안전성을 확보하기 위한 새로운 패러다임으로 전개되고 있다고 볼 수 있다.

이런 기능안전성은 범용적인 기능안전성 규격인 IEC 61508이 최초 발행된 이래 여러 산업분야로 확산되어 각각의 산업분야에 특화된 기능안전성 규격이 지속적으로 제정되고 있다. **[그림 1.6]**과 같이 IEC 61508을 모 표준(기본 안전규격)으로 하여 그룹 또는 제품 안전규격에 속하는 프로세스 산업, 원자력 발전설비, 철도차량, 기계류 제품, 의료기기 등 다양한 산업분야의 기능안전성 관련 국제표준이 제정되었으며, 2011년에는 기능안전성 규격 중에서 최초로 일반용 양산제품에 적용되는 규격인 자동차에 관한 기능안전성 국제표

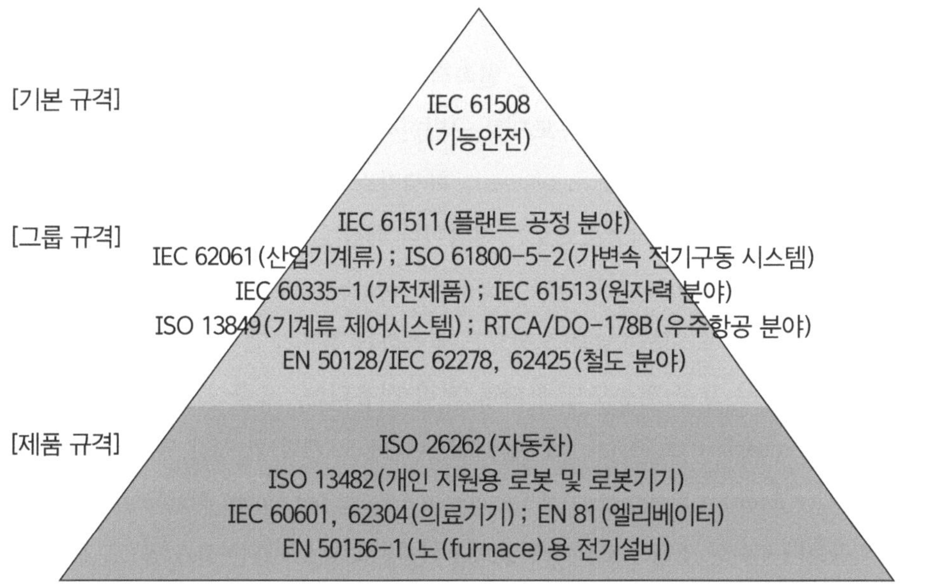

그림 1.6 기능안전성 관련 표준

준인 ISO 26262가 제정되었다. 대표적인 기능안정성 국제표준으로 다음을 들 수 있다.

(i) IEC 61508(2000), *Functional Safety of Electrical/Electronic/Programmable Electronic (E/E/PE) Safety Related Systems*, 1.0 ed., Part 1-7, IEC, Switzerland.

(ii) IEC 61508(2010), *Functional Safety of Electrical/Electronic/Programmable Electronic (E/E/PE) Safety Related Systems*, 2.0 ed., Part 1-7, IEC, Switzerland.

(iii) IEC 615011(2003), *IEC 61511 Standard. Functional safety - Safety Instrumented Systems for the Process Industry Sector*, Part 1-3, IEC, Switzerland.

(iv) ISO 26262(2011), *Road Vehicles-Functional Safety*, Part 1-10, ISO, Switzerland(part 10은 2012년 발간).

상기의 기능 안전성 국제 표준규격에 적용된 라이프 사이클 접근법의 핵심으로, 안전 확보 접근법은 발생가능한 위험사건에 대해 안전 무결성 수준을 나타내는 SIL(Safety Integrity Level; SIL)로 불리는 안전의 달성목표를 설정하고 그 등급수준에 따라 달성에 필요한 안전기술이나 대책을 도입하는 것이다. 특히 다음 소절에서 후술되는 ISO 26262 경우는 이의 목표가 되는 등급수준을 자동차판 SIL을 의미하는 ASIL(Automotive SIL)로 명명하고 있다.

IEC 61508은 SIS의 작동모드를 두 가지, 낮은 요구 작동모드(low demand mode)와 높은 요구 작동모드(high demand mode)로 대별한다. 즉, 요구율이 연간 1회보다 클 경우는 높은 요구 작동모드로 보며, 이 모드에는 연속적 작동도 포함된다. 그리고 요구율이 연간 1회 이하일 경우는 낮은 요구 작동모드로 구별한다. 낮은 요구 작동모드의 예로는 긴급 정지 시스템(emergency shutdown system), 화재가스 검출시스템, 공정 정지 시스템, 자동차의 에어백, 높은 요구 작동모드로는 선박이나 해상 플랫폼의 동적 위치유지시스템(dynamic positioning system), 자동차의 ABS(anti-lock braking system), 철도 신호시스템이 속한다. 일반적으로 SIS는 낮은 고장모드에 속하는 경우가 많다고 알려져 있다.

IEC 61508에서 두 요구 작동모드에 따라 분리 적용되는, 요구 시 평균 고장확률인 PFD(Average Probability of Failure on Demand; 비가용도 개념)와 시간 당 위험 고장확률 PFH(Probability(Average Frequency) of Dangerous Failure per Hour; 평균고장률 개념으로 2판에서 확률보다 적확한 평균 빈도로 바뀌었으나 약자는 그대로 채택하고 있음)로 표현되는 신뢰성 평가척도가 신뢰성 분야에서 널리 쓰이는 순간 및 평균고장률, 신뢰도와 불신뢰도, 백분위 수명(B수명), 가용도와 비가용도 등과 달라 의미가 쉽게 전달되지 못하고 있는 형편이다.

IEC 61508은 안전무결성(이하 SIL)수준을 **[표 1.7]**과 같이 4 등급(1 등급이 가장 낮은 수준)으로 구분하며, 낮은 요구 작동모드는 PFD와 높은 요구 작동모드는 PFH를 신뢰성 평가척도로 삼고 있는데, 동일 등급의 두 값의 비율은 10^{-4}로 일정하다.

표 1.7 SIL 등급

SIL	PFD	PFH
4	$10^{-5} \leq PFD < 10^{-4}$	$10^{-9} \leq PFH < 10^{-8}$
3	$10^{-4} \leq PFD < 10^{-3}$	$10^{-8} \leq PFH < 10^{-7}$
2	$10^{-3} \leq PFD < 10^{-2}$	$10^{-7} \leq PFH < 10^{-6}$
1	$10^{-2} \leq PFD < 10^{-1}$	$10^{-6} \leq PFH < 10^{-5}$

[표 1.7]의 등급 수준은 우리가 접할 수 있는 재해나 사고의 발생확률을 기초하고 있다. **[그림 1.7]**을 보면 10^{-4}를 1년당(1년이 8,760시간이지만 10,000시간으로 개략적으로 설정) 1회 정도 발생빈도로 이보다 크면 수용 불가능한 리스크로 보며, 따라서 10^{-5}는 10년간 1회 정도 발생비율인 된다. PFH의 최고수준인 10^{-8}는 교통사고로 인해 사망하는 빈도 수준으로 설정하고 있으며, 자연재해 발생빈도인 10^{-10}이하를 수용가능 리스크로, SIL 등급 수준을 허용가능한 리스크로 간주하고 있다(日經 Automotive Technology(2012)).

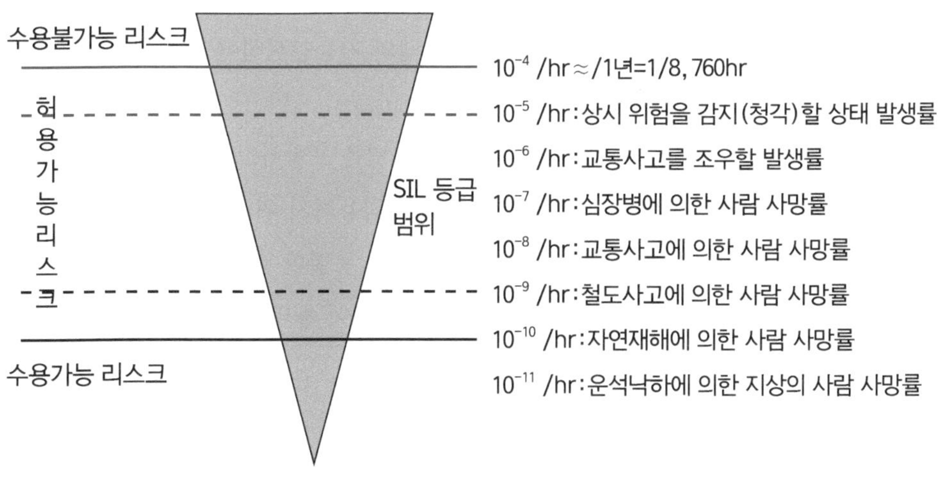

그림 1.7 사고 및 재해 발생빈도

1.4.3 ISO 26262 개요

ISO 26262는 승용 차량에 탑재된 전기·전자 시스템에 관한 기능안전규격으로, 차량에 탑재된 전자시스템, 전기기기, 전자기기, 소프트웨어를 포함한 컴퓨터가 ISO 26262의 직접 대상이 된다. 다만 ISO 26262의 목적은 안전의 확보이며, 이의 실현을 위해서는 ISO 26262의 직접적 대상이 되는 전기·전자 시스템에만 한정하지 않고, 시스템을 구성하는 다른 구성 요소까지 포함하여 안전성을 고려할 필요가 있다. 이에 따라 ISO 26262의 적용범위를 명확하게 하여 시스템적 관점에서 차량 탑재 시스템의 안전을 확보할 의도로 작성되었다.

IEC 61508의 기본적 개념은 안전관련 계통(안전기능)을 정상적으로 동작하게 하여 안전상태를 확보하는 것이다. 그러나 자동차에 대해서는 확정적인 안전상태를 명확하게 정의할 수 없는 경우도 있으며, 안전상태를 초래하는 안전기능을 다른 기능과 분리하는 것이 곤란한 점 등으로 인해 IEC 61508의 개념을 그대로 적용하기 어렵다. 또한 자동차 특유의 복잡한 개발체제, 양산을 고려해야 하는 점 등이 자동차 업계의 특징으로 볼 수 있다.

이에 따라 유럽을 중심으로 2000년대 초 자동차에 특화된 기능안전성 규격의 책정이 추진되어 최종적으로 2011년 11월에 ISO 26262가 공표되었다. ISO 26262를 책정하는 과정 중에 특히 유럽의 완성차 업체를 중심으로 미리 부품업체에 본 규격의 draft에 기반한 대응요구를 하였다. 한편 자동차 업계의 품질관리 표준규격인 ISO/TS 16949가 개발·생산 프로세스에서 ISO 26262의 중요 규격으로 자리매김을 하고 있다. 또한, ISO 26262는 자동차에 관한 기능안전성 요건을 규정하고 있지만 가장 최근에 제정된 기능안전성 표준으로 최신 기술이 반영되어 있으므로, 다른 산업의 기능안전성에도 원용할 수 있는 가장 진전된 표준규격으로 볼 수 있다.

ISO 26262는 하나 혹은 그 이상의 전기·전자시스템을 포함하고 중량이 최대 3,500 kg까지인 양산 승용차에 설치되는 안전관련 시스템에 적용하기 위한 것으로서 장애인 운전자를 위해 설계된 차량 등 특수 목적 차량에 설치되는 특별한 전기·전자시스템은 대상에 속하지 않는다. 또한 이 표준은 전기, 전자 및 소프트웨어 등의 구성부품으로 이루어지는 안전관련 시스템의 안전수명주기 전반의 모든 활동에 적용된다.

ISO 26262 표준의 목적은 다음과 같다(서순근 외(2013)).

첫째, 자동차의 안전수명주기는 관리, 개발, 생산, 운용, 서비스, 폐기의 단계로 구성되는데, ISO 26262는 기능안전성을 확보하기 위하여 각 단계별로 수행되는 제반 활동에 관한 요건을 명시하고 나아가 이러한 활동을 각 기업의 상황에 따라 맞춤화할 수 있도록 지원한다.

둘째, 자동차 분야의 특성을 반영한 안전 무결성 수준을 나타내는 ASIL 등급에 따라 안전수명주기 전반의 제반 활동에 대한 요건이 달라지므로 ASIL 등급을 결정하는 것은 매우 중요하다. ISO 26262에서는 리스크 기반의 접근방법을 제공함으로써 해당 기업이 ASIL 등급을 결정할 수 있도록 한다.

셋째, 표준에 제시된 절차를 철저히 준수하여 제품개발을 수행하더라도 어느 정도의 잔류 리스크(residual risk)는 불가피한 경우가 대부분이다. 그럼에도 불구하고 합리적으로 납득하기 어려운 잔류 리스크는 방지하여야 하며, 이를 위하여 제품의 ASIL 등급에 따라 적용할 수 있는 요건을 제시하고 있다.

넷째, 충분하고 만족스러운 안전수준이 달성되고 있음을 보장하기 위한 타당성 확인(validation) 및 입증(confirmation)을 위한 수단(measure)이 갖추어야 할 요건을 제시하고 있다.

마지막으로 안전관련 전장품의 개발은 하드웨어뿐만 아니라 소프트웨어 개발과 이들

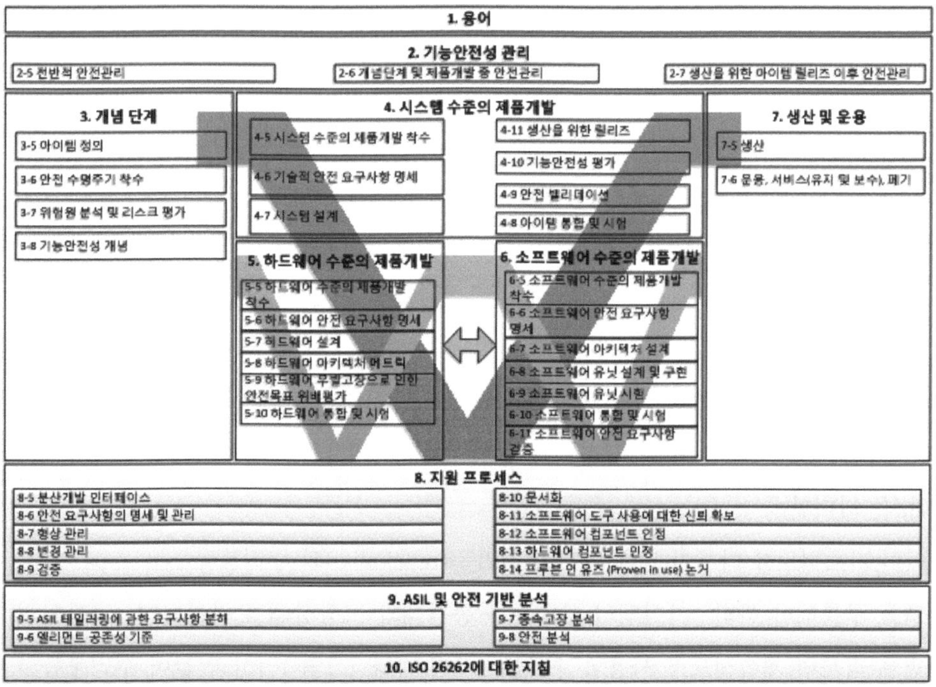

그림 1.8 ISO 26262의 V 모델(출처: KS R ISO 26262)

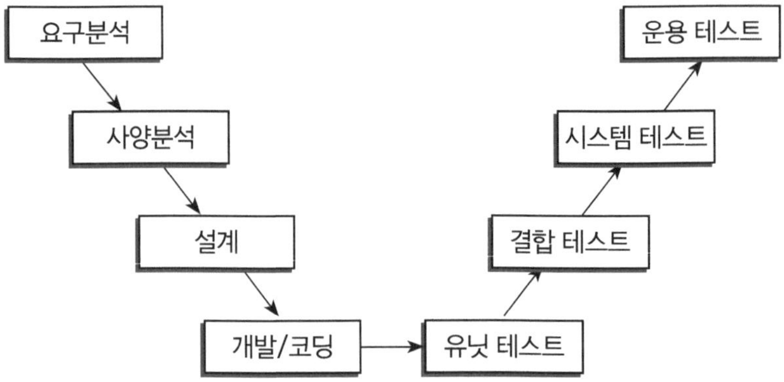

그림 1.9 V 모델

간의 통합이 요구되므로 공급자와의 관계는 매우 중요하다. ISO 26262에서는 제품개발 시 공급자와의 관계에 관한 요건을 규정하고 있다.

ISO 26262는 총 10개의 부(Part)로 구성되어 있으며, 여러 단계의 제품개발을 위하여 **[그림 1.8]**과 같은 기준 프로세스 모델을 사용하는데, 이를 기존의 순차적인 폭포수(waterfall) 모델에서 테스트와 시스템 검증 작업을 강조하는 V 모델(**[그림 1.9]** 참조)이라고 한다.

1.5 신뢰성 기초척도

신뢰성에 관한 기초적인 척도로 **1.1**절과 **1.4**절에서 설명된 신뢰성과 안전성 외에 보전성과 가용성이 있으며, 신뢰성-보전성-가용성을 RAM(Reliability, Availability, Maintainability)으로, 여기에 안전성을 더하여 RAMS(RAM+Safety)로 부른다. **1.1.1**절의 신뢰성 정의는 좁은 의미의 정의라고 할 수 있으며 넓은 의미로 확장하면 신뢰성은 RAM을 의미한다.

이런 기초척도를 다루기 전에 먼저 수리가능(repairable)과 수리불능(non-repairable) 아이템을 구분해야 한다. 아이템의 상태는 작동상태와 고장상태로 구분되며, 고장이 발생하면 수리하여 계속적으로 사용할 수 있는 가에 따라 **[그림 1.10]**과 같이 수리불능 아이템(주로 부품)과 수리가능 아이템(주로 시스템)으로 구별된다.

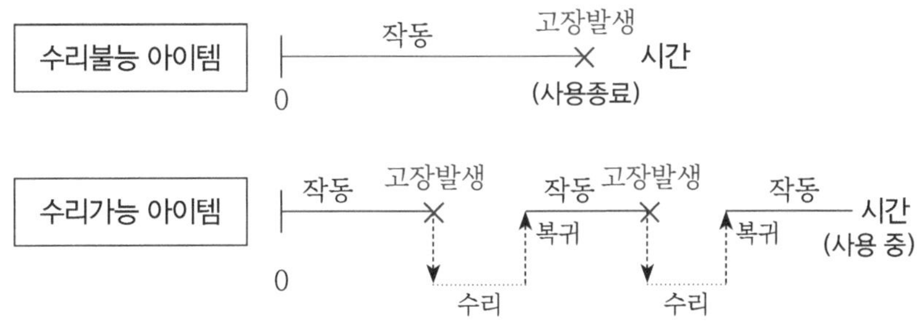

그림 1.10 수리불능과 수리가능 아이템

1.5.1 신뢰성과 신뢰도

신뢰성은 "제품이 일정기간 접하게 되는 사용조건 하에서 의도된 임무 또는 기능을 완수하는 능력 또는 성질"로 설명될 수 있다. 신뢰도의 정의는 신뢰성의 우열을 수량적으로 평가하는 척도로서 객관성과 범용성을 가져야 하므로 신뢰성을 확률이라는 수치로 정량화하고 있다. 이와 같이 제품의 품질과 성능뿐만 아니라 이의 기능이 일정시간 이상 유지하되 확률로서, 즉 시간의 함수로 신뢰도를 정의하는 것이다.

이러한 정의에 의해 '신뢰성'을 객관적 및 정량적으로 평가하고 과학적으로 추구하는 것이 가능하게 된다. 상기의 정의에 따르면 제품의 신뢰도는 시스템의 수명 즉, 신뢰도는 사용기간에 따라 달라진다. 일반적으로 사용시간에 의해 신뢰도를 정의하나 시간 이외의 다른 척도를 사용하는 경우도 있다. 예를 들면 전기스위치는 간헐적으로 사용되므로 반복횟수를, 자동차는 주행거리 등의 척도를 사용한다. 이외에 순간 및 고장률, 수명의 평균인 MTTF(Mean Time To Failure) 등 신뢰성 분야에서 많이 사용되는 신뢰성 관련 척도를 간략하게 <표 1.8>에 정리하였다. 신뢰성공학에서 중요한 고장률의 개념과 척도들의 관계는 2장에서 자세하게 다룬다.

1.5.2 보전도와 가용도

신뢰도가 수리 불가능한 제품의 신뢰성 척도로 사용되지만 가용도는 [그림 1.10]의 수리가능한 시스템의 경우에 적용되며 특정시점에 시스템이 작동하고 있을 확률이다. 사용 중인 시스템이 요구되는 기능을 발휘할 수 있는 양호한 상태로 정비하는 행위를 보전(maintenance)이라 부르는데, 고장발생 시스템의 요구되는 기능을 회복하기 위한 정비,

교체 등의 조치가 포함되며 시스템의 정비 용이성이 그 제품의 보전성이 된다.

표 1.8 신뢰성 척도 및 정의

척도	정의
신뢰도(Reliability)	부품, 제품, 시스템 등이 주어진 사용조건에서 일정기간 동안 요구되는 기능을 고장 없이 수행할 확률
(순간)고장률 (Instantaneous Failure Rate, Hazard Rate)	어떤 시점까지 작동해 온 아이템이 계속되는 단위시간 내에 고장을 일으키는 비율
평균고장률 (Average Failure Rate)	총 작동시간 동안의 고장개수 / 총 작동시간 단위: FIT(Failures in Time), 1 FIT=10^{-9} failure/hr
평균수명 또는 고장까지 평균 작동시간(MTTF)	수리하지 않는 아이템에서 고장까지의 작동시간의 평균
평균 고장간격(MTBF)	수리하면서 사용하는 아이템에서 서로 이웃하는 고장사이의 작동시간에 관한 평균
보전도(Maintainability) /평균보전시간(MTTR)	고장 발생 아이템이 주어진 조건하에서 규정된 기간 내에 보전을 완료할 확률/보전시간의 평균
가용도(Availability)	수리 가능한 아이템이 어떤 특정 순간에 기능을 유지하고 있을 확률

따라서 보전도는 [표 1.8]과 같이 "고장 발생 장비나 제품이 주어진 조건하에서 규정된 기간 내에 보전을 완료할 성질"인 보전성을 확률로 정량화한 척도이다. 수리가능한 제품은 고장날 경우 [그림 1.11]과 같이 수리에 의해 기능을 회복시켜 사용하므로 시스템의 "인접한 고장간의 작동시간의 평균값"이 평균 고장간격이며, 이를 수리불능 아이템의 MTTF와 구별하여 MTBF(Mean Time Between Failures)로 표시한다. 한편 MTBF를 사전적 의미로 해석하여 MTBF와 MTTR의 합으로 보는 전문가도 있어, 최근 일본에서는 MTBF를 평균 고장간 작동시간(Mean operating Time Between Failures)으로 정의하고 있다. 그리고 고장난 시스템을 보전하는데 요구되는 시간의 평균값을 평균보전시간이라 부르고, 이것을 MTTR(Mean Time To Repair)로 나타낸다. 여기서 MTBF는 [그림 1.11]에서의 신뢰성에 대한 하나의 척도로, MTTR는 [그림 1.11]의 보전성에 대한 하나의 척도로 볼 수 있다.

그리고 사용 중인 제품의 고장 시 수리하는 경우, 이 제품의 가용도는 [표 1.8]과 같이 "규정된 시점에서 기능을 유지하고 있는 확률, 또는 어느 기간 중에 기능을 유지하는 시간의 비율"이다. [그림 1.11]에서 가용도는 신뢰도와 보전도로 결합한 척도로 관측된

전 시간에 대한 작동가능시간의 비로 가장 간략하게 표현하는 데 이를 안정상태 가용도(steady-state availability)라 부른다. 이와 더불어 가용성(신뢰성과 보전성)과 보전지원성(보전에 필요한 자원을 적시에 제공할 수 있는 보전조직의 능력)을 총칭하는 정성적 척도인 신인성(dependability)도 있다.

제품수준을 부품과 (하위)시스템 수준으로 구분하여 수리가능 여부에 따라 현업에서 쓰이는 신뢰도 척도와 신뢰성 시험의 유형에 관한 예시가 [표 1.9]에 있다. 이 장에서 언급하지 않은 신뢰성 척도는 2장 등에서, 신뢰성 시험의 종류 등은 8장과 9장에서 다룰 것이다.

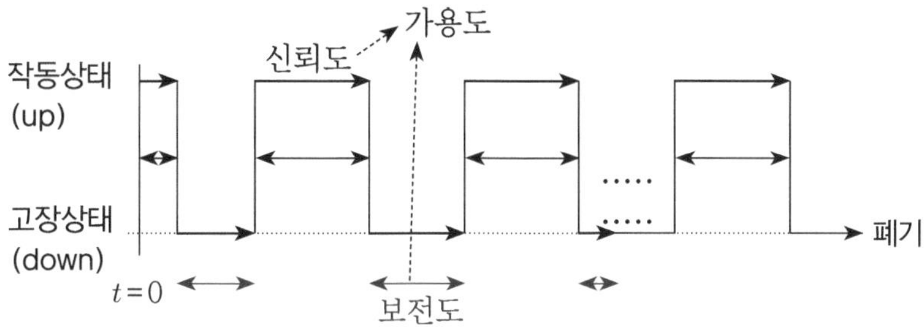

그림 1.11 RAM

표 1.9 제품수준과 수리가능 여부에 따른 신뢰성 척도와 관련 신뢰성 시험: 예시

제품 수준	부품수준	(하위) 시스템 수준	
수리가능 여부	수리불능	수리가능	수리불능
신뢰성 척도	B수명 MTTF 수명분포 신뢰도 환경조건 한계	MTBF 가용도 보전도 고장기준 역치	B수명 MTTF 신뢰도 환경조건 한계
적용 신뢰성 시험 유형	ALT (스트레스, 사용률 가속) ADT 합격판정시험 HALT HASS	ALT (사용률 가속) ADT (하위 시스템) 합격판정시험 burn-in 임무 가용도 실증 시험	ALT (사용률 가속) ADT (하위 시스템) 합격판정시험 burn-in HALT HASS

1.5.3 RAMS와 SMART

RAM과 1.4절의 안전성을 결합한 RAMS를 **[그림 1.12]**에서 포괄적인 품질의 관점으로 도시하고 있는데, 종래의 기능성과 시간척도가 반영된 신뢰성을 포함한 협의의 품질은 의도된 사용법과 환경 하에서 발휘되지만, 광의의 품질은 의도되지 않았으나 합리적으로 예견 가능한 사용법과 환경 하의 안전성을 보증하는 것이 추가된 개념으로 볼 수 있다(門田靖(2012)).

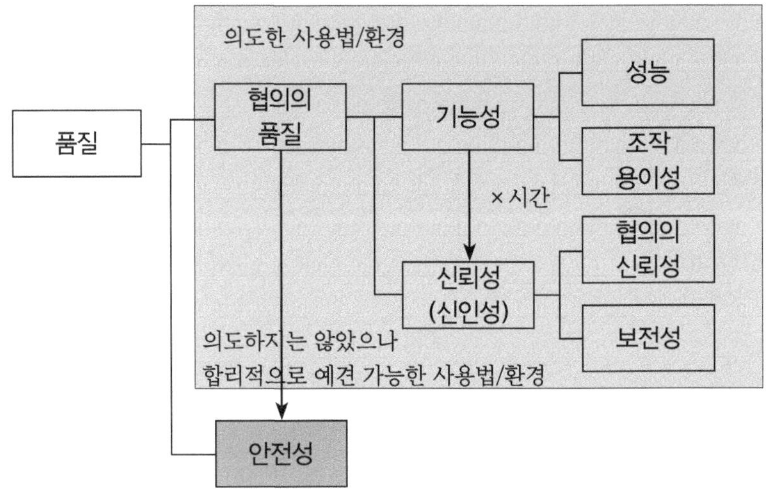

그림 1.12 품질-신뢰성-안전성

또한 신뢰성을 평가하는데 필수적인 신뢰성시험(8장과 9장에서 다룸) 등을 통해 적시에 비용대비 효과적으로 결함을 확실하게 검출하고 격리하는 능력인 시험용이성(T: Testability)의 역할이 현업에서 높아짐에 따라 RAMS(거꾸로 배열)에 추가하여 광의의 신뢰성 기술을 **[그림 1.13]**처럼 'SMART'로 통칭하고자 한다.

한편 신뢰성공학은 이론과 실제(practice)의 양면성을 가지고 있다. 즉, 복잡한 시스템 모형을 작성하여 신뢰도를 산출하거나, 통계학 이론을 도입하여 고장발생 현상을 정량화하는 모형의 성질을 규명하는 이론 분야와 구체적인 현실 문제를 객관적으로 현장에 맞게 해결하는 기법을 중시하는 실제 응용하는 분야의 양면으로 대별할 수 있는데 이런 기법들이 **[그림 1.14]**에 도시되어 있다. 즉, 제품이나 시스템을 개발, 설계, 제조를 담당하는 기술자가 FMEA 등을 잘 활용하더라도, 그는 꼭 복잡한 신뢰성 이론 전문가는 아니다.

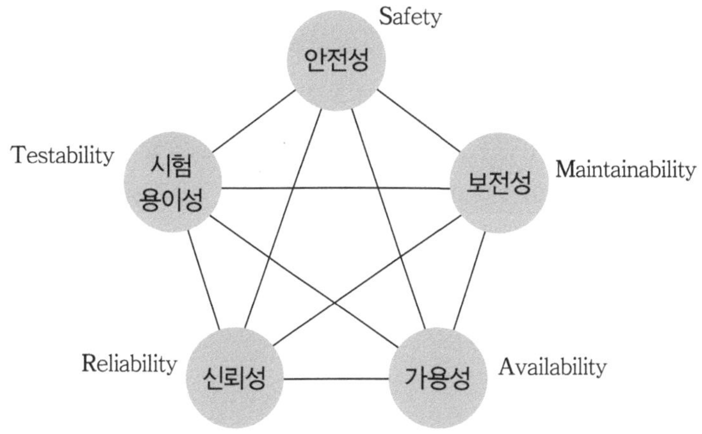

그림 1.13 SMART의 개념

따라서 엔지니어는 실제적인 신뢰성 기법을 학습하고, 이를 이용하여 보다 좋고 튼튼한 제품을 만들기 위해 지속적으로 노력하는 것이 매우 중요하다. 여기서 이론과 실제는 신뢰성공학의 근간이 되는 양축이며, 이론이 장래의 신뢰성 활용에 꼭 필요한 도구가 될 것이 틀림이 없으므로 기초적 이론영역을 잘 아는 것이 실무자에게도 매우 중요하다.

하여튼 신뢰성을 향상시키는 것만으로는 안전성을 향상시킬 수 없다. 경우에 따라 신뢰성과 안전성의 사고방식이 상반되는 것도 있으므로, 각각의 역할을 명확하게 하는 것이 중요하다. 동작을 정지함으로써 안전상태를 확보할 수 있는 시스템을 고려하자. 이 때

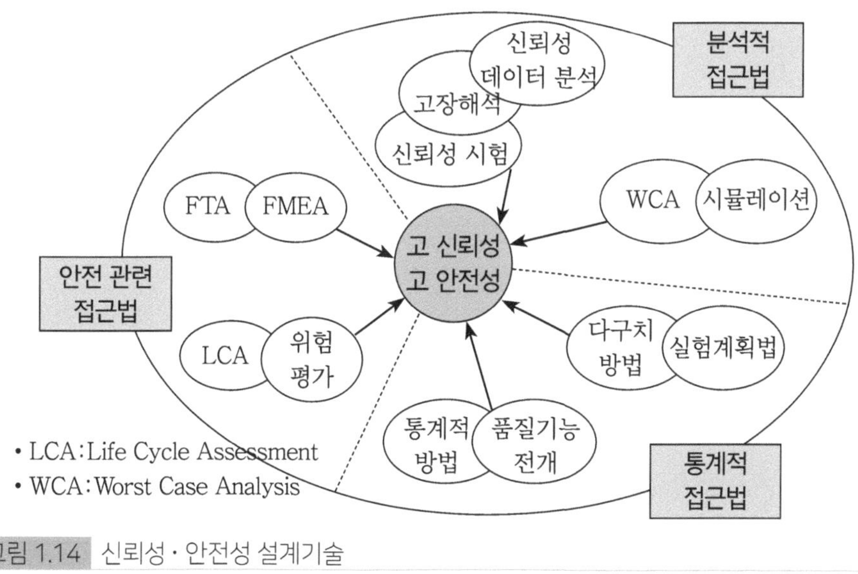

그림 1.14 신뢰성·안전성 설계기술

약간이라도 이상이 있으면 동작을 정지하는 구조를 만들어 안전성을 높일 수 있지만 신뢰성이나 실용성은 떨어지게 된다. 즉, 안전성만을 철저하게 추구하는 것이 제품의 경쟁력을 저하시키는 하나의 원인이 될 수 있다.

따라서 실제 제품개발 시에는 안전성과 신뢰성 어느 한 쪽을 선택하는 것이 아니며, 더불어 개별 담당부서에서 판단해야 될 사항이 아니므로, 경영층 관점에서 안전과 품질에 대한 방침을 정하고, 이를 기반으로 현실적인 지침이나 선택기준을 마련할 필요가 있다.

연습문제

1.1 신뢰도와 품질은 밀접한 관계를 가지고 있다. 두 분야의 관계를 특정 제품으로 예시하면서 설명하라.

1.2 주위에서 쉽게 볼 수 있는 다음 제품의 신뢰성 척도인 고장확률을 개략적으로 추정하라.

(1) 1년 동안 매일 평균적으로 6시간씩 작동한 36W 전구의 고장확률은?
(2) 정기적으로 예방보전을 받으며, 매일 평균적으로 40km를 3년간 주행한 자동차의 고장확률은?
(3) 매일 평균적으로 8시간씩 2년간 작동한 개인용 컴퓨터의 고장확률은?
(4) 매일 평균적으로 5시간씩 10년간 작동한 TV의 고장확률은?

1.3 신뢰도를 서비스 산업에도 다음과 같은 척도로 유사하게 적용할 수 있다.

- 택배: 당일 배달 택배의 비율
- 피자 가게: 온도 유지 주문 비율
- 회계: 규정된 기간 내 처리비율
- 항공회사: 예정시간 도착 비율

이를 기초로 각 자가 서비스 산업에 적용할 수 있는 사례를 3가지 이상 열거하라.

1.4 신뢰성 관점에서 수리가능과 수리불능 아이템의 차이점을 기술하고 우리가 일상생활에서 접할 수 있는 제품으로 둘 이상씩 열거하라.

1.5 신뢰도를 측정할 때 시간척도를 명확하게 설정해야 한다. 다음의 자동차 구성부품에

대해 적절한 시간척도를 제시하고 이에 영향을 미치는 운용 및 환경요소를 열거하라.

(1) 자동차의 천장 도장

(2) 자동차의 배터리

(3) 자동차의 윈도우 와이퍼

(4) 자동차 타이어

1.6 우리 회사는 과거 시행된 신뢰성 프로그램의 실적 데이터를 근거로 개발 대상 아이템의 달성 신뢰도 수준이 R일 때 개발 및 생산비용은 $7+3.9R^2$(단위: 억원)으로, 고장에 따른 비용은 고정비와 변동비의 합 형태인 $5000+1.5x$(단위; 만원)로 추정되었다. 여기서 x는 고장개수로 생산량$\times(1-R)$이 된다. 이 아이템의 생산량을 50,000대로 예상할 때 관련비용을 최소화 하는 목표 신뢰도와 이 경우의 총비용을 구하라.

1.7 최근 우리나라에서 실시된 리콜 사례를 찾아서, 이의 배경, 경과, 경제적 손실 등을 조사하라.

1.8 우리나라 기업에서 기능안전성 도입 사례와 하나의 업종을 선택하여 도입 실태를 조사하라.

제2장

신뢰성 척도와 수명분포

2.1 신뢰성 자료

아이템의 수명분포에 대한 정보를 얻기 위해서는 이 아이템에 대한 신뢰성 자료가 필요하다. 따라서 이 절에서는 수명자료(고장발생 자료와 다양한 관측중단자료를 통칭함)를 포함한 신뢰성 자료의 유형과 특징, 그리고 이를 활용하여 신뢰성 분석을 수행하는데 요구되는 확률과 기술통계의 기초지식을 소개한다.

2.1.1 신뢰성 자료 유형

1 수명자료와 성능자료

실제 사용 환경에서 운용되는 제품의 수명정보와 실험실에서 수행되는 수명시험에 의하여 획득되는 신뢰성 자료는 시험방법 및 조건에 따라 자료의 형태를 구분할 수 있다. 먼저 신뢰성 분석에 이용되는 데이터는 수명자료와 성능자료로 구분될 수 있다.

(가) 수명자료

어떤 제품이 의도된 기능을 제대로 수행하고 있거나 고장인지의 여부로 판정되는 자료로서 고장까지의 기간에 관한 척도(시간, 사이클 수 등)로 표현되는데, 가속 스트레스 수준 등의 정보도 함께 수집될 수 있으며, 신뢰성시험 중에서 주로 (가속)수명시험과 같은 시험방식에서 획득되는 자료이다. 수명자료는 관측중단방법에 따라 [그림 2.1]과 같이 몇 가지 유형으로 분류할 수 있다.

(나) 성능(열화)자료

시간(제품에 따라 달력시간 혹은 운영시간)이 경과됨에 따라 제품의 성능이 어떠한 양상으로 저하되는지를 측정한 자료로서 정해진 제품 특성에 따른 치명적 수준까지 성능이 저하될 경우 고장으로 판정하는 자료이다. 신뢰성시험 중에서 주로 (가속)열화시험과 같은 시험방식에서 획득되는 자료이다.

2 수명자료의 유형

(가) 완전자료(complete data)

각 시험단위의 고장시간을 정확하게 파악할 수 있는 경우의 자료를 명명하는 것으로 이러한 자료에 의한 정보가 가장 유용하기는 하지만 고 신뢰도 제품에 대해 이런 정보를 얻기 위해서는 많은 시간과 시험비용 등이 필요한 유형이다.

[그림 2.1]의 (a)에는 n개의 시험표본이 모두 고장난 완전자료의 형태를 보여주고 있다.

(나) 관측중단자료(censored data)

신뢰성시험을 실시할 경우에 충분한 시험시간 동안에도 모든 제품의 고장이 발생하지 않는 경우가 대부분이다. 이러한 시험에서 획득되는 고장이 나지 않는 시험단위의 수명은 어떤 일정시간 이상이라는 정보만을 알 수 있으며, 이런 경우를 우측 관측중단자료(right censored data)라 부른다. 이럴 경우 미리 정해진 시간(t_c)까지 시험을 하여 고장정보를 획득하는, 즉 주어진 시험시간 하에서 고장개수가 확률변수가 되는 관측중단(제1종 관측중단(Type I censoring) 또는 정시종결)방법을 이용하여 자료를 획득할 수 있다([그림 2.1]의 (b) 참고). 이러한 방식은 시험종결시간이 정해져 있는 장점이 있지만 미리 정해진 시험시간까지 시험을 하더라도 고장이 하나도 발생하지 않거나 작은 개수의 고장만을 관측할 수 있는 단점이 있다.

또한 미리 고장개수를 정하고 이 고장개수만큼 고장이 발생할 때까지 시험하는, 즉 시험종결시간이 확률변수가 되는 관측중단(제2종 관측중단(Type II censoring) 또는 정수종결)방법을 이용하여 시험을 실시할 수 있다([그림 2.1]의 (c) 참고). 이 방식은 정해진 고장개수만큼의 고장 정보를 얻기 위해서 시험시간이 아주 길어질 수 있는 단점이 있다.

[그림 2.1]의 (b)는 관측중단시간까지 시험하는 정시종결의 경우를 나타내며, (c)는 3번째 고장이 관측된 후 나머지 고장나지 않은 제품은 그 시점에서 시험이 종료되는 정수종결 상황을 나타낸다.

(다) 구간자료(grouped, interval or read-out data)

시험단위의 고장시간을 연속적으로 관측하지 않고, 어떤 구간을 정하여 그 구간 끝에서 간헐적으로 관측하여 구간 내에서 고장의 발생여부를 파악하는 자료를 얻게 되며, 이러한 정보를 구간자료라 한다. 일반적으로 구간자료는 구간이 중복되지 않은 경우 각 구간의 고장개수로서 표현되는 경우가 대부분이다. [그림 2.1]의 (d)는 구간자료(실선으로 표시)의 한 형태를 나타내고 있다.

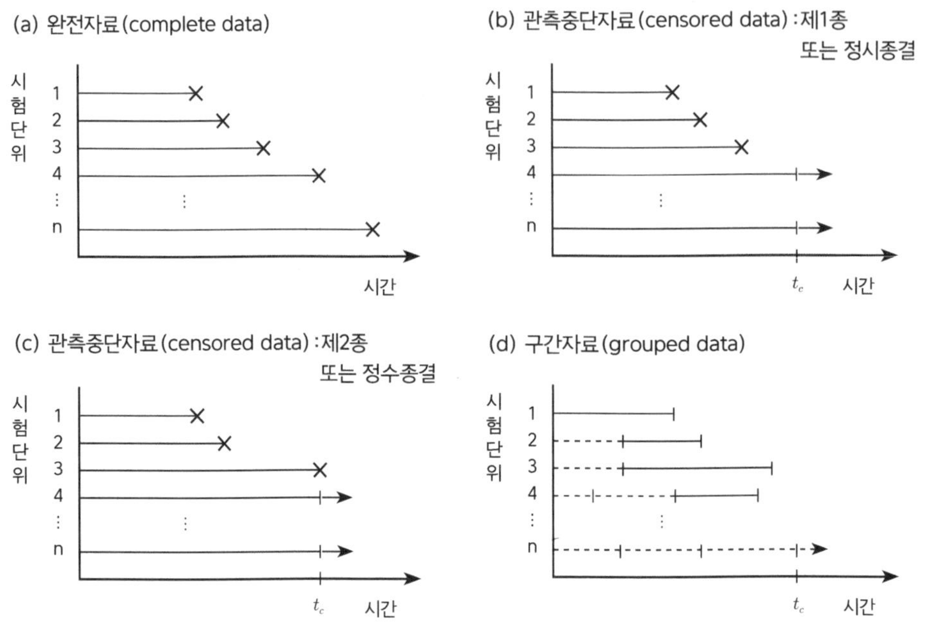

그림 2.1 수명자료의 유형(고장발생시간 ×, 계속 작동 →)

(라) 다중 관측중단자료(multiply censored data)

어떤 시험의 경우는 관측중단이 1회만 있는 경우(단일 관측중단)보다 다수의 관측중단 시점이 포함된 수명정보를 얻게 된다. 이러한 자료는 관측중단시간과 고장 발생시간이 혼합되어 있으며 일반적으로 다음과 같은 경우에 발생된다.

(i) 시험시간이 장기간 소요됨에 따라 시험단위를 점진적으로 관측중단시키는 경우(progressively censoring)
(ii) 다양한 시점에서 시험의 중지
(iii) 다양한 시점에서 시험의 시작이나 아이템의 운용
(iv) 관심의 대상이 아닌 고장원인에 의한 고장발생이나 시험장비 고장과 같은 외적인 요인에 의한 정보 손실 시

다중 관측중단의 경우 이 시점이 확률변수인 경우가 있으며 이러한 관측중단을 랜덤 관측중단(random censoring)이라 한다.

또한 전술된 다양한 관측중단 형태가 혼합되어 있는 자료로서, 우측 및 좌측 관측중단(첫 관측시점 이전에 고장이 발생하여 수명이 이 시점 이하라는 정보를 얻는 경우),

구간자료 등을 포함하는 자료를 Minitab(2017)에서는 우측 관측중단자료와 구분하여 임의 관측중단자료(arbitrary censored data)로 부르고 있다.

2.1.2 수명자료 특징

수명자료의 주요 특징을 간략하게 정리하면 다음과 같다.

(i) 수명자료는 비음의 값을 가진다.
(ii) 거의 대부분의 수명자료는 비정규분포를 따른다.
(iii) 수명자료는 다양한 관측중단 유형의 자료를 포함한다.
(iv) 품질특성에 따라서 수명자료와 성능자료로 구분된다.
(v) 보증기간의 설정이나 보증비용을 추정하기 위해서는 저 백분위수 등 수명 초기의 정보에 관심이 많다.

2.1.3 확률변수와 분포

신뢰도는 확률로 정량화되고 있으므로 이의 체계적 분석을 위해서는 확률과 통계의 기본 개념이 필요하다. 따라서 확률변수, 자료를 도식적으로 쉽게 표현하는 히스토그램과 확률밀도함수, 누적분포함수, 분위수 등에 관하여 살펴보자.

1 확률변수(random variable)

시험단위 혹은 제품의 수명, 제품에 인가되는 스트레스 등과 같이 그 값이 일정하지 않고 확률적으로 변하는 변수로, 이러한 확률변수와 확률의 관계는 분포로 표현할 수 있다. 즉, 확률변수 T로 표현되는 제품의 수명은 확정적으로 미리 정해지는 값이 아니라 사용환경, 여러 가지 스트레스 등으로 인하여 그 값이 달라진다.

많은 자료가 있을 때 자료를 요약하여 개괄적으로 분포되어 있는 상태를 도식적으로 가장 용이하게 표현할 수 있는 것이 히스토그램(histogram)이다.

(가) 히스토그램

히스토그램은 분석자가 자료를 요약하여 분포를 적절히 표현하기 위해서 구간(계급) 수와 구간 간격을 먼저 설정하여 각 구간의 도수와 전체 도수에 대한 비율인 상대도수를 구한다.

구간이 정해지면 각 구간에 포함된 도수와 상대도수를 구하여 수작업이나 Minitab의 "그래프(Graph)" 메뉴를 이용하여 [그림 2.2]과 같이 도시함으로써 개괄적인 자료의 분포를 파악할 수 있다. [그림 2.2]의 (a)는 각 구간에 대한 도수를 표현한 히스토그램의 예시이다.

(나) 누적상대도수 그림

각 구간의 도수를 누적시켜서 상대도수로 나타낸 누적상대도수를 구간 경계값에 따라 꺾은 선으로 연결한 그림을 누적상대도수 그림(ogive)이라 하며, [그림 2.2]의 (b)에 예시되어 있다.

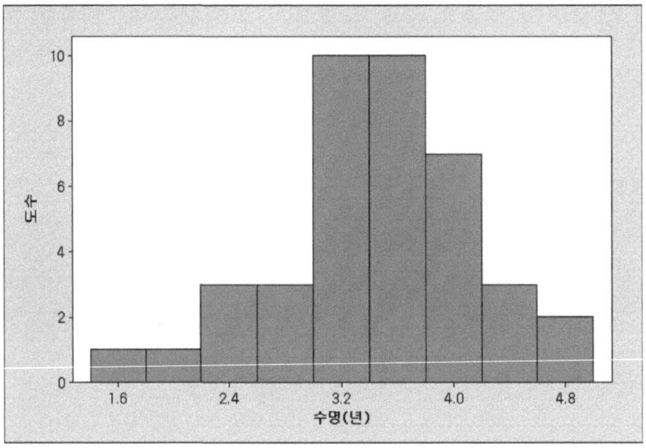

(a)히스토그램

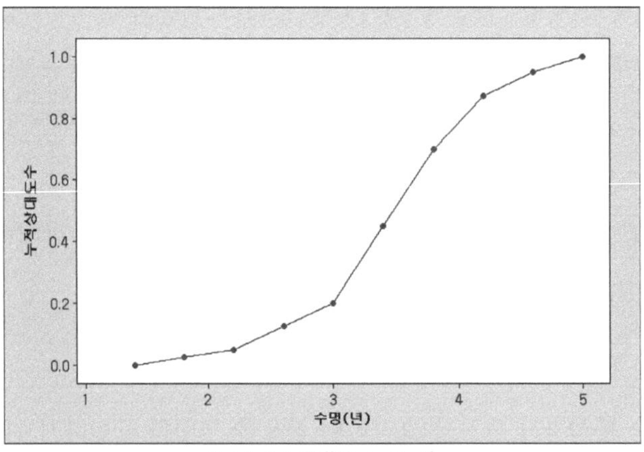

(b)누적상대도수 그림

그림 2.2 히스토그램과 누적상대도수 그림의 예

2 확률밀도함수(Probability Density Function; pdf)

확률밀도함수 $f(t)$는 [그림 2.2]의 (a)에 있는 상대도수 히스토그램의 극한적 모습으로 [그림 2.2]의 한정된 표본의 수에서 그 수가 무한히 증가할수록 각 기둥의 폭이 매우 작아져 연속적인 함수형태가 되며 이를 확률밀도함수라 부른다.

통계학에서 널리 사용되는 정규분포의 확률밀도함수는 식 (2.1)로, 분포형태는 [그림 2.3]으로 표현되며 확률변수 T가 정규분포를 따른다고 할 때 $T \sim N(\mu, \sigma^2)$와 같이 나타낸다.

$$f(t) = \frac{1}{\sqrt{2\pi}\sigma} \exp\left[-\frac{(t-\mu)^2}{2\sigma^2}\right] \tag{2.1}$$

단, μ : 평균, σ^2 : 분산, σ : 표준편차

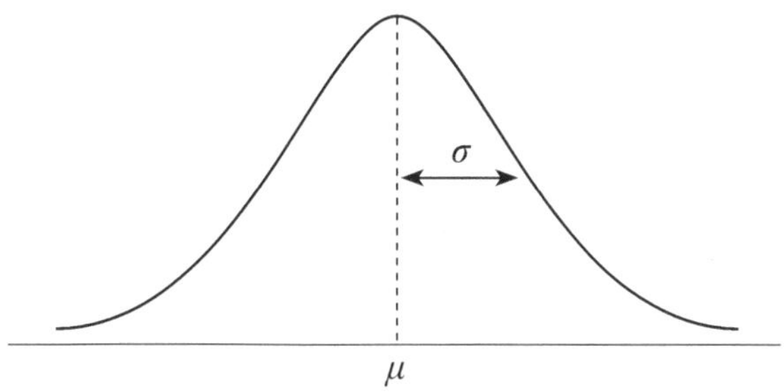

그림 2.3 정규분포

3 누적분포함수(Cumulative Distribution Function; cdf) 또는 분포함수

누적상대도수 그림의 극한적 모습으로, 확률변수 T가 어떤 값 t보다 같거나 작을 확률 ([그림 2.4]의 (a) 참고)을 의미하므로 식 (2.2)와 같이 정의되며, 정규분포를 따를 경우 [부록 A 정규분포 표]를 이용하여 이 확률을 구할 수 있다.

$$F(t) = \Pr(T \le t) = \int_{-\infty}^{t} f(u)\,du \tag{2.2}$$

[그림 2.4(b)]와 같이 어떤 구간(빗금 친 부분)의 확률 계산은 누적분포함수를 이용하여 b점과 a점까지의 확률 $F(b)$와 $F(a)$를 구하여 식 (2.3)과 같이 $F(b)$에서 $F(a)$를 차감한다.

$$\Pr(a < T \le b) = \Pr(T \le b) - \Pr(T \le a) = F(b) - F(a) \qquad (2.3)$$

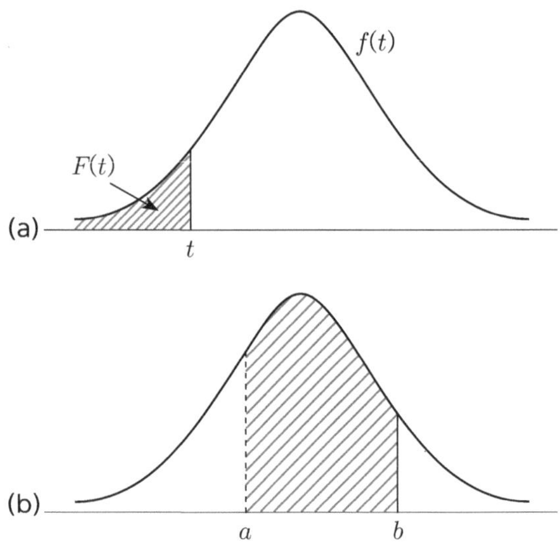

그림 2.4 누적분포함수와 구간 확률

예제 2.1

연속 확률변수의 확률밀도는 1보다 클 수 있는가?

연속 확률변수일 때 어떤 점에서의 확률은 '0' 이므로 이 경우의 확률은 구간으로 주어져야 의미가 있다. 즉, $\Pr(t_0 \le T < t_0 + \Delta t)$ 일 때 확률은 **[그림 2.5]** 와 같이 $(t_0,\ t_0 + \Delta t)$ 구간에서 $f(t)$아래의 면적이 되며, Δt가 작으면 $f(t_0)\Delta t$로 근사할 수 있다. 따라서 확률에 해당되는 $f(t_0)\Delta t$는 '1' 이하가 되어야 하지만 Δt의 크기에 따라 확률밀도 $f(t_0)$는 '1' 보다 클 수 있다. 금이 무겁다는 판단을 위해서는 금의 비중(밀도) 뿐만 아니라 체적까지 알아야 하는 것과 동일한 이치이다. 확률밀도는 확률의 크기를 결정하는 중요한 요소이지만 결코 확률은 아니다.

4 분위수(Quantile) 또는 백분위수(Percentile)

고장날 확률이 q가 되는 수명 t_q를 누적분포함수를 이용한 수식으로 표현하면 $F(t_q)$이므로 **[그림 2.6]** 의 t_q값을 분위수라고 한다. 일반적으로 t_q를 q 분위수 또는 제$100q$ 백분위

수라고 부르는데, 확률변수 T가 수명이므로 백분위 수명이 된다. 신뢰성 분야의 현업에서는 주로 B수명으로 칭한다(2.2.3절 참고).

제1백분위수 : $t_{0.01}$
제10백분위수 : $t_{0.1}$
제25백분위수(제1사분위수) : $t_{0.25}$
제50백분위수(중앙값, 제2사분위수) : $t_{0.5}$
제75백분위수(제3사분위수) : $t_{0.75}$

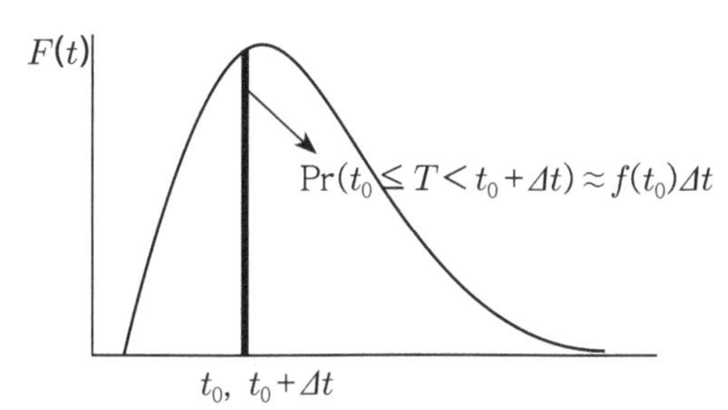

그림 2.5 확률밀도의 의미

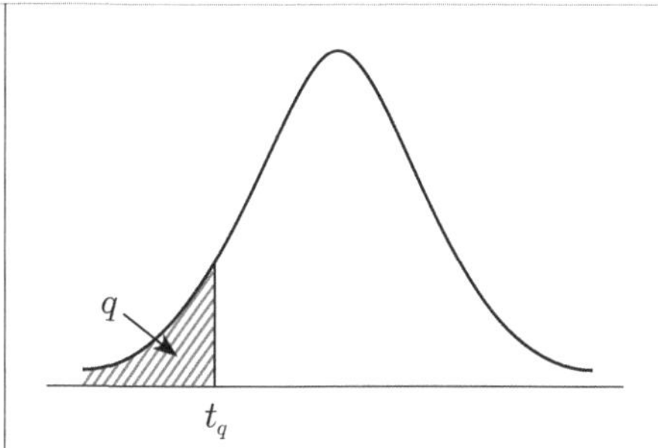

그림 2.6 분위수

2.2 신뢰성 척도

신뢰성 척도들을 보다 용이하게 이해하기 위해 실제 현장에서 자주 접할 수 있는 수명자료 유형을 대상으로 접근해보자.

예제 2.2

자동차용 전자부품 100개를 사용조건보다 가혹한 전압 하에서 시험오븐에 장착하여 매 200시간마다 관측하여 고장이 난 단위는 제거하고 그렇지 않는 단위는 계속적으로 시험을 실시하였다. 모두 고장이 발생하여 관측이 종료된 시간은 2,000(hr)이며 각 구간에서 파악된 고장개수가 [표 2.1]에 정리되어 있다.

표 2.1 자동차 전자부품 데이터 : [예제 2.2]

구간	고장 개수	구간	고장 개수
(0, 200]	2	(1000, 1200]	14
(200, 400]	10	(1200, 1400]	12
(400, 600]	21	(1400, 1600]	5
(600, 800]	14	(1600, 1800]	2
(800, 1000]	19	(1800, 2000]	1

먼저 이 수명자료로부터 확률분포 형태를 파악하기 위해 구간을 계급으로 간주하여 **[그림 2.7]**의 상대도수 히스토그램을 작성하여 봉의 존재여부와 개수, 평균, 산포의 크기 등을 개략적으로 파악할 수 있다. 이로부터 확률밀도는 각 구간의 상대도수를 구간 폭으로 나눈 값으로 볼 수 있으며, 데이터 수가 무한하게 커지면 확률밀도함수 곡선에 근접해 간다. 여기서 상대도수가 커지다가 감소하므로, 시간이 지남에 따라 잔존 단위비율이 점점 감소되고 있음을 무시하고 이를 고장률 패턴이라고 여기면 안 된다.

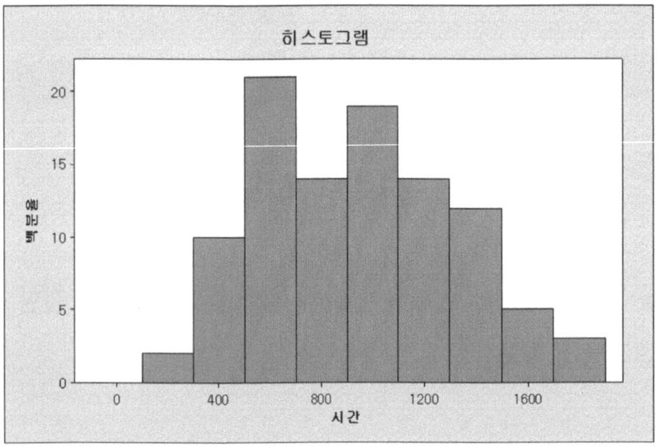

그림 2.7 히스토그램 : [예제 2.2]

다음은 각 구간의 누적상대도수를 구하여 꺾은 선 형태로 그린 것을 **[그림 2.8]**의 누적상대도수 그림이라 하며 누적분포함수(cdf)의 형태를 파악할 수 있다. 여기서는 시간이 증가됨에 따라 고장비율이 증가하므로 누적상대도수가 증가한다. 또한 그림의 예시와 같이 분위수(그림의 제 10백분위 수명)도 추정할 수 있다. 또한 이로부터 고장이 나지 않을 확률을 잔존단위의 비율인 (1-누적상대도수)로 구하여 그린 것이 **[그림 2.9]**로 신뢰도함수를 유추할 수 있는 그림이다. 여기서는 누적분포함수와 반대로 시간이 증가됨에 따라 그 값인 잔존단위의 비율은 감소한다.

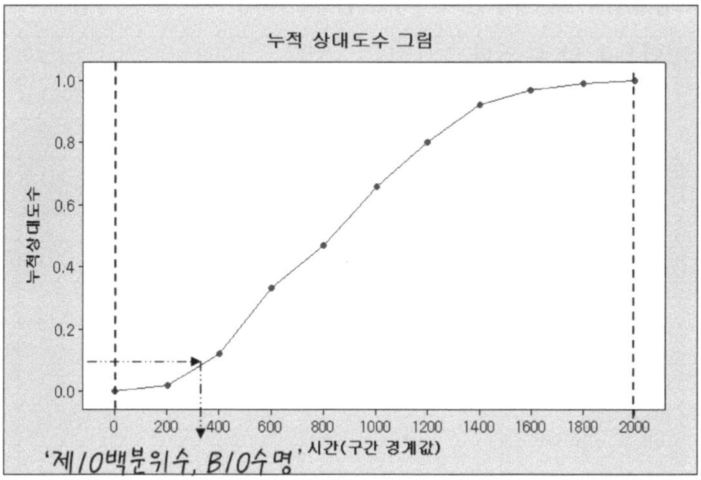

그림 2.8 누적상대도수 그림 : [예제 2.2]

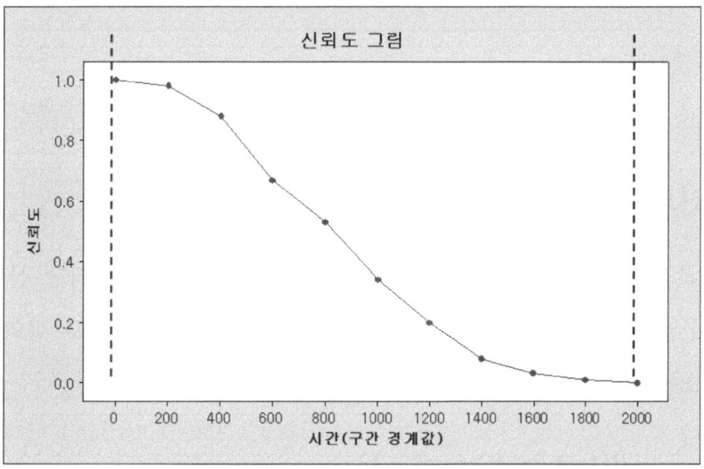

그림 2.9 잔존단위 비율 그림

마지막으로 각 구간의 고장률을 구하는 방식을 생각해 보자. 그 구간에서 고장이 발생하려면 구간 초에 생존하고 있어야 하므로 그 구간에서 고장이 나는 단위의 비율은 '구간의 고장개수/구간 초 잔존 단위 수'로 구해진다. 따라서 고장률은 시간단위로 표시되므로 그 구간에서 고장률의 평균은 '구간의 고장개수/(구간 초 잔존 단위 수×구간 폭)'으로 구할 수 있다. 이 값들을 각 구간 경계에서 구하여 꺾은 선으로 연결한 것이 **[그림 2.10]** 이다. 즉, 이 곡선은 데이터가 많아지고 구간 폭이 작아지면 다음 소절에서 다루는 (순간)고장률함수 곡선이 된다. 이 그림으로부터 시간이 증가됨에 따라 고장 가능성이 증가하고 있음을 알 수 있다.

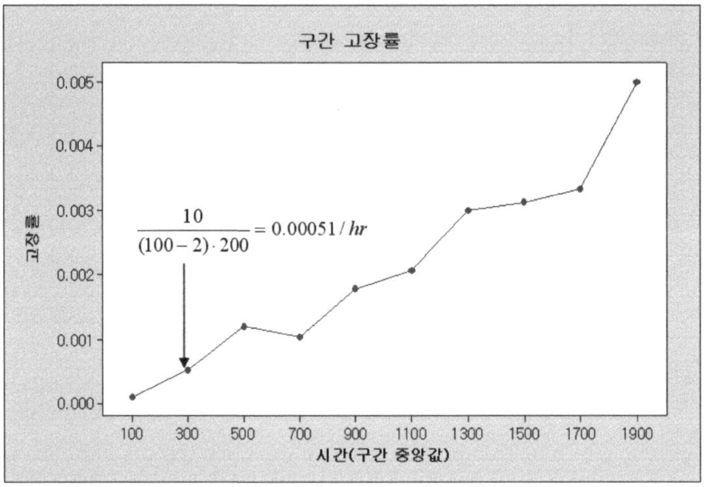

그림 2.10 고장률 곡선

2.2.1 신뢰도와 고장률

신뢰성을 계량화한 가장 기본적인 척도는 사용시간 t의 함수로 나타낸 신뢰도함수이다. 수명(고장이 날 때까지 시간 ; TTF(Time To Failure))을 확률변수 T로 정의하면, t시점에서 신뢰도 또는 생존확률 $R(t)$는 식 (2.4)와 같이 나타낼 수 있다.

$$R(t) = \Pr(T>t) = 1 - F(t) \tag{2.4}$$

따라서 t까지 고장이 발생할 누적확률에 해당되는 누적분포함수(cdf) $F(t)$는 불신뢰도(unreliability)라 불리기도 하며 두 함수는 식 (2.5)와 **[그림 2.11]** 과 같은 관계를 가진다.

$$R(t) + F(t) = 1 \tag{2.5}$$

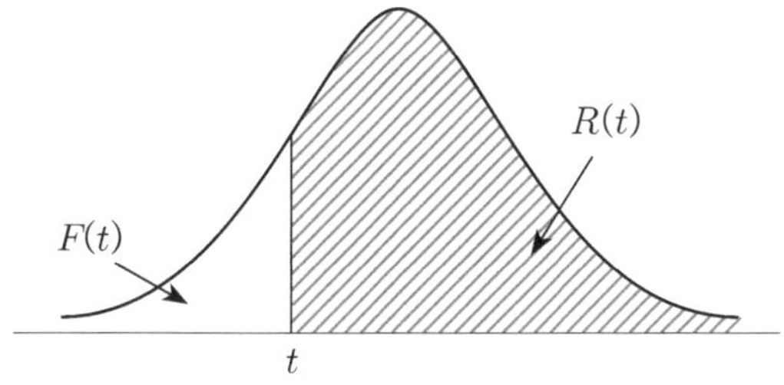

그림 2.11 신뢰도와 불신뢰도함수

단위시간당 어떠한 비율로 고장이 발생하는지를 파악하고자 한다면 $F(t)$를 미분하여 확률밀도함수(pdf)인 $f(t)$를 구하면 된다. 이들의 관계는 다음과 같다.

$$f(t) = \frac{dF(t)}{dt} = -\frac{dR(t)}{dt}$$

또한, 순간고장률(instantaneous failure rate)은 식 (2.6)과 같이 정의되는데, 그 시점 직전까지 작동 중인 아이템이 순간적으로 고장이 날 비율을 가리킨다. 이러한 순간고장률을 보통 고장률함수(hazard (rate) function, hf) $h(t)$라고도 부르며 다음과 같은 관계를 가진다.

$$\begin{aligned} h(t) &= \lim_{\Delta t \to 0} \frac{\Pr(t < T \le t + \Delta t \mid T > t)}{\Delta t} \\ &= \lim_{\Delta t \to 0} \frac{F(t+\Delta t) - F(t)}{\Delta t \cdot (1 - F(t))} \\ &= \frac{1}{R(t)} \cdot \left[\lim_{\Delta t \to 0} \frac{R(t) - R(t+\Delta t)}{\Delta t} \right] \\ &= \frac{1}{R(t)} \cdot \left[-\frac{dR(t)}{dt} \right] = \frac{f(t)}{R(t)} \end{aligned} \tag{2.6}$$

고장률은 식 (2.6)과 **[그림 2.12]**와 같이 어떤 시점까지 작동중인 아이템이 그 시점 이후의 매우 짧은 시간 내에 고장이 나는 비율을 가리키므로, 이 값은 확률이 아니고 조건부 확률밀도에 해당되며, 그 시점까지 고장이 발생되는 누적확률인 불신뢰도(cdf)와는 다른 개념이다.

고장률 $h(t)$가 시간의 증가에 따라 증가되면 IFR(increasing failure rate)이라고 하며 고장률이 시간의 변화에 상관없이 일정하면 CFR(constant failure rate)라고 한다. 통계분야에서 가장 널리 쓰이는 정규분포는 고장률이 IFR 형태를 나타내며, 고장률이 CFR인 경우는 지수분포뿐이다. 또한 시간이 증가함에 따라 고장률이 감소하는 경우도 있는데 이것을 DFR(decreasing failure rate)이라고 한다. 특히 2.3절에서 다루는 수명분포 중에서 와이블 분포는 형상모수에 따라 세 가지 형태의 고장률을 표현할 수 있기 때문에 신뢰성 분석에서 널리 쓰이는 대표적인 수명분포이다.

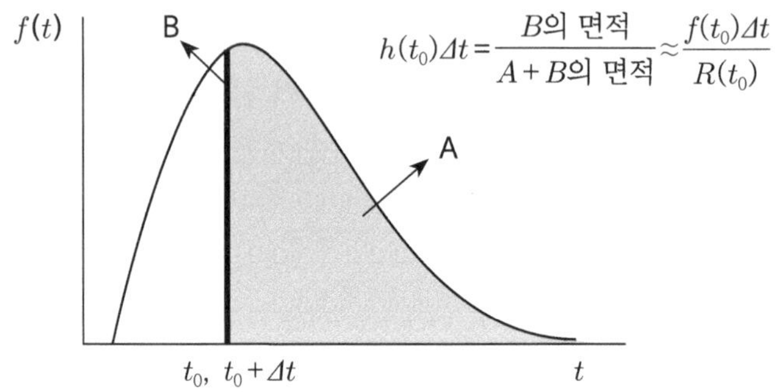

그림 2.12 고장률의 의미

예제 2.3

지금 태어난 여자 아기가 100살보다 더 살 확률과 95세 할머니가 5년(즉, 100살) 더 생존할 확률, 그리고 99세 할머니가 1년(100살) 더 생존할 확률 중에서 어느 것이 가장 높은가? 여기서 지금 태어난 아기와 할머니들의 100세까지 생존확률은 별 차이가 없다고 가정하며, 이들을 확률에 관한 식으로 나타내어 비교하라.

T가 여성의 수명을 나타내는 확률변수로 정의할 때, 첫 번째 확률은 신뢰도 형태인 $\Pr(T>100)$가 된다. 두 번째 확률은 조건부 확률(즉, residual reliability) 형태인 $\Pr(T>100 \mid T>95)$로 나타낼 수 있다. 여기서 조건부 확률의 정의를 적용하면 이 확률은 $\Pr(T>100)/\Pr(T>95)$가 되어, 분자는 같지만 분모가 1보다 상당히 작은 두 번째 확률이 첫 번째 확률보다 크게 됨을 쉽게 알 수 있다. 또한 세 번째 확률은 $\Pr(T>100 \mid T>99)$로 표현되므로 두 번째 확률과 동일하게 적용하면 $\Pr(T>100)/\Pr(T>99)$가 되어 분모의 확률이 앞의 경우보다 작으므로 99세 할머니가 1년 더 생존할 확률이 가장 크다. 통계청에서 최근 발표한 2011년 생명표를 보면, 해당 확률은 0.03873,

0.2582, 0.7995가 되므로 상기의 추론을 확인할 수 있다.

특히 t까지 고장이 날 확률인 불신뢰도(cdf)와 t시점의 고장률을 혼동하는 독자가 있을 수 있다. $t=100$(년)일 때 지금 태어난 여자 아기 중에서 100년 내에 사망한 비율은 $t=100$(년)일 때 불신뢰도 $F(100)=1-R(100)$에 해당된다. 99세까지 생존한 사람 중에서 1년 내 사망할 확률인 조건부 사망확률은 $\Pr(99<T\le 100 \mid T>99)$은 **[그림 2.12]**와 같이 근사적으로 $f(99)\times 1년/R(99)=h(99)$가 되어 연간 (평균)고장률 형태로 표현할 수 있다. 따라서 99세까지 생존한 사람 중에서 1년 더 생존할 확률은 (평균)고장률과 연관시켜 근사적으로 $1-h(99)$로 나타낼 수 있다.

고장률의 단위는 고장 수/단위시간으로 여러 가지가 쓰이며 그들의 관계는 <그림 2.13>과 같다. 특히 현업에서는 FIT(Failures In Time 또는 Failure unIT) 단위가 널리 사용되는데 1FIT이면 10^9(hr) 작동기간에 1개의 고장이, 1년(8,760(hr)) 작동한 114,155개 중에서 하나의 고장이 발생하는 것으로 이해하면 된다.

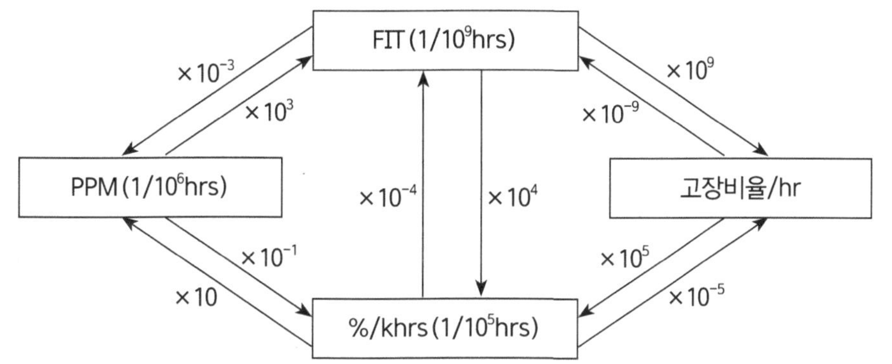

그림 2.13 고장률 단위의 관계

또한 누적고장률함수는 식 (2.7)과 같이 표현되며 신뢰도와의 관계는 식 (2.8)과 같다.

$$H(t)=\int_0^t h(u)du \tag{2.7}$$

$$R(t)=e^{-H(t)}, \quad H(t)=-\ln R(t) \tag{2.8}$$

그리고 식 (2.6)에서 얻어지는 다음의 미분방정식으로부터

$$h(t) = -\frac{R'(t)}{R(t)}$$

가 성립하므로, 초기조건 $R(0) = 1$를 이용하여 풀면 식 (2. 9)와 같이 구할 수 있다.

$$-\ln R(t) = \int_0^t h(u)du \qquad (2.9)$$

이를 이용하면 식 (2. 8)을 쉽게 유도할 수 있다.

그리고 순간고장률과 구별해야 되는 평균고장률함수가 가끔 쓰이는데 $(t_1,\ t_2]$와 $(0,\ t]$의 평균고장률함수가 다음과 같이 정의된다.

$$AFR(t_1,\ t_2) = \frac{\int_{t_1}^{t_2} h(t)dt}{t_2 - t_1} = \frac{H(t_2) - H(t_1)}{t_2 - t_1}$$

$$AF(t) = AFR(0,\ t) = \frac{H(t)}{t}$$

이들 함수간의 관계를 정리하면 **[그림 2. 14]**와 같은데, 하나의 함수형태가 주어지면 나머지 함수들을 화살표 위의 관계를 이용하면 일의적으로 구할 수 있음을 보여주고 있다. **[예제 2. 4]**는 수학적으로 가장 단순한 지수분포로서 이를 예시한 것이다.

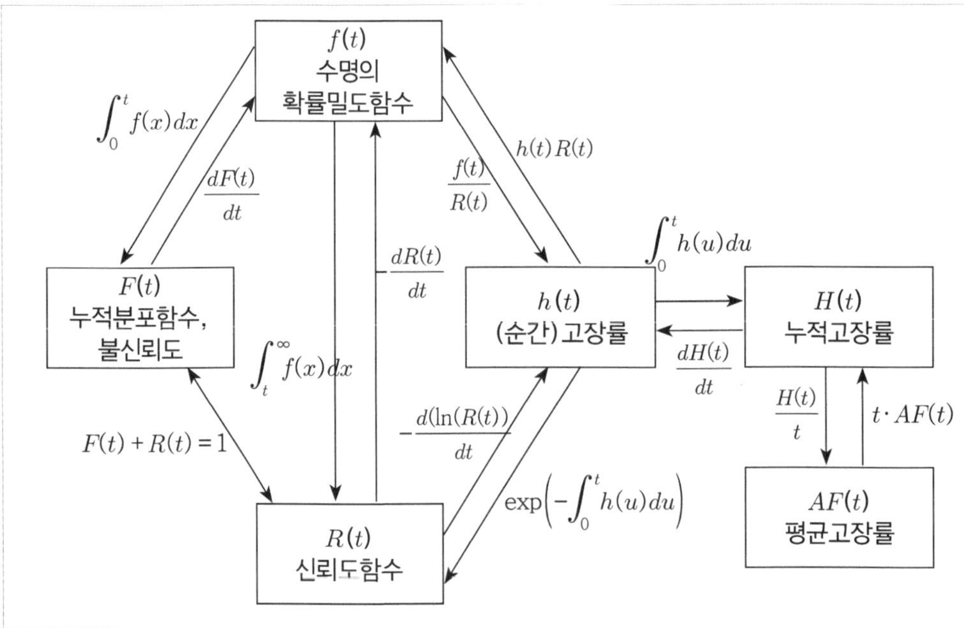

그림 2.14 신뢰성 척도들의 관계

예제 2.4 지수분포

수명 T의 확률밀도함수가 다음과 같이 주어질 때 신뢰도, 불신뢰도, 고장률, 누적고장률, 평균고장률에 관한 함수를 구하라

$$f(t) = \lambda e^{-\lambda t}, \quad t > 0$$

(1) 신뢰도: $R(t) = \int_t^\infty f(x)dx = \int_t^\infty \lambda e^{-\lambda x}dx = e^{-\lambda t}$

(2) 불신뢰도: $F(t) = 1 - R(t) = 1 - e^{-\lambda t}$

(3) 고장률: $h(t) = \frac{f(t)}{R(t)} = \frac{\lambda e^{-\lambda t}}{e^{-\lambda t}} = \lambda$

(4) 누적고장률: $H(t) = \int_0^t h(x)dx = \int_0^t \lambda dx = \lambda t$

(5) 평균고장률: $AF(t) = \frac{H(t)}{t} = \frac{\lambda t}{t} = \lambda$

2.2.2 욕조곡선

제품의 고장률 곡선은 시간의 경과에 따라 일반적으로 욕조형태를 따르고 있으며, 이를 욕조곡선(bathtub curve)이라고 부른다. 제품이 사용 초기에 고장률이 감소(DFR)하는 기간을 초기고장기간이라고 하고, 중간 부분의 고장률이 비교적 낮고 일정한(CFR) 기간을 우발고장기간이라 하며, 시스템의 마모 및 노화 등으로 인한 고장률이 증가(IFR)되고 있는 기간을 마모고장기간이라고 한다. **[그림 2.15]**에는 이러한 욕조곡선을 도시하고 있으며 특히 우발고장기간을 포함하는 규정 고장률이하에 해당되는 구간을 유효 또는 내용 수명(useful life)이라고 부른다.

1 초기고장기간

욕조곡선 좌측의 고장률이 감소하는 기간으로 사용 초기의 고장을 초기고장이라고 하며, 주로 표준 이하의 재료의 사용 및 불충분한 작업, 불충분한 디버깅(debugging), 부적절한 설치 등에 의해 고장이 발생하게 된다. 이러한 초기고장은 공정관리, 중간 및 최종검사, 수명시험 등을 통해서 발견될 수 있으나, 만약 소비자에게 판매된 후 발생된다면

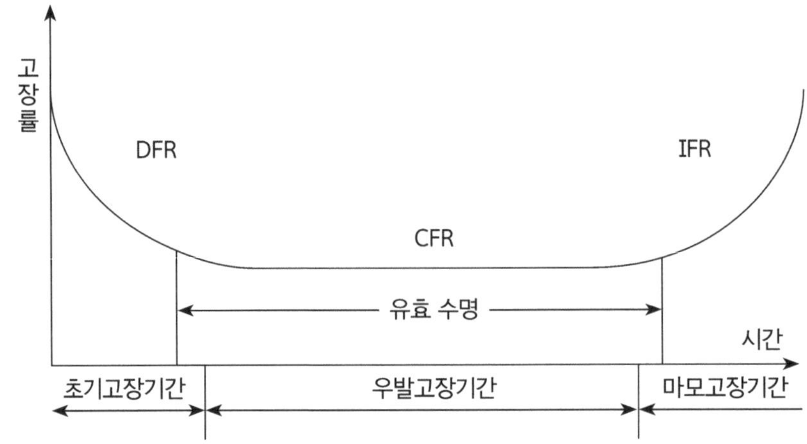

그림 2.15 욕조곡선

보증비용이 크게 소요되므로 제품을 출하하기 전에 전수검사를 통한 burn-in이나 ESS (Environmental Stress Screening) 시험을 실시하여 초기고장률을 경감시켜야 한다.

2 우발고장기간

우발고장기간에 발생하는 고장의 원인들은 주로 제품에 가해지는 스트레스(부하)가 높거나, 사용자의 과도한 사용 및 사용자의 오용, 디버깅과 burn-in 등과 같은 초기고장기간의 시험 등에 의해서도 발견되지 않은 경우들이다. 따라서 이러한 우발고장기간에 고장을 예방하기 위해서는 제품 사용의 극한상황을 고려한 설계, 안전여유(safety margin)나 derating을 고려한 설계 등이 필요하다.

3 마모고장기간

마모고장은 제품의 부식, 산화, 마모, 피로, 노화, 퇴화 등에 의해 발생하는 고장으로 이 기간에는 고장률 증가형태가 된다. 따라서 표본을 추출하여 마모고장이 시작되는 시점이나 제품의 퇴역 시기를 결정하는 내구시험이 실시되기도 한다. 일정 시간간격으로 완전분해수리(overhaul)나 부품교체 등의 예방보전을 실시하면 고장률이 계속해서 증가하지 않고 예방보전주기에 따라 고장률이 일단 감소하였다가 다시 증가하는 형태가 된다.

[표 2.2]에 욕조곡선의 세 가지 기간 별로 여러 특성이 요약되어 있다.

표 2.2 욕조곡선의 고장기간 별 특징

고장률 유형	현상	원인	대책
초기고장기간 고장률 감소형 (DFR)	• 신제품 출시 초기 • 시간 경과에 따라 안정적 • 사소한 부적합 고장모드가 다수이나, 중대사고는 적음	• 표준의 미 준수 • 설계오류(재료선정, 잔류응력) • 제조오류(열처리, 공정오류) • 오 사용	• 표준 준수 • 설계심사, FMEA/FTA 실시 • burn-in, screening • 직원 교육훈련, 사용지침 명확화
우발고장기간 고장률 일정형 (CFR)	• 다수의 부품으로 구성된 시스템에서 볼 수 있는 전형적 패턴 • 다수의 전자부품 고장모드에 적절	• 랜덤 스트레스가 가해짐(환경조건, 작동조건, 조작조건)	• 중복설계(용장성) • 설계/기획 투자 • 고 신뢰성 부품/재료 채택 • 적절한 운용
마모고장기간 고장률 증가형 (IFR)	• 기계부품이나 부품의 마모/피로 고장 • 방치 시 중대사고로 연결	• 재료·부품의 마모/피로/노화 • 부식환경	• 예방보전, 상태기준(예지보전) 실시 • 폐기/대체계획

2.2.3 기타 신뢰도 관련 척도

먼저 수명 T의 평균(MTTF)을 일반적인 기대치의 정의 외에 식 (2.10)의 두 번째 식(즉, 비음 가지는 연속 확률변수일 때)으로부터 쉽게 구할 수 있는 경우가 종종 있다.

$$MTTF=\int_0^\infty tf(t)dt=\int_0^\infty R(t)dt \tag{2.10}$$

[예제 2.4]에서 $R(t)=e^{-\lambda t}$이므로 MTTF는 다음과 같이 보다 쉽게 구할 수 있다.

$$MTTF=\int_0^\infty e^{-\lambda t}dt=\frac{1}{\lambda}\equiv\theta$$

이외에 고장이 발생할 누적확률이 q가 되는 시점 t_q를 누적분포함수를 이용한 수식으로 표현하면 $F(t_q)=q$이고([그림 2.6] 참고) t_q값을 분위수라고 하는데, 신뢰성 분야에서는 t_q를 B수명 $B100q$와 L수명 $L100q$(예를 들면 제10백분위수를 $t_{0.1}$, $B10$, $L10$(이 책에서는 보기 편하도록 숫자의 아래 첨자 표기를 하지 않음)으로 나타냄) 등을 써서 나타내기도 하며 일반적으로 신뢰성공학에서는 낮은 분위수에 관심을 많이 갖는다.

2.3 수명분포

확률분포를 나타내는 모수(parameter)는 다음의 3가지로 대별된다.

(i) 위치모수(location parameter): 분포 시작점, 봉 등의 위치를 결정하는 모수

(ii) 척도모수(scale parameter): 분포의 경사도, 봉의 높이 등을 결정하는 모수

(iii) 형상모수(shape parameter): 분포의 모양(L자형, 단봉형, 비대칭형 등)을 결정하는 모수

2.3.1 지수분포(Exponential distribution)

연속분포 중에서 유일하게 일정한 상수형 고장률(CFR)을 가지는 지수분포는 신뢰성 분석에 기본적인 역할을 하고 있는 중요한 분포이다.

지수분포의 중요한 성질인 망각 또는 무기억성 성질(memoryless property)은 다음과 같이 정의되며,

$$\Pr(T>t)=\Pr(T>t+s \mid T>s),\ t>0\,;s>0$$

연속분포 중에서 지수분포만이 망각성질을 가지고 있다(이산분포일 경우는 기하분포). 또한 다른 분포에 비해 수학적 계산의 용이성과 통계적 추정과 가설검정법이 확립되어 있기 때문에 신뢰성 분석에서 널리 이용되는 분포이다.

수명 T가 지수분포를 따를 경우에 $T\sim \text{Exp}(\theta)$로 표시한다. 여기서 분포모수인 척도모수를 평균 θ대신 이의 역수인 고장률 λ로 표기하기도 한다. 지수분포의 확률밀도함수(pdf) $f(t)$, 누적분포함수(cdf) $F(t)$와 신뢰도함수 $R(t)$, 고장률함수(hf) $h(t)$는 다음과 같다. 또한 [그림 2.16]에는 지수분포의 척도모수 값에 따른 세 함수($f(t)$, $R(t)$, $h(t)$)가 도시되어 있다.

$$f(t\,;\theta)=\frac{1}{\theta}e^{-t/\theta} \tag{2.11}$$

$$F(t\,;\theta)=1-R(t\,;\theta)=1-e^{-t/\theta} \tag{2.12}$$

$$h(t\,;\theta)=\frac{1}{\theta}\equiv\lambda \tag{2.13}$$

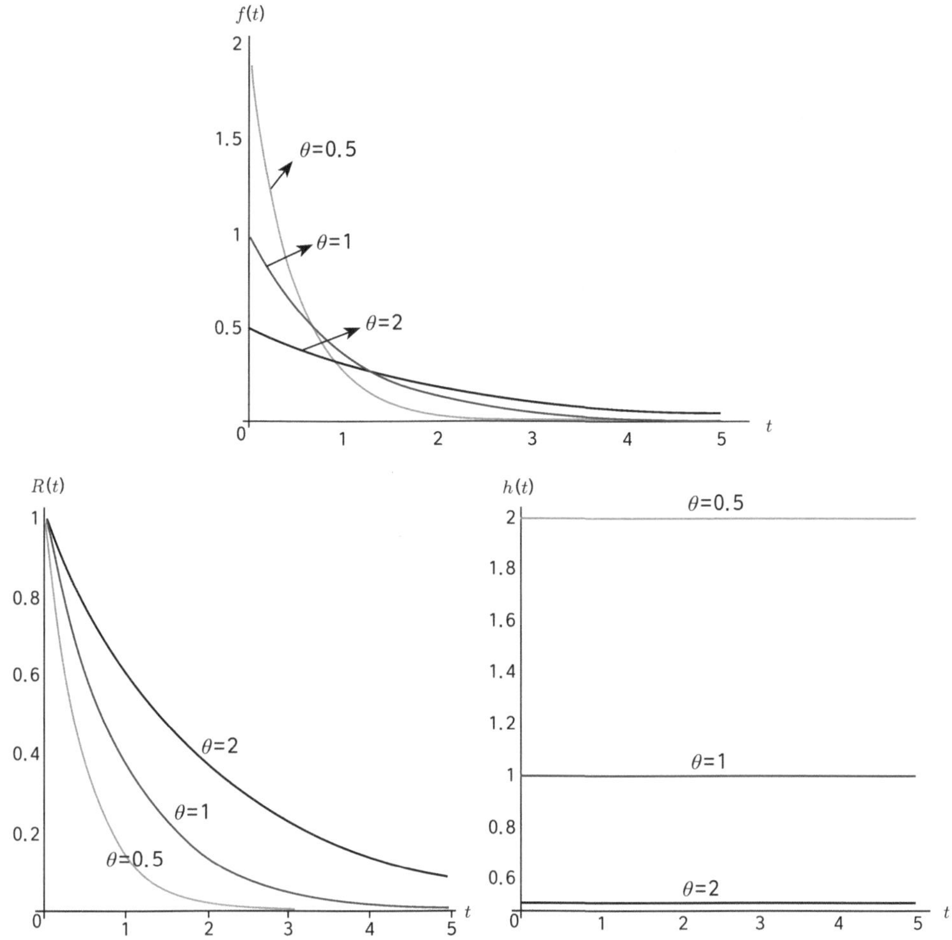

그림 2.16 지수분포의 확률밀도, 신뢰도, 고장률 그림

1 지수분포의 통계적 성질

① 평균은 θ이고 분산은 θ^2이다.

② 최빈값(mode)은 0이다.

③ 완전자료일 경우 θ의 점추정량으로 널리 쓰이는 최우추정치(6장 참고)는 평균형태인 $\hat{\theta}=\bar{t}=\sum_{i=1}^{n} t_i/n$로 주어진다.

④ 지수분포는 와이블 분포와 감마 분포의 특수한 경우이다.

⑤ T_1, T_2, $\cdots$, T_n이 독립적인 Exp(θ)의 확률변수라면 이들의 합 $T_1+T_2+\cdots+T_n$는 모수가 n과 θ인 감마 분포를 따르며, 특히 이 분포를 Erlang 분포라고도 부른다.

⑥ 연속분포 중에서 유일하게 망각성질을 가지며 고장률이 시간과 무관하게 일정한(여기서는 λ)인 분포이다.

⑦ 고장간 시간 간격이 모두가 동일하고 독립인 지수분포를 따르면(즉, 고장 시 동일한 부품으로 교체할 경우) 일정기간$(0,\ t]$에 발생한 고장횟수는 평균이 λt인 포아송(Poisson) 분포를 따른다.

2 지수분포의 유용성

① 신뢰성 자료 분석에 사용되는 가장 단순한(simplest) 분포이다.

② 시간 t에 관계없는 고장률 일정형(CFR) 분포이다. 이로 인해 망각성질을 가지므로 신품이나 중고품의 고장 가능성은 동일해진다. 따라서 욕조곡선 형태의 전형적인 고장률 패턴을 고려하면 전 생애를 통해 지수분포를 적용하기 어려울 수 있다

③ 커패시터, IC 등의 전자부품의 분포로 널리 쓰이며, 특히 상당한 기간 후에 마모고장 현상을 나타내는 부품도 유효수명 이후에 폐기될 경우 수명을 나타내는 분포로 채택될 수 있다. 또한 고장률을 구간별로 일정한 평균값으로 근사 시에도 적용할 수 있다. 그러나 피로, 부식, 마모 등이나 이들의 조합에 의해 고장이 발생하는 기계부품에는 부적절할 수 있다.

④ 일반적으로 시스템은 복수의 부품으로 구성되는데 이 부품들의 고장률이 CFR 이외의 여러 가지 형태를 따를 경우 부품 수가 많으면 **[그림 2.17]**의 시스템에서의 고장간격은 대체적으로 지수분포를 따른다. 이것을 Drenick의 정리라 하며 정규분포의 유용성을 나타내는 통계학의 중심극한정리에 대응되는 정리이다.

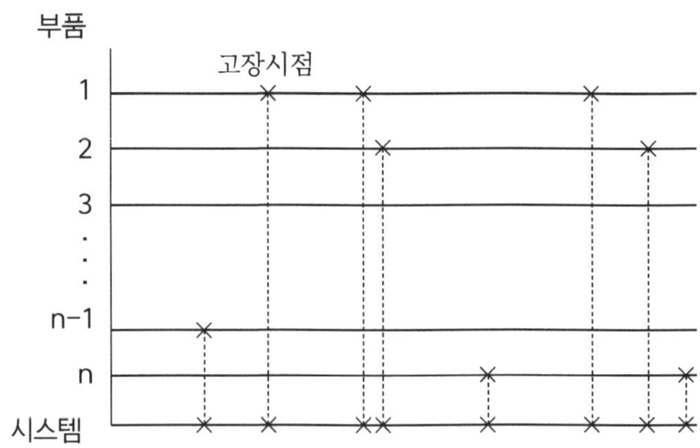

그림 2.17 Drenick의 정리

예제 2.5 지수분포

(1) 평균이 10,000시간인 지수분포에서 고장률과 B10 수명을 구하라.

(2) B10 수명이 5,000시간인 지수분포를 따른다면 이때의 신뢰도는 얼마인가? 그리고 이로부터 평균을 구하라.

(1) $\theta = 10,000$시간이므로 고장률 $\lambda = 1/10,000 = 0.0001$이 된다. 또한 $F(t_q) = 1 - e^{-t/\theta} = q$이므로 $B10 = t_{0.1} = -10,000 \ln(1-0.1) = 1,053$(hr)이 된다.

(2) $F(5,000) = 0.1$이 되므로 신뢰도는 0.9가 되며, $1 - e^{-5,000/\theta} = 0.1$를 만족하는 평균은 $\theta = \dfrac{-5,000}{\ln 0.9} = 47,456$(hr)이 된다.

2.3.2 와이블 분포(Weibull distribution)

신뢰성 분석에서 가장 널리 쓰이는 분포로서 스웨덴의 물리학자 및 기계공학자인 W. Weibull이 1939년 재료의 파괴강도의 분포를 나타내기 위해 제안하였다. 그 후 진공관, 볼 베어링, 절연체 등의 수명자료에 광범위하게 적용되어 오늘날 대표적인 수명분포가 되었다. 와이블 분포는 정규분포보다 꼬리가 두꺼운 분포로서 IFR, CFR, DFR를 모두 표현할 수 있는 유용한 분포이다.

와이블 분포의 형상모수 값이 1보다 작으면 DFR인 경우의 확률밀도를 나타낼 수 있고, 1보다 크면 IFR인 경우를, 1이면 CFR인 지수분포로 나타낼 수 있다. 그리고 시스템의 수명은 최약 연결법칙(weakest link principle)에 의해 부품 중에서 가장 약한 것에 의해 결정되는데 와이블 분포는 이런 성질을 가지는 최소 극단값에 관한 세 가지 유형의 점근분포의 일종(유형 I)으로 개발되었다.

이러한 와이블 분포의 pdf, cdf, hf는 다음과 같으며 모수의 변화에 따른 각 함수의 형태($f(t)$, $R(t)$, $h(t)$)가 [그림 2.18]에 도시되어 있다. 식 (2.14)~(2.16)에서 와이블 분포의 성질 ⑦을 이용하여 최소 극단값 분포(보통 세 가지 유형 중에서 유형 III을 최소 극단값 분포로 칭함)에 관한 형태로도 표현되어 있다.

$$f(t;\mu,\sigma) = \frac{\beta}{\eta}\left(\frac{t}{\eta}\right)^{\beta-1}\exp\left[-\left(\frac{t}{\eta}\right)^{\beta}\right] = \frac{1}{\sigma t}\phi_{sev}\left(\frac{\ln t - \beta}{\sigma}\right) \qquad (2.14)$$

$$f(t;\mu,\ \sigma)=1-R(t;\mu,\ \sigma)=1-\exp\left[-\left(\frac{t}{\eta}\right)^{\beta}\right]=\Phi_{sev}\left(\frac{\ln t-\mu}{\sigma}\right),\ t>0 \quad (2.15)$$

$$f(t;\mu,\ \sigma)=\frac{\beta}{\eta}\left(\frac{t}{\eta}\right)^{\beta-1}=\frac{1}{\sigma\exp(\beta)}\left(\frac{t}{\exp(\mu)}\right)^{\frac{1}{\sigma}-1},\ t>0 \quad (2.16)$$

단, β는 형상모수, η는 척도모수, $\mu=\ln\eta$, $\sigma=\dfrac{1}{\beta}$

$\Phi_{sev}(z)=1-\exp[-\exp(z)]$: 표준 최소 극단값 분포(Sev(0, 1))의 cdf

$\phi_{sev}(z)=\exp[z-\exp(z)]$: Sev(0, 1)의 pdf

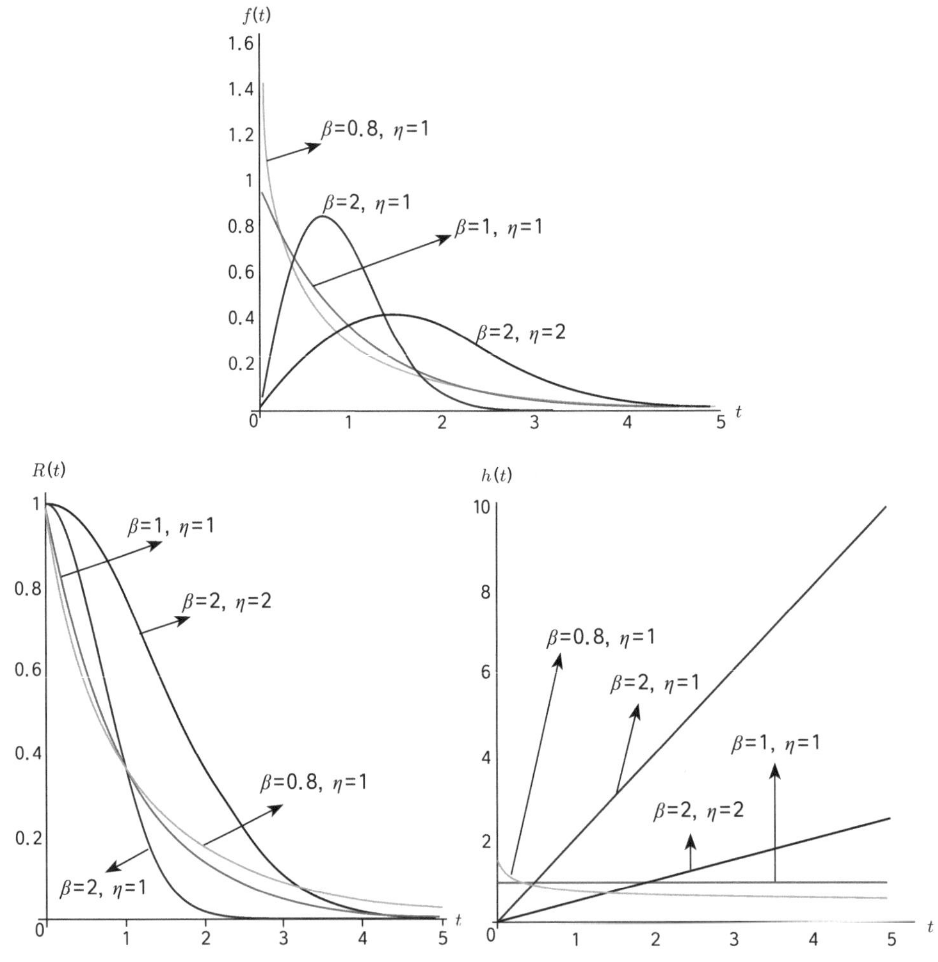

그림 2.18 와이블 분포의 확률밀도, 신뢰도, 고장률 그림

1 와이블 분포의 통계적 성질

① 평균은 $\frac{\eta}{\beta}\Gamma\left(\frac{1}{\beta}\right)=\eta\Gamma\left(1+\frac{1}{\beta}\right)$이고,

분산은 $\frac{\eta^2}{\beta}\left[2\Gamma\left(\frac{2}{\beta}\right)-\frac{1}{\beta}\left\{\Gamma\left(\frac{1}{\beta}\right)\right\}^2\right]=\eta^2\left[\Gamma\left(1+\frac{2}{\beta}\right)-\Gamma^2\left(1+\frac{1}{\beta}\right)\right]$ 이다.

여기서, $\Gamma(\cdot)$는 감마함수로서 $\Gamma(a)=\int_0^\infty x^{a-1}e^{-x}dx$로 정의되며 a가 양의 정수일 때는 $(a-1)!$이 되지만 그렇지 않는 경우에는 수치적 방법으로 계산해야 된다. 보통 $\Gamma(\cdot)$값은 $\Gamma(a+1)=a\Gamma(a)$관계를 이용하면 **[그림 2.19]**의 a가 1과 2사이 값일 때의 $\Gamma(a)$값으로 부터 구할 수 있다.

또한 **[표 2.3]**에 와이블 분포의 평균을 쉽게 구할 수 있도록 $\Gamma\left(1+\frac{1}{\beta}\right)$의 값을 수록하였다.

② 최빈값은 $\begin{cases}\eta\left(\frac{\beta-1}{\beta}\right)^{1/\beta} & \text{if } \beta\geq 1\\ 0 & \text{if } \beta<1\end{cases}$ 로 주어진다.

③ Weibull$(1,\ \eta)$는 Exp(η)와 동일하다.

④ Weibull$(2,\ \eta)$는 Rayleigh(η) 분포를 따른다.

⑤ 와이블 분포의 척도모수 η를 특성수명이라고 하는데, 이는 $R(t)=\exp\left[-\left(\frac{t}{\eta}\right)^\beta\right]$에서 $t=\eta$를 대입하면, β와 무관하게 항상 $F(\eta)=1-\exp(-1)=0.632$가 된다. 즉, 와이블 분포를 따르는 제품들의 약 63.2%가 고장이 나는 시간을 나타낸다.

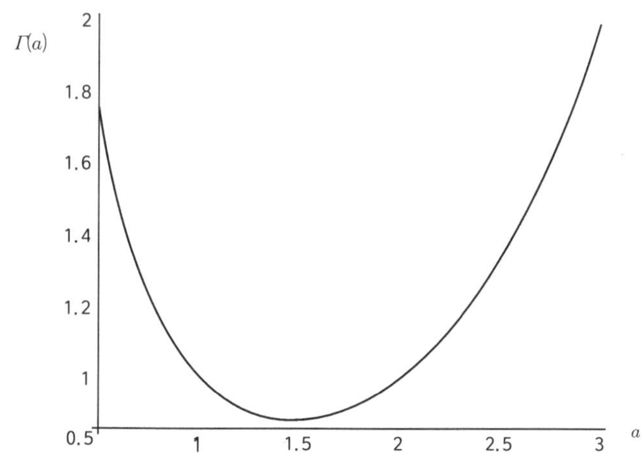

그림 2.19 감마함수($\Gamma(a)$)

표 2.3 $\Gamma\left(1+\frac{1}{\beta}\right)$의 값

β	$\Gamma\left(1+\frac{1}{\beta}\right)$	β	$\Gamma\left(1+\frac{1}{\beta}\right)$	β	$\Gamma\left(1+\frac{1}{\beta}\right)$	β	$\Gamma\left(1+\frac{1}{\beta}\right)$
0.1	10!	1.1	0.965	2.1	0.886	3.1	0.894
0.2	120	1.2	0.941	2.2	0.886	3.2	0.896
0.3	9.260	1.3	0.923	2.3	0.886	3.3	0.897
0.4	3.323	1.4	0.911	2.4	0.886	3.4	0.898
0.5	2.000	1.5	0.903	2.5	0.887	3.5	0.900
0.6	1.505	1.6	0.897	2.6	0.888	3.6	0.901
0.7	1.266	1.7	0.892	2.7	0.889	3.7	0.902
0.8	1.133	1.8	0.889	2.8	0.890	3.8	0.904
0.9	1.052	1.9	0.887	2.9	0.892	3.9	0.905
1.0	1.000	2.0	0.886	3.0	0.893	4.0	0.906

⑥ β가 3~4 범위에 있을 경우는 정규분포와 유사한 형태를 따르며, 특히 β가 이보다 작아지면($\beta > 1$이면서) 오른쪽으로 꼬리가 긴 비대칭 분포가 된다.

⑦ T가 Weibull(β, η)를 따를 경우 $\ln T$는 최소 극단값 분포인 Sev$\left(\mu = \ln \eta,\ \sigma = \frac{1}{\beta}\right)$를 따른다.

⑧ 최소 수명(γ)이 존재할 경우에 3-모수 와이블 분포를 적용할 수 있다. 여기서 γ는 위치 또는 역치모수라 불리기도 하며, γ를 포함하여 3개의 모수를 가지는 와이블 분포로 2.3.4절을 참고하기 바란다.

예제 2.6 와이블 분포

고장률함수가 다음과 같을 때 [그림 2.14]의 나머지 5가지 함수와 MTTF를 구하라.

$$h(t) = \frac{\beta}{\eta}\left(\frac{t}{\eta}\right)^{\beta-1}$$

(1) 누적고장률과 평균고장률

$$H(t) = \int_0^t \frac{\beta}{\eta}\left(\frac{x}{\eta}\right)^{\beta-1} dx = \left(\frac{t}{\eta}\right)^{\beta}$$

$$AF(t) = \frac{(t/\eta)^{\beta}}{t} = \frac{1}{\eta}\left(\frac{t}{\eta}\right)^{\beta-1}$$

(2) 신뢰도, cdf, pdf

$$R(t) = e^{-H(t)} = e^{-(t/\eta)^\beta}$$
$$F(t) = 1 - e^{-(t/\eta)^\beta}$$
$$f(t) = h(t)R(t) = \frac{\beta}{\eta}\left(\frac{t}{\eta}\right)^{\beta-1} e^{-(t/\eta)^\beta}$$

(3) MTTF

$$MTTF = \int_0^\infty e^{-(t/\eta)^\beta} dt \qquad (x = (t/\eta)^\beta \text{로 치환적분 적용})$$
$$= \eta\Gamma\left(1 + \frac{1}{\beta}\right)$$

[그림 2.20]은 척도모수가 같을 때 형상모수 값에 따른 평균과 표준편차의 양태를 나타낸 것으로 평균은 형상모수가 증가하면 감소하다가 β가 2.17이상이 되면 평평해지며, 표준편차는 지속적으로 감소형태를 보여주고 있다. 또한 **[그림 2.21]**는 척도모수가 같을 때 형상모수 값에 따라 변동계수(표준편차/평균), 왜도(비대칭도로 대칭이면 '0'), 첨도(정규분포이면 '0')를 도시한 것으로 형상모수가 커지면 변동계수와 왜도는 감소하며, 특히 β가 3.6 근처이면 왜도는 '0'이 되어 정규분포에 가장 근접한다. 첨도는 감소하다가 증가하는 형태를 보이고 있으며, β가 2.25와 5.77 근방에서 '0'이 된다.

그리고 척도모수가 같을 때 형상모수 값에 따라 B수명이 어떻게 변하는지 파악하

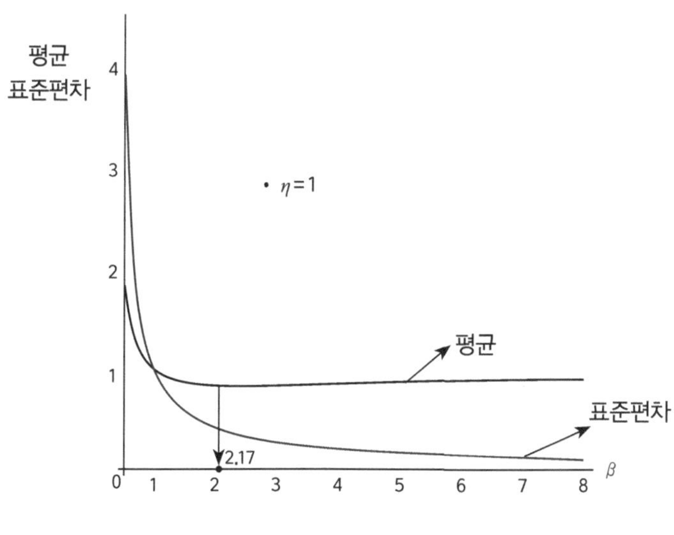

그림 2.20 형상모수에 따른 평균과 표준편차의 양태

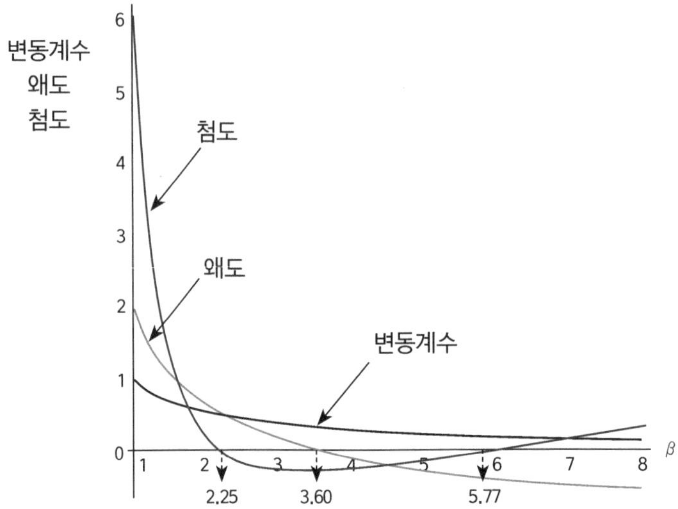

그림 2.21 형상모수에 따른 변동계수, 왜도, 첨도의 양태

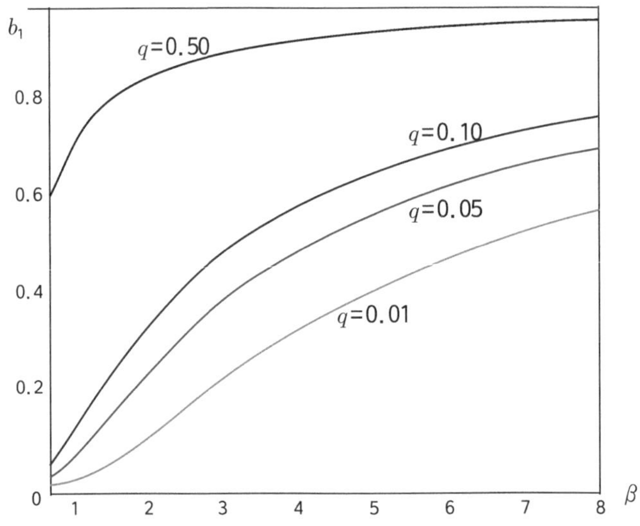

그림 2.22 형상모수에 따른 B수명의 양태

기 위해 $B100q = b_1 \cdot \eta$로 정의하여, B1, B5. B10, B50 수명일 경우 척도모수에 대한 배수 b_1을 **[그림 2.22]**에서 볼 수 있다. 우리가 가지고 있는 고정 관념과 달리 형상모수가 증가하면 b_1은 증가하고 있다. 다만 이 그림에서는 포함되어 있지 않지만 $100q$가 63.2%를 넘어가면 B수명은 반대로 감소하는 패턴을 가진다.

1 와이블 분포의 유용성

① [그림 2.23]과 같이 표본의 최소값 및 최대값에 관한 극치이론(Theory of extremes values)과 연관된 분포이다. 와이블 분포는 독립이고 양의 값을 가지는 다수 확률변수 중 최소에 관한 확률모형에 속하며, 최소 연결법칙을 수용하고 있다. 최소연결 법칙은 각 link(부품)가 근사적으로 독립이고 다수 link로 이루어진 체인의 가장 약한(weakest) link의 고장에 의해 체인이 고장이 난다는 것을 가리키며, 독립인 다수의 부품으로 구성된 직렬 시스템의 고장모형에 해당된다.

② 실측 수명자료에 가장 널리 적합되고 있는 분포로서, 다양한 IFR 또는 DFR를 따르는 아이템(ball bearing, relay, material strength failure 등)의 수명모형으로 채택되고 있다.

③ 욕조곡선의 모든 단계에 적용 가능한 모형이다.

④ 기계공학 분야와 일본에서는 와이블 분포를 그래프로 분석하는 방법(6.4절 참고)을 와이블 분석이라 칭한다.

⑤ 수명자료의 85~95%에 잘 적합된다는 견해도 있다.

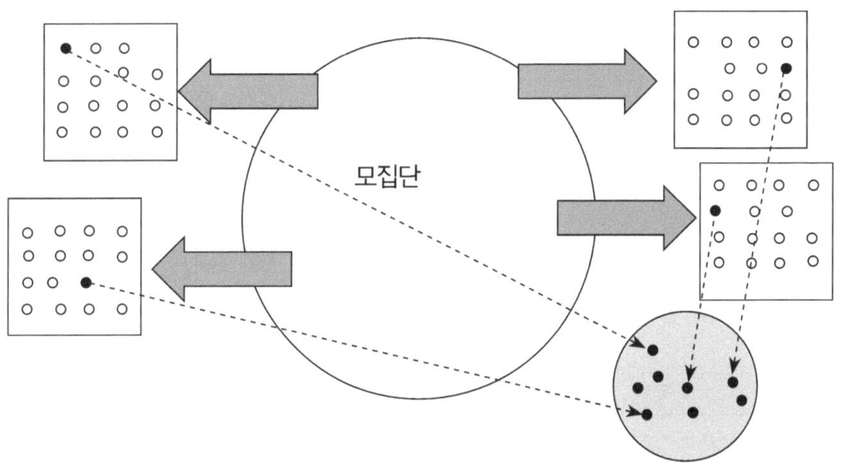

그림 2.23 극치이론(• : 표본의 최대 또는 최소값)

2.3.3 대수정규분포(Lognormal distribution)

대수정규분포는 전기 절연체의 수명, 암의 전이시간, 수리시간의 분포 등으로 쓰이고 있으며 통계적 분석을 실시할 때 대수변환 후에 정규분포로 처리할 수 있는 유용한 수명분포이다. 수명 T가 대수정규분포를 따른다면 $T \sim LN(\mu,\ \sigma^2)$로 나타내며, 만약 $T \sim LN(\mu,\ \sigma^2)$이라면 $Y = \ln T \sim LN(\mu,\ \sigma^2)$(즉, 정규분포)의 관계를 가지고 있다. 대수정규분포의 pdf, cf는 식 (2.17)과 식 (2.18)과 같으며(hf는 $h(t) = f(t)/R(t)$의 일반적 형태로만 표현됨), **[그림 2.24]**에는 μ와 σ에 따른 $f(t)$, $R(t)$, $h(t)$가 도시되어 있다.

$$f(t\,;\mu,\ \sigma) = \frac{1}{\sigma t}\phi_{nor}\left(\frac{\ln t - \mu}{\sigma}\right),\ t>0 \tag{2.17}$$

$$= \frac{1}{\sqrt{2\pi}\sigma t}\exp\left[-\frac{(\ln t - \mu)^2}{2\sigma^2}\right]$$

$$F(t\,;\mu,\ \sigma) = 1 - R(t\,;\mu,\ \sigma) = \Phi_{nor}\left(\frac{\ln t - \mu}{\sigma}\right) \tag{2.18}$$

단, $\Phi_{nor}(\cdot)$, $\phi_{nor}(\cdot)$는 각각 표준 정규분포($N(0,\ 1)$)의 cdf와 pdf이며, 본서에서는 아래 첨자(nor)를 생략하면 표준 정규분포일 경우를 지칭한다.

1 대수정규분포의 통계적 성질

① 평균은 $\exp\left(\mu + \frac{\sigma^2}{2}\right)$이고 분산은: $\exp(2\mu + \sigma^2)\,[(\exp(\sigma^2) - 1)]$이다.

② 최빈값은 $\exp(\mu - \sigma^2)$이고, 중앙값은 $t_0 = \exp(\mu)$이므로 최빈값<중앙값<평균의 관계가 성립한다.

③ 완전자료일 경우의 두 모수의 최우추정치는 정규분포와 유사한 형태로 다음과 같이 구해지며, σ^2의 최소분산 불편추정치는 분모의 n이 $n-1$로 바뀐다.

$$\hat{\mu} = \frac{\sum_{i=1}^{n}\ln t_i}{n},\quad \hat{\sigma} = \left[\frac{\sum_{i=1}^{n}(\ln t_i - \hat{\mu})^2}{n}\right]^{1/2}$$

④ $T \sim LN(\mu,\ \sigma^2)$이면 $\ln T \sim LN(\mu,\ \sigma^2)$를 따른다.

⑤ 고장률이 증가하다가 일정시간이 지나면 감소하는 경향을 가지며, $h(\infty)$는 '0'에 접근한다.

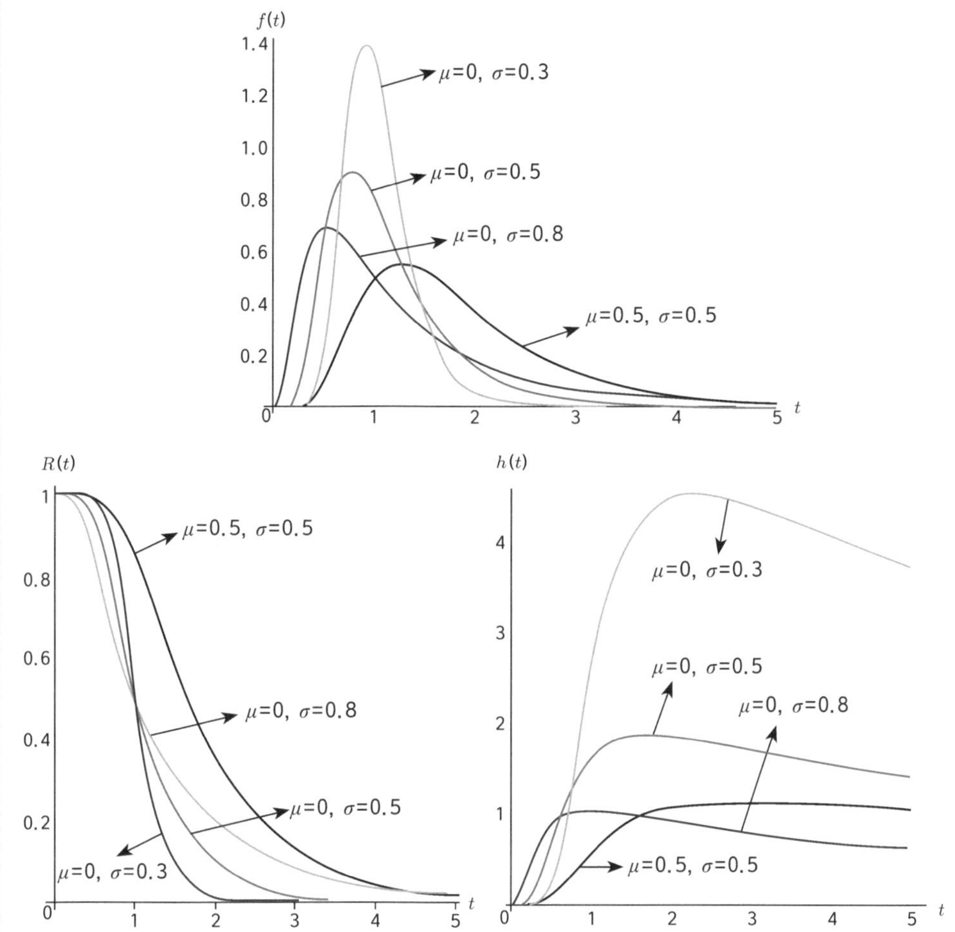

그림 2.24 대수정규 분포의 확률밀도, 신뢰도, 고장률 그림

2 대수정규분포의 유용성

① 수명에 대한 일반적인 모형의 하나로 양의 값을 가지는 공학적 데이터에 잘 적합되며 수리(보전)시간 자료의 85~95%에 유효하다는 견해도 있다.

② 곱의 형태로 작용하는 열화과정(현 열화량이 누적 열화량에 의존)에 의해서 발생되는 고장현상에 대한 모형으로 적절하며 피로 크랙 성장에 의한 금속의 파괴시간 모형 등으로 널리 사용된다.

③ 일정 기간 후 DFR(결함이 적게 포함된 모집단)를 따르는 전자부품의 모형으로 사용되기도 한다.

④ 대수(log)로 변환하여 정규분포의 통계적 방법을 적용할 수 있는 이점이 있다.

2.3.4 역치모수를 가지는 분포

지수, 와이블, 대수정규분포는 양의 실수 값에 대해 정의되는 분포로서 cdf는 0에서부터 증가하고 있다. 즉, 이런 분포들에 역치모수 γ를 도입함으로써 시간축의 '0'을 γ만큼 오른쪽으로 이동하여 γ부터 정의되는 분포로 일반화할 수 있다. 이 분포들은 원점에서 오른쪽으로 이동된 비대칭분포를 적합하는데 특히 유용하다. 이 모수를 포함하는 대수 위치-척도 분포군(log-location-scale distribution family)에 속하는 분포 형태의 pdf는 **[표 7.3]**을 참고하기 바란다.

예를 들어 3-모수 와이블 분포의 pdf, hf는 식 (2.19)~(2.21) 같으며 γ는 역치(threshold, guarantee)모수, 위치모수 또는 최소 수명으로 불리기도 하며, $\beta=2$이고 $\eta=1$, $\gamma=0$, 1, 3일 때의 pdf가 **[그림 2.23]**에 도시되어 있다.

$$F(t\,;\beta,\eta,\gamma)=1-\exp\left[-\left(\frac{t-\gamma}{\eta}\right)^{\beta}\right] \tag{2.19}$$

$$f(t\,;\beta,\eta,\gamma)=\frac{\beta}{\eta}\left(\frac{t-\gamma}{\eta}\right)^{\beta-1}\exp\left[-\left(\frac{t-\gamma}{\eta}\right)^{\beta}\right] \tag{2.20}$$

$$h(t\,;\beta,\eta,\gamma)=\frac{\beta}{\eta}\left(\frac{t-\gamma}{\eta}\right)^{\beta-1} \tag{2.21}$$

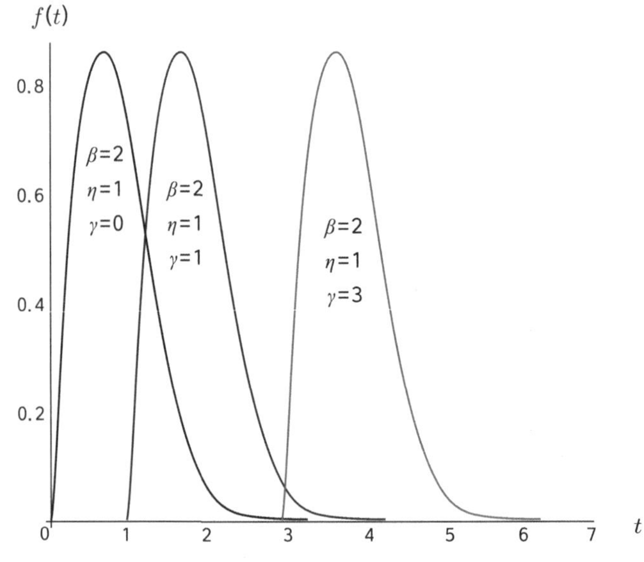

그림 2.25 3-모수 와이블 분포의 pdf 도시

특히 '0'이 아닌 를 가지는 이들 분포의 성질은 대응되는 $\gamma=0$인 2-모수 분포와 밀접한 관계를 가지고 있다. 즉, 이들 분포의 기대치와 분위수는 $\gamma=0$인 분포의 기대치와 분위수에 γ를 더하며 되며, 시간축만 이동하기 때문에 두 대응분포의 형태는 동일하다. 따라서 γ의 추가에 따른 대응되는 두 분포의 분산은 같아진다.

2.3.5 수명분포들의 관계

지금까지 언급된 수명분포들의 관계 중 중요한 몇 가지만 살펴보면 다음과 같다.

(i) 지수분포의 경우에는 $\theta=1/\lambda$를 모수로 하여 표현하기도 한다.

(ii) 와이블 분포에서 $\beta=1$이면 $\theta=\eta(\lambda=1/\eta)$인 지수분포가 된다.

(iii) 수명 T가 와이블 분포를 따를 때, $T'=T^{\beta}$은 지수분포를 따른다. 이때 지수분포의 평균은 $\theta=\eta^{\beta}$이다.

(iv) 수명 T가 와이블 분포를 따르면 $Y=\ln T$는 최소 극단값 분포를 따른다.

(v) 수명 T가 대수정규분포를 따르면 $Y=\ln T$는 정규분포를 따른다.

[표 2.4]에는 2.3절에서 설명된 수명분포들의 중요 특징이 정규분포와 비교하여 요약되어 있으며, 여기서 변동계수는 전술한 바와 같이 표준편차/평균으로 정의된다.

표 2.4 분포들의 특성 비교

분포	지수 ($\beta=1$)	Rayleigh ($\beta=2$)	와이블	대수정규	정규
대칭	아님	아님	아님	아님	예
종 모양	아님	아님	아님	아님	예
왜도	2	0.63	$>0(\beta\le 3.6)$		0
첨도	6	0.26	-	-	0
변동계수	1	0.52	$<1(\beta\ge 1)$		-
대수변환 시 종 모양	아님	아님	아님	예	-
누적분포함수 형태	지수형	-	-	-	S형

2.3.6 Minitab을 이용한 신뢰도 및 분위수 계산

Minitab의 "계산 ⇨ 확률 분포" 메뉴를 이용하면 전술된 신뢰도($R(t)$), 불신뢰도($F(t)$), 분위수를 용이하게 계산할 수 있다. 두 예제에 대해 Minitab을 이용하여 고장날 확률 등을 구해보자.

예제 2.7

어떤 전자부품의 수명은 형상모수 $\beta=2$, 척도모수 $\eta=20,000$(hr)인 와이블 분포를 따른다고 한다. 설계수명 5,000(hr)이전에 고장이 날 확률 및 신뢰도를 구하라.

(1) 누적분포함수 식을 이용하여 계산

$$F(5,000)=1-\exp\left[-\left(\frac{5,000}{20,000}\right)^2\right]=0.0606$$

$$R(5,000)=\exp\left[-\left(\frac{5,000}{20,000}\right)^2\right]=1-F(5,000)=0.9394$$

(2) Minitab 메뉴를 이용한 확률계산(누적 확률 선택)

[메뉴] ▶계산(Calculation) → 확률 분포(Probability distribution) → Weibull 분포(Weibull distribution)에서 누적 확률을 지정하고 형상모수와 척도모수를, 입력상수에 5,000을 입력한다.

◎ **세션 출력 창의 결과**

:: 누적분포함수

Weibull 분포(형상 모수=2, 척도 모수=20000)

x	P(X≤x)
5000	0.0605869

따라서 이로부터 신뢰도도 쉽게 구할 수 있으므로 수계산과 동일한 결과를 얻을 수 있다. 추가적으로 확률밀도함수를 구하면 5,000(hr)에서의 고장률도 다음과 같이 구할 수 있다.

◎ **세션 출력 창의 결과**

:: **확률밀도함수**

Weibull 분포(형상 모수=2, 척도 모수=20000)

x	f(x)
5000	0.0000235

$$h(5,000)=\frac{f(5,000)}{R(5,000)}=\frac{0.0000235}{0.9394}=0.000025016=25,016(\text{FIT})$$

예제 2.8

[예제 2.7]의 상황에서 B3 수명(제3백분위수)값을 구하라.

(1) 분위수를 구하는 식을 이용한 계산

$$t_{0.03}=B3=(20,000)\{\ln(1-0.03)\}^{1/2}=3,491(\text{hr})$$

(2) Minitab 메뉴를 이용한 확률계산(역 누적 확률 선택)

[메뉴]▶계산 → 확률 분포 → Weibull 분포... 에서 누적확률 대신에 역 누적확률을 선택한다.

◎ **세션 출력 창의 결과**

:: **역 누적분포함수**

Weibull 분포(형상 모수=2, 척도 모수=20000)

P(X≤x)	x
0.03	3490.51

연습문제

2.1 다음 표는 전기부품 200개를 동시 시험하여 각 구간별 고장개수를 관측한 자료이다. [Hint]를 참조하여 빈칸을 채우고, 히스토그램 형태의 확률밀도함수 $f_d(t)$([그림 2.2])와 고장률함수 $h_d(t)$([그림 2.10]과 유사하나, 꺾은 선보다는 기둥으로 표시)를, 꺾은 선 그래프 형태의 신뢰도 함수 $R_d(t)$([그림 2.9])를 도시하고 이를 해석하라.

시간 간격 (t)	구간에서 발생한 고장 수	구간 초의 잔존 수 $n(t_i)$	확률 밀도함수 $f_d(t)$	고장률함수 $h_d(t)$
0~10	78	200−78=122	78/(200×10) =0.0390	78/(200×10) =0.0390
10~20	43	122−43= 79	43/(200×10) =0.0215	43/(122×10) =0.0352
20~30	25			
30~40	15			
40~50	10			
50~60	7			
60~70	5			
70~80	4			
80~90	3			
90~100	1			
100초과	9		−	−
계	200			

t_i	구간 초의 잔존 수 $n(t_i)$	신뢰도 $R_d(t_i)$
0	200	1
10	122	122/200 =0.610
20	79	
30	54	
40	39	
50	29	
60	22	
70	17	
80	13	
90	10	
100	9	

[Hint] 대표본일 경우 실측자료에 의한 신뢰도 척도 계산법

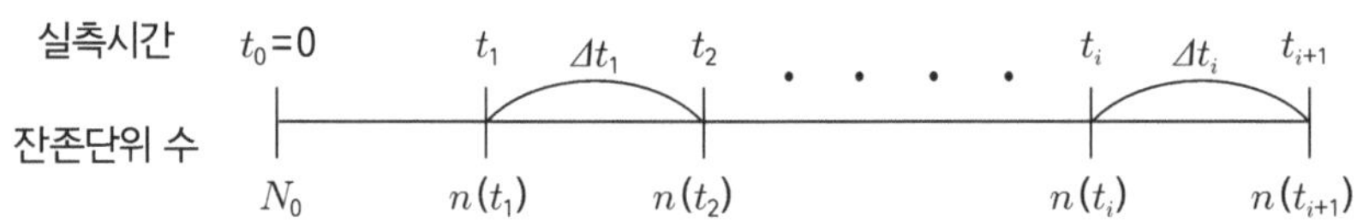

$$R_d(t_i)=\frac{n(t_i)}{N_0}$$: 잔존단위 비율

$$f_d(t)=\frac{[n(t_i)-n(t_i+\Delta t_i)]/N_0}{\Delta t_i},\ t_i<t\le t_i+\Delta t_i$$

: 단위시간당 고장 아이템의 상대도수

$$h_d(t)=\frac{[n(t_i)-n(t_i+\Delta t_i)]/n(t_i)}{\Delta t_i}\qquad t_i<t\le t_i+\Delta t_i$$

$$=\frac{n(t_i)-n(t_i+\Delta t_i)}{\Delta t_i}\frac{N_0}{n(t_i)}=\frac{f_d(t)}{R_d(t_i)}$$

: 구간 초에 작동중인 아이템의 단위시간당 고장비율

2.2 형광등의 수명은 평균이 10,000(hr)인 지수분포를 따를 때 물음에 답하라.

(1) 고장률은 얼마인가?

(2) 무상보증기간이 5,000(hr)이라면 이 기간 동안 고장이 나는 비율은 얼마인가?

(3) 5,000(hr) 동안 고장 없이 작동한 형광등은 평균적으로 얼마나 더 작동하겠는가?

(4) 수계산 또는 Minitab을 이용하여 B5 수명을 구하라.

(5) 이 회사는 무상보증기간을 B10 수명으로 새롭게 설정하고자 한다. 수계산 또는 Minitab을 이용하여 새로운 무상보증기간을 구하라.

2.3 어떤 부품의 수명은 $T\sim \text{Exp}(\theta=1,000)$을 따른다. 즉, 확률밀도함수가 다음과 같을 때, 다음 물음에 답하라.

(1) 신뢰도함수 $R(t)$를 구하라.

(2) 누적분포함수 $F(t)$를 구하라.

(3) 고장률함수 $h(t)$를 구하라.

(4) MTTF, B3 수명, 중앙값, 제1사분위수(Q_1 : 제25백분위수)와 제3사분위수(Q_3 : 제75백분위수)를 구하라.

(5) Minitab을 이용하여 B3 수명, Q_1, Q_3를 구하라.

2.4 고장률함수 $h(t)=0.0002t$일 때 다음 물음에 답하라.

(1) 신뢰도함수 $R(t)$를 구하라.

(2) 누적분포함수 $F(t)$를 구하라.

(3) 확률밀도함수 $f(t)$를 구하고 어떤 분포를 따르는지 파악하라.

(4) MTTF, B5 수명, 중앙값, 제1사분위수(Q_1)와 제3사분위수(Q_3)를 구하라.

(5) Minitab을 이용하여 B5 수명, Q_1, Q_2, Q_3를 구하라.

(6) $t=100$일 경우 (2)과 (3)에 대한 수계산 결과와 Minitab을 이용한 결과를 비교하라.

2.5 어떤 자동차부품의 고장률 함수(단위: 년)가 다음과 같을 때 물음에 답하라.

$$h(t) = 0.003t^2, \quad t>0$$

(1) 신뢰도 함수 $R(t)$를 구하라.

(2) 확률밀도함수 $f(t)$를 구하라.

(3) $t=2$년 이내에 고장이 날 확률은?

(4) 이 부품의 수명은 어떤 분포를 따르는가? 이 분포의 모수는 얼마인가?

(5) 수명의 평균은 얼마인가? (단, $\Gamma(3/2) = 0.8862$, $\Gamma(4/3) = 0.8930$)

(6) 제3백분위 수명을 구하라

2.6 특성수명이 100,000(hr)인 와이블 분포를 따를 때 형상모수가 0.7, 1, 2.5, 4일 경우에 500, 1,000, 2,500, 10,000, 50,000(hr)에서의 신뢰도, 고장률(FIT)을 구하라. 또한 MTTF도 구하라.

2.7 우리 회사 제품의 고장률은 상수인 1,500FIT로 추정된다. 2,000개의 제품이 1,500(hr) 작동 시까지 몇 개의 고장이 발생하겠는가?

2.8 와이블 분포를 따를 때 평균이 10,000(hr)로 동일하면서 형상모수가 0.8, 1, 2, 4로 변할 때 다음 물음에 답하라.

(1) 각 경우의 척도모수 값을 구하라.

(2) 각 경우에 B1, B3, B10, B50 수명을 구하라.

(3) 형상모수에 따라 B수명이 어떻게 변하는지 설명하라.

2.9 수명이 $\mu=10$, $\sigma=0.5$인 대수정규분포를 따를 때 평균, 중앙값, 최빈값을 구하라. 또한 수계산이나 Minitab으로 B10 수명도 구하라.

2.10 어떤 기계부품 수명(T)의 신뢰도 함수가 다음과 같을 때 물음에 답하라.

$$R(t) = e^{-\frac{t^4}{10,000}}, \quad t>0$$

(1) 확률밀도함수를 구하라.

(2) 고장률함수를 구하라.

(3) 고장률은 증가형(IFR), 일정형(CFR), 감소형(DFR) 중에서 어디에 속하는가?

(4) 수계산 또는 Minitab을 이용하여 B10 수명을 구하라.

(5) T^4는 어떤 분포를 따르는가? 이 분포의 모수(평균)는 얼마인가?

2.11 t까지 생존한 아이템이 x만큼 더 작동할 확률인 잔여 신뢰도는 $R(t+x)/R(t)$로 주어진다. 물음에 답하라.

(1) 척도모수는 10,000(hr)이고 형상모수가 0.8, 1, 2.5일 때 $x=1,000$(hr)이고 $t=100$, 1,000, 2,000(hr)으로 변할 때 각 형상모수에 대해 잔여 신뢰도를 구하라.

(2) 형상모수에 따라 어떤 현상이 발생하고 있는가?

2.12 어떤 기계부품 수명(T, 단위는 hr임)의 신뢰도 함수가 다음과 같을 때 물음에 답하라.

$$R(t)=e^{-0.000001t^2}, \quad t>0$$

(1) 확률밀도함수 $f(t)$를 구하라.

(2) 고장률함수 $h(t)$를 구하라.

(3) 고장률은 감소형, 일정형, 증가형 중 어디에 속하는가?

(4) T는 어떤 분포를 따르는가? 이 경우의 평균은 얼마인가?

(5) 수계산 또는 Minitab을 이용하여 B3 수명을 구하라?

(6) 1,000(hr) 동안 고장 없이 작동한 부품이 500(hr) 고장 없이 더 작동할 확률은?

제3장

신뢰성 7가지 도구

3.1 7가지 도구

최근 일본 CARE(Computer Aided Reliability Engineering) 연구회는 기업에서 유익하게 활용할 수 있는 중요한 신뢰성 관련 도구를 선정하여 [그림 3.1]에 포함된 신뢰성 7가지 도구(R7)를 주창하였다(鈴木和幸(2008)).

① 신뢰성 정보시스템(Reliability Information System) : CARE 연구회에서는 신뢰성 데이터베이스(Reliability Database; R-DB)로 한정했으나 이 책에서는 보다 포괄적인 이 용어를 선택함.
② 신뢰성 설계 기법(Reliability Design Technique)
③ FMEA/FTA(Failure Mode and Effects Analysis/Fault Tree Analysis)
④ 설계심사(Design Review)
⑤ 신뢰성시험(Reliability Tests)
⑥ 고장해석(Failure Analysis; FA)
⑦ 신뢰성 자료 분석: CARE 연구회에서는 현업에서 가장 널리 쓰이는 와이블 분석(Weibull Analysis)으로 한정했으나, 여기서는 이를 포함하면서 관련 통계적 분석법을 수용하는 이 용어로 변경함.

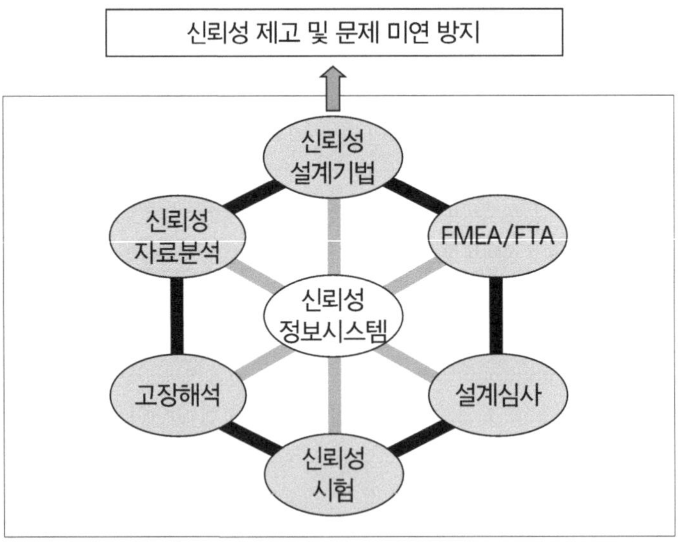

그림 3.1 신뢰성 7가지 도구

품질경영 분야에 쓰이는 '품질관리 7도구'를 유사한 방식으로 차용한 R7은 포함되는 신뢰성 도구의 범위를 좁게 한정한 점도 있지만 현업에 종사하는 실무자에게 학습해야 될 신뢰성 이론과 기법을 집약하고 제품단계별로 적용해야 될 도구를 유기적으로 연결시킨 점은 신뢰성 문제에 고심을 하고 있는 기업에 도움이 될 것으로 여겨진다.

따라서 이 장에서는 R7에 대한 개괄적 설명과 관계, 다른 장에서 다루지 않는 신뢰성 정보시스템과 설계심사를 자세하게 기술하며, 더불어 FTA를 소개한다.

[그림 3.2]는 제품 단계별 7가지 신뢰성 활동 및 도구와 관련된 신뢰성 기법을 나타내고 있다. 이를 보면 먼저 신뢰성 정보시스템으로부터 과거의 기술 및 고장/실패 정보, 임무 프로파일, 사용환경 조건, 고장 메커니즘, 고장모드, 고객의 요구를 철저하게 조사하여 개발 사양에 반영한다. 이를 기반으로 고장발생을 억제하고, 문제점을 발견하기 용이하도록, 또한 문제가 발생하더라도 고객에게 미치는 영향이 없도록 확률 및 통계, 고장물리 등의 지식을 활용하여 신뢰성 설계를 실시한다.

다음에 현 설계를 대상으로 FMEA에 의해 어떤 문제가 발생할 수 있는가를 예상하고, 동시에 FTA에 의해 절대로 일어나서는 안 되는 정상사건에 대해 효과적으로 이를 방지하기 위한 대책을 수립하고 검토한다. 이후 설계심사를 통해 관련 전문가가 모여 고유기술과의 통합을 통해 시스템적인 관점에서 문제점을 찾아서 설계개선을 실행한다. 이로부터

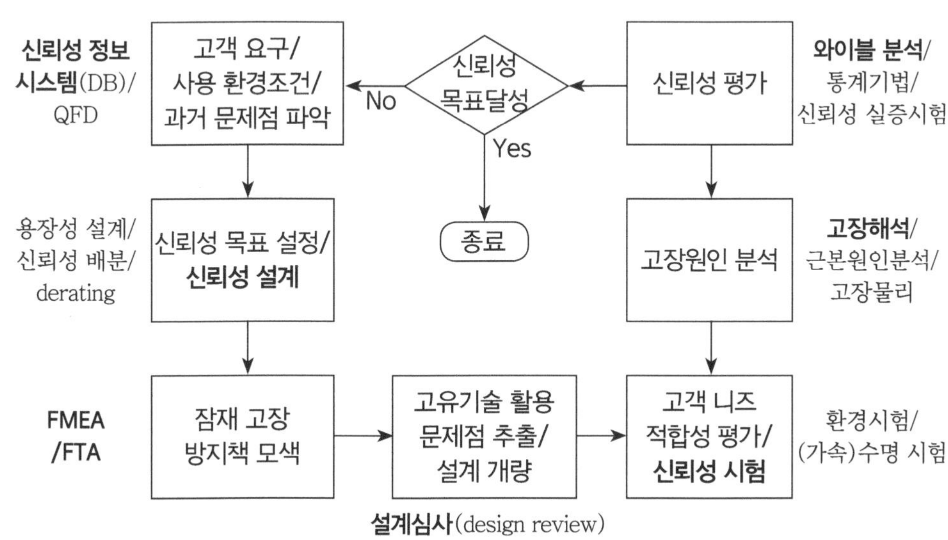

(주) 신뢰성 7도구(일본) : 굵은 글씨체

그림 3.2 제품 단계별 7가지 신뢰성 도구와 관련 기법

사용방식과 환경조건을 정밀하게 조사하여 환경시험 및 수명시험 등을 실시한다. 고장발생 시험제품과 시제품으로부터 현업과 고객 요구와의 적합성을 평가하고, 발생된 고장과 문제점의 근본원인을 공학적으로 규명하는 고장해석을 통해 신뢰도를 제고시킨다.

마지막으로 신뢰성시험으로부터 획득한 데이터로부터 신뢰성 목표의 달성도를 정량적으로 평가하기 위해 신뢰성 분석을 실시하여 보다 높은 고 신뢰도 제품을 구현한다.

3.1.1 FMEA/FTA 및 ETA

FMEA(고장모드 및 영향 분석)와 FTA(결함나무 분석) 기법이 독자적으로 개발되었지만, 일본 등에서는 두 가지를 상호보완적으로 활용하면 시너지 효과를 가져 온다고 하여 FMEA/FTA의 형식에 의해 한 묶음으로 쓰이고 있다.

일본에서는 문제를 가능한 한 앞 단계에서 조기에 발견하여 근원적인 대응이 가능하도록 하는 것을 원류관리라 하는데, 이런 원류관리의 관건으로 설계 및 개발단계에서 잠재적인 문제점을 예측하고 검토하는 신뢰성 도구가 FMEA와 FTA이다.

FMEA는 설계의 불안전하거나 잠재적인 결함을 찾기 위해 엘리먼트의 고장모드와 상위 아이템에의 영향을 분석하는 기법이며, FTA는 신뢰성 또는 안전성 측면에서 바람직하지 않는 정상사건(top event)에 대해 'And' 와 'OR' 등의 논리기호(logic gate)를 사용하여 그 발생경로를 찾아내어 [그림 3.3]의 나무그림(tree diagram)으로 기본사건까지 전개하는 FT그림을 작성하고, 발생경로, 발생원인, 발생확률을 분석하는 기법이다.

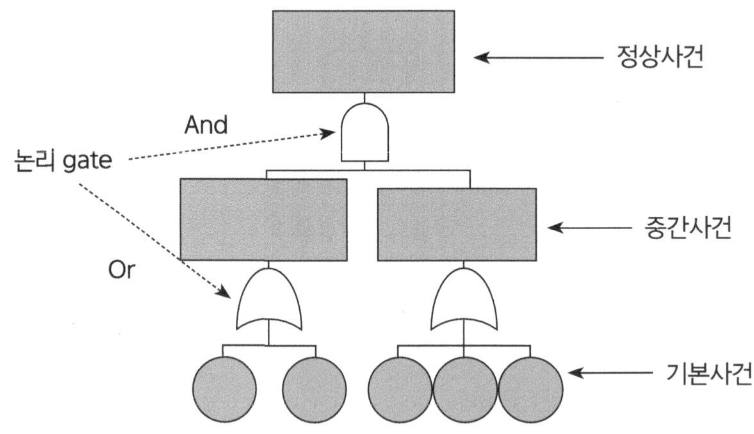

그림 3.3 FT 그림의 기본 구조

FMEA는 **[그림 3.4]**과 같이 상향식(bottom-up)으로, FTA는 하향식(top-down)으로 계통적이면서 중점지향적으로 문제를 검토하기 위한 도구로 구별된다. 상향식은 복잡한 시스템을 하위 시스템이나 유닛(unit), 부품, 원재료 순으로 전개하는 것으로 각각 부적합과 그 리스크를 검토함으로써 문제를 쉽게 파악할 수 있다. 즉, FMEA에서는 각각 엘리먼트의 부적합이 상위 수준에 미치는 영향을 검토하는 상향식 기법이다.

하향식은 주요한 부적합으로부터 출발하여 이를 발생시키는 가능성을 철저하고 세밀하게 검토하는 방식으로 FTA는 시스템의 바람직하지 못한 정상사건을 규정하고, 그 원인을 1차, 2차원인 등으로 중간사건과 기본사건으로 전개하여 검토하고 있다.

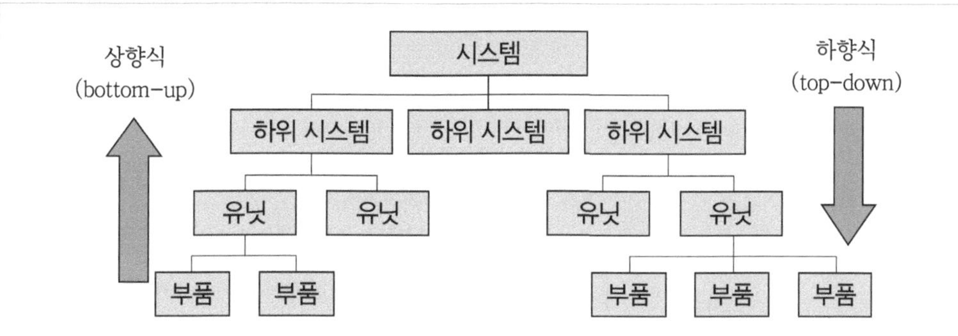

그림 3.4 상향식과 하향식 기법

FTA를 이 책에서 자세하게 다루지 않는 이유는 거의 대부분의 시스템에 대해 5장의 신뢰성 블록도로서 대체 가능하기 때문이다. 일반적으로 대부분의 FT그림으로부터 신뢰성 블록도의 작성이 가능하나, FTA는 시스템 신뢰도에 대한 기본적 접근방법 측면에서 다르다. 즉, 신뢰성 블록도는 시스템이 고장이 나지 않은 사건에 대해 구조화되지만, FTA는 시스템 기능성의 손실 또는 다른 바람직하지 않는 중요 사건과 같이 주요한 고장결과가 되는 정상사건에 초점을 두는 점이 다르다.

위험 손해를 발생시키는 잠재적 요인이나 상태를 위험원(hazard)이라 하는데, 이로부터 초래되는 정상사건이 정의되어 FT로 분석되며, 이런 정상사건이 미치는 영향을 파악하는 방법으로 **[그림 3.5]**의 사건나무 분석(Event Tree Analysis: ETA)도 있다.

ETA는 사고 시나리오에서 개시 사건부터 연쇄된 사건들의 경로를 파악하고 영향을 평가하기 위한 귀납적 분석법이다. 보통 여러 사고들의 시초는 대수롭지 않는 것으로부터 발생할 수 있지만, 이들의 영향은 엄청난 결과를 초래할 수 있다. 즉, 사건이 발생하면

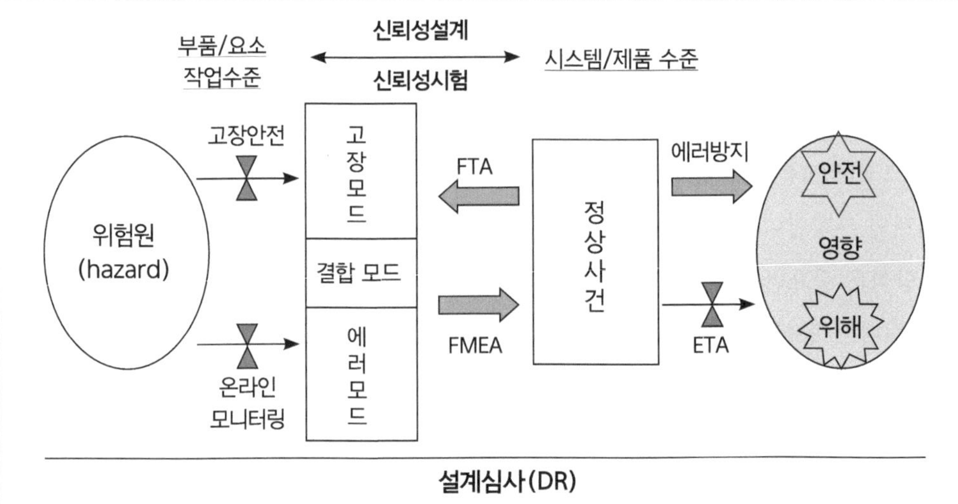

그림 3.5 정상사건에 연관된 R7 기법

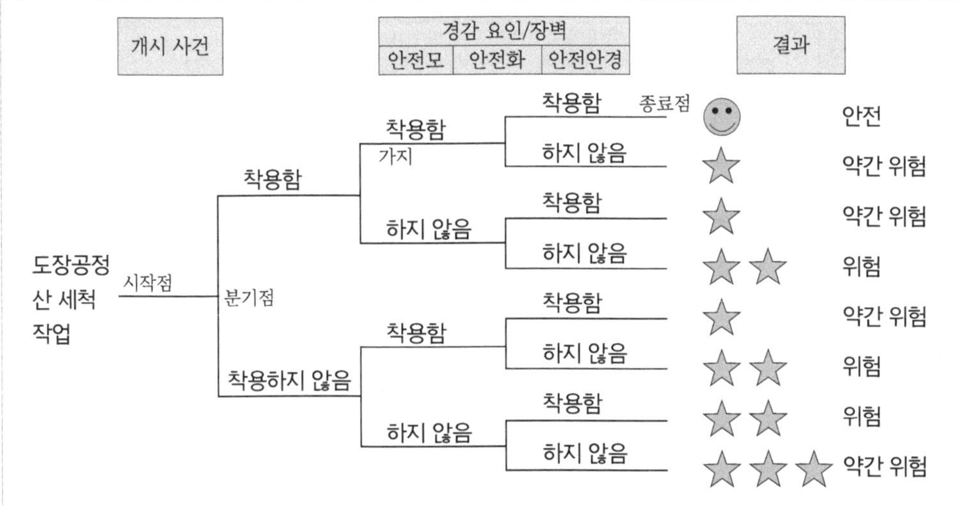

그림 3.6 ETA 예시: 도장공정 산 세척 작업

그 결과가 여러 다른 부품이나 하위 시스템(안전제어시스템 등의 안전장치 또는 보호장치) 또는 사람은 사건이 전파되는 것을 막기 위해 작동하거나 역할을 수행하지만, 이러한 장치들은 성공하기도 하고 때로 실패하기도 하므로 이들의 후속 고장이나 작동에 의해 어떻게 영향을 받는가에 따라 분석할 필요가 있다. ETA는 [그림 3.6]의 도장공정 산 세척작업에 관한 예시와 같이 도식화하며 특징은 다음과 같다.

(i) 개시사건에 의해 야기될 수 있는 가능한 잠재적 결과들을 전개하여 확률적으로 평가

(ii) 개시사건이 어떤 위해로 전개될 것인지 판단

(iii) 위해에 대해 확률적으로 리스크 평가

한편 [그림 3.5]에는 FMEA, FTA, ETA의 위치와 더불어 정상사건을 방지하는 R7 일부 기법의 역할도 부가되어 있다. 즉, 주요 고장모드와 에러모드를 온라인 모니터링과 고장안전(5.7절)을 통해 이의 징후를 미리 파악하여 사전 대응하는 것이 상당히 중요함을 나타내고 있으며, 대상 아이템의 수준에 따른 신뢰성 설계(5.4절과 더불어 에러방지(5.7절) 포함)와 신뢰성 시험과 더불어 부문을 초월하여 기술정보를 통합함으로써 미연방지를 검토할 수 있는 설계심사의 역할이 명시되어 있다.

3.2 품질보증 단계별 7가지 도구

ISO 9000에서는 품질보증을 "품질요건을 충족하고 있다는 확신을 주는 것에 초점을 맞춘 품질경영시스템의 일부"라고 정의하고 있다. 여기서 가장 중요한 것은 품질에 관한 요구사항에 고객이나 소비자의 명시 및 잠재된 요구를 시장의 환경조건과 사용방식을 고려하여 조직화하는 것이다. 다음으로 요구사항을 설계에 반영하고 이를 수용한 제품을 만들어내어야 한다.

품질보증을 효과적이고 효율적으로 추진하기 위해서는 품질보증을 위한 활동의 단계를 세분화하고, 각 단계마다 구체적인 활동내역과 책임부서를 명시하여 이를 확인할 수 있는 체계를 구축해야 한다.

품질보증 단계를 (1) 시장정보 수집 (2) 기획 및 구상, (3) 설계 및 개발 (4) 시제품 제작 및 생산준비, (5) 외주 및 구매, (6) 생산, (7) 판매, 운용, A/S, (8) 폐기의 8단계로 세분할 수 있으며, [표 3.1]에는 각 단계의 활동내역과 관련 7가지 신뢰성 도구를 연계시키고 있다.

1장 1.1.2절에 소개된 [사례 1]을 대상으로 신뢰성을 달성해가는 과정을 보자(鈴木和幸(2008)).

에너지 절감을 위해서는 on-off 횟수를 10배 이상 증대시켜야 하나, 이로 인해 주위온도가 상승하고, 냉열 사이클에 의해 열피로가 발생하는 문제가 발생할 수 있다. 이와 같이

표 3.1 단계별 신뢰성 도구

단계	초점 및 활동	관련 신뢰성 도구
(1) 시장정보 수집	• 기존 제품 실적/ 시장고객 (잠재적) 요구/ 사용방식 및 환경을 정확하게 파악	신뢰성 정보시스템
(2) 기획·구상	• 고객 요구, 사용방식, 환경조건의 사양 결정/ 문제점 파악 및 대책반영/ 신뢰성·안전성 지표 설정	신뢰성 정보시스템, 신뢰성 설계, FMEA/FTA, 설계심사
(3) 개발·설계	• 사양 필요기술 파악 및 설계 구체화/ 고유기술 종합화/ 생산비용 및 공정 능력 고려한 설계/ 신뢰성·안전성 지표 구현	신뢰성 정보시스템, 신뢰성 설계, FMEA/FTA, 설계심사, 신뢰성시험, 고장해석, 신뢰성 자료 분석
(4) 시제품 제작·생산준비	• 시제품 성능·신뢰성 시험/ 기계설비, 인력 기량, 작업방법 준비/ 에러방지	신뢰성 정보시스템, 신뢰성 설계, FMEA/FTA, 설계심사, 신뢰성시험, 고장해석, 신뢰성 자료 분석
(5) 외주 및 구매	• 원자재 준비, 외주공장 QA	신뢰성 정보시스템, FMEA/FTA, 신뢰성시험, 고장해석, 신뢰성 자료 분석
(6) 생산	• 공정 표준 확립 및 실시/ 작업 에러방지화/ 표준에 의한 생산	신뢰성 정보시스템, FMEA/FTA, 신뢰성시험, 고장해석, 신뢰성 자료 분석
(7) 판매·운용·A/S	• 사용설명서, 사용량. A/S, 부품공급, 고장보전 등	신뢰성 정보시스템, 신뢰성시험, 고장해석, 신뢰성 자료 분석
(8) 폐기	• 3R(Reduce, Reuse, Recycle)	신뢰성시험, 고장해석, 신뢰성 자료 분석

사용조건이나 환경조건이 변화하는 경우나, 새로운 부품을 채택 및 개발할 경우는 실제 제품이나 유사한 아이템을 대상으로 실제 스트레스를 사전에 면밀하게 조사하고 확인하는 것이 매우 중요하다. 그리고 어떤 기능과 신뢰성이 필요한가를 충분하게 이해해야 한다.

상기의 7가지 도구의 적용을 기획 및 구상설계와 기본 및 상세설계 단계로 대별하여 설명하고자 한다.

3.2.1 기획 및 구상설계

1 신뢰성 정보시스템

기존 전류제어소자, 고온하의 디바이스에 관한 부적합 및 고장모드를 검색한다. 또한 고객요구와 사용 및 환경조건도 조사한다.

2 신뢰성 설계

유닛의 전류 on-off 제어를 실행하기 위한 전류제어소자의 임무 프로파일([표 3.2]), 사용 및 환경조건을 정리하여 신뢰성 목표값(신뢰도와 B1 수명)을 [표 3.3]의 제품 사양으로 정한다.

표 3.2 전류제어소자의 임무 프로파일

기능	임무	임무시간	부품 및 소자
전류제어	유닛을 일정한 온도로 유지하기 위해 전류의 on-off를 실행	on-off 횟수: 10년간 기존제품: 400,000 신제품: 4,000,000	반도체 와이어 에폭시 수지

표 3.3 전류제어소자의 사양 및 환경조건

<table>
<tr><th colspan="3">요구사항</th><th>조건</th></tr>
<tr><td colspan="3">내용연수</td><td>10년</td></tr>
<tr><td colspan="3">요구 신뢰도</td><td>0.99</td></tr>
<tr><td colspan="3">스트레스</td><td>on-off 반복횟수로 4,000,000회</td></tr>
<tr><td rowspan="2">사용 및 환경 조건</td><td rowspan="2">온도</td><td>정지 시</td><td>동절기 −20℃ ~ 하절기 40℃
동절기: −20℃ ~ 0℃
하절기: 20℃ ~ 40℃</td></tr>
<tr><td>운전 시</td><td>동절기 −20℃ ~ 하절기 100℃
동절기: −20℃ ~ 60℃
하절기: 20℃ ~ 100℃
온도사이클: 1회/일</td></tr>
</table>

3 FMEA/FTA

기획 및 구상과정에서 시스템 FMEA를 실시한 결과로부터 디바이스의 접착부의 단선이 가장 중요한 고장모드로 파악되었다.

4 설계심사

사내 전문가로 위원회를 구성하여 설계사양에 대한 설계심사를 실시하여, 고객요구와 사용 및 환경조건이 충분하게 반영된 사양인지 검토한다.

5 신뢰성시험

기본설계에 필요한 신뢰성시험 계획을 미리 수립한다. 즉, 온도 사이클 시험, 열충격시험, 고온·고습 바이어스(bias) 시험이 기본설계 후에 실시 가능하도록 시험장치를 확보하고 순서를 정한다.

6 고장해석

신뢰성시험 후에 고장해석을 수행할 수 있는 장치를 사전에 준비한다.

7 신뢰성 자료 분석

시험과 고장해석단계로부터 얻을 수 있는 데이터가 어떤 것인지 파악하고, 분석방법을 검토한다.

위와 같은 준비과정을 거쳐 기본설계를 실시한다.

3.2.2 기본 및 상세설계

1 신뢰성 정보시스템

유닛의 발열체에 공급되는 전류제어용 소자는 [그림 3.7]의 신뢰성 블록도와 같이 구성된다. 그리고 신뢰성 정보시스템으로부터 구성소자의 스트레스, 고장메커니즘, 고장모드를 검색하여 [표 3.4]와 같이 작성한다.

그림 3.7 전류제어소자의 신뢰성 블록도

표 3.4 구성소자의 스트레스, 고장메커니즘, 고장모드

소자	스트레스	고장 메커니즘	고장모드
반도체 칩	가열·냉각 사이클	수지와의 열팽창 계수 차에 의한 열응력	단선
본딩 와이어	가열·냉각 사이클	금속피로	균열, 소손
에폭시 수지	고온 및 응력	열팽창	균열, 소손, 냄새

2 신뢰성 설계

와이어에 균열이 생기면 소자가 소손(燒損)될 수 있으므로 와이어의 가열·냉각 사이클에 관해 심층적으로 고려한다. 대상제품의 10년간 요구되는 전원의 on-off 횟수가 기존의 40만회에서 신제품에 대해서는 400만회가 요구되고 있다. 따라서 강도를 증가시키기 위

해 와이어 본딩 방식을 기존의 1회만의 본딩(bonding)에서 2회 거듭 행하는 이중 본딩 방식을 검토한다.

3 FMEA/FTA

유닛 등 모든 대상 아이템에 대해 FMEA를 실시하고 전류제어소자와 다른 아이템과의 인터페이스에서 발생되는 고장모드를 추출하여 이의 영향을 평가한다. 또한 제품으로서 절대 발생해서는 안 되는 '발연·발화'라는 정상사건에 대한 FTA 또는 이의 대안으로 신뢰도 예측을 수행한다.

4 설계심사

관련 부서의 위원이 모여 on-off 횟수가 400만회가 요구될 때 발생될 수 있는 새로운 문제점을 토의하고, 1 ~ 3 단계의 활동을 검토하고 종합화한다.

5 신뢰성시험

전자제어소자에 대해 열충격시험, 고온·고습 바이어스 시험, 온도 사이클 시험 순으로 실시한다.

6 고장해석

신뢰성시험 결과를 보니 전류제어소자가 소손되었다고 하자. 이는 전류가 반복하여 유입됨에 따라 전류제어소자가 발열되어 [그림 3.7]의 세 아이템의 열팽창율의 차이에 의해 리드 와이어 목 부분에 금속피로가 생겨 균열이 발생되고 있다. 이런 결과는 균열부의 전기저항이 높아져 줄(Joule)열에 의해 리드 와이어가 소손된 것으로 판명되었다.

이런 고장해석의 결과를 수용하여 2 단계의 신뢰성 설계를 재검토하였다. 이로부터 와이어의 부하를 경감하기 위해 와이어의 본딩을 기존의 1회에서 2회로 증가시켜 개선하였다.

7 신뢰성 자료 분석

개선 후의 소자에 대한 수명시험을 실시한 수명 데이터에 대해 와이블 분포를 적용하여 통계적 분석을 수행한 결과, 목표 400만회(B1수명)에서 신뢰도 99%을 달성하였으며, 균열이 발생되지 않음을 확인하였다.

3.3 신뢰성 정보시스템

3.3.1 컴퓨터 발달과 신뢰성 정보시스템

이 절에서는 컴퓨터 발달과정과 연관된 신뢰성 데이터베이스(이하, DB)를 포함한 정보시스템의 활용과정을 살펴보자.

신뢰성 정보시스템의 핵심 요소인 DB는 1950년 대 미국에서 구소련과의 우주경쟁과정에서 우주개발에 관한 모든 데이터를 수집, 공유, 활용할 목적으로 탄생되었다.

미국에서는 이전부터 신뢰성 관점에서도 DB의 중요성이 인식되고 있었다. 1995년 미국의 RAC(Reliability Analysis Center)에서 3M, AT&T의 Bell 연구소, GM, 크라이슬러, 모토롤라, 선 마이크로사 등 41개 민간 회사를 대상으로 신뢰성·보전성의 활용도를 조사한 결과 주로 군수산업에 활용되고 있는 신뢰성 개발·설계용 도구들이 민간산업에도 적용가능하며 효과가 있다는 흥미로운 결과를 얻었다. 더불어 사용빈도 및 중요성 측면에서 FRACAS(Failure Reporting, Analysis, and Corrective Action System; 고장보고·분석 및 시정조치 시스템)이 1위로 선정되었다. 즉, 사용빈도는 FRACAS-설계심사-신뢰도 예측-FMECA-신뢰도 인증시험 순으로, 중요도는 FRACAS-설계심사-하청/납품업자 관리-부품관리-FMECA 순으로 조사되었다.

따라서 고장 데이터와 이에 관한 시정조치 정보를 수집하여 (대형)컴퓨터를 이용하여 DB를 구축하고 이를 회사가 활용할 수 있는 시스템인 FRACAS는 3. 3. 3절에서 자세하게 다룬다.

그리고 PC의 보급과 더불어 신뢰성 기술의 전산화를 촉진시킨 것으로 동시공학(Concurrent Engineering; 이하 CE)과 컴퓨터 지원 설계(Computer Aided Engineering; 이하 CAE)를 들 수 있다.

CE는 마케팅, 개발·설계, 제조, 운용, 보전 등 제품의 수명주기 전반에 걸쳐 종래의 연쇄적으로 행하던 기능별 작업을 상호협조 하에서 동시 병행적으로 행하는 시스템적 방법이다. CE는 개발·설계의 동시성, 생산성, 보전성을 효율적으로 제고하는 것을 목표로 하지만, CE의 특징은 이보다 컴퓨터 이용에 중점을 두고 있는 점이다.

한편, 신제품 개발·설계, 시제품 제작, 평가 단계에서 CAE는 다음의 세 가지로 구성된다.

(ⅰ) 기능설계 지원기술: CAD/CAM, DFM(Design for Manufacturing; DFM(제조 용이성 설계))

(ⅱ) 품질설계 지원기술(Design for Quality; DFQ): 품질기능전개(QFD), 품질공학(다구치 방법), 신뢰성 설계기법 등

(ⅲ) 제품설계 관리(Product Design Management; PDM): 부품명세표 등

예를 들면, 비행기 동체를 설계할 때 수 백 개의 설계변수가 고려되어야 한다. 이럴 경우에 어떻게 설계를 최적화해야 되는가? 이론과 최신 기술에 기반한 연역적 접근법에 의해 현실에 부합되는 공학적 모형(engineering model)을 구축하고 CAE를 적용한다면 신뢰성 향상뿐만 아니라 개발기간을 단축하고 비용을 절감할 수 있을 것이다. 이 경우에 실험계획법은 실물에 대한 신뢰성시험과 CAE에 의한 컴퓨터 시뮬레이션에도 그 효과를 발휘한다.

또한 사용 및 환경조건이 신뢰성에 큰 영향을 미치므로, 제어할 수 없는 사용 및 환경조건을 실험의 오차인자로 반영하여 이들 인자의 변화에 둔감한 설계변수(제어인자)의 조건을 찾는 목적으로 개발된 것이 다구치 방법의 파라미터 설계다. 요즈음은 강건설계(Robust Design)로 불리고 있다.

따라서 CE와 CAE를 신뢰성 목표 달성에 유효하게 활용해야 한다.

요즈음 PC기반 공개 소스 DB시스템(데이터베이스 모형에 기반한 DB와 데이터를 관리하고 이용하기 위한 소프트웨어 시스템인 DB관리시스템(DBMS)으로 구성)으로 여러 가지 종류가 있지만 신뢰성 정보시스템에 활용되는 DB는 관계형 DB와 객체지향 DB의 2종을 들 수 있다.

관계형 DB는 현재 상용화되어 널리 쓰이는 것으로 판매 데이터, 재고 데이터, 학생 성적 데이터 등의 관리에 광범위하게 활용되고 있다. 데이터를 2차원 표 형식으로 표현하는 방식으로 국제 표준언어인 SQL을 사용함으로써 PC 상에서 용이하게 작동하여 개인이 신뢰성 DB를 쉽게 구축할 수 있다. 실제 기업에서 고장 데이터, 사고 데이터, 고장률 데이터 관리에 이용되고 있다.

객체지향 DB는 관계형 DB보다 새로운 개념으로 CAD 데이터, 부품전개 데이터, 멀티미디어 데이터 등 사진과 도표 등이 혼합되어 있는 데이터의 관리에 유용하다. 신뢰성 데이터는 수치나 기호뿐만 아니라 고장해석용 전자현미경 사진, 와이블 분석 그래프 등 다

양한 DB의 검색에 효율적이므로 객체지향 DB가 관계형보다 유리해지고 있다.

3.3.2 신뢰성 DB의 종류와 수용범위

[그림 3.8]는 품질보증(QA) 단계의 주요한 DB를 나타내고 있다. 이를 통합적으로 사용하는 것이 이상적이며, 이 소절에서는 시장발생 문제 DB, 고장모드 DB 및 에러방지 DB를 소개한다.

신뢰성공학은 고장의 미연 방지가 주목적이 되므로, [그림 3.9]와 같이 7가지 관점, 즉, 목적(기능), 아이템, 기능 달성 메커니즘, 내부/외부 스트레스, 고장 메커니즘, 고장모드, 출력(기능 및 성증 등)에 관한 정보가 이런 DB에 포함되어야 원하는 성과를 얻을 수 있다.

1 시장발생 문제와 고장모드 DB

시장발생 문제와 정보를 축적하기 위한 DB 항목에 대한 예시를 [표 3.5]에서 볼 수 있다. 이런 DB를 활용하면 아이템의 고장모드를 적시에 추출할 수 있고, 사내의 개발·설계 담

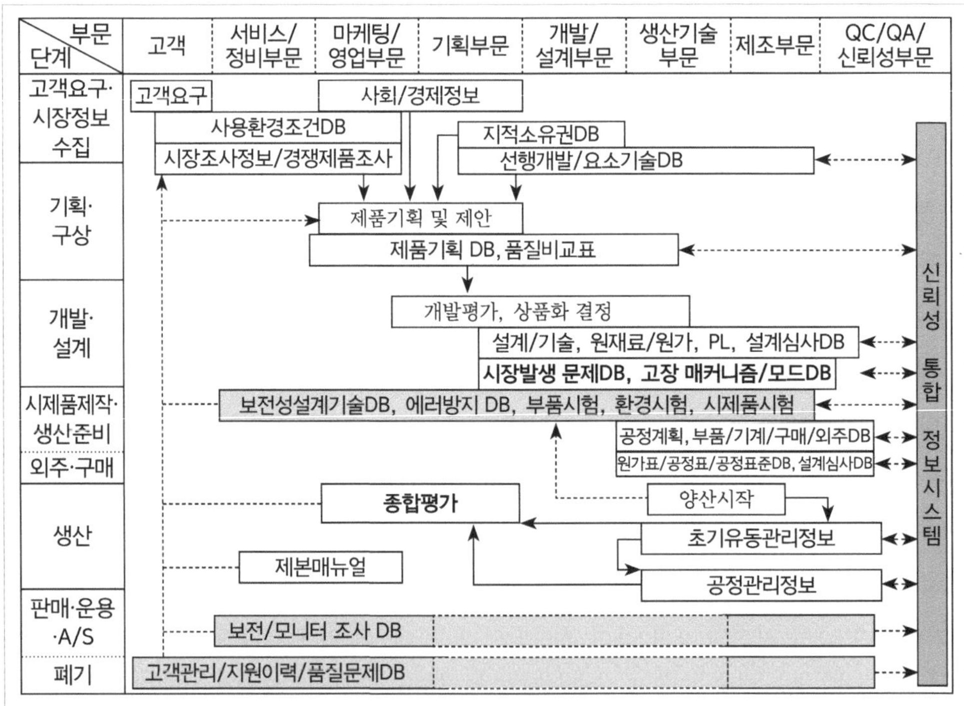

그림 3.8 단계별 신뢰성 정보와 흐름

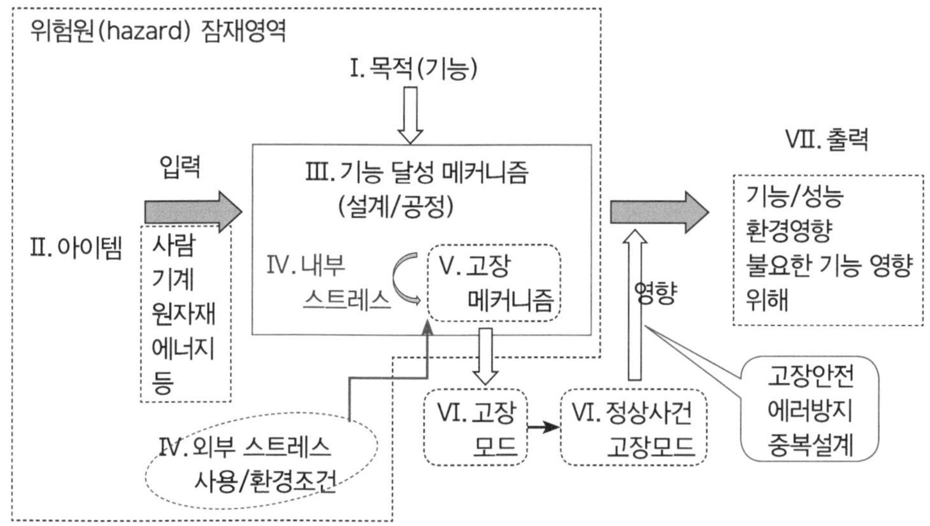

그림 3.9 고장의 미연방지에 관한 7가지 관점

표 3.5 시장발생 문제 정보 축적 DB 예시

등록 상황	기능 분류	기종 · 부품	n차 전개	블록명	기능	고장 모드	상위 시스템에의 영향	발생 빈도	영향도	고장 원인
완료	영상·화상·문자정보		3	LCD/LED	영상이 나옴	영상이 나오지 않음	화상이 흔들림	2	4	고압 송전선에 발생

당자 누구라도 접근할 수 있도록 하면, FMEA(4장)의 고장모드를 찾는 것이 용이해 진다.

시장발생 문제 DB의 고장모드로부터 [표 3.6]의 재료-부품-시스템 수준으로 구분한 고장모드 DB를 구축할 수 있다.

2 인간 실수방지 DB

인간의 실수가 고장발생의 중요 요인이 되고 있다. 이런 인간실수를 방지하기 위한 대책이 신뢰성공학의 중요한 주제가 된다.

아이템에 대해 적용되는 스트레스나 고장원인-고장 메커니즘-고장모드 순과 동일한 방식으로 사람에게 스트레스-실수 메커니즘-에러모드 순으로 연결지울 수 있다.

예를 들면, 인간이 극도의 심리적 스트레스를 받거나, 화재나 지진 등의 공황상태에 빠지면 사려나 분별을 다루는 대뇌의 신피질의 활동이 정지되며 대뇌의 구피질만에 의한 행동패턴을 따르게 된다. 이에 따라 실수를 발생시키는 확률이 높아지며, 중요한 대응행동

표 3.6 상위 고장모드와 연관한 아이템 고장모드의 대응표 예시

고장모드의 분류	아이템 / 고장모드	구조부품	나사	부싱	seal	용기	배관	기계식필터	베어링	차축	기어	타이어	롤러	밸브로드	임펠러	스프링	벨트	땜납
재료수준 고장모드	균열	○	○	○	○	○	○	○	○	○	○	○				○		○
	thinning		○	○							○	○					○	
	표면손상								○	○	○		○					
	변형		○			○	○			○								
	용해																	
부품(아이템)수준 고장모드																		
시스템 출력에 연관한 고장모드																		

을 망각하거나 금지된 행위를 하게 된다. 즉, 시간이 촉박할 때 서둘게 되어 실수하는 것도 여기에 속한다.

이럴 경우를 감안하여 실수를 방지할 수 있도록 설계에 반영해야 하는데, 실수를 공학적으로 방지하는 방안을 구현한 것이 에러방지 시스템이다. 일례로서 자동차의 오토트랜스미션의 쉬프트 레버 위치가 P(parking)가 아니면 시동이 걸리지 않거나 자동차 키를 뺄 수 없도록 설계하고 있다. 만약 운행 중에 자동차 키를 뺄 수 있다면, 다음 사용 시에 키를 넣고 사이드 브레이크를 내리는 순간에 급발진하게 된다.

이런 에러방지는 mistake- 또는 error- 또는 fool-proof(5.6절 참고)로 명명되는데, 인간 에러에 대한 대표적인 방호책으로 공산품, 생산설비, 소프트웨어 등에서 사용자가 잘못된 조작을 해도 위험에 처하지 않도록 설계단계에서 안전대책을 수립하는 것이며 현업에서 널리 쓰이고 있다.

3.3.3 FRACAS

FRACAS는 가장 이해하기 쉬운 개념이지만 효과적인 신뢰도 프로그램 관점에서 이를 성공적으로 달성하기는 매우 어려운 도구로 인식되고 있다.

FRACAS의 중요한 특징은 다음과 같이 요약할 수 있다.

① 제품개발 또는 서비스 제공 과정에서 구성부품, 공정 등과 연관된 모든 고장과 문제

점을 획득하여 보고한다.

② 이들에 대한 근본원인을 파악하기 위해 추적분석을 통해 고장과 문제점을 파악하고, 선정하여 우선순위를 매긴다.

③ 근본원인(root cause)과 문제점의 재발을 방지하기 위한 시정조치를 강구, 실행, 검증한다.

④ 모든 관련 인원들에게 장래의 제품이나 서비스에서 발생될 수 있는 유사한 문제점을 예방하기 위하여 신뢰도 성장(Reliability Growth) 프로그램과 사전대책에 관한 의사결정을 지원할 수 있도록 고장, 분석, 시정조치 정보에 접근할 수 있도록 한다.

FRACAS의 성과는 고장 또는 결함을 작성한 최초 보고서에 포함된 입력자료의 정확성에 의존한다. 더욱이 이런 자료는 근본원인 파악을 촉진하기 위하여 고장과 결함에 대한 자세한 상황을 충분하게 포함해야 한다. 이런 정보는 최소한 다음의 기본정보를 포함해야 한다.

· 누가 고장을 발견했는가?
· 어떤 고장 발생? 고장의 특이한 현상은 무엇인가?
· 어디서 고장 발생?
· 언제 고장 발생?
· 어떤 작동·스트레스 조건에서 고장발생?

FRACAS로부터 획득된 출력정보는 미래 고장을 예방하기 위해 취해지거나 취해야 될 시정조치의 파악과 검증을 적절하게 기술해야 한다.

[표 3.7]은 FRACAS 보고서 양식을 예시하고 있다.

가장 기본적인 FRACAS 절차는 (i) 고장발생 기록, (ii) 고장분석 수행, (iii) 적정한 시정조치 파악, (iv) 시정조치가 효과적인지 대한 검증의 네 단계로 구분된다. FRACAS의 계획은 FRACAS의 실시와 대등하게 중요하다고 인식해야 한다. 즉, 중요한 고장의 확인과 분류, 고장보고가 시작되는 프로세스 및 수명주기에서의 위치 파악, 고장 사건을 고객에게 알려주기 위한 요건 등이 관심 대상이 된다. 폐쇄 루프(closed-loop)형인 FRACAS는 경영진의 관심과 엔지니어의 노력에 의해 신뢰성 문제를 해결할 수 있도록 비용에 대비하여 효과적으로, 적시에 적용될 수 있도록 구축되어야 한다.

표 3.7 FRACAS 보고서

<table>
<tr><td colspan="8">FRACAS 보고서</td></tr>
<tr><td colspan="3">고객 명:</td><td colspan="3">부품 번호:</td><td colspan="2">고장 보고서 번호:</td></tr>
<tr><td colspan="8">고장 현상 기술:</td></tr>
<tr><td colspan="2">로트 크기:</td><td colspan="2">고장 크기:</td><td colspan="2">고장률:</td><td colspan="2">비고:</td></tr>
<tr><td rowspan="4">고장 데이터 분석</td><td colspan="7">문제점(trouble):</td></tr>
<tr><td colspan="7">대응 조치(또는 원인): 조치자: 일자:</td></tr>
<tr><td colspan="7">근본원인 요약:</td></tr>
<tr><td colspan="3">분석자:</td><td colspan="4">일자:</td></tr>
<tr><td rowspan="2">시정조치</td><td colspan="7">추천 시행조치:</td></tr>
<tr><td>FRB 검토:</td><td colspan="2">일자:</td><td colspan="2">시행조치자:</td><td colspan="2">일자:</td></tr>
<tr><td rowspan="2">후속조치</td><td colspan="3">시정조치 효과</td><td colspan="2">후속조치자:</td><td colspan="2">일자:</td></tr>
<tr><td colspan="7">추가 의견:</td></tr>
</table>

고장 검토 위원회(FAILURE REVIEW BOARD)

FRB 위원장 일시	PM	QA/QC	제조	기술
의결(comments/Recommendations)				

[그림 3.10]은 FRACAS와 외부환경과 데이터와 정보의 흐름을 개괄적으로 보여 주고 있다. 이 그림에서 FRACAS의 최초 입력 시기는 이 시스템이 처음으로 작동하는 시점에 따라 변할 수 있으며, 원래 고장발생 시점과 매우 연관된 곳에서 일어난다. 실험실 환경에서는 엔지니어나 현장 작업자의 (노트북) 컴퓨터로부터 입력되며, 제품이 고객에게 전달된 후에는 요구되는 고장자료는 보전기록에 의해서나 언어 또는 문서화된 고객 불만으로부터 발생된다. 또한 제품이나 서비스의 성격에 따라 수동 또는 데이터 획득과 전송이 자동화되는 프로세스의 한 부분에 의해 입력될 수도 있다.

고장발생 정보가 시스템에 입력되면 고장분석과 시정조치 프로세스가 시작된다. FRACAS 내에 문서화된 분석의 논리과정은 왜 특정 고장이 발생하는지, 다른 사람이 타 제품의 동일하거나 유사한 고장을 분석하는데 도움을 줄 수 있을 것이다.

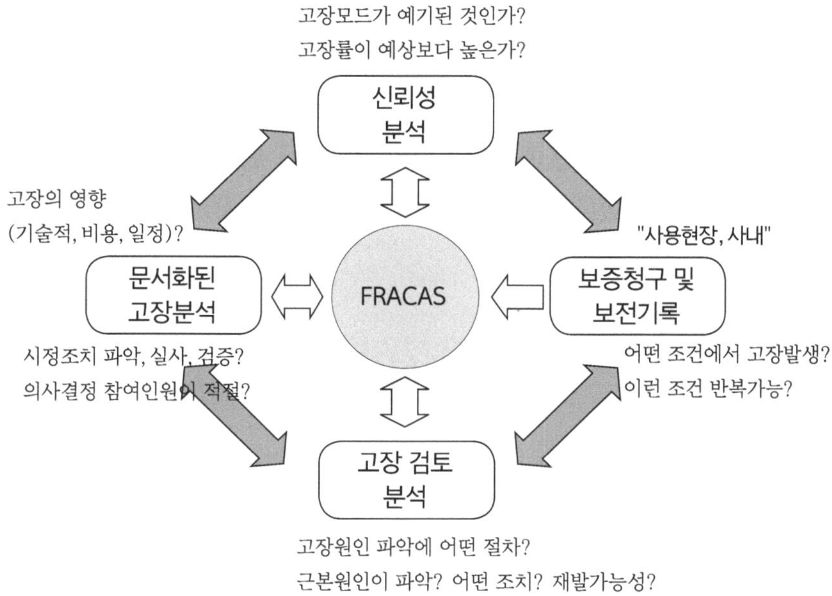

그림 3.10 FRACAS의 정보흐름

그리고 근본원인의 파악은 실제 경험한 고장모드가 예기한 고장모드와 일치하는지 비교하기 위해 FMEA와 같은 신뢰성분석 결과를 이용할 수 있다. 또한 FRACAS로부터의 정량적 고장률의 산정을 통해 실제의 신뢰도가 신뢰도 예측으로 계산된 추정 신뢰도보다 나은지 아니면 나쁜지 파악할 수 있다. 끝으로 대국적 관점에서 고장영향과 시정조치를

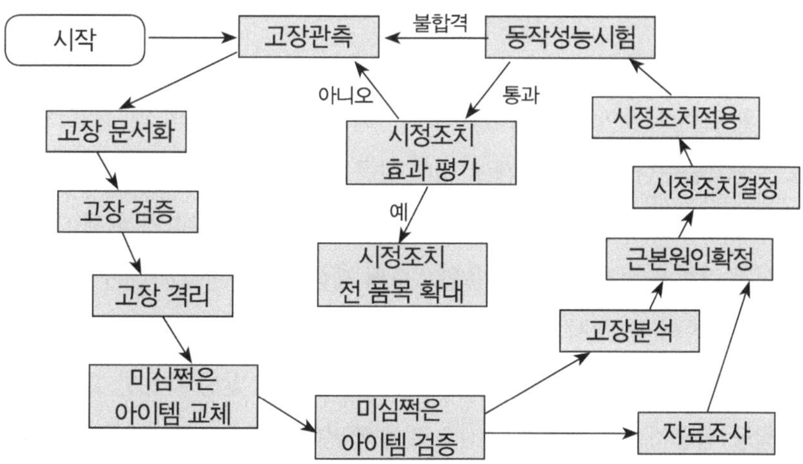

그림 3.11 폐쇄 루프형 FRACAS의 정보흐름

평가하기 위한 일관된 고장검토 과정은 해결책이 보다 더 큰 고가의 문제를 반드시 발생시키지 않도록 한다. 이런 고장검토는 단발성 회합 또는 적절한 내부 인원 외에 고객대표까지 포함하는 고장검토 위원회를 공식적으로 구성하여 정기적으로 운영할 수 있다.

또한 **[그림 3.11]**에는 포괄적인 폐쇄 루프형 FRACAS에 포함된 14단계의 순차적 실시 절차가 자세하게 도시되어 있다(Reliability Analysis Center(1999)).

3.4 설계심사

1950년대 미국의 국방성이 거대·복잡시스템을 납품하는 회사에서 실시하도록 추천한 설계심사(design review)는 1960년대 NASA의 아폴로 계획의 신뢰성 규격 제정 시에 핵심 도구가 되었으며, 제조업에서 설계품질을 확보하기 위해 관리도구로서, 요즈음은 품질보증 수단의 하나로 인정받고 있다. 설계심사는 설계의 품질을 향상하기 위해 후속 프로세스 구성원의 협력을 조기에 얻을 수 있으며, 관련 업무에 비교적 정통한 사내 전문가의 실천적 해결방안을 이용할 수 있다는 특징을 가지고 있다. 그리고 설계심사를 유효하게 활용하기 위해서는 경영진의 이해와 자원분배가 불가결의 요소가 되고 있다. 또한 설계심사의 실행을 통해 축척된 신뢰성 정보가 충분히 활용되어야 하며, 이의 해석결과는 신뢰성 시스템의 중요한 정보원이 된다.

설계심사는 설계 프로세스의 단계에 따라 전문가들이 모여 회의형식으로 그 때까지 완료된 설계안에 대해 여러 가지 검토를 행하는 것으로, 개별 엔지니어나 전문가가 보유한 지식과 경험을 이용하여 합리적으로 설계상의 부적합한 점을 찾는 과정이다.

전술한 바와 같이 제품이 점점 복잡화와 다양화됨에 따라 소수의 엔지니어의 지식과 경험만으로는 신기술이나 미지의 문제에 대해 잘못된 판단을 하거나 어림짐작 등의 실수를 할 가능성이 높다. 따라서 설계심사는 이런 난점을 미연에 방지하기 위해 다수의 전문가 집단의 지식과 경험을 총체적으로 활용함으로써 제품수준을 향상시킬 수 있는 도구이다.

설계심사는 일본의 JIS에서 "신인성(RAM과 보전지원성)에 대한 요건, 목적과의 부합, 가능한 개선점을 식별하는 등의 제반 사항에 영향을 주는 발생 가능한 요구사항 및 설계상의 부적합을 검출하고 수정하는 목적으로 수행된다. 그리고 이는 현존 또는 제안된 설계안에 대한 공식적이고 독립적인 심사과정이다"로 정의되고 있는 신뢰성 용어이다. 부언하면 설계심사는 ① 신인성 요건 ②) 목적과의 합치성 ③ 개선점의 파악에 영향을 주는 요구조건과 설계상의 부적합을 검출하는 것이 목적이며, 이를 찾아내어 수정하므로 일종의 감사(audit)라고 볼 수 있다. 여기서 반드시 회의장에서 할 필요는 없으며 화상회의나 전자우편을 통한 심사도 가능하다.

따라서 이 책에서는 상기의 추상적 정의를 보다 구체화하여 신뢰성 관리 관점으로 "기획–설계–생산준비의 각 단계에서 시스템과 제품의 규격과 설계품질뿐만 아니라 이를 구현할 수 있는 능력을 관련 전문가가 참여하여 검토하고, 품질개선 및 향상을 시키며, 동시에 다음 단계로 이행할 수 있는가를 평가하는 체계적 활동"으로 정의한다.

이를 통하여 고객 요구에 부응하고 문제점을 찾아 조기에 대응할 수 있도록 [그림 3.5]와 같이 위험원부터 시작하여 정상사건 고장모드의 고객에 대한 제반 영향을 여러 신뢰성 도구로써 미연방지 대책을 수립하는 '근원 지향 관리도구'이며, 이를 통해 사내외의 품질과 신뢰성에 관한 부적합 정보를 체계적으로 수집하고 분석하는 '정보의 통합화', 각 부문에 산재해 있는 전문가의 기술과 경험을 결집하는 '기술의 종합화'를 달성할 수 있다.

3.4.1 설계심사 목적

최근 들어 설계의 분업화가 심화됨에 따라 전체 모습을 파악하기 힘들어지며, 설계자의 지식을 뛰어 넘는 정보를 설계에 반영할 필요가 늘어남에 따라 설계심사의 필요성은 증대되고 있다.

설계심사의 목적은 여러 사람의 지혜를 결집하여 고유기술을 다방면으로 평가함으로써 설계를 보다 완벽하게 구현하는데 있다. 즉, 품질보증의 각 단계에서 각 부문의 전문가나 엔지니어가 보유한 기술과 지식을 이용하고 종합화하여 품질·비용·납기·성능의 개선과 향상을 달성할 수 있다. 이를 보다 구체화하면, 대상 설계에 대해 기능, 성능, 초기품질, 신뢰성, 안전성, 환경 적합성 등을 검토하며, 동시에 제반 비용과 납기를 충분하게 고려하는 것이 된다. 더욱이 이런 내용을 활용하는 기업 등의 품질보증 측면의 특성이나 개발·생산 그룹의 조직구조에 부합되어야 한다.

따라서 설계심사는 일회성 과업이 아니며, 품질보증의 각 단계에서 심사주제를 선정하여 조율하고 반복적으로 실시하는 것이 바람직하다.

앞에서 언급한 설계심사의 필요성에 따라 설계의 전체 모습을 파악하기 위해서는 주로 인터페이스(기기, HW와 SW, 본체와 부속품, 기술문서 간에)를 면밀하게 검토함으로써 대응할 수 있으며, 설계에 대한 다면지식의 보강에 대한 대응책으로 기업 내 전문가의 지식(제품안전 또는 CE 인증(EU 시장 내 안전관련 통합 인증)에 대한 전문성, 전략물자나 제조물 책임 등의 법적 규제, 디자인 감각 등)을 설계심사에 적극적으로 이용하면 된다.

설계심사의 부차적 효과로는 설계 프로세스의 단계를 설정하여 주의를 환기할 수 있으며, 참여자의 소통, 참가의식을 제고할 수 있고, 동시 병행적인 활동(CE 등)을 용이하게 한다.

3.4.2 종합 설계심사와 개별 설계심사

설계심사 시에 제3자가 포함되어 실시하는 종합 설계심사와 설계에 직접 참여하지 않는 설계부서 직원을 중심으로 실시하는 개별 설계심사로 구별할 수 있다.

종합 설계심사는 신규 제품 중에서 중요하다고 여겨지는 제품에 대해 실시하며, 관련되는 각 부문의 적임자가 이에 참가하여 해당 부문의 기능과 전문성을 발휘하여 제3자의 시각으로 설계를 평가하는 것을 특징으로 볼 수 있다. 구성원으로는 시스템 엔지니어, 제품개발/제품/공정/제조/검사/재료/부품/공구설계/기계가공/조립배선 기술자, 신뢰성 엔지니어, 품질관리/비용/보전부문/SW 전문가가 포함되며 다수 부문을 겸직할 수 있다. 또한 마케팅과 포장/운송부문 책임자와 얼리 어답터(조기 수용자)을 포함한 고객도 포함될 수 있다. 이들을 한꺼번에 모이는 것이 비효율적일 수 있으므로, 개발 단계에 따라 참가범위를 조정하거나 기능별 분과회를 만들어 시행할 수 있다.

개별 설계심사는 설계를 담당한 엔지니어가 소속된 설계부문의 상사와 동료, 관련 부문의 적임자 또는 책임자가 소그룹을 구성하며, 중점 제품에 대해서는 종합 설계심사 이후의 후속조치의 역할을 겸하기도 한다. 검토 내용이나 진행 과정은 종합 설계심사와 거의 유사하지만 품질을 총괄하는 사무국이 참여하지 않고 설계자로부터의 향후 보고로 대체할 수 있다. 즉, 종합 설계심사에서 충분히 검토되지 않는 규격이나 인터페이스 조건 등을 사내의 가까운 관련 전문가를 통해 심층적으로 검토하는 역할을 하는 것으로 볼 수 있다.

3.4.3 설계심사 진행절차

설계심사를 진행하는 일반적 절차는 준비-실시-후속조치로 대별할 수 있으며 구체적 절차는 다음과 같다

(1) 설계심사의 준비
 (i) 목적 확인
 (ii) 문서 준비: FMEA와 FTA 등
 (iii) 위원회 편성: 위원장 선임

(2) 설계심사의 실시
 (iv) 문서 배포
 (v) 설계심사의 실시

(3) 설계심사의 후속조치
 (vi) 회의록 작성
 (vii) 설계심사 결과의 이행 확인

한편 ISO 9000을 기반으로 자동차 업계의 품질경영시스템에 적용할 수 있는 국제표준인 ISO/TS 16949에서는 APQP(Advanced Product Quality Planning; 사전 제품 품질계획)에 의해 운용하는 것을 요구하고 있다. 이는 자동차 메이커의 엄격한 품질요구에 대응할 수 있는 품질경영시스템을 구축하거나 품질보증을 중심으로 기업체질의 강화 등 품질을 중심축으로 설정하는 기업경영을 목표로 지향하고 있다.

APQP는 이런 ISO/TS 16949의 핵심도구의 하나로서 계획-제품 설계 및 개발-제조공정의 설계 및 개발-제품과 공정의 타당성 확인-양산·개선의 5단계로 구성되어, 실수방지, 지속적 개선을 기본으로 확실한 제품실현을 목표로 하는 중요 수단으로 구성되어 있다. 이런 일련의 프로세스는 다기능(cross-functional) 팀을 구성하는 것으로부터 시작되며, 이 팀은 여러 가지 심사를 통해 중심적 역할을 수행한다. 이런 5단계를 제품과 공정설계 및 개발을 통합한 4단계로 구분하여 **[그림 3.12]**를 중심으로 자세하게 설명한다한다(眞壁肇(2010)). 즉, **[그림 3.12]**는 차량에 적재되는 반도체 디바이스의 제품개발에 적용되는 설계심사 과정에 관한 AQAP 프로세스 흐름도를 예시하고 있다.

1 제품기획

고객이나 시장이 요구하는 성능, 신뢰성과 품질수준, 생산시점, 생산규모 등을 파악하여 이들 요구를 기술 측면, 제조능력 측면, 신뢰성과 환경 측면에서 제품기획을 검증해야 한다. 이런 검증은 제품기획 회의를 통한 기획심사([그림 3.12]의 DR0)에서 구체적인 제품의 개발과 설계개시(즉, 제품화)에 대해 판단해야 한다. 이의 구성원에는 APQP 팀의 중심이 되는 사업기획부문, 마케팅과 영업부문, 설계부문, 제품기술부문 등이 포함된다. APQP에서는 1단계의 계획 프로세스에 해당되며, 'APQP 계획서'가 작성된다.

2 제품 및 공정설계와 개발

구상설계에서 시스템 설계는 시스템 구성, 기능사양, 기능 블록도, 동작 시작시점, 전기적 특성 등의 사양을 명확하게 설정한다. 이후에 회로설계, 레이아웃 설계, 시험프로그램 설계라 불리는 기본설계와 함께 상세설계가 병행하여 진행된다. 각 설계단계가 완료될 때 각각의 관점에서 개별 설계에 대한 심사([그림 3.12]의 DR1)가 실시된다. 예를 들면, 레이아웃 설계후의 심사 시 신뢰성 측면에서 레이아웃 설계가 타당한지를 체크리스

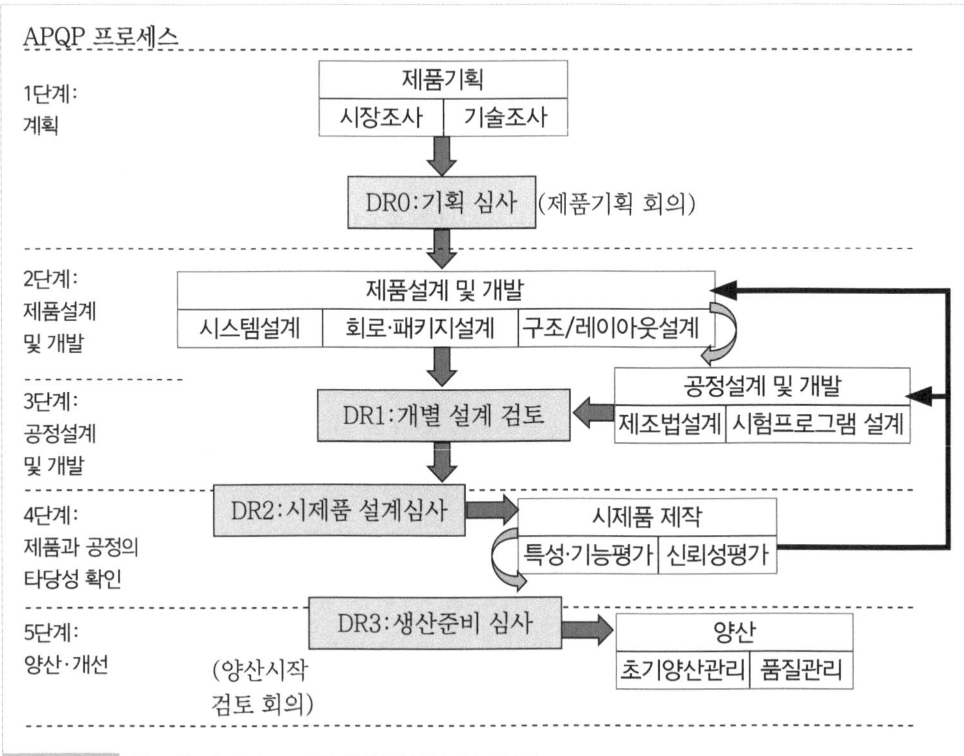

그림 3.12 반도체 디바이스 제품개발 절차와 설계심사

트 등을 통해 확인해 간다.

또한 공정설계 단계의 시험프로그램의 설계에 관한 검토 시에는 검사공정에서 사용되는 시험프로그램이나 시험방식의 적정여부를 검증한다. 이는 제품 자체의 설계와는 관련이 없지만 시험프로그램의 설계는 신뢰성 확보에 매우 중요하며, 과거 사례와 타제품 전개 과정의 검토 등을 통한 철저한 검증이 필요하다. 더욱이 시험프로그램의 완성도는 출하품질에 막대한 영향을 미친다고 보고되고 있다. 비용관점에서 시험 프로그램의 검출률을 의도적으로 낮추는 경우도 있으나, 시험프로그램 설계의 좋고 나쁨에 따라 미치는 영향과 그 영역이 막대하며, 출하 후의 고장률이 한 자리 수 이상 틀리는 경우도 일어나고 있다. 따라서 요구조건을 만족하면서 비용과의 상충관계(trade-off)를 고려하여 가장 만족스러운 프로그램을 선택해야 한다.

설계단계의 총괄적인 검증 시에 시제품의 개시를 검토하는 시제품 설계심사([그림 3.12]의 DR2)가 실시된다. 설계기준 준수 확인, 안전성, 신뢰성, 생산성의 문제점, 환경부하 상황을 포함한 검증이 실행되며, 이의 성과는 마스크 패턴(집적 회로나 인쇄 배선판을 만드는 경우에 포토에칭을 하거나 배선을 증착하기 위해 불필요한 부분을 가리고 필름에 구워 붙인 도형) 데이터로 나타나며, 이런 패턴을 이용하여 특성과 기능 확인을 위한 시제품 제작이 시작된다.

APQP에서 이 단계는 [그림 3.12]와 같이 3단계의 최종 단계가 되며, 경영진이 참석하여 심사를 수행한다. 경영진의 참석은 ISO/TS 16949의 요건으로 되어 있다.

3 시제품 제작

시제품 제작 단계에서는 품질보증까지를 충분하게 고려한 제조공정의 확립을 목표로 지향하며, 시제품의 제품특성 평가, 시스템 평가, 신뢰성 평가를 실시한다. 시제품 제작을 통하여 제조공정의 양산여부와 공정여력을 확인하며, 공정관리 규격 등을 검증해야 한다. 또한 시제품을 대상으로 기능과 성능의 확인, 신뢰성 기준에 따른 신뢰성 실증여부를 파악하여 최종적으로 제품의 적합성을 평가한다. 이 과정이 APQP의 4단계의 '제조공정 타당성 확인'에 해당되며, 평가 시에 공정능력 조사와 측정시스템 분석도 포함된다.

시제품에 대한 평가가 완료되면, 양산개시에 필요한 원재료 등이 적절히 마련된 시점에서 생산준비(양산화) 심사가 실시된다. 여기서 양산을 시작할 때 요구되는 설계와 시제품 제작 단계의 심사보고서를 기반으로 생산성과 제조비용 모형을 고려한 생산계획, 판매계획 등을 심의하여 양산여부를 결정한다.

이의 설계심사([그림 3.12]의 DR3)에는 설계부서, 공정개발부서, 제품기술부서, 생산계획부서, 품질관리부서의 구성원이 포함되며, 경영진의 참여하여 조직으로서의 최종적 승인을 얻어야 한다. 여기서 승인이 되면 최초로 양산을 시작하게 된다. 그리고 APQP에서는 고객에 의한 제품승인도 요구되고 있다.

4 양산·개선

초기 양산단계에서 초기품질의 확인이나 품질의 모니터링을 실시하여 지속적 개선활동의 전개가 중요하다. APQP의 마지막 단계가 되므로 지속적인 개선활동을 실시함과 더불어

표 3.8 설계심사 단계별 신뢰성 관리항목과 기법

단계		신뢰성 관리 항목	주요 신뢰성 기법
기획·구상	구상설계 DR0	제품기획 신뢰성 요구 명확화 신뢰성 목표 설정	QFD, 타당성 조사, 임무/환경 프로파일
		구상설계 평가 심사	신뢰성 요구/평가 심사, FMEA/FTA 등
개발·설계	기본설계 DR1-1	시스템 구성 결정 용장성 설계 신뢰도 배분 신뢰도 예측	시스템 계층 구조화, 신뢰성 블록도, 직렬·병렬 구조 용장성 설계: 병렬용장. k중 s구조, 대기구조, 다양성 용장 신뢰도 배분 고장률 예측, 고장물리 모형에 의한 예측, 특성변동 예측
		기본설계 평가 심사	시스템 사양 심사 FMEA/FTA, 설계 시작품 시험 등
	상세설계 DR1-2	재료·부품 선정 디레이팅, 안전여유 고장허용	단순화 설계/설계 표준화, 부품선정, 열적 설계 디레이팅 설계, 재료/구조물 안전계수 고장허용 설계, 고장안전, 고장 소프트화, 인간실수와 인간공학적 설계
		상세설계 평가 심사	재료·부품/기구·구조 선정, 설계 파라미터 심사, 시뮬레이션, 양산시작 시험, 신뢰성시험, 가속시험, 신뢰성 성장 시험, 고장해석, 설계 FMEA, 품질보증 프로그램, 구성관리 심사
	공정설계 DR1-3	생산준비	공정 FMEA와 QC 공정도, ESS, 비파괴검사, 시험 용이화 설계와 고장 검출률, 양품분석 및 파괴검사
		공정설계 평가 심사	공정설계와 평가결과 심사
시제품 제작	시제품 제작 DR-2	제품 적합성 및 양산 평가	성능/환경/안정성시험, 신뢰성(실증)시험, 공정능력조사, 측정시스템분석
		시제품 평가 및 심사	특성/기능/신뢰성 평가 결과 심사
생산/출하	제조 DR-3	공정의 품질관리	공정 FMEA, 공정 품질관리, 공정능력, 외부·구매관리, 변경관리, 수입검사, 초기 유동관리, 이력관리 등
		출하/설치 심사	내장 시스템 심사, 신뢰성·보전성 사용현장 자료의 수집 및 분석 등

APQP의 유효성도 평가해야 한다.

[표 3.8]은 설계심사 단계별 신뢰성 업무와 연관된 항목과 신뢰성 기법이 정리되어 있다.

3.4.4 효과적 설계심사 실시 요건

1 경영진

관리기법에 속하는 설계심사는 FMEA와 FTA와 함께 사람의 지식과 경험에 의존하므로 경영진의 지원이 성공의 핵심요소가 된다. 설계의 도입과 정착 단계에 최고 경영진의 관심과 권한이 주어지지 않으면, 초기에는 담당자가 주도하더라도 지속적인 실시가 힘들어지며, 마지막에는 자연적으로 소멸될 수 있다. 따라서 설계 및 개발부문을 관장하는 경영층의 의욕과 이해가 우선적으로 요구되며, 더불어 설계심사의 책임자는 경영자원(인적 및 물적자원, 자금, 정보)의 준비 및 조달에 관해 충분한 권한을 갖고 있어야 한다.

2 사무국 및 위원회 구성원

설계심사를 관장하는 부서(이하 사무국)는 보통 품질보증 또는 신뢰성 관리 부문의 구성원이 맡는다. 설계심사는 여러 가지 신제품 또는 개량 제품을 담당하는 설계부문에서 실행되지만, 설계자는 다수 업무를 분담하고 있어 때때로 구성원이 바뀔 수도 있다. 따라서 사무국을 한 곳에 설치하면 모든 설계심사가 한 쪽으로 집중되어 신뢰성 정보시스템 구축에 유리해진다.

또한 설계심사 회의를 주관하는 위원장은 대상제품의 설계에 대한 충분한 지식을 가지고 있는 것이 바람직하며, 해당 설계부서장이 맡을 수 있다. 회의 구성원은 심사를 해야 되므로 각 부문의 전문가로, 설계 엔지니어, 제조 엔지니어, 신뢰성 담당, 품질관리 담당, 재료 엔지니어, 포장담당, 구매담당, 제조부문 전문가, 검사부문 전문가, 보전 담당, 마케팅 관계자 등이 설계심사 회의에 참석하며, 학술적 지식을 가진 전문가보다 현업 실무경험이 많은 고참사원을 선호하는 기업도 있다.

3 검토범위

설계심사에서 무엇을 검토할 것인가를 사전에 정해 둘 필요가 있다. [표 3.9]는 MIL-HDBK- 338B:1998, Electronic Reliability Design Handbook에 수록된 항목의 일부를 예시한 것이다.

표 3.9 설계심사: 검토 대상 범위의 예시

번호	내용
1	시스템의 개념과 대체수단
2	시스템의 성능과 안전성
3	설계문서
4	설계변경 내역
5	외주 설계
6	FMEA와 허용차(공차) 해석
7	신뢰도 배분, 신뢰성 예측, 신뢰성 평가
8	호환성, 예비부품 및 수리부품
9	중복설계

외국의 경험에 의하면 외부 전문가도 참석하여 수일간 집중적으로 설계심사를 실시하여 모든 항목을 검토하는 것도 가능하지만, 이보다 검토항목을 미리 정한 후에 소수의 구성원이 모여 회당 2~4시간 정도 회의를 통해 검토하는 것이 효율적이라 보고하고 있다.

또한 설계심사를 효율적으로 실시하기 위해서는 미리 준비된 자료를 심사 구성원에게 사전에 배포해야 하며, 도면, 사양서 등의 설계기술문서, 신뢰성 예측결과, FMEA/FTA 산출물 등의 신뢰성 분석자료, 안전성 분석자료가 설계심사 목적에 따라 취합된다.

그리고 회의 성과는 회의록과 더불어 지적된 사항에 대한 후속조치 정보를 정리하여 보고서를 작성하며. 모든 참여자에게 피드백이 될 수 있는 체계를 구축해야 한다.

4 체크리스트 준비

설계심사용 배포자료의 일부로 설계심사의 유효성을 확보하기 위해 작성하는 것이 체크리스트이다. [표 3.10]은 MIL-HDBK-338를 기반으로 질문형식으로 작성된 예시이며, 여기서 대상 리스트를 부품 선정, 부품 사용법, 신뢰성 예측, 신뢰성시험 등과 같이 범주로 대별하여 이를 사용하는 것이 편리하다.

5 설계심사 프로세스 개선

설계심사의 장점은 설계 숙련자의 지식과 know-how, 과거 문제해결 사례, 경험 등을 설계단계에서 활용하는 것과 젊은 설계자나 엔지니어를 육성하는데 매우 유용하다고 할 수 있는 점이다. 이런 장점이 직접적으로 설계품질의 향상과 결부되므로, 설계심사 프로세스 그 자체의 개선도 매우 중요해지고 있으며, 설계심사 프로세스가 설계활동의 중심축

표 3.10 설계심사 체크리스트 예시: 질문형식

번호	질 문	조치여부	조치내용
1	설계가 단순한가?		
2	신뢰성 설계기준이 제품마다 설정되어 있는가?		
3	예비부품과 수리부품의 신뢰성이 고려되어 있는가?		
4	신뢰성시험이 확립되어 있는가?		
5	낮은 신뢰성 부품을 명확하게 파악하고 있는가?		
6	수명이 짧은 부품을 명확하게 파악하고 있는가? 이의 검사와 교환에 대한 요건이 규정화되어 있는가?		
7	특수한 구입방법, 검사 및 취급이 필요한 중요부품을 명확하게 파악하고 있는가?		
8	부품 적용 시 디레이팅(derating) 계수를 채택하고 있는가?		
9	부품 적용 시 안전계수와 안전여유가 적용되고 있는가?		

의 하나로 인식되고 있다.

따라서 설계심사 프로세스의 평가지표와 성과 판단기준 등을 설정하여 이런 지표를 모니터하고 문제점을 파악한다. 더불어 필요 시 개선활동을 실시하고 활동효과를 재확인하는 등 프로세스 접근법을 적용함으로써 설계품질의 지속적 개선을 기대할 수 있다.

3.4.5 설계심사의 활용실태 및 최근 동향

지금까지의 설계심사는 설계자 중심으로 실시되어 설계안에 대한 문제점 해결이 중심이었으나, 최근 들어 제조공정의 설계와 개발을 연계하여 개발 프로세스 전체를 관리하는 도구로 활용되는 추세이다. 이의 배경으로 설계단계의 문제해결 유형의 활동만으로는 최근의 매우 높아지는 신뢰성 요구에 대응하기 힘들며, 기존의 설계심사와 FMEA를 결합하여 미연 방지를 중점으로 하는 기법(예를 들면 DRBFM(Design Review Based on Failure Mode)) 등이 도입되고 있다.

또한 설계심사는 방대한 정보 중에서 유용한 데이터를 활용하고 검증하여 효율적으로 이용하기 위해서는 신뢰성 관련 DB와의 링크가 매우 중요해지고 있다. 즉, DB가 얼마만큼 충실한가가 설계심사를 좌우하고 있지만, 설계 관련정보의 DB화 관점에서 보면 고객 클레임이나 설계 부적합 분석이 매우 큰 역할을 하고 있다. 설계 부적합에 대한 사례검토 회의는 설계 프로세스의 개선이 주목적이 된다. 더욱이 부적합 발생경과와 이의 원인을 규명하여 관련 기술부문의 전문가가 심층적으로 발굴한 대응책의 결과는 그대로 미연방지를 위한 대책의 DB화(예를 들어 체크리스트 등에 포함시킴)를 통해 설계심사 과정에서 확인되어 문제점의 미연방지로 이어지게 된다.

한편 Kitagawa(1985)의 연구결과를 보면 설계심사의 성과는 부품 수가 작을 때 보다 유용함을 알 수 있으며([표 3.11] 참고), 또한 FMEA와 신뢰성 예측이 설계심사의 성과에 긍정적인 영향을 미친다고 보고하고 있다.

표 3.11 부품 수와 설계심사 성과

설계심사 결과	부품 수		계
	10 ~ 400	400 ~ 7,000	
우수	12	3	15
보통	8	16	24
불만족	2	1	3
계	22	20	42

상당수의 기업에서 설계업무 자체로도 필요한 설계공수가 부족하여 설계 부적합 사례 등을 검토할 여유가 없다고 하는 경우가 있다. 이럴 경우 부적합 발생을 그대로 간과하면 같은 문제의 재발 가능성이 잔존하며, 문제점 발생 시의 대응에는 더 많은 인력이 요구되는 악순환이 반복된다. 이런 반복 사이클을 중단시키기 위해서는 조직체에서 부적합 정보 등을 쉽게 접할 수 있고 활용하는 장치를 구축해 둘 필요가 있으며, 여기서도 최고 경영진의 이해와 리더십이 매우 중요하다.

앞에 언급된 DRBFM는 일본 도요타 자동차의 요시무라(T. Yoshimura)가 창안한 GD^3에 포함된 설계심사 기법으로, GD^3는 [그림 3.13]의 Good Design(좋은 설계), Good Discussion(좋은 토의), Good Dissection(좋은 정밀분석)을 의미하는 용어로 Good Design은 최초부터 신중하고 세심한 강건설계(robust design)를 통해 설계변경을 하지 않도록 하여 문제를 미연 예방하며, Good Discussion은 설계를 설계부문 뿐만 아니라 품질 및 신뢰성, 생산, 마케팅 부서 등 다양한 부문의 경력 사원들의 경험과 정보로서 설계를 검토하고 문제점을 발견함으로써 발생 가능한 문제를 최소화하는 역할을 한다. 마지막으로 Good Dissection은 설계심사에 참여한 인원들(설계자와 검토자로 구분)이 함께 검토했는데도 미심쩍은 부분이 남아 있을 경우에 반드시 시험과 분석을 통하여 문제를 해결하고 확인하자는 의미이다. 특히 발생가능 문제점의 미연방지나 재발방지를 위한 GD^3 에서는 기존의 Good Design 외에 후자의 두 가지가 강조되고 추가된 개념이다.

그리고 시스템적으로 이와 같은 개념을 실천할 수 있도록 **[그림 3.14]**와 같이 설계변경으로 야기되는 문제를 미연방지하고자 하는 DRBFM를 포함하여 시험 전·후 또는 종래의 시험과 현 시험결과의 차이를 검토하는 DBRTR(Design Review Based on Test Result)과 양산품과 시제품의 차이를 검토하는 DBRDP(Design Review Between Difference of Products)으로 구성된 3단계의 설계심사를 체계화하였다(日本信頼性學會 (2014)).

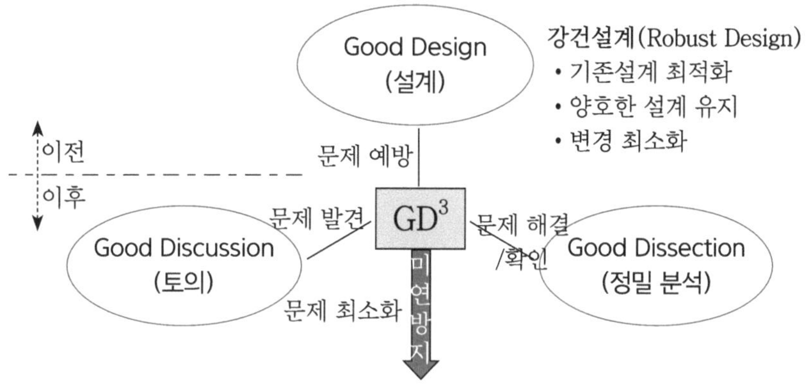

그림 3.13 GD^{3}의 요체

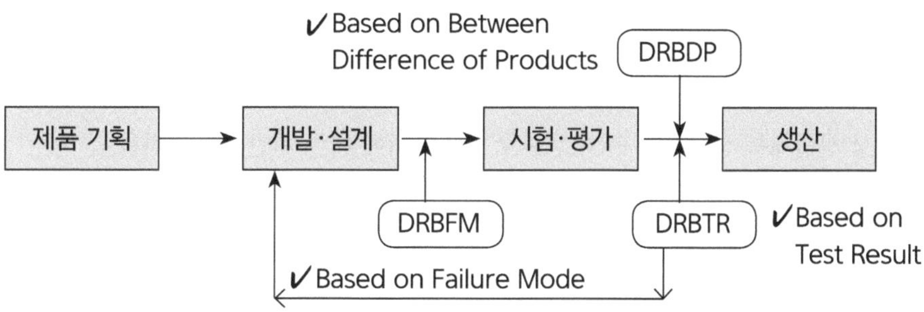

그림 3.14 GD^{3}의 3단계 설계심사

연습문제

3.1 대상 사업체를 선정하여 R7중에서 활용되거나 활용되어야 할 도구를 적고, 그 중요도를 판정하라.

3.2 자동차의 사용 및 환경 조건과 이에 따른 발생가능 고장모드를 열거하라.

3.3 아래의 신뢰성 블록도에 대해 정상사건을 '시스템 고장'으로 정의하여 FTA 그림을 그려라.

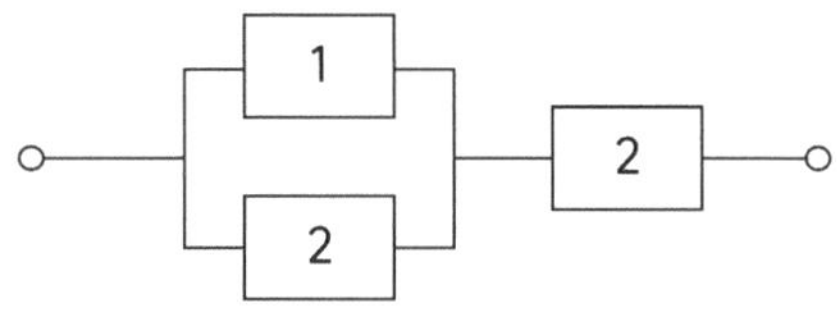

3.4 외부 공급 전원, 정전 감지기기, 비상발전기로연결된 엘리베이터에 대해 정전의 영향을 검토하는 ET 그림을 그려라.

3.5 대상 사업체를 선정하여 신뢰성 정보시스템에 포함되어야 할 하위시스템을 열거하라.

3.6 대상 사업체를 선정하여 FRACAS 보고서 양식에 대한 시안을 작성하라.

3.7 대상 사업체를 선정하여 품질보증 실시 시스템의 개요를 적고 여기서 실시되는(또는 실시될 수 있는) 설계심사를 중심으로 신뢰성 관련 활동과 계획을 기술하라.

3.8 대상 사업체를 선정하여 종합 또는 개별 설계심사 위원회를 구성할 경우 포함되는 위원의 부서와 담당 업무를 적어라.

제4장
FMEA

4.1 FMEA란?

제품과 시스템은 대체적으로 하나 이상의 설계팀의 노력에 의한 산출물로 복잡한 설계 구조를 가진다. 따라서 시스템 수준의 신뢰도에 대한 관리는 제품 또는 시스템 신뢰도가 고객요구를 만족시킬 수 있도록 체계적이고 포괄적인 과정을 요구하고 있다.

FMEA(Failure Mode and Effects Analysis; 고장모드 및 영향 분석)는 FTA와 더불어 제품설계 및 공정설계 단계에서 모두 시스템의 고장을 미연에 방지하는 신뢰성 도구로, 미국에서는 신뢰성 기술의 확립 및 발전 시기의 초반부터 신뢰성 예측 및 분석방법과 함께 활용되고 개량되어 온 기법이다. 우리나라에서 FMEA의 도입은 1970년대이지만 기업에서 활발하게 사용하기 시작한 것은 QS 9000과 Six Sigma가 본격적으로 적용되기 시작한 1990년대이며, FTA는 안전관련 부문을 빼면 FMEA에 비해 도입시기도 늦으며 활용도도 떨어지고 있다.

FMEA는 이론적 측면보다 적용 가능성과 그 성과에 기반한 유용한 도구로 신뢰성 이외 분야에서도 널리 쓰이지만 몇 가지 한계를 가지고 있다. 일례로 부품별 부적합을 검토함으로써, 부품간 상호작용이나 복합요인에 의한 부적합을 식별하지 못할 수도 있으며, 망라적인 기법으로 불필요한 산출물이 될 수 있다.

4.1.1 FMEA의 요점

FMEA은 시스템의 고장모드를 확인하고 확인된 고장모드의 영향 또는 결과를 평가하고, 고장의 검출방법을 미리 검토하기 위한 시스템적이며 구조적인 방법이다. 본질적으로 정성적이고 논리적이며, 고장의 질적평가 시 사고과정에 맞는 형식을 사용하여 해석하는 특징이 있다.

또한, 부품 등 하위 아이템의 고장이 상위 아이템에 어떻게 나타나는가, 특히 최종 시스템의 임무에 대한 영향을 파악하고 영향이 큰 고장모드 방지 대책을 수립하기 위한 상향식 기법이다. 더욱이 FMECA(Failure Mode, Effects, and Criticality Analysis; 고장모드 및 영향, 치명도 분석)는 시스템 임무의 성공적인 달성 등의 기준 측면에서 확인된 고장모드의 치명도(또는 중요도)을 고려한다. 일반적으로 FMEA/FMECA는 제품 및 시스템 설계심사 과정에서 활용된다.

FMEA/FMECA의 적용은 제품과 시스템 구상화와 설계의 초기단계에서 시작되며 제품 및 시스템 설계 변경과 생산 이전단계의 시험과 현장경험으로부터 제품과 시스템 성능에 관한 누적정보를 이끌어 낸다. FMEA/FMECA는 의사결정을 하는데 도움을 주기 위하여 제품 및 시스템의 설계단계 및 제조공정에 활용되며, 또한 시스템 안전측면의 사양을 설정하고 신뢰도 향상노력에 대한 방향을 제시하기 위하여 시스템 수리와 보전절차에 대한 제품 및 시스템 지침서를 개발하는데도 이용된다.

4.1.2 기본 용어

본 장에 관련된 기본용어의 정의는 다음과 같다.

- 결함(fault): 아이템에 고장을 일으킬 수 있는 비정상적인 상태로 항상 에러를 발생시키는 것은 아니다.
- 에러(error): 에러를 계산, 관찰, 또는 측정된 값이나 조건에 대비하여 명시적인 참값 또는 이론적으로 바른 값 또는 조건과의 불일치로 정의하고 있으며(일정 범위 내에서는 고장이 아님), 예측 불가능한 운용상황 또는 시스템이나 하위시스템, 유닛 내에 발생하는 결함에 의해 일어날 수 있다.

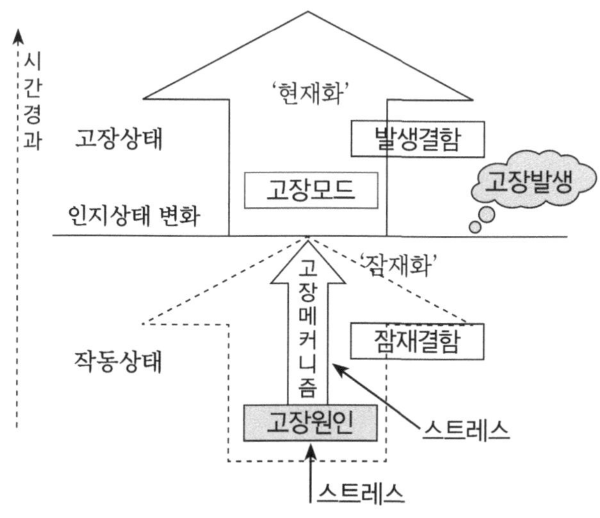

그림 4.1 고장모드 발생 과정

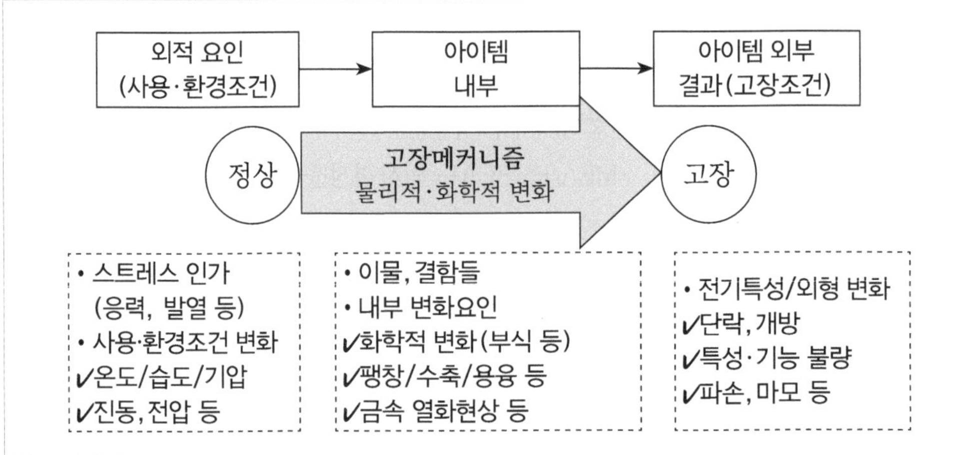

그림 4.2 고장원인과 고장메커니즘

- 고장(failure): 고장은 요구된 대로 기능을 수행하는 아이템의 능력이 종료되는 것으로, 결함은 엘리먼트 내에서 그 자체가 에러로 나타날 수 있으며 에러는 결국 고장의 원인이 된다. 즉, 모든 고장은 결함에서 발생하지만 역은 성립하지 않는다.
- 고장모드(failure mode): **[그림 4. 1]**과 같이 잠재결함이 진전되어 발생결함이 되어 고장이 발생하는 방식으로 고객이 경험할 수 있는 징후가 아니고 유형에 관한 용어로 표현되며, 다양한 작동 및 사용조건하에서 발생되는 잠재적 고장모드가 포함된다. 예시로서 개방회로, 갈라짐, 깨짐, 부식, 누출, 큰 또는 작은 치수, 잘못된 손상, 느슨해짐을 들 수 있다.
- 고장원인(cause of failure): 각 고장모드에 대해 고장의 근본원인이나 고장메커니즘(**[그림 4. 2]**에서 고장원인과 이의 관계를 표현하고 있음)으로 표시되며, 고장원인에 대한 조치가 가능하도록 간결하고 완전하게 기술한다. 예시로서 설계 FMEA의 부품결함, 적정 틈 부족, 열화, 공정 FMEA의 전압 서지(surge), 닳아진 베어링 등을 들 수 있다.
- 고장영향(effect of failure): 고장모드 발생 시 시스템의 작동, 기능, 상태에 미치는 결과로 고객이 이해 또는 경험할 수 있는 용어로 기술한다. 예시로서 모터가 가동하지 않음, 불쾌한 냄새, 사고, 인명손상 등을 들 수 있다.

예를 들면, 최신 국제 표준규격이며, 자동차 산업에 적용되는 ISO 26262에서는 고장은 계통고장(systematic failure)과 하드웨어 우발고장(random hardware failure)으로 구분되며 ISO 26262의 신뢰성 관련 척도 평가 시에는 하드웨어 우발고장만 포함된다. 한편 계통고장은 하드웨어(HW)와 소프트웨어(SW)에 모두 발생되며, 설계수정, 제조 프로세스, 운용절차, 문서, 기타 관련인자들을 변경함으로써 제거될 수 있는 고장으로 어떤 원인에 대해 확정적 방식(deterministic way)으로 발현된다. 그리고 하드웨어 우발고장은 하드웨어 엘리먼트의 수명 내에서 예측불가능하게 발생하는 고장으로서 확률분포를 따른다.

결함-에러-고장의 관계와 계통(HW, SW) 고장과 HW 우발고장에 대한 예시로서 [그림 4.3]은 교차로를 횡단하기 위해 출발한 차량이 기대되지 않은 현상이 일어날 때(예를 들면 자동차의 갑작스런 덜컥거림) 충돌이 발생할 수 있는데, 이에 관련된 유닛과 아이템의 결함, 에러, 고장을 예시하고 있다. 여기서는 유닛 수준의 고장이 아이템(차량)의 결함으로 연결되고 있다.

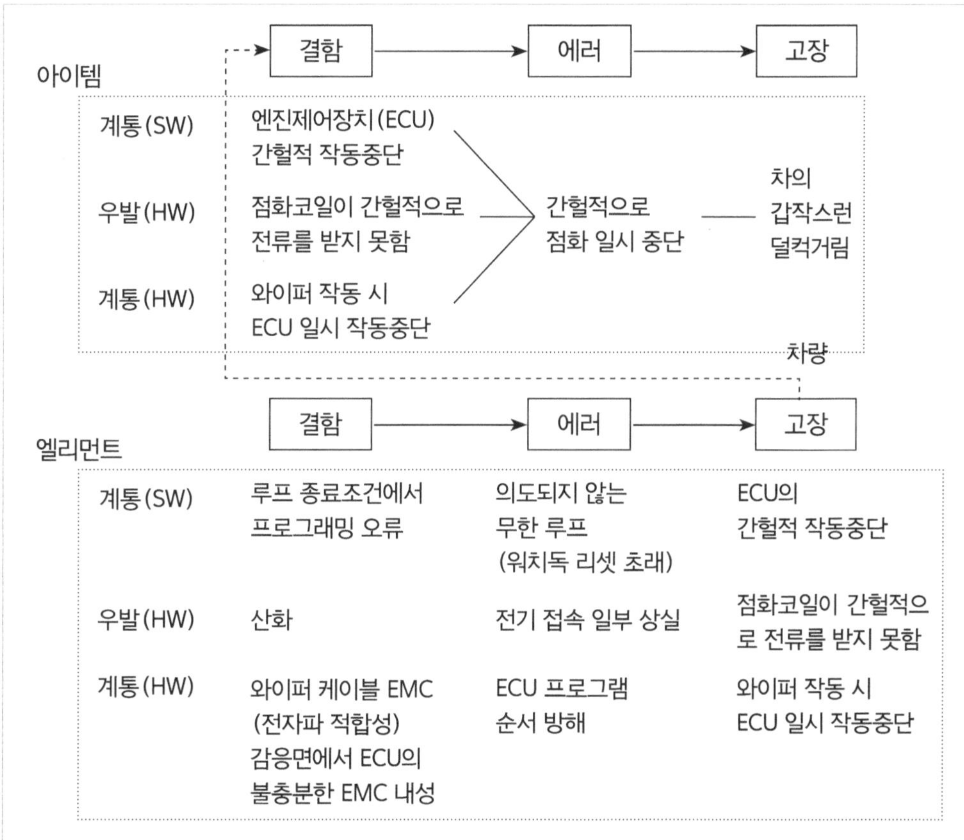

그림 4.3 결함-에러-고장의 예시

4.1.3 발전과정

FMEA의 기원에 대해서는 그다지 정확히 알려져 있지 않으며, 여러 곳에서 경험적으로 만들어진 것으로 방법론 측면에서도 상식적 수준이라고 보고 있다. 이를 조직적으로 완성시킨 것은 미국의 Crown사로서 이 회사의 Arnzen이 1966년 발표한 논문에 의하면 1950년대 초반 해군기의 주 조종시스템의 설계 및 개발 시 신뢰성 활동 영역에 FMEA를 도입한 것으로 알려져 있으며, 1960년대에 항공산업과 미군에서 본격적으로 활용되기 시작하였다. 이때의 FMEA는 정성적인 해석이었지만 1960년 후반부터 1970년대 초기에 걸쳐 정량적 해석을 다루는 치명도 분석(Criticality Analysis)이 추가되어 FMECA(Failure Mode Effect and Criticality Analysis)가 소개되었다.

1960년대 중반에 NASA에서 Apollo 인공위성 개발 시 각 부품의 오동작을 브레인스토밍(Brain Storming)방법으로 예측할 때 FMEA가 활용되어 신뢰성 보증과 안전성 확보 측면에서 큰 성과를 획득하였다. 1974년 미해군에서 FMEA 활용에 관한 지침(MIL-STD-1629A)을 규정하였으며, 이후 1970년대 후반에 자동차 업계의 경영적자 누적과 제조물 책임(PL)비용에 대응하기 위하여 FMEA을 적극적으로 도입하기 시작하였다, 또한 일본에서 1970년대 TQC의 한 기법으로 기업에서 활발하게 적용되었으며, 우리나라에서는 1990년대 들어 QS 9000과 ISO/TS 16949 등의 자동차관련 품질보증시스템과 Six Sigma 경영혁신활동의 핵심기법으로 널리 쓰이고 있다.

FMEA의 본질은 통상적으로 하드웨어의 구상단계와 기본 및 상세설계에 대해 신뢰성 입장에서 평가하고 잠재적 고장모드의 영향정도에 따라 등급으로 구분하여 설계개선을 권고함으로써 설계를 지원하는 기법이다. 그 특징으로는 팀에 의해 수행되며, 설계자의 노력을 신뢰성 기술자의 작업과 통합하는 기법이고, 설계를 평가할 때 경험을 체계적으로 활용하면서 표의 형식을 택하는 정성적 성격의 기법으로 볼 수 있다.

FMEA의 유사한 수법으로는 안전공학분야에서 활용되는 PHA(Preliminary Hazard Analysis)와 FHA(Failure Hazard Analysis) 등이 있다.

FMEA의 실시 시기는 빠를수록 효과적이다. 설계심사가 실시되면 심사용 입력정보의 한 부분으로 제공되어야 하며, 설계변경이 있는 경우는 FMEA도 개정되어야 한다.

각 산업별로 여러 가지 표준(미 군용: MIL-STD-1629A, 자동차 산업: J-1739(미 SAE), 전기전자분야: IEC 60812)을 채택하고 있지만 기본적으로 이론과 절차는 유사하다.

4.1.4 FMEA의 종류

본래 FMEA는 제품개발 시에 시스템 혹은 하위 시스템 수준에서 설계개선에 사용되는 정성적인 예측기법이었으나, 산업계에 보급됨에 따라 공정설계, 설비설계의 개선에도 이용되며, 그 외에 예방보전의 보전방식의 설계, 공정관리 등에도 널리 사용되고 있다.

[그림 4.4]와 같이 현재까지 개발된 여러 유형의 FMEA가 있지만 중요한 것은 다음의 3가지로 구분할 수 있으며, 여기서도 설계 FMEA와 공정 FMEA가 주로 쓰인다. 이 중에서도 이 책은 신뢰성 공학과 가장 연관성이 높은 설계 FMEA를 중심으로 다루고자 한다.

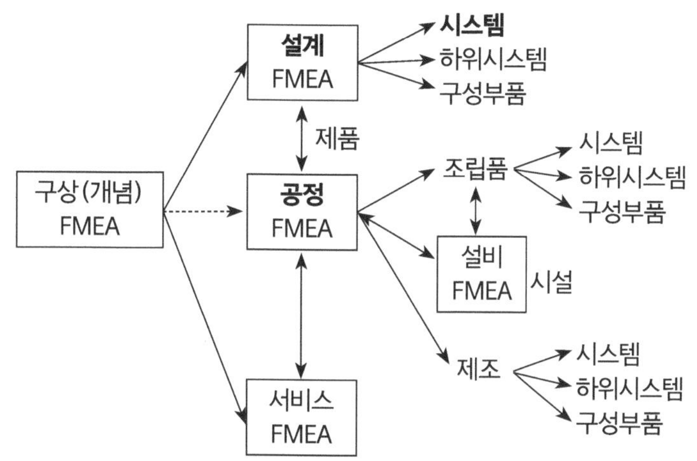

그림 4.4 FMEA의 종류

1 시스템(System) FMEA

시스템 FMEA는 초기의 구상과 기획 단계에서 [그림 4.5]와 같이 최상위 수준인 시스템 및 하위 시스템의 영역과 인터페이스를 정의하여 이를 분석하는데 이용되며, 제품설계 시에 발휘되어야 되는 시스템 기능에 대해 잠재적인 결함을 분석하는데 중점을 둔다.

구상설계, 기본 및 상세설계, 검사 및 평가, 제조 등을 포함하는 수명주기의 전 단계에 대해 분석하는 방법으로, 특히 제품수준 FMEA의 주 대상인 단일기점(single point) 결함 고장 및 인터페이스와 상호작용에 관심을 가진다. 또한 이 FMEA의 초기인 구상단계 용도는 기술적인 접근법과 기능적 한계를 정의하고 확립하여 평가하는 것이 된다.

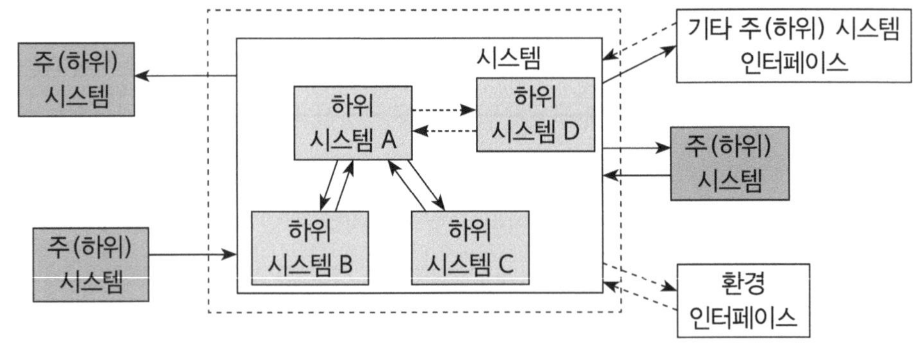

그림 4.5 시스템의 영역과 인터페이스

2 설계(Design) FMEA

설계 FMEA(DFMEA)는 생산하기 이전에 제품의 하드웨어 또는 기능적 측면의 분석에 이용하는 것으로서, 제품개발 단계에서 초기 잠재고장 문제를 검증하는데 활용한다. 제품 고장모드의 모든 가능성과 복잡하게 조립된 제품의 영향을 고려하여 고장에 따른 발생 가능성을 검토한다.

양산이 개시되기 전에 발생 가능한 잠재 고장모드를 식별하고 추적하여 시정조치를 제공하는 분석방법으로, 시스템 FMEA와 더불어 고객에 의해 정의되는 기능적 요구를 중심으로 공학적으로 해석하는 기법에 속한다.

3 공정(Process) FMEA

공정 FMEA(PFMEA)는 신제품의 제조 공정이나 조립 공정을 분석하고자 할 때 활용한다. 잠재적인 제조 공정의 문제에 대하여 영향을 파악하여 잠재적인 부적합 문제를 검토하며 공정관리 및 개선 계획을 수립하는데 도움과 지침을 준다.

잠재하고 있거나 이미 알고 있는 고장모드(즉, 부적합 또는 불량모드)를 찾아내고 첫 생산 작업의 활동이 끝나기 전에 시정조치 활동을 제공하는 분석방법으로, 전체 시스템에 생산 공정의 고장으로 인한 영향이나 그 효과를 최소화하기 위한 것이다.

이외에 구상단계에 쓰이는 구상(Concept; 개념) FMEA와 더불어 서비스(Service) FMEA, 설비(Equipment 또는 Machinery) FMEA 등이 [그림 4.4]와 같이 소개되고 있으며 이를 [그림 4.6]에서 제품 라이프 사이클의 단계와 연계하여 요구되는 중요한 FMEA의 범위를 파악할 수 있다.

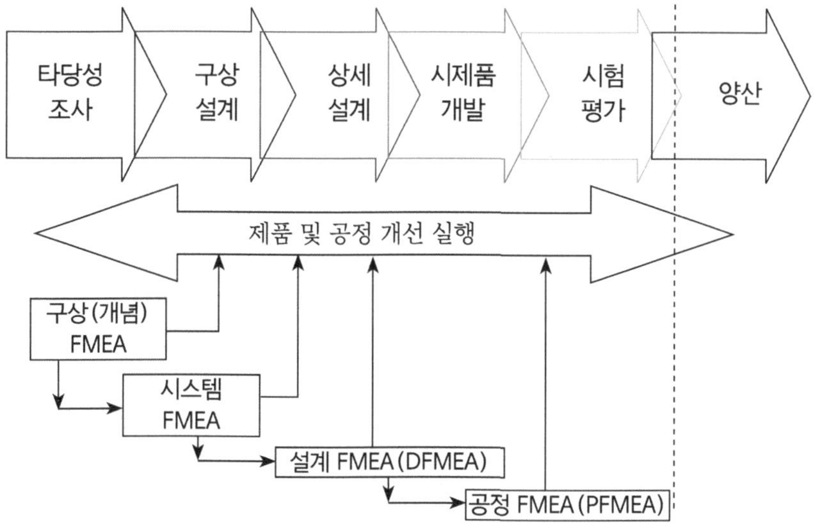

그림 4.6 제품개발 및 생산 단계 별 FMEA

4.1.5 시스템과 기능분석

기술적 시스템(technical system)은 MIL-STD 882D에 따르면 “사람, 프로세스, 재료, 도구, 장비, 설비 및 소프트웨어의 복합체이며, 시스템의 엘리먼트(시스템을 제외한 하위수준을 통칭; 예를 들면 하위 시스템은 시스템, 유닛은 하위 시스템의 엘리먼트로 명명함)들이 함께 사용되어 의도된 운용 또는 지원 환경에서 주어진 업무를 수행하거나 특정한 목적, 지원 및 임무요건을 성취한다”고 정의된다. 이런 기술적 시스템은 인간과 인터페이스를 갖는다. 즉, 사람은 특정 기능을 통제하거나 수행하는 운용자로서 시스템을 사용하거나 지원하기 위해 청소 · 주유, 시험 및 수리를 행한다. 따라서 시스템의 신뢰성은 기능들의 인터페이스에 영향을 받는다.

기술적 시스템은 역할, 시스템 수명주기의 단계 및 분석 목표에 따라 다르지만 일반적으로 두 가지 관점에서 고려된다(Rausand and Hoyland(2004)).

① 구조적 관점 : 여러 가지 하위 시스템 및 유닛의 물리적 구조 관점에서 고려된다. 일례로 TV의 서비스 요원은 주로 TV의 하위 시스템 및 유닛과 이들이 전자기파를 변환하고 전달하는 기술적 방식에 주로 관심을 갖는다.

② 기능적 관점:시스템의 다양한 기능과 이들 기능을 충족시키는 방법 측면에서 고려

된다. 일례로 TV 사용자는 화상 및 음성 등 주로 TV에서 얻을 수 있는 정보에 관심을 갖는다.

새로운 시스템의 초기 설계과정에서는 요구되는 기능들을 정의하고 이 기능들을 만족시키는 시스템을 구상한다. 시스템의 구조적 및 기능적 상호관계를 나타내기 위해 여러 형태의 그림이 사용되지만, 대부분 블록(block)이 구성요소로 포함되고 기호 및 레이아웃에서 약간씩 차이가 있으며, 기능과 물리적 엘리먼트가 혼재되어 사용하기도 한다. 기능계통을 나타내는 다양한 그림이 FMEA 혹은 10.4절에 소개되는 RCM(Reliability Centered Maintenance)을 위한 기초도구로 권장된다.

모든 잠재고장을 식별하기 위하여, 신뢰성 엔지니어는 기능계통도의 주요 요소인 각 기능블록의 다양한 기능 및 그 기능의 성능기준을 철저하게 이해하여야 한다. 기능분석은 시스템 신뢰성 분석에서 중요한 단계로서 다음과 같은 작업이 수행된다.

(i) 모든 시스템 기능을 식별한다.
(ii) 시스템의 다양한 운용 모드에서 요구되는 기능을 식별한다.
(iii) 시스템 기능을 계층적으로 분해한다.
(iv) 각 기능의 실현방법을 기술한다.
(v) 기능 간의 상호관계를 식별한다.
(vi) 다른 시스템 및 환경과의 인터페이스를 식별한다.

기능은 기능블록이 의도하는 결과로 분명하고 유일한 목적을 가지도록 정의되어야 하며 동사와 명사로 구성된 능동태의 문장으로 주로 표현된다. 예를 들면 "흐름을 차단한다", "용액을 저장한다", "유체를 펌프질한다", "신호를 전달한다" 등은 기능을 나타낸 것이다. 기능요건(functional requirement)은 기능에 관련된 성능기준의 규격이다. 예를 들면 기능이 "물을 펌프질한다"라고 하면, 기능요건은 "물의 출력이 분당 100 또는 110 리터가 되어야 한다"가 될 것이다. 어떤 기능은 몇 가지 기능요건을 갖기도 한다.

복잡한 시스템은 여러 가지 기능을 요구하지만 모든 기능이 동등하게 중요하지는 않다. 여러 기능의 식별 및 분석을 위해 복잡한 시스템을 구성하는 제품들의 기능을 다음과 같이 분류할 수 있다.

① 기본기능 : 의도되거나 주요한 기능으로서 보통 제품 명칭에 반영된다.
② 보조기능 : 기본 기능을 지원하는 기능으로, 예를 들면 발전소 시스템에서 수요가 적

은 지역에서 많은 지역으로 전력을 배송하거나, 여분의 전력을 보관 또는 다른 전력 시스템에 판매하는 것은 보조 기능에 해당된다.

③ 보호기능 : 사람과 환경을 부상 및 피해로부터 보호하기 위한 기능이다. 일례로 브레이크 메커니즘은 보호 기능을 제공하며 브레이크 기능의 고장은 주요한 사고를 발생시킬 수 있다.

④ 정보기능 : 모니터링, 계측, 경고 등이 포함된다. 예를 들면 정보 기능을 갖는 액체 로켓 엔진의 전자 제어장치는 로켓발사 동안에 최고의 성능을 발휘하기 위해 초당 50번씩 성능을 평가하고 밸브를 조정한다.

⑤ 인터페이스 기능 : 해당 제품과 다른 제품과의 인터페이스를 취급한다. 일례로 액체 로켓 엔진에서 연결 케이블은 인터페이스 기능을 제공하며 연결이 끊어지면 시스템 성능은 영향을 받게 된다.

⑥ 불필요한 기능 : 제품에 더 이상 필요 없게 되는 기능으로 시스템 변경 등으로 발생한다.

상기와 같이 자동차에 대한 기능을 분류한 예시가 [표 4.1]에 정리되어 있다.

표 4.1 기능 분류 예시

기능	자동차
기본 기능	주행, 방향 전환, 정지
보조 기능	공조, 배기가스 대응
보호 기능	충돌 시 탑승객 보호, 진동 저감
정보 기능	속도계, 경고표시
인터페이스 기능	네비게이션/블랙박스 연결, 천정 캐리어
불필요한 기능	고무 타이밍 벨트, 오디오 기기(테이프 재생), 엔진(전기자동차)

시스템 및 시스템 기능블록은 일반적으로 여러 가지 운용모드와 각 운용모드에 대해 몇 가지 기능을 갖는다. 운용모드는 정상 운용모드(온라인(지속적/자주 운용)과 오프라인 기능(가끔 운용)에 따라 대별), 시험모드, 모드간 전이, 그리고 고장, 결함, 또는 작업자 실수로 유발되는 우발적인 모드를 포함한다. 따라서 운용모드는 기능 및 고장모드를 식별하는데 도움이 된다.

시스템의 기능계통도에 속하는 기능나무(function tree)는 다양한 기능을 나무 구조로써 보여 준다. 기능나무는 계층적 분해 구조로 시스템 임무로부터 시작하여 보다 낮은 수준에서 필요한 기능들을 보여 준다. 상위 수준의 기능이 어떻게(How) 달성될 것인가를 분석함으로써 기능나무가 생성되며 이런 과정은 가장 낮은 수준에 도달할 때까지 반복된다. 또한 기능나무는 어떤 기능이 왜(Why) 필요한지 역방향으로 개발되며 시스템 수준의 기능에 도달할 때까지 반복되기도 한다. 기능나무는 여러 가지 방법으로 표현될 수 있으며 가스레인지에 적용한 예가 **[그림 4.7]**에 나타나 있다.

기능나무의 대안으로 1965년에 미국가치공학회가 기능분석시스템 기법(FAST; Function Analysis System Technique)을 소개하였다. FAST 다이어그램은 왼쪽에서 오른

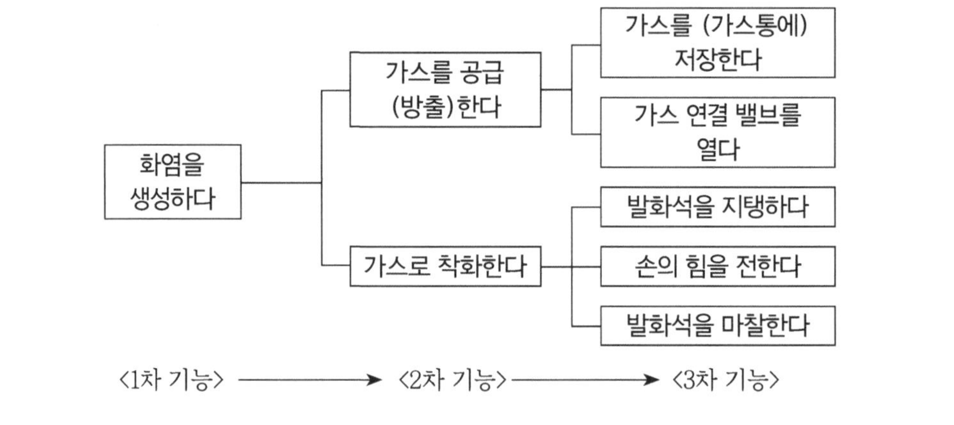

그림 4.7 기능나무: 가스레인지

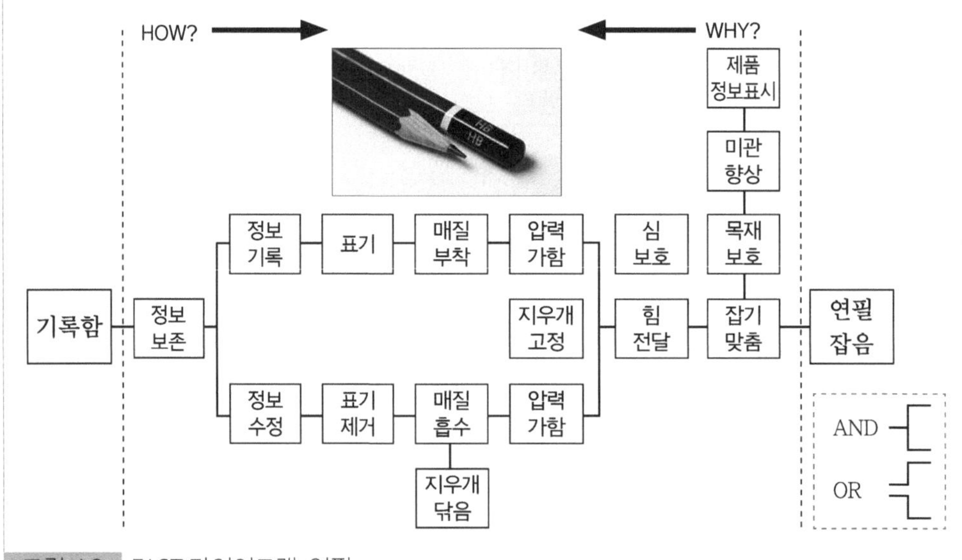

그림 4.8 FAST 다이어그램: 연필

쪽으로 그려진다. 왼쪽에서 시스템 기능으로 출발하여 이 기능의 달성방법(How)이 전개된다. 첫 번째 수준에서 기능들을 식별하여 다이어그램에 표기하고, 의도된 상세 수준에 도달할 때까지 How를 계속한다. 낮은 수준의 기능들은 AND 혹은 OR 관계로 연결될 수 있으며 동시에 수행되어야 하는 기능들은 수직 화살표로 표시하기도 한다. 또한 기능 나무와 같이 역방향으로 왜(Why) 필요한지를 파악할 수 있다. [그림 4.8]은 연필에 대한 FAST 다이어그램을 보여 준다.

4.2 설계 FMEA

4.2.1 설계 FMEA 정보흐름

설계 FMEA에 필요한 정보를 프로젝트 설정과 범위, 정보수집 등으로 구분한 입력물과 출력 성과물이 [그림 4.9]에 정리되어 있다. DFMEA의 정보흐름을 개략적으로 나타낸

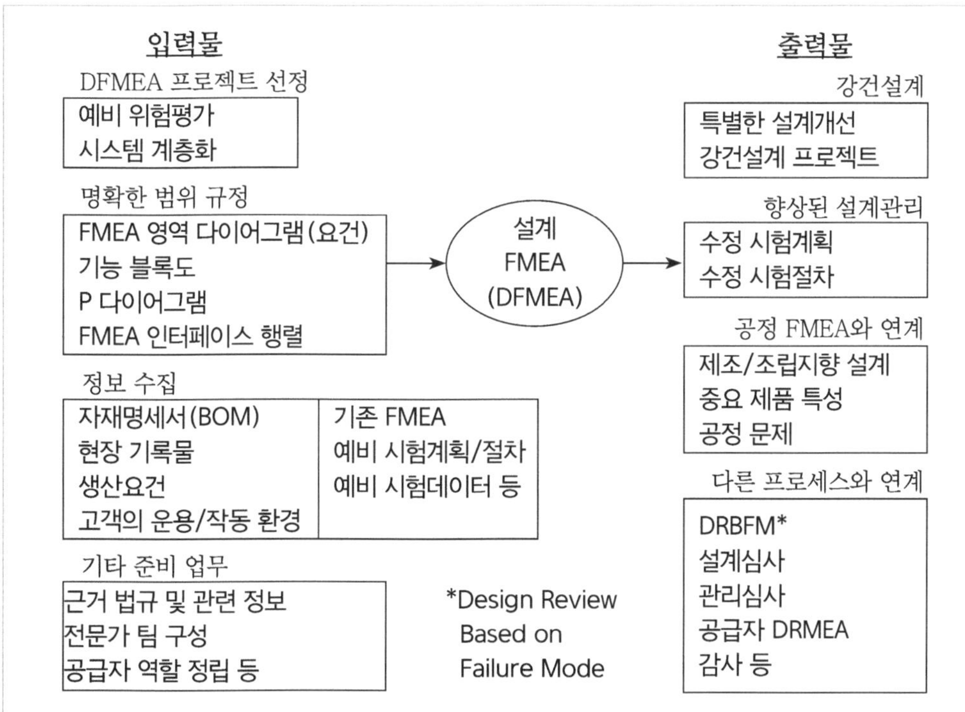

그림 4.9 설계 FMEA 정보

[그림 4.10]처럼 [그림 4.9]중에서도 중요한 필수요건인 영역(블록) 다이어그램 또는 P 다이어그램 등을 이용하여 DFMEA를 수행하고 합격기준 및 절차, 표본크기 등이 포함된 설계 검증 및 계획보고서(Design Verification Plan and Reporting; DVP&R)에 전달되어 공정 FMEA작성에 활용된다(Carlson(2012)).

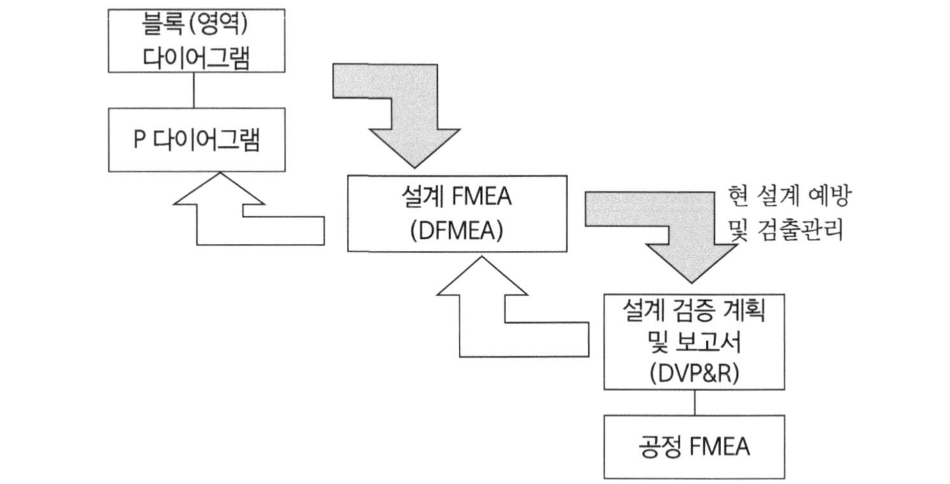

그림 4.10 설계 FMEA 정보의 흐름

4.2.2 실시 절차

FMEA의 실시절차는 다음의 10단계로 구분할 수 있으며 이를 실시하기 위한 기본 입력 정보로는 설계문서 및 도면, 연구·개발단계에서의 실험자료, 부품 및 유닛의 신뢰성 자료, 유사품 등의 개발에 관한 경험적 지식, 특히 기 개발된 유사장비의 클레임과 고장정보, 보증청구자료(서비스 보고서, 반환된 아이템에 대한 보고서, 고객의 피드백 정보, 고장분석 등), 과거의 DFMEA/ PFMEA, 내부 시험 표준, 관련 정부기관의 보고서와 요구조건 등이 유효하다. 여기서 괄호 내 내용은 PFMEA의 실시절차에 관한 것이다.

(1) 대상 시스템(대상 공정)을 선정하며, 팀을 구성하고 팀원을 선정한다.
(2) 관련정보를 수집하고 기본원칙 및 전제조건을 정한다.
(3) 대상 아이템(공정)의 범위와 전개수준을 정한다.
(4) 대상 아이템(공정)의 기능을 전개하고 기능을 기술한다.
(5) 엘리먼트의 고장모드(부적합모드), 이의 영향과 원인을 기술한다.

(6) 고장모드(부적합모드)의 등급이나 우선순위점수(RPN)을 평가한다.

(7) 높은 등급의 고장모드(부적합모드)에 대한 권고 시정조치를 수립하고 검토한다.

(8) 권고 시정조치에 대해 재평가하고 개선 상황을 확인하다.

(9) 분석결과의 정합성을 검토하고, 분석결과 보고서를 작성하여 사내에 배포한다. 그리고 구성된 팀을 공식적으로 해산한다.

(10) 해당부서에서 시정 조치를 실시하고 그 결과를 재평가한다. 또한 FMEA 분석결과에 대해 신뢰성 정보시스템의 DB화를 실행한다.

상기 절차에 따라 작성되는 FMEA 양식으로 고장모드-고장원인-고장영향-검지법 순으로 전개되는 MIL-STD-1629A의 [표 4.2]와 자동차 업계에 주로 쓰이며, 고장모드-고장영향-고장원인-현 설계관리 순으로 전개되는 미국의 AIAG(Automotive Industry Active Group; 자동차 산업 실무협회)의 [표 4.3] 등이 있다.

이 책에서는 적용절차와 양식이 비교적 최신화되어 있고 체계적이며, 자동차 업계에 쓰이는 [표 4.3]을 기초로 [단계 1~8]에 관련된 주요 업무의 논리적 관계(고장모드-고장영향-고장원인과 심각도-발생도-검출도의 관계 등)가 [그림 4.11]에 도시되어 있다.

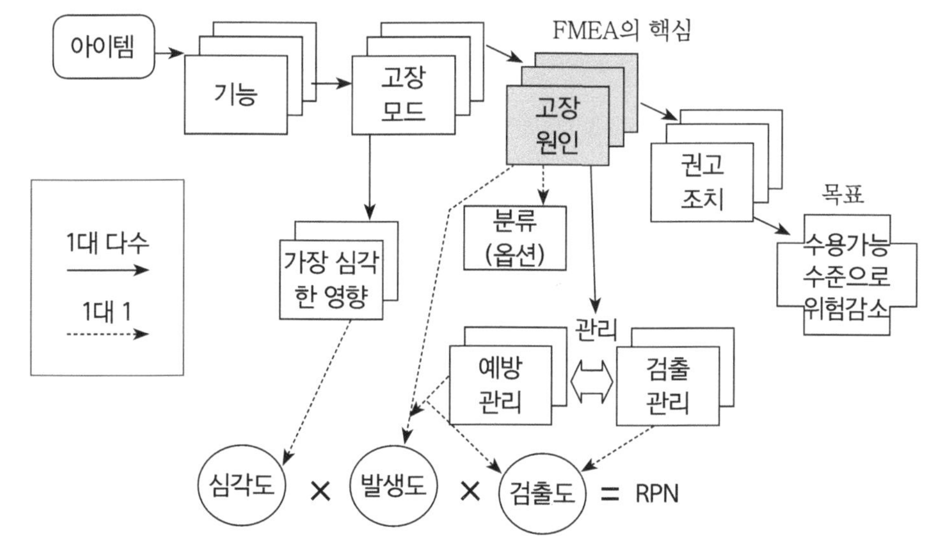

그림 4.11 DFMEA의 논리적 관계

표 4.2 설계 FMEA 양식 : MIL-STD-1629A

FMEA 용지

· 시스템 :
· 분해수준:
· 참조도면:
· 임 무:

· 작성일자:
· 페이지: /
· 작 성 자:
· 승 인 자:

식별 번호	아이템 또는 기능명	기능	고장 모드	고장 원인	임무 단계/작동 모드	고 장 영 향			검지법	보정 수단	심각도	비고
						국부적 영향	상위 수준 영향	최종품 영향				

표 4.2 설계 FMEA 양식 : AIAG

고장모드 및 영향분석 (설계 FMEA)

_________시스템　　FMEA 번호 __________　　________________ 하위시스템

페이지 ______ of ______　　구성품 __________________　　설계책임 ____________　　작성자 _______________

모델년도/차종 ____________　　완료예정일 __________　　FMEA 최초작성일 __________　　최근개정일 _______　　핵심팀 _______

부품 / 기능	잠재적 고장모드	고장의 잠재적 영향	심각도	분류	고장의 잠재적 원인/메커니즘	발생도	현 설계관리	검출도	위험우선점수	권고조치사항	책임 및 목표 완료예정일	조치결과				
												조치내용 및 완료일	심각도	발생도	검출도	위험우선점수

단계 1/ 대상 아이템을 선정하며, 팀을 구성하고 팀원을 선정한다.

먼저 대상 아이템의 명칭, 사양, 기능, 운용형태 및 임무, 환경 조건을 파악하고 FMEA를 실시하는 배경을 기술한다. 또한 성공적인 FMEA를 만들기 위해서는 관련분야 전문가로 팀을 구성해야 한다. FMEA는 1~2명이 수행할 수 없는 팀워크가 요구되는 활동이며, 보통 엔지니어는 전공 특성상 특정 영역에 맹점을 가지고 있을 가능성이 크므로 이런 오류를 최소화 할 수 있도록 다기능 팀을 구성해야 한다. FMEA 적용경험이 있거나 교육훈련을 받은 신뢰성·품질과 설계·제조 엔지니어가 6~10명 정도의 팀을 구성하여 실시하는 것이 좋으며, DFMEA에는 시스템 공학, 설계, 제조, 시험, 서비스, 품질 및 신뢰성 부문의 전문가, PFMEA는 제조, 조립, 제품공학, 납품처 품질관리, 최종시험, 보전, 품질 및 신뢰성 부문의 전문가가 포함된다.

단계 2/ 관련정보를 수집하고 기본원칙 및 전제조건을 설정한다.

요구 사양서, 설계도면 및 서류, 고장 데이터 등의 자료를 수집하여 시스템에 요구되는 기능이나 환경 및 사용조건(장소, 사용법, 사용빈도), 신뢰성 및 안전성 요구 등을 파악한다. FMEA 팀은 조직 내 과거 FMEA에 관한 실적 등으로부터 분석에 대한 주된 가정과 수행방식에 대한 기본원칙을 정한다.

DFMEA에서는 보통 기술적 규격 내에 제조된다고 가정하더라도 설계와 제조 및 조립 과정에서 수용 불가능한 변동을 초래하는 부품 설계 결함이 포함될 수 있다고 가정한다. PFMEA에서는 설계가 올바르게 수행되었으며, 구입 부품과 재료는 설계조건을 만족한다고 가정하지만 과거 실적 자료가 이들에 관한 품질문제가 있음을 나타낼 때 구입 부품이나 재료는 변동을 가질 수 있고 기술적 요건을 충족하지 못할 수 있다고 본다.

단계 3/ 대상 아이템(공정)의 범위와 분석수준의 결정

시스템, 하위 시스템, 유닛 등의 어떤 고장에 대해 중점적으로 해석할 것인가 결정하여 적정 FMEA의 종류 및 분석수준을 정한다.

분석수준이란 하드웨어와 제품의 구성 수준으로서 더 분해할 수 없는 가장 하위 수준인 부품(piece part), 유닛(unit), 하위 조립품(subassembly), 조립품(assembly), 하위 시스템(subsystem), 시스템 등으로 구분되며, 이외에 시스템 요소사이에 긴요한 역할을 수행하는 인터페이스 등이 있으므로 대상 아이템(공정)의 범위도 정해져야 한다. 시스템이나 하위 시스템을 어떤 수준까지 분해하여 FMEA를 실시할 것인가는 FMEA 팀의 신중한 의

사결정에 의해 결정되어야 한다. 이때 모든 부품까지 분석하게 되면 너무 복잡해지므로 중요 부품에 대해서만 상세하게 해석할 수 있다.

단계 4/ 아이템(공정)의 엘리먼트 전개와 기능 파악

아이템(공정)에 요구되는 기능 또는 임무를 전개하기 위해 영역(boundary) 다이어그램(블록 다이어그램 용어도 널리 쓰이나 이 장에서는 신뢰성 또는 기능 블록도와 구별하기 위해 이 용어로 통일함), 기능 및 신뢰성 블록도 또는 P(Parameter) 다이어그램(공정 FMEA는 공정흐름도 등)으로 작성한다.

기능 블록도(functional block diagram)는 대상 시스템을 도식화하는 것으로 그림 내에 상호 입출력 정보를 기입하고 신호, 에너지 등의 흐름을 알 수 있도록 표시하고 있으며, 신뢰성 블록도는 고장확률 및 신뢰도의 계산에 활용하는 직렬과 병렬의 조합 형태의 그림인데, FMEA에서는 이 둘보다 영역 다이어그램이 더 많이 쓰인다. 영역 다이어그램과 P 다이어그램은 4.3.2절에서 자세히 다룬다.

이들 그림으로부터 포함된 엘리먼트(DFMEA이면 유닛이나 부품)이 본래 수행해야 할 기능을 FMEA 용지(다양한 FMEA 양식이 사용되고 있으며, 이 책에서는 자동차 업계에서 사용되는 것을 중심으로 기술함)에 기입한다. 기능은 '대상 아이템의 정상적 작동'을 나타내므로 "동력을 전달한다" 등의 명사+(능동태)동사로 단순하게 표현한다. 기능은 아이템의 필수기능인 주(기본) 기능과 이를 지원하기 위한 보조기능으로 구분할 수 있으며 품질기능전개(QFD)의 VOC(Voice of the Customer) 등을 활용한다.

단계 5/ 엘리먼트의 고장모드(부적합모드), 이의 영향과 원인을 기술한다.

엘리먼트마다 일어날 수 있는 잠재적 고장모드를 열거한다. 각 엘리먼트에 대해 [단계 4]의 기능과 동작원리의 이해-예상되는 스트레스의 열거-고장메커니즘의 이해-고장모드의 추출 순으로 적용한다. 하나의 엘리먼트에서 2종 이상의 고장모드 예상될 때 하나씩 기술하며, 새로운 시스템이 대상일 경우는 FMEA팀에 의한 브레인스토밍 등의 방법을 사용하여 고장모드를 찾아낸다.

고장모드로는 기능이 부족하거나 작동하는 경우(자동차를 대상으로 예시하면 중단, 간헐적 작동, 응답 지연, 성능 하락, 원하지 않는 기능 초래, 인간-기계 인터페이스 부조화 등), 과도한 경우(지속적 작동, 저절로 작동 등), 유해 기능(전자파, 소음, 열, 잡소리 발생, 암전류 과다 등)을 들 수 있다. 가스레인지에 대한 [그림 4.7]의 기능나무에서 전개된 기능의 부정형으로 고장을 나타낸 것이 [그림 4.12]이며, [표 4.4]는 자동차 디스크 브레이크의 기능과 고장모드를 예시한 것이다.

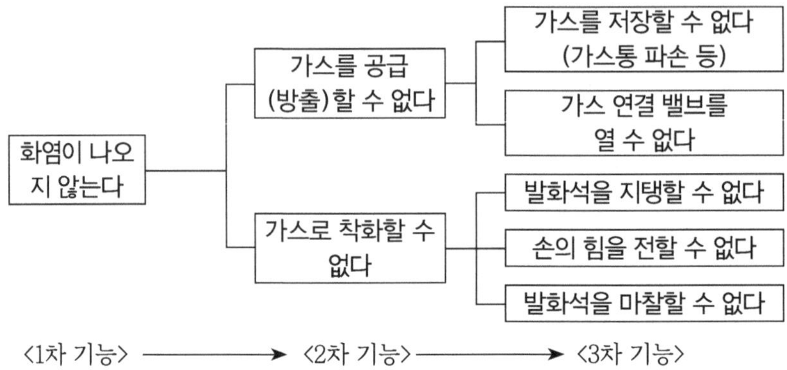

그림 4.12 기능 부정에 의한 고장모드 도출: 가스레인지

표 4.4 디스크 브레이크 시스템의 기능과 고장모드(AIAG(2008)에서 전재)

아이템	기능	요건	고장모드
디스크 브레이크	요구 시 차량이 정지한다. (노면상태(건조/젖은) 등의 환경조건 고려)	건조한 아스팔트 포장도로에서 운행 중인 차량은 규정된 g 이내의 힘으로 지정된 거리 내에 정지해야 한다.	차량이 정지하지 않는다.
			차량이 지정된 거리를 벗어나 멈춘다.
			규정된 g를 초과하여야 멈춘다.
		시스템 요구가 없을 경우에 차량운행에 방해가 되지 않아야 한다.	요구 없이 작동됨: 차량운행에 방해된다.
			요구 없이 작동됨: 차량이 움직이지 않는다.
브레이크 로터 (rotor)	브레이크 패드(pad)에서 차량 축으로 힘이 전달된다.	규정 토크 저항을 차량 축에 전달해야 한다.	불충분한 토크저항이 전달된다.

다음은 고장이 발생할 때 상위 시스템이나 관련 시스템에 어떤 영향을 미치는 정도를 검토한다. 이때 기능적으로나 실제 인접하는 시스템에의 영향도 충분히 고려해야 한다. 예를 들면 전해 콘덴서의 액체가 누설되면 인접 회로의 단락에 의한 발화가능성을 고려해야 한다. 더불어 아이템의 부적합뿐만 아니라 안전이나 환경에의 영향도 검토해야 하며, 특히 단일 고장모드에 대해 복수의 영향이 존재할 수 있음에 유의해야 한다. [그림 4.13]은 아이템의 계층수준에 따라 고장영향과 원인의 관계를 보여 주고 있다. 또한 [그

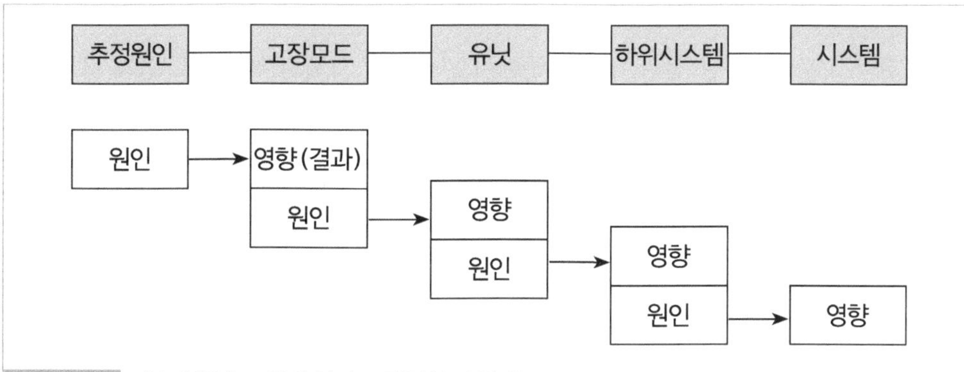

그림 4.13 계층수준별 고장원인과 고장영향의 관계

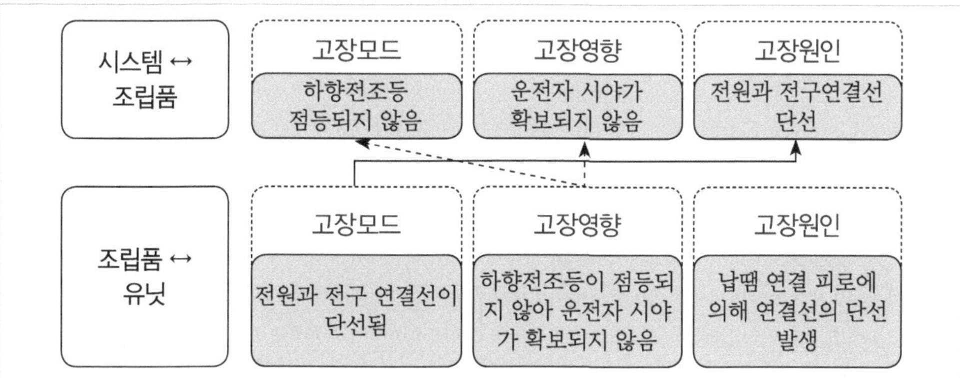

그림 4.14 고장모드-고장영향-고장원인의 예시: 자동차 전조등

림 4.14]의 자동차 전조등의 고장모드–고장영향–고장원인에 관한 예시와 같이 하위 수준의 고장모드는 상위 수준의 고장원인이 된다.

마지막으로 고장에 대한 효과적인 대책을 수립하기 위해서는 고장원인과 고장에 이르는 과정(고장 메커니즘)을 명확하게 해야 한다. 즉, 고장원인은 고장을 초래하는 설계, 제조, 사용환경 등에 기인하며, 열화를 촉진하는 요인이나 온도, 습도, 충격, 진동, 가스 등의 외부 스트레스나 발열, 전압, 전류, 응력, 마찰 피로 등의 내부 스트레스, 이들의 조합요인을 고려한다. 또한 빠진 부품, 사용이나 조작 시 인간 실수나 오용도 고장원인이 된다.

이런 고장원인들을 다음과 같이 구분하여 열거할 수 있다.

(i) 설계 고장: 불충분한 설계에 의해 야기된 고장

(ii) 제조 고장: 제조과정에서 설계 시방이나 제조 규격에 미달하거나 불일치하여 발생

하는 고장

(iii) 취약 고장: 규정된 범위 내의 부하에서도 아이템 자체의 취약으로 인해 유발되는 고장

(iv) 오취급(mishandling) 고장: 아이템을 잘못 취급하거나 관리 소홀에 기인한 고장

(v) 오용(misuse) 고장: 규정된 범위 이상의 부하 조건에서 시용하거나, 지정된 용도 외에 사용함으로써 발생되는 고장

(vi) 노화(aging) 고장: 사용기간이 경과함에 따라 고장 확률이 증가되어 발생하는 고장

설계 FMEA에서는 제조과정 상에서 유발한 원인은 배제하며, 이들 고장원인들은 상호 배타적이 아니며, **[그림 4.15]**와 같이 서로 중복되어 동일한 고장모드를 발생시킬 수 있다. 이와 같이 하나의 고장모드에 여러 원인이 존재할 수 있으므로 이를 모두 기입한다.

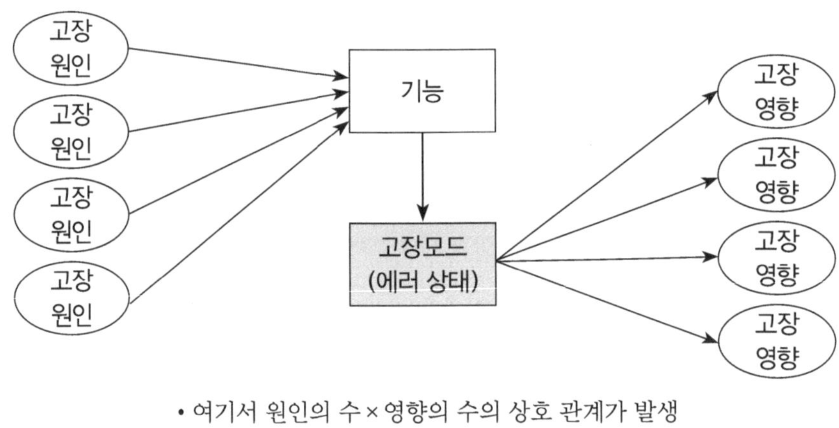

그림 4.15 고장원인-고장모드-고장영향의 관계

그리고 원인을 알 수 없는 경우도 있으므로 모든 고장모드에 대해 고장원인을 명확화하게 할 필요는 없지만, 가능한 한 관리할 수 있는 근본원인을 찾아서 기입한다. 즉, 근본원인분석(RCA; Root Cause Analysis)을 통해 하향식으로 전개하여 근원적인 고장원인을 규명한다. 즉, **[그림 4.16]**와 같이 왼편에서 오른편으로 진행하면서 구체적으로 표시하며, 이 그림에서와 같이 번호를 부과하여 추적이 가능하도록 작성한다.

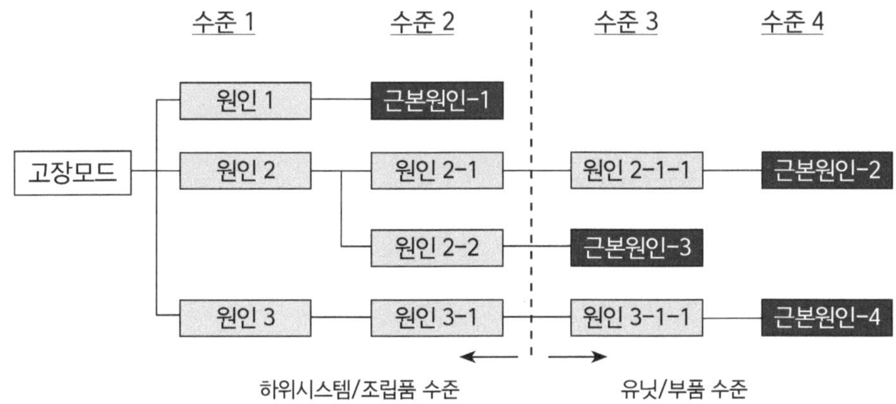

그림 4.16 근본원인분석

단계 6/ 고장모드(부적합모드)의 등급이나 우선순위점수(RPN)을 평가한다.

현 설계관리(예방과 검출)와 고장모드의 중요성 등을 고려하여 정해진 기준에 따라 고장등급을 매긴다. 예방은 자동적으로 예비 대기부품으로 전환되거나 자동에서 수동으로 대체 등 고장이 발생하면 보정하는 보상수단(compensating provisions) 등을 현재의 설계대로 기술한다. 검출은 소리가 조용해진다든지 계기판독 등 고장이 발생하면 검출하는 방법을 적는다.

즉, 현 설계관리는 [그림 4.17]과 같이 주로 입력과 설계 의사결정 과정에 수행되어야 하며, 고장원인에 관심을 두고 분석적 도구를 활용하는 예방관리(P)와 출력에 초점을 맞추어 고장영향에 관심을 두고 시험과 검사를 활용하는 검출관리(D)로 구분된다. 예방관리를 통해 발생을 예방하거나 발생률을 낮추어 고장원인이나 모드를 예방하며, 검출관리에 의해 고장원인을 검출하여 권고 시정조치를 강구하거나 후속단계로 넘어가기 전에 고장모드를 검출한다.

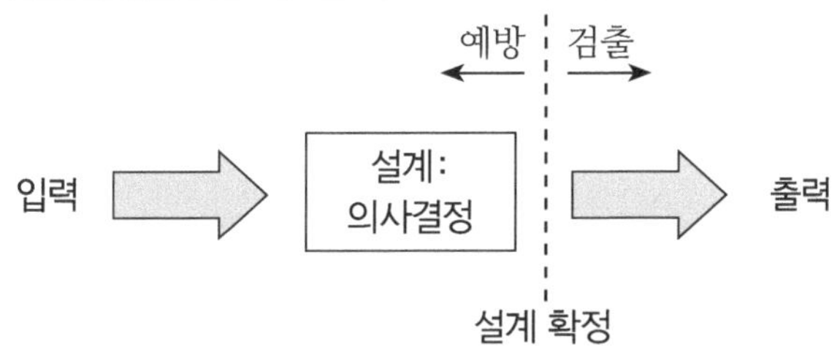

그림 4.17 예방관리와 검출관리

이 단계는 FMEA의 가장 중요한 작업으로 고장등급을 정하는 정성적 방법과 RPN법은 4.3.4절에서, 치명도를 점수화한 FMECA는 4.5.1절에서 자세하게 다룬다.

단계 7/ 높은 등급의 고장모드(부적합모드)에 대한 권고 시정조치를 수립하고 검토 한다.

고장등급이 높은 고장모드(정성적일 때는 I, II 등급)에 대해서는 고장모드의 제거 또는 영향의 완화를 위한 시정조치를 검토한다. 시정조치는 설계변경, 품질관리 절차 변경, 높은 신뢰성 부품의 선택, 시험에 의한 실증, 표준 매뉴얼의 수정 등이 될 수 있으며, 책임부서와 실시기한 등을 명확하게 한다.

단계 8/ 권고 시정조치에 대해 재평가하고 개선상황을 확인하다.

[단계 7]에서 검토된 시정조치를 실시하고 등급이나 점수의 개선정도를 평가한다. 이때 개선에 따른 부작용도 조사한다.

단계 9~10/ 사후처리

[단계 8]로부터 분석결과의 정합성을 검토하고, 기술적 또는 비용 제약 하에서 충분한 시정조치가 되지 못한 엘리먼트, 고장모드에 대해 정보를 공유하기 위해 분석 결과 보고서를 작성하여 사내에 배포한다. 또한 구성된 팀을 공식적으로 해산한다.

그리고 해당부서에서 시정조치를 실시하고 그 결과를 재평가하여 2차 FMEA의 실시여부를 판단한다. 더불어 FMEA 분석결과를 신뢰성 정보시스템의 DB화를 실행한다.

4.3 설계 FMEA의 전개

4.2.2절의 FMEA의 절차 중에서 보다 상세하게 설명되어야 내용을 이 절에서 자세하게 다루고자 한다.

4.3.1 대상 시스템 범위 설정

1 기본원칙과 전제조건

FMEA의 실시 중에 발생될 수 있는 업무에 대한 명료한 판단을 위해서는 시스템의 기본원칙과 전제조건을 사전에 명확하게 해야 한다.

시스템의 정의 시 유의해야 할 점은 다음과 같다.

① 시스템의 내부 및 인터페이스 기능의 명확화
② 계층별로 각 엘리먼트가 분담하는 기능 및 성능
③ 시스템의 제약 사항
④ 고장의 정의

시스템 기능의 정의에는 시스템에 부여된 임무, 고려해야 될 임무의 수행단계, 각 단계의 임무시간, 임무수행을 위한 기능 및 성능, 계층별로 분해한 기능 및 성능을 명백하게 해야 한다. 기술적 측면으로는 시스템의 운용 프로파일, 시스템 및 엘리먼트의 사용조건(환경조건, 작동조건, 사용자의 취급조건 등), 시스템 및 엘리먼트 고장의 정의를 포함하는 것이 바람직하다. 사용조건(예: 온도나 전압)은 사용상의 권장영역, 제한영역 및 금지영역의 명시도 필요하다.

고장의 종류는 업종, 기업별, 대상제품 등에 따라 이미 알려진 고유 또는 관습적인 고장을 열거하여 해당고장과 비해당고장, 치명고장과 비치명적 고장, 초기·우발·마모고장으로 구별하여 FMEA의 고장모드 추출 시에 활용할 수 있다.

2 대상 시스템의 분석 범위 설정

상호 관련되는 또는 작용하는 엘리먼트의 모임으로 정의되는 시스템은 포함되는 엘리먼트 개수와 종류도 다양하다. 일례로 항공기, 자동차, TV, 휴대폰, 전등, 가위 등은 시스템에 속하며, 이의 엘리먼트에는 하드웨어와 소프트웨어가 포함되며, 사람도 포함될 수 있다. 예를 들면 복수의 제조공정으로 구성된 제조 라인은 시스템이며, 제조공정은 단위공정, 생산설비·공구, 원재료·반제품, 작업자, 작업표준서, 도면 등의 엘리먼트로 형성된다. 또한 무형의 사건을 포함하는 시스템인 의료, 교육, 이사, 오락 등의 서비스 시스템도 있다.

FMEA의 적용 시 최상위 계층에 위치한 시스템의 기능을 나무구조 형식([그림 4.7]의 기능나무 참고)으로 아이템의 분담기능을 상위에서 하위계층으로 전개하며, 최종적으로 더 이상 분해 불가능한 계층을 부품으로 칭하자. 예를 들어 휴대폰이 시스템이라면, 부품으로 전기·전자소자나 기계부품 등이 이에 속한다. 또한 장치나 기기수준의 구입품이나 외주품은 해당 기업에서 설계정보를 보유하지 않기 때문에 더 이상 분해가 불가능하므로 부품으로 간주할 수 있다.

플라스틱이나 황산 같은 원재료는 화학반응에 의해 원료와 다른 성질의 생성물이 되므로, 또한 나사와 볼트 같은 부품류는 더 이상 분해가 되지 않으며 단독으로 특별한 기능을 가지지 않기 때문에 FMEA의 적용대상이 되지 않는다. 그러나 원료나 부품류에 관한 제조 시스템은 다 계층(단계)으로 분해되므로 FMEA의 적용대상이 되며, 의료와 교육 같은 서비스 시스템은 서비스 프로세스(과정과 절차)을 대상으로 유사한 형태의 FMEA를 적용할 수 있다.

시스템의 구조를 기술하는 정보로 다음 사항을 들 수 있다.

① 대상 시스템에 포함된 개별 엘리먼트의 특성, 성능, 역할, 기능 등
② 각 엘리먼트간의 논리적 관계
③ 중복 엘리먼트의 계층 수준 및 그 성격
④ 대상 시스템이 속하는 상위 시스템, 시설, 조직체의 정보와 더불어 이에 속하는 대상 시스템의 위치와 역할 그리고 영역 및 경계
⑤ 대상 시스템의 입력과 출력
⑥ 운용모드가 변할 경우에 시스템 구조의 변화

3 시스템 엘리먼트의 전개

FMEA에서 시스템을 전개할 때 기능 관점과 하드웨어 및 소프트웨어에 속하는 엘리먼트의 물리적 구조 관점으로 분류할 수 있다. 개별 기능은 외부 인터페이스가 명확하여 분리하기 쉬우나, 엘리먼트는 복수기능을 가질 수가 있으므로 외부로 연결될 수 있어 분리가 간단하지 않을 수 있다.

시스템의 구조를 시각화하면 여러 관련자가 정보를 공유하여 이해와 소통이 용이해진다. 특히 공산품은 기업 내 지식공유, 제3자에게 설명의 용이, 기술의 유지와 보존을 위해 목적달성에 필요한 기술정보를 도식화하는 것이 중요하다.

시스템 엘리먼트의 기능의 연관성이나 분담은 다음 소절에서 다루는 블록도 및 영역 다이어그램 등의 기능전개 그림이나 기능계통도로 나타낼 수 있으며, 시스템 고장의 발생 로직을 명시하기 위해서는 신뢰성 블록도나 FT그림이 활용될 수 있다. 또한 소프트웨어, 제조시스템, 서비스 시스템은 공정흐름도로 나타낼 수 있다.

만약 하나의 시스템이 3개의 하위시스템으로 전개되며, 각 하위 시스템에 각각 2, 4, 3개의 유닛이 속하면 총 13종의 FMEA용지가 작성되어야 한다. 그러나 공산품에서 수백

종의 FMEA가 요구될 수 있으므로 인적 및 물적 자원 제약여건을 고려하여 당면 문제에의 해결에 한정시켜 FMEA를 실시범위를 설정하는 것이 일반적이다. 즉, 당면 문제와 관련이 적은 계층 또는 엘리먼트에 대한 FMEA를 생략할 수 있다.

요약하면 다음 소절에서 설명되는 신뢰성 블록도, 기능 블록도, 영역 다이어그램, P 다이어그램과 더불어 기능나무와 공정흐름도의 작성은 특정 계층이나 엘리먼트까지 해석하는데 꼭 필요한 과정이다. 이들 외에 시스템의 구성을 나타내는 기존 도면류(설계 FMEA는 시스템 설계도면 및 공장배치도, 공정 FMEA는 작업공정표나 QC 공정도 등)을 이용하여 시각적 표현을 할 수 있다.

4.3.2 기능전개 그림

대상 아이템의 기능을 분해하여 전개하는 그림으로 시스템을 물리적 구성보다 기능 중심으로 표현하는 방식인 신뢰성 블록도, 기능 블록도, 영역 다이어그램, P 다이어그램 등이 쓰인다.

이 중에서 시스템의 계층에 따라 신뢰성 관점(작동과 고장)에서 블록으로 나타내는 엘리먼트(또는 기능블록)의 신뢰성·기능적 관련성을 나타내는 신뢰성 블록도는 5장에서 중점적으로 다루므로, 이와 유사한 기능 블록도를 함께 먼저 예시하고, DFMEA에서 독특하게 쓰이는 영역 다이어그램과 P 다이어그램을 자세하게 다룬다.

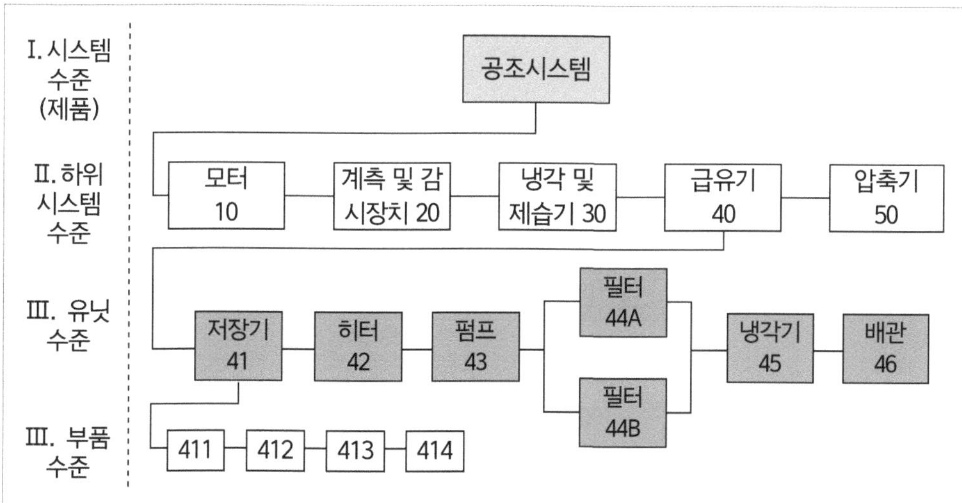

그림 4.18(a) 신뢰성 블록도: 공조 시스템

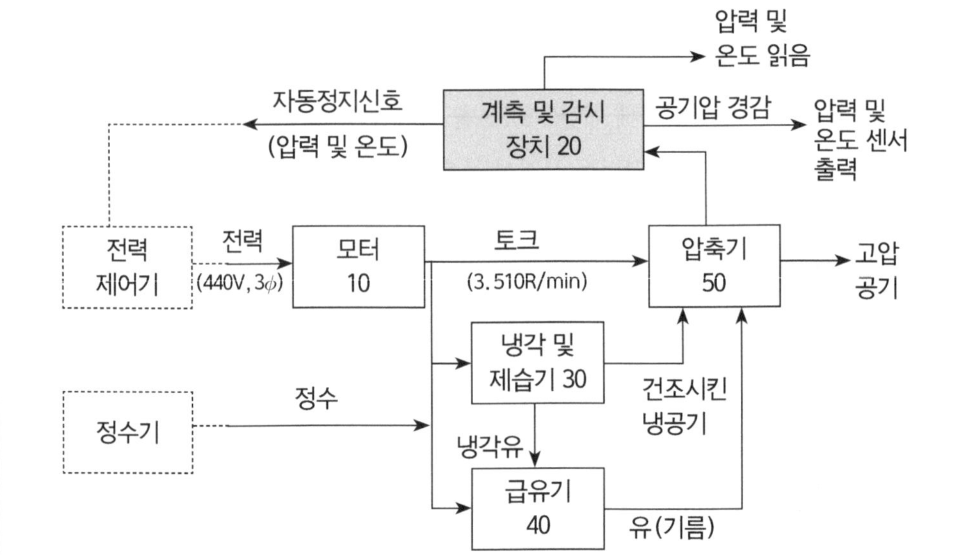

그림 4.18(b) 기능 블록도: 공조 시스템

기능 블록도는 시스템이 어떻게 작동하는지 시각적으로 파악하기 위해 시스템 기능 관점에서 작동 요소, 상호관계 및 상호의존성을 나타내는 블록선도로 주요 기능이 블록이 된다. 공조 시스템의 신뢰성 블록도가 [그림 4.18(a)]에, 기능 블록도가 [그림 4.18(b)]에 예시되어 있다.

영역 다이어그램(FMEA 블록 다이어그램으로도 불림)은 FMEA의 분석 영역, 엘리먼트 간의 인터페이스, FMEA의 범위를 나타내는 유용한 정보들을 도식적으로 표현한 그림으로 [그림 4.19(a)]에 도시된 자전거 안장과 페달을 대상으로 작성한 영역 다이어그램이 [그림 4.19(b)]에 예시되어 있다.

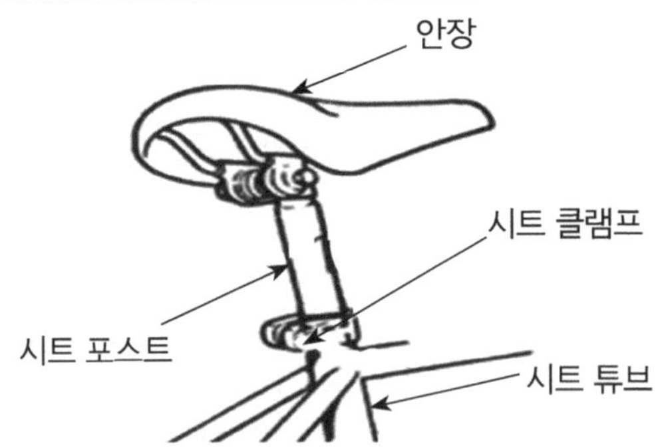

그림 4.19(a) 자전거 안장과 페달 구조와 명칭

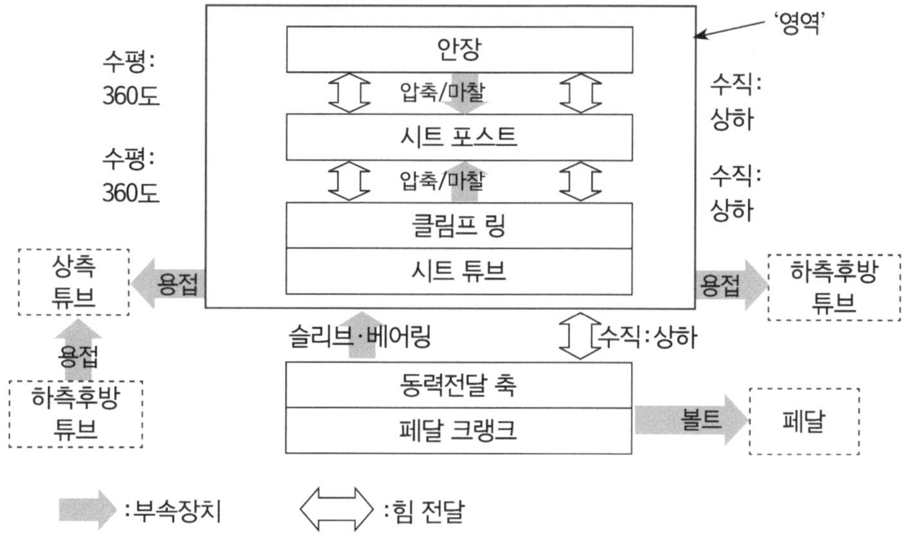

그림 4.19(b) 자전거 안장과 페달: 영역 다이어그램

P 다이어그램은 품질경영과 실험계획법 분야에 널리 쓰이는 그림으로 엔지니어가 얻고자 하는 출력, 재료·부품·에너지 등의 입력, 제어변수, 잡음을 포함한 제어불가능 변수를 일목요연하게 나타내는 것으로 [그림 4.20]과 [그림 4.21]에 각각 샤프 펜슬에 대한 기능나무 형식의 기능계통도와 P 다이어그램이 수록되어 있다.

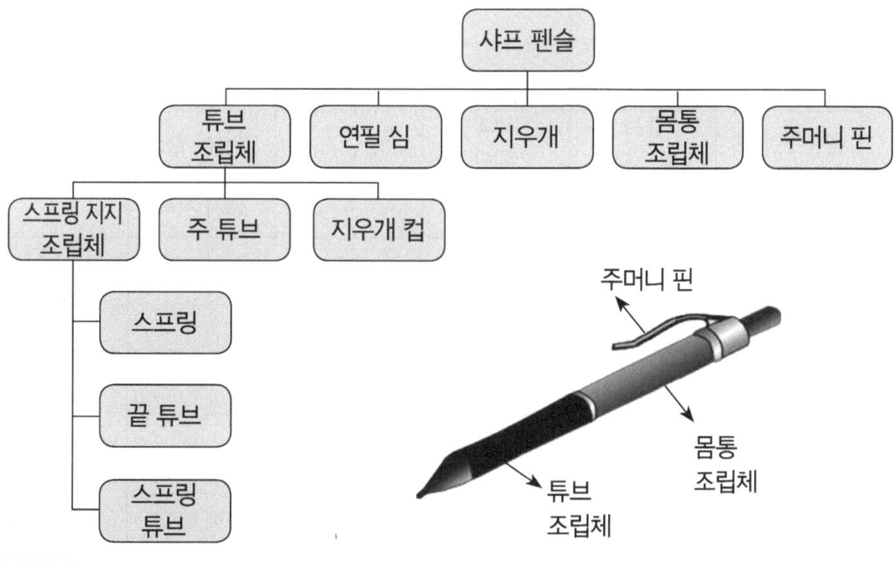

그림 4.20 기능계통도: 샤프 펜슬

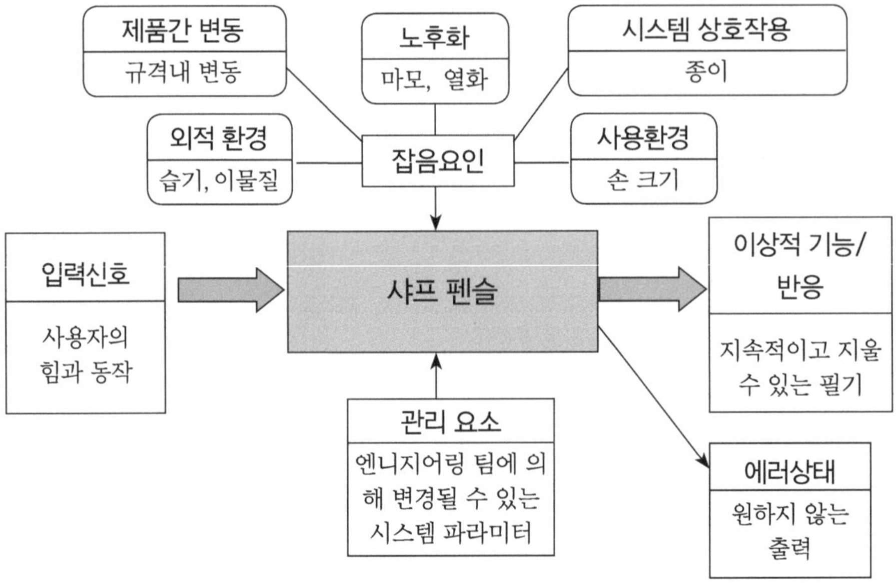

그림 4.21 P 다이어그램: 샤프 펜슬

표 4.5 인터페이스 행렬 다이어그램: 샤프 펜슬

		튜브 조립체	주머니 핀	지우개	연필 심	몸통 조립체
내부	튜브 조립체					
	주머니 핀					
	지우개	지우개 위치-유지				
	연필 심	연필 심 위치-지지		표기를 지움		
	몸통 조립체	튜브 위치-지지	주머니 핀 유지		연필심 공급	
외부	종이				표기 지속	
	상의 주머니		긁힘 방지, 주머니 적합			긁힘 방지, 주머니 적합
	습기	부식방지	부식방지			부식방지
	이물질	긁힘 방지	긁힘 방지	긁힘 방지		긁힘 방지
	사용자 손 크기					손에 적합, 촉감 향상
	사용자 힘	변형 방지		변형 방지	변형 방지	변형 방지

P 다이어그램은 대상 시스템을 하나의 블록으로 표시하고, 입력신호, 이상적 기능과 에러 상태로 구분한 출력 반응, 관련 요소와 잡음환경이 포함된다. 또한 잡음환경은 외적 환경, 사용환경, 제품 간 변동, 노후화, 시스템 상호작용으로 구분하여 표시한다.

기능나무와 P 다이어그램을 작성하는 데 유용한 도구가 될 수 있는 것이 인터페이스 행렬이다. 열에 대상 시스템에 포함되는 하위 시스템이나 유닛을 나열하고 행에는 이들로 이루어진 내부요인과 P 다이어그램의 잡음 중에서 중요한 것을 표시하여 순차적 또는 직접적 관계가 있는 셀에 기능을 기입한다.

[표 4.5]는 샤프 펜슬에 관한 인터페이스 행렬을 예시하고 있다(Carlson(2012)).

4.3.3 고장모드 추출

FMEA는 시스템과 대상으로 선정된 엘리먼트에 대해 실시한다. 최초의 FMEA는 하드웨어인 기기의 신뢰성 설계 기법으로서 개발되어, 기기의 시간에 따른 고장을 대상으로 고장모드를 추출하는 것으로 시작되었다. 그 후 소프트웨어나 인간을 포함한 시스템으로 확장되어, 반드시 경시적이 아닌 결점, 불량, 부적합 등 실패에 관한 모드도 추출의 대상이 되었다. 또한 제조 시스템이나 서비스 프로세스로 확장되어 인적실수와 같은 주위환경에 크게 의존하는 실패모드를 다루는 것으로 확장되고 있다.

그런데 선정된 시스템은 엘리먼트로 전개되어 이들의 고장모드가 추출된다. 고장모드는 엘리먼트마다 하나이상을 추출하여 요약된 평이한 표현으로 기술된다.

고장모드를 정리하는 방법의 하나로 대상시스템의 운용모드로 구분하는 방법이 있다. 임무기간의 모든 과정에 아이템이 규정대로 운용되는 상태를 정상적인 상태로 규정하며, 운용단계에 따라 4 가지의 고장이 발생할 수 있다. 즉, ① 운용 중에 발생할 수 있는 다양한 고장(작동(on)상태를 유지할 수 없는 고장), ② 지정된 시간 내에 운용이 되지 않는 고장(비작동(off) 상태에서 작동상태로 전환되지 않는 고장), ③ 지정된 시간 내에 정지가 되지 않는 고장(작동상태에서 비작동 상태로 전환되지 않는 고장), ④ 지정된 시간 외 운용이 되는 고장(비작동 상태가 유지되지 않는 고장)로 구분하여 고장모드를 찾을 수 있다. 따라서 고장모드를 추출할 때는 시스템의 사용방법, 특정 기능요소, 운용모드, 운용 사양조건, 시간적 제약, 환경 스트레스, 운용 스트레스 등을 고려한다.

고장모드에는 개별 아이템에 고유한 것과 다양한 아이템에 공통적인 것이 있다. 즉, 형태적이나 구조적으로 다른 아이템이더라도 유사기능은 유사 고장모드를 가지며(예를 들면 수도의 고무호스는 혈관과 액체의 흐름 관점에서 유사) 유사성이 높아질수록 공통성이 있는 고장모드가 많아진다. 일례로 배관의 고장모드로 균열, 막힘, 파단, 변형을 들 수 있다. 즉, 원자력 발전소 일차계통의 냉각수 공급용 파이프, 일반 가정용 수도용 배관, 사람의 뇌혈관, 손끝의 혈관 등의 고장모드도 모두 균열, 막힘, 파단, 변형이 된다.

고장모드를 빠짐없이 추출하기 위한 여러 방법이 개발되고 있으며, 이들을 대별하면 과거의 지식과 경험 활용, 시스템 기능의 세분화, 주제어(keyword)에 의한 유추하는 방법의 3가지로 구분할 수 있다(益田昭彦 등(2012)).

1 과거의 지식과 경험 활용

회의 형식으로 대상시스템을 잘 알고 있는 엔지니어나 전문가의 지식과 경험으로부터 고장모드를 추출하는 것으로 참여 구성원의 전문성에 의해 이 방법의 성패가 거의 결정된

표 4.6 고장모드의 분류

분류 관점	분류	성격	구체 예
고장의 성질	기계적 고장모드	기계적 성질에 의한 고장모드	변형, 파손, 마모, 흠, 탈락, 막힘, 누설 등
	전기·자기적 고장모드	전기적·자기적 성질의 변화에 의한 고장모드	단락, 저항치 변동, 높은 저항, 드리프트(drift), 이주(migration)
	화학적 고장모드	화학적 성질에 의한 고장모드	부식, 변질, 산화, 용해, 열화, 소손, 폭발 등
고장 발생부위	아이템 자체의 고장모드	대상물 그 자체가 가진 고유 고장모드	파손, 마모, 쪼개짐, 변형, 단선, 파단, 절단 등
	아이템과 아이템 간의 고장모드	대상물 중에서 인접한 물건과 물건 사이에 생기는 고장모드	탈락, 찌그러짐, 부착, 고착, 어긋남, 위축 등
고장 발생상황	초기 불량 고장모드	설계품질의 문제, 제조품질의 변동이 클 경우에 생기는 고장모드	너무 큼, 너무 작음, 구멍이 큼, 재질결함, 설치불량, 내려앉음, 횟수불량 등
	통상 열화 고장모드	통상적인 시간경과와 사용환경에 의해 발생되는 고장	산화, 변색, 열화, 마모, 오염, 전극이 벗겨짐 등
	돌발적 이상 스트레스 고장모드	돌발적 이상 스트레스에 의해 발생되는 고장모드	파단, 파손, 변형, 쪼개짐, 단선, 단락, 소손 등

다. 또한 경험된 고장모드만 포함되고 잠재적 고장모드가 누락될 가능성이 존재하므로 과거에 경험하지 못한 고장모드를 추출하는 절차를 가져야 한다.

더불어 신뢰성 정보시스템의 고장정보 DB를 잘 이용해야 하는데, 고장정보 DB는 시장발생 문제(trouble) DB와 고장모드 DB로 나눌 수 있다. 시장발생 문제 DB에는 시장에서 발생된 문제(고장이나 사람의 실수 등)를 원인-결과 또는 5W1H 형식으로 정리한 것으로 제품, 기능, 작동 및 사용조건, 고장모드, 추정 고장원인 등이 포함된다. 그리고 고장모드 DB는 고장에 대해 스트레스-고장메커니즘-고장모드 순으로, 사람의 실수에 대해 스트레스-심리적 및 생리적 프로세스-에러 모드 순과 같이, 원인-프로세스-결과의 관계를 나타내고 있다.

[표 4.6]에는 DFMEA에서 볼 수 있는 전형적인 고장모드가 고장의 성질, 고장 발생부위, 고장발생 상황별로 분류되어 정리되어 있다.

2 시스템 기능의 세분화

시스템의 기능 세분화 방법은 기능 블록도, 신뢰성 블록도, 영역 다이어그램 등의 시스템 기능 전개 그림과 기능나무를 이용하여 시스템 기능을 분해하여 기술하고, 이들의 전체를 부정하는 방식으로 기능의 미달성, 즉 고장을 도출한다,

보통 4.2.2.절의 [그림 4.12]와 같이 구체적으로 1차 기능, 2차 기능, 3차 기능을 나무 형식으로 전개시켜 세분화하고, 각 계층의 기능을 부정하면 고장모드가 된다. FMEA에서 필요로 하는 고장모드는 통상적으로 2차 기능이하의 부정에 의해 도출한다. 예를 들면, 가스레인지의 기능은 "화염을 생성한다"이므로, "화염이 나오지 않는다"라는 가스레인지 자체의 고장모드는 가스레인지라는 대상의 양상을 표현하는데 지나지 않는다. 따라서 "화염을 생성한다"라는 기능을 "가스를 공급(방출)한다" 기능과 "가스로 착화한다"라는 기능으로 분해할 수 있으므로 "가스를 공급할 수 없다"와 "가스로 착화할 수 없다"라는 고장모드를 도출할 수 있다. 전자는 가스용기의 고장모드에, 후자는 발화석에 의한 고장모드의 영향으로 여겨진다. 그리고 두 고장모드는 [그림 4.12]와 같이 3차 기능으로 세분화 되어 "가스용기의 파손" 등의 고장모드가 구해진다. 이와 같이 기능의 부정에서 유추하여 고장모드를 도출할 수 있다.

이런 시스템 기능 세분화 방법은 이론적으로 기능을 계층적으로 세분화해 가면 모든 고장모드를 찾아내는 것이 가능하다고 여겨지지만, 복잡한 제품을 세분하여 여러 단계의 기능전개를 진행하는 것은 실질적으로 힘들 수 있다. 특히 시스템을 담당하는 설계자나

엔지니어가 기능을 분해하는 것은 가능하지만 소비자를 포함한 일반인이 시간적 및 경제적 제약에 의해 이를 수행하기는 더욱 힘들 수 있다.

또한 과거의 지식과 경험을 의존하는 경우에도 모든 고장모드를 망라하는 기회로서 이 방법을 병행하는 것이 도움이 된다.

3 주제어에 의한 유추

주제어로 유추하는 방법은 기능을 다하지 못하는 잠재적인 고장이라는 관점에서 미리 정한 주제어를 기능과 연관시켜 유추하고, 고장모드를 추출하는 것이다. 2의 방법도 여기에 속하는 검출법의 하나로 볼 수 있다. 대표적인 주제어로 HAZOP(Hazard and Operability Study(Analysis); 잠재 위험원 및 작동가능성 연구)에서 기능 이상을 찾는 유도어(guide word)를 들 수 있다.

HAZOP는 1970년대부터 영국의 ICI사에서 개발된 정성적 위험도 평가기법으로 유량을 제어할 필요가 있는 화학공장의 리스크 분석에 적용되어 왔으며, 이 분야에서 물류, 통신, 기계제어 등 FMEA를 활용하는 분야로 확대되어 왔다.

이 기법은 예상되는 통상적인 상태에서 이상을 검출하고, 이상의 원인이 되는 원인계통과 시스템에의 영향 및 이의 대책을 분석하는 기법이다. HAZOP의 기본원리는 다음의 세 가지로 요약된다.

① 프로세스는 의도한대로 설계 및 운용되고 있으면 안전하다.
② 위험한 사건은 의도한 바가 불이행됨에 따라 발생한다.
③ 이런 불이행은 정상적인 프로세스 상태에서의 이탈에 속한다.

불이행 또는 이탈의 구체예로 설계상의 실수(간과, 착각, 재료 선정 실수, 안전설비의 결함 등) 및 프로세스의 이상(설비고장, 오조작 등)을 들 수 있다.

HAZOP은 팀 활동으로 수행되며, 이의 중요한 작업은 다음과 같다.

(i) 분석대상 시스템의 엘리먼트 또는 이들의 인터페이스(아이템으로 칭함)의 선택
(ii) 선택된 각 아이템의 기능과 그 파라미터(parameter)의 명확화
(iii) 유도어를 이용하여 각 파라미터의 설계범위로부터 이탈 조사
(iv) 이런 이탈을 야기하는 원인과 이탈 아이템 및 시스템에의 영향 조사
(v) 분석성과의 문서화

여기서 파라미터는 아이템이 기능하는 조건을 부여하기 위한 정보를 명사 또는 동사에 의해 언어형식으로 나타낸다. 일례로 물이 흐르는 파이프에서 유량(또는 흐르다)이나 압력(또는 수압을 가한다) 등을 가리킨다.

유도어는 프로세스가 정상영역에서 일탈하고 상태를 표시하는 용어로 **[그림 4.22]**에 표시된 수식어가 아이템의 기능의 일탈을 명사+동사(또는 형용사)로 표현하는데 쓰인다. 유도어는 제품이나 프로세스(아이템)의 설계의도가 불이행됨을 도출하기 위해 선택된 단어(일반적으로 형용사나 부사)로, 아이템의 파라미터와 결합하여 설계의도로부터의 이탈을 추출한다. HAZOP에서 널리 쓰이는 유도어(no, more, less, as well as, part of, reverse, other than, early, late, before, after)가 시스템의 동작과 연관하여 **[그림 4.22]**에 정리되어 있다(大津亘(2009)).

예를 들면 파라미터 유량(flow)을 유도어의 부정(no; 없음)과 조합하면 '유량이 없음(no flow)' 또는 "흐르지 않는다"라는 의도한 바를 이탈한 고장모드가 추출된다. 또한 유도어의 과다(more; 많은)와 조합하면 '유량 과잉(more flow)' 또는 "많이 흐른다"라는 고장모드를 얻을 수 있다.

이와 같이 유도어를 이용한 고장모드를 유추하는 방법은 설계자나 엔지니어뿐만 아니라 일반인도 용이하게 실시할 수 있는 이점을 가진다.

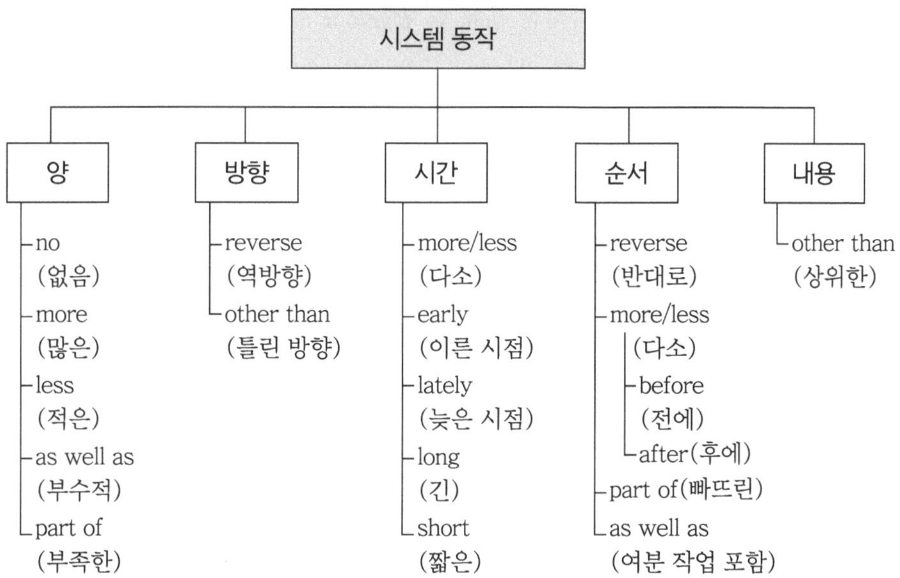

그림 4.22 HAZOP의 유도어

[표 4.7]은 지하철 제어통신 시스템에 대한 HAZOP 분석결과의 일부인데 FMEA와 HAZOP의 차이는 단방향과 양방향의 차이로 볼 수 있다. 전술한 바와 같이 FMEA는 부품의 고장에서 출발하여 시스템을 영향을 조사하는 단방향방식인데 비해 HAZOP은 [표 4.7]과 같이 시스템의 상태 이상에서 출발하여 이상원인의 규명과 함께 시스템에의 영향 파급결과도 분석하는 쌍방으로 진행하는 기법이다.

표 4.7 지하철 제어용 통신 시스템의 HAZOP 분석 예

부품·기능	특성	유도어	일탈	원인	영향	안전대책	대책안
안테나에 의한 입력	증폭	많은	설계 증폭률 보다 높음	선로에 너무 가깝다	장치 고장	설치검사 시	설치방법 점검
		적은	설계 증폭률 보다 적음	선로로부터 너무 멀다	신호가 약함	설치검사 시	설치방법 점검
안테나 입력장치	주파수	상위한	다른 주파수 검출	근접 기지국의 신호수신	오신호 수신	없음	검사에서 점검
안테나 케이블	신호 송신	상위한	다른 신호 송신	근접 케이블로 부터 수신	오신호 송신	없음	케이블 루트 변경

한편 시스템 고장은 복수의 아이템 또는 다수의 고장모드에 의해 복합적으로 일어날 수 있다. 이런 복합모드의 영향 분석은 FMEA의 양식만으로 해석하기 어렵다. 이럴 경우는 하위 시스템 수준까지 FMEA를 축적한 후에 팀 활동으로 통상적으로 빠뜨릴 수 있는 복합고장이나 공통원인고장 등의 존재 가능성을 검토하면 좋다. 이럴 때 FTA와 연계하여 분석하면 도움이 된다.

4.3.4 고장등급 결정방법

고장등급은 가용자료를 최대한 활용하여 고장이 어떤 영향을 미치는가를 객관적으로 평가하여 FMEA에서 확인된 개개 잠재적 고장모드(또는 원인)의 우선순위를 결정하기 위해 등급을 매기는 것으로써 포함된 평가요소에 따라 다른 3종의 방법을 소개한다. 첫 번째와 두 번째는 정성적, 세 번째는 준 정량적 방법에 속한다.

1 심각도에 의한 정성적 방법

MIL-STD-1629A(1980)에서 제안된 방법으로 다음과 같이 심각도를 기준으로 4등급으로 구분한다. IEC 60812(2006)도 이와 유사한 방법을 제공하고 있다.

■ 심각도 등급

(i) 범주 Ⅰ(Catastrophic, 파국적, 전 기능 상실): 사망 또는 무기체계의 상실을 초래하는 고장

(ii) 범주 Ⅱ(Critical, 치명적): 중상, 중요한 재산의 손실 또는 임무를 수행할 수 없는 주요 시스템의 손상을 초래하는 고장

(iii) 범주 Ⅲ(Marginal, 경미 또는 한정적): 경상, 비교적 중요하지 않는 재산상의 손실, 가용도 손실 또는 임무저하를 초래하는 시스템의 경미한 손상의 원인이 되는 고장

(iv) 범주 Ⅳ(Mine, 사소): 부상이나 재산피해가 나지 않을 정도의 고장이나 시스템의 손상이지만 비계획 보전 또는 수리가 요구된다.

2 치명도 행렬에 의한 방법

역시 MIL-STD-1629A에서 최초 제안된 방법으로 고장률에 관한 자료가 부족할 때 설계 엔지니어, 신뢰성 및 보전 담당자의 경험을 기초로 분석한다. 각 고장모드에 대해 전술된 심각도와 아래의 고장발생 수준(고장모드가 차지하는 비율) 등급을 정한 후에 이를 **[그림 4.23(a)]**의 2차원 좌표로 구성된 치명도 행렬에 기입한다. 대각선 상단으로 갈수록 등급이 높은 고장모드이며, 특히 상단우측에 속하는 음영으로 표시된 영역에 포함되는 고장

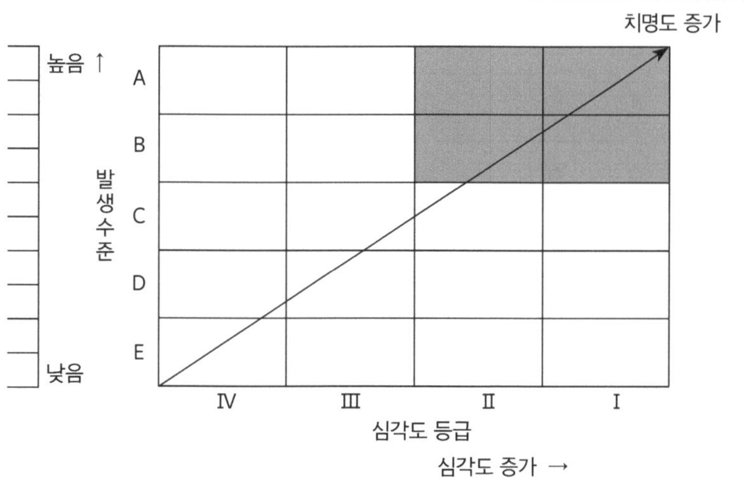

그림 4.23(a) 치명도 행렬: MIL-STD-1629A

모드는 이를 낮추거나 대응책을 모색해야 한다.

■ 고장발생 수준

(i) 수준 A(Frequent, 빈번): 특정 고장모드가 운용기간 중 전 고장의 20% 이상

(ii) 수준 B(Reasonable Probable, 자주): 특정 고장모드가 운용기간 중 전 고장의 20%~10%

(iii) 수준 C(Occasional, 가끔): 특정 고장모드가 운용기간 중 전 고장의 10%~1%

(iv) 수준 D(Remote, 희박): 특정 고장모드가 운용기간 중 1%~0.1%

(v) 수준 E(Extremely Unlikely, 극히 희박): 특정 고장모드가 운용기간 중 전 고장의 0.1% 미만

[그림 4.23(a)]를 보면 정성적인 고장발생 수준 대신에 FMECA의 치명도 분석에서 구한 정량적인 치명도(4.5.1절 참고)를 적용할 수도 있다.

여기서 심각도를 5등급으로 설정할 수도 있으며, 또한 고장발생 수준도 4등급(예를 들면 100년에 1회 이하, 10년에 1회 이하, 1년에 1회 이하, 1년에 다수 회)으로 구분하여 적용할 수 있다. [그림 4.23(b)]는 심각도와 고장발생 수준을 동시에 고려하여 최종적으로 4등급으로 구분한 경우를 예시한 것이다.

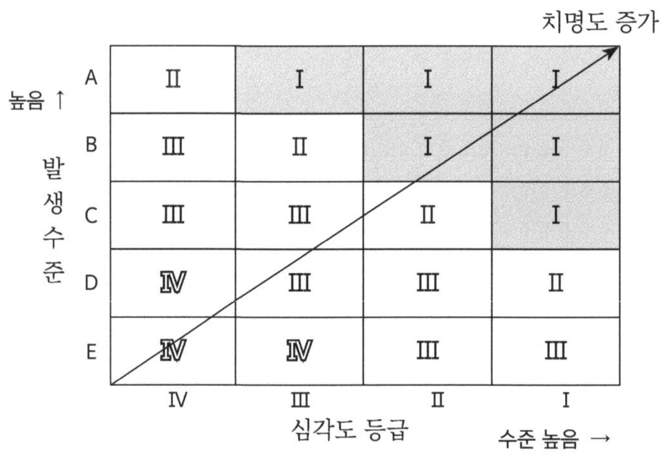

그림 4.23(b) 치명도 행렬에 의한 등급 구분의 예

3 RPN법

RPN은 위험우선점수(Risk Priority Number)의 약어로서 고장모드의 정성적 등급을 정량적으로 결정하는 하나의 방법으로 **[표 4.4]** 의 DFMEA 양식에 마련된 칸과 같이 자동차 업계에서 널리 쓰이는 방법이다. 이 값은 고장모드(또는 원인)의 상대적 위험수준을 나타내며 RPN이 높을수록 위험도가 높으며 다음과 같이 계산된다.

$$\text{RPN} = \text{심각도(SEV)} \times \text{발생도(OCC)} \times \text{검출도(DET)} = S \times O \times D \qquad (4.1)$$

이를 구하는 절차는 **[그림 4.24]** 에 도시된 방식으로 고장영향을 파악한 후에 심각도를, 고장원인과 현 설계관리의 예방관리를 토대로 발생도를, 현 설계관리의 검출관리에 의해 검출도 등급이나 점수를 결정한다.

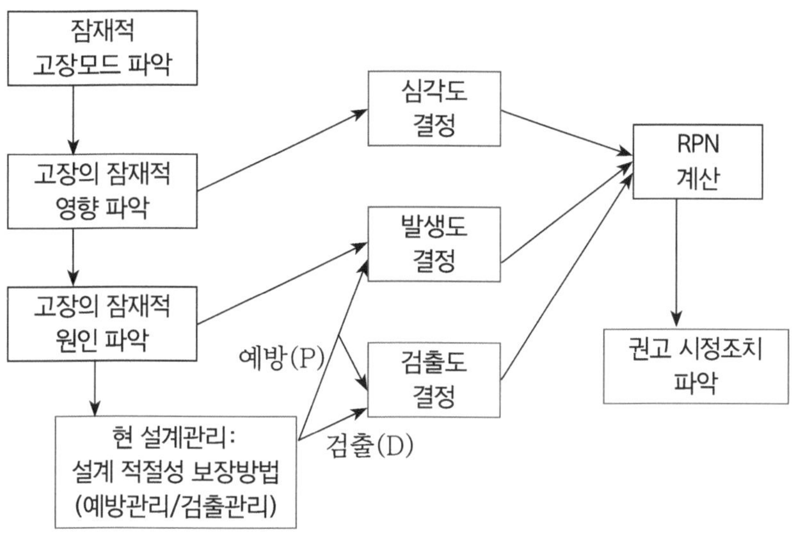

그림 4.24 RPN법의 개요와 절차

즉, 심각도, 발생도, 검출도를 평가하여 보통 각각 1~10으로 점수화한 후 이들의 곱을 RPN으로 정하며, 높은 위험우선점수의 고장모드에 대해 적절한 개선 대책을 수립하고 실시해 고장의 위험을 사전에 예방할 수 있도록 한다. 특히 RPN이 100이상이거나 특히 심각도가 등급이 9, 10일 경우는 개선대책이 필요하다. 여기서 1~10의 점수범위를 아이템의 성격이나 기업의 여건에 따라 조정할 수 있다. 예를 들면 심각도는 1~10을, 발생도와 검출도는 1~5를 부여할 수도 있다.

(가) 심각도(SEV, severity)

잠재적 고장 형태가 차상위의 유닛, 하위 시스템, 시스템, 또는 고객에게 미치는 영향의 심각한 정도를 나타내며, 심각도 등급의 감소는 설계 변경에 의하여서만 가능하다. 심각도는 '1'에서 '10' 등급(등급이 높으면 보다 심각함)으로 평가하는데 [표 4.8(a)]에 미국 자동차산업에서 적용되는 심각도 등급기준이 정리되어 있다.

표 4.8(a) 심각도 등급 기준: AIAG

영향	기준	등급
안전, 법적 요구사항을 충족시키지 못함	잠재적 고장모드가 경고없이 안전 운행에 영향을 미치거나 정부 법규에 대한 불일치 사항을 포함	10
	잠재적 고장모드가 경고를 하면서 안전 운행에 영향을 미치거나 정부 법규에 대한 불일치 사항이 포함	9
주요 기능의 상실/저하	주요 기능 상실(제품 작동 불능)	8
	주요 기능 저하(제품은 작동하지만 주요 성능이 떨어짐)	7
보조 기능의 상실/저하	보조 기능 상실(제품은 작동하지만 편의 기능 불능)	6
	보조 기능 저하(제품은 작동하지만 편의 기능 저하)	5
고객 불편	대부분의 고객(75%이상)에 의해 인지되는 결함	4
	평균적인 고객(50%정도)에 의해 인지되는 결함	3
	예민한 고객(25%이하)에 의해 인지되는 결함	2
영향 없음	인지할 수 있는 영향 없음	1

(나) 발생도(OCC, occurrence)

발생도란 특정한 고장원인이나 고장모드가 발생할 가능성이다. 그 발생 가능성에 대한 등급 숫자는 고장빈도의 절대적 크기를 나타내는 것이 아니며, 상대적인 등급 점수로서의 의미를 갖는다. 설계 변경을 통해서 한 가지 또는 그 이상의 고장모드에 대한 원인의 제거나 제어를 통해 영향을 받을 수 있는 발생도의 등급을 낮출 수 있다. [표 4.8(b)]에 미국 자동차산업에서 적용되는 발생도 등급기준이 정리되어 있다.

(다) 검출도(DET, detection)

검출도는 고장의 발생 시 어떤 수단으로 그 상태를 발견할 수 있는가를 나타내는 척도로 잠재적 고장원인 또는 고장모드를 찾기 위해 현 설계관리 능력으로 설계단계에서 고장을 검출하는 능력에 대한 평가이다. 또는 유닛, 하위 시스템, 시스템이 양산

표 4.8(b) 발생도 등급 기준: AIAG

고장발생 가능성	원인 발생도: 설계수명/아이템이나 차량의 신뢰도 측면	발생도: 아이템이나 차량당 고장건수	등급
매우 높음	신 기술이나 과거 실적이 없는 새로운 설계	1,000건당 100건 (1/10이상) 10% 이상	10
높음	신 설계, 신 적용영역, 사용률/작동조건의 변경에 의해 고장이 불가피한 경우	1,000건당 50건 (1/20) 5% 정도	9
	신 설계, 신 적용영역, 사용률/작동조건의 변경에 의해 고장 발생 가능성 높은 경우	1,000건당 20건 (1/50) 2% 정도	8
	신 설계, 신 적용영역, 사용률/작동조건의 변경에 의해 고장 발생 여부가 불확실한 경우	1,000건당 10건 (1/100) 1% 정도	7
보통	유사 설계나 설계 시뮬레이션 및 시험 상에서 빈번한 고장 발생	1,000건당 2건 (1/500) 0.2% 정도	6
	유사 설계나 설계 시뮬레이션 및 시험 상에서 가끔 고장 발생	1,000건당 0.5건 (1/2,000) 0.05% 정도	5
	유사설계나 설계 시뮬레이션 및 시험 상에서 한 번 정도 고장 발생	1,000건당 0.1건 (1/10,000) 0.01% 정도	4
낮음	거의 동일한 설계나 설계 시뮬레이션 및 시험 상에서 한 번 정도 고장 발생	1,000건당 0.01건 (1/100,000) 0.001% 정도	3
	거의 동일한 설계나 설계 시뮬레이션 및 시험 상에서 고장이 관측되지 않음	1,000건당 0.001건 (1/1,000,000) 0.0001% 이하	2
매우 낮음	예방관리를 통해 고장이 제거될 수 있음	예방관리를 통해 고장이 제거됨	1

승인되기 이전에 고장모드를 탐지하기 위해 제안된 설계단계의 고장 검출대책 능력에 대한 평가이다.

특히 RPN의 특징으로 볼 수 있는 검출도의 산정에는 검출수단이 반영되어야 한다. 즉, 고장의 검출은 후 공정의 작업자, 검사원, 보전원, 사용자 등의 고장의 발생 시에 고장을 인지하는 수단이나 자동적 검출 기능의 보유여부에 의해 판단된다. 즉, 생산관리나 품질관리 부문의 관리능력에 좌우된다. 하여튼 설계나 공정상의 부적합을 일으키는 고장은 근원적인 부적합의 원천에서부터 미연에 제거해야 한다.

설계 FMEA에서는 설계심사 및 해석, 시뮬레이션, 시험 등에 의해 현 설계관리의 부적합 검출정도, 시점 및 장소를 검토한다. 공정 FMEA에서는 작업자, SPC, 품질감사, 후 공정작업에 의해 현 공정관리의 부적합 검출정도, 공정 중의 위치 및 개수, 그리고 검출확률이 고려된다. 설계단계의 부적합 검출방법으로는 도면 검토, 시제품 평가(가속수명시험 또는 초가속시험(HALT))가 있으며, 제조단계는 스트레스 스크리닝 시험 등에 의해 부적합이나 고장을 검출한다.

아이템이 출시된 이후는 운용전의 특별점검이나 보전 중의 검사 등에 의해 검출이 가능할 수 있도록 할 필요가 있다. 그리고 아이템 운용 시에는 운용 중에 실시되는 연속적 또는 정기적 검사에 의해 고장이 검출될 수 있는 수단을 마련해야 한다.

[표 4.8(c)]에 미국 자동차산업에 적용되는 검출도 등급기준이 정리되어 있다. 그리고 검출도 등급을 낮추기 위해서는 5.7절에서 소개되는 에러방지 대책이 선호되며, 검출 가능성을 제고하기 위해서 현 설계 개선, 실험계획법, 시험계획의 변경 등도 고려된다.

표 4.8(c) 검출도 등급 기준: AIAG

검출 기회	검출 가능성	기준: 설계관리에 의한 검출 가능성	등급
검출 기회 없음	거의 불가능	설계관리가 없음: 검출 불가능	10
설계의 어느 단계에서도 검출될 것 같지 않음	매우 희박	검출능력이 취약함: 모의 실험분석(예, CAE (Computer Aided Engineering), FEM (Finite Element Analysis 등)의 조건이 실제 작업조건과 관련이 없음	9
설계확정 후 양산 전	희박	설계 확정 후 및 양산 전에 합격/불합격 시험에 의한 제품검증/타당성 확인으로 검출 가능	8
	매우 낮음	설계 확정 후 및 양산 전에 고장 시험에 의한 제품검증/타당성 확인으로 검출 가능	7
	낮음	설계 확정 후 및 양산 전에 성능저하 시험에 의한 제품검증/타당성 확인으로 검출 가능	6
설계 확정 전	보통	설계 확정 전에 합격/불합격 시험에 의한 제품검증/타당성확인으로 검출 가능	5
	다소 높음	설계 확정 전에 고장 시험에 의한 제품검증/타당성 확인으로 검출 가능	4
	높음	설계 확정 전에 성능저하 시험에 의한 제품검증/타당성 확인으로 검출 가능	3
모의실험분석으로 검출 가능	매우 높음	검출능력이 뛰어남: 설계 확정 이전에 모의실험분석(예, CAE, FEA 등)으로 검출 가능	2
고장예방에 의해 검출 불필요	거의 확실	설계 해결책을 통하여 철저히 예방되었기 때문에 고장모드가 발생할 수 없음	1

심각도, 발생도, 검출도는 회사의 생산품목 및 여건(예를 들면, 발생도 최대 점수가 부여되는 등급 기준: 자동차 100/1,000, 의료기기 50/100,000, 전자부품 또는 반도체 50/1,000,000, 기계 또는 전기기계 50/10,000 이상으로 설정하기도 함)에 따라 설정할 수

있다.

RPN법은 널리 보급된 방법이고 이전의 방법보다 세련된 방법이지만 등급 설정에 상당한 경험이 요구되는 등 다음과 같은 몇 가지 약점을 가지고 있다.

첫째, 심각도, 발생도, 검출도의 등급은 서열척도이지 수치척도가 아니므로 이를 가지고 고장모드나 고장원인의 중요도를 판단할 수 있는지 의문이 생긴다. 즉, RPN은 최소 1과 최대 1,000을 가질 수 있는데, 어떤 기준 값으로 중점 대상고장모드를 설정할 것인가 명확하지 않다. 예전에는 전술한 바와 같이 RPN이 100 이상일 고장모드에 대해 우선조치를 취하라고 권고하였지만, 이는 하나의 권장요건에 해당된다. 즉, 이런 기준 값을 정하면 기업에서는 문제해결방안에 집중하기보다는 RPN를 100 이하로 만들기 위해 낮추기 힘든 심각도보다 발생도와 검출도를 낮추거나 정당화하는 경향이 있어, 최근 들어 꼭 100을 기준으로 설정하는 것을 강제하지 않고 있다.

둘째, RPN은 심각도, 발생도, 검출도의 중요도를 동일하게 취급하여 곱하는 형식을 취하지만 이들의 중요도는 같다고 보기 힘들다. 따라서 동일한 RPN를 가진다고 동일하게 취급하는 방식은 합리적이지 않을 수 있다. **[그림 4.25]**는 RPN 값의 발생빈도를 나타낸 것으로 RPN이 60, 72, 120일 때 최대 24가지의 심각도, 발생도, 검출도의 조합이 된다.

예를 들어 **[표 4.9]**는 RPN=240이 될 수 있는 심각도, 발생도, 검출도의 조합이 다양하게 18가지임을 보여주고 있다.

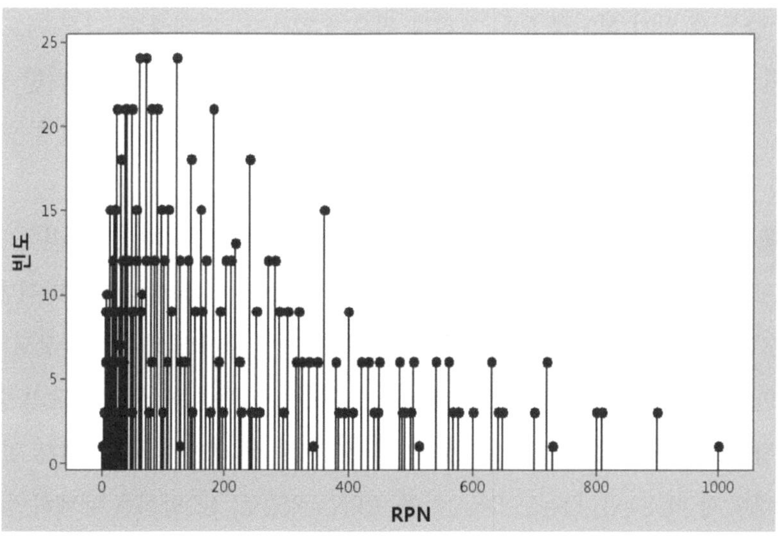

그림 4.25 RPN과 발생빈도

표 4.9 RPN=240인 경우

심각도	발생도	검출도
8	6	5
8	5	6
6	8	5
6	5	8
5	8	6
5	6	8
10	6	4
10	4	6
6	10	4
6	4	10
4	10	6
4	6	10
10	8	3
10	3	8
8	10	3
8	3	10
3	10	8
3	8	10

셋째, RPN은 1~1,000사이에 분포하는데 소수 등 가질 수 없는 값(예를 들면 7, 111, 131)이 너무 많아 다양성과 완전성이 떨어진다. 즉, 이 범위에 속하는 모든 값을 가질 수 있는 게 아니며(120개 값만 가짐), 평균과 중앙값도 500근처가 아닌 각각 166과 105가 된다.

넷째, 항상 세 가지 척도를 모두 고려할 필요가 있는지, 경제성 등 다른 척도를 추가할 필요성이 발생할 수도 있다. 이의 대안방법으로 세 가지 척도를 모두 고려할 필요 없이, 일례로 심각도와 발생도만을 선택할 수도 있다. 이때는 예방관리를 통해 발생도를 낮추며, 결과적으로 검출도가 간접적으로 반영된다.

다섯째, 세 척도의 곱 형식의 정당성에 대한 근거가 명확하지 않는 편이다. 심각도와 발생도의 조합이 10과 10, 5와 5, 2와 2일 때 검출도가 3에서 4으로 바뀌면 300에서 400, 75에서 100, 12에서 16으로 변하므로 민감도가 상당히 달라지는 현상도 현상한다. 이에 대한 대안방법으로 곱 형태로 계산된 1~1,000의 점수 대신에 세 척도의 중요도로서 순서를 정한 후에 RPN은 이들을 조합한 자리수로 정하는 대안 방식도 있다. 일례로 SOD 방식을 채택 할 때 S=8, O=5, D=2이면 RPN=852로, SD방식을 채택하면 RPN=82가 되는 방식이다. 이렇게 설정하면 곱 형태의 현 방법의 약점(일례로 심각도가 10 또는 5

에서 발생도가 5에서 6으로 바뀌면 확연히 달라지는 민감도 등)을 해소할 수 있다.

[예제 4.1]에서 RPN과 숫자를 조합한 두 방식을 비교하고 있다.

예제 4.1

RPN = 144일 때 SOD와 SD방식을 비교한 것이 [표 4.10]에 정리되어 있다. 같은 RPN 이더라도 SOD방식과 SD방식을 적용하면 우선순위가 달라질 수 있다.

표 4.10 RPN과 SOD와 SD 방식 비교

S	O	D	RPN	SOD	SD
6	6	4	144	664	64
6	4	6	144	646	66
4	6	6	144	466	46

마지막으로 심각도, 발생도, 검출도의 정확한 등급을 설정하는 데는 상당한 경험이 필요하다. 이런 난점을 감안하여 10등급 대신에 보다 단순화한 5등급으로, 등급점수도 등급이 커지면 그 차이도 커지도록 2의 배수로 설정한 심각도, 발생도, 검출도의 등급기준이 하나의 예시로 [표 4.11 (a)~(c)]에 수록되어 있다(日本信賴性學會(2014)).

표 4.10(a) 심각도 등급

등급	평 점	수준	판단 기준
A	16	파국적	시스템 임무 완전 상실; 장치의 괴멸 파괴; 사람 사망
B	8	치명적	영향이 높은 시스템 임무 상실; 장치의 중대한 파손; 사람 중상/장기 입원 인명 사고
C	4	중간 정도	등급 B와 D의 중간 정도 영향; 그리 중대하지 않는 파손; 단기 입원 인명 사고
D	2	경미	영향이 적은 시스템 임무 상실; 장치의 경미한 파손; 입원을 요하지 않는 경증 인명 사고
E	1	사소	시스템 임무에 영향 없음; 장치의 무시할만한 파손; 무시할 수 있는 상처 또는 질병

표 4.10(b) 발생도 등급

등급	평점	수준	판단 기준
A	16	빈번(고)	매일(또는 매주) 다수 회; 발생 확률(P) ≥0.2
B	8	자주(중)	매월 다수 회; $0.1 \le P < 0.2$
C	4	가끔(저)	매년 다수 회; $0.01 \le P < 0.1$
D	2	희박(극저)	다수 해에 1회; $0.001 \le P < 0.01$
E	1	극히 희박(거의 제로)	10년에 1회 미만; $P < 0.001$

표 4.10(c) 검출도 등급

등급	평점	제조자/판매자 입장		사용자/소비자 입장	
		수준	판단기준	수준	징조 정도
A	16	고객발견 또는 사내 검출 극히 힘듦	고객 클레임 가능성, 납품처에서 검출 가능성(유사품, 유사사고)	위해가 닥칠 때까지 모름	징조나 전조 없음, 아무도 모름
B	8	사내 검출 상당히 힘듦	특수 시험 필요성, 파괴시험으로 가능, 검사항목 없음	의도적 관찰이나 측정에 의해 파악	징조나 전조가 미약하게 있음
C	4	사내에서 가끔 검출할 수 없는 경우	검사항목은 존재하나 판정이 미묘함, 로트 보장 가능	의식하는 소수인에 의해 파악	선행 이상 징조가 있음
D	2	사내에서 거의 검출가능	검출 비교적 용이, 사람에 의한 전수검사	사용하는 상당한 사람에 의해 파악	사용 시 차이가 있음
E	1	사내에서 완벽하게 검출가능	검출 용이, 자동 전수검사, 제조 중 발견	대다수가 파악	보거나 만지면 파악 가능

4.4 설계 FMEA의 적용

4.4.1 설계 FMEA 적용 예

DFMEA의 적용과정과 결과를 가위, 생활용 자전거 브레이크와 휴대용 연필깎이로서 예시한다.

예제 4.2

일상생활용 필수 도구인 사무용 가위(종이절단이 주 임무)를 대상으로 FMEA를 적용해 보자. [그림 4.26]에 가위의 구조와 부품의 명칭, 신뢰성 블록도가 수록되어 있다. 가위의 기능을 전개하여 고장모드와 고장원인을 열거하고 치명도 행렬에 의해 고장등급을 먼저 결정하였다. 그리고 괄호 안에 RPN법의 등급점수를 부기하였다.

고장발생 수준(발생도)을 구한 결과의 일부가 [표 4.11(a)]와 [표 4.11(b)]에, 고장영향과 심각도 등급이 [표 4.12]에, 이 두 가지를 결합하여 MIL-STD-1629A의 치명도 행렬에 의한 고장등급([그림 4.23(b)]에 의거)이 [표 4.13]에 수록되어 있다. 또한 [표 4.14]와 같이 고장검출법과 검출도를 구하여 RPN과 권고시정조치를 구한 결과의 일부가 [표 4.15]에 정리되어 있다.

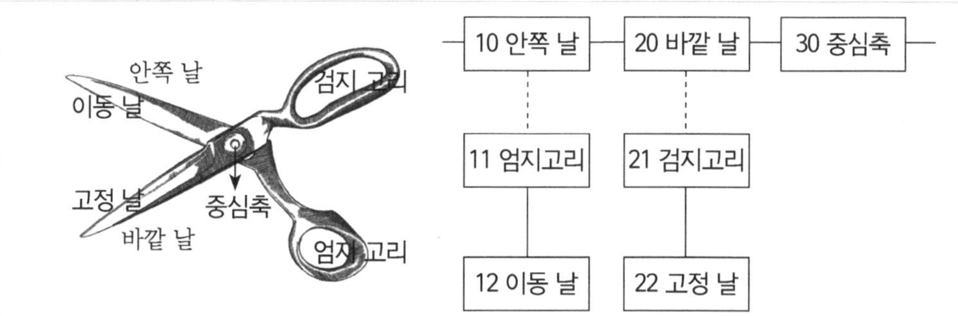

그림 4.26 가위: 부품의 명칭과 신뢰성 블록도

표 4.11(a) 가위: 기능 전개

번호	기능 블록	부품 명	기능
10	안쪽 날	11 엄지 고리	엄지 지탱
		12 이동 날	절단(날을 움직여서)

표 4.11(b) 가위: 고장모드와 원인 및 고장 발생수준

부품 명	고장모드	고장원인	고장 발생수준(OCC)
11 엄지고리	깨어지거나 사이가 벌어짐	시간 경과에 따른 열화	E(1)
	접촉부 마모	시간 경과에 따른 열화	C(5)
12 이동 날	날의 무디어짐	이물질이 끼임	C(6)
		시간 경과에 따른 열화	B(8)
	구부러짐	외부에서 가해진 힘(외력)	D(4)

표 4.12 가위: 고장영향 및 심각도 등급

부품 명	고장 영향			심각도 (SEV)
	부품	기능블록	시스템	
11 엄지고리	지탱기능 저하	지탱기능 저하	취급 곤란	Ⅱ(5)
	완충기능 저하	완충기능 저하	불쾌한 소리 발생	Ⅳ(1)
12 이동 날	절단기능 저하	절단기능 저하	절단 반복	Ⅲ(4)
	절단기능 저하	절단기능 저하	절단 반복	Ⅲ(4)
	절단기능 불완전	절단기능 불완전	절단이 힘듦	Ⅰ(7)

표 4.13 가위: 치명도 행렬에 의한 고장등급

부품명	고장 발생수준	심각도	치명도
11 엄지 고리	E	Ⅱ	Ⅲ
	C	Ⅳ	Ⅲ
12 이동 날	C	Ⅲ	Ⅲ
	B	Ⅲ	Ⅱ
	D	Ⅰ	Ⅱ

표 4.14 가위: 고장검출법과 검출도

부품명	고장검출법	검출도(DET)
11 엄지 고리	목시	1
	목시, 사용 촉감	3
12 이동 날	목시, 사용 촉감	4
	목시, 사용 촉감	4
	사용 촉감	6

표 4.15 가위: RPN법과 권고 시정조치

부품 명	심각도: SEV	발생도: OCC	검출도: DET	RPN	권고 시정조치
11 엄지고리	5	1	1	5	
	1	5	3	15	수선 또는 사용
12 이동 날	4	6	4	96	연삭 또는 폐기
	4	8	4	128	연삭 또는 폐기
	7	4	6	168	정형화 또는 폐기

예제 4.3

가정에서 주로 이용하는 생활용 자전거의 브레이크 시스템의 구조와 엘리먼트의 명칭은 [그림 4.27(a)]에서 볼 수 있으며, 그 기능은 작동기능, 힘의 전달기능, 제동기능의 3가지로 구분할 수 있다. 이를 신뢰성 블록도(하위 수준은 밑으로 전개)로 작성한 것이 [그림 4.27(b)]이다. 여기서 이 브레이크가 작용기능을 발휘하지 못하면, 임무를 전부 상실하게 되는 것이 문제의 핵심이 된다.

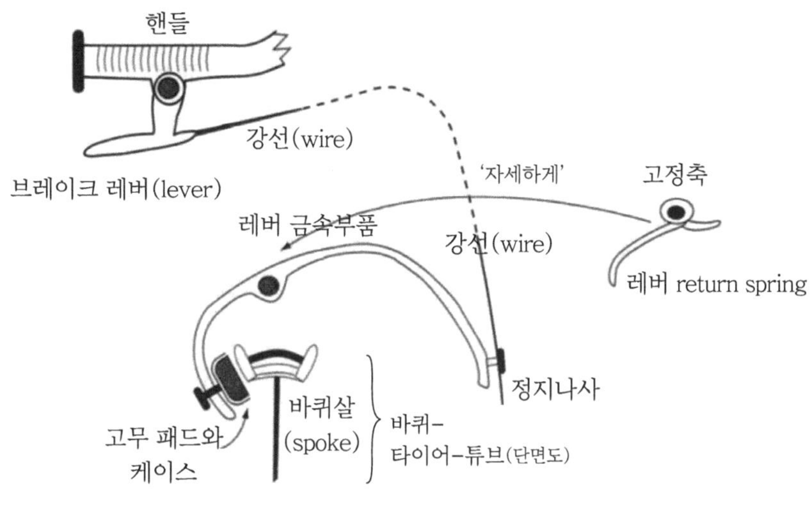

그림 4.27(a) 자전거 브레이크 구조

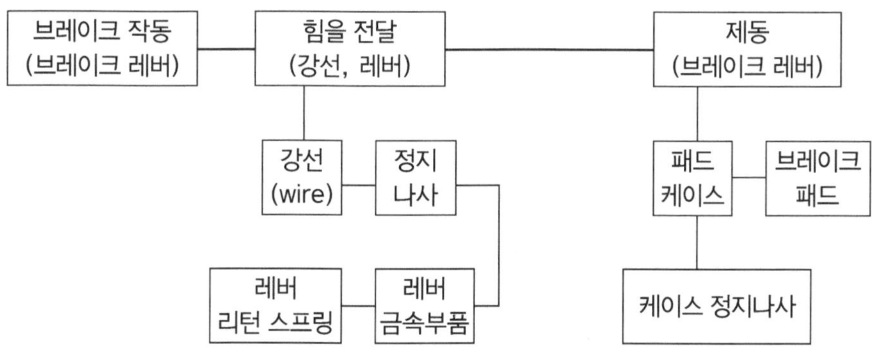

그림 4.27(b) 자전거 브레이크: 신뢰성 블록도

대상 부품의 선정과 기능의 기술, 고장모드 기입, 고장모드의 상위 시스템에의 영향, 각 고장모드의 원인을 찾는 것이 분석과정의 중심이 된다. 이로부터 RPN에 의해 평가된 각 부품에 대해 권고 시정조치 사항을 수립하고 그 효과를 확인하는 순으로 전개된다. 이를 수행한 결과의 일부분이 [표 4.16]에 주어져 있다.

표 4.16 자전거 브레이크: FMEA 수행결과

					고장모드 및 영향분석(DFMEA)						
품목:	자전거 브레이크				책임자:						FMEA 번호
모델:					작성자:						페이지 :
팀원:											작성일자:
아이템	기능	잠재적 고장모드	고장의 잠재적 영향	심각도	고장의 잠재적 원인/메커니즘	발생도	현 설계관리	검출도	RPN	권고 조치	책임자와 목표 완료일
강선	힘을 전달	단선	브레이크 작동불능	10	과부하	2	자전거 내구성 시험	3	60	강도시험 실시	
		부식	특별한 영향 무	2	시간에 따른 열화	8	자전거 내구성 시험	5	80	재질개선	
정지나사	강선에서 레버까지 힘 전달	파단	브레이크 작동불능	10	과부하 또는 외부충격	4	자전거 내구성 시험	3	120	강도시험 실시	
		부식	특별한 영향 무	2	시간에 따른 열화	6	자전거 내구성 시험	6	72	환경시험 실시	
브레이크 패드	제동	마모	브레이크 약한 작동	6	시간에 따른 열화	7	없음	2	84	내구시험/소재변경	
		변형 탈락	브레이크 작동불능	10	케이스 파손/나사파손	2	자전거 내구성 시험	8	160	가속시험	

예제 4.4

우리가 평소에 자주 사용하는 휴대용 연필깎이에 대해 FMEA를 실시한 결과 중 가장 중요한 하위 시스템인 절삭부에 관해 작성한 FMEA 분석결과가 [표 4.17]에 정리되어 있다(RPN은 [표 4.10]의 세 등급 기준을 적용함; 日本信頼性學會(2014)). 이로부터 지지대의 '나사구멍 파손' 고장모드와 지지나사의 '풀림'에 관한 두 고장원인이 상대적으로 중요함을 파악할 수 있다.

표 4.17 휴대용 연필깎이: FMEA 수행결과

고장모드 및 영향분석(설계 FMEA)

번호	기능 블록	기능 부품	기능	고장모드	추정원인	발생도	고장 영향: 기능부품	고장 영향: 기능 블록	고장 영향: 시스템	심각도	치명도	고장 검출법	검출도	RPN	시정조치	비고
1	절삭부	커터	연필 심 깎음	칼 무디어짐	경시 열화	2	절삭 감(정도) 저하	절삭 능력 저하	절삭 감 악화	8	16	목시/사용 시 파악	2	32		
					이물 절삭	1	절삭 감 저하	절삭 능력 저하	절삭 감 악화	8	8	목시/사용 시 파악	2	16		
				칼 변형	이물 절삭	1	절삭 안 됨	절삭 능력 상실	절삭 안 됨	16	16	목시/사용 시 파악	2	32		
				지지 구멍 변형	지지 나사의 죔 과대	2	절삭 안 됨	절삭 능력 상실	절삭 안 됨	16	32	목시/사용 시 파악	2	64	제조공정에서 죔 토크 모니터링	
					지지대 나사 구멍 파손	1	기능 저하	커터 위치 어긋남	절삭 힘듦	4	4	사용 시 파악	8	32		
2		지지 나사	커터와 지지대 고정	나사 머리 부분 파손	초기 죔 토크 과대	2	지지 기능 상실	커터 지지 불능	절삭 안 됨	16	32	목시	1	32		
					경시 열화	2	지지 기능 상실	커터 지지 불능	절삭 안 됨	16	32	목시	1	32		
				풀림	초기 죔 토크 과소	4	없음	커터 지지 기능 저하	절삭 힘듦	4	16	사용 시 파악	8	128	제조공정에서 죔 토크 모니터링	
					지지대 나사 구멍 파손	1	없음	커터 지지 기능 저하	절삭 힘듦	4	4	사용 시 파악	8	32		
					경시 열화	4	없음	커터 지지 기능 저하	절삭 힘듦	4	16	사용 시 파악	8	128	샘플링에 의한 절삭 진동시험 실시	
3		지지대	커터 지지/연필 지탱	연필 삽입구 파손	과도한 외력	1	기능 상실	연필 지탱 기능 상실	절삭 안 됨	16	16	목시	1	16		
				깨짐	초기 죔 토크 과대	2	기능 저하	연필 지탱 기능 저하	절삭 힘듦	4	8	목시/사용 시 파악	4	32		
					경시 열화	2	기능 저하	연필 지탱 기능 저하	절삭 힘듦	4	8	목시/사용 시 파악	4	32		
				지지대 나사 구멍 파손	경시 열화	2	기능 상실	커터지지 기능 상실	절삭 안 됨	16	32	사용 시 파악	8	256	샘플링에 의한 절삭 내구시험 실시	

4.4.2 FMEA결과의 효과, 활용방안 및 한계

FMEA의 가장 중요한 효과로는 ① 부적합의 미연방지와 ② 품질과 신뢰성 향상(Q: Quality), 비용절감(C: Cost)과 개발기간 단축(D: Delivery)으로 요약할 수 있다. 전자는 기본설계나 상세설계 단계에서 아이템에 잠재할 수 있는 결함이나 부적합을 사전에 찾아내어 개선을 시도한 효과이다. 후자는 원류단계에서 품질과 신뢰성 문제를 찾아내어 개선대책을 수립함으로써 설계변경 등 후속 단계에서 수정이나 보완업무가 감소되며, 더불어 비용절감과 개발기간의 단축이 이어진다.

조직활동 및 경영면에서 FMEA의 정성적 효과를 열거하면,

① 클레임 감소 및 품질 향상
② 고객의 신뢰 증대
③ 매출액의 증대 및 이익 확보
④ 품질손실의 절감
⑤ 품질의식의 고양

등을 들 수 있으며, 다음과 같은 FMEA의 직접효과를 얻을 수 있다.

① 확실한 재발방지 대책
② 고장 인과관계에 관한 정보의 축적 및 기술 자산화
③ 고장정보의 유효한 활용 확대

또한 다음 척도에 의한 정량적 효과를 열거할 수 있다.

① FMEA에서 다룬 아이템의 건수(활용도), 또는 투입공수 당 아이템 건수, FMEA 양식의 매수(생산성)
② 설계변경 횟수(설계의 질적 향상)
③ 표준문서에서 설계·관리항목의 추가 건수(질적 향상)
④ 미연방지(재발방지)에 도움이 되는 건수(질적 향상)
⑤ 공정불량 감소
⑥ 시장 클레임의 감소

하여튼 FMEA의 최대의 장점은 비교적 단순한 이론적 체계로 누구라도 이해할 수 있으

며, 모든 관계자가 참여할 수 있는 실시 용이한 기법으로 이론보다는 적용 유용성을 중시하는 신뢰성 도구로 볼 수 있다.

FMEA을 수행하는데는 상당한 시간이 소요되므로 중점적으로 지향될 영역, 즉 신제품 개발이나 신규 기능의 해석과 문제가 발생할만한 곳에 초점을 맞추어 추진해야 한다.

FMEA의 수행결과는 설계과정에서 설계심사, 보전분석(Maintainability Analysis), 고장의 정성적 및 정량적 예측, 설계 개선 및 새로운 시스템의 설계 평가에 관한 기본적인 자료로 사용될 수 있다. 또한 설계를 완료한 경우의 FMEA 결과자료는 LSA(Logistic Support Analysis) 요소분석, 설계 요구조건 및 시험계획 검토, 신뢰도의 정성적 및 정량적 예측 등에 쓰인다.

한편 설계 FMEA는 전술한 바와 같이 설계, 보전, 신뢰성 부문 전문가로 이루어진 팀에 의해 고장모드, 고장영향, 고장원인 등을 조사해야 하며, 원칙적으로 구상단계부터 설계 종료 시까지 실시해야 한다. 또한 신뢰성시험 전에 문제점을 예상하여 대책을 마련하고 시험이나 운용할 때 문제점을 갱신하여 차후 유사한 시스템의 설계 시에 활용될 수 있는 체제를 구축해야 한다. 따라서 FMEA 작업결과는 방대한 서류집이 보편적이므로 이런 정보를 조직 내에서 공유할 수 있도록 신뢰성 정보시스템 구축의 일환으로 데이터베이스화 해야 한다.

한편 FMEA의 주요 약점으로는 하드웨어 고장에 집중하므로 사람에 의한 실수를 적절하게 반영하지 못하며, 중요하지 않는 모든 구성부품의 고장을 문서화함으로 업무와 작업량이 늘어나는 문제점도 있을 수 있고, 또한, 중복구조를 반영하기 힘든 점이 있다. FMEA는 만능의 방법은 아니며, 이를 잘못 적용하면 오도된 결과를 보여줄 수 있으므로, FMEA의 결점과 한계를 인식하여 이를 분별하여 활용해야 한다.

마지막으로 IEC 60812(2006)에서 언급한 FMEA의 한계와 결점을 열거한다.

① FMEA는 시스템 전체고장이나 시스템의 중대고장을 발생시키는 엘리먼트의 해석에 매우 유효하지만 여러 시스템에 포함된 다중기능 엘리먼트를 가진 복잡한 시스템의 경우에는 실시곤란하거나 지루한 작업이 된다.

② FMEA는 적절하게 적용되지 않으면 노력만 소비하고 별로 도움이 되지 않는 작업이 될 수 있다. 적용 결과를 충분히 검토하여 사용하여야 하며, FMEA를 요건으로 무차별하게 포함시키지 말아야 한다.

③ 고장모드에 대해 개개 또는 그룹 간, 또한 고장모드의 원인 간 어떤 관계가 있으

면 이를 유효하게 나타내기 어렵다. 즉, FMEA에서는 고장모드 간 서로 독립이라는 가정을 하고 있기 때문인데, 특히 독립성 가정이 적합하지 않는 하드웨어와 소프트웨어 및 사람과 하드웨어의 교호작용 영역에서 이런 현상이 뚜렷해진다. 즉, 이 때 독립성 가정을 하게 되면 각 고장모드의 결과가 불명확해질 수 있다. 따라서 어떤 교호작용이 있을 경우에는 FTA를 통해 분석을 진행하는 것이 더 바람직한 분석모형과 결과를 얻을 수 있다.

④ FMEA는 계층구조의 두 수준간 관계를 한정하여 실시하는 것이 좋다. 일례로 부품의 고장모드를 확인하여 유닛에의 영향을 결정하는 것은 비교적 단순한 업무에 속한다. 여기서 이의 영향은 차상위 수준(예로 하위 시스템)의 고장모드가 된다. 그러나 가끔 다 수준 FMEA를 실시하여 성공하는 경우도 있다.

⑤ FMEA는 시스템 신뢰도 척도를 제공할 수 없다. 더불어 설계개선 혹은 상충관계가 있을 때 어떤 척도도 제공할 수 없다.

따라서 이런 점을 충분히 유의하여 FMEA를 실시한 기대효과가 무위가 되지 않도록 해야 한다,

4.5 치명도 분석과 공정 FMEA

4.5.1 치명도 분석

MIL-STD-1629A에서 제안된 치명도 분석(Criticality Analysis; CA)은 FMEA에서 추출된 고장모드와 아이템의 순위를 결정하는 방법으로 고장 발생수준과 심각도의 영향을 조합한 방법이다. MIL-STD-1629A에서는 4.3.4절에서 다룬 치명도 행렬에 의한 정성적인 치명도 분석법 외에 이 소절에서 설명되는 고장률과 동격인 치명도 지수(critical number)를 이용한 준 정량적 치명도 분석법을 소개하고 이를 FMEA에 포함시켜 FMECA라 부르고 있다.

정량적 분석을 위한 고장률 데이터는 계약 시 신뢰도 및 보전도 분석에 사용된 것과 동일한 것으로 실적자료, 유사 제품의 고장률, MIL-HDBK-217의 자료 등을 이용한다.

이런 치명도 분석자료는 설계 신뢰성 분석 뿐 아니라 예비 위험원 분석(PHA), FTA 및

고장보전분석 등에 기본자료로 사용되며, [표 4.18]에는 치명도 분석 양식이 수록되어 있다.

표 4.18 치명도 분석 양식

치명도 분석(CA)

·시스템 :
·분해수준:
·참조도면:
·임 무:

·작성일자:
·페이지 : /
·담당자 :
·승인자 :

아이템 번호	아이템 /기능 명	기능	고장 모드 및 원인	임무단계 / 운용모드	심각도 등급	치명도 평가								
						고장 데이터 원전	고장영향 확률 (β)	고장 모드 비 (α)	환경 계수 (K_E)	운용 계수 (K_A)	기본 고장률 (λ_b)	운용 시간 (t)	고장 모드 치명도 (C_m)	아이템 치명도 (C_r)

FMEA와 유사한 항목은 생략하고 CA에 관련된 항목에 대해 설명한다.

1 고장영향 확률(β)

β는 특정 고장모드가 발생될 경우 이것이 실제 시스템의 임무손실을 초래할 조건부 확률로서 β는 조건부 확률에 대한 분석자의 판단을 나타내는데, [표 4.19]과 같이 4등급의 범주로 구분하고 있다.

표 4.19 고장영향 확률 값

고 장 영 향	β 값
치명 손실(Actual loss)	$\beta = 1$
중 손실(Probable loss)	$0.1 < \beta < 1$
경 손실(Possible loss)	$0 < \beta < 0.1$
비 손실(No loss)	$\beta = 0$

2 고장모드 비(α)

이는 특정 고장모드의 부품 고장률(λ_p)에 대한 비율로서 고장률 데이터, 시험 및 운용 자료를 이용하며, 고장모드 자료가 없을 경우는 아이템 기능 분석을 기초로 분석자의 판단에 의해 결정한다.

3 고장률(λ_p)

신뢰도 예측 방법이나 MIL-HDBK-217 등의 고장률 데이터 정보원을 이용한다. 운용조건을 조정하기 위해 신뢰성 데이터 정보원으로부터 얻어진 기본 고장률(λ_b)에 환경조건 계수(K_E, 5.5절의 π_E)와 운용 시 고장률 조정계수(K_A)를 곱해 부품 고장률(λ_p)을 산출한다.

4 운용시간(t)

시스템의 정의 시 임무당 아이템의 작동시간 또는 사이클 수로 표시한다.

5 고장모드의 치명도(C_m)

아이템의 특정 고장모드 치명도는 식 (4.2)와 같이 계산되며, 이 고장모드가 아이템의 치명도에 기여하는 몫이 된다.

$$C_m = \beta \cdot \alpha \cdot \lambda_p \cdot t \ (\times 10^6) \tag{4.2}$$

6 아이템 치명도(C_r)

이 값은 아이템의 모든 고장모드나 고장등급이 높은 고장모드(주로 심각도 Ⅰ, Ⅱ 등급)에 대한 치명도(C_m)의 합인데, 10^6회 또는 사용시간당 아이템의 고장횟수로서 다음 식과 같이 계산된다. 여기서 전자·전기계에서는 K_E와 K_A값을 구할 수 있는 경우가 많으나, 기계계에서는 그렇지 않으므로 이를 생략(즉, '1'이 되어 $\lambda_p = \lambda_b$)할 수 있다.

$$\text{Cr} = \sum_{i=1}^{N} (\beta \cdot \alpha \cdot K_E \cdot K_A \cdot \lambda_b \cdot t)_j \times 10^6 \tag{4.3}$$

여기서 K_E는 운용 시의 환경조건의 보정계수
K_A는 운용 시의 고장률 보정계수
N은 아이템의 치명적 고장모드의 수

정성적과 정량적 치명도 분석이 수행되면 이에 따라 모든 아이템(또는 고장모드)을 심각도에 따라 비교 확인하는 수단인 치명도 행렬을 작성한다. 즉, 치명도 행렬은 심각도 등급과 고장발생수준(정성적) 또는 아이템 치명도 C_r(정량적)을 고려하여 **[그림 4.23(a)]**의 2차원 좌표계에 해당위치에 표시하여 작성한다.

치명도 행렬의 표시결과 아이템의 치명도 분포가 원점으로부터 대각선을 따라 더 멀수록 derating, 중복설계, 고 신뢰도 부품 채택, 설계개선 등과 같은 신뢰성 향상활동을 수행해야 한다.

예제 4.5

다음의 기초자료를 기초로 C_m과 C_r을 계산하라.

[표 4.20]의 계산결과와 같이 파일럿 밸브의 C_r는 710, 릴리프 밸브의 C_r는 34가 되어 전자가 더 중요한 아이템이 된다. 여기서 아이템 별로 중요한 고장등급만 포함되어 고장모드 비(α)를 더한 값이 '1'이 되지 않는 현상이 발생하고 있다.

표 4.20 [예제 4.5]의 치명도 분석 결과

치명도 분석(CA)

·시스템 : 추진시스템
·분해수준 :
·참조도면 :
·임　　무 :

·작성일자:
·페이지 : /
·담당자 :
·승인자 :

아이템 번호	아이템 /기능 명	기능	고장 모드 및 원인	임무단계/ 운용모드	고장영향	치명도 평가								
						고장 데이터 원전	고장영향 확률 (β)	고장 모드 비 (α)	환경 계수 (K_E)	운용 계수 (K_A)	기본 고장률 (λ_b)	운용 시간 (t)	고장 모드 치명도 (C_m)	아이템 치명도 (C_r)
파일럿 밸브			폐쇄고장	추력비행	치명손실	MIL-HDBK-217	1.0	0.1	50	100	0.05×10^{-6}	10	250	710
			개방상태 유지실패	상동	중 손실	〃	0.6	0.1	〃	〃	〃	〃	150	
			폐쇄상태 유지실패	상동	치명손실	〃	1.0	0.1	〃	〃	〃	〃	250	
			외부누설	상동	중 손실	〃	0.4	0.6	〃	〃	〃	〃	60	
릴리프 밸브			폐쇄상태 유지실패	상동	중 손실	〃	0.5	0.1	〃	〃	〃	〃	25	34
			외부누설	상동	경 손실	〃	0.03	0.6	〃	〃	〃	〃	9	

4.5.2 공정 FMEA

설계 FMEA는 제품설계의 부적합과 고장을 대상으로 삼고 있으나, 설계가 적절하게 수행되더라도 의도된 품질과 신뢰성이 제조과정에서 반드시 달성되는 것은 아니다. 예를 들면 봉함 전에 전해 콘덴서의 소자를 맨손으로 만지면 염분이 들어가 사용 중에 전극이 부식하여 펑크 등의 원인이 되며, 정전기 제거 밴드가 없는 반도체를 만지면 정전기에 의해 제품이 파손되는 원인이 된다.

이런 부적합 상태를 대상으로 사전에 검토할 경우에 공정 FMEA가 쓰인다. 설계와 공정 FMEA의 기본적 이론과 절차가 같으므로 여기서는 양자가 상이한 점만 설명한다.

우선 설계 FMEA에서는 상위 시스템을 부품 수준으로 전개하지만, 공정은 작업들의 집합이므로 대상 공정을 단위작업으로 전개한다. 따라서 공정 FMEA의 준비를 위해서는 [그림 4.28]과 같이 공정의 이해에 필요한 표준이나 문서(공정흐름도, 작업순서도, 설비사양서 등)가 요구되며(Carlson(2012)), 부품과 재료의 보관, 준비작업, 조립, 검사 등의 단위작업을 흐름순서대로 [표 4.3]의 설계 FMEA용지와 거의 유사한 공정 FMEA용지([표 4.26]~[표 4.27])에 기입한다.

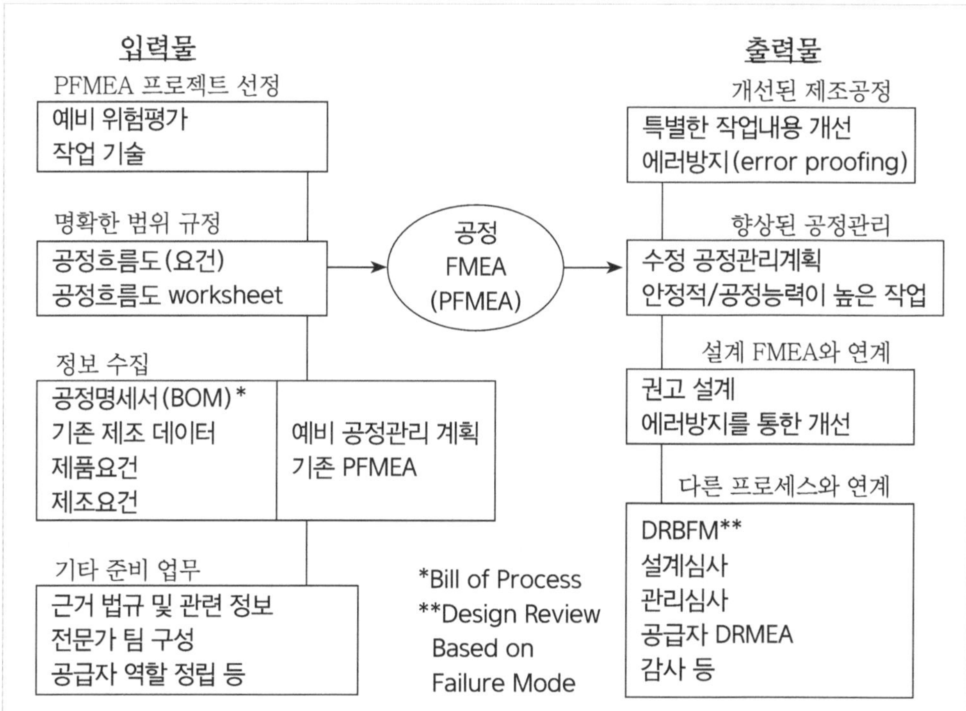

그림 4.28 공정 FMEA 정보

다음에 고장모드는 공정의 부적합(불량) 모드나 문제모드에 해당되므로 5M(Man, Machine, Material, Method, Measurement) 관점에서 단위작업별로 예상되는 부적합을 추출한다. 특히 사람의 작업이 포함되는 공정에서는 인간에러를 고려해야 한다. [표 4.21]는 시트 부착공정의 기능과 고장모드를 예시하고 있다.

표 4.21 시트쿠션 부착공정 기능과 고장모드(AIAG(2008)에서 전재)

공정단계 / 기능	요건	고장모드
작업 20: 토크 건(torque gun)으로 이동하면서 시트쿠션을 부착한다.	나사 4개	나사 수가 4개 보다 작음
	지정된 나사	맞지 않는 나사 사용(더 큰 직경)
	조립순서: 첫 번째 나사는 오른쪽 맨 앞의 hole에	다른 hole에 장착된 나사
	나사를 완전히 조임	나사가 완전히 조여지지 않음
	동적 토크 명세에 따라 회전력을 가진 나사	너무 높은 회전력 나사
		너무 낮은 회전력 나사

공정 FMEA의 대표적인 잠재적 고장모드를 7가지 유형으로 구분한 [표 4.22]와 더불어 이들 고장모드의 특징을 공정규격과 연관시켜 보여 주는 [그림 4.29]를 활용하여 고장모드를 도출할 수 있다.

또한 일본에서 조립 중심 제조작업을 대상으로 1,000개 이상의 사례분석을 통해 [표 4.23]과 같이 16가지 에러 모드를 추출하여 작업실수의 구체적 내용으로 인식할 수 있게 정리하였다.

따라서 공정 FMEA의 고장(부적합)모드는 작업실수 유형에, 작업실수의 원인인 에러 모드는 부적합 모드의 원인에 해당된다.

표 4.22 공정 FMEA의 잠재적 고장모드: 7가지 유형

고장 영역	잠재적 고장모드	고장 유형
양적	1. 하지 못함	무행위
	2. 과다	과도한 행위
	3. 부족	불충분한 행위
변동	4. 부정확	목표를 벗어난 행위
	5. 불일치	행위의 큰 변동
시간	6. 너무 빠름	행위가 너무 빠르거나 일찍 발생
	7. 너무 느림	행위가 너무 느리거나 늦게 발생

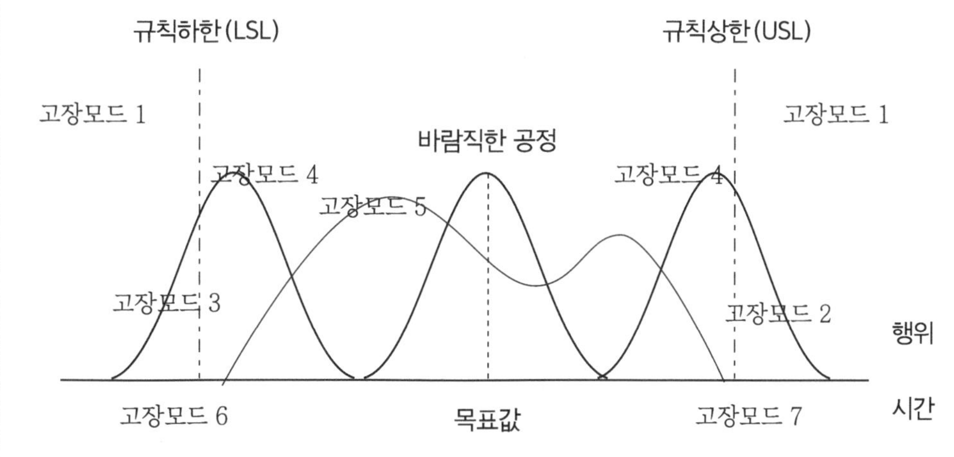

그림 4.29 공정 FMEA의 7가지 잠재적 고장모드의 성격

공정 문제가 발생할 때 공정자체에 대한 영향과 이 공정에서 취급되는 제품에 대한 영향을 모두 고찰해야 한다. RPN을 구할 때는 설계 FMEA와 마찬가지로 심각도(고객과 조립/제품에 대한 영향으로 구분), 발생도(공정능력지수를 적용하기도 함), 검출도를 고려하는데 그 기준은 자동차 업계에 통용되는 [표 4.24(a)~(d)]를 참고하여 산정한다. 여기서 고장모드의 심각도 등급은 고객(제품)과 차공정(제조·조립)에 대한 영향을 모두 검토하여 높은 등급을 그 고장모드의 심각도 등급으로 택한다.

특히 공정이상이 검출되지 않으면 대량의 부적합품(불량품)이 생산되므로 공정 FMEA에서는 검출도가 주요 지표가 된다. 한편 공정 FMEA의 문제점에 대한 권고 시정조치를 강구하고 지속적으로 개선활동을 하는 것은 설계 FMEA와 같다.

PFMEA는 공정에서 발생 가능한 고장(부적합)모드와 고장(부적합)원인에 초점을 맞추며, 가능한 많은 잠재적 부적합모드를 찾아내어 공정을 이해할 수 있다. 그리고 PFMEA에서 설계는 온전하다고 전제하며, 양산 이전단계에서 수행한다. 이의 핵심 요소는 [그림 4.30]과 같이 PFMEA외에 공정흐름도(PFD; Process Flow Diagram, 유통공정도)와 공정관리계획(PCP; Process Control Plan)이다.

PFD에 쓰이는 기본 기호는 다음과 같다.

- 작업/제조(마름모 또는 원): 부가가치 창출 제조 활동
- 이동(원 또는 화살표): 공정상에서 작업장이나 저장소에서 자재 이동
- 검사(사각형): 부품의 부합도 검사

표 4.23 부적합모드 도출에 유용한 에러 모드의 분류

<table>
<tr><th colspan="3">에러모드 간 관련성</th><th>에러 모드</th><th>대응되는 작업 실수의 구체적 내용</th></tr>
<tr><td colspan="2" rowspan="5">작업요소를 잘못 설정한 실수</td><td rowspan="5">작업의 계획·진척에 관한 내부정보 처리 실수</td><td>빠뜨림</td><td>• 부품, 재료 등을 취하거나 세팅을 빠뜨림; 버턴, 밸브, 스위치 조작
• 망각; 검사나 계측 망각; 기록 망각</td></tr>
<tr><td>횟수의 에러</td><td>• 실시된 작업을 중복함; 반복되는 작업횟수 과부족</td></tr>
<tr><td>순서 에러</td><td>• 전후작업 순서의 역행</td></tr>
<tr><td>실시시간 에러</td><td>• 정해진 시간보다 빨리 작업을 시작; 정해진 시간보다 늦게 시작</td></tr>
<tr><td>금지작업의 에러</td><td>• 품질의 열화나 손상, 사고에 이르게 하는 금지작업을 행함</td></tr>
<tr><td rowspan="11">각 작업을 올바르게 해야 하는 데 관한 실수</td><td rowspan="2">작업요소 실수: 작업 대상 설정</td><td rowspan="8">외부정보 수취에 관한 실수</td><td>선택 에러</td><td>• 부품, 재료. 공구, 작업지시표, 기록용지 등의 선택 에러</td></tr>
<tr><td>계수 에러</td><td>• 부품, 재료. 제품 등의 수량 에러</td></tr>
<tr><td rowspan="9">작업요소 실수: 상태(형, 위치, 특성 등)을 바꾸거나 혹은 인식하는 것</td><td>인식 에러</td><td>• 작업지시표 등의 내용을 오인하여 계기나 기록을 잘못 읽는 에러; 제품품질, 설비상태, 작업자 유무의 오인(인식내용의 기억이 희미해져서 틀리는 실수 포함)</td></tr>
<tr><td>위험의 누락</td><td>• 인명 손상에 이르게 하는 회피해야 될 위험물이나 위험물 장소를 빠뜨리거나 오인함</td></tr>
<tr><td>위치 에러</td><td>• 부품, 재료 등의 운반장소, 세팅 위치 오류; 가공부위 오류; 기록 시 기술 칸 오인 에러; 밸브나 스위치 등의 설정위치 에러</td></tr>
<tr><td>방향 에러</td><td>• 부품 세팅 방향 에러, 밸브 조작방향 에러; 부품 가공방향 에러</td></tr>
<tr><td>양적인 에러</td><td>• 재료를 틀린 각도로 구부림; 잘못된 길이로 절단; 밸브 조작량 에러</td></tr>
<tr><td>잘못 잡는 에러</td><td>• 부품이나 공구를 잘못 잡거나, 혹은 잘못된 방향으로 유지함.</td></tr>
<tr><td rowspan="3">동작에 관한 실수</td><td>부정확한 동작</td><td>• 부품이나 재료를 약간 비스듬한 위치에 세팅함; 밸브나 스위치 등을 약간 비스듬하게 위치설정; 부정확한 각도로 구부림; 부정확한 토크로 체결</td></tr>
<tr><td>불확실한 지탱 동작</td><td>• 부품이나 공구의 지탱과 고정을 부정확하게; 부품, 재료, 공구, 제품 등을 잘못하여 떨어트리거나 놓침</td></tr>
<tr><td>불충분한 회피 동작</td><td>• 어떤 순간에 부품이나 공구를 부딪치게 함, 위험물에 접촉하거나 사이에 끼임 또는 떨어트림, 발이 걸려 넘어짐.</td></tr>
</table>

- 저장((역)삼각형): 유닛이나 부품 저장
- 이외에 검사·작업(사각형+원)과 지연(D) 등

표 4.24(a) PFMEA의 심각도(고객 영향) 등급 기준: AIAG

영향	제품에 대한 영향의 심각도: 고객 영향	등급
안전, 법적 요구사항을 충족시키지 못함	잠재적 고장모드가 경고 없이 영향을 미치거나 정부 법규에 대한 불일치 사항을 포함	10
	잠재적 고장모드가 경고를 하면서 영향을 미치거나 정부 법규에 대한 불일치 사항이 포함	9
주요 기능의 상실 또는 저하	주요 기능 상실(제품 작동 불능)	8
	주요기능 저하(제품은 작동하지만 주요 성능이 떨어짐)	7
보조 기능의 상실 또는 저하	보조 기능 상실(제품은 작동하지만 편의 기능 불능)	6
	보조 기능 저하(제품은 작동하지만 편의 기능 저하)	5
고객 불편	대부분의 고객(75%이상)에 의해 인지되는 결함(외관, 청취가능 노이즈, 차량 작동 정도에 의해)	4
	평균적인 고객(50%정도)에 의해 인지되는 결함	3
	예민한 고객(25%이하)에 의해 인지되는 결함	2
영향 없음	인지할 수 있는 영향 없음	1

표 4.24(b) PFMEA의 심각도(조립/제품 영향) 등급 기준: AIAG

영향	공정에 대한 영향의 심각도: 조립/제품 영향	등급
안전, 법적 요건을 충족시키지 못함	경고 없이 작업자(기계, 조립물)를 위험에 빠뜨릴 수 있음	10
	경고를 하지만 작업자(기계, 조립물)를 위험에 빠뜨릴 수 있음	9
중대한 생산중단	제품 전량이 폐기될 수 있음. 라인 가동을 멈추거나 출하 중단됨	8
현저한 생산중단	생산 제품 일부분이 폐기될 수 있음. 주 공정이 라인 속도의 감소 또는 인력충원 등으로 통상적 상태에서 벗어남	7
보통의 생산중단	생산 제품 전량이 라인 밖에서 재작업된 후 합격될 수 있음	6
	생산 제품 일부분이 라인 밖에서 재작업된 후 합격될 수 있음	5
	생산 제품 전량이 가공되기 전에 작업장에서 재작업된 후 합격될 수 있음	4
	생산 제품 일부가 가공되기 전에 작업장에서 재작업된 후 합격될 수 있음	3
경미한 생산 중단	공정, 작업, 또는 작업자에게 경미한 불편 초래함	2
영향 없음	인지할 수 있는 영향 없음	1

표 4.24(c) 발생도 등급 기준: AIAG

고장발생 가능성	원인의 발생도: 부품이나 차량당 고장건수	등급
매우 높음	1,000건당 100건 이상(1/10 이상)	10
높음	1,000건당 50건 정도(1/20)	9
	1,000건당 20건 정도(1/50)	8
	1,000건당 10건 정도(1/100)	7
보통	1,000건당 2건 정도(1/500)	6
	1,000건당 0.5건 정도(1/2,000)	5
	1,000건당 0.1건 정도(1/10,000)	4
낮음	1,000건당 0.01건 정도(1/100,000)	3
	1,000건당 0.001건 이하(1/1,000,000 이하)	2
매우 낮음	예방관리를 통해 고장이 제거됨	1

표 4.24(d) PFMEA의 검출도 등급 기준: AIAG

검출 기회	검출 가능성	기준: 공정관리에 의한 검출 가능성	등급
검출 거의 불가능	거의 불가능	현 공정관리가 없음: 검출이나 분석이 불가능	10
어느 단계에서도 검출될 가능성 적음	매우 희박	고장모드 및/또는 에러(원인)이 쉽게 검출되지 않음(예:랜덤 감사)	9
가공 후 문제점 검출	희박	작업자에 의해 가공 후 시각/촉각/청각을 통해 고장모드 검출	8
공정상에서 문제점 검출	매우 낮음	작업자에 의해 작업장에서 시각/촉각/청각을 통해 또는 가공 후 계수형 게이지를 통해 고장모드 검출	7
가공 후 문제점 검출	낮음	작업자에 의해 가공 후 계량형 게이지를 통해, 또는 작업장에서 계수형 게이지를 통해 고장모드 검출	6
공정상에서 문제점 검출	보통	작업자에 의해 작업장에서 계량형 게이지를 통해, 또는 상치 부품을 검출하여 작업자에게 알려주는 작업장 내 자동제어(점등, 버저 등)에 의해 고장모드 또는 에러(원인)검출. 준비작업 상에서 수행된 계측과 첫 물건 검사(준비작업의 원인에 대해서)	5
가공 후 문제점 검출	다소 높음	상치부품을 검출하고 후속 가공을 차단하기 위해 부품을 움직이지 않게 하는 자동제어에 의해 가공 후 고장모드 검출	4
공정상에서 문제점 검출	높음	상치부품을 검출하고 자동적으로 후속 가공을 차단하기 위해 부품을 움직이지 않게 하는 자동제어에 의해 작업장에서 고장모드 검출	3
에러 검출 및/또는 문제점 예방	매우 높음	에러를 검출하여 상치 부품의 생산을 방지하는 자동제어에 의해 작업장에서 에러(원인) 검출	2
에러 예방에 의해 검출이 필요없음	거의 확실	치구, 기계, 부품설계의 결과로 인해 에러(원인) 예방. 아이템은 공정/제품설계에 의해 에러가 방지되어 있어 상치부품의 생산이 불가능	1

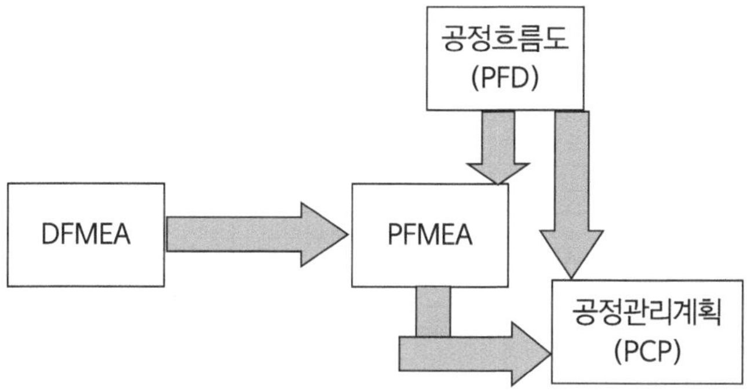

그림 4.30 공정 FMEA 정보의 흐름

PFD 양식에 대한 하나의 예시가 [표 4.25]에 수록되어 있다. 이외에 다양한 flow chart, process mapping, IDEF process modeling 등이 쓰인다, 자동차의 오일 교환작업을 단순한 형태로 그린 process mapping의 예를 [그림 4.31]에서 볼 수 있다.

또한 BPR에 활용되는 미 공군 ICAM(Integrated Computer-Aided Manufacturing Program)에서 개발한 IDEF(Integrated DEFinition)가 PFD의 대용으로 쓰일 수 있다. 공정 단계는 IDEF box로 표현하는데 [그림 4.32]의 ICOM으로 표시된다. 그리고 SADT(Structured Analysis and Design Technique)도 이와 유사한 기법에 속한다.

표 4.25 PFD 양식

공정흐름도
(Process Flow Diagram)

제품명	작성날짜(최초)	작성자
부품명	작성날짜(개정)	직책
부품번호		연락처
팀 구성원		

작업 #	◆ 제조	● 이동	▲ 저장	■ 검사	작업 기술	비고(대상 제품특성/공정 파라미터)
10						
20						
30						
40						
50						
60						
70						
80						

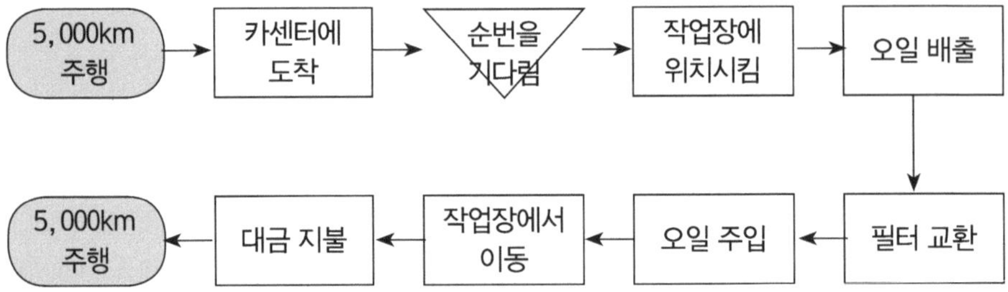

그림 4.31 PFD 예시(process mapping): 오일 교환

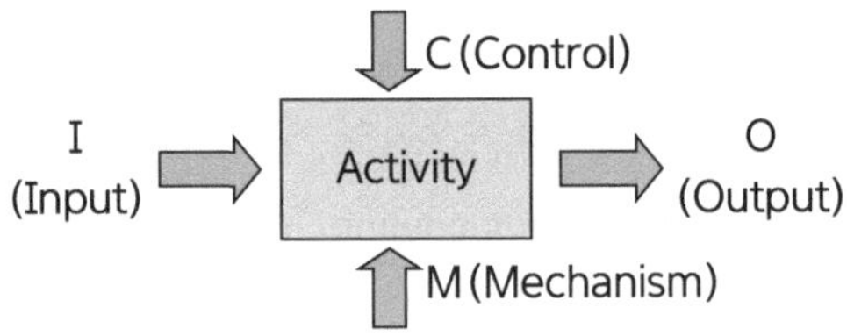

그림 4.32 IDEF box

예제 4.6

타이어 교체작업에 대해 IDEF를 적용하여 프로세스를 모델링을 해보자.

다음은 ICOM 정의에 대한 예시이다.

(i) 활동(Activity):차체를 들어 올려 펑크 난 타이어를 지면에서 약 8cm(3 inch) 정도의 높이에 위치시킴

(ii) 입력/출력(Input/Output) ① 예비 타이어(spare tire) ② 타이어를 교체한 차량

(iii) 제어(Control: 활동 수행에 필요한 조건, 규칙, 절차, 환경 등): 경험

(iv) 메커니즘(Mechanism: 수행에 필요한 자원으로 사람, 조직단위, 물리적 도구, 컴퓨터 프로그램 등): 잭(jack)

이런 과정을 수행한 결과를 [그림 4.33]에서 볼 수 있다.

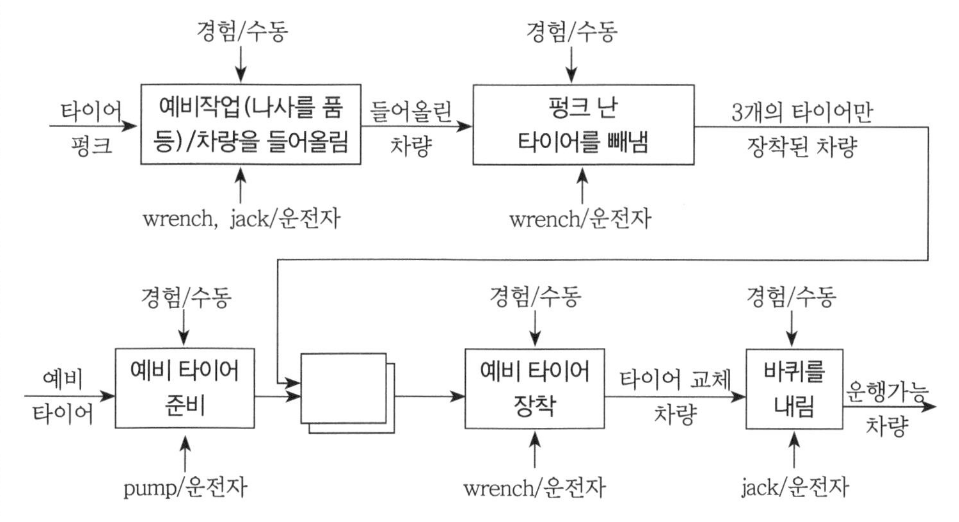

그림 4.33 IDEF 적용 프로세스 모형화 예: 타이어 교체

공정관리계획(PCP)은 PFD와 PFMEA를 기반으로 작성되며, 개발된 PFMEA 정보 검토와 더불어, 추가정보로 인해 필요할 수 있는 특수한 관리방법을 찾고, 제품이나 공정에 적용되는 관리방법을 확인하며, 제품과 공정의 특별 품질에 관심을 가진다. 또한 PFD 양식에 허용차(공차), 검사방법, 샘플 채취빈도, 관리방법, 대처계획 등을 기입한다.

예제 4.7

냉장 및 냉동 showcase의 배관 및 납땜작업을 대상으로 PFMEA를 수행한 결과의 일부분이 [표 4.26]에 수록되어 있다.

표 4.26 PFMEA 실시 예: 배관 및 납땜 공정

고장모드 및 영향분석(PFMEA)

품목: 냉장 및 냉동용 showcase　　공정 책임자:
모델: 모델 XXX-XX　　작성자:
팀원:

공정단계	공정 기능	잠재적 고장모드	고장의 잠재적 영향	심각도	고장의 잠재적 원인	발생도	현 공정 관리: 예방(P),검출(D)	검출도	RPN	권고 조치
배관	파이프	막힘	결상(frost formation)이 안됨, 냉각이 안됨	7	파이프 springback, 삽입부족	7	(D)관리척도 표기	7	343	기술표준
	배관	누설	결상이 적음, 냉각이 안됨	4	파이프 변형, 틈새 커짐	5	(D)관리척도 표기	3	60	기술표준
		파이프	소음, 냉각이 안됨	6	배관 시 구부러짐	6	(D)납땜 시 순차적 점검	5	180	순차점검표
		부적합			포장에 의한 변형	5	(P)포장 개량	3	90	포장제안 제출
		배관	결상이 안됨, 냉각이 안됨	7	착각, 부품불량	7	(D)납땜 시 순차적 점검	5	245	기술표준
		결함			부품 결함	7	(D)핀게이지로 내경 확인	4	196	QC공정도
납땜	질소 치환	회로내 산화피막형성	산화물 막힘, 냉각이 안됨	5	질소압 부족, 치환불충분	3	(D)압력확인	8	160	자주점검 기준서
	화염 확인	납땜불량	결상이 적음, 냉각이 안됨	5	LPG유량조절 실수	1	(P)치구에 의한 화염 관리	5	25	기술표준
		에 의한			압력범위 미확인	1	(D)압력범위 표시	5	25	자주점검 기준서
		누설			화구막힘,화염변동	1	(P)화구보전	2	10	기술표준

예제 4.8

PFMEA는 서비스 업무에 활용할 수 있다. 이의 예로서 스페셜 올림픽의 PFMEA 수행 결과의 일부가 [표 4.27]에 있다

표 4.27 PFMEA 실시 예: 스페셜 올림픽의 호텔 서비스

공정 또는 제품명: 스페셜 올림픽의 호텔 서비스　　작성자:　　Page ____ of ____
책임자:　　일자 (최초) __________ 개정 __________

공정 단계	주 공정 입력	잠재적 고장 모드	잠재적 고장영향	SEV	잠재적 원인	OCC	현 공정 관리	DET	RPN	권고조치	SEV	OCC	DET	RPN
방문객 등록	서비스 창구	시간 내에 등록할 수 없다	불평	5	언어 능력과 소통기술 부족, 자원봉사자 지원이 불충분	4	교육 훈련에 대한 계획이 없음; 교육 훈련, 충분한 자원봉사자 지원	3	72					
방문객 서비스 제공	방문객 지원	장애인 친화적 측면에서 부족	불편함과 상해	10	장애인 친화적 시설 제공이 불가능	3	장애인 친화적 시설 제공	7	210					
식음료 제공	음식 서비스	불량 음식물	질병 또는 상해	10	오래 보관된 음식	6	원재료 관리부재	8	240					
의료서비스제공	의료 서비스	시간 내 서비스 불능	질병 악화	10	24시간 서비스 부재	6	12시간 서비스	3	180					

연습문제

4.1 손전등에 대해 설계 FMEA를 작성하고자 한다. FMEA 팀의 첫 번째 회의에 필요한 정보를 다섯 가지 이상 열거하라.

4.2 손전등에 대한 설계 FMEA에서 기능 블록도를 작성하라. 여기서 물리적 연결체 및 에너지 변환, 그리고 인터페이스 등의 기능적 관점을 고려하라.

4.3 손전등의 조립공정에 대해 공정 FMEA를 작성하고자 한다. FMEA 팀의 첫 번째 회의에 필요한 정보를 다섯 가지 이상 열거하라.

4.4 연필에 대해 설계 FMEA를 적용한 단계의 일부분이다. 물음에 답하라.

(1) 연필이 가장 높은 수준(즉, 시스템)일 때 하위 수준의 부품을 두 종만 열거 하라.
(2) 연필의 기능을 두 가지만 적어라.
(3) 첫 번째 기능의 잠재적 고장모드를 두 가지만 적어라.
(4) 첫 번째 고장모드의 잠재적 영향을 두 가지만 적어라.
(5) (4)에서 파악된 영향의 심각도를 자동차 업계의 기준(〈표 4.8(a))에 의거하여 구하라.
(6) 첫 번째 고장모드의 잠재적 원인을 두 가지만 적어라.
(7) 첫 번째 고장원인에 대해 예방유형의 설계관리를 한 가지만 적어라.
(8) 첫 번째 고장원인에 대해 검출유형의 설계관리를 한 가지만 적어라.
(9) RPN이 충분히 높다고 가정하여 첫 번째 고장모드 및 원인에 대해 권고 조치사항을 두 가지만 적어라.

4.5 RPN이 120이 되는 심각도, 발생도, 검출도의 조합(24가지)을 구하라.

4.6 심각도(S), 발생도(O), 검출도(D)를 곱하여 산출하는 RPN법이 가지고 있는 약점을 3가지 이상 적어라.

4.7 팀을 구성하여 주변에서 쉽게 접할 수 있는 아이템을 선정하고, 이 아이템에 대한 설계 FMEA를 실시하라.

4.8 자전거 브레이크 레버에 대해 정량적 치명도를 적용하기 위해 조사한 결과이다. 각 잠재적 고장모드와 브레이크 레버에 대해 운용시간이 10시간일 때 치명도를 계산하라.

· FMECA 산출물 정보
브레이크 레버의 기대 수명은 5년이며, 과거 실적으로부터 5년간 0.5회의 고장이 발생한 것으로 예상된다. 브레이크 레버의 고장모드는 크랙과 휨으로 각각 25%와 75%를 차지하고 있다. 크랙에 의해 시스템 손실이 초래될 확률은 65%이고, 휨에 의한 손실확률은 15%이다.

제5장

시스템 신뢰도와 신뢰성 설계

5.1 기본 시스템 구조

시스템은 주어진 임무를 수행하기 위해 서로 연결된 부품들의 집합이다. 각 부품 상태(예를 들면 정상 작동여부)와 시스템 구조는 시스템의 작동여부를 결정한다. 시스템 구조는 부품들과 만족할 만한 시스템 성능간의 관계를 나타내는 신뢰성 블록도(Reliability Block Diagram), 신뢰성 그래프(Reliability Graph), FT 그림의 논리그림으로 표현되며 시스템의 신뢰도가 가장 중요한 관심 대상이 된다. 시스템 신뢰도의 평가와 향상을 위해서는 시스템 구조와 부품 신뢰도를 고려할 필요가 있다. 어떤 시스템은 고장이 발생하면 즉시 교체되지만 다른 시스템은 고장이 발생하면 보전(일례로 고장이 나기 전에 마모 부품을 교체하는 등)을 실시하거나 수리한다. 수리가능한 시스템의 경우 가용도(availability)가 적합한 척도가 되며, 신뢰도와 더불어 보전도(maintainability)와 수리능력(수리시간의 분포에 의해 표현됨)을 고려하고 있다. 보통 가용도는 신뢰도를 증가시키거나 보전도와 수리능력을 향상시킴으로써 증대시킬 수 있다.

일반적으로 기기와 장비는 많은 하위 시스템이나 부품으로 구성되어 있다. 여기서 기기나 장비는 시스템에 속하며 이를 구성하는 모든 엘리먼트를 이 장에서는 특별한 경우가 아니면 부품으로 통칭한다.

시스템 신뢰도는 시스템이 까지 고장이 나지 않을 확률로, 작동시간(또는 다른 운용시간 척도), 시스템 구조, 부품 신뢰도, 연결체와 그리고 인터페이스(작업자 포함)의 함수이다.

이 장에서는 다양한 시스템 구조를 다룬다. 모든 시스템이 이런 범주들의 하나인 것은 아니지만, 일반적으로 복잡한 시스템 구조는 단순한 구조의 집합으로 분해될 수 있으므로 이 장에서 다룬 시스템 신뢰도 평가방법은 더 복잡한 구조에 충분히 적용될 수 있다.

5.1.1 직렬구조

n개의 부품으로 이루어진 직렬구조는 가장 기본적인 구조로 모든 부품들이 모두 작동을 해야 시스템이 작동한다. 부품들이 직렬로 이루어진 시스템들의 예로는 체인, 고전압 적층(multi-cell) 배터리, 그리고 전구를 이용한 장식용 트리 등이 있다. 그리고 시스템을 한 단계 낮은 수준으로 분해하면(일례로 탁상용 계산기는 키보드, 디스플레이, 마이크로프로

세서, 배터리로 구성) 보통 직렬구조가 된다. **[그림 5.1]**과 같이 두 부품이 독립적으로 직렬로 이루어진 시스템의 신뢰도함수 $R_s(t)$는 식 (5.1)과 같다.

$$\begin{aligned} R_S(t) &= \Pr(T_S = \min(T_1,\ T_2) > t) \\ &= \Pr(T_1 > t \cap T_2 > t) \\ &= \Pr(T_1 > t)\Pr(T_2 > t) = R_1(t) R_2(t) \end{aligned} \tag{5.1}$$

단, T_i: i번째 부품의 수명

$R_i(t)$: i번째 부품이 시점 t에서 작동상태일 확률 $= 1 - F_i(t)$

그림 5.1 두 부품 직렬 시스템

이를 n개의 부품으로 이루어진 직렬구조로 확장하면,

$$\begin{aligned} R_S(t) &= \Pr(T_S = \min(T_1,\ T_2, \cdots, T_n) > t) \\ &= \prod_{i=1}^{n} \Pr(T_i > t) = \prod_{i=1}^{n} R_i(t) = e^{-\sum_{i=1}^{n}\int_0^t h_i(x)dx} \end{aligned} \tag{5.2}$$

이므로 시스템의 고장률함수는 다음 식 (5.3)과 같이 부품 고장률함수의 합이 된다.

$$h_S(t) = \sum_{i=1}^{n} h_i(t) \tag{5.3}$$

예제 5.1

15개의 동일한 부품으로 구성된 직렬 시스템이 있다. 만약 시스템 신뢰도가 0.99이상이 되려면 부품 신뢰도(R)는 얼마 이상이 되어야 하는가?

$R_S = R^{15} = 0.99$를 만족하므로 $R = 0.99^{1/15} = 0.99933$이 된다.

[그림 5.2]는 동일하고 독립인 부품으로 구성된 직렬구조에서 부품 신뢰도($R(t)$)가 0.99이상일 때 시스템 신뢰도 $R_S(t)$간의 관계를 보여준다. 만약 시스템이 직렬구조로 이루어져 있을 경우에, 높은 시스템 신뢰도를 유지하기 위해서는 상당히 높은 신뢰도를 가지는 부품이 필요하다는 것을 이 그림에서 알 수 있다.

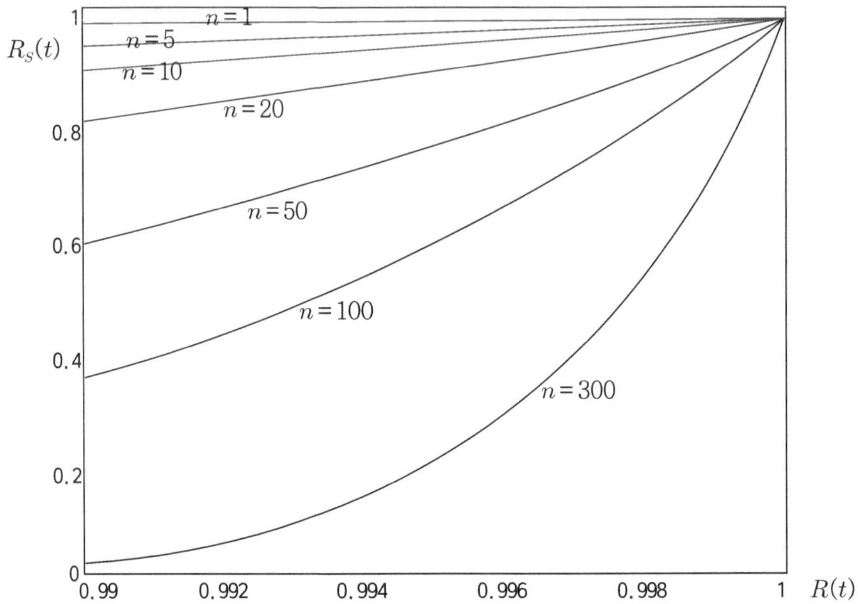

그림 5.2 직렬 구조의 신뢰도: 독립이고 동일한 부품

1 지수수명분포를 따르는 독립부품일 경우

여기서는 각 부품의 고장률인 λ_i인 지수분포를 따르는 경우의 직렬구조를 고려하자.

n개의 부품으로 구성된 직렬구조의 신뢰도는 식 (5.2)로부터

$$R_S(t) = \prod_{i=1}^{n} e^{-\lambda_i t} = \exp\left[-\left(\sum_{i=1}^{n}\lambda_i\right)t\right]$$

이므로, 직렬구조의 수명은 고장률이 $\lambda_S = \sum_{i=1}^{n}\lambda_i$인 지수분포를 따른다.

따라서 이 구조의 $MTTF_S$는 다음과 같다.

$$MTTF_S = \frac{1}{\lambda_S} = \frac{1}{\sum_{i=1}^{n}\lambda_i}$$

예제 5.2

$\lambda_1=0.001$/일, $\lambda_2=0.001$/일인 두 부품으로 구성된 직렬 시스템에서 $t=100$(일)에서의 시스템 신뢰도, 시스템의 고장률 및 MTTF를 구하라.

$$R_S(100)=e^{-(\lambda_1+\lambda_2)\times 100}=e^{-0.2}=0.8187$$

$$\lambda_S=\lambda_1+\lambda_2=0.002, \quad MTTF_S=\frac{1}{\lambda_S}=500(\text{일})$$

예제 5.3

컴퓨터에 들어가는 어떤 회로기판에는 16개의 메모리 모듈, 12개의 여러 가지의 개별 부품, 하나의 마이크로프로세서가 직렬로 연결되어 있다. 각 메모리 모듈은 고장률이 10FIT, 각 개별 부품은 30FIT, 마이크로프로세서는 80FIT인 지수분포를 따른다.
이 회로기판의 고장률은? 또한 MTTF와 B10 수명은 얼마인가? 그리고 50,000(hr)에서의 신뢰도를 구하라.

이 회로기판은 고장률은 $\lambda_S=16\cdot10+12\cdot30+80=600$FIT인 지수분포를 따르므로, MTTF는 $10^9/600$이 된다.
따라서 B10 수명과 50,000(hr)에서의 신뢰도는 다음과 같이 된다.

$$t_{0.1}=-1,666,667\ln(1-0.1)=175,601(\text{hr})$$

$$R_S(50,000)=\mathrm{e}^{-50,000/1,666,667}=0.970$$

2 제품설계에서 부품 수의 중요성

설계현장에서 활용되는 중요한 경험에 의한 신뢰성 접근법은 "부품 수를 적게 유지하는 것"인데 이는 시스템에서 각 부품의 수를 최소로 유지하는 것을 의미한다. 부품의 추가 구입 또는 제조비용뿐만 아니라 제품의 고장발생 위험측면에서 더 작은 부품 수를 갖도록 설계하는 것이 신뢰도 측면에서 중요한 동기부여가 된다. 물론, 이런 경험적 방법은 작은 부품 수를 가지는 설계와 많은 부품을 가지는 설계를 비교할 때 부품의 신뢰도가 거의 비슷하면 성립된다.

예제 5.4 모뎀 신뢰도의 부품 수 감소 효과

새로운 휴대폰 모뎀에 대한 설계 시 고수준의 극소 전자공학기법을 이용하여 이전에 필요했던 80개의 부품을 40개의 부품으로 축소하였다. 독립인 고장시간을 가지는 부품으로 구성된 직렬시스템의 경우, 시스템의 고장률은 각 부품의 고장률을 합하여 구할 수 있다. 만약 일정한 고장률(즉, 지수수명분포)이 부품 수명에 대해 적합한 모형일 경우 이 계산은 더욱 단순화된다. 즉, 모든 고장이 부품 고장으로 인해 발생되고 모든 부품은 동일한 고장률을 가진다고 가정할 경우 예전의 설계와 비교했을 때 새로운 설계에 따라 생산된 모뎀의 고장률(실제 경험한 단위 시간 당 고장비율)이 절반으로 감소하는 것을 볼 수 있을 것이다. 그리고 두 종류의 설계에서 부품들간의 인터페이스와 연결체에서 동일한 빈도로 고장이 발생할 수 있다고 가정하면 부품의 수가 많을수록 부품간의 이러한 인터페이스가 더 많아지므로 신뢰도 차이는 더욱 커질 것이다. 고장률이 일정하지 않은 경우에도 이와 유사한 현상을 확인할 수 있다.

3 형상모수가 동일한 와이블 분포를 따르는 독립부품일 경우

부품이 와이블 분포를 따르면 고장률함수는 다음과 같이 나타낼 수 있다.

$$h_i(t) = \frac{\beta_i}{\eta_i}\left(\frac{t}{\eta_i}\right)^{\beta_i - 1}, \quad t>0\ ;\ i=1,\ 2,\ \cdots,\ n$$

여기서 형상모수가 동일하게 β이면, 다른 $\eta(\eta_i)$를 가지는 와이블 분포를 따르는 n개의 독립인 부품들로 구성된 직렬 구조의 수명분포는 역시 와이블 분포를 따른다. 이 직렬구조의 고장률함수는 다음 식과 같다.

$$h_S(t) = \sum_{i=1}^{n}\frac{\beta}{\eta_i}\left(\frac{t}{\eta_i}\right)^{\beta-1} = \frac{\beta}{\eta_S}\left(\frac{t}{\eta_S}\right)^{\beta-1}, \quad t>0$$

$$\text{단, } \eta_S = \left(\sum_{i=1}^{n}\frac{1}{\eta_i^{\beta}}\right)^{-1/\beta}$$

만약 모든 n개의 부품들이 동일한 척도모수 η를 가진다면, 상기 식은 $\eta_S = \eta/n^{1/\beta}$로 간소화된다. 그러나 각 부품 수명분포의 형상모수가 다를 경우는 각 부품이 와이블 분포를 따르더라도 직렬시스템의 수명분포는 와이블 분포를 따르지 않는다.

예제 5.5

특별한 종류의 체인고리는 피로크랙의 성장에 의한 파단으로 고장이 발생할 수 있다. 한 고리의 수명은 $\eta=400(\times 10^3)$사이클과 형상모수 $\beta=2$인 와이블 분포를 따른다. 64개의 고리로 연결된 체인은 직렬시스템으로 볼 수 있다. 고리가 끊어질 때 체인은 고장이 발생한다고 보며 체인의 모든 고리들은 동일한 수준의 스트레스를 받는다. 만약 각 고리의 고장까지의 사이클 수가 독립이라면 체인은 $\eta_S=400/(64)^{1/2}=50(\times 10^3)$사이클과 형상모수 $\beta=2$을 가지는 와이블 수명분포를 따른다.

5.1.2 병렬 구조

n개의 부품들로 이루어진 병렬구조는 부품중의 최소한 하나만 작동하면 시스템이 작동한다. 부품들이 병렬로 이루어진 시스템의 예로는 자동차 전조등, RAID(Redundant Array of Inexpensive Disks) 컴퓨터 디스크 배열시스템, 비상등이 있는 계단통로, 백열전구가 들어 있는 OHP 프로젝터, 교실의 다수 전등열 등이 있다. [그림 5.3]에 도시된 두 개의 독립인 부품으로 구성된 병렬구조의 불신뢰도 $F_S(t)$와 신뢰도 $R_S(t)$는 식 (5.4)로 구할 수 있다.

$$
\begin{aligned}
F_S(t) &= \Pr(T_S=\max(T_1, T_2)\le t) = \Pr(T_1\le t \cap T_2\le t) \\
&= \Pr(T_1\le t)\Pr(T_2\le t) = F_1(t)F_2(t) \\
R_S(t) &= 1-[1-R_1(t)][1-R_2(t)] \qquad (5.4)
\end{aligned}
$$

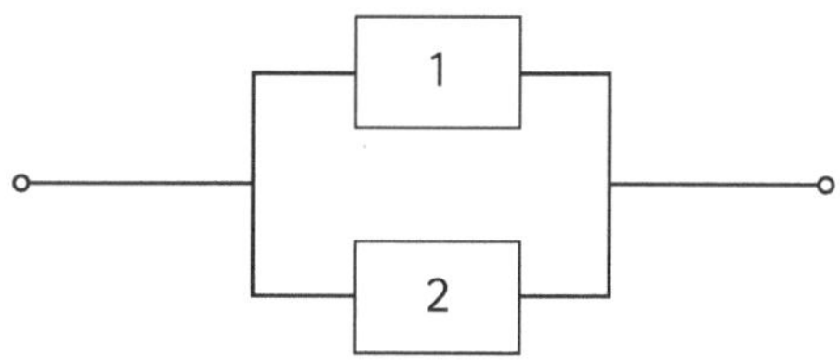

그림 5.3 두 부품 병렬 시스템

n개의 독립부품들로 구성된 경우 $F_S(t)=\prod_{i=1}^{n} F_i(t)$이므로, 병렬구조의 신뢰도는 다음과 같이 표현된다.

$$R_S(t)=1-\prod_{i=1}^{n}F_i(t)=1-\prod_{i=1}^{n}(1-R_i(t)) \tag{5.5}$$

특히 n개의 독립이고 동일한 부품의 경우($R_i(t)=R(t)$, $i=1$, $\cdots$, n)에 $R_S(t)=1-(1-R(t))^n$가 된다.

일반적으로 병렬 구조는 시스템의 신뢰도를 향상시킨다. 어떤 시스템의 부품 신뢰도는 알고 있으나 그 구조가 파악되지 않는 경우 이 장에 다루는 유형에 속하는 시스템의 신뢰도에 대한 원시적인 상한 및 하한은 병렬구조 및 직렬구조의 신뢰도에 의해 계산될 수 있다.

예제 5.6

부품 신뢰도가 0.8이며 이에 대한 목표 신뢰도가 0.999이라면 몇 개를 병렬로 연결해야 달성가능한가?

$$1-(1-0.8)^n \geq 0.999$$

$$n \geq \frac{\ln(1-0.999)}{\ln(1-0.8)}=4.29$$

따라서 5개의 부품이 필요하다.

---

1 지수수명분포를 따르는 독립부품일 경우

직렬구조와 동일한 기호를 사용하여 구한 병렬 구조의 시스템 신뢰도는 다음과 같다.

$$R_S(t)=1-\prod_{i=1}^{n}(1-e^{-\lambda_i t})$$

특히 $n=2$인 경우에

$$R_S(t)=e^{-\lambda_1 t}+e^{-\lambda_2 t}-e^{-(\lambda_1+\lambda_2)t}$$

이므로 병렬구조의 MTTF는

$$MTTF_S=\int_0^{\infty}R_S(t)\,dt=\frac{1}{\lambda_1}+\frac{1}{\lambda_2}-\frac{1}{\lambda_1+\lambda_2}$$

이 된다. 만약 $\lambda_1 = \lambda_2 = \lambda$이면 $1.5/\lambda$가 되어 시스템의 MTTF는 부품 MTTF의 1.5배가 됨을 알 수 있으며, 하여튼, 병렬구조의 수명은 지수분포를 따르지 않는다.

이를 n개의 동일 부품으로 확장하면 MTTF는 식 (5.6)과 같다.

$$MTTF_S = \int_0^{\infty} [1 - (1 - e^{-\lambda t})^n] dt = \frac{1}{\lambda} \sum_{j=1}^{n} \frac{1}{j} \qquad (5.6)$$

한편 [그림 5.4]는 다수의 동일하고 독립인 부품들로 이루어진 병렬구조인 경우 부품 신뢰도 $(R(t))$가 0.5~1.0일 때 시스템 신뢰도 간의 관계를 보여준다. 이 그림에서 부품 수와 부품 신뢰도가 병렬중복(parallel redundancy) 시스템의 신뢰도에 미치는 영향을 알 수 있다.

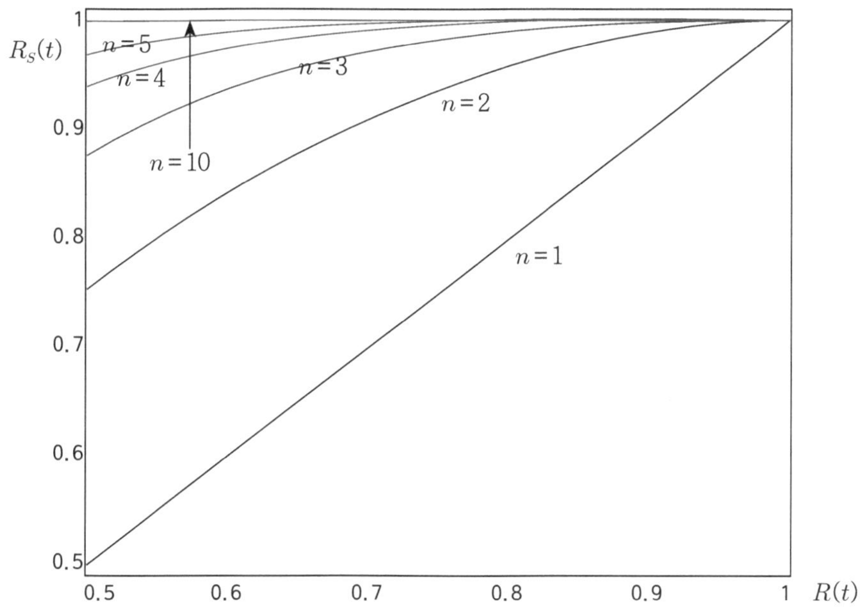

그림 5.4 병렬 구조의 신뢰도: 독립이고 동일한 부품

5.1.3 n 중 k 시스템 구조

어떤 시스템은 n개의 부품들 중 최소한 k개가 작동하면 동작하지만, 그렇지 않으면 동작하지 않는다. 이런 시스템을 n 중 k 시스템(k-out-of-n system) 구조라 하며, 이의 예로는 10개 배터리 중 6개가 올바르게 작동을 하면 시스템이 작동되는 인공위성 배터리 시스

템, 또는 어떤 한계까지 나쁜 섹터들을 차단함으로써 서비스를 지속적으로 제공하는 컴퓨터 저장디스크, 그리고 튜브의 일정 비율이상만 접속되면 작동을 계속하는 열교환기 등이 있다. n 중 k 시스템 구조의 특별한 경우로 n 중 1이면 병렬구조가 되며 n 중 n는 직렬구조가 된다.

[그림 5.5]는 부품 3개중 최소 2개의 작동이 요구되는 시스템의 신뢰성 블록도이다. 이 시스템 구조도는 물리적 배치보다는 이 시스템의 작동경로들을 나타내고 있다. 부품들이 독립인 3 중 2 시스템의 경우 신뢰도함수는 다음 식과 같다.

$$\begin{aligned} R_S(t) &= \Pr(T_S > t) \\ &= \Pr(\text{정확히 2개 부품 작동}) + \Pr(\text{정확히 3개 부품 작동}) \\ &= [R_1(t)R_2(t)(1-R_3(t)) + R_1(t)R_3(t)(1-R_2(t)) \\ &\qquad + R_2(t)R_3(t)(1-R_1(t))] + R_1(t)R_2(t)R_3(t) \\ &= R_1(t)R_2(t) + R_1(t)R_3(t) + R_2(t)R_3(t) - 2R_1(t)R_2(t)R_3(t) \end{aligned}$$

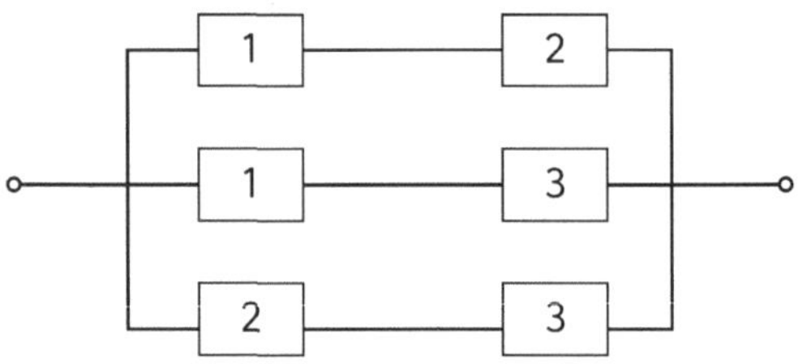

그림 5.5 3 중 2 시스템 구조

독립이고 동일한 부품($R_i(t) = R(t),\ i = 1, \cdots, n$)일 경우에 n 중 k 시스템의 신뢰도는 식 (5.7)과 같이 이항분포 형태로 나타낼 수 있다.

$$R_S(t) = \sum_{j=k}^{n} \binom{n}{j} R(t)^j [1 - R(t)]^{n-j} \tag{5.7}$$

예를 들면 우주선 전력시스템은 병렬로 이루어진 10개의 재충전 가능한 배터리를 사용한다. 이 전력시스템의 용량은 각각의 배터리에서 제공되는 전력의 합과 동일하다. 이 시스템은 설계 규격 상 10개의 배터리 중에서 최소 6개가 작동하는 동안 계속 동작된다. 따라서 우주선 전력시스템은 10 중 6 시스템 구조가 된다.

1 부품수명이 동일한 지수수명분포를 따르는 경우

각 부품수명이 고장률이 인 지수분포를 따르면 식 (5. 7)로 부터 다음과 같이 된다.

$$R_S(t) = \sum_{j=k}^{n} \binom{n}{j} e^{-\lambda jt} (1 - e^{-\lambda t})^{n-j}$$

따라서 이 구조의 MTTF는 다음과 같이 주어지는데,

$$MTTF_S = \int_0^\infty R_S(t)dt = \frac{1}{\lambda}\sum_{j=k}^{n}\frac{1}{j} \tag{5. 8}$$

k가 1이 되면 전술된 병렬 구조의 MTTF의 식과 같아진다.

예제 5.7

우주선은 4개의 주 엔진 중 3개 이상이 작동하면 궤도상을 비행할 수 있다. 각 엔진은 고장률이 0. 003/분인 지수분포를 따르며 10분의 burn-in 시간이 요구된다. burn-in이 수행된 시점에서의 우주선 엔진 신뢰도와 MTTF를 구하라.

엔진의 신뢰도는 $R(10) = e^{-0.003(10)} = 0.97$이므로 시스템 신뢰도는 다음과 같으며, MTTF는 지수분포의 망각성질을 이용하여 식 (5. 8)에 의해 다음과 같이 구해진다.

$$R_S = \sum_{j=3}^{4}\binom{4}{j} e^{-\lambda jt}(1-e^{-\lambda t})^{4-j} = \sum_{j=3}^{4}\binom{4}{j}(0.97)^j(1-0.97)^{4-j}$$

$$= \binom{4}{3}(0.97)^3(1-0.97) + 0.97^4 = 0.9948$$

$$MTTF_S = \frac{1}{0.003}\left(\frac{1}{3}+\frac{1}{4}\right) = 194.4(\text{분})$$

예제 5.8

고장률이 λ일 때 1 중 1, 2 중 1, 3 중 2 구조의 MTTF를 비교하라.

세 구조의 MTTF는 다음과 같이 구해지므로 2 중 1>1 중 1>3 중 2 구조 순임을 알 수 있다.

1 중 1 구조: $MTTF_S = \dfrac{1}{\lambda}$

$$2\text{ 중 }1\text{ 구조: } MTTF_S = \frac{1}{\lambda}\left(1+\frac{1}{2}\right) = \frac{3}{2\lambda}$$

$$3\text{ 중 }2\text{ 구조: } MTTF_S = \frac{1}{\lambda}\left(\frac{1}{2}+\frac{1}{3}\right) = \frac{5}{6\lambda}$$

5.1.4 직·병렬 시스템 구조

직렬과 병렬구조가 포함되어 있으며, 또한 이들 구조로 분해할 수 있는 시스템 구조의 신뢰도 계산방법은 시스템 신뢰도를 향상시키기 위하여 용장성(redundancy; 중복)을 채택한 복잡한 구조의 신뢰도 계산을 위한 기본적인 방법을 제공한다. 즉, **[그림 5.6]**과 같이 직렬과 병렬로 분해가능한 구조의 신뢰도 계산은 낮은 수준으로부터 직렬과 병렬구조의 신뢰도 계산방법을 축차적으로 (즉, A -> B -> C)을 적용시키면 된다. 여기서 세 부품의 신뢰도는 간략하게 R_i, $i=1,\cdots,6$로 표기하자.

$$R_A = 1-(1-R_1)(1-R_2)$$

$$R_B = R_A R_3, \quad R_C = R_4 R_5$$

이므로 이 구조의 신뢰도는 다음과 같이 된다.

$$R_S = [1-(1-R_B)(1-R_C)]R_6$$

만약 $R_1 = R_2 = 0.90$, $R_3 = R_6 = 0.98$, $R_4 = R_5 = 0.99$이라면 이 구조의 신뢰도는 다음과 같이 0.9794가 된다.

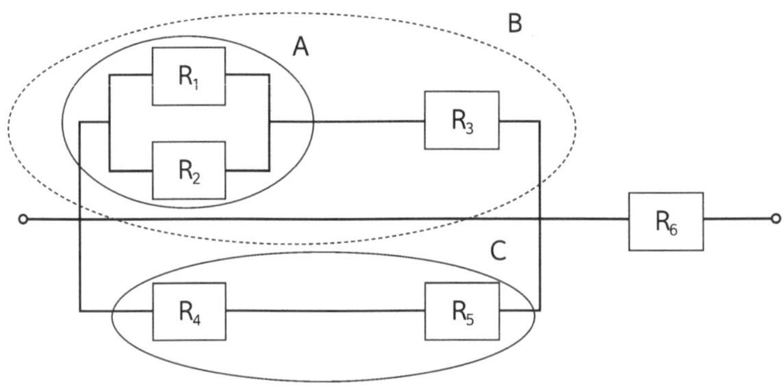

그림 5.6 직·병렬 구조 예

$$R_B = [1-(1-0.90)^2](0.98) = 0.9702$$
$$R_S = [1-(1-0.9702)(1-0.99^2)]0.98 = 0.9794$$

두 가지 종류의 단순한 직·병렬구조로서 시스템 중복 형태인 직·병렬구조와 부품 중복 형태인 직·병렬 구조로 대별할 수 있다.

1 시스템 중복 형태의 직·병렬 구조

하나의 시스템 그 자체의 신뢰도를 제고하는 것보다는 오히려 둘 이상의 직렬구조를 중복하여 더 높은 신뢰도를 달성하는 것이 비용측면에서 더 효과적일 경우가 있다. 시스템 중복 형태인 직·병렬 시스템 구조는 통신교환시스템의 병렬 중앙처리장치, 항공기 또는 우주선의 조종 계통을 전기적인 신호 장치로 바꾸는 컴퓨터 제어시스템, 자동차 브레이크 시스템, 그리고 다 단자 대서양 횡단 전송케이블 등에 이용된다.

상위구조의 차원이 r이고 하위구조의 차원이 k인 $r \times k$ 직·병렬 시스템 중복 구조(series-in-parallel system)는 각각 k개의 직렬 부품으로 이루어진 r개의 병렬구조이다. **[그림 5.7]**은 독립인 부품으로 구성된 2×2구조의 신뢰도함수를 다음과 같이 구할 수 있다.

$$R_S(t) = 1-[1-R_{11}(t)R_{12}(t)][1-R_{21}(t)R_{22}(t)]$$

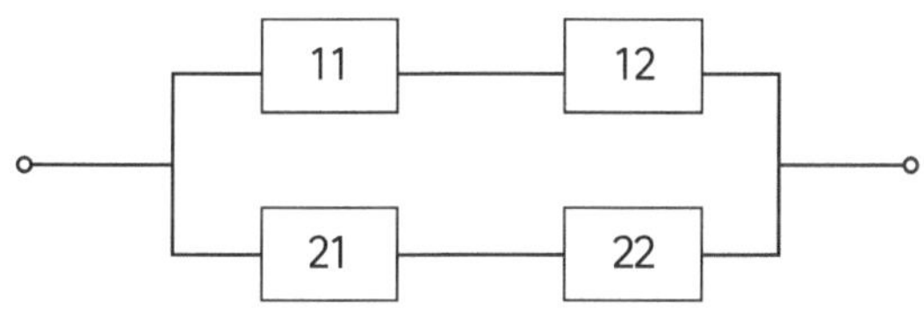

그림 5.7 시스템 중복 형태의 직·병렬 구조

여기서 $R_{ij}(t)$, $j=1,2$는 직렬 하위시스템 i의 부품 j의 신뢰도함수이다.

부품들이 독립인 $r \times k$ 구조에서, 특히 부품들이 독립이고 동일한 분포를 따를 때(즉, 부품 신뢰도 $R(t)$), $r \times k$ 시스템 중복 형태의 신뢰도는 식 (5.9)와 같이 된다.

$$R_S(t) = 1-[1-R(t)^k]^r \tag{5.9}$$

2 부품 중복 형태의 직·병렬 구조

부품 중복은 시스템 신뢰도를 향상시키기 위한 중요한 방법이다. 부품 중복 형태의 직·병렬 시스템 구조는 해저 광섬유 전송시스템의 병렬 이중 중계기와 신체(폐, 신장)를 포함한 여러 분야에서 찾아볼 수 있다. $k\times r$ 부품 중복 구조(parallel-in-series system)는 각각 r개의 병렬부품으로 이루어진 k개의 직렬구조를 가진다. 5.4.1절에서 자세히 다루겠지만 동일한 부품 수일 경우에 이 구조는 직·병렬 시스템 중복보다 더 신뢰할 수 있다. [그림 5.8]에는 독립부품들로 구성된 2×2 직·병렬 시스템이 도시되어 있으며 신뢰도함수는 다음과 같다.

$$R_S(t)=1-[1-(1-R_{11}(t))(1-R_{21}(t))][1-(1-R_{12}(t))(1-R_{22}(t))]$$

여기서 $R_{ij}(t)$, $i=1,2$는 병렬 하위시스템 j에 속하는 부품 i의 신뢰도함수이다.

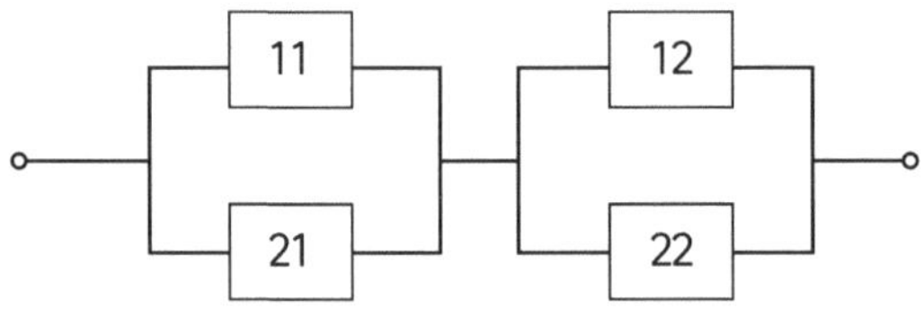

그림 5.8 부품 중복 형태의 직·병렬 구조

독립인 부품으로 구성된 $k\times r$ 직·병렬 시스템의 경우 중에서 특히 시스템내 각 부품의 신뢰도가 동일할 때(즉, $R(t)$) 이 시스템의 신뢰도는 식 (5.10)과 같이 된다.

$$R_S(t)=[1-(1-R(t))^r]^k \tag{5.10}$$

5.2 교차결합 구조

어떤 시스템은 직렬과 병렬로 분해되지 않는 구조를 가지는데, 이를 교차결합 구조로 부른다. 이의 전형적인 예로서 다음의 브리지(bridge) 구조를 들 수 있다.

예제 5.9 브리지 시스템 구조

브리지 시스템은 시스템의 신뢰도를 향상시키기 위한 유용한 구조 중의 하나이다. 브리지 구조는 컴퓨터와 전력 분배 네트워크에서 흔히 볼 수 있다. [그림 5.9]는 간단한 브리지 시스템을 도시하고 있으며 만약 브리지 부품 3이 작동하지 않는다면 이 브리지 시스템은 [그림 5.7]과 동일한 구조를 가진다. 만약 부품 3이 작동한다면, 이 시스템은 [그림 5.8]의 구조가 된다. 많은 실제상황에서 [그림 5.9]의 부품 3과 같은 브리지는 적은 추가비용으로 설치될 수 있으므로, [그림 5.7]의 직·병렬 시스템과 비교했을 때 실질적인 신뢰도 향상효과를 얻을 수 있다(연습문제 5.6 참고).

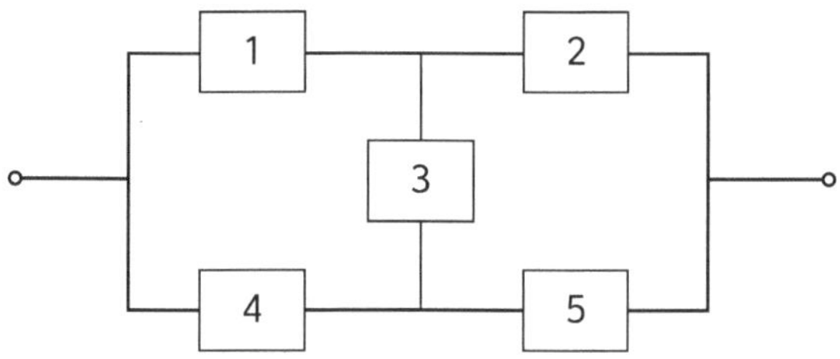

그림 5.9 브리지 시스템 구조

이러한 복잡한 교차결합 구조의 신뢰도를 구하는 방법으로 사건공간법(또는 열거법), 분해법, 절단집합 및 연결집합에 의한 방법 등을 들 수 있으며 이 책에서는 후자의 두 가지 방법을 상술하고자 한다.

사건공간법은 부품들의 모든 가능한 사건을 열거하여, 이중에서 작동 가능한 경우와 작동 불가능한 경우를 구별하여 시스템의 신뢰도를 계산하는 방법이다. 즉, n개의 부품으로 구성된 시스템의 경우 2^n개의 상호배반인 사건으로 구분할 수 있지만 n가 커지면 적용하기 불편하므로 이 책에서는 자세히 다루지 않는다.

5.2.1 분해법

분해법(decomposition method)은 조건부 확률을 이용하는 방법으로 먼저 특정 핵심부품(pivot or key component)을 선정하고, 이 부품의 작동·고장 여부에 따라 시스템 구조를 간단한 형태의 하위구조로 분해하고 조건부 확률에 의한 전확률(total probability) 공식을 이용하여 시스템의 신뢰도를 계산한다. 여기서 핵심부품을 적절히 선택함으로써 분해법에 의한 계산이 훨씬 수월해 질 수 있으며 이런 과정을 반복적으로 적용한다.

시스템의 핵심부품으로 X로 선정할 경우 $X^C(X)$를 이 부품의 고장 및 작동상태를 표시한다면 식 (5.11)의 조건부 확률을 이용한 공식(전확률 공식)에 의해 신뢰도를 구한다.

$$R_S(t) = \Pr(X)\cdot\Pr(\text{시스템 작동}|X) + \Pr(X^C)\Pr(\text{시스템 작동}|X^C) \quad (5.11)$$

예제 5.10 브리지 시스템 구조 계속

분해법을 적용하여 두 가지 직·병렬 구조의 신뢰도로부터 브리지 시스템의 신뢰도를 계산하기 위한 방법을 유도할 수 있다.

부품 3이 작동하는(작동하지 않는) 상태를 $X_3(X_3^C)$로 정의하면 X_3의 두 조건하에서 이 시스템이 작동하려면 부품 중복 형태, X_3^C하에서는 시스템 중복 형태가 되므로 이 구조의 신뢰도는 $R_S(t)$는 다음과 같다.

$$\begin{aligned} R_S(t) &= \Pr(X_3)\Pr(T>t|X_3) + \Pr(X_3^C)\Pr(T>t|X_3^C) \\ &= R_3(t)[1-(1-R_1(t))(1-R_4(t))][1-(1-R_2(t))(1-R_5(t))] \\ &\quad + (1-R_3(t))[1-(1-R_1(t)R_2(t))(1-R_4(t)R_5(t))] \end{aligned}$$

만약 모든 부품 신뢰도가 p로 동일하다면

$$R_S = p(2p-p^2)^2 + (1-p)(2p^2-p^4) = 2p^2+2p^3-5p^4+2p^5$$

이 된다.

여기서 만약 모든 부품이 다음과 같이 고장률 λ인 지수분포를 따른다면

$$p = e^{-\lambda t}$$

이므로, 시스템 신뢰도는 다음과 같이 표현되며,

$$R_S(t) = 2e^{-2\lambda t} + 2e^{-3\lambda t} - 5e^{-4\lambda t} + 2e^{-5\lambda t}$$

MTTF는 다음과 같이 되어,

$$MTTF_S = \int_0^\infty R_S(t)\,dt = \frac{1}{\lambda}\left(\frac{2}{2}+\frac{2}{3}-\frac{5}{4}+\frac{2}{5}\right)=\frac{49}{60\lambda}$$

5중 3 구조($(1/3+1/4+1/5)\lambda = 47/(60\lambda)$)보다는 큰 MTTF를 가진다.

5.2.2 최소 절단 및 연결집합에 의한 방법

연결집합(tie or path set)은 시스템 작동에 필요한 작동부품의 집합이며, 집합에 속하는 하나의 부품이라도 작동하지 않으면 시스템이 작동하지 않을 때 작동부품(i번째 부품에 대해 X_i로 표시)들의 집합을 최소 연결집합(minimal tie or path set)이라 한다.

만약 시스템의 최소 연결집합이 T_i, $i=1, 2, \cdots, m$이라면 식 (5.12)와 같이 합사건의 확률공식으로부터 신뢰도를 구한다.

$$R_S = \Pr(T_1 \cup T_2 \cup \cdots \cup T_m) \tag{5.12}$$

절단집합(cut set)은 시스템의 고장을 유발하는 고장부품들의 집합으로서 집합에 속하는 하나의 부품이라도 작동하면 시스템이 작동할 때 고장부품(i번째 부품에 대해 X_i^C로 표시)의 집합을 최소 절단집합(minimal cut set)이라 하며, 만약 시스템의 최소 절단집합이 C_i, $i=1, \cdots, m'$이면 식 (5.13)으로부터 신뢰도를 구할 수 있다.

$$R_S = 1 - \Pr(C_1 \cup C_2 \cup \cdots \cup C_{m'}) \tag{5.13}$$

예제 5.11 브리지 시스템 구조의 계속

[그림 5.9]의 브리지 구조에 대해 최소 연결집합과 절단집합을 구하여 이 구조의 신뢰도를 구하라.

(1) 최소 연결집합을 이용

먼저 최소 연결집합을 구하면 다음의 4가지가 된다.

$$T_1 = \{X_1, X_2\},\ T_2 = \{X_4, X_5\},\ T_3 = \{X_1, X_3, X_5\},\ T_4 = \{X_2, X_3, X_4\}$$

4가지의 최소 연결집합과 합사건의 확률공식(포함-제외(inclusion-exclusion) 원리)

을 적용하여 다음과 같이 신뢰도를 계산할 수 있다.

$$\begin{aligned}R_S &= \Pr(T_1 \cup T_2 \cup T_3 \cup T_4)\\ &= [\Pr(X_1X_2) + \Pr(X_4X_5) + \Pr(X_1X_3X_5) + \Pr(X_2X_3X_4)]\\ &\quad - [\Pr(X_1X_2X_4X_5) + \Pr(X_1X_2X_3X_5) + \Pr(X_1X_2X_3X_4)\\ &\quad + \Pr(X_1X_3X_4X_5) + \Pr(X_2X_3X_4X_5) + \Pr(X_1X_2X_3X_4X_5)]\\ &\quad + 4\Pr(X_1X_2X_3X_4X_5) - \Pr(X_1X_2X_3X_4X_5)\end{aligned}$$

모든 부품 신뢰도가 p로 동일하다면 다음과 같이 간략화 된다.

$$R_S = 2p^2 + 2p^3 - 5p^4 + 2p^5$$

(2) 최소 절단집합을 이용

4가지의 최소 절단집합을 구할 수 있으므로 상기와 같이 합사건의 확률공식을 적용하여 신뢰도를 계산할 수 있을 것이다.

$$C_1 = \{X_1^C, X_4^C\},\ C_2 = \{X_2^C, X_5^C\},\ C_3 = \{X_1^C, X_3^C, X_5^C\},\ C_4 = \{X_2^C, X_3^C, X_4^C\}$$

$$\begin{aligned}R_S &= 1 - \Pr(C_1 \cup C_2 \cup C_3 \cup C_4)\\ &= 1 - \Pr(X_1^CX_4^C \cup X_2^CX_5^C \cup X_1^CX_3^CX_5^C \cup X_2^CX_3^CX_4^C)\\ &= 1 - [\Pr(X_1^CX_4^C) + \Pr(X_2^CX_5^C) + \Pr(X_1^CX_3^CX_5^C) + \Pr(X_2^CX_3^CX_4^C)]\\ &\quad + [\Pr(X_1^CX_2^CX_4^CX_5^C) + \Pr(X_1^CX_3^CX_4^CX_5^C) + \Pr(X_1^CX_2^CX_3^CX_4^C)\\ &\quad + \Pr(X_1^CX_2^CX_3^CX_5^C) + \Pr(X_2^CX_3^CX_4^CX_5^C) + \Pr(X_1^CX_2^CX_3^CX_4^CX_5^C)]\\ &\quad - 4\Pr(X_1^CX_2^CX_3^CX_4^CX_5^C) + \Pr(X_1^CX_2^CX_3^CX_4^CX_5^C)\end{aligned}$$

모든 부품 신뢰도가 p로 동일하다면 다음과 같이 최소 연결집합을 이용한 결과와 같은 신뢰도가 도출된다.

$$R_S = 1 - [2(1-p)^2 + 2(1-p)^3 - 5(1-p)^4 + 2(1-p)^5] = 2p^2 + 2p^3 - 5p^4 + 2p^5$$

5.2.3 교차결합 구조의 신뢰도에 대한 상한과 하한 설정

5개 부품으로 구성된 [예제 5.10]과 [예제 5.11]의 브리지 시스템에서도 부품 신뢰도가 다를 경우에 신뢰도를 구하려면 비교적 복잡한 계산과정을 거쳐야 한다. 만약 교차결합 구조의 부품 수가 대폭 증가하면 이런 구조의 신뢰도를 구하기는 쉽지 않다. 이럴 경우에 대상 구조의 신뢰도의 하한과 상한 경계값을 구하여 근사값으로 활용할 수 있을 것이다.

여기서는 개의 부품으로 구성된 교차결합 구조에 대해 다음과 같은 세 가지의 상한과 하한을 구할 수 있다.

① n개의 부품으로 구성된 모든 구조(일관(coherent) 시스템에 한정되지만 현 교재에서 다루는 모든 구조는 이에 포함됨)에 대해 상한과 하한 신뢰도가 되는 병렬과 직렬 구조로부터의 원시적인 두 경계값을 정할 수 있다(i번째 부품 신뢰도를 R_i로 표기함).

$$\prod_{i=1}^{n} R_i \le R_S \le 1 - \prod_{i=1}^{n}(1-R_i) \tag{5.14}$$

② 최소 연결 및 절단집합에 의한 방법(식 (5.12)와 식 (5.13))에서 이들 집합을 상호배반으로 간주하여 상한과 하한을 구할 수 있다.

$$\max\left(0, 1-\sum_{j=1}^{m'} \Pr(C_j)\right) \le R_S \le \min\left(1, \sum_{j=1}^{m} \Pr(T_j)\right) \tag{5.15}$$

여기서 부품 신뢰도가 높을 때는 하한이, 낮을 때는 상한이 정확한 신뢰도에 근접한다.

③ 최소 연결 및 절단 집합에 의한 직·병렬 구조로부터 구한 상한과 하한으로 교차결합 구조는 최소 연결집합에 의한 직렬 구조의 병렬 구조로 표현될 수 있으므로([그림 5.10(a)] 참고) 이 구조의 신뢰도는 최소 연결집합에 의한 개별 직렬 구조 신뢰도의 최대보다 작지 않다. 또한 최소 절단집합에 의한 병렬 구조의 직렬 구조로도 나타낼 수 있으므로([그림 5.10(b)] 참고) 최소 절단집합에 의한 개별 병렬 구조 신뢰도의 최소보다 크지 않다. 이로부터 다음과 같은 상한과 하한을 설정할 수 있다.

$$\max_{1\le j\le m}(T_j\text{로부터 구성된 직렬구조 신뢰도}) \le R_S$$
$$\le \min_{1\le j\le m'}(C_j\text{로부터 구성된 병렬 구조 신뢰도}) \tag{5.16}$$

예제 5.12 **브리지 시스템 구조의 계속**

각 부품 신뢰도가 p로 동일할 때 세 가지 방법에 의한 브리지 구조의 신뢰도 상한과 하한은 다음과 같이 구해진다.

(1) 식 (5.14)에 의한 방법

$$p^5 \le R_S \le 1-(1-p)^5$$

(2) 식 (5.15)에 의한 방법

[예제 5.10]과 [예제 5.11]에서 최소 연결과 절단집합은 모두 2와 3개의 부품으로 구성된 집합이 각각 2종이므로 식 (5.15)에 대입하면 다음과 같이 구할 수 있다.

$$\max(0, 1-[2(1-p)^2+2(1-p)^3]) \le R_S \le \min(1, 2p^2+2p^3)$$

(3) 식 (5.16)에 의한 방법

이 구조의 최소 연결집합과 최소 절단집합으로 [그림 5.10]과 같이 동일 부품이 복수로 포함되는 직·병렬 구조로 나타낼 수 있으며, 이로부터 식 (5.16)에 대입하여 다음과 같이 구할 수 있다.

$$p^2 = \max(p^2, p^3) \le R_S \le \min(1-(1-p)^2,\ 1-(1-p)^3) = 1-(1-p)^2$$

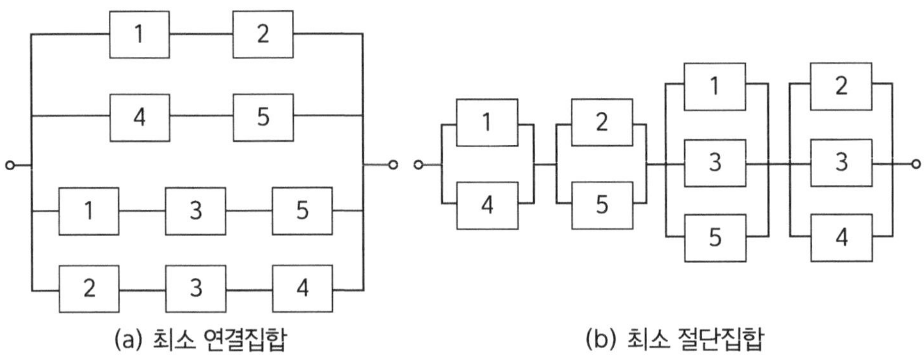

그림 5.10 브리지 시스템: 최소 연결집합과 절단집합으로부터 직·병렬구조

이들 경계값들을 도시한 [그림 5.11]을 보면 두 번째 방법이 정확한 신뢰도에 가장 근접함을 알 수 있다. 특히 이 방법의 하한은 신뢰도가 높을 때 유용한 근사값이 된다.

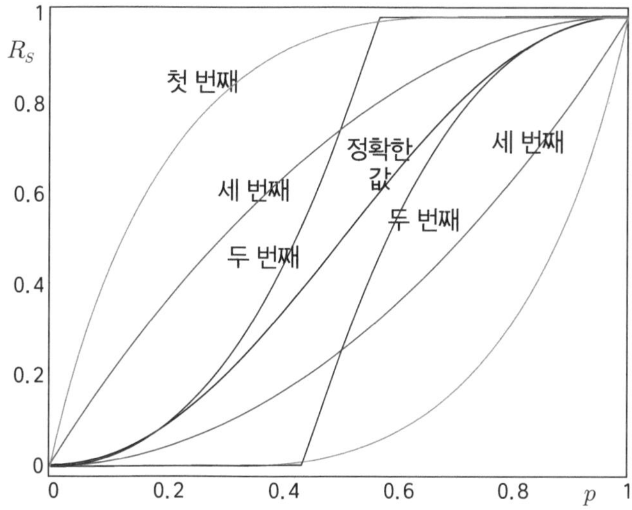

그림 5.11 브리지 시스템 구조의 신뢰도 상한과 하한

5.3 종속 시스템

5.3.1 대기 시스템

대기(stand-by) 시스템은 시스템 신뢰도 분야에서 중요한 역할을 한다. 중복 시스템의 하나인 병렬 시스템은 부품들이 동시에 작동하고 있으므로 활성 중복(active redundancy)에 속하며, 대기 시스템은 주 부품이 고장이 날 경우만 대기 또는 예비(backup) 부품이 작동하게 되는 시스템을 나타내므로 비활성 중복(inactive redundancy)에 속한다. [그림 5.12]는 두 부품으로 구성된 대기중복 시스템으로서 주 부품 '1'이 고장나면 스위치가 자동적으로 부품 '2'로 연결되어 대기부품 2가 작동하게 된다.

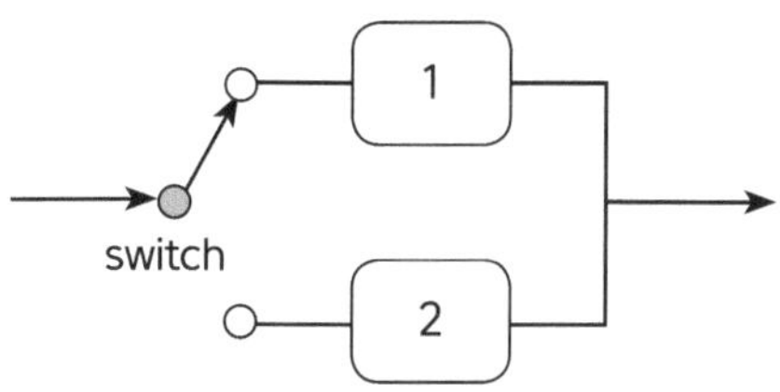

그림 5.12 두 부품 대기 시스템

만약 두 부품의 수명을 나타내는 확률변수 T_1, T_2이 각각 고장률이 λ_1, λ_2인 지수분포를 따른다면 신뢰도는 $\lambda_1 \neq \lambda_1$일 때 다음과 같이 유도된다.

$$\begin{aligned} R_S(t) &= e^{-\lambda_1 t} + \frac{\lambda_1}{\lambda_2 - \lambda_1}(e^{-\lambda_1 t} - e^{-\lambda_2 t}) \\ &= \frac{\lambda_2 e^{-\lambda_1 t} - \lambda_1 e^{-\lambda_2 t}}{\lambda_2 - \lambda_1} \end{aligned} \tag{5. 17}$$

그리고 MTTF는 $E(T_1 + T_2)$이므로 $1/\lambda_1 + 1/\lambda_2$가 됨을 쉽게 알 수 있다.

또한 동일한 두 부품($\lambda_1 = \lambda_2 = \lambda$로 표기)으로 구성된 대기 시스템의 신뢰도는 식 (5. 17)에서, $\lambda_2 \to \lambda_1$(즉, 동일한 λ) 되는 극한치를 구하면 다음과 같이 된다.

$$R_S(t) = e^{-\lambda t} + \lambda t e^{-\lambda t} \tag{5. 18}$$

$e^{-\lambda t} = p$라고 두면 $\lambda t = -\ln p$이므로

$$R_S(t) = p(1 - \ln p)$$

로도 표현할 수 있다.

모든 부품이 동일한 일정 고장률 λ를 가질 때(즉, 지수분포), 시간 t까지 고장이 나는 부품 수($N(t)$)는 평균이 λt인 Poisson분포를 따르므로(2. 3. 1절 참고) n개의 동일 부품으로 구성된 대기 시스템에 대한 t시점의 신뢰도는 t까지 고장난 부품 수가 $n-1$ 이하인 확률과 동치이므로 식 (5. 19)로 나타낼 수 있다.

$$R_S(t) = \Pr(N(t) \le n-1) = e^{-\lambda t}\left[1 + \lambda t + \frac{(\lambda t)^2}{2!} + \cdots + \frac{(\lambda t)^{n-1}}{(n-1)!}\right] \tag{5. 19}$$

따라서 평균수명은

$$MTTF_S = E(T_1 + T_2 + \cdots + T_n) = \frac{n}{\lambda} \tag{5. 20}$$

이 된다.

예제 5.13

두 대로 이루어진 대기구조의 주 발전기는 일당 고장률이 0. 01로 일정하며, 대기부품은 구식 모형으로 일당 고장률이 0. 1이다. 30일간의 신뢰도와 MTTF를 구하라.

$$R_S(t) = e^{-0.01t} + \frac{0.01}{0.1-0.01}(e^{-0.01t} - e^{-0.1t})$$

$$R_S(30) = e^{-0.01(30)} + \frac{0.01}{0.1-0.01}(e^{-0.01(30)} - e^{-0.1(30)}) = 0.818$$

$$MTTF_S = \frac{1}{0.01} + \frac{1}{0.1} = 110$$

예제 5.14

일정 고장률 0.0035/(hr)인 세 개의 동일 부품으로 이루어진 대기 시스템에서 500(hr)에서의 신뢰도를 구하라.

$$R_S(500) = e^{-0.0035\times 500}\left[1 + 0.0035\times 500 + \frac{(0.0035\times 500)^2}{2}\right] = 0.744$$

대기 시스템의 대기부품은 시스템이 작동을 유지하는데 필요하지만 주 부품이 고장날 경우만 작동된다. 따라서 대기 시스템은 이를 감지하여 대기부품을 작동시키는 스위치의 신뢰도를 고려하는 것이 실용적이다.

만약 두 부품 대기 시스템에서 간헐적으로 요구되는 스위치가 완벽하지 않고 신뢰도가 p_s일 때 스위치가 필요할 경우의 신뢰도인 식 (5.21)과 (5.22)의 두 번째 항에 스위치의 신뢰도를 반영하여 쉽게 구할 수 있다.

$$R_S(t) = e^{-\lambda_1 t} + \frac{p_s\lambda_1}{\lambda_2 - \lambda_1}(e^{-\lambda_1 t} - e^{-\lambda_2 t}), \qquad \lambda_1 \neq \lambda_1 \tag{5.21}$$

$$R_S(t) = e^{-\lambda t} + p_s\lambda t e^{-\lambda t}, \qquad \lambda_1 = \lambda_2 = \lambda \tag{5.22}$$

이런 경우에 스위치의 신뢰도 또는 고장률에 따라 대기 시스템의 신뢰도는 동일한 부품으로 구성된 병렬 시스템의 신뢰도보다 낮아질 수 있다.

예제 5.15

[예제 5.13]과 [예제 5.14](단, 두 부품 대기 시스템으로 변경)에서 스위치의 고장확률이 0.1일 때 신뢰도를 구하라.

[예제 5. 13] : $R_S(30) = e^{-0.3} + 0.9 \times \frac{0.01}{0.1 - 0.01}(e^{-0.3} - e^{-3.0}) = 0.810$

[예제 5. 14] : $R_S(500) = e^{-1.75} + 0.9 \cdot 1.75 e^{-1.75} = 2.6625 e^{-1.75} = 0.463$

또한 지금까지 대기 중인 부품은 고장나지 않는다고 가정하고 있지만(cold stand-by), 대기 중인 부품도 환경요인 등에 의해 고장이 날 수 있으므로(warm stand-by) 이를 고려한 경우로 확장할 수 있다.

5.3.2 공통원인고장

공통원인고장(common cause failure(CCF))은 두 개 이상의 부품이 고장원인을 공유함으로써 동시에 혹은 아주 짧은 시간 내에 여러 부품에 발생하는 종속고장 유형을 가리킨다. 이와는 다른 종속고장 유형으로 한 부품의 고장에 의해 다른 부품들의 다중 고장을 촉발하는 연쇄고장(cascading failure)이 있다. CCF는 다음과 같은 원인에 의해 발생할 수 있다.

- 화재, 홍수, 정전, 지진 등의 외부 사건
- 여러 부품이 작동하지 못하거나 설계환경에 견디지 못하도록 하는 설계상 혹은 재료의 공통 결함
- 여러 부품이 동시에 조정불량 상태나 작동불능 상태에 이르게 하는 공통의 설치 혹은 수리 오류
- 여러 부품이 동시에 고장이 나도록 하는 진동, 복사열, 습기 등과 같은 공통의 가혹

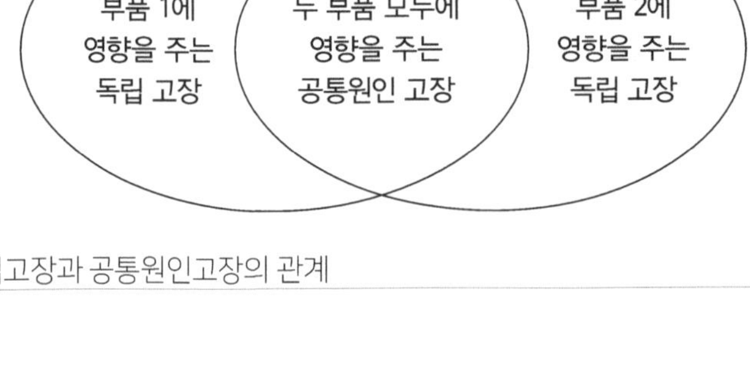

그림 5.13 독립고장과 공통원인고장의 관계

한 환경적 요소

- 누락, 착각 등 인간의 실수에 발생된 다중 고장

[그림 5.13]에 두 부품으로 형성된 구조일 경우 독립고장과 공통원인고장의 관계가 도시되어 있다.

CCF를 다루는 방법에는 시스템 수준에서 종속고장의 특정 근본원인을 파악하여 이를 신뢰도 모형에 포함시키는 명시적 방법과 이들 고장원인이 너무 복잡하여 종속고장에 대한 모수를 규정하여 다중 고장을 반영하는 묵시적(또는 모수적) 방법으로 대별된다. 널리 쓰이는 묵시적 방법에는 모수로 공통고장 발생현상을 각각 충격과 사건 발생에 관한 모수로 나타내는 충격(shock)모형과 비충격(non-shock) 모형이 있다. 이중에서 가장 널리 쓰이며 하나의 모수를 채택하는 비충격모형의 베타(β)인자 모형이다. 비충격모형에는 베타인자 모형 외에 이의 단순성을 보완한 다중 그리스 문자(multiple Greek letters(MGL)) 모형과 알파(α)인자 모형 등이 있는데 이들 모형을 자세히 살펴본다.

1 베타인자 모형

상수 고장률 λ를 갖는 n개의 동일한 부품으로 구성된 병렬 시스템을 고려하자. 부품의 고장은 다음과 같은 두 가지 원인 중 하나에 의해 발생할 수 있다고 가정한다.

- 다른 부품의 조건과 상관없이 단지 해당 부품과 관련된 요소
- 시스템의 모든 부품에 동시에 영향을 미치는 공통원인고장

λ_I는 개별 부품에만 고유한 원인에 의한 고장률, λ_C는 공통원인에 의한 고장률이면, 두 고장원인이 서로 독립적이라 가정할 때 그 부품의 전체 고장률 λ는 다음과 같이 두 고장률의 합으로 나타낼 수 있다.

$$\lambda = \lambda_I + \lambda_C \tag{5.23}$$

전체 고장률 중 공통원인에 의한 고장률이 차지하는 비율을 라 하면 다음 식이 얻어진다.

$$\beta = \frac{\lambda_C}{\lambda_I + \lambda_C} = \frac{\lambda_C}{\lambda} \tag{5.24}$$

식 (5.24)로부터

$$\lambda_C = \beta\lambda$$

$$\lambda_I = (1-\beta)\lambda$$

가 성립한다. 따라서 베타인자(β)는 고장률 관점에서 부품의 모든 고장들 중 CCF의 상대적인 비율을 나타낸다고 할 수 있으며, 고장이 공통원인에 기인되었을 조건부 확률로도 해석할 수 있다. [표 5.1]에는 현업에서 널리 쓰이는 밸브의 종류에 따른 베타인자 값이 예시되어 있다(Stapelberg(2009)).

베타인자 모형에서 베타인자는 고장을 발생시키는 부품의 근본원인과 동일한 근본원인에 민감한 여러 부품의 성향을 나타내는 연결인자(coupling factor)에 의존한다. 즉, 정해진 값 β에 대하여, 공통원인고장률 $\lambda_C = \beta\lambda$는 전체 고장률 λ가 증가함에 따라 증가한다. 따라서 고장이 잦은 부품의 경우 더 많은 CCF이 발생하게 된다. 가끔 수리와 유지보수가 CCF의 주요한 원인으로 지적되고 있는데, 많은 수리와 유지보수를 필요로 하는 부품이 많은 CCF를 일으킨다고 가정하는 것은 타당성이 있다고 할 수 있다. 그리고 연결인자는 부품과 설계의 유사성, 작동방식/보전/작업자의 유사성, 외적 및 내적 환경 등에 의존한다.

표 5.1 밸브의 CCF에 관한 β값

밸브 종류	β값
볼, 플러그(plug), 게이트 밸브	0.01 ~ 0.02
안전(relief) 밸브	0.05
체크(역류방지) 밸브	0.05
차단 밸브	0.05
대형 가감/제어 밸브	0.10 ~ 0.19
소형 가감/제어 밸브	0.05 ~ 0.12
엑추에이터(actuator)	0.05 ~ 0.16

한편 베타인자를 고장률 대신에 고장확률(불신뢰도) 관점에서 정의하는 방식이 확률적 안전분석(Probability Safety Analysis) 등에서 널리 쓰인다. 즉, n개의 동일한 부품(또는 고장확률을 동일하게 취급 가능한 경우; 대칭성(symmetrical) 가정)으로 이루어진 구조에서 시간 t를 고정할 때의 부품 불신뢰도를 Q, CCF가 기여하는 Q의 비율도 베타인자인 β로 정의하면, k개 부품만 동시에 고장이 발생할 사건의 확률(Q_k)은 다음과 같이 구해진다.

$$Q_1 = (1-\beta)Q \qquad (5.25)$$
$$Q_k = 0, \quad k = 2, \cdots, n-1$$
$$Q_n = \beta Q$$

따라서 $Q = Q_1 + Q_n = (1-\beta)Q + \beta Q$의 두 부분(즉, 독립고장과 CCF 기여분)으로 배분될 수 있으며, 이 모형의 베타인자 β는 Q_n/Q로 구해진다. 이 모형은 전술한 모형보다 지수분포를 한정하지 않더라도 적용할 수 있는 이점이 있지만, 고유고장과 CCF 고장이 상호 배반이라는 가정이 필요하며, 근사계산 과정이 포함되어 있어([예제 5.16] 3 중 2 구조 참고) 상대적으로 덜 정교한 편이다.

예제 5.16

고장률 λ를 갖는 3개의 동일한 부품으로 구성된 병렬구조 시스템을 고려하자. 모든 부품에 영향을 미치는 공통원인고장이 발생할 수 있다고 하자. 이러한 CCF가 기여하는 역할은 [그림 5.14]처럼 시스템의 나머지 부분과 직렬로 연결된 가상의 부품(C)를 추가하여 나타낼 수 있다.

가상부품 C의 고장률은 $\lambda_C = \beta\lambda$로 주어지고, [그림 5.14]의 병렬구조 내의 세 부품은 서로 독립이며 고장률 $\lambda_I = (1-\beta)\lambda$를 갖는다고 생각할 수 있다. $R_I(t)$를 동일한 부품들의 신뢰도함수, $R_C(t)$를 가상의 부품 C의 신뢰도함수라 하자. 그러면 전체 시스템의 신뢰도함수와 불신뢰도 함수는

$$\begin{aligned} R_S(t) &= [(1-(1-R_I(t))^3] \cdot R_C(t) \\ &= [1-(1-e^{-(1-\beta)\lambda t})^3] \cdot e^{-\beta\lambda t} \end{aligned}$$
$$F_S(t) = 1 - [1-(1-e^{-(1-\beta)\lambda t})^3] \cdot e^{-\beta\lambda t}$$

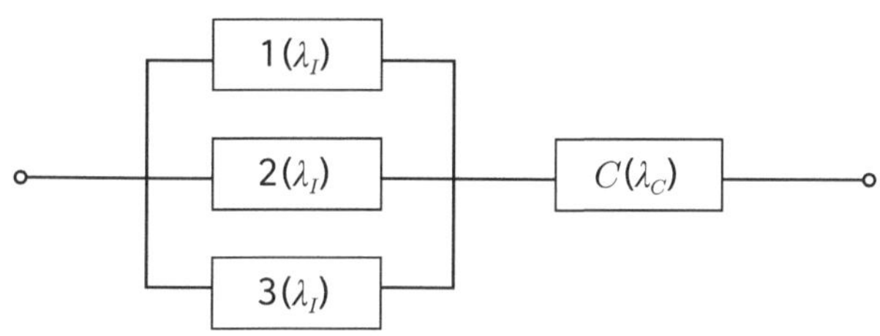

그림 5.14 공통고장원인을 나타내는 가상부품 C를 갖는 병렬구조

로 주어진다. 여기서 **[그림 5.15]**를 보면 공통원인고장 인자 β가 증가함에 따라 $R_S(t)$는 감소함을 확인할 수 있다.

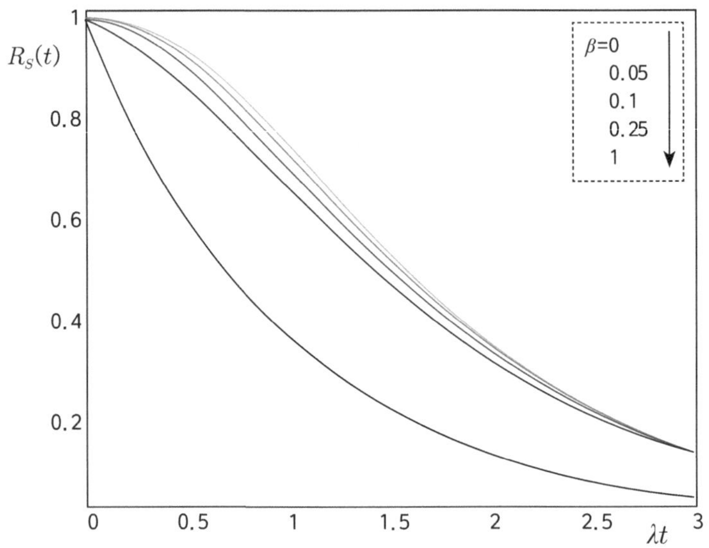

그림 5.15 β에 따른 $R_S(t)$의 변화: [예제 5.16]

또한 3 중 2 구조인 경우의 신뢰도를 구해 보자. **[그림 5.14]**을 기반으로 3 중 2 구조에 대해 적용하면 신뢰도함수와 불신뢰도 함수는 다음과 같이 된다.

$$R_S(t) = (3R_I(t)^2 - 2R_I(t)^3) \cdot R_C(t)$$
$$= (3e^{-2(1-\beta)\lambda t} - 2e^{-3(1-\beta)\lambda t}) \cdot e^{-\beta\lambda t} = 3e^{-(2-\beta)\lambda t} - 2e^{-(3-2\beta)\lambda t}$$
$$F_S(t) = 1 - 3e^{-(2-\beta)\lambda t} + 2e^{-(3-2\beta)\lambda t}$$

한편 식 (5.25)를 적용한 두 구조의 불신뢰도 Q_S(β를 구별하기 위해 β'로 표기함)는 다음과 같이 나타낼 수 있으며,

$$3\text{ 중 }1\text{ 구조(병렬)}: Q_S = Q_1{}^3 + Q_3 = (1-\beta')^3 Q^3 + \beta' Q$$

$$3\text{ 중 }2\text{ 구조}: Q_S = \binom{3}{2} Q_1{}^2 + Q_3 = 3(1-\beta')^2 Q^2 + \beta' Q$$

두 접근법의 베타인자는 다음과 같이 λt가 작으면 근사적으로 동일함을 알 수 있다.

$$\beta' = \frac{Q_3}{Q} = \frac{1-e^{-\beta\lambda t}}{1-e^{-\lambda t}} = \frac{1-(1-\beta\lambda t+\cdots)}{1-(1-\lambda t+\cdots)} \approx \beta$$

2 MGL 모형

고장 발생 표본공간을 상호배반적으로 분할한 기본 사건 Q_k를 직접적으로 구하는 모형을 비충격 모형의 기초가 되는 기본 모수(basic parameter) 모형이라 부르는데, 보통 이들 모수의 추정이 용이하지 않으므로 베타인자 등을 활용하는 간접적 방법이 보다 널리 쓰인다.

이 중에서 MGL 모형은 단일 모수를 채택하는 베타인자 모형을 확장한 것으로 CCF를 발생시키는 부품 수에 따라 정의된 다수의 모수를 채택한 모형이다. 부품 수가 n인 구조에서 k개 부품의 동시 고장 발생 사건의 확률인 불신뢰도 Q_k는 다음과 같이 주어진다.

$$Q_k = \frac{1}{\binom{n-1}{k-1}}\left(\prod_{i=1}^{k}\rho_i\right)(1-\rho_{k+1})Q, \quad k=1,2,\cdots,n \tag{5.26}$$

여기서 $\rho_1 = 1$

$\rho_2 = \beta$: 특정 부품의 고장이 발생한 조건에서 최소한 하나의 추가 부품이 고장날 조건부 확률

$\rho_3 = \gamma$: 특정 두 부품의 고장이 발생한 조건에서 최소한 하나의 추가 부품이 고장날 조건부 확률

$\rho_4 = \delta$: 특정 세 부품의 고장이 발생한 조건에서 최소한 하나의 추가 부품이 고장날 조건부 확률

…

$\rho_{n+1} = 0$

세 부품으로 이루어진 구조에서 각 부품의 불신뢰도는 [그림 5.16]으로부터 상호배반인 사건들의 합사건인 분할의 개념으로부터

$$Q = Q_1 + 2Q_2 + Q_3$$

로 나타낼 수 있으므로 Q_1, Q_2, Q_3는 다음과 같이 된다.

$$Q_1 = (1-\beta)Q \tag{5.27}$$

$$Q_2 = \frac{\beta(1-\gamma)}{2}Q$$

$$Q_3 = \beta\gamma Q$$

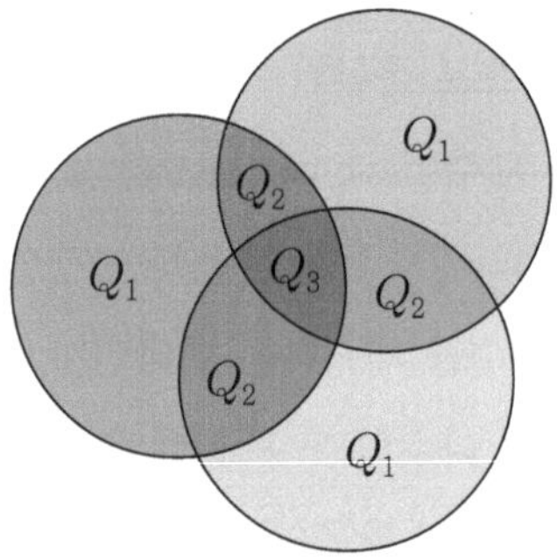

그림 5.16 $n=3$일 때 Q_1, Q_2, Q_3

따라서 β, γ는 다음과 같이 되며, 이들보다 높은 고차의 ρ_i, $i=4, \cdots, n+1$는 0이 된다.

$$\beta=\frac{Q_1+2Q_2}{Q}=\frac{Q_1+2Q_2}{Q_1+2Q_2+Q_3} \tag{5.28}$$

$$\gamma=\frac{Q_3}{Q_1+2Q_2}$$

이로부터 n개 부품 구조로 일반화하면 식 (5. 26)을 유도할 수 있으며, 각 부품의 신뢰도는 다음과 같이 표현된다.

$$Q=\sum_{k=1}^{n}\binom{n-1}{k-1}Q_k \tag{5.29}$$

예제 5.17 [예제 5. 16]의 계속

3 중 1 구조(병렬구조)와 3 중 2 구조에 대해 MGL 모형을 적용해 보자. 먼저 식 (5. 27)의 Q_k로부터 3 중 1 구조의 불신뢰도는

$$Q_S=Q_1^3+\binom{3}{2}Q_2Q_1+Q_3=(1-\beta)^3Q^3+\frac{3\beta(1-\beta)(1-\gamma)}{2}Q^2+\beta\gamma Q$$

로, 3 중 2 구조의 불신뢰도는 다음과 같이 된다.

$$Q_S=\binom{3}{2}Q_1^2+\binom{3}{1}Q_2+Q_3=3(1-\beta)^2Q^2+\frac{3\beta(1-\gamma)}{2}Q+\beta\gamma Q$$

3 알파인자 모형

알파인자 모형은 모수의 추정이 쉽지 않을 수 있는 MGL 모형과 달리 부품보다 시스템 수준의 고장자료로부터 각 모수의 추정을 용이하게 할 수 있는 방법으로, 예를 들면 부품 수가 3개인 [그림 5.16]으로부터 전체 부품 3개 중에서 고장 발생 시 어떤 k개의 부품의 동시 고장발생 빈도의 비율 $\alpha_k, k=1,2,3$은 다음과 같이 설정할 수 있다. 여기서 $\alpha_1+\alpha_2+\alpha_3=1$가 된다.

$$\begin{aligned} \alpha_1 &= \frac{3Q_1}{3Q_1+3Q_2+Q_3} \\ \alpha_2 &= \frac{3Q_2}{3Q_1+3Q_2+Q_3} \\ \alpha_3 &= \frac{Q_3}{3Q_1+3Q_2+Q_3} \end{aligned} \tag{5.30}$$

이에 따라 $\alpha_t=\alpha_1+2\alpha_2+3\alpha_3$로 정의될 때 Q_1, Q_2, Q_3는 다음과 같이 구할 수 있다.

$$\begin{aligned} Q_1 &= \frac{\alpha_1}{\alpha_t}Q \\ Q_2 &= \frac{\alpha_2}{\alpha_t}Q \\ Q_3 &= \frac{3\alpha_3}{\alpha_t}Q \end{aligned} \tag{5.31}$$

따라서 부품 수가 s인 구조에서 k개 부품의 고장이 발생하는 불신뢰도 Q_k는 다음과 같이 주어진다.

$$Q_k=\frac{k\alpha_k}{\binom{n-1}{k-1}\alpha_t}Q, \quad k=1,2,\cdots,n \tag{5.32}$$

여기서 α_k는 전 부품 n개 중에서 어떤 k개 부품이 동시에 고장이 발생할 확률로 볼 수 있으며, $Q_k=\sum_{i=1}^{n} i\alpha_i$이다.

예제 5.18

$n=3$일 때 MGL 모형과 알파인자 모형이 일치하는 모수들의 관계를 구해 보자. β, γ는 식 (5.27)과 (5.28)로부터

$$\beta = \frac{2\alpha_2 + 3\alpha_3}{\alpha_1 + 2\alpha_2 + 3\alpha_3}, \quad \gamma = \frac{3\alpha_3}{2\alpha_2 + 3\alpha_3}$$

가 되며, 또한 β와 γ는 [그림 5.16]과 조건부 확률의 정의로부터 α_k, $k=1, 2, 3$와 다음과 같은 관계를 가진다.

$$\alpha_1 = 3(1-\beta), \quad \alpha_2 = \frac{3\beta(1-\gamma)}{2}, \quad \alpha_3 = \beta\gamma$$

예제 5.19 **[예제 5.16]의 계속**

3 중 1 구조(병렬구조)와 3 중 2 구조에 대해 알파인자 모형을 적용해 보자. 먼저 식 (5.31)의 Q_k로부터 3 중 1 구조의 불신뢰도는

$$Q_S = Q_1^3 + \binom{3}{2} Q_2 Q_1 + Q_3 = \left(\frac{\alpha_1}{\alpha_t}\right)^3 Q^3 + 3\left(\frac{\alpha_1 \alpha_2}{\alpha_t^2}\right) Q^2 + \left(\frac{3\alpha_3}{\alpha_t}\right) Q$$

단, $\alpha_t = \alpha_1 + 2\alpha_2 + 3\alpha_3$

로, 3 중 2 구조의 불신뢰도는 다음과 같이 된다.

$$Q_S = \binom{3}{2} Q_1^2 + \binom{3}{1} Q_2 + Q_3 = 3\left(\frac{\alpha_1}{\alpha_t}\right)^2 Q^2 + 3\left(\frac{\alpha_2}{\alpha_t}\right) Q + \left(\frac{3\alpha_3}{\alpha_t}\right) Q$$

5.4 신뢰성 설계

신뢰성은 아이템의 주요 고유속성으로 인식됨에 따라 공학적 설계과정에서 중요한 고려사항이 되고 있다. 또한 수명주기비용(life cycle cost)을 분석할 때 신뢰도는 이 비용의 주요 유발동인이 될 뿐만 아니라 시스템의 성능에도 상당한 영향을 미친다. 따라서 이 절에서는 현실적인 신뢰도 목표를 정립하고 이를 달성하기 위한 신뢰성 설계 방법론을 다루고자 한다.

신뢰성 설계는 아이템에 신뢰성을 부여하는 목적의 설계활동으로 기능 및 성능, 신뢰성과 보전성, 안전성을 설계단계에서 반영하여 제조보다 선행단계에서 설계품질을 확보

하고자 한다.

신뢰성 설계는 [그림 5.17]과 같이 비용(예를 들면 수명주기비용)과 성능척도의 지향목표에 부합하는 신뢰성 목표를 규정하는 것으로부터 시작되는 반복적 과정이다. 먼저 신뢰성 목표가 정해지면 이런 목표는 개별 하위시스템, 유닛, 부품에 대해 규정된다. 이것이 수행되면 목표를 달성하기 위한 다양한 설계 방법, 즉, 적절한 부품 및 재료 선택, 스트레스-강도 분석, derating, 용장성이 적용된다. 개발, 설계, 시작품 제작이 완료되면 신뢰성 성장시험과 FMEA에 의해 고장모드의 확인, 순위화, 제거를 위한 체계적 고장분석이 실시된다. 일단 신뢰도 목표가 달성되면 안전여유가 적절한지를 파악하는 검증절차가 수행되며, 이 때 FTA가 치명적 고장모드를 파악하는 유용한 도구가 될 수 있다. 신뢰도 또는 안전 목표가 달성되지 않으면 낮은 수준에 대한 신뢰도 목표의 재배분, 설계 변경 등이 요구될 수 있다.

신뢰도는 설계과정에서 주로 결정되지만 제품의 외적요인에 의해 제품 수명주기과정 전반을 통해 영향을 받으므로 제품 수명주기의 세부단계로 나누어 기술한다.

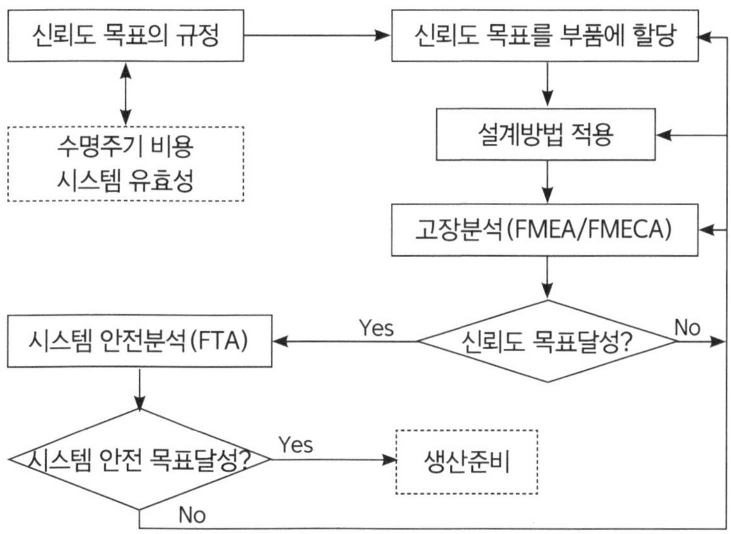

그림 5.17 신뢰성 설계 과정

1 고객니즈·시장정보의 수집

고객이 기대하는 기능·성능·서비스 등을 실현하는 것이 최우선이므로, 이를 위해 VOC (Voice of the Customer) 및 조직내외의 부적합 정보를 체계적으로 수집하고 분석하여 신제품에 반영해야 한다.

특히 신뢰성 관점에서 제품이 사용되는 환경과 사용조건을 체계적으로 조사해야 한다. 일례로서 환경 및 사용조건으로는 온도, 습도, 먼지, 염수, 일조조건, 전압변동, 수질, 미생물 등이 포함된다.

2 구상단계

이 단계에서는 전 단계의 VOC, 기술능력, 경쟁사 제품동향 등의 정보와 중장기 경영계획에 따라 목표로 설정된, 기능, 성능, 신뢰성, 안전성 지표를 설정한다. 이를 수용한 몇 개의 신제품을 구상하고, 전술한 지표 외에 보전성과 보전지원성 등을 평가하여 신제품 대안들을 비교한다. 이 과정에서 VOC를 체계적인 방식에 의해 품질특성으로 전개하는 QFD(Quality Function Deployment; 품질기능전개)가 유용하다.

이런 과정을 통해 하나의 개발(또는 설계)사양서와 상품기획서를 작성한다. 이때 신제품 개발 시 납기와 원가 문제가 큰 영향을 미치므로 설계심사를 병행하여 원가 등을 검토하고, 납기를 준수하기 위해 기술적, 신뢰성 문제를 찾아서 기술적 해결책을 마련하는 것이 중요하다.

3 기본설계

전 단계의 개발사양서나 상품기획서를 기반으로 기본설계를 실시하지만, 이 단계에서 품질과 신뢰성 문제의 미연방지와 원가절감, 개발기간 단축을 목표로 이를 달성하기 위한 설계기준과 평가기준, 구체적 방법(기존의 하위시스템이나 유닛 및 부품의 활용)을 정한다.

새로 개발하는 구성부품에 대해서는 주변기술과 특허 및 출원상황을 조사한 뒤에, 설계심사에 의한 철저한 사전검토, 공학적 모델에 의한 성능 및 신뢰성시험 실시, FMEA/FTA에 의한 부적합에 대한 미연방지 등을 통해 신뢰성과 안전성을 제고해야 한다.

4 상세설계

상세설계에서는 기본설계가 세부적으로 전개되며, 신뢰성 관점에서 설계여유 등을 검토한다. 만약 구상 또는 기본설계 단계에서 QFD가 작성되었다면 이에 따라 세부 사양항목에 대한 QFD를 작성한다. 또한 기본설계 단계에서 작성된 FMEA가 있다면 등급이 높은 고장모드에 대해 개선방안을 마련하고, 필요하면 중요부품 등에 대해 신뢰도 예측 및 신뢰성시험을 실시한다.

제품의 신뢰성은 도면과 시험만으로 보증할 수 없으므로 생산단계에서 신뢰성이 높은 제품을 구현하기 위한 공정설계도 요구된다. 또한 이 단계에서 보전성 설계도 긴요하게 고려되어야 한다. 즉, 실물모형에 의한 고장부위의 검출 용이성, 보급 및 예비부품과의 교환 용이성의 검토 및 인터넷이나 GPS를 이용한 원격 상태감시보전 등의 가능여부도 검토한다.

마지막 설계단계이므로 시제품 제작 후 생산성에 대한 사전 검토, 파일럿 생산을 통한 양산 여부 결정 등에 관한 설계심사를 실시해야 한다.

5 제조 및 출하

설계단계에서 부여된 신뢰도가 제조단계에서 낮아지거나 불안정화 되지 않도록 제조단계에서도 신뢰성 활동이 요구된다. 이 단계의 신뢰성 업무는 주로 제조공정에서 발생되는 신뢰성 문제를 감소시키거나 제거하고자 한다.

제조공정에서는 원자재, 공정, 제조 장소, 작업자, 오염원 등에서 변동을 유발한다. 제조 관리전략으로는 공정관리계획(PCP), SPC, 중요 공정특성의 확인과 관리, 제조환경하에서의 실험계획 등이 포함된다. 이 단계에 주로 쓰이는 신뢰성 업무로는 공정 FMEA의 완성, 선별 및 모니터링 계획·제조관리 전략·현장시험 계획의 개발과 실시, 출하 전에 모든 신뢰도 요건에 대한 검증 등이 포함된다.

6 운용 및 보전, 폐기

운용 중의 부적합이나 보전성의 문제점, 환경 및 사용조건의 다양성으로 인한 예측할 수 없는 문제 등이 설계에 즉시 피드백되는 신뢰성 정보시스템을 구축하고 보전성 설계를 통해 시장의 품질 유지를 확보할 수 있도록 지원하는 전담부서도 확보할 필요가 있다.

그리고 기업은 환경문제에 대한 대책으로 소비전력 저감과 연비 제고 등을 포함한 에너지 절감과 폐기 시 재사용 또는 리사이클링 효율을 향상해야 하므로, 내구성 확보를 위한 제품의 수명 증대, 신뢰성 평가방법의 확립이 필요하다.

7 기능과 임무 프로파일

[1]~[5] 단계의 신뢰성 관련 목표를 달성하기 위해서는 임무(mission)와 임무 프로파일(profile)에 대한 이해가 요구된다. 신뢰성 설계를 수행할 때 소비자와 사용자의 니즈(VOC)와 시장의 품질정보에 따라 사양을 명확하게 하고, 개발대상 제품의 사용목적에 합치하는 기능을 정해야 한다. 자동차를 예로 들면, 통근용, 상용, 레저 겸용인가 등의 사용목적에 따라 요구 사양이나 기능이 달라진다. 여기에 신뢰성을 도입하기 위해서는

임무 프로파일이 먼저 작성되어야 한다.

대상 아이템이 완수해야 될 업무인 임무는 아이템에 부과된 일의 내용에 따라 1회와 다회의 임무로 양분된다. 전자는 1회 발사 시마다 매우 높은 신뢰도로 작동이 요구된 우주선의 유닛과 하위 시스템, 소화기, 1회용 일상용품 등으로 다양하며, 후자는 소수 회 사용하지만 반드시 작동해야 하는 비상안전장치와 상시 사용하는 자동차, 전기·통신시스템 등이 있다.

임무 횟수 외에 신뢰성 설계에 필요한 것으로 임무시간이 있다. 1회 임무인 경우는 일정시간이상의 작동이 요구되는 것이 일반적이며, 다회인 경우에 TV나 가정용 냉방기구 등의 내구 소비재는 일간 또는 연간 임무시간이, 자동차나 전동차인 경우는 주행거리(km)에 의한 임무시간으로 표시된다.

신뢰성 설계 대상이 되는 아이템은 고객(발주자), 즉 전문기업, 통신이나 운수 등의 공익사업체, 정부기관과 같은 특정의 사용자에 의해 사양이 명확하게 규정되는 경우가 있으며, 자동차나 가전제품과 같이 시장의 사용 및 환경조건이 여러 종류이면서 다양한 경우도 있다.

따라서 고도의 신뢰성 설계에 의해 고객만족을 확보하는 데는 임무 프로파일에 따라 정해지는 기능에 대해 신뢰성 요구기능을 파악하여 설계에 반영해야 한다. 임무 프로파일표는 신뢰성 관점에서 아이템의 임무 프로파일을 시스템과 엘리먼트의 측면에서 정리한 도표로, 상용차에 관한 예시가 [표 5.2]에, 이와 관련된 신뢰성 블록도를 [그림 5.18]에서 볼 수 있다. 또한 신뢰성 설계에서 특히 환경 및 사용조건이 중시되므로 이것을 포함시킬 수도 있다.

표 5.2 상용차 임무 프로파일 예

기능	임무	임무시간	유닛·부품 계통
주행	주행, 동작	70km/일 10hr/일	엔진, 전·후륜, 변속기, 파워트레인
조종	방향전환, 가·감속	10km/일 (시내주행)	운전대, 파워 스티어링, 전륜, 연료 제어계통
제동	감속, 정지상태로 감	150회/일, 10hr/일(시내주행)	운전대, 브레이크, 엔진 제어계통
정지	정지함, 본체 지탱	30회/일	브레이크, 사이드 브레이크, 도어락(door-lock), 전·후륜
화물 반출입	차문 개폐, 반출, 반입	100회/일	도어락(door-lock), 문 개폐장치, 도어 여닫이

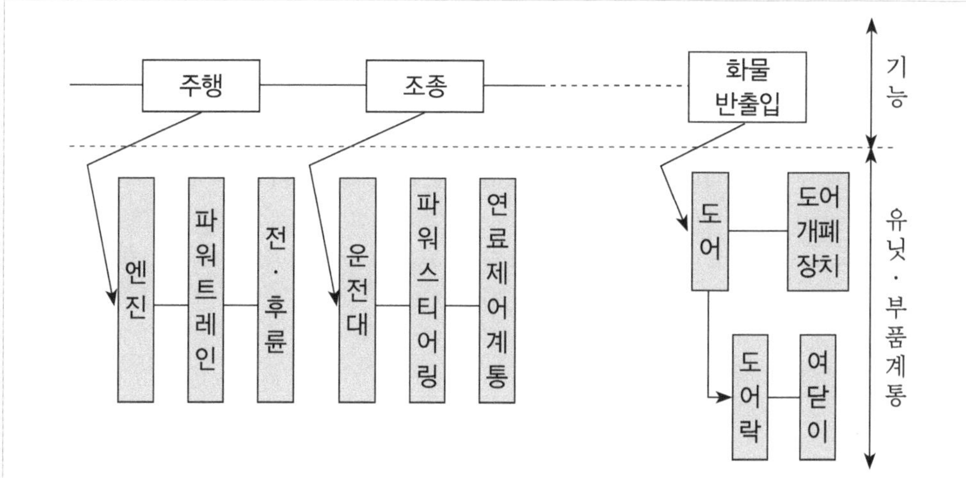

그림 5.18 상용차 신뢰성 블록도의 일부

5.4.1 중복설계

용장성(redundancy)은 특히 개별 부품 신뢰도가 미리 결정될 수 있는 경우 신뢰성 설계과정에서 매우 중요한 역할을 한다. 현재의 부품설계로는 바라는 신뢰도 목표의 달성이 불가능할 경우 유일한 대안이 될 수 있다. 더불어 용장성을 도입한 중복설계는 외부의 환경 스트레스를 감안하여 신뢰도를 높일 수 있는 방법이지만, 추가된 부품 수에 따른 증분비용, 크기, 무게, 수리 및 예방보전을 고려하는 설계에 대한 상충관계 분석이 수행되어야 한다.

용장성은 중복부품의 작동여부에 따라 병렬구조, n 중 k 구조, 작동중인 부품 수에 따라 부하를 분담하는 부하분담(load-sharing) 시스템이 속하는 활성(active) 중복과 대기 시스템이 포함되는 비활성(inactive; 또는 대기) 중복, 그리고 두 가지가 조합된 중복으로

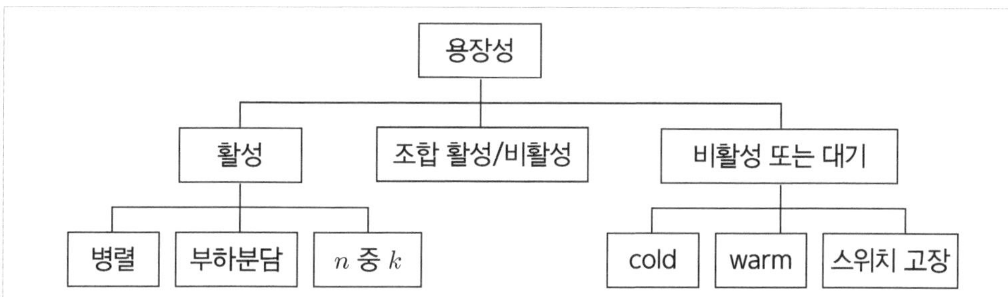

그림 5.19 용장성의 분류

구분된다. 여기서 비활성 중복은 대기 중인 부품의 고장여부에 따라 cold 또는 warm 대기, 스위치의 고장을 고려하는 대기 시스템으로 세분된다. 만약 이런 시스템에서 특정 부품이 고장날 때 중복된 다른 부품이 고장이 나기 전에 원상태로 회복될 경우 시스템의 신뢰도가 높아질 수 있다. [그림 5.19]는 용장성을 분류한 그림이다.

일반적으로 중복설계를 통해 신뢰도를 높일 수 있으나 다음과 같은 경우는 부품을 중복함으로써 신뢰도를 높일 수 없는 경우의 예시이다.

예제 5.20

다음의 두 부품 병렬구조에서 부품고장을 개방(open) 고장과 단락(합선, short) 고장으로 구분할 수 있으며, 개방 고장은 일반적인 고장과 동일한 형태를 취하지만 단락 고장은 한 부품이 고장이 나면 병렬 시스템이 고장이 나는 경우이다.

부품의 신뢰도, 개방고장과 단락 고장확률이 각각 0.9, 0.04, 0.06이면, 개방 고장확률은 0.04^2이고, 단락 고장확률은 $1-(1-0.06)^2$이 되므로 이 병렬구조의 신뢰도는 $R_S = 1-0.04^2-[1-(1-0.06)^2] = 0.94^2-0.04^2 = 0.882 < 0.9$가 되므로 중복효과가 없는 경우가 발생할 수 있다.

1 부품 및 시스템 중복

용장성을 부여하는 가장 쉬운 두 가지 방법은 5.1.4절에서 다룬 바와 같이 [그림 5.20]의 시스템 중복(system or unit redundancy)과 부품 중복(component redundancy)이다.

일반적으로 신뢰도 측면에서 볼 때 부품 중복이 시스템 중복보다 우수하다. 먼저 가장 단순한 두 동일 부품으로 이루어진 직렬 시스템을 고려하자. 두 부품의 신뢰도가 각각 R_A

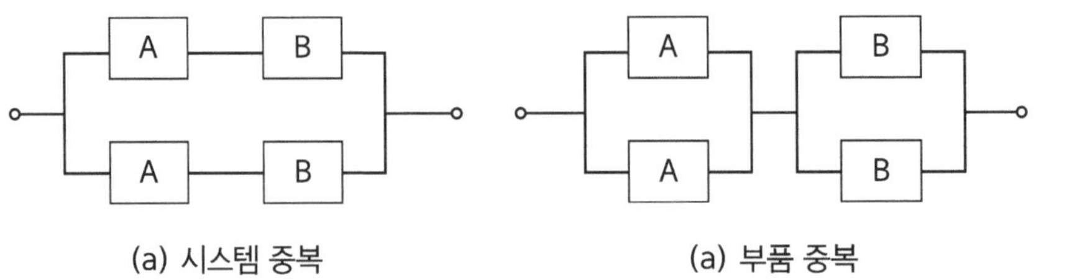

그림 5.20 두 부품으로 이루어진 직렬 시스템의 시스템과 부품 중복

와 R_B일 때 시스템 중복과 부품 중복을 적용할 경우의 신뢰도는 다음과 같다.

(i) 시스템 중복

$$R_{SR}=1-(1-R_AR_B)^2=2R_AR_B-R_A^2R_B^2$$

(ii) 부품 중복

$$R_{CR}=[1-(1-R_A)^2][1-(1-R_B)^2]=(2R_A-R_A^2)(2R_B-R_B^2)$$
$$=4R_AR_B-2R_A^2R_B-2R_AR_B^2+R_A^2R_B^2$$

이들 크기를 비교하기 위해 두 신뢰도의 차를 구하면 다음과 같이 되므로,

$$R_{CR}-R_{SR}=2R_AR_B-2R_A^2R_B-2R_AR_B^2+2R_A^2R_B^2$$
$$=2R_AR_B(1-R_A)(1-R_B)\geq 0$$

두 부품의 신뢰도가 모두 1(0인 경우는 무의미하여 배제)이 아니면 부품 중복이 항상 우수하다. 여기서 두 부품 신뢰도가 p로 동일하다면 $R_{CR}-R_{SR}=p^2(2-p)^2-p^2(2-p^2)=2p^2(1-p)^2\geq 0$가 되어 두 부품 중복이 시스템 중복보다 우수함을 쉽게 보여줄 수 있다.

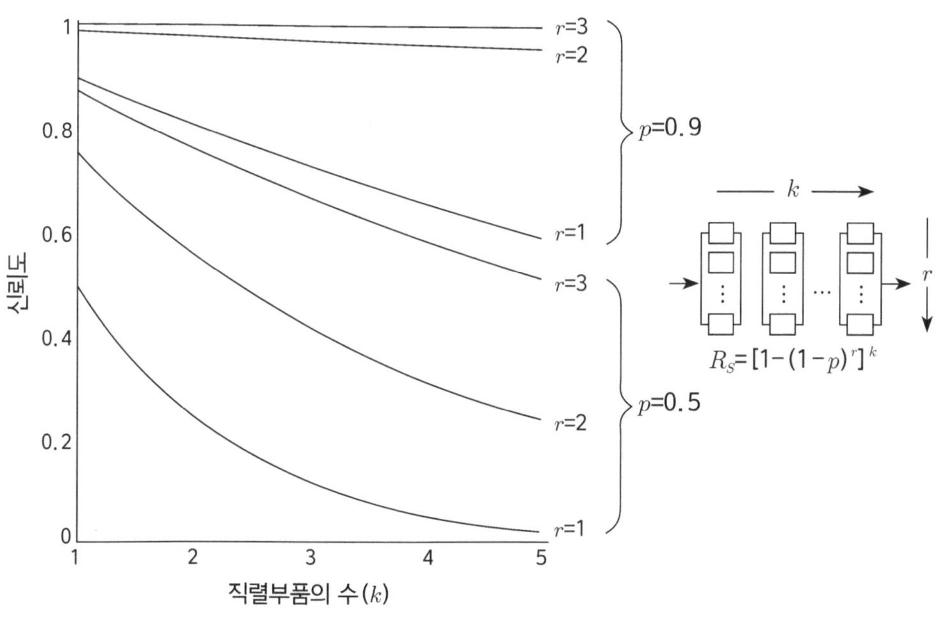

그림 5.21(a) 부품 중복 시스템의 신뢰도

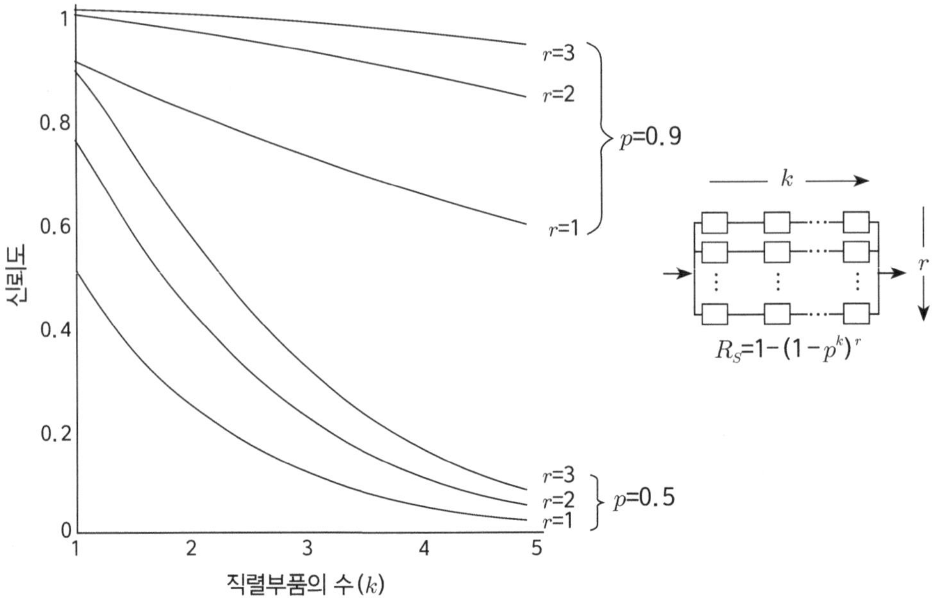

그림 5.21(b) 시스템 중복 시스템의 신뢰도

이를 두 개의 부품에서 s개의 동일하지 않는 부품으로 일반화 하더라도 수학적 귀납법에 의해 부품 중복이 우수함을 보일 수 있다.

[그림 5.21]의 (a)와 (b)는 k개의 동일한 신뢰도(p)를 가진 부품으로 이루어진 직렬 시스템을 각각 부품 중복($k\times r$ 직·병렬 구조)과 시스템 중복($r\times k$ 직·병렬 구조) 방식에 의해 r개 중복할 경우의 신뢰도를 비교한 그림으로 역시 전자가 후자보다 신뢰도 측면에서 우수함을 알 수 있다.

2 민감도 분석

시스템 신뢰도에 대한 부품의 중요도는 부품 신뢰도와 시스템 구조에서 부품의 구조적 위치에 의존한다. 신뢰도 측면에서 부품 중요도의 척도는 시스템 신뢰도를 향상시키기 위한 효율적인 전략을 개발하는데 필요한 정보를 제공한다. 특히 이러한 척도는 신뢰도 향상 노력 측면에서 우선순위 부품을 결정하는데 도움을 준다. 전통적인 민감도 분석은 부품 신뢰도를 단순하게 활용하는 척도로 전체 시스템 신뢰도를 각 부품의 신뢰도에 대하여 편미분한 계수를 이용한다.

n개의 부품으로 이루어진 시스템의 신뢰도 벡터가 $\boldsymbol{R}=[R_1, \cdots, R_n]$ 이고 시스템 신뢰

도함수가 $R_S(\boldsymbol{R})$일 때 i부품의 신뢰도 중요도는 식 (5.33)과 같이 정의된다.

$$I_R(i) = \frac{\partial R_S(\boldsymbol{R})}{\partial R_i} \tag{5.33}$$

즉, 부품 i의 신뢰도에 관한 순간 변화율이 시스템의 신뢰도 변화에 미치는 영향을 계량화한 민감도이며, Birnbaum의 부품 중요도(component importance measure)로 불린다. 여기서 직렬구조이면 신뢰도 측면에서의 중요도인 부품 i의 민감도는

$$I_R(i) = \frac{\partial R_S(\boldsymbol{R})}{\partial R_i} = \frac{1-R_S(\boldsymbol{R})}{1-R_i}$$

이 되어 민감도가 가장 높은 부품은 가장 강한(신뢰도가 가장 높은) 부품이므로 이 부품의 신뢰도를 높이는 것이 시스템 신뢰도에 가장 영향이 크다.

예제 5.21 **3 중 2 구조의 민감도**

각 부품의 신뢰도 R_i, $i=1,2,3$인 3 중 2 구조에 대해 세 부품의 민감도를 구하라.

이 구조의 신뢰도는

$$\begin{aligned} R_S(\boldsymbol{R}) &= R_1R_2(1-R_3)+R_1(1-R_2)R_3+(1-R_1)R_2R_3+R_1R_2R_3 \\ &= R_1R_2+R_1R_3+R_2R_3-2R_1R_2R_3 \end{aligned}$$

이므로 부품 1, 2, 3의 민감도는 다음과 같이 된다.

$$I_R(1) = R_2+R_3-2R_2R_3,\ I_R(2) = R_1+R_3-2R_1R_3,\ I_R(3) = R_1+R_2-2R_1R_2$$

여기서 $I_R(1)-I_R(2) = (R_1-R_2)(2R_3-1)$이 되므로, $R_3>1/2$일 때 신뢰도가 높은 부품의 민감도가 더욱 높다.

5.4.2 신뢰도 등가인자

신뢰도를 제고하는 방법으로 다음의 세 가지 설계방안을 고려할 수 있는데, 이를 신뢰도 등가인자(reliability equivalence factor)로 평가할 수 있다(Rade(1993)).

① 부품의 고장률을 줄이는 방안

② 병렬중복

③ 대기중복

고장률이 $\lambda(\equiv 1/\theta)$인 지수분포를 따르는 단일 부품으로 구성된 시스템 구조를 고려하자. 만약 방안 ①을 채택하여 고장률을 $\rho\lambda$로 감소시키면 신뢰도와 $100q$백분위 수명은 다음과 같이 주어진다. 여기서 $\rho=1$로 둔 $t_{q,1}$은 원 부품의 $100q$백분위 수명이 된다.

$$R_\rho(t)=e^{-\rho\lambda t} \tag{5.34}$$

$$t_{q,\rho}=-\frac{1}{\rho\lambda}\ln(1-q) \tag{5.35}$$

또한 방안 ②를 적용하여 동일한 하나의 부품을 병렬로 추가하면 신뢰도는 식 (5.36)과 같이 주어지며, 이 구조의 $100q$백분위 수명인 t_q는 식 (5.37)이 된다.

$$R_P(t)=2e^{-\lambda t}-e^{-2\lambda t} \tag{5.36}$$

$$t_{q,P}=-\frac{1}{\lambda}\ln(1-\sqrt{q}) \tag{5.37}$$

두 방안의 $100q$백분위 수명이 같아지는 ρ를 $\rho_P(q)$로 표기할 때, 식 (5.35)와 식 (5.37)로부터 이를 풀면 $\rho_P(q)$는 다음과 같이 된다.

$$\rho_P(q)=\frac{\ln(1-q)}{\ln(1-\sqrt{q})} \tag{5.38}$$

[그림 5.22]에는 q에 따른 $\rho_P(q)$(병렬 중복)이 도시되어 있는데, q가 증가하면 $\rho_P(q)$가 커진다. 따라서 부품 1개를 추가하는데 드는 비용과 q에 따른 목표 백분위 수명이 주어질 때 감소시켜야 할 신뢰도 등가인자를 달성하는데 소요되는 비용을 비교하여 두 설계방안 중의 하나를 선택할 수 있을 것이다. 예를 들면 $q=0.1$일 때 병렬 시스템의 제 10백분위 수명은 $0.3813/\lambda$가 되므로, 이때의 $\rho_P(0.1)$는 0.2772가 된다. 따라서 대상 부품의 고장률을 0.2772배로 줄이는데 필요한 비용과 현 부품을 병렬로 추가하는데 소요되는 비용을 비교하여 선택하면 된다.

또한 원 부품의 $100q$분위 수명($t_{q,1}$)에 대해 병렬 구조로 중복을 할 경우의 $100q$백분위 수명의 배수를 **[그림 5.23]** ($q=0.1\sim0.5$)에서 찾을 수 있다.

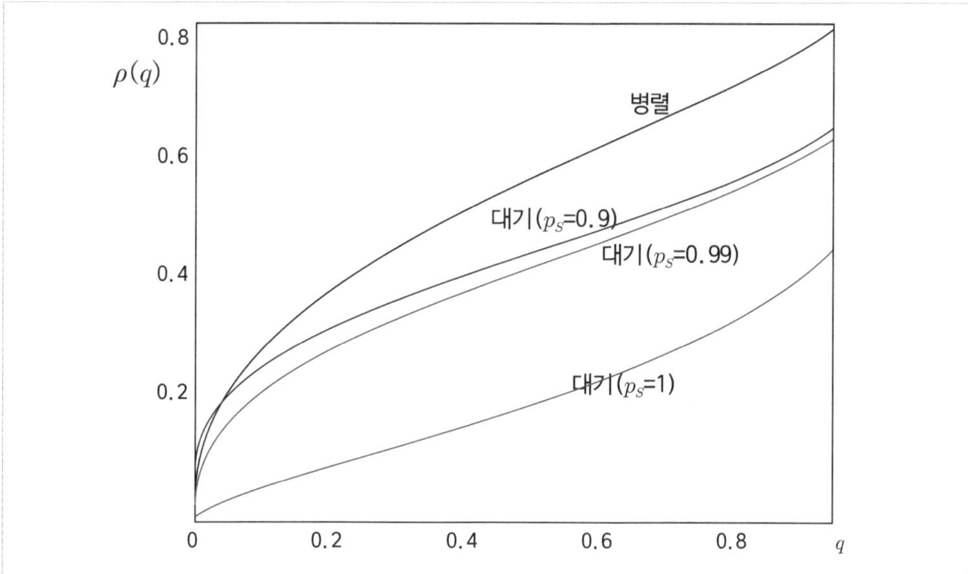

그림 5.22 설계방안에 따른 신뢰도 등가인자

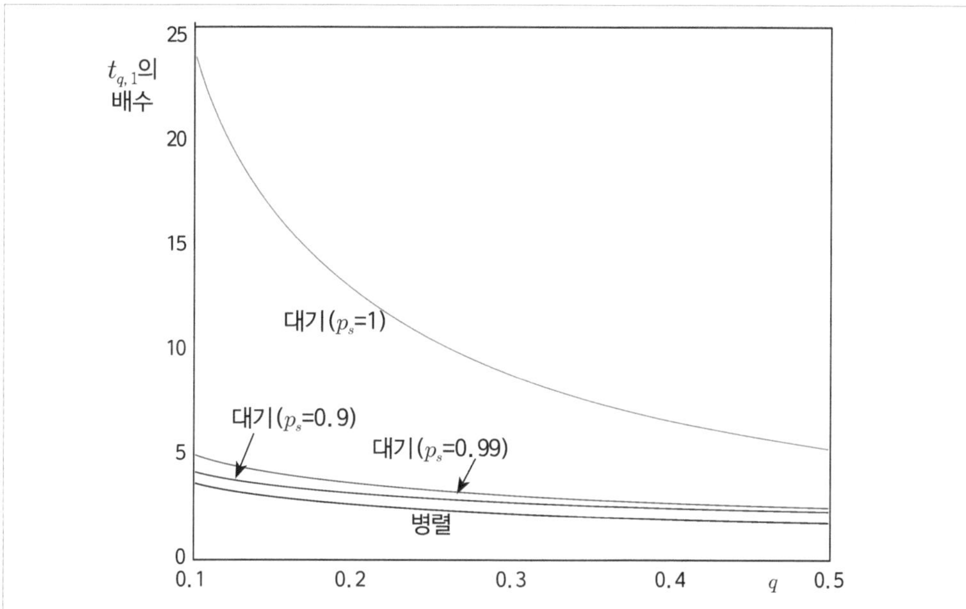

그림 5.23 설계방안에 따른 백분위 수명 배수

한편 방안 ③을 적용하여 동일한 하나의 부품을 추가한 대기 시스템을 구성하면 신뢰도는 다음과 같이 된다.

$$R_{SB}(t) = e^{-\lambda t}(1 + \lambda t) \tag{5.39}$$

식 (5.34)에서 $100q$백분위 수명이 $-\ln(1-\alpha)/(\lambda\rho)$가 되므로 대기 시스템의 $100q$백분위 수명과 같아지는 신뢰도 등가인자 ρ를 $\rho_{SB}(q)$로 표기할 때 다음 조건을 만족한다.

$$R_{SB}(t)=\frac{\left[1-\dfrac{\ln(1-q)}{\rho_{SB}(q)}\right]}{(1-q)^{1/\rho_{SB}(q)}}=1-q \tag{5.40}$$

식 (5.40)을 만족하는 $\rho_{SB}(q)$를 폐쇄형(closed form)으로 구할 수는 없지만 수치해법으로 구한 그림이 **[그림 5.22]** (대기($p_s=1$))에 주어져 있다. 이를 보면 대기중복일 경우에 신뢰도가 등가가 되려면 병렬중복보다 훨씬 고장률을 줄어야 함을 확인할 수 있다.

예제 5.22

고장률이 0.001인 지수분포를 따르는 조립품에 대해 신뢰도를 제고시킬 수 있는 설계방안을 고려하자. 이 조립품의 단가는 20,000원인데, 고장률을 $\rho\lambda$로 되게 하려면 그 비용은 $10,000(1/\rho)^{1.3}$가 되며, 병렬 중복을 할 경우는 조립품 비용만, 대기 중복을 할 경우는 조립품 비용 외에 12,000원의 추가비용이 발생한다. 먼저 제 5백분위 수명이 같아지는 고장률을 줄이는 방안과 병렬중복(동일한 하나의 조립품 추가) 방안을 비용측면에서 비교하라. 또한 전자와 대기중복(동일한 하나의 조립품을 추가하며 스위치는 완벽함) 방안을 비용측면에서 비교하라.

식 (5.38)(또는 **[그림 5.22]**에서 근사적으로)로부터 구한 신뢰도 등가인자 $\rho_P(0.05)=\ln 0.95/\ln(1-\sqrt{0.05})=0.2027$이 되므로 고장률을 줄이는 경우의 비용은 $10,000(1/0.2027)^{1.3}=79,632$원이 되어, 병렬중복(40,000원)이 비용을 절감하는 설계방안이 된다. 그리고 대기중복을 할 경우와의 신뢰도 등가인자는 식 (5.40)에서 수치해법(또는 **[그림 5.22]**에서 근사적으로)으로 구하면 0.0218이 된다. 이 경우의 비용은 $10,000(1/0.0218)^{1.3}=1,445,462$원이 되어 대기중복(52,000원)이 훨씬 적은 비용의 설계방안이 된다.

방안 ③에서 스위치는 완벽하다고 가정하고 있는데 이 가정을 완화하여 스위치가 필요시 작동 확률이 p_s일 때 식 (5.39)와 식 (5.40)은 식 (5.41)과 식 (5.42)로 바뀐다.

$$R_{SB}(t) = e^{-\lambda t}(1 + p_s \lambda t) \tag{5.41}$$

$$R_{SB}(t) = \frac{\left[1 - \dfrac{p_s \ln(1-q)}{\rho_{SB}(q)}\right]}{(1-q)^{1/\rho_{SB}(q)}} = 1 - q \tag{5.42}$$

여기서 p_s가 0.99, 0.90일 때 식 (5.42)로부터 구한 $\rho_{SB}(q)$를 **[그림 5.22]**에서 볼 수 있는데, 스위치가 완벽하지 않을 경우에 대기중복의 이점이 상당히 경감됨을 알 수 있다. 또한 원 부품의 $100q$백분위 수명에 대한 대기 구조로 중복을 할 경우의 $100q$백분위 수명의 배수가 **[그림 5.23]**(스위치가 완벽할 경우와 완벽하지 않을 경우로 구분)에서 찾을 수 있다.

또한 병렬중복 시스템과 스위치가 불완전할 경우의 대기중복 시스템의 신뢰도가 같아지는 p_s인 $p_{s,P}$는 다음과 같이 주어지므로,

$$p_{s,P} = \frac{1 - e^{-\lambda t}}{\lambda t}$$

에 식 (5.37)을 대입하여 두 시스템의 특정 백분위 수명이 같아지는 스위치의 작동 확률은 다음과 같이 나타낼 수 있다.

$$p_{s,P} = \frac{\sqrt{q}}{\ln(1 - \sqrt{q})} \tag{5.43}$$

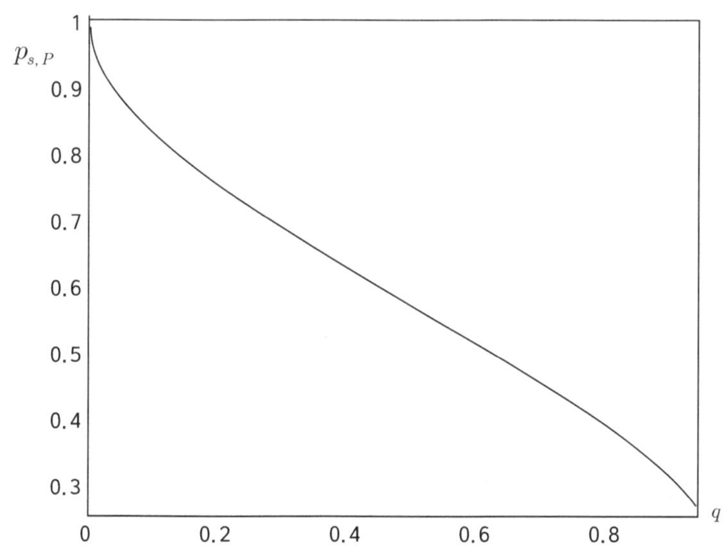

그림 5.24 병렬중복과 대기중복의 신뢰도가 같아지는 스위치 작동확률: $p_{s,P}$

식 (5. 43)으로부터 구한 $p_{s,P}$를 [그림 5.24]에서 볼 수 있는데, q가 커질수록 두 시스템이 등가가 되는 스위치의 작동 확률은 작아지고 있다. 즉, q가 높은 값보다 낮은 값을 가질 때 스위치의 작동 확률이 더 높아야 대기 구조의 이점을 유지할 수 있다.

5.4.3 신뢰도 배분

시스템 신뢰도 목표가 결정되면 낮은 수준인 유닛과 부품 수준까지 이 목표를 달성할 수 있도록 배분되어야 한다. 신뢰성 블록도 등을 이용하여 일반적으로 식 (5. 44)와 같은 부등식을 만족하도록 설계해야 한다.

$$\phi(R_1(t), R_2(t), \cdots, R_n(t)) \geq R_S^*(t) \qquad (5.44)$$

여기서 $R_i(t)$와 $R_S^*(t)$는 t시점의 i부품의 신뢰도와 시스템 신뢰도의 목표치이며, ϕ는 부품과 시스템 신뢰도를 연결시키는 함수(즉, 구조함수로 불림)이다.

만약 $MTTF_i$와 $MTTF_S^*$가 각각 i부품의 MTTF와 시스템 MTTF의 목표치이고 g가 시스템 MTTF를 계산하는 함수일 때 식 (5. 45)와 같이 적을 수도 있다.

$$\mathrm{g}(MTTF_1, MTTF_2, \cdots, MTTF_n) \geq MTTF_S^* \qquad (5.45)$$

ϕ와 g는 시스템 구조에 의존하는데, 모든 부품이 독립이고 직렬로 연결되어 있다면 식 (5. 44)는 다음과 같이 단순화할 수 있다.

$$\prod_{i=1}^{n} R_i(t) \geq R_S^*(t) \qquad (5.46)$$

먼저 가장 단순한 배분 방식으로 지수분포를 따르는 부품으로 구성된 직렬 시스템에 대해서는 직렬구조의 민감도 결과를 감안하여 모든 부품의 고장률을 동일하게 설정하는 다음과 같은 등배분방식(Equal Apportion Method)을 채택할 수 있다.

$$\prod_{i=1}^{n} R_i(t) = e^{-n\lambda_i t} \geq R_S^*(t) = e^{-\lambda_S^* t}$$

$$\lambda_i^* = \lambda_S^*/n, \quad i = 1, \cdots, n$$

1 ARINC의 방법

각 부품은 상수 고장률(λ_i)를 가지며 부품의 고장은 독립이고 시스템을 고장을 유발하는 직렬구조를 고려하면 식 (5. 44)는 다음과 같이 된다.

$$\prod_{i=1}^{n} R_i(t) = e^{-\sum_{i=1}^{n}\lambda_i t} \geq R_S^*(t) = e^{-\lambda_S^* t}$$

따라서 다음과 같은 조건으로 바꿀 수 있다.

$$\sum_{i=1}^{n} \lambda_i^* \leq \lambda_S^*$$

이로부터 최적화 기법이 요구되지 않는 비교적 단순한 방법으로 부품 고장률을 할당하는 신뢰도 배분방법이 최초로 제안되었는데, ARINC(Aeronautical Radio, Incorporated) 방법이라 불린다. 이의 절차를 상술하면 다음과 같다.

(i) 과거, 관측, 추정자료 등으로부터 각 부품 고장률(λ_i)를 정한다.

(ii) 단계 (i)의 각 부품 고장률로부터 각 부품의 가중치를 구한다.

$$w_i = \frac{\lambda_i}{\sum_{i=1}^{n}\lambda_i}, \qquad i = 1, \cdots, n$$

여기서 w_i는 다음 식을 만족하며, i부품의 상대적 고장 취약성을 나타낸다.

$$\sum_{i=1}^{n} w_i = 1$$

(iii) 다음과 같이 목표 고장률을 만족하는 각 부품의 새로운 고장률을 구한다.

$$\lambda_i^* = w_i \lambda_S^*, \qquad i = 1, \cdots, n \tag{5. 47}$$

예제 5.23

어떤 시스템에 대한 최대 고장률 요구가 $\lambda_S^* = 0.005(MTTF_S^* = 200)$이고, 이 시스템이 4개의 부품이 직렬로 연결되어 있을 때 이 시스템의 고장률을 ARINC 방법에 의해 각 부품에 할당하라.

(i) 먼저 각 부품의 고장률을 추정한 결과가 다음과 같다.

$$\lambda_1 = 0.004,\ \lambda_2 = 0.006,\ \lambda_3 = 0.008,\ \lambda_4 = 0.014,$$

$$\sum_{i=1}^{4}\lambda_i = 0.032$$

(ii) 각 부품의 가중치를 구한다.

$$w_1 = 0.004/0.032 = 0.125,\ w_2 = 0.1875,\ w_3 = 0.250,\ w_4 = 0.4375,$$

(iii) 식 (5.47)에 의해 각 부품에 배분된 새로운 고장률을 구한다.

$$\lambda_1^* = 0.125\times 0.005 = 0.000625$$
$$\lambda_2^* = 0.1875\times 0.005 = 0.000938$$
$$\lambda_3^* = 0.250\times 0.005 = 0.00125$$
$$\lambda_4^* = 0.4375\times 0.005 = 0.002188$$

---

2 AGREE의 방법

s개의 구성부품(이하 부품)으로 이루어진 시스템에서 i번째 부품은 n_i개의 소자(또는 모듈)로 형성되어 있다. AGREE(Advisory Group on Reliability of Electronic Equipment) 방법은 소자 수에 따른 복잡성을 반영하고, 부품의 작동시간이 시스템의 작동시간보다 작을 수 있으며, 각 부품의 중요도(importance index)를 고려하므로 ARINC방법에 비해 보다 실용성이 높은 방법이다.

먼저 다음과 같이 기호를 정의하자.

t: 시스템 작동시간

$R_S^*(t)$: 시점 t에서의 시스템 신뢰도 목표

n: 부품의 수

m_i: 복잡성 지수로 부품 i에 포함된 소자 수

$M=\sum_{j=1}^{n}m_j$: 시스템의 총 소자 수

t_i: 부품 i의 작동시간(단, $t_i \le t$)

λ_i: 부품 i의 배분 전 고장률

v_i: 중요도 지수로 부품 i가 고장 시 시스템의 고장으로 야기되는 확률 또는 고장률의 비율

이 방법은 시스템에 포함된 각 부품에 대해 동등한 분배를 고려한 시스템 배분 방식에 의한 시스템 신뢰도에 대한 부품 i의 기여도는 $R_S^*(t)^{m_i/M}$가 된다. 부품 i가 고장날 때 시스템 고장으로 발생될 확률과 부품 i에 배분된 고장확률에 대해 다음의 관계가 성립한다.

$$v_i(1-e^{-\lambda_i t_i})=1-[R_S^*(t)]^{m_i/M}$$

이를 부품 i에 배분된 고장률 λ_i에 대해 풀면 배분 고장률은 식 (5.48)이 된다.

$$\lambda_i^*=-\frac{1}{t_i}\ln\left(1-\frac{1-R_S^*(t)^{m_i/M}}{v_i}\right) \quad i=1,2,\cdots,n \qquad (5.48)$$

각 부품의 모든 고장이 시스템으로 발생하지 않기 때문에(즉, $v_i \leq 1$이면), 배분된 고장률을 부품 신뢰도에 대입하면

$$\prod_{j=1}^{n} e^{-\lambda_j^* t_j} \leq R_S^*(t)$$

이 되어, 목표 신뢰도에 약간 미달되는 현상이 발생한다.

예제 5.24

휴대용 무선전화기는 수신기, 전원 공급기, 송신기, 안테나 하위 시스템의 4가지 구성부품으로 이루어져 있으며, 이 전화기를 개발하는 설계부서는 2,000 작동시간에서 신뢰도가 0.98가 되도록 규정하고 있다. [표 5.3]의 기초자료를 이용하여 각 부품의 고장률을 AGREE방법에 의해 배분하라.

표 5.3 부품 정보

부품	중요도 지수 v_i	작동시간 t_i	소자 수 m_i
수신기	0.9	2,000	30
안테나	1.0	2,000	15
송신기	0.8	1,000	25
전원 공급기	1.0	1,500	70

총 소자 수 M은 140이므로 각 부품이 기여하는 신뢰도는 $0.98^{m_i/140}$([표 5.3]의 두 번째 칸)이 된다. 이로부터 다음의 결과가 얻어진다.

표 5.4 AGREE방법에 의한 수행결과

부품	기여 신뢰도	배분 고장률	배분 신뢰도
수신기	0.99568	1.903×10^{-6}	0.99620
안테나	0.99784	1.081×10^{-6}	0.99784
송신기	0.99640	4.510×10^{-6}	0.99550
전원 공급기	0.98995	6.733×10^{-5}	0.98995
시스템	0.98000	1.4227×10^{-6}	0.97963

[표 5.4]의 배분 고장률(λ_i)은 식 (5.48)에 의해, 배분 신뢰도는 $e^{-\lambda_i t_i}$로부터 구해지며, 마지막 줄의 시스템 신뢰도는 부품 신뢰도를 곱하여 계산한 값이다.
부품의 고장이 항상 시스템 고장으로 발생하지 않기 때문에 [표 5.4]에서 이를 고려하지 않은 목표 신뢰도 0.98과 이를 고려한 시스템 신뢰도 0.97963간에 미세한 차이가 발생한다.

5.4.4 기타 신뢰성 지향 설계 방법

제품설계에 신뢰성을 반영하기 위해서는 고장원인을 파악해야 한다. 일반적으로 고장은 부적절한 설계, 재료와 부품 결함, 포장 또는 유통과정상의 비정상적 스트레스, 작업자 또는 보전 오류, 설계 파라미터를 초과하는 외적 요인 등에 의해서 발생된다.

신뢰성 기술자는 설계 및 제조단계에서 신뢰성이 주요 관심사항이 되도록 역할을 수행해야 한다. 즉, 이를 위한 고유기술 성격의 설계방법, 5.4.1절의 중복설계(용장성), 부품 및 재료 선택, 방호설계(protective architecture), derating, 스트레스-강도 분석, 신기술의 채택과 단순화 등을 활용해야 하며 성능과 비용의 상충관계를 고려하여 이들의 조합된 방법도 적용할 수 있다.

이중에서 이미 다룬 중복설계와 설명되는 시간, 온도, 습도, 압력 등의 변수들의 변화와 이동을 고려하여 아이템이 안전하게 작동할 수 있도록, 강도와 스트레스와의 간격에 해당되는 설계여유와 공차 등을 찾아서 설계에 반영하는데 유용한 스트레스-강도 분석(5.6.1절)을 제외한 다음의 신뢰성 설계 방법론을 살펴본다.

1 재료 및 부품 선택

가끔 설계자는 표준부품보다 작은 공차와 높은 신뢰도를 요구하는 특수 부품의 선정문제에 직면할 수 있다. 여기서 신뢰도와 대비해 상충관계를 발생시키는 요인으로 보통 비용, 수리의 용이성, 부품 조달, 에너지 소비량, 무게, 크기 등이 고려될 수 있다. 여러 후보 부품 중에서 이런 요인에 대한 (상대적) 신뢰도를 파악할 때 도움을 얻을 수 있는 실적자료들을 이용할 수 있다. 예를 들면 전자부품의 고장률 정보는 5.5절에 소개되는 MIL-HDBK-217를 참조할 수 있다.

시스템이 당면하는 재료의 물성과 외적 스트레스에 관한 지식도 중요하다. 응력은 일반적으로 psi(pound per square inch) 또는 MPa(megapascal, Newton)로 표시되며, 재료 물성은 인장강도, 경도, 피로수명, 크리프(creep) 등이 해당된다. 설계단계에서 고려되는 재료의 비기계적 물성으로 열용량, 열전도, 전기저항력, 자기투자율 등이 있다.

2 방호설계

안전이 중요한 아이템의 설계에서는 부품 고장 시 다른 부품, 구조, 연결체의 고장이나 손상을 방지하는 수단을 반영하는 것이 바람직하다. 일례로 과도 전류 감지와 차단용으로 전자장비에 널리 쓰이는 휴즈와 회로차단기를 들 수 있다. 또한 온도조절장치(thermostat)는 치명적 온도한계를 벗어날 경우를 감지하면 온도가 정상상태로 돌아올 때까지 시스템이나 아이템의 작동을 중지시키는 역할로 사용되고 있다. 이와 유사하게 자기점검 회로망(self-checking circuitry)은 비정상 조건을 감지하여 정상조건으로 회복시키기 위해 조절을 하거나 보상수단을 작동시키기 위해 활용된다.

또한 완전하게 고장이 나는 것보다 부분 작동상태를 허용하는 것을 설계에 반영할 수 있다. 이를 통해 비상시에 최소한의 성능을 발휘할 수 있도록 조치할 수 있다.

3 derating

derating은 아이템이 정격값 이하의 스트레스 하에서 작동하도록 하여 작동부하의 한계를 부과함으로써 이의 경감을 통해 고장률을 낮추는 방법이며, 또한 역으로 강도를 할당된 스트레스 수준에 비해 증가시키기도 한다. 예를 들면 전자장비 제조업계에서는 공급전압, 출력전류, 소비전력, 주파수, 접합온도 등에 대한 한계를 규정하고 있다.

특히 설계된 전압과 전류가 정규 작동수준보다 꽤 높은 경우에 매우 효과적이다. MIL-HDBK-217에는 **[그림 5.25]**과 유사한 derating 곡선을 제공한다. 이 그림의 범례에서 주어진 값은 적용전압 대 정격전압의 비이다.

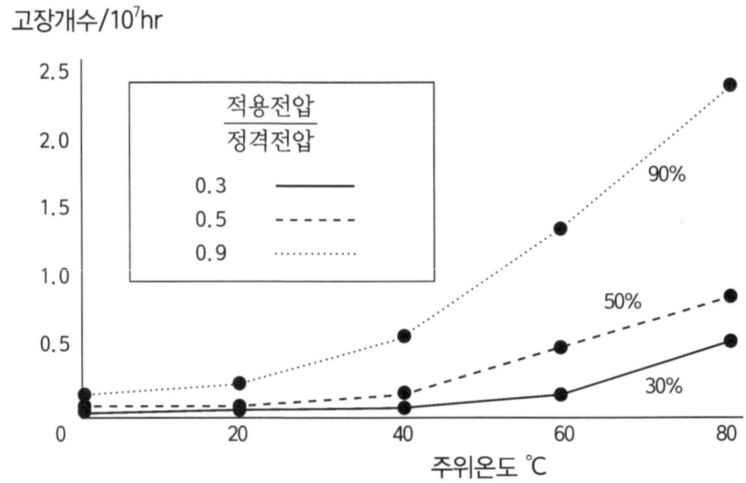

그림 5.25 derating 곡선 예시

전기제품의 derating 용도의 스트레스는 전압과 온도가 주로 채택되며, 기계제품은 조정불량, 진동, 충격 등 여러 스트레스가 활용되는데 다음은 기어의 고장률을 추정하는 예시이다.

$$\lambda = \lambda_b \left(\frac{s}{s_d}\right)^{0.7} \left(\frac{L}{L_d}\right)^{4.69} \left(\frac{v_s}{v}\right)^{0.54} \left(\frac{c}{c_s}\right)^{0.67} \left(\frac{T}{T_s}\right)^{3}$$

단, λ_b: 제조자에 의해 규정된 기본 고장률

$s(s_d)$: 작동(설계) 속도

$L(L_d)$: 작동(설계) 부하

$v(v_s)$: 사용된(규격) 윤활유의 점성

$c(c_s)$: 오염물의 농도(표준 오염수준)

$T(T_s)$: 작동(규격) 온도

이런 derating과 신뢰도와의 정량적 관계는 설계 팀과 사용자에게 부품의 치명수준에 대한 안전한계를 효율적으로 조정할 수 있게 하며, 더불어 부품의 기능과 비용을 대비하여 보다 효과적으로 설계하는데 도움이 된다.

4 복잡성과 기술

5.4.1절에서 다룬 중복설계는 다음과 같은 장점을 가지지만,

(ⅰ) 대안을 탐색할 충분한 시간이 부족하거나 아이템이 이미 설계되었다면 가장 빠른 방법이다.
(ⅱ) 중복 관련비용이 재설계에 비해 경제적이라면 가장 저렴한 수단이다.
(ⅲ) 신뢰성 요구가 현 기술수준으로 달성할 수 없다면 유일한 방법이다.

다음과 같은 약점도 가진다.

(ⅰ) 부품, 센서, 전환기기(감지 및 스위치 기능)가 비쌀 경우에 비용이 과다 발생할 수 있다.
(ⅱ) 크기와 중량이 한계를 초과할 수 있다.
(ⅲ) 활성중복일 경우 에너지 한계를 초과할 수 있다.
(ⅳ) 입력신호를 약화시켜 추가 증폭기가 필요하여 복잡성을 증대시킬 수 있다. 더불어
(ⅴ) 감지와 전환용의 회로망이 요구되어 아이템의 복잡성이 증대될 수 있으므로, 중복에 의한 신뢰성 이점이 상쇄될 수 있다.

비교적 용이하게 신뢰도를 제고할 수 있는 중복설계는 상기와 같이 부품 수가 늘어나게 되어 제품의 복잡성이 증대된다. 즉, 시스템에 속한 부품 수는 시스템 복잡성에 관한 하나의 척도이다. 대부분의 부품은 시스템 신뢰도 관점에서 기본적으로 직렬 형태로 연결되어 있으므로 각 부품은 매우 높은 신뢰도를 갖도록 요구된다. 따라서 부품 수를 줄일 수 있는 설계 대안은 신뢰도의 매우 큰 개선을 가져올 수 있다. 예를 들어 0.99의 시스템 신뢰도를 달성하려면 10개 부품으로 이루어진 경우는 부품 신뢰도가 0.999, 100개 부품일 경우는 0.9999의 부품신뢰도가 요구된다.

하나의 기능 또는 사용용도보다 다수 기능을 가진 부품을 설계함으로써 부품 수를 줄일 수 있다. 각 구동 부품을 개별 스위치로 분리 작동시키는 것보다 하나의 스위치로 전 부품을 동시에 구동시키는 경우를 예로 들 수 있다. 이는 구성부품에 따른 어떤 기능을 줄이거나 제거함으로서도 달성될 수 있다. 부품 최소화와 밀접한 방법으로 부품 다양성의 최소화를 들 수 있다. 즉, 공유 부품을 활용함으로써 재료 품질과 제조 공차를 보다 더 제어할 수 있다.

대안 기술이 존재할 때 설계기술자는 설계목표의 만족 외에 부가되는 유연성과 기술발전성 및 동향 등을 고려해야 한다. 예를 들면 잉크젯 대 레이저 인쇄, LED 대 액정 대 필

라멘트 디바이스, 디지털 대 아날로그 디스플레이, 전기기계 대 고체 디바이스 등의 선택을 들 수 있다.

5.5 신뢰도 예측

양산 또는 시장에 출하되기 전에 신제품의 정확한 신뢰도 예측은 매우 바람직하다. 신뢰도에 관한 사전 지식은 제품 및 시장 여건에 따라 보증비용, 보전지원 비용, 예비부품 요구량에 대한 정확한 추정을 가능하게 해준다. 이런 신뢰도 예측을 매우 높은 신뢰수준과 정확성으로 달성하기는 어렵지만 잠정적인 추정도 수명주기비용 등의 근거가 되며, 설계의 신뢰도 특성을 비교하거나 선택하는 설계 프로세스의 중요한 과정이 된다.

일반적으로 신뢰성 예측은 시스템이 설계, 생산, 평가를 거쳐 개발이 완성된 후 고객에게 전달되기 전에 고장률 등의 신뢰도 척도를 평가하는 과정을 가리킨다. 즉, 설계자는 시스템에 포함되는 모든 엘리먼트의 기능 및 상태를 확인하고, 사용될 환경과 조건을 고려하여 엘리먼트의 고장 시점을 추산한 후에 각 엘리먼트의 신뢰도로부터 시스템의 신뢰도를 예측하여 설계자가 의도한 목표수명을 만족하는지를 확인하는 작업을 하게 된다.

신뢰도가 알려진 기존 아이템의 후속제품은 기존제품의 신뢰도가 신뢰도 예측의 출발점이 된다. 여기서 새로 도입된 제품의 변경사항은 신뢰도를 제고할 수 있지만 새로운 리스크를 유발할 수 있는 점을 유의해야 한다.

신뢰도 예측에 적용되는 보편적인 접근법은 각 부품의 기여도로부터 전체 시스템으로 확대하는 방식을 취한다. 일례로 다음 절에서 소개되는 부품 스트레스 방법 등이 널리 쓰이는데, 신빙성 있는 데이터의 가용여부에 의존한다. 이런 용도로 부품수준에서 고장률을 제공하는 데이터베이스가 개발되어 널리 상용화 되고 있다.

군용 전자제품에 널리 활용되고 있었던 신뢰성 예측방법을 다음과 같이 개략적으로 대별할 수 있으며, 이 중에서 근간이 되는 MIL-HDBK-217에 대해 간략하게 서술한다.

① 유사 아이템 비교방법

외관 및 기능의 유사성, 설계 유사성, 제조방법의 유사성 등의 비교항목을 이용하여 기존제품의 고장률을 활용하는 방법이다.

② 유사 회로 이용방법(similar circuit method)

제품차원에서 비교가 곤란할 때 기존제품의 특정 회로 등에 대한 고장률을 이용하는 방법이다.

③ 능동소자그룹 방법(active element group method)

고장은 주로 능동소자에서 발생하므로 이의 고장자료를 통계적으로 처리한 능동소자의 고장률을 이용하는 방법이다.

④ 부품점수방법(parts count method)

설계 초기 및 입찰단계에서 개략적인 고장률 예측에 활용되며, 부품 종류, 부품 수, 부품 품질수준 등에 따라 고장률이 예측된다.

⑤ 부품 스트레스 분석방법(parts stress analysis method)

전기적 및 열적 스트레스, 부품 품질수준, 사용환경, 최대 정격치 등 다량의 정보에 의해 고장률을 예측하는 방법으로 이중에서 가장 정확하다고 볼 수 있다.

이중에서 MIL-HDBK-217에 적용되는 부품점수방법과 부품 스트레스 분석방법을 비교한 것이 [표 5.5]이다.

표 5.5 부품점수방법과 부품 스트레스 분석방법의 비교

항목 \ 방법	부품점수방법	부품 스트레스 분석방법
적용시점	설계 초기 및 입찰단계	설계 완성단계
정확성 여부	부정확	정확
고장률 산출 식	부품종류에 관계없이 일정	부품종류에 따라 다름
필요 데이터	부품종류, 품질조건, 부품 생산연수	부품종류, 환경조건, 품질조건, 스트레스, 정격치

5.5.1 MIL-HDBK-217 개요

MIL-HDBK-217은 미 국방성에서 전자장비의 신뢰성 예측을 목적으로 1961년 제안된 신뢰성 표준규격으로 30여 년간 다양한 부품과 시스템에 대한 사용현장 고장률 자료를 바탕으로 2~3년 주기로 개정되었으며, 가장 최근 판이 1995년 version F Notice 2인 MIL-HDBK-217FN이다. 현재는 미 국방성에서 지원을 중지하여 더 이상 개정이 되지

않지만 여전히 범세계적으로 전자·전기·통신 부품의 신뢰도 예측도구들의 중추적인 역할을 하고 있다.

이의 근간이 되는 고장률 모형은 실험에 의해서 산출된 것이 아니고 연구소, 기업체, 일반 계약자들로부터 수집된 고장률 자료를 분석하여 각 부품의 고장에 영향을 주는 고장 요소를 설정하고, 고장률 자료를 통계적으로 처리한 것으로 거의 모든 전자부품과 일부 전기기계부품을 망라하고 있다.

또한 고장률은 대다수의 신뢰성 예측 도구와 같이 일정 고장률(즉, 지수분포)을 가정하고 있으며, 부품점수방법과 부품 스트레스 분석방법이 제공된다.

1 부품점수방법

앞에서 언급한 바와 같이 이 방법은 설계 초기단계에 쓰이며, 상대적으로 적은 정보를 요구하므로, 비교적 단순한 방법에 속한다. 개별 부품 고장률은 handbook에 주어져 있는 포괄적인 고장률(λ_g)로부터 설정하며, 부품재료와 시험기준을 고려한 품질인자(π_Q)를 곱하여 산출한다. 이로부터 아이템(시스템)의 고장률 λ_S($1/10^6$hr)은 유사 부품 수(n_j)를 고려하여 다음과 같이 구해진다.

$$\lambda_S = \sum_{j=1}^{m} n_j (\lambda_g \pi_Q)_j \tag{5.49}$$

여기서, m은 시스템에 포함된 부품 종류의 개수임.

2 부품 스트레스 방법

MIL-HDBK-217에서는 먼저 대상 부품의 종류(범주) 및 유형에 따라 기본 고장률 값이 제공된다. 기본 고장률에 이를 보정하는 인자를 곱하는데, 여기에는 사용환경, 제조여건, 동작온도, 사용 중 부품에 인가되는 전류, 전압, 전력량 등의 전기적 스트레스 등이 포함되며, 부품별로 포함되는 보정인자가 다르고 적용여건에 따라 그 값도 달라진다.

상당 수 부품의 예측 고장률 λ_p는 공통적으로 식 (5.50)과 같이 표현되며 단위는 $1/10^6$hr이다.

$$\lambda_p = \lambda_b \prod_j \pi_j \tag{5.50}$$

여기서 λ_b는 기본 고장률로 부품종류 및 유형에 의존함.

π_j: E(환경조건), Q(품질조건), T(온도), S(전기적 스트레스) 등

이로부터 아이템의 고장률은 개별 부품의 독립성과 지수분포 가정에 의해 부품 고장률을 더하면 된다.

한편 MIL-HDBK-217에서 채택하는 식 (5.50)의 승법모형과 달리 다음과 같은 가법모형을 채택하는 신뢰성 예측 데이터베이스도 있다.

$$\lambda_p = \pi_Q \sum_j C_j \pi_j \tag{5.51}$$

단, C_j는 보정인자에 따른 고장률

예제 5.25

저항기(resistor)의 고장률 모형은 다음과 같이 표시된다.

$$\lambda_p = \lambda_b \pi_T \pi_P \pi_S \pi_Q \pi_E \times 10^{-6} \text{(고장 개수/hr)}$$

여기서, π_T, π_P, π_S, π_Q, π_E는 각각 온도, 전력, 전력 스트레스, 품질, 환경인자이다. 전력인자와 전력 스트레스는 다음과 같이 구해지며, π_T는 실내(25℃)에서 1이다.

$$\pi_P = (p.d.)^{0.39}, \quad p.d.\text{는 전력손실}$$

$$\pi_S = \begin{cases} 0.71e^{1.1S} : \text{고정 필름 저항기 또는 가변 저항기} \\ 0.54e^{2.04S} : \text{고정 권선형 저항기} \end{cases}$$

$$\text{단, } S = \frac{\text{실제 동작전력}}{\text{정격전력}}$$

앞서 언급한 바와 같이 미 군용 전자부품의 신뢰성 예측에 널리 쓰였던 MIL-HDBK-217F는 1990년대 중반 이후로는 더 이상 개정이 안 되고 있다. 한편 전자부품은 급속하게 품질 및 성능이 좋아졌고 종류도 다양화되었지만 예측 관련 규격은 그 속도를 반영하지 못하여 그 정확도가 점점 떨어지고 있는 추세이다.

이 중에서 최근에 미국 RIAC(Reliability Information Analysis Center)에서는 MIL-HDBK-217F를 수정 및 보완한 217Plus(2006)를 개발하였으며, 217F를 대체하기 위해 지속적으로 연구 및 평가를 수행하고 있다(최신판 2015). 이외에 여러 해외 연구기관에서도 신뢰성 예측 정확도를 향상시키기 위한 연구가 수행되고 있다. MIL-HDBK-217F 외에 상용 고장률 예측 DB로 IEC TR 62830(2004), Telcordia SR-332(2016), Fides Guide 2009(2009) 등이 있다.

표 5.6 전자부품의 고장률에 영향을 미치는 주요 인자

부품	대기온도	접합부온도	전력 스트레스	전압 스트레스	전류 스트레스	항복전압	기술	복잡성	패키지	적용영역	체결구조	적용범위	생산성숙도	환경 π_E	품질 π_Q
디지털과 리니어 IC		○		×	×	×	×	×	×				×	×	×
하이브리드 회로	○	○	○	○	○	×	×	×	×	×	×	×	×	×	×
양극성 트랜지스터		○	○	×		×	×		×	×	×	×	×	×	×
FET (전계효과트랜지스터)		○	○	×		×	×		×	×	×		×	×	×
다이오드		○	×	×	×	×	×		×	×	×	×	×	×	×
사이리스터(thyristor)		○	×	×	×	×	×		×		×	×	×	×	×
광전자 부품		○		×	×		×	×	×				×	×	×
저항	○		○				×					×	×	×	×
커패시터	○			○			×		×	○		×	×	×	×
코일, 트랜스포머	○		×	×			×						×	×	×
릴레이, 스위치	○			×	×		×	×	×	×	○		×	×	×
컨넥터	○				×		×		×	×	○	×	×	×	×

㈜ ○: 지배적인 인자, ×: 중요한 인자

표 5.7 환경조건에 따른 환경인자 값 예시

환경	스트레스						π_E			
	온도(℃)	진동	모래	먼지	상대습도	기계적 진동	집적회로	개별 반도체 소자	저항	커패시터
지상(고정, 제어)	-5 ~45	2~200Hz ≤0.1gn	낮음	낮음	40% ~70%	≤5gn/22ms*	1	1	1	1
지상(고정, 비제어)	-40 ~45	2~200Hz 1gn	보통	보통	5 ~100	≤20gn/6ms	2	2	3	3
지상(이동)	-40 ~45	2~500Hz 2gn	보통	보통	5 ~100	10gn/11ms ~30gn/6ms	5	5	7	7
해상(방호)	-40 ~45	2~200Hz 2gn	낮음	낮음	5 ~100	10gn/11ms ~30gn/6ms	4	4	6	6
해상(비방호)	-40 70	2~200Hz 5gn	높음	보통	10 ~100	10gn/11ms ~50gn/2.3ms	6	6	10	10

㈜ * gn ≈ 10m/s^2, 피크 충격 가속도/유지시간

이런 데이터베이스 개발에 활용되고 있는 대표적인 전자부품의 고장률에 영향을 주는 가장 중요한 인자들을 [표 5.6]에서 볼 수 있으며, [표 5.7]은 거의 모든 전자부품의 고장률에 영향을 미치면서 식 (5.50)에 포함된 환경인자의 값(IEC TR 62380 등)을 몇 가지 환경조건에서 예시하고 있다(Birolini(2017)).

한편 기계분야는 전자분야와 달리 환경조건의 정형화와 예측 모형개발의 어려움, 고장데이터의 불충분, 일정 고장률이 아닌 마모 고장률 형태를 따르는 점 등에 의해 신뢰도 예측 관련 도구가 RIAC의 NPRD(Nonelectronic Parts Reliability Data)와 NSWC(Naval Surface Warfare Center)의 Carderock 부문에서 개발한 handbook으로 매우 한정적이며, 일부 아이템에 대해서만 예측모형이 개발되어 있다.

5.6 구조 신뢰도 분석

구조물에 가해지는 정적 하중에 대해 정적 강도를 해석하는 정적 강도해석법으로 스트레스-강도(stress-strength) 모형이 널리 쓰인다. 한편 정적 강도에서 정적 하중이 낮으면 부재는 깨지지 않지만 반복되는 응력에 의한 피로로 인해 균열이 성장하여 부재는 깨질 수 있다. 피로에 관한 피로해석의 하나로 S-N 곡선과 Miner 법칙이 신뢰성 분석에 활용될 수 있다.

5.6.1 스트레스-강도 분석

고장을 유발하는 비정상적 스트레스가 발생가능하고 관심의 대상이 될 때 설계된 강도에 비교하여 스트레스의 크기를 확률적으로 평가하는 방법이 필요하다. 즉, 시스템에 적절한 안전여유(safety margin; SM)를 고려하여 설계할 수 있는 시스템 안전분석을 수행해야 한다. 스트레스는 전기적, 열적, 기계적, 화학적 스트레스로 대별되며, 또한 전기적 부하, 온도, 진동, 습도 같은 환경 또는 운용 스트레스일 수 있다.

최대 가능한 부하(load; 스트레스)를 견딜 수 있도록 충분한 강도를 가진 재료와 부품을 선택하거나 또는 과도한 스트레스에 대비해 아이템을 보호하는 두 가지 설계 접근법을 고려할 수 있다. 후자의 예로서 전기회로의 서지(surge) 보호 장치와 휴즈의 사용, 전자 방사선 차폐, 고압 시스템의 안전판, 원자로의 제어봉(control rod) 등이 있다. 제어봉은 고장이 나면 안전한 조건을 초래하는 고장안전(5.7절 참고) 설계의 예이며, 이외에 고장 시 빨강과 노란 등이 깜박거리게 만든 교차로의 신호등, 잔디 깎는 기계의 자동정지 조절판 등을 들 수 있다.

전통적인 공학적 설계법은 아이템 설계 시 안전여유(SM) 또는 안전계수(safety factor; SF)를 설계에 반영하는 것이다. 시스템의 능력과 부하의 상대적인 관계를 나타내는 안전여유와 안전계수는 이들의 차 또는 비로써 SM이 0보다 작거나 SF가 1보다 작으면 고장이 발생한다고 볼 수 있다. 그러나 이러한 분석방법은 부하와 이를 견딜 수 있는 시스템의 능력에 대한 변동을 무시한 확정적 접근법이다.

변동은 재료의 구성비, 제조과정, 운반과정, 환경 등에 의하여 발생되며, 이의 영향을 무시하려면 상당히 큰 SF나 SM이 필요하다. 안전계수는 1.2~4.0의 범위 값(보통 '2' 정도)이 추천되며, 이는 강도와 부하의 분포에 의존한다.

S와 L이 시스템의 강도와 부하를 나타내는 확률변수이면 SF와 SM은 다음과 같이 확률적으로 정의할 수 있다.

$$SF = \frac{S}{L},\ SM = S - L$$

여기서 강도와 부하의 기댓값과 분산이 각각 $E[S]$, $Var(S)$와 $E(L)$, $Var(L)$이면, 안전계수를 확률변수의 비 대신에 식 (5.52)와 같이 강도의 평균(또는 낮은 분위수)과 부하의 평균(또는 높은 분위수)과 같은 두 분포의 특정 모수 값에 대한 비에 의해 주로 표현되고 있다. 또한 이 경우의 안전여유는 $S-L$의 표준편차에 의해 표준화하면 (5.53)으로 주어진다.

$$SF = \frac{E[S]}{E[L]} \tag{5.52}$$

$$SM = \frac{E[S]-E[L]}{\sqrt{Var(S)+Var(L)}} \tag{5.53}$$

스트레스를 고장을 유발할 수 있는 외부에서 가해지는 전기적, 열적, 화학적, 기계적 형태 등으로 구분할 수 있는 부하로 보면, 아이템이 고장없이 견딜 수 있는 강도가 부하보다 크면 고장이 발생하지 않으므로 신뢰도를 다음과 같이 적을 수 있다.

$$R = \Pr(S>L) = \Pr(S-L>0) \tag{5.54}$$

단, L: pdf가 $f_L(\cdot)$인 부하

S: pdf가 $f_S(\cdot)$인 강도

따라서 신뢰도는 [그림 5.26]과 같이 두 곡선이 겹치는 영역의 확률에 의해 결정되므로 이를 간섭이론(interference theory)으로 명명하고 있다.

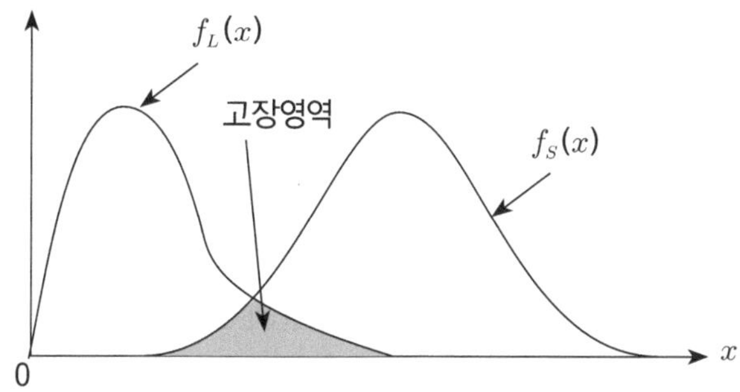

그림 5.26 부하-강도 간섭이론

간섭 확률변수를 $Y=S-L$로 정의하면 식 (5.54)를 다음과 같이 적을 수 있다.

$$R=\Pr(Y>0)=\int_0^{\infty} f_Y(y)\,dy=\int_0^{\infty}\int_0^{\infty} f_S(y+l)\,f_L(l)\,dl\,dy \qquad (5.55)$$

여기서 강도와 부하는 수명이 아닌 물리적인 양이므로 이들의 분포를 와이블 분포보다 정규분포나 대수정규분포로 모형화할 수 있다.

1 정규분포를 따를 경우

강도와 부하가 다음과 같이 정규분포를 따르고 두 확률변수가 독립이면

$$L\sim N(\mu_L,\ \sigma_L^2)$$
$$S\sim N(\mu_S,\ \sigma_S^2)$$

간섭 확률변수도 다음과 같이 정규분포를 따르므로, 신뢰도를 식 (5.56)을 이용하여 쉽게 구할 수 있다.

$$Y=S-L=N(\mu_S-\mu_L,\ \sigma_S^2+\sigma_L^2)$$
$$R=\Pr(Y>0)=1-\Phi(a)=\Phi(-a) \qquad (5.56)$$
$$\text{단, }\begin{cases} a=\dfrac{0-\mu_Y}{\sigma_Y}=-\dfrac{\mu_S-\mu_L}{\sqrt{\sigma_S^2+\sigma_L^2}} \\ \Phi:\text{표준정규분포의 cdf} \end{cases}$$

여기서 식 (5.56)의 a를 두 확률분포의 변동계수로 나타내면 식 (5.57)이 된다.

$$a=-\frac{SF-1}{\sqrt{SF^2 cv_S^2+cv_L^2}} \tag{5.57}$$

단, $cv_S=\frac{\sigma_S}{\mu_S}$, $cv_L=\frac{\sigma_L}{\mu_L}$

예제 5.26

부하는 평균과 표준편차가 10.5, 2.0, 강도는 평균과 표준편차가 20.0, 4.0인 정규분포를 독립적으로 따른다. 안전계수와 신뢰도를 구하라.

여기서 정규분포의 누적확률은 [부록 A]의 정규분포 표나 Minitab(2.3.6절 참고)를 이용하면 된다.

$$SF=\frac{20.0}{10.5}=1.905$$

$$R=\Phi\left(\frac{20.0-10.5}{\sqrt{2.0^2+4.0^2}}\right)=\Phi(2.12)=1-0.0170=0.9830$$

강도와 부하의 변동계수가 주어질 때 안전계수의 범위(1.2~3)에 따른 신뢰도 그림이 **[그림 5.27]**에 주어져 있다. 여기서 강도와 부하의 변동계수가 각각 0.1과 0.2일 때 안전계수가 2이면 신뢰도는 그림에서 거의 '1' (정확한 값은 0.9997965)이 됨을 알 수 있다.

또한 안전계수를 확률적으로 **[그림 5.28]**처럼 강도분포의 낮은 분위수와 부하분포의 높은 분위수인 두 꼬리 값의 비로서 다음과 같이 정의할 수 있다.

$$m_{SF}=\frac{\mu_S-z_\alpha\sigma_S}{\mu_L+z_\beta\sigma_L}=\frac{1-z_\alpha cv_S}{1+z_\beta cv_L}SF \tag{5.58}$$

이를 안전계수와 구별하여 안전율로 칭하며, **[그림 5.28]**과 같이 안전여유를 $SM=[(\mu_S-z_\alpha\sigma_S)-(\mu_L+z_\beta\sigma_L)]/\sqrt{\sigma_S^2+\sigma_L^2}$로 명확하게 정의할 수 있다.

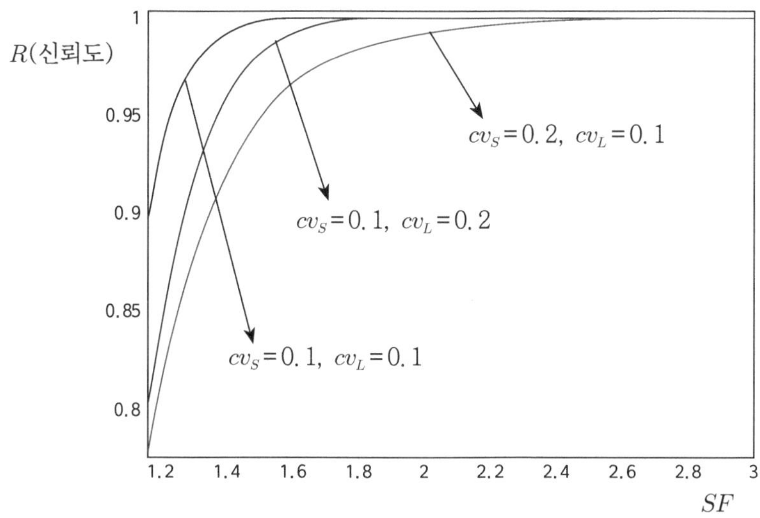

그림 5.27 안전계수와 신뢰도: 정규분포

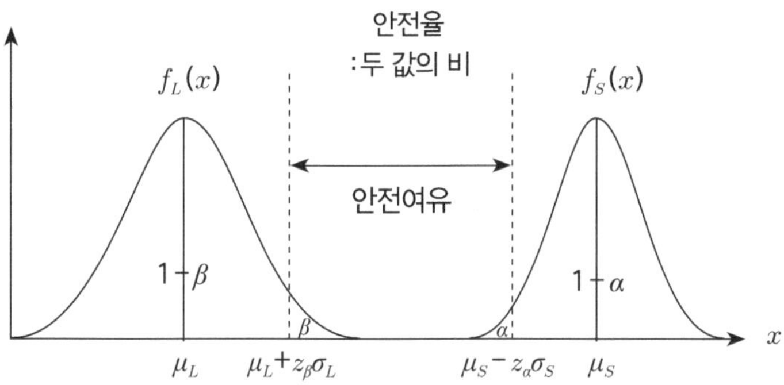

그림 5.28 안전율과 안전여유: 정규분포

예제 5.27

강도와 부하가 다음과 같이 정규분포를 따르고 안전율(단, 두 z값은 2로 설정하므로 α, β는 모두 0.0228임)이 1.25가 되려면 강도의 평균은 얼마 이상 되어야하는가? 또한 신뢰도는 얼마인가?

강도와 부하가 $S \sim N(\mu_S,\ 0.4^2)$, $L \sim N(1,\ 0.4^2)$를 따르고 m_{SF}가 1.25이므로 다음 관계를 만족하는 μ_S는 3.05가 된다.

따라서 신뢰도는 다음과 같이 계산된다.

$$R = \Phi\left(\frac{3.05-1}{\sqrt{2\times4.0^2}}\right) = \Phi(3.6) \approx 0.99998$$

매우 높은 신뢰도를 요구하는 아이템은 z_α, z_β로 3을 설정하며(α, β가 모두 0.00135), NASA에서는 m_{SF}를 유인 우주선일 경우에 1.4, 무인 우주선일 때 1.25를 적용하여 신뢰도를 평가하고 있다고 알려져 있다.

예제 5.28

강도와 부하가 각각 변동계수가 0.1과 0.2인 정규분포를 따르고 안전율(단, 두 z값은 3으로 설정함)이 1.4로 설정될 때 안전계수와 신뢰도는 얼마가 되는가?

안전계수의 관계로부터 다음이 성립하므로,

$$m_{SF} = \frac{1-3\times0.1}{1+3\times0.2}SF = 0.4375\,SF \Rightarrow 1.4$$

$SF=3.2$가 된다.

따라서 $R=\Phi\left(\frac{3.2-1}{\sqrt{3.2^2 0.1^2+0.2^2}}\right)=\Phi(5.830)=0.9999999972$가 되므로 8개의 9로 표시되는 형태의 신뢰도를 달성한다.

---

2 대수정규분포를 따를 경우

부하와 강도가 독립적으로 각각 $LN(\mu_L, \sigma_L{}^2)$와 $LN(\mu_S, \sigma_S{}^2)$를 따르면 신뢰도는 다음과 같이 표현된다.

$$R=\Pr(S>L)=\Pr\left(\frac{S}{L}>1\right)=\Pr(\ln S-\ln L>0)$$

$W=\ln S-\ln L$는 $N(\mu_S-\mu_L, \sigma_S{}^2+\sigma_L{}^2)$를 따르므로 신뢰도는 식 (5.59)와 같이 표현된다.

$$R=\Pr(W>0)=\Pr\left(Z\geq\frac{0-\mu_W}{\sigma_W}\right)=\Phi(-a) \qquad (5.59)$$

단, $a=-\dfrac{\mu_S-\mu_L}{\sqrt{\sigma_S{}^2+\sigma_L{}^2}}$

예제 5.29

구조물은 리히터(Richter) 지진계로 중앙값(e^{μ_S})이 8. 1이고 σ_S가 0. 15인 대수정규분포를 따르는 지진을 견딜 수 있도록 설계되었다. 과거 기록을 보면 지진의 크기는 중앙값이 5. 5이고 σ_L이 0. 07인 대수정규분포를 따른다면 신뢰도를 구하라.

식 (5. 59)에 대입하면 다음과 같이 신뢰도는 [부록 A]로부터 0. 9904가 된다.

$$R=\Phi\left(\frac{\ln 8.1-\ln 5.5}{\sqrt{0.15^2+0.07^2}}=2.340\right)=1-0.0096=0.9904$$

부하와 강도가 대수정규분포를 따를 때는 안전계수를 평균 대신에 중앙값으로 설정하여 식 (5. 52)에 대입하여 $SF=e^{\mu_S}/e^{\mu_L}=e^{\mu_S-\mu_L}$로 정의하는 것이 편리하다. 따라서 식 (5. 59)는 다음과 같이 안전계수의 함수형태로 표현된다.

$$R=\Phi\left(\frac{\ln SF}{\sqrt{\sigma_S{}^2+\sigma_L{}^2}}\right) \tag{5.60}$$

이 경우에 식 (5. 60)의 분모에 있는 값과 안전계수 값에 따른 신뢰도의 양태를 [그림 5. 29]에서 볼 수 있다.

설계자는 이와 더불어 강도와 부하의 측정 정밀도, 고장의 심각도, 경제성 등을 고려하여 아이템의 설계에 반영해야 한다.

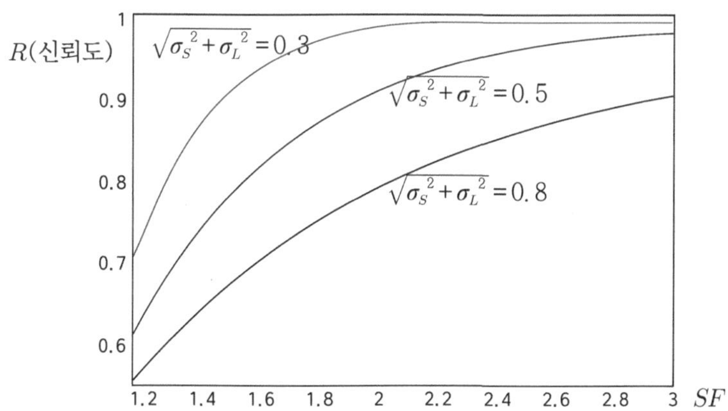

그림 5.29 안전계수와 신뢰도: 대수정규분포 경우

5.6.2 Miner 법칙에 의한 수명예측

재료나 기계부품에 관한 신뢰성 설계를 수행할 때 수명의 예측을 S–N 곡선을 이용하여 Miner 법칙에 따라 행하는 경우가 많다. 여기서 S–N 곡선에서 S는 응력(stress), N는 반복 사이클 수로, [그림 5.30]과 같이 응력 크기가 S_i가 일 때 부품이 파단되는 반복횟수 N_i를 표시한 곡선인데, S축과 N축은 선형이 되도록 대수변환한 것이 널리 쓰인다. 여기서 S_0은 피로한도 또는 내구한도로 불리며 이 이하의 응력수준에서는 무한히 반복되더라도(보통 $N=10^7$(즉, N_0)을 적용) 부품이나 재료가 파단이 발생하지 않는다고 보고 있다.

Miner 법칙은 응력 S_j, $j=1,\cdots,k$가 각각 n_j회 작용할 때 재료가 파단했다면 다음의 관계가 성립하는 것을 나타낸다.

$$\sum_{j=1}^{k}\frac{n_j}{N_j}=1 \tag{5.61}$$

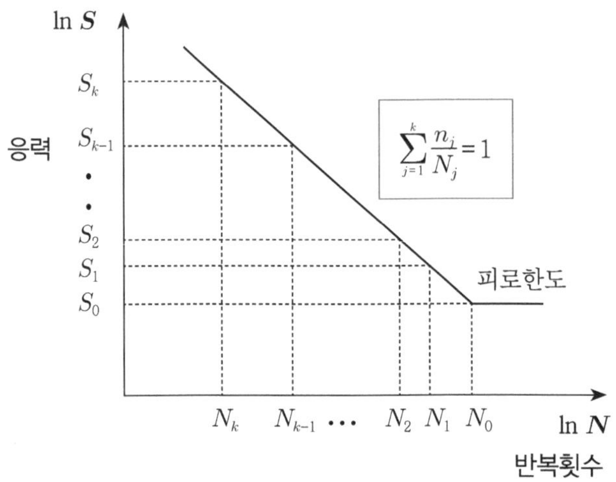

그림 5.30 S-N 곡선

이 법칙의 의미는 S–N 곡선에 의해 크기 S_j의 응력이 1회 인가될 때마다 $1/N_j$만큼의 손상을 입게 되므로, n_j회 가해지면 n_j/N_j 의 손상을 받게 된다. 따라서 이 손상 값이 '1'이 되면 고장이 발생한다고 보는 모형으로, 이런 점을 고려하여 선형 누적손상모형으로도 부른다.

예제 5.30

어떤 열처리강의 S–N 곡선이 [그림 5.31]과 같이 주어져 있다. 이때 이 열처리강에 대한 내구시험에 의해 연간 응력빈도가 [그림 5.32]와 같이 실측되었다. 이로부터 열처리강의 수명을 예측하라.

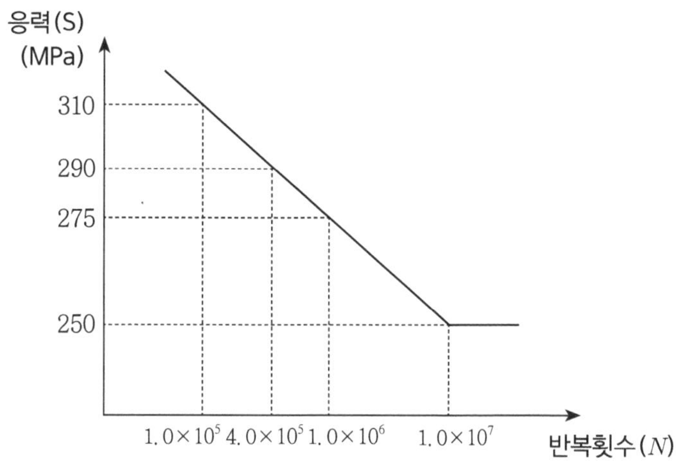

그림 5.31 S-N 곡선: [예제 5.30]

수명이 t년이라면 연간 응력빈도로부터

$$t\left(\sum_{j=1}^{k}\frac{n_j}{N_j}\right)=t\left(\frac{0.4}{10}+\frac{0.5}{40}+\frac{0.9}{100}+\frac{4.0}{1000}\right)=1$$

이 성립해야 하므로 $t=15.3$(년)이 된다.

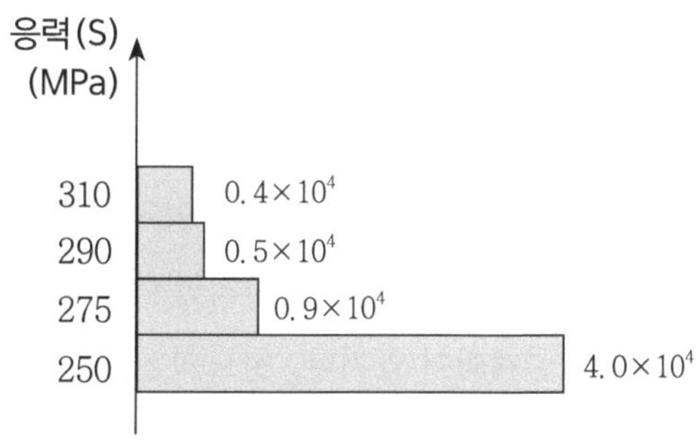

그림 5.32 응력빈도: [예제 5.30]

Miner 법칙은 **[예제 5.30]**과 같이 응력의 단위시간 당 빈도를 알면 수명을 산출할 수 있으므로, 이 법칙을 일반화하여 경험이나 실제 데이터의 적합 등에 의해 보정항 d 또는 δ를 추정하여 식 (5.61)에 반영한 다음 모형이 사용되기도 한다.

$$\sum_{j=1}^{k}\left(\frac{n_j}{N_j}\right)^{d}=1,\quad \sum_{j=1}^{k}\frac{n_j}{N_j}=1+\delta$$

5.7 에러방지 기술

안전성 향상을 위한 신뢰성 설계기술로서 에러방지(mistake-proof 또는 error-proof, 과거에는 fool-proof)와 고장안전(fail-safe)이 있는데 요즈음은 이를 통칭하여 광의의 에러방지로 부르고 있다. 에러방지는 "사람의 부적절한 조작이나 과실을 방지하고 만일에 잘못된 조작을 하더라도 시스템의 신뢰성과 안전성에 영향을 미치지 않게 하는 장치"를 가리킨다.

에러방지 관련 설계기술은 다음과 같이 분류할 수 있다.

① 에러방지

인간실수에 대한 대표적인 방호책으로 공산품, 생산설비, 소프트웨어 등에서 사용자가 잘못된 조작을 해도 위험에 처하지 않도록 설계단계에서 안전대책을 수립하는 것이다. 예를 들면 자동차에서 기어가 파킹상태에 있지 않으면 엔진 시동이 되지 않는 것, 100V와 220V의 전원 플러그(plug)의 형상을 다르게 만들어 잘못 끼우는 실수의 방지, PC에서 파일 삭제 시에 다시 확인하는 절차 등이 대표적인 적용 사례이다.

② 고장안전(fail-safe)

장치나 시스템에서 오조작이나 오동작에 의한 장애 및 장애가 의심되는 이상이 발생할 경우에 항상 안전한 상태로 제어하는 설계기법이다. 예를 들면 구동장치나 가열장치가 들어 있는 제품에서 장애나 이상이 감지되면 에너지 공급을 정지시켜 대기상태가 되도록(예: 가스난로) 설계되어 있거나, 철도의 신호시스템이 고장이 나면 모두 적색으로 점멸함으로써 차량끼리의 충돌을 방지하는 경우를 들 수 있다.

③ 고장허용(fault-tolerant)

시스템의 일부에 고장이 발생하더라도 기능이 정지되지 않고 정상적인 작동을 지속하여 장해 발생 시에 피해를 억제하는 방책이다. 일례로서 중요한 아이템에 대해 백업 시스템을 설치하여 고장이 나더라도 동일한 가능을 수행하도록 하는 것으로, 대기와 병렬 용장성을 부여하는 방식과 기본적으로 같다고 볼 수 있다.

④ 고장 소프트화(fail-soft)

시스템의 일부가 작동되지 않더라도 전체로서는 작동이 속행가능한 상태가 되어 보전이 실시 될 때까지 임무를 계속 수행할 수 있도록 설계하는 방식으로 고장허용에 속한다는 견해도 있다. 예를 들면 제트 비행기에서 엔진 1대가 작동하지 않더라도 비행능력을 유지할 수 있도록 설계된 경우이다.

⑤ 인터록(interlock)

안전장치와 안전기구를 고안하는 방식의 하나로 안전하다는 조건이 모두 갖추어지지 않으면 동작을 할 수 없는 장치를 가리킨다. 오조작이나 불충분한 확인으로 인해 적정한 절차를 벗어난 조작이 행해지거나, 정상적 제조나 운전이 실행되는 조건을 일탈할 때 자동적으로 해당 설비에 대한 원재료 등의 공급을 차단하거나 제조나 기기의 작동을 제어하는 방식이다. 예를 들면 전자레인지가 열린 상태에서는 시동 버턴을 눌리더라도 마이크로파가 발신하지 않도록 설계되어 있다. 인터록 기구는 안전측면에서 중요기능을 수행하므로 고장안전 장치에 속할 경우가 많다.

1.4.1절에서 언급한 바와 같이 발생 리스크(risk)는 발생확률(p)과 영향 크기(e)의 곱으로 표시된다. 따라서 이들의 원인과 결과의 관점에서 보면 원인 발생확률을 0 또는 작은 값으로 낮추어야 하며, 더불어 원인이 발생하더라도 결과(영향)을 0 또는 작게 해야 한다.

넓은 뜻으로 에러방지 기술은 고장안전 등의 전술된 제반 설계기술을 포함한다고 보자. 리스크를 낮추는 신뢰성 설계상의 접근법은 p를 대상으로 할 것인가(발생방지), e를 대상으로 할 것인가(영향흡수·완화)로 구분할 수 있다. 따라서 이런 리스크($p \cdot e$)를 줄이기 위한 구체적인 에러방지 설계기술로 다음을 들 수 있다.

① 특정 하나의 기능미달이 다음 기능의 미달로 연결되지 않도록 차단(고장 소프트화)

② 기능미달이 발생되면 사전에 정해진 특정한 안정상태를 취하도록 설정하여 사람에게 위해가 가지 않도록 조치(에러방지, 고장안전, 고장허용)

③ 만일 불안정한 상태가 발생하더라도 그것이 치명적이 되지 않도록 방지(인터록 또는 에어백 같은 안전제어장치 추가)

한편 인간의 작업단계는 지각(감각으로부터 정보 취득 단계)–인지(기억 등에 의해 정보를 인식하고 이해하는 단계)–판단(정보를 기초로 의사결정을 하는 단계)–실행(의사결정에 기반하여 실제 행동하는 단계)로 구별할 수 있다. 따라서 에러방지 기법을 인간의 4가지 작업 단계와 광의의 에러방지의 8가지 원리를 연관시켜 정리한 것이 [표 5.8]이다(鈴木和幸(2008)). 여기서 에러방지의 8가지 기본원리는 다음과 같다.

[1] 배제:실수가 고장을 유발시키는 요인 자체를 제거한다. 일례로 LCD 프로젝터에서 내장된 냉각용 팬에 대한 스위치가 부착되어 있지 않는 경우를 들 수 있다.
[2] 대체화:인간이 행하는 동작을 기계(예: 자동차의 오토트랜스미션) 등에 의해 대체화 또는 자동화한다.
[3] 유도·보조:오감을 활용하여 판단 또는 실행을 용이하게 한다. TV와 VCR에서 케이블과 연결기의 접속을 용이하도록 색깔로 구별하는 예를 들 수 있 수 있다.
[4] 의식집중:중요한 동작을 할 경우에 의식을 집중시켜 실수확률을 감소시킨다. 일례로 자동차가 좌·우회전 시 운전대를 크게 돌려야 하므로 의식을 집중시키게 된다.
[5] 복잡화:실수나 사고로 이어지는 요인을 은폐하거나 격리한다. 암호화에 따른 보안을 향상시키거나 판단의 재확인을 통해 실수를 방지한다. 일례로 전기포트에 급탕 시 잠김을 먼저 해지하지 않으면 뜨거운 물이 나오지 않도록 설계되는 예를 들 수 있다.
[6] 이상검출:이상이 발생하면 경고나 경보로서 이상을 알려 준다. 더불어 이와 반대로 정상상태를 나타내는 정상검출 원리도 적용할 수 있다. 전자레인지가 작동 중에 문이 열리면 자동적으로 정지하는 예를 들 수 있다.
[7] 영향흡수:고장안전 기술을 적용하거나 위해의 출현속도를 늦추어 당면한 안전성을 유지한다. 자동차 앞 유리는 파손되어도 파편이 사람에게 날아가지 않는 예를 들 수 있다.
[8] 영향완화:자동차의 안전벨트나 에어백과 같이 고장이나 실수가 유발하는 실제 영향을 완화시킨다.

표 5.8 에러방지 기술의 분류

<table>
<tr><th rowspan="2">단계</th><th colspan="7">원인 계통 원리</th><th colspan="2">결과 계통 원리</th></tr>
<tr><th>배제</th><th colspan="2">대체</th><th>유도·보조</th><th>의식 집중</th><th>복잡화</th><th>이상검출</th><th>영향흡수</th><th>영향완화</th></tr>
<tr><td>지각</td><td rowspan="2">- 요인삭제</td><td rowspan="4">- 자동화:
전자동,
제어
연동,
판별
중지</td><td>- 화면 표시</td><td>- 사전표시·통지
- 대상 특별화·
개별화</td><td rowspan="3">- 의식단계 고양:
다중화,
동작 시 피드백,
손가락 호칭,
큰 stroke</td><td></td><td rowspan="3">- 경고·경보
통보:
다중화,
기능저하
- 정지
interlock</td><td rowspan="3">- 고장안전:
fail-passive
(수동전환),
fail-stop,
fail-over
(대기)</td><td rowspan="3">- 고장완화
- 고장 소프트화
- passive-safety</td></tr>
<tr><td>인지</td><td>- 상태 통지:
색 구별
- 명문화:
도해 표기,
특수 표기</td><td>- 표식부착:
색, 형상,
음 마킹</td><td>- 암호화</td></tr>
<tr><td>판단</td><td>- 공통화
- 일체화
- 전도 가능</td><td>- 기억 용이화</td><td>- 지도화: 색 구별,
배치
- 행동 유도성:
형상별, 유사형상
(대상-조작),
stereo-type
(정형화된 이미지),
도해화, 규칙(rule)화</td><td>- 판단 재확인</td></tr>
<tr><td>실행</td><td>- 요인삭제
- 잠금장치
- 보전이
필요 없음</td><td>- 조작 용이화
- 원터치 동작</td><td>- 형상 개별화·특별화
- 조작 단순화
- 동작 선택화
- 동작보조:
힘을 가함,
음성안내, 상태표시
- 보조 부속화</td><td>- 동작 계속
- hold-to-run
- deadman
(자동정지)구조
- 역조작
- 의식단계 고양
- 손가락 호칭</td><td>- 요인 은폐 ·
격리:
형상 특별화
- 기동
interlock
- damper
proof
- 동작 계속
- 역조작</td><td>- 경고·경보
통보
- 정지
interlock
- 대상 한정
- 기능 제한
- 기능 한정</td><td>- 고장안전:
fail-stop, fail-
operation
fail-over,
fail-tolerant,
중복설계,
동작 반복,
다수결 논리
(n 중 k 구조)</td><td>- 고장완화:
충격 완화,
완화소재.
완화구조,
완화형상,
특수화
- passive-safety
- 고장 소프트화</td></tr>
</table>

연습문제

5.1 일정 고장률 $\lambda = 0.0001/(hr)$를 따르는 3개의 동일한 부품으로 이루어진 다음 구조에 대해 물음에 답하라. 모든 연습문제에서 특별한 언급이 없으면 부품 고장은 독립이라고 가정한다.

a. 직렬　　b. 병렬　　c. 3 중 2　　d. 대기(switch 완벽)

e.

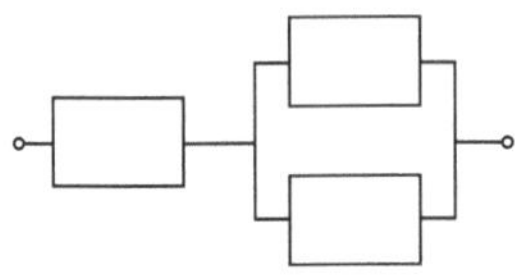

(1) $t = 1,000(hr)$일 때 한 부품의 신뢰도를 구하라.

(2) (1)의 조건하에서 a, b, c, d, e 구조의 신뢰도를 구하라.

(3) a~e 구조의 MTTF를 구하라.

(4) a구조를 시스템 및 부품 중복할 경우 $t = 1,000((hr)$일 때 신뢰도를 구하고 비교하라.

5.2 고장률이 0.01/월로 일정한 4개의 동일한 부품으로 이루어진 다음 구조에 대해 물음에 답하라.

a: 직렬　　b: 병렬　　c: 4중 2구조

d:

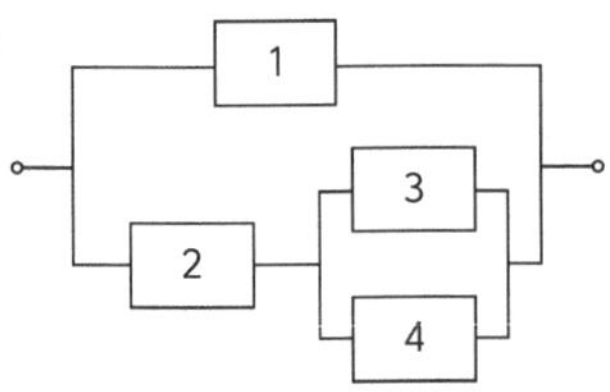

(1) a구조의 고장률을 구하라.

(2) a, b, c 구조의 MTTF를 구하라.

(3) $t = 20$(월)일 때 단일 부품의 신뢰도를 구하라.

(4) $t = 20$(월)일 때 a, b, c, d구조의 신뢰도를 구하여 비교하라.

(5) a구조를 부품 중복과 시스템 중복을 할 경우에 $t = 20$(월)일 때 신뢰도를 구하라.

5.3 부품 신뢰도가 R_1, R_2, R_3, 그리고 R_4인 다음 두 시스템의 신뢰도를 구하라.

(1)

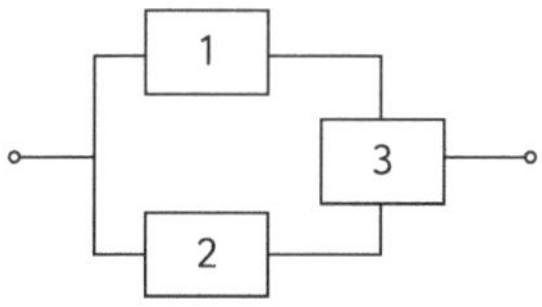

(2)

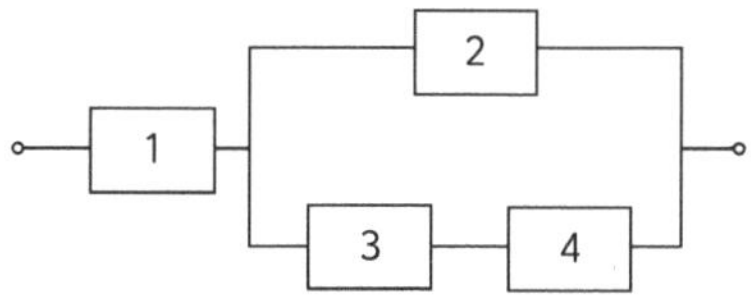

5.4 대형트럭의 후륜은 아래 그림과 같이 한 쪽의 부하를 견디려면 4개 중에서 3개 이상의 현가장치가 작동해야 한다. 각 현가장치의 신뢰도가 p로 동일할 때 양쪽을 고려하여 후륜 현가장치의 신뢰도를 구하라.

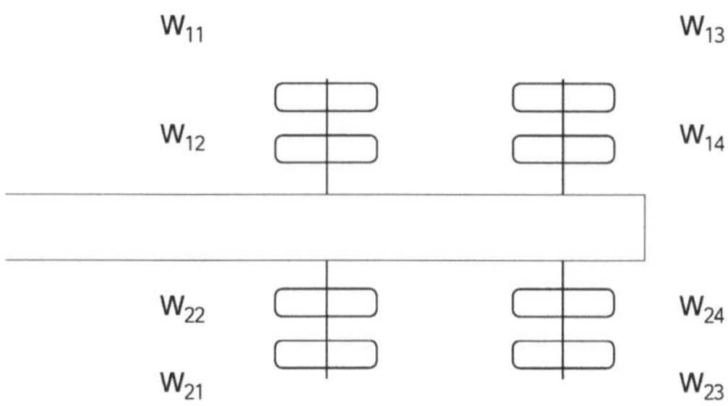

5.5 부품 신뢰도가 $R_1, \cdots, R_6$인 다음 시스템의 신뢰도를 구하라.

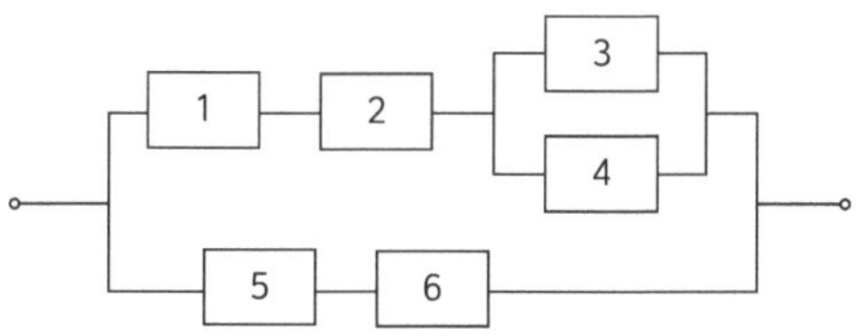

5.6 **[그림 5.7]**의 시스템 중복, **[그림 5.8]**의 부품 중복, **[그림 5.9]**의 브리지 구조의 브리지를 제외한 부품 신뢰도가 모두 0.9이고 브리지 부품 신뢰도가 각각 0, 0.25, 0.5, 0.75, 1.0일 경우에 세 구조의 신뢰도를 비교하라.

5.7 각 부품 신뢰도가 p일 때 다음 교차결합 구조(부품 3이 한 방향으로만 작동함)의 신뢰도를 구하고자 한다. 물음에 답하라.

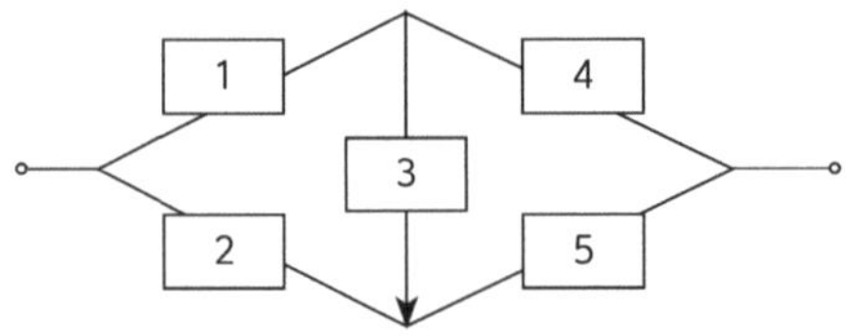

(1) 최소 연결집합과 절단집합을 구하라.

(2) 상기 구조의 신뢰도를 구하라.

(3) 분해법에 의해 상기 구조의 신뢰도를 구하라.

5.8 다음 전기회로에 대해 물음에 답하라. 이 회로는 주 부품 P_2와 제어 카드 P_1 또는 P_1'가 작동해야 한다. E_1~E_4는 P_1와 P_1'에서 입력의 단락을 방지하는 역할을 한다.

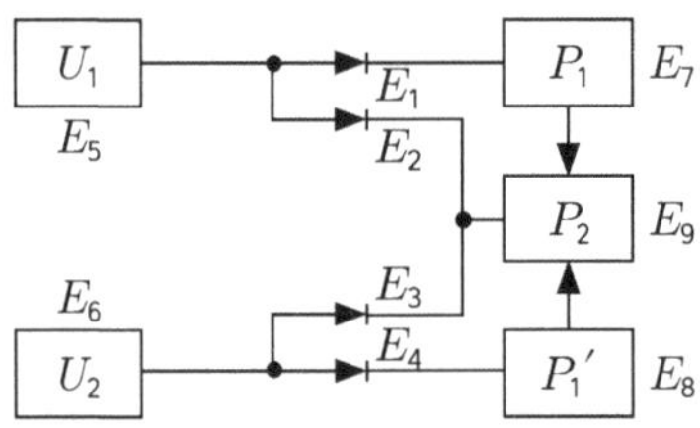

(1) 상기 전기회로에 대한 신뢰성 블록도를 그려라.

(2) 각 부품의 신뢰도가 모두 0.95일 때 분해법에 의해 이 전기회로의 신뢰도를 구하라.

5.9 각 부품 신뢰도가 p일 때 다음 교차결합구조의 신뢰도를 구하고자 한다. 물음에 답하라.

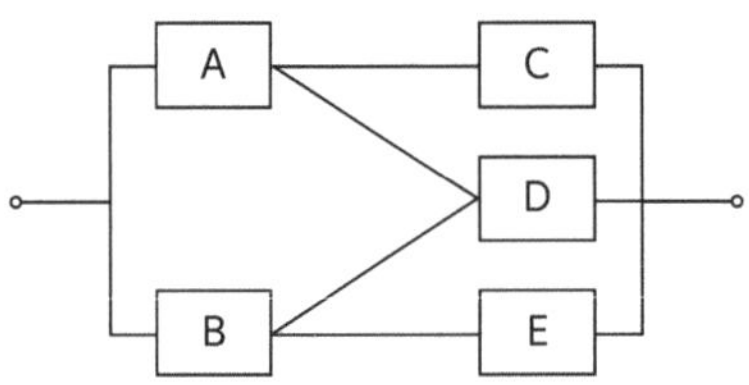

(1) 최소 연결집합과 절단집합을 구하라.

(2) 상기 구조의 신뢰도를 구하라.

(3) 분해법에 의해 상기 구조의 신뢰도를 구하라.

(4) (1)을 이용하여 상기 구조의 신뢰도에 관한 상한과 하한을 구하라.

5.10 다음 구조에 대해 물음에 답하라.

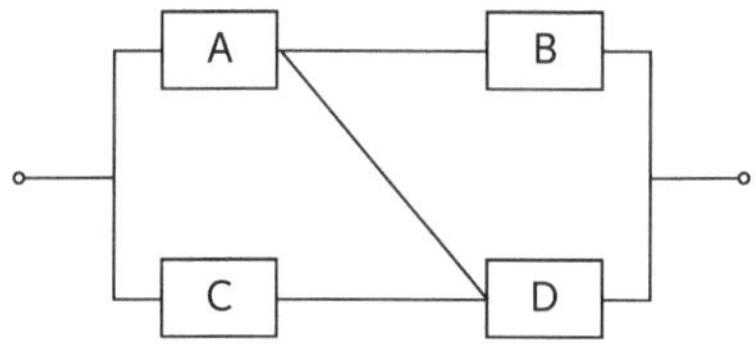

(1) 최소 연결집합과 최소 절단집합을 모두 구하라.

(2) 최소 연결집합과 최소 절단집합으로부터 신뢰성 블록도를 그려라.

(3) A~D 부품의 신뢰도가 각각 0.95, 0.85, 0.8, 0.8일 때 이 시스템의 신뢰도를 구하라.

(4) (3)의 조건 하에서 (2)를 이용하여 이 구조의 신뢰도 하한과 상한을 구하라?

5.11 각 부품의 신뢰도(p)가 동일하다고 간주하여 다음 교차결합 구조에 대한 물음에 답하라.

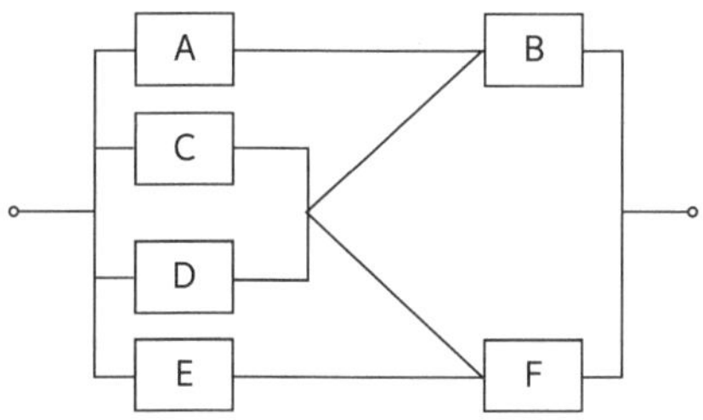

(1) 최소 연결집합과 절단집합을 구하라.

(2) 상기 구조의 신뢰도를 구하라.

(3) 분해법에 의해 상기 구조의 신뢰도를 구하라.

(4) (1)을 이용하여 상기 구조의 신뢰도에 관한 상한과 하한을 구하라.

5.12 부품 신뢰도가 $R_1, \cdots, R_6$인 다음 시스템의 신뢰도를 구하라.

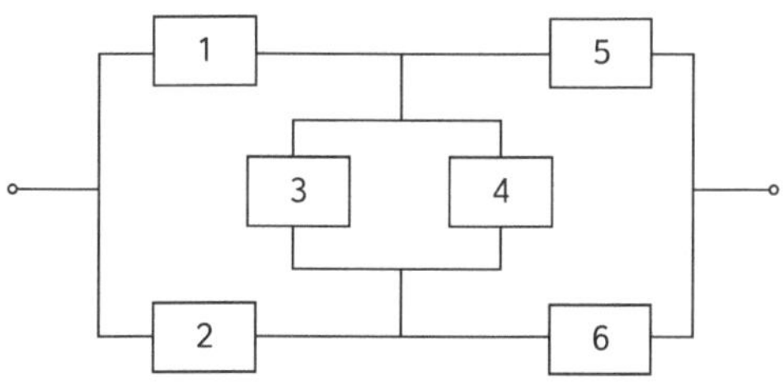

5.13 가정용 오락기의 새로운 컴퓨터는 시스템을 작동하고 빠른 속도로 정보를 저장하는데 RAM 16GB가 필요하다. 제품 설계자는 하나의 16GB 또는 네 개의 4GB 칩을 사용할 수 있는데 4GB 칩을 사용할 경우 총 비용이 25% 절감된다. 메모리 제조자들은 정상 작동조건 하에서 모든 메모리칩에 대한 2년간의 평균고장률은 칩당 10 FIT라고 주장하고 있다. 두 가지 설계조건에 대한 메모리 시스템의 불신뢰도와 비용을 비교하라.

5.14 다음 구조에 대해 물음에 답하라.

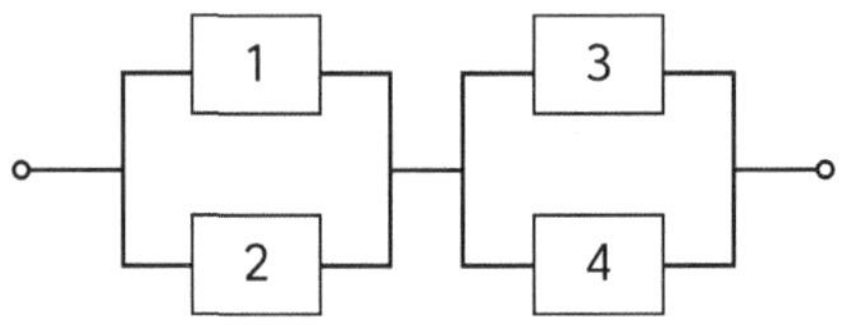

(1) 각 부품의 신뢰도가 일 때 각 부품에 대해 Birnbaum의 부품 중요도(민감도)를 구하라.

(2) 부품 4개가 동일하게 고장률이 0.001인 지수분포를 따르고 공통원인의 고장률 비율이 0.1일 때 이 구조의 신뢰도함수를 구하라.

(3) 고장확률(불신뢰도)가 Q이고 (2)에서 공통원인고장 비율이 0.1일 때 이 구조의 불신뢰도를 구하라.

5.15 세 부품 직렬구조에서 각 부품 신뢰도가 p로 동일할 때 부품 중복이 시스템 중복보다 항상 우수함을 보여라.

5.16 고장률이 0.0001인 지수분포를 따르는 부품을 고려하자.

(1) 동일한 부품 하나를 병렬중복할 경우에 제 10백분위 수명이 같아지는 이 부품의 신뢰도 등가인자를 구하라.

(2) 동일한 부품 하나를 대기중복(스위치 완벽)할 경우에 제 10백분위 수명이 같아지는 이 부품의 신뢰도 등가인자를 구하라.

(3) (2)에서 스위치가 완벽하지 않을 때 (1)의 병렬중복할 경우와 신뢰도가 같아지는 스위치의 고장확률을 구하라.

5.17 고장률 0.0005/(hr)인 4개의 동일한 부품으로 이루어진 직렬 또는 병렬 구조에 대해 물음에 답하라.

(1) 직렬구조에서 부품 중복과 시스템 중복을 적용할 경우 1,000(hr)에서의 신뢰도를 구하고 비교하라.

(2) 병렬구조에서 1,000(hr)일 때의 신뢰도가 0.999이상이 되게 하려면 몇 개의 부품을 추가해야 되겠는가?

(3) 직렬구조의 네 부품의 실적 고장률이 각각 0.001, 0.002, 0.003, 0.004일 경우 1,000시간에서의 신뢰도가 0.9 이상이 되도록 할 경우 ARINC 방법에 의해 각 부품의 고장률을 배분하라.

5.18 다음 시스템의 목표 신뢰도가 0.95이다. 각 하위 시스템의 신뢰도가 같아지도록 부품 신뢰도를 동일하게 배분하라.

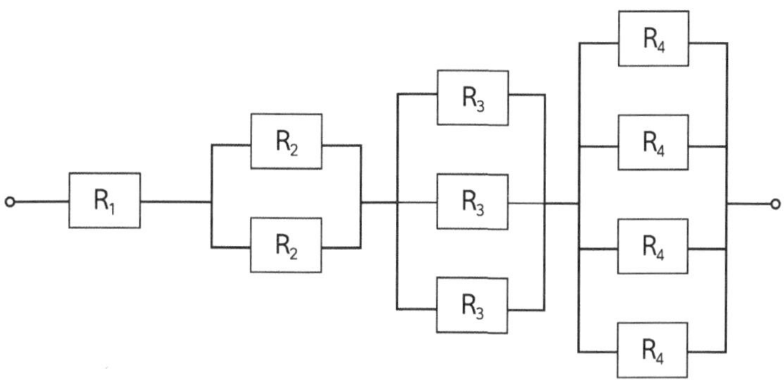

5.19 다섯 부품(즉, 1~5)의 고장률이 각각 단위시간 당 0.2, 0.175, 0.125, 0.1, 0.15인 직렬구조에 대한 다음 물음에 답하라.

(1) 직렬구조를 시스템 중복할 경우 $t=0.5$(단위시간)일 때 신뢰도를 구하라.

(2) 다섯 부품 중에서 한 부품만 중복할 수 있다면, 신뢰도 측면에서 어떤 부품을 중복해야 하는가? 이 경우 $t=1$(단위시간)일 때의 신뢰도는 얼마가 되는가?

(3) B3 수명(제3백분위수명)이 일치하도록 (2)에서 선택된 부품을 중복하지 않고 이 부품의 고장률을 낮추고자 한다. 이 때 이 부품의 고장률은 얼마가 되어야 하는가?

(4) $t=0.3$(단위시간)일 때 현 5 부품-직렬구조의 신뢰도가 0.90이상이 되도록 하려

면 이 직렬구조의 고장률은 최대 얼마가 되어야 하는가?

(5) (4)를 달성하기 위해 ARINC방법에 의해 배분된 각 부품의 고장률을 구하라.

5.20 각 부품의 신뢰도가 R_1, R_2, R_3, R_4인 a: 4-부품 직렬, b: 4부품-병렬, 그리고 다음의 c: 구조에 대한 물음에 답하라.

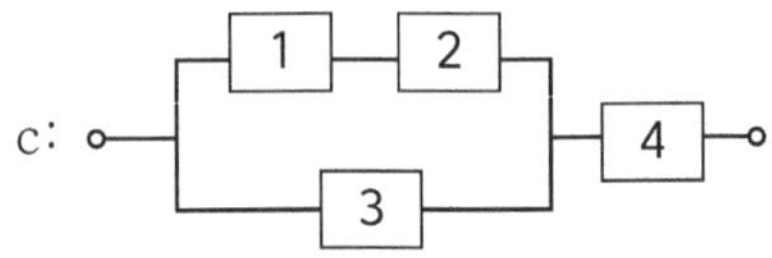

(1) a, b, c 구조의 신뢰도를 구하라.

(2) 네 부품의 신뢰도가 0.96, 0.97, 0.98, 0.99이라면 c 구조에서 각 부품의 민감도 (Birnbaum 중요도)를 구하라.

(3) 만약 b 구조의 부품 4개가 동일하게 고장률이 0.0001인 지수분포를 따르고 공통원인 고장비율이 0.05일 때 $t = 5,000$에서 이 구조의 신뢰도를 구하라.

(4) a 구조는 (3)과 같은 조건일 때 공통고장원인이 없을 때보다 신뢰도가 증가 또는 감소하는가?

5.21 1년의 무상 보증시간(연간 운용시간은 3,000시간임) 하에서의 요구 신뢰도가 0.993이 되도록 다음 같은 기초자료를 가지는 PC 컴퓨터에 대해 AGREE 배분 방법을 적용하라.

부품	소자 수	중요도 지수	작동시간(hr/년)
시스템 보드	180	0.97	3,000
하드 드라이브	40	0.92	1,500
DC 전원모듈	35	1.00	3,000

5.22 derating의 구체적 활용 예를 하나 이상 찾아라.

5.23 부하(L)와 강도(S)의 분포가 다음과 같은 정규분포를 따른다(단위: psi).

$$L \sim N(80,000,\ 6,000^2)$$

$$S \sim N(\mu_S,\ 8,000^2)$$

(1) μ_S가 102,500psi일 때 신뢰도를 구하라.

(2) 안전계수(평균의 비)가 1.4일 때 신뢰도를 구하라.

(2) 신뢰도가 0.989이상이 되려면 μ_S가 얼마 이상이 되어야 하는가?

5.24 어떤 아이템의 강도 분포는 $N(14,000,\ (1,200)^2)$을, 가해지는 스트레스의 분포는 $N(10,000,\ (1,000)^2)$을 각각 독립적으로 따른다.

(1) 안전계수를 강도의 하위수준($z_\alpha=2$)과 스트레스의 상위수준($z_\beta=1$)의 비로 설정할 때, 이 경우의 안전계수 값은 얼마인가?

(2) 이 아이템의 신뢰도를 구하라.

5.25 실생활에서 접할 수 있는 에러방지(mistake-proof) 설계를 반영한 제품을 각각 세 가지 이상 예시하라.

제6장

신뢰성 자료 분석: 비모수적 방법과 와이블 분석

6.1 신뢰성 자료 분석

6.1.1 신뢰성 자료 분석 목적

신뢰성 자료는 실험실에서 수행되는 재료, 부품, 유닛, 시스템 등에 대한 신뢰성시험, 설계 및 개발 단계의 시제품에 대한 시험, 사용현장에서 초기 생산제품에 대한 모니터링, 보증청구 자료의 분석, 사용현장에서의 장기간의 추적조사 등에 의해서 주로 획득된다.

이런 신뢰성 자료를 수집하고 분석하는 다양한 목적을 다음과 같이 열거할 수 있다.

① 제품의 설계수명 또는 보증기간의 신뢰성 특성 평가

② 제품 신뢰도 예측

③ 제품 보증비용 추산

④ 시스템 수준의 고장 시 위험평가에 필요한 기초 자료 제공

⑤ 제안된 설계변경 영향 평가

⑥ 고객요구와 정부의 규제에 대한 만족여부 조사

⑦ 사용현장 신뢰성 자료 수집과 추적조사를 통하여 고장원인과 신뢰성 향상 방법에 대한 정보제공

⑧ 가속수명시험 등의 실험실 신뢰성시험을 통한 신뢰성 향상 프로그램 평가

⑨ 다수 제조자, 생산기간, 사용 환경 등에 따른 비교

⑩ 홍보내용의 정확성 검토

6.1.2 신뢰성 자료 분석의 특징

신뢰성 자료와 이의 분석에 관한 주요 특징을 간략하게 정리하면 다음과 같다.

① 수명자료를 포함한 신뢰성 자료는 비음의 값을 가지므로 주로 지수, 와이블, 대수정규, 감마분포 등으로 모형화된다.

② 특히 수명자료는 정규분포를 따르는 경우는 드물며 비정규분포를 따른다.

③ 신뢰성 자료는 다양한 관측중단 유형의 자료가 포함된다. 관측중단의 주요 발생이유는 모든 대상 아이템(또는 시험단위)의 고장이 발생하기 전에 관측이나 시험이 중

단되는 경우가 자주 발생되기 때문이다.

④ 예측과 추정 시 주로 데이터가 수집된 범위를 벗어난 외삽(extrapolation)이 요구된다.

⑤ 기존의 통계적 분석과는 달리 모수(예: 평균과 표준편차)보다는 설계수명의 실증 또는 보증기간의 설정이나 보증비용을 추정하기 위해서 낮은 백분위 수명 등 수명 초기의 정보나 고장률, 고장확률 등에 관심이 많다.

⑥ 데이터의 분석이나 의사결정과정에 공학적, 과학적 지식과 과거 경험이 필요한 경우가 종종 발생된다.

⑦ 관측중단자료가 포함됨에 따라 수치해법과 이의 전산화 기법이 필요한 경우가 대부분으로, 아직까지 현업에서 요구되는 전반적인 신뢰성 분석 기능을 충실하게 수행할 수 있는 통합 소프트웨어가 타 분야에 비해 덜 개발되어 있는 실정이다.

6.1.3 신뢰성 자료 분석 절차

신뢰성 자료를 분석하는 절차는 다양한 목적과 시험상황 등으로 인해 일률적으로 체계화하기는 쉽지 않지만 개괄적으로 다음 단계로 요약할 수 있다.

(i) 먼저 히스토그램, 상자그림(box plot), 고장률 그림을 이용한 비모수적 방법에 기반한 도식적 분석(model-free)에 의해 수명분포의 형태를 파악한다.

(ii) (i)과 대상제품에 관한 사전 정보를 활용하여 선정된 모수적 모형을 적합한다. 이때 도식적 방법(확률지와 누적고장률 용지)과 7.1절의 통계적 적합도 검정(Anderson-Darling test, Kolmogorov-Smirnov test 등)을 이용한다.

(iii) 분석 목적에 적합한 통계적 추론(모수에 대한 점추정과 신뢰구간, 분위수(B수명), 신뢰도 등에 대한 점추정과 신뢰구간, 분포 모수에 대한 가설검정 등)을 수행한다.

(iv) 잔차 등을 이용하여 모형 가정에 대한 진단을 실시한다.

(v) (iv)의 결과를 토대로 선택된 분포와 분포 모수 등에 대한 감도분석(sensitivity analysis)을 실시한다.

(vi) 분석결과를 통계적 용어보다는 신뢰성 문제로 표현한다.

6.2 비모수적 분석법

수명자료 분석은 모형에 대한 가정을 하지 않는 수리적 혹은 6.3절에서 소개되는 확률지 등의 그래프를 이용한 방법을 적용하는 것으로부터 시작하는 것이 좋다. 이런 방법을 먼저 적용함으로써 모형에 대한 부적절한 가정으로 인해서 발생할 수 있는 왜곡된 해석을 피할 수 있다. 이 절에서는 비모수적 방법으로 수명분포의 추정치를 구하는 방법을 살펴본다.

비모수적 추론법으로는 경험분포(empirical distribution function; EDF)법, 생명표법(life table or actuarial method), Kaplan-Meier 추정법, Turnbull 추정법 등이 있다. 경험분포법은 완전, 단일 관측중단, 겹치지 않는 구간자료의 경우에 적용하는 것이 보통이고, 생명표법은 다중 관측중단 및 일반적인 구간자료의 경우에도 적용할 수 있다. 그리고 Kaplan-Meier 방법은 정확한 고장시간이 파악되는 경우에 적용할 수 있고, Turnbull 추정법은 임의 관측중단(좌측 관측중단, 우측 관측중단, 구간자료 등이 다중으로 혼합된 경우)된 수명자료를 대상으로 비모수적 추정치를 제공한다. 이 중에서 활용도가 높은 경험분포법과 Kaplan-Meier 추정법을 설명한다.

6.2.1 경험분포법

n개의 아이템 수명에 관한 완전자료로부터 누적 고장확률(불신뢰도, 누적분포함수) $F(t)$와 신뢰도함수 $R(t)=1-F(t)$를 추정하고자 한다. $F(t)$의 경험적(empirical) 추정치 $\hat{F}(t)$는 다음과 같이 정의된다.

$$\hat{F}(t)=\frac{\text{수명}\le t\text{를 만족시키는 자료 개수}}{n} \tag{6.1}$$

수명자료 내에 동일 값이 없으면 경험적 누적분포함수는 식 (6.2)과 같이 표현되며,

$$\hat{F}(t)=\begin{cases}0, & \text{for } t<t_{(1)}\\ i/n, & \text{for } t_{(i)}\le t<t_{(i+1)};\ i=1,2,\cdots,n-1\\ 1, & \text{for } t_{(n)}\le t\end{cases} \tag{6.2}$$

여기서 $t_{(i)}$는 올림차순으로 정렬한 i번째 고장발생 시간이다.

따라서 신뢰도함수의 경험적 추정치는 식 (6.3)과 같으므로

$$\hat{R}(t) = 1 - \hat{F}(t) = \frac{\text{수명} > t\text{를 만족시키는 자료 개수}}{n} \tag{6.3}$$

자료에 동일 값이 없을 경우 경험적 신뢰도함수는 식 (6.4)와 같다.

$$\hat{R}(t) = \begin{cases} 1, & t < t_{(1)} \\ 1 - \dfrac{i}{n}, & t_{(i)} \le t < t_{(i+1)};\ i = 1, 2, \cdots, n-1 \\ 0, & t_{(n)} \le t \end{cases} \tag{6.4}$$

여기서 $\hat{F}(t)\,(\hat{R}(t))$는 각각의 고장이 관측되기 직전에 $1/n$씩 증가(감소)하는 계단함수(step function) 형태가 되며, $\hat{F}(t)$는 마지막 고장시점 이후부터 '1'로 추정되어 실제와 부합되지 않는 현상이 발생된다. 여기서 두 경험적 추정치가 우측 연속(right-continuous)인 함수에 속한다.

한편 식 (6.4)로부터 $\hat{R}(t_{(i)})$는 다음과 같이 적을 수 있다.

$$\hat{R}(t) = 1 - \frac{i}{n}$$

$t_{(i)^-}$를 $t_{(i)}$직전 시점이라 정의하면 $t_{(i)^-}$에서 경험적 신뢰도함수는 다음과 같으므로,

$$\hat{R}(t_{(i)^-}) = 1 - \frac{i-1}{n}$$

이를 이용하여 $t_{(i)}$근방에서 $\hat{R}$의 평균을 구하면 다음과 같이 된다.

$$\tilde{R}(t_{(i)}) = \frac{1}{2}\left(\hat{R}(t_{(i)}) + \hat{R}(t_{(i)^-})\right) = 1 - \frac{i-0.5}{n} \tag{6.5}$$

경험적 신뢰도함수로서 식 (6.4)보다 평활한 식 (6.5)가 더 적절한 것으로 보는 학자도 있다. 이를 이용한 경험적 누적분포함수는 식 (6.5)의 경험적 신뢰도함수로부터 다음과 같이 주어진다.

$$\tilde{F}(t_{(i)}) = \frac{i-0.5}{n} \tag{6.6}$$

예제 6.1

10개의 기계 부품에 대해 수명시험을 실시한 결과 다음 자료를 얻었다(단위: 일).

39.2 57.5 65.8 75.0 88.3 94.2 101.7 109.2 120.0 145.0

경험적 누적분포함수와 신뢰도함수를 구해 보자.

식 (6.2)와 (6.4)에 의해 계산된 경험적 누적분포함수 및 신뢰도함수의 값과 식 (6.5) 및 (6.6)에 의해 계산된 두 함수 값이 **[표 6.1]**에 계산되어 있다. 그리고 **[그림 6.1]**에는 식 (6.2)에 따른 경험적 누적분포함수 그림이 도시되어 있다.

표 6.1 경험적 분포함수 및 신뢰도함수의 계산

i	$t_{(i)}$	$\hat{F}(t_{(i)})\ (\hat{R}(t_{(i)}))$	$\tilde{F}(t_{(i)})\ (\tilde{R}(t_{(i)}))$
1	39.2	0.1 (0.9)	0.05 (0.95)
2	57.5	0.2 (0.8)	0.15 (0.85)
3	65.8	0.3 (0.7)	0.25 (0.75)
4	75.0	0.4 (0.6)	0.35 (0.65)
5	88.3	0.5 (0.5)	0.45 (0.55)
6	94.2	0.6 (0.4)	0.55 (0.45)
7	101.7	0.7 (0.3)	0.65 (0.35)
8	109.2	0.8 (0.2)	0.75 (0.25)
9	120.0	0.9 (0.1)	0.85 (0.15)
10	145.0	1.0 (0.0)	0.95 (0.05)

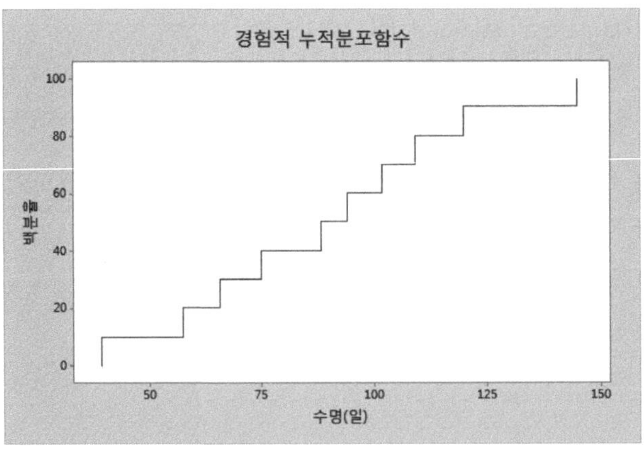

그림 6.1 경험적 누적분포함수 그림: [예제 6.1]

상기의 완전자료인 경우를 실제 현업에서 자주 접할 수 있는 중복되지 않는 인접구간의 고장개수를 관측할 수 있는 구간자료(interval 또는 read-out data) 유형의 수명자료를 획득한 경우로 확장해 보자. 즉, 연속적보다 간헐적으로 관측할 때, d_i를 i번째 구간 $I_i=(\tau_{i-1}, \tau_i]$에서 고장 발생 아이템의 수라고 정의하면 시점 τ_i에서의 누적 고장확률 $F(t)$의 경험적 추정치는 식 (6.7)이 된다.

$$\hat{F}(\tau_i)=\frac{\tau_i\text{까지 발생한 고장 개수}}{n}=\frac{1}{n}\sum_{j=1}^{i} d_j, \quad i=1,2,\cdots \tag{6.7}$$

만일 i번째 구간 I_i에서 고장이 하나도 발생하지 않으면 $\hat{F}(t)=\hat{F}(\tau_{i-1})$, $\tau_{i-1}\le t\le\tau_i$이지만 구간 I_i에서 하나 이상의 고장이 발생한 경우에는 고장의 발생시점을 알 수 없으므로 구간 I_i에서 $F(t)$의 추정량을 정확하게 파악할 수 없다. 그러나 구간 I_i의 상한 경계시점 τ_i에서 $F(t)$의 추정량을 식 (6.7)과 같이 구할 수 있으므로 이를 도시하면 역시 계단함수 형태가 된다. 만약 고장시점이 구간 내에서 균일분포를 따른다고 가정하면 구간 경계값 간에 경험적 누적분포함수의 추정치를 직선으로 연결한 꺾은 선 형태의 추정치를 얻을 수 있다.

그리고 식 (6.7)로부터 τ_i에서의 신뢰도, 구간 I_i에서의 확률밀도, 고장률의 추정치를 다음과 같이 구할 수 있다.

$$\hat{R}(\tau_i)=\frac{n-\sum_{j=1}^{i} d_j}{n}$$

$$\hat{f}(t)=\frac{d_i}{n(\tau_i-\tau_{i-1})}, \quad t\in I_i$$

$$\hat{h}(t)=\frac{d_i}{\left(n-\sum_{j=1}^{i-1} d_j\right)(\tau_i-\tau_{i-1})}, \quad t\in I_i$$

예제 6.2

100개의 특수 장치를 3년간 관측한 고장자료가 [표 6.2]와 같다.

표 6.2 화학장치 고장자료

구간	(0, 1]	(1, 2]	(2, 3]	(3, ∞)
고장 수	2	3	5	90

누적고장확률의 추정치는 식 (6.7)로부터 $\hat{F}(1)=2/100=0.02$, $\hat{F}(2)=(2+3)/100=0.05$, $\hat{F}(3)=(2+3+6)/100=0.1$가 되며 이를 계단형과 꺾은 선으로 도시한 것이 [그림 6.2]이다. 또한 (1,2]에서 $\hat{f}(t)=3/[100\times(2-1)]=0.03$, $\hat{h}(t)=3/[(100-2)\times(2-1)]=0.0306$이 된다.

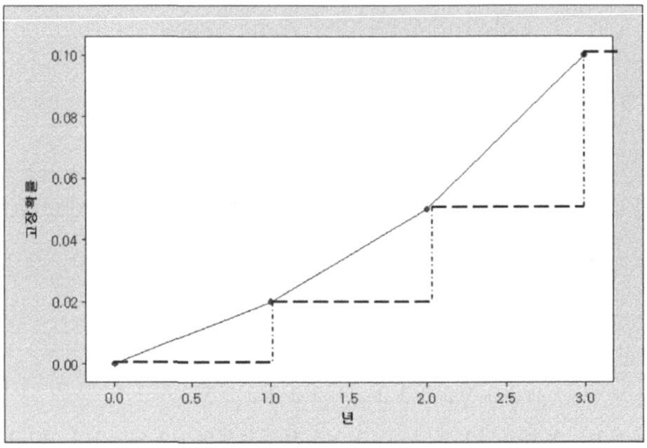

그림 6.2 경험적 누적분포함수 그림: [예제 6.2]

6.2.2 Kaplan-Meier 추정법

시점 t에서 신뢰도의 추정 시 시험단위 중에서 시점 이전에 관측중단된 단위가 있으면 경험분포법를 이용하여 신뢰도의 추정치를 구하는 것은 의미가 없다. Kaplan-Meier추정량은 Kaplan과 Meier(1958)가 우측 관측중단자료를 포함한 다중 관측중단자료에 사용할 수 있도록 경험분포법을 수정해서 제안한 것이다.

여러 가지 비모수적 방법 중에서 사용 빈도가 높은 Kaplan-Meier 추정법을 Product-Limit(PL) 추정법이라고도 하며, 이 추정법에 의한 신뢰도함수와 고장률함수의 Kaplan-Meier 추정치는 식 (6.8)과 같이 구한다.

$$\hat{R}(t)=\prod_{j\in J_t}\hat{p}_j(t)=\prod_{j\in J_t}\left(1-\frac{d_j}{n_j}\right) \tag{6.8}$$

단, $\hat{p}_j(t)=1-\dfrac{d_j}{n_j}$

n: 아이템의 개수

t_j: 올림차순으로 정렬하여 j번째 고장이 나거나 관측중단된 시점

d_j: t_j에 고장난 아이템의 수

w_j: t_j에 우측 관측중단된 아이템의 수

$n_j = n - \sum_{i=1}^{j-1} d_i - \sum_{i=1}^{j-1} w_i,\ j=1,\cdots,m$: 시점 t_j에 고장이 나지 않거나 관측중단이 되지 않는 아이템의 수이며, 여기서 m은 고장이 나거나 관측중단된 시점의 수임.

J_t: t_j직전에 고장 날 수 있는 아이템의 집합(risk set)

즉, 고장이 발생하는 시점 t_j마다 그 시점의 고장개수를 t_j직전까지 잔존하고 있는 아이템 수를 나누어 구한 후에 1에서 이 값을 뺀 값이 $\hat{p}_j$가 된다. 따라서 신뢰도 추정치는 이 값들을 곱하면 되므로, 이 값들로 그래프를 그리면 역시 계단함수 형태가 된다.

예제 6.3

다음은 Lawless(2003)에서 재인용한 것으로 환자에게 6-MP약물을 투여 후의 급성백혈병 환자의 완화시간 자료이다(단위: 주). 여기서 +기호는 관측중단 값의 표식이다.

6 6 6 6+ 7 9+ 10 10+ 11+ 13 16
17+ 19+ 20+ 22 23 25+ 32+ 32+ 34+ 35+

신뢰도함수의 Kaplan-Meier 추정치를 [표 6.3]과 같이 구할 수 있다. 여기서 계산과정에 대한 이해를 돕기 위하여 고장시점 $t=6,\ 7,\ 10$인 경우에 대해 식 (6.8)의 적용과정을 다음과 같이 예시한다.

표 6.3 급성 백혈병 자료 : Kaplan-Meier법

t_j	n_j	d_j	$\hat{p}_j=1-\frac{d_j}{n_j}$	$\hat{R}(t_j)$
6	21	3	0.8571	0.8571
7	17	1	0.9412	0.8067
10	15	1	0.9333	0.7529
13	12	1	0.9167	0.6902
16	11	1	0.9091	0.6275
22	7	1	0.8571	0.5378
23	6	1	0.8333	0.4482

먼저 $t<6$일 때 고장발생이 없으므로 $\hat{R}(t)=1$, $0\le t<6$가 되며, $t_1=6$일 때 $n_1=21$, $d_1=3$이므로 $\hat{p}_1=1-(3/21)=0.8571$가 되고 $\hat{R}(t)=1\times 0.8571=0.8571$, $6\le t<7$이 된다.

$t_2=7$일 때 $n_2=17$, $d_2=1$이므로 $\hat{p}_2=1-(1/17)=0.9412$가 되고, $\hat{R}(t)=0.8571\times 0.9412$, $7\le t<10$이 된다. 여기서 $t_3=9$일 때는 $d_3=0$, $\hat{p}_3=1$이므로 계산과정에 포함시킬 필요가 없다. $t_4=10$일 때 $n_4=15$, $d_4=1$이므로 $\hat{p}_4=1-(1/15)=0.9333$가 되어, $\hat{R}(t)=0.8067\times 0.9333=0.7529$, $10\le t<13$이 된다.

이를 아래와 같은 Minitab “신뢰성/생존 분석(Reliability/Survival)” 기능으로 실행하여 도시한 그래프가 **[그림 6.3]**이다. 이 그림에서 $t=0$에서 1로 시작되는 $\hat{R}(t)$는 계단형 함수이고 우측으로부터 연속임에 유념해야 한다. $\hat{R}(t)$는 각 고장시점 $t_{(j)}$에서 $1-(d_j/n_j)$의 비율만큼 떨어지지만 관측중단 시점에서는 변하지 않는다. 그러나 관측중단의 효과는 n_j의 값과 $\hat{R}(t)$의 계단 크기에 영향을 미친다. 여기서 한 가지 사소한 문제점으로, 가장 긴 시간이 관측중단 시간일 때 $\hat{R}(t)$가 절대 0이 되지 않으며 이 시점 이후에는 $\hat{R}(t)$가 정의되지 않는다는 것을 들 수 있다.

▶ 통계분석(Stat) → 신뢰성/생존 분석(Reliability/Survival) →
분포 분석(우측 관측 중단)(Distribution Analysis(Right Censoring)) →
비모수 분포 분석(Nonparametric Distribution Analysis)

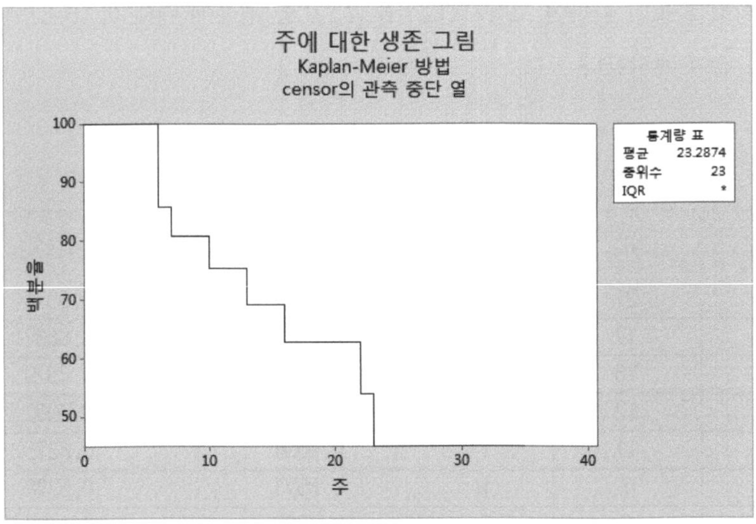

그림 6.3 Kaplan–Meier 추정법에 의한 신뢰도 그림: [예제 6.3]

예제 6.4

[표 6.4]는 70개의 디젤 발전기 fan에 대해 수명시험을 실시한 제1종 다중 관측중단 자료이며 단위는 시간(hr)이다(Nelson(1982)). 여기서 F와 C는 각각 고장발생 시간과 관측중단시간임을 나타낸다.

표 6.4 디젤 발전기 fan의 고장 및 관측중단 시간

시 간	시험결과	fan의 수	시간	시험결과	fan의 수
450	F	1	4,850	C	4
460	C	1	5,000	C	3
1,150	F	2	6,100	C	3
1,560	C	1	6,100	F	1
1,600	F	1	6,300	C	1
1,660	C	1	6,450	C	2
1,850	C	5	6,700	C	1
2,030	C	3	7,450	C	1
2,070	F	2	7,800	C	2
2,080	F	1	8,100	C	2
2,200	C	1	8,200	C	1
3,000	C	4	8,500	C	3
3,100	F	1	8,750	C	2
3,200	C	1	8,750	F	1
3,450	F	1	9,400	C	1
3,750	C	2	9,900	C	1
4,150	C	4	10,100	C	3
4,300	C	4	11,500	C	1
4,600	F	1			

먼저 Minitab을 이용하여 Kaplan-Meier 추정법을 적용한 신뢰도 그림을 [그림 6.4]에서 볼 수 있다. 또한 Minitab은 이로부터 Kaplan-Meier 추정법을 이용하여 고장률 값을 계산하여 도시한 고장률 그림도 [그림 6.5]와 같이 제공한다.

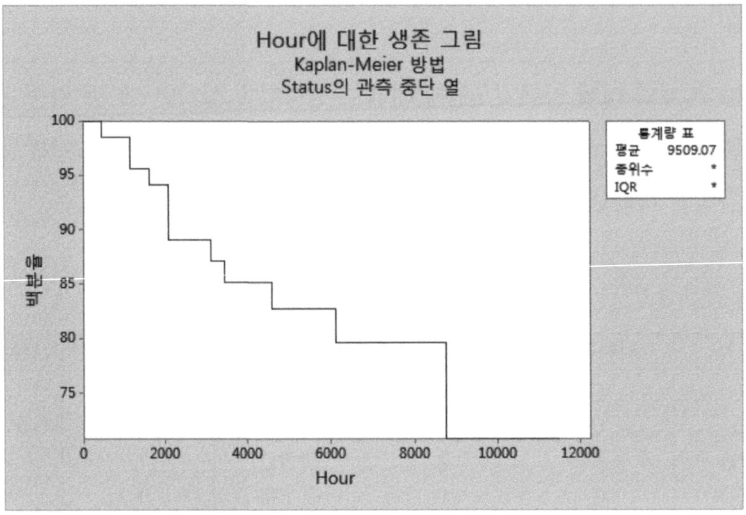

그림 6.4 Kaplan-Meier 추정법을 이용한 신뢰도 그림

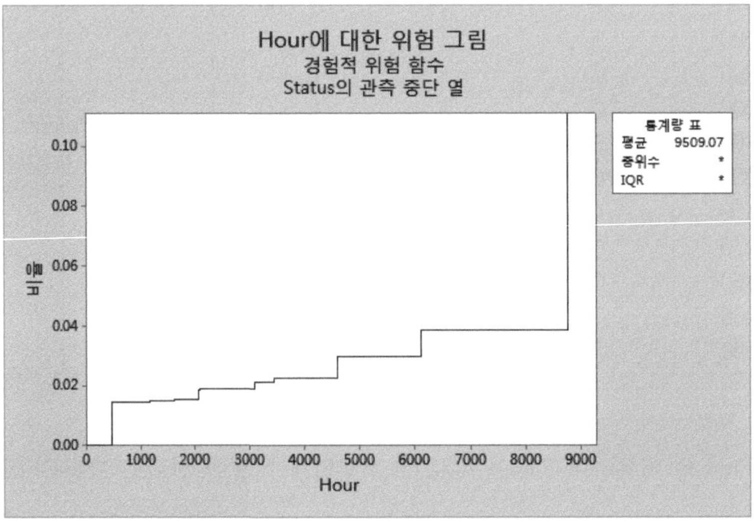

그림 6.5 Kaplan-Meier 추정법을 이용한 고장률 그림

6.3 확률지

신뢰성 분석을 포함한 통계적 자료 분석 목적을 달성하기 위해서는 모집단에서 추출된 표본으로부터 획득한 자료의 통계적 성질을 규명할 필요가 있다. 이와 같은 신뢰성 분석 시 수집된 표본으로부터 획득한 수명자료는 2장에서 서술된 바와 같이 완전자료 이외에 관측중단자료와 같은 불완전자료 형태가 존재할 수 있으므로 해석상에 어려움이 발생된다.

통계적 분석에 익숙하지 않는 독자에게는 수식적인 계산에 의한 분포의 모수와 MTTF의 추정에 어려움을 느끼는 경우가 많을 것이며, 또한 계산을 수행하더라도 원래 자료 그 자체의 속성을 파악하지 못하고 기계적으로 수식을 이용한 계산만을 수행하는 위험에 빠질 가능성도 있다.

따라서 신뢰성 자료를 수리적 방법에만 의존하지 않고 비교적 간편한 확률지와 이에 의한 자료 해석방법(와이블 분석)을 습득하는 것은 신뢰성 자료를 분석할 때 매우 유용하다. 또한 확률지 등을 이용한 도식적인 방법은 단지 신뢰성 공학 분야의 자료에 국한되지 않고 타 공학분야는 물론 심리학, 경영학 등의 인문사회과학 분야의 전문가에게도 도움이 될 것으로 여겨진다.

신뢰성 자료를 그래프를 통해 분석할 경우에 주로 와이블 분포, 지수분포, 정규분포, 대수정규분포 등의 확률지가 이용된다.

6.3.1 확률지에 의한 추정

일반적으로 수집된 자료로부터 신뢰도 등의 특성치를 추정하는 방법은 다음의 두 가지로 구별할 수 있다.

- 수명분포로 특정의 이론분포를 가정하는 경우
- 수명분포로 특정의 이론분포를 가정하지 않는 경우(6.2절)

예를 들면, 과거 자료로부터 수명이 와이블 분포를 따른다는 것이 알려져 있는 경우에는 먼저 와이블 분포의 특성치인 모수, 즉 형상모수와 척도모수를 구하게 되는데 이 경우에 ① 수리적 방법에 의한 추정, ② 그래프를 이용한 도식적 방법에 의한 추정의 두 가지가 있다. ①의 방법으로 최우추정법, 최소제곱추정법, 적률법 등의 방법이 채택되고 있다. 따라서 이 절에서 설명하고자 하는 것은 6.1.3절의 (ii)단계에 속하는 ②의 도식적 방법이며 [그림 6.6]과 같이 수리적 추정법의 타당성을 상호 보완할 수 있는 통계적 기법이다.

도식적 방법은 확률지에 타점하는 것만으로 간편하게 모수 등을 추정할 수 있는 장점이 있지만, 우선 [그림 6.6]에 표시된 (가)의 이론분포를 가정하지 않는 단계에서 6.2절에서 다룬 비모수적인 방법으로 신뢰도나 누적고장률함수를 먼저 계산해야 한다. 또한 특정 이론분포를 가정하지 않는 비모수적 방법은 아직 충분히 자료가 축적되지 않았거나, 표본 크기가 너무 작아 어떤 이론적 분포를 따르는가에 대한 파악 여부가 불가능한 경우에 사용될 수 있는 유용한 방법이다.

따라서 신뢰성 특성치는 시간의 함수로서 파악되므로 [그림 6.6]과 같이 확률지의 경우에 $t:F(t)$또는 $t:R(t)$, 누적고장률 용지의 경우에는 $t:H(t)$의 쌍을 확률지와 누적고장률 용지에 도시하여 모수 등을 추정할 수 있다.

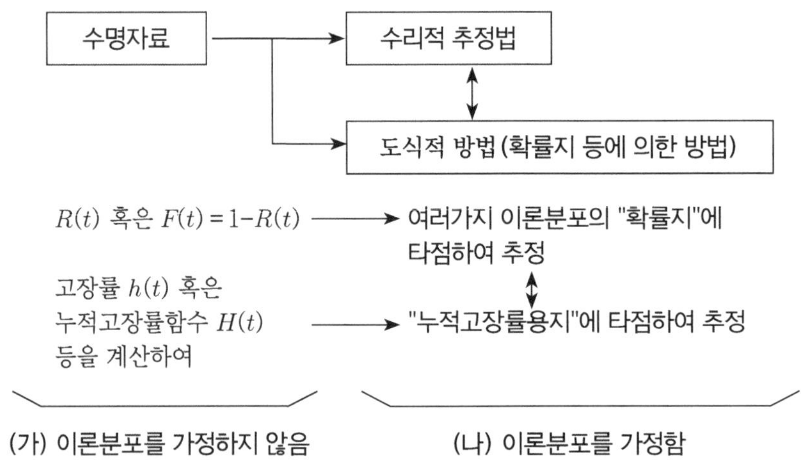

그림 6.6 수명자료 분석법의 개요

확률지 등의 도식적 방법의 특징은 어떤 이론분포를 따르는 자료를 그 확률지상에 타점하면 직선이 되도록 고안되어 있으며 그 직선의 기울기와 절편 등으로부터 분포의 특성을 나타내는 모수에 관한 정보의 파악이 가능하다. 즉, 수리적 방법에 비하여 초보자도 사용할 수가 있다는 장점이 있으므로 가능하면 수리적 방법과 병용하여 다각적으로 비교 검토하는 편이 바람직하다.

6.3.2 P-P 도시와 Q-Q 도시

특정 분포를 따르는 확률지에 시간 대 누적확률 또는 불신뢰도의 추정치를 타점하는 방법 외에 P-P(Probability-Probability) 도시, Q-Q(Quantile-Quantile) 도시가 통계 소프트웨어 등에 널리 사용되고 있다.

P-P 도시는 분포의 적합여부를 판단하기 위해 n개의 수명자료를 크기순으로 정렬된 i번째 수명 $t_{(i)}$에서 구한 가정된 이론분포의 누적확률 $F(t_{(i)})$와 표본으로부터 추정된 누적확률 $\hat{F}_n(t_{(i)})$를 한 쌍으로 타점한 그래프이다. $F(t_{(i)})$과 $\hat{F}_n(t_{(i)})$은 각각 '0'과 '1' 사이에서 타점되며 이 점들을 연결한 선이 '0'을 지나면서 기울기가 '1'인 직선에 근접하면 표본의 분포는 가정된 분포와 잘 적합된다는 것을 알 수 있다. 이 P-P 도시는 연속형 자료와 이산형 자료에 모두 적용할 수 있다.

Q-Q 도시는 가정된 분포함수 $F(t_{(i)})$의 분위수와 표본분포함수 $\hat{F}_n(t_{(i)})$의 분위수에 해당되는 수명자료를 한 쌍으로 타점한 그래프이다. Q-Q 도시 역시 타점한 점들을 연결한 선이 '0'을 지나는 기울기 '1'인 직선에 근접하면 표본의 분포는 가정된 분포와 잘 적합된다는 것을 알 수 있으며 연속형 자료에만 사용할 수 있다.

Q-Q 도시는 분포 꼬리부분의 부적합에 대한 민감도가 높으며, P-P도시는 분포의 중간부분의 부적합에 대한 민감도가 높다고 알려져 있다.

6.3.3 와이블 확률지의 구성

와이블 확률지는 대표적인 수명분포에 대한 확률지로 그 실례가 풍부하며 지수분포인 경우도 파악할 수 있는 가장 널리 알려진 용지이다.

수명 T가 와이블 분포를 따를 때, T의 누적분포함수는 2장에서 설명한 것과 같이 다음 식과 같다.

$$F(t) = 1 - \exp\left[-\left(\frac{t}{\eta}\right)^{\beta}\right], \quad t>0,\ \beta>0,\ \eta>0$$

양변에 대수를 두 번 취하여 이를 정리하면 식 (6.9)가 된다.

$$\ln\ln\frac{1}{1-F(t)} = -\beta\ln\eta + \beta\ln t \tag{6.9}$$

여기서, $y=\ln\ln\frac{1}{1-F(t)}$, $a=-\beta\ln\eta$, $b=\beta$, $x=\ln t$라고 두면, 식 (6.10)과 같이 직선이 됨을 알 수 있다.

$$y=a+bx \tag{6.10}$$

와이블 확률지에는 좌측 세로축에 $F(t)$(%로 표시)를, 하측 가로축은 t를 타점할 수 있도록 눈금이 나누어져 있는데, 또한 x의 눈금이 상측 가로축에 y의 눈금이 우측 세로축에 표시되어 있는 와이블 확률지가 [부록 C]에 수록되어 있다.

$F(t_{(i)})$의 추정치로 6.2절의 Kaplan-Meiler 추정법을 포함하여 다음 방법들이 채택될 수 있으며, 이 중에서 대칭시료 누적분포법과 메디안 랭크법이 주로 쓰이므로 이를 자세하게 설명한다.

(i) 대칭시료 누적분포법(Minitab에서는 '수정 Kaplan-Meier(Modified Kaplan-Meier(Hazen))' 추정치)

$$F(t_{(i)})=(i-0.5)/n, \quad i=1,\cdots,n$$

(ii) 평균 랭크법(Minitab에서는 '평균순위(Herd-Johnson)' 추정치)

$$F(t_{(i)})=i/(n+1), \quad i=1,\cdots,n$$

(iii) 모드 랭크법

$$F(t_{(i)})=(i-1)/(n-1), \quad i=1,\cdots,n$$

(iv) 메디안 랭크법(Minitab에서는 '중위수 순위(Median Rank(Benard))' 추정치)

$$F(t_{(i)})\approx(i-0.3)/(n+0.4), \quad i=1,\cdots,n$$

(v) Blom의 방법

$$F(t_{(i)})=(i-0.375)/(n+0.25), \quad i=1,\cdots,n$$

(vi) Kaplan-Meier 추정치(Minitab에서는 동일 용어를 사용)

$$F(t_{(i)})=i/n, \quad i=1,\cdots,n$$

1 대칭시료 누적분포법

[그림 6.1]을 보면 경험분포법에 의한 $\hat{F}(t)$는 고장시점 $t_{(i)}$에서 불연속이 되며 고장이 관측되기 직전에 $1/n$씩 증가하는 계단형 함수가 된다. 즉, $t_{(i)}$에서 $\hat{F}(t)$는 $(i-1)/n$에서 i/n에서 도약하므로 $t_{(i)}$근방에서 식 (6.6)과 같이 $\hat{F}(t_i)$의 평균을 구하면 다음과 같이 된다.

$$\tilde{F}(t_{(i)}) = \frac{1}{2}\left(\frac{i-1}{n} + \frac{i}{n}\right) = \frac{i-0.5}{n} \tag{6.11}$$

경험적 누적분포함수로서 식 (6.2)보다 평활한 식 (6.11)이 더 적절한 것으로 보는 학자도 많으며, 이를 Hazen의 방법, 수정 Kaplan-Meier 추정법, 대칭시료 누적분포법이라 부른다. 특히 이 방법은 식 (6.2)의 경험분포법을 적용할 때 마지막 자료가 고장에 해당될 경우, 마지막 고장 시점 이후는 $F(t)$가 '1'이 되어 실제와 맞지 않게 되는 현상을 피할 수 있다.

2 메디안 랭크법

다음의 예시로서 메디안 랭크를 설명해 보자. **[그림 6.7]**에서 왼편의 수명분포 (Weibull($\beta=2$, $\eta=10$)로부터 5개로 구성된 샘플을 추출하여 그 중에서 두 번째 순위에 해당되는 값(즉, $n=5$, $i=2$)을 7종의 샘플에 대해 취한 결과가 오른 편 그래프 수평축 근방에 타점되어 있다. 이런 샘플을 무한히 추출한 경우에 $n=5$, $i=2$에 해당되는 관측값의 이론적 분포가 **[그림 6.7]**의 오른편에 도시되어 있는데 이 분포의 중앙값(이 예시에서 각 표본에서 취한 7개의 값 중에서 네 번째 순위의 관측값에 해당)까지의 이론적 누적확률을 수치적 방법으로 구할 수 있다.

이 누적확률은 n과 i에는 의존하지만 수명분포와는 무관하며, 불완전 베타함수 비(incomplete Beta function ratio)로서 주어진다. 1953년 Benard와 Bosi-Levenbach는 이 누적확률의 근사식으로 $(i-0.3)/(n+0.4)$을 제안하여 이 근사식이 널리 쓰이고 있다

보통 확률지에 타점하여 도식적으로 최소제곱법을 적용할 때는 메디안 랭크법을, 모수를 수리적으로 추정 시 최소제곱법보다 통계적 성질이 우수한 최우추정법을 적용할 때는 대칭시료 누적분포법을 채택하는 경향이 있으며, 특히 엔지니어는 메디안 랭크법을, 통계분야 전문가는 대칭시료 누적분포법을 선호하는 경향이 있다. 이 책에서는 특별한 언급이 없으면 수계산이 보다 쉬운 후자를 채택하고자 한다.

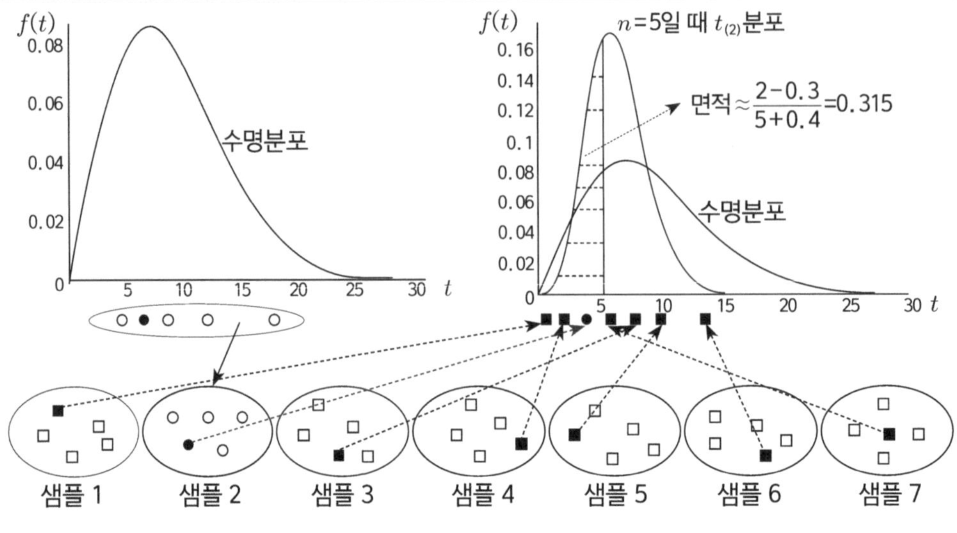

그림 6.7 메디안 랭크의 의미

6.4 와이블 분석

신뢰성 자료 분석법 중에서 가장 사용빈도가 높으며, 간편하고 강력한 기법을 와이블 분석이라 하며, 주로 확률지나 누적고장률 용지를 이용한 도식적인 분석법을 가리킨다.

6.4.1 와이블 확률지의 사용법

완전자료 또는 단일 우측관측중단인 경우 와이블 확률지의 사용법의 순서는 다음과 같이 된다(見弘 外(1983)).

분석절차

[단계 1] 수명자료를 올림차순으로 정렬하여 i번째 수명 $t_{(i)}$와 이 t에 대한 $F(t_{(i)})$의 값을 추정하여 확률지상에 타점한다.

와이블 확률지에 타점할 때 이 책에서는 특별한 경우가 아니면 암산이나 수계산이 쉬운 대칭시료 누적분포법을 채택하지만, Minitab에서는 메디안 랭크법을 기본(default)로 설정하고 있다. 따라서 메디안 랭크법을 대칭시료 누적법으로 바꾸는 절차가 필요하다(서순근(2017)).

[단계 2] 타점된 점들을 가장 잘 표현하는 직선을 그린다.

[단계 3] 형상모수 β는 직선의 기울기와 같다. 임의적으로 상측의 $\ln t$의 눈금 읽기와 우측의 $\ln\ln\{1/(1-F(t))\}$의 눈금 읽기를 사용하여 기울기를 구할 수 있지만, 다음의 방법을 주로 이용한다.

① [그림 6.8]의 β 추정점$(x, y)=(1, 0)$에서 [단계 2]에서 그린 직선에 평행선을 긋는다.

② 확률지의 세로 '주축'과의 교점을 구하여 그 점을 그대로 오른쪽으로 연장하여 오른쪽의 눈금($\ln\ln\{1/(1-F(t))\}$ 눈금)을 읽는다.

③ 이 값의 절대치가 β가 된다.

[단계 4] 척도모수 η는 적합된 직선이 $F(t)$가 63.2%인 가로축과 만나는 점에서 시간축에 수선을 내려 만나는 t눈금이 된다. 즉, 식 (6.9)의 좌변을 0으로 하는 t값을 t'라고 하면,

$$\ln\ln\frac{1}{1-F(t')}=0 \Rightarrow 1-F(t')=e^{-1}$$

이 성립하므로 $F(t')=1-e^{-1}\cong 0.632=63.2\%$이 된다. 따라서 제63.2백분위수인 t'에서 식 (6.9)으로부터 다음의 관계가 성립되며, η를 2.3.2절에서 언급한 바와 같이 특성수명이라고도 한다.

$$-\beta\ln\eta+\beta\ln t'=0 \Rightarrow \eta=t'$$

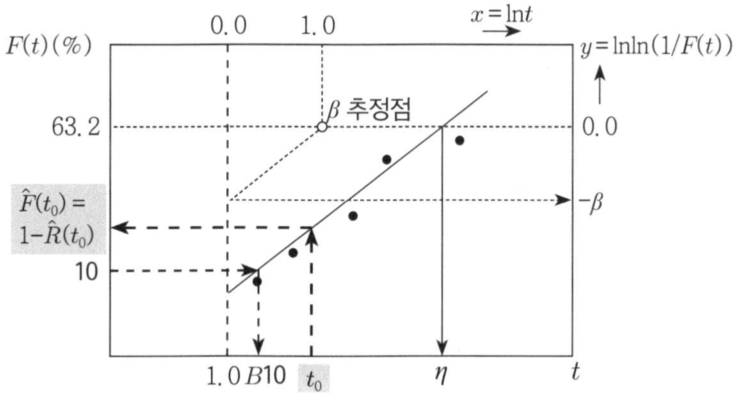

그림 6.8 와이블 확률지 사용법

예제 6.5

전자부품 10개를 정격조건의 두 배 스트레스로 가속수명시험을 실시하여 고장이 발생한 시간이 [표 6.5]에 정렬되어 있으며, 고장모드는 모두 동일하였다. 와이블 확률지를 사용하여 적합 여부를 판정하고 모수를 추정하라. 여기서 $F(t_i)=(i-0.5)/n$과 $F(t_i)=(i-0.3)/(n+0.4)$, $i=1,\cdots,n$를 각각 적용하라.

표 6.5 가속수명시험 자료

(단위 : 시간)

시간	20	35	50	70	90	130	150	180	250	300
대칭시료 누적분포법(%)	5.0	15.0	25.0	35.0	45.0	55.0	65.0	75.0	85.0	95.0
메디안 랭크법(%)	6.7	16.3	26.0	35.6	45.2	54.8	64.4	74.0	83.7	93.3

[표 6.5]를 보면 누적확률에 관한 두 추정법의 차이는 중앙에서는 극히 적고 양극단으로 갈수록 약간의 차이가 발생하고 있다. [그림 6.9]에는 와이블 확률지에 대칭시료 누적분포법으로 [표 6.5]의 자료를 타점하고 모수를 추정한 결과가 도시되어 있다. 단, 가로축의 좌표는 대수 좌표이므로 분석자가 수명자료를 도시할 때 와이블 확률지의 중심부분에 자료의 점들을 타점하는 것이 보다 쉽게 직선을 추정할 수 있으므로 시간축(횡축)을 재획정(즉, 1~10시간을 10~100시간으로)하는 것이 좋다.

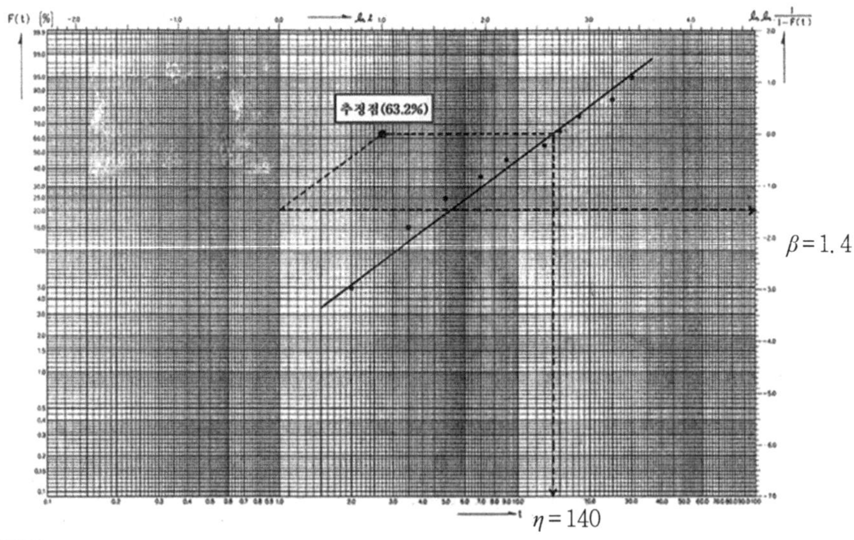

그림 6.9 와이블 확률지를 이용한 도식적 방법: [예제 6.5]

확률지에 도시된 결과를 보면 모든 점들이 적합된 직선 근처에 존재하므로 와이블 분포를 따른다고 볼 수 있으며 모수 추정치로 β(형상모수)는 약 1.4로, η(척도모수)는 약 140이 된다. 형상모수가 1보다 크므로 고장률 증가형임을 파악할 수 있다.

또한 **[그림 6.8]**과 같이 횡축에서 시간을 지정하여 이 값을 통과하는 수직선과 적합된 직선과 만나는 점의 종축을 읽으면 그 시점까지 고장이 난 확률이 되며, 종축의 값을 먼저 지정하고(예를 들면 10%) 그 값을 통과하는 수평선과 적합 직선이 만나는 점의 횡축을 읽으면 분위수(예를 들면 B10 수명)가 된다.

또한 다음과 같은 "신뢰성/생존 분석(Reliability/Survival)" 기능을 실행한 결과인 **[그림 6.10]**은 수계산으로 도시한 와이블 확률지와 동일한 것으로 최소제곱법(6.5절 참고)으로 구한 추정된 모수는 β(1.40)과 η(140.2)로 와이블 확률지에 직접 도시하여 추정된 값과 거의 일치한다.

> ▶ 통계분석(Stat)→신뢰성/생존 분석(Reliability/Survival)→분포 분석(우측 관측 중단)(Distribution Analysis(Right Censoring))→모수 분포 분석(Parametric Distribution Analysis)

한편 이를 실행하기 전에 Minitab은 기본으로 메디안 랭크법을 지정하고 있으므로 다음과 같이 대칭시료누적법으로 먼저 변경해야 한다.

> ▶ 도구(Tools)→옵션(Options)→개별그림(Individual Graphs)→확률도(Probability Plots)에서 표시점 계산방법의 지정을 중위수 순위에서 '수정된 Kaplan-Meier '으로 바꾸어야 한다.

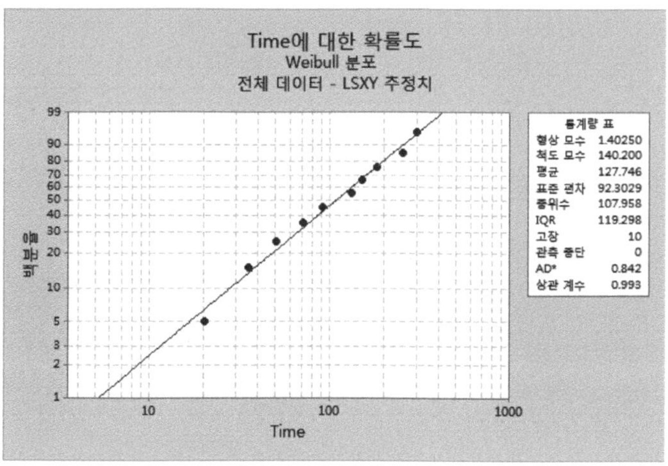

그림 6.10 와이블 확률지 도시의 결과 : [예제 6.5]

예제 6.6

스위치의 고장시간 자료는 [표 6.6]과 같다. 30개의 시험제품 중 10개까지 고장이 관측된 후 시험이 중단되었다. 단위는 '주'이며 이 자료는 30개 중 10개가 고장난 시점에서 관측중단된 제2종 관측중단자료이다. 와이블 분포에 적합하고 모수를 추정하라.

표 6.6 전자부품의 수명자료

(단위: 주)

i	1	2	3	4	5	6	7	8	9	10
$t_{(i)}$ (주)	24	33	40	41	48	50	53	54	57	60
$F(t_{(i)})$ (%)	1.67	5.00	8.33	11.67	15.00	18.33	21.67	25.00	28.33	31.67

단일 관측중단된 [표 6.6]의 10개 자료에 대해 $F(t_{(i)})=100(i-0.5)/30$로서 와이블 확률지에 도시한 [그림 6.11]의 결과를 보면 와이블 분포를 따르고 있음을 알 수 있으며 $\beta=3.7$, $\eta=76(7.6\times10$주)로 추정되었고 β가 1보다 훨씬 크므로 이 제품의 고장률은 증가형(IFR)임을 파악할 수 있다.

또한 Minitab의 "신뢰성/생존 분석(Reliability/Survival)" 기능을 이용하여 Minitab을 수행한 결과는 [그림 6.12]과 같은데 수작업 결과와 유사하지만 약간의 차이는 있다.

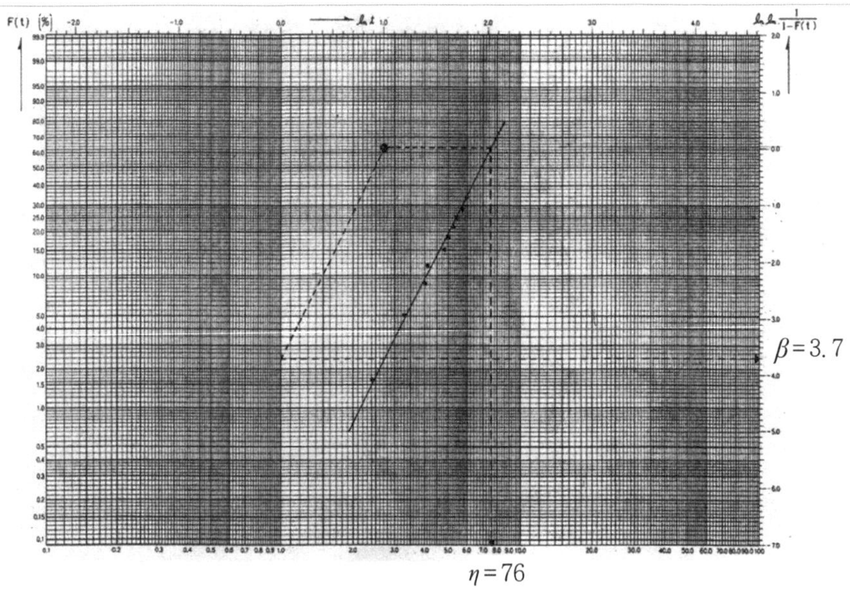

그림 6.11 와이블 확률지를 이용한 도식적 방법: [예제 6.6]

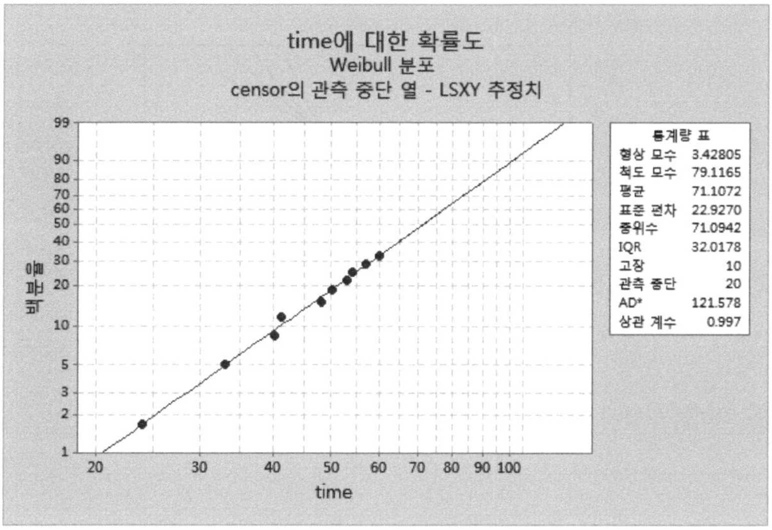

그림 6.12 "모수 분포 분석"의 와이블 확률지 도시 결과: [예제 6.6]

6.4.2 와이블 확률지의 해석

1 형상모수와 척도모수

와이블 확률지에서 구할 수 있는 형상모수 β는 고장발생 형태 추이를 나타내는 매우 중요한 모수로, 와이블 분포의 가장 유용한 특징이며, 이로 인해 와이블 분석이 광범위하게 활용되고 있는 하나의 근거로 볼 수 있다.

β가 '1' 보다 작으면 고장률 감소형(DFR)이 되며, 제조나 설계상에서 부적합이 제품에 내재되어 작동 초기에 고장발생 가능성이 높다고 볼 수 있다. β가 '1' 보다 (상당히) 크면 고장률 증가형(IFR)이 되며, 고장률이 시간이 경과함에 따라 증가하는 열화형 고장모드로 여겨진다. 이때는 제품 임무기간에 걸쳐 불신뢰도를 낮추기 위해 설계여유를 높이는 등의 대처가 요구된다. β가 '1' 근방이 되면 고장률이 경과시간에 독립이므로 어떤 우발적 요인에 의해 랜덤하게 고장이 발생한다. 이 단계에서는 고장률이 충분히 낮은지에 대한 확인이 필요하다.

[그림 6.13]은 와이블 확률지에서 척도모수가 동일할 때 형상모수가 변화에 따라 적합된 직선이 변하는 형태를 보여주고 있다.

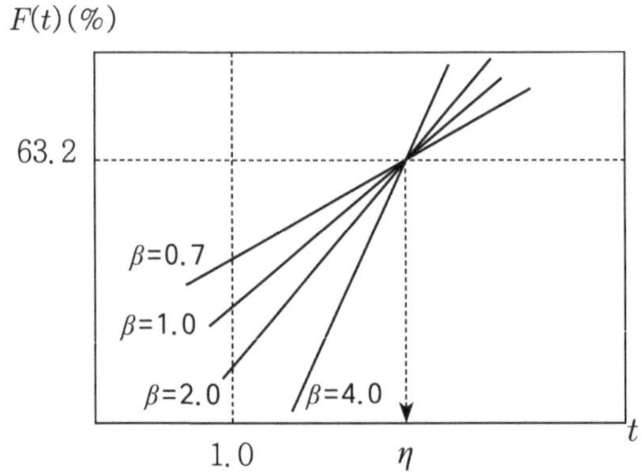

그림 6.13 와이블 확률지 : 형상모수의 역할

한편 척도모수는 고장의 시간적 발생속도를 나타내는 것으로 대상 아이템 수명의 대소 여부에 따라, 또한 아이템에 가해지는 스트레스의 강약에 따라 영향을 받는다. 형상모수가 동일한 경우인 **[그림 6.14]**를 보면 척도모수 값에 따라 와이블 확률지의 횡축 상에서 현저하게 변함을 알 수 있다. 이렇게 적합된 직선이 평행이 되면 형상모수는 동일하다는 의미이며, 가속수명시험(9장 참고)을 실시할 때 각 조건에서의 적합직선이 평행이면 동일 고장모드로 간주하여 가속성이 성립한다고 해석하고 있다.

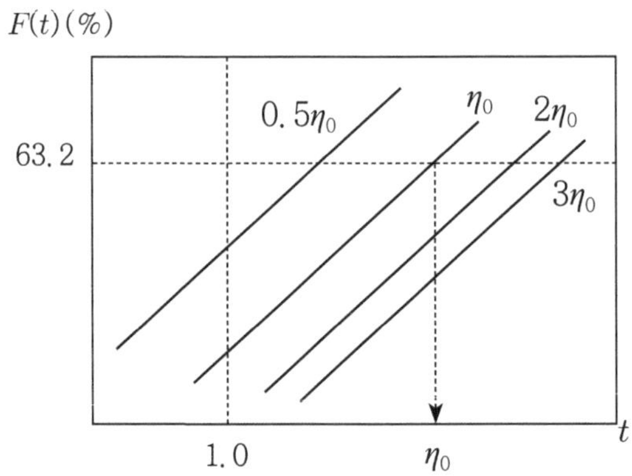

그림 6.14 와이블 확률지 : 척도모수의 역할

2 직선으로 적합되지 않을 경우

예제 데이터들은 확률지 상에서 타점한 점들이 거의 직선 근처에 위치하고 있지만 그렇지 않는 경우가 자주 발생된다. 또한 샘플 수가 작을 때는 일부 점들이 적합 직선과의 편차가 상당히 큰 경우를 접할 수가 있다.

먼저 직선이 되지 않을 경우는 다음 경우를 예상할 수 있다.

① 3-모수 와이블 분포
② 다중 고장모드
③ 혼합형 와이블 분포
④ 복합형 와이블 분포
⑤ 와이블 외의 다른 분포

수명자료가 항상 와이블 분포를 따르는 것은 아니므로 와이블 분석을 맹신하면 안되지만, 와이블 분석을 먼저 행하는 것은 바람직하다.

따라서 와이블 분포외의 다른 분포(대수정규, 감마분포 등)를 적합하기 전에 ①~④의 가능성을 먼저 검토해야 한다. 부득이 ⑤를 적용할 경우라도 자료개수를 증대시켜 판단을 해야 될 가능성이 높으며, 이것이 어려울 때는 고장 메커니즘에 대한 검토가 필요하다.

[그림 6.15]의 (a)가 될 수 있는 3-모수 와이블 분포(①) 경우는 다음 소절에서 자세히 다루므로 여기서는 ②~⑤경우를 대상으로 기술한다.

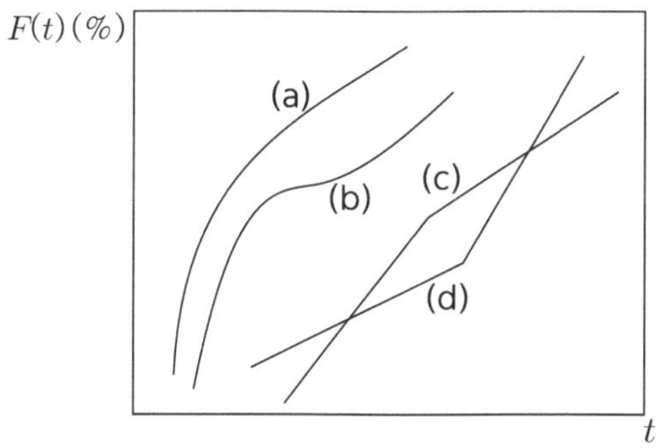

그림 6.15 와이블 확률지 : 직선 형태가 아닐 경우

(가) 다중 고장모드

두 가지 이상의 복수 고장모드를 가지는 아이템의 고장시간은 직렬 시스템 또는 경쟁(경합) 위험모형(competing risk model)으로 모형화 될 수 있다. 여기서의 위험은 직렬 시스템의 부품의 역할과 같으므로, 하나의 부품이 고장날 때 이 시스템(제품)은 고장이 발생한다. 이런 부품은 개개의 고장모드와 관련된 잠재적인 고장시간을

가지며 아이템의 관측된 고장시간은 개개의 잠재적 고장시간의 최소값이 된다.

즉, A(DFR), B(IFR)의 두 고장모드가 경합하는 아이템일 경우에 **[그림 6.15]**에서 (d)의 꺾은 선 형태가 될 가능성이 높다. 초반에는 고장모드 A가, 후반에는 고장모드 B가 아이템의 고장모드를 지배하기 때문이다. 여기서 고장모드별로 분리하여 분석을 한다면 다른 고장모드에 의한 고장시간은 대상모드의 관점에서는 관측중단이 되므로 **[그림 6.16]**과 같이 관측중단시간으로 처리하여 분석한다. 즉, **[그림 6.16]**과 같이 여섯 단위의 시험 아이템 중에서 두 단위는 관측중단되었으며, 두 단위는 고장모드 A에 의해, 나머지 두 단위는 고장모드 B에 고장이 발생했다면, 고장모드 B를 대상으로 신뢰성 분석을 실시할 때 고장모드 A에 의해 고장이 발생한 아이템 #1과 6의 고장발생 시간은 관측중단시간으로 취급된다.

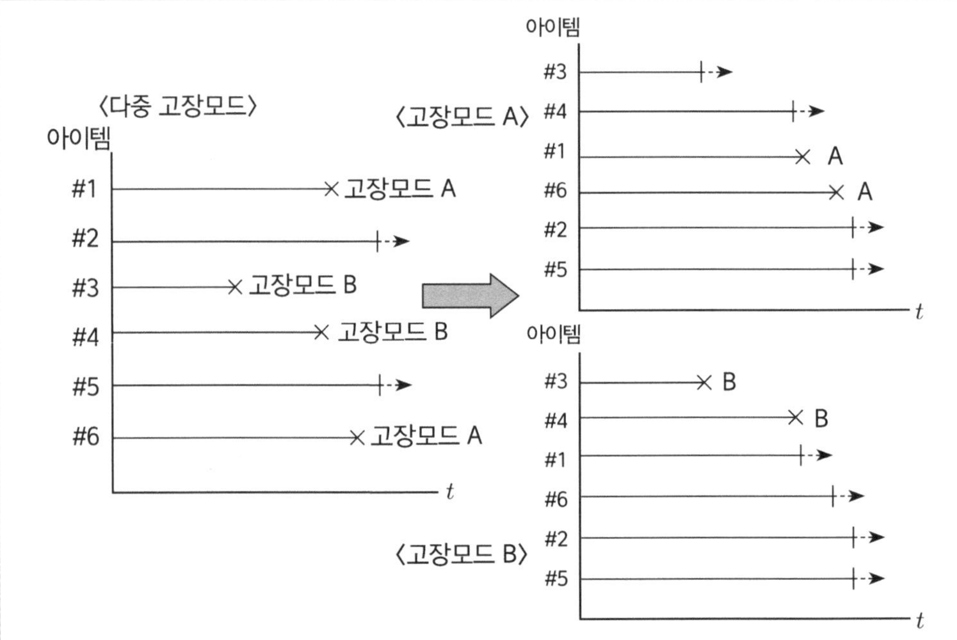

그림 6.16 다중 고장모드: 관측중단

(나) 혼합형 와이블 분포

두 종 이상의 와이블 분포가 혼합되어 모집단(mixture populations)을 형성하는 경우로, 이때는 전술한 다중 고장모드에 속하는지, 아니면 설계와 제조과정이나 사용조건 등이 다른 자료가 혼재되어 있는지 심층적 분석이 필요하다.

혼합형 모집단의 예로서 취약한 아이템과 정상 아이템의 두 종으로 구성된 모집단으로 가정할 경우에 와이블 확률지에 도시하면 [그림 6.15]의 (b) 곡선형태가 될 수 있다. 즉, 취약한(weak, freak) 모집단과 정상 모집단의 와이블 분포를 따르는 확률밀도함수가 각각 $f_1(t)$, $f_2(t)$이고 취약 모집단의 비율이 p라면 이들을 포함한 모집단의 확률밀도함수 $f(t)$는 다음과 같이 된다. 이를 혼합형 와이블 분포라 한다.

$$f(t) = pf_1(t) + (1-p)f_2(t), \quad 0 \le p \le 1$$

이 경우는 p를 추정하여 두 집단으로 구분한 층별 분석을 해야 하며, 각 아이템은 두 종류로 구분된 모집단 중에 하나에 속하는 분포를 따라야 하므로, 다중 고장모드처럼 어떤 시점에도 대상 고장모드 중의 하나에 의해 고장이 날 수 있는 경우와는 다르다.

(다) 복합형 와이블 분포

사용환경의 급격한 변화 등으로 인해 어느 시점을 경계로 분포형이 전혀 다르게 될 수가 있는데, [그림 6.15]의 (c)와 같이 와이블 확률지 상에서 꺽은 선 형태가 된다. 즉, t_b을 경계로 하여 t_b이전에는 $f_1(t)$를, t_b이후에는 $f_2(t)$가 되는 다른 형의 분포를 가질 때 수명분포를 복합형 와이블 분포라 하며, 도시된 곡선 형태가 점진적으로 바뀌는 혼합형에 비해 곡선의 변곡점이 보다 명확한 점과 t_b에서 고장률이 불연속될 수 있는 점이 특징으로 볼 수 있다.

$$f(t) = \begin{cases} f_1(t), & 0 < t < t_b \\ f_2(t), & t \ge t_b \end{cases}$$

(라) 다른 수명분포일 경우

와이블 분포의 특수한 경우인 지수분포를 따르는 자료를 와이블 확률지에 타점하면 [그림 6.17]의 (a)와 같이 기울기가 1인 직선형태가 되며, 대수정규분포를 따르는 자료이면 [그림 6.17]의 (b) 형태의 곡선이 될 수 있다. 그리고 정규분포를 따르는 자료를 와이블 확률지에 타점하면 기울기가 3~4 되는 직선 형태([그림 6.17]의 (c)) 나 [그림 6.17]의 (d) 형태의 곡선이 된다(鈴木和幸(2009)). 하여튼 확률지에 도시된 점들을 적합하는 직선의 합당성 여부가 애매할 경우는 (마)에서 언급되는 바와 같이 표본크기를 증대시켜 정밀분석을 해야 한다.

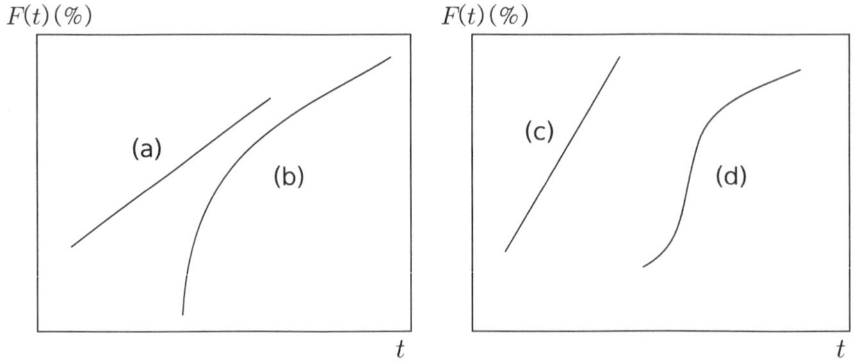

그림 6.17 와이블 확률지: 타 수명분포일 경우

(마) 샘플 수가 작을 경우

수명자료는 충분한 개수의 데이터가 얻어지는 경우가 비교적 드물며, 5개 정도의 소수 데이터로서 분석할 경우도 가끔 있다. 이때 와이블 확률지에 타점하여 무리하게 직선으로 적합해도 되는가? 또는 분석결과가 어느 정도 타당한가에 대한 의문이 생길 수 있다.

고장 메커니즘이 판명되어 있고 최약 연결법칙을 따른다고 볼 수 있는 경우나, 종래의 축적된 데이터가 와이블 분포를 따른다고 볼 수 있는 경우는 적용된 와이블 분석이 어느 정도의 타당성이 있다고 판단된다. 이 경우도 데이터 수가 작기 때문에 이상치가 포함되면 추정값은 참값과 차이가 발생함을 유념해야 한다.

따라서 샘플 수가 작을 경우는 점추정과 더불어 구간추정을 적용해야 한다. 확률지에 메디안 랭크법을 적용하면 신뢰구간을 구할 수 있는 보조표가 일부 전문서적에 수록되어 있지만 그것도 상당히 제한적이다. 따라서 신뢰구간을 구하려면 7장에 소개하는 Minitab의 기능으로 설정할 수 있을 것이다. 이때도 분석의 목적에 따라 안전하게 보수적으로 단측 신뢰한계(신뢰도나 B수명이면 신뢰하한을 채택)을 적용하는 것이 하나의 방안이 될 수 있다.

6.4.3 3-모수 와이블 분포의 활용

1 위치 또는 역치 모수(γ)의 도입

위치모수(Minitab에서 역치(threshold) 모수)를 가지는 3-모수 와이블 분포의 신뢰도함수는 식 (6. 12)와 같다.

$$R(t) = \exp\left\{-\left(\frac{t-\gamma}{\eta}\right)^{\beta}\right\}, \quad t \geq \gamma \tag{6. 12}$$

이 때 추가로 도입한 모수 γ는 위치모수, 역치모수 또는 최소수명으로 불린다. 모수의 수를 증가시킨다는 것은 다양한 자료에 적합시킬 수 있다는 의미이므로 와이블 분포에 적합되지 않을 경우 위치모수를 추가하면 3-모수 와이블 분포로의 적합이 가능할 수 있다.

또한 역치모수의 도입은 대체로 어떤 시간 $t(<\gamma)$에서 "절대 고장나지 않는다"라는 가정이 있어야 한다. 특히, $\beta \leq 1$일 때 확률밀도함수를 도시하면 $t<\gamma$에서 0이고, $t=\gamma$가 되면 확률밀도가 갑자기 크게 되어 실제적으로 제품 수명이 이와 같은 현상을 따른다고 보기는 힘들므로, 이런 경우에는 적용하기가 곤란하다(野中保雄(1983)).

1 위치모수(γ)의 추정

$\beta=2$, $\eta=1$, $\gamma=10$일 때 3-모수 와이블 분포의 누적분포함수를 구하여 이것을 와이블 확률지에 도시하면 위로 볼록한(concave) [그림 6. 15]의 (a)와 [그림 6. 18]의 (a)형태가 된다. 즉, 역으로 와이블 확률지에 도시하여 [그림 6. 18]의 (a)와 같이 위로 볼록한 곡선이 얻어진 경우에 γ를 포함시켜 무조건적으로 와이블 분포로 적합할 수 있지만, 이것만으로 γ를 포함시키는 것은 수학적 측면만 고려한 것이므로 물리적 설명(최소수명의 존재 등)이 보완될 때 정당화될 수 있다(野中保雄(1983)).

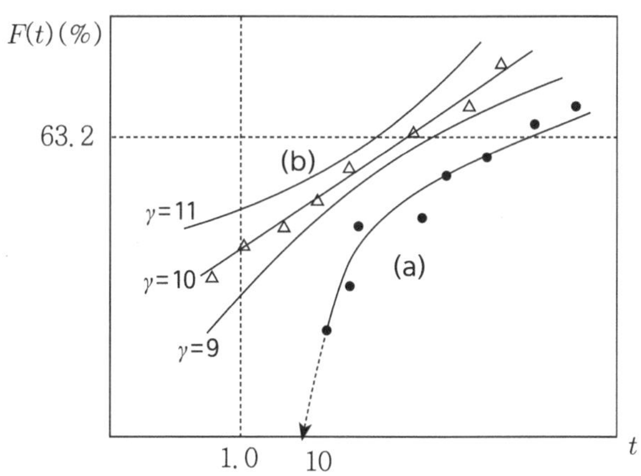

그림 6.18 위치모수(γ)를 가지는 경우의 와이블 확률지 도시 결과

[그림 6.18]의 (a)와 같은 곡선이 얻어졌을 때, γ를 추정하는 방법으로 우선 도시된 그래프 상에서는 γ를 읽어낼 수 없다. 따라서 누적분포함수에서 $t=\gamma$일 때 $F(t)=0$이 되므로, 이 그림과 같이 자료의 적합된 곡선을 연장하여 횡축과의 만나는 점을 위치모수의 값으로 정할 수도 있다. 그러나 그래프 상에서 이 연장선을 정확하게 도시할 수 없는 경우가 많으므로 이 방법은 실용적이지 못하다.

따라서 좀 더 확실한 방법으로 γ의 값을 가정하고, 수명(t) 대신에 $t-\gamma$를 구하여 그 값들을 확률지에 타점하고 가장 직선에 가깝게 될 때의 γ를 선택하면 된다. 즉, γ를 시행착오법으로 다양한 값('0'과 최소 고장시간 사이)에 대해 시도하여 직선성을 가장 잘 따르는 값으로 정할 수 있다. [그림 6.18]의 (a)에 대해 (b)에서 $\gamma=9, 10, 11$로 가정했을 때의 $(t-\gamma)$에 대한 도시 결과를 확인해보면 이 때 $\gamma=10$로 했을 때 가장 직선에 가까움을 알 수 있다.

만약에 $t=0$이전에(즉, 생산과정에서) 열화가 진행된 경우라면 [그림 6.18]의 (a)와는 반대로 아래로 볼록한 곡선이 되며, γ는 음수가 된다.

예제 6.7 3-모수 와이블 분포

[표 6.7]은 볼 베어링(ball bearing)의 수명시험 자료(단위 10^6사이클)이다. 이 자료를 대상으로 Minitab의 "신뢰성/생존 분석(Reliability/Survival)" 기능([예제 6.5] 참고)을 이용하여 와이블 분포에 적합시키고, 위치모수를 24로 설정하여 각 자료에서 이를 뺀 값을 와이블 확률지에 도시하고 그 결과를 비교하라.

표 6.7 볼베어링 수명시험 자료

(단위 : 10^6회전)

i	time	time−24	i	time	time−24
1	29	5	12	70	46
2	32	8	13	70	46
3	41	17	14	70	46
4	42	18	15	83	59
5	44	20	16	91	67
6	49	25	17	100	76
7	51	27	18	103	79
8	51	27	19	104	80
9	53	29	20	120	96
10	55	31	21	120	96
11	69	45	22	170	146

[표 6.7]에 있는 'time(열 이름)' 자료를 Minitab을 이용하여 와이블 확률지에 타점하면 [그림 6.18]과 같이 위로 볼록한 곡선적 경향을 보이면서 직선으로 잘 적합되고 있지 않음으로, 이와 같은 경우는 3-모수 와이블 분포가 더 적절하다는 하나의 징표로 볼 수 있다.

[그림 6.19]에서와 같이 시행착오법으로 γ를 추정한 결과 또는 적합된 곡선을 연장하여 가로축과 만나는 값인 24를 뺀 자료('time-24(열 이름)')는 직선을 잘 따르고 있음을 알 수 있으며 상관계수 값도 증가하고 있다. 이때 $24(\times 10^6)$는 위치모수 또는 최소수명의 추정치가 된다.

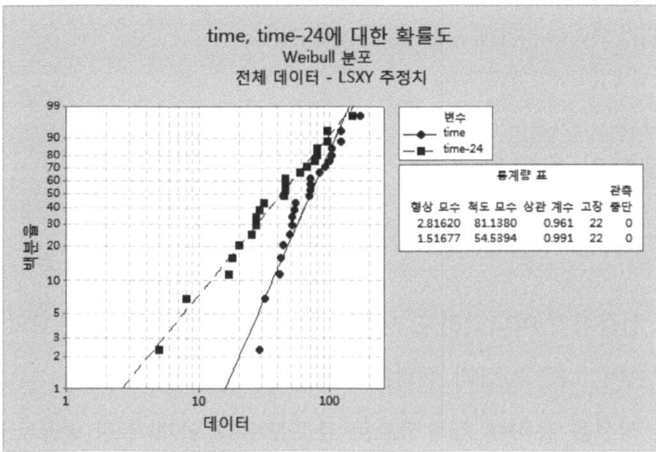

그림 6.19 와이블 분포 적합 결과: [예제 6.7]

와이블 형상모수 β와 척도모수 η는 모수가 2개인 통상적 와이블 분포의 경우와 마찬가지로 구할 수 있으므로 $\beta = 1.52$이고 $\eta = 54.54$가 되며 신뢰도함수는 다음과 같이 추정할 수 있다. 여기서 형상모수 값은 'time'에 대해 통상적 와이블 분포로 적합한 경우보다 감소되고 있음을 알 수 있다.

$$R(t) = \exp\left\{-\left(\frac{t-\gamma}{\eta}\right)^{\beta}\right\} = \exp\left\{-\left(\frac{t-24}{54.54}\right)^{1.52}\right\}$$

Minitab에서는 전술한 시행착오법과는 달리 원 자료에 대해 3-모수 와이블 분포를 직접적으로 적합할 수 있도록 구축되어 있다. 이를 적용한 결과는 [그림 6.20]에서 볼 수 있으며, 모수의 추정치는 조금 차이가 발생하지만 두 방법의 우월성을 확실하게 판정하기는 쉽지 않다.

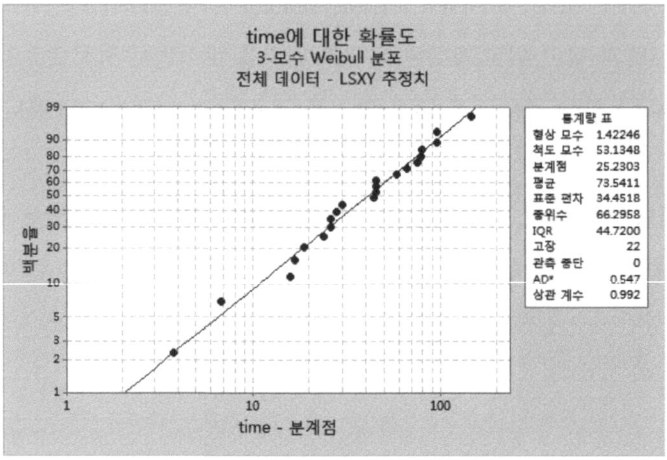

그림 6.20 3-모수 와이블 분포에 적합 결과: [예제 6.7]

6.4.4 확률지의 용도와 한계

확률지는 다음과 같은 이점과 용도를 가지고 있다.

첫째, 신뢰성 전문가가 아니더라도 시각적으로 용이하게 선정된 분포의 적정성 여부를 파악할 수 있으며, 다른 사람과 수월한 소통을 할 수 있는 도구이다.

둘째, 적합된 직선을 통하여 개략적으로 분포모수를 쉽게 추정(graphical estimates)할 수 있다.

셋째, 다양한 신뢰수준과 표본크기에 대해서 항상 가능하지는 않지만, 일부 경우에 신뢰구간의 설정도 수작업으로 가능하다.

넷째, 확률지에서 고장확률, 신뢰도, 분위수의 추정이 가능하다.

다섯째, 아래와 같은 한계가 있으므로 수리적(통계적)분석 방법의 예비 단계로 활용할 수 있을 것이다.

한편 확률지는 다음과 같은 한계점도 가지고 있다.

첫째, 확률지는 좌표 위치를 정확하게 찾아서 타점하기 어려우며, 적합 직선에 대한 타당성 판단 등이 주관적일 수 있어 동일한 데이터라도 다른 해석이 가능하다.

둘째, 다중 관측중단된 경우나 임의 중단(우측과 좌측관측중단, 구간자료가 혼합)된 경우에 수작업 처리가 힘들다. 다중 중단된 경우의 확률지에 대한 대용으로 다음 소절에서 소개되는 누적고장률용지를 쓸 수 있다. 또한 요즈음 널리 보급된 통계분석 또는 신뢰성 분석 소프트웨어를 활용할 수 있다.

마지막으로 신뢰구간만 일부 설정할 수 있는 등 적용할 수 있는 통계적 분석 범위와 수준이 한정적이다.

하여튼 요즈음 널리 보급된 통계분석(Minitab, JMP, SAS, R 등) 또는 신뢰성 분석 소프트웨어(Weibull ++, SPLIDA 등)를 활용하여 이런 한계점을 해소할 수 있을 것이다.

6.4.5 누적고장률 용지의 구성과 활용

누적고장률 용지를 이용한 신뢰성 자료의 도식적 방법은 누적고장률함수와 신뢰도함수와의 관계를 이용하여 분포적합 여부와 분포 모수를 추정하는 기법이다.

누적고장률 용지에는 와이블 분포, 지수분포, 정규분포, 대수정규분포 및 최소 극단값 분포 등의 여러 종류가 있으며 그 중 가장 널리 사용되는 와이블 누적고장률 용지는 [부록 D]에 수록되어 있다. 이 도시법은 다중 관측중단인 경우 수작업으로 분석이 힘든 확률지와는 달리 완전자료는 물론 다양한 관측중단과 같은 불완전자료 해석에 유용한 도구이다(Nelson(1982)). 특히 Cox and Oakes(1984)는 분포를 파악 시에 확률밀도함수보다는 고장률과 누적고장률함수 또는 이들을 대수변환한 것이 더 유용하다고 주장하고 있다. 여기서는 와이블 분포의 누적고장률 용지에 한정하여 다룬다.

1 누적고장률 용지의 구성

수명 확률변수 T의 확률밀도함수를 $f(t)$, 누적분포함수를 $F(t)$, 누적고장률함수 $H(t)$일 경우, 이들 함수사이에는 다음과 같은 관계가 성립된다.

$$F(t) = 1 - R(t) = 1 - e^{-\int_0^t h(x)dx} = 1 - e^{-H(t)} \quad (6.13)$$

즉, 누적고장률 용지는 t와 $H(t)$의 관계가 선형이 되도록 눈금이 매겨진 그래프 용지이며, 이와 대조적으로 확률지는 t와 $F(t)$의 관계가 선형이 되도록 눈금이 그어진 특수한 용지이다.

2 와이블 누적고장률 용지의 구성

2장에서 와이블 분포의 누적분포함수 $F(t)$로부터 누적고장률함수 $H(t)$는 식 (6.14)가

되므로

$$H(t) = \left(\frac{t}{\eta}\right)^{\beta} \tag{6.14}$$

위 식의 양변에 상용대수(또는 자연대수)를 취하면 식 (6.14)는

$$\log_{10}H(t) = -\beta\log_{10}\eta + \beta\log_{10}t \tag{6.15}$$

이 된다.

특수한 용지가 필요한 와이블 확률지와 달리 양 대수용지 상에 $(\log_{10}t, \log_{10}H(t))$, 또는 $(\ln t, \ln H(t))$를 타점하면 직선 형태가 된다.

2 와이블 누적고장률 용지 사용법

확률지는 다중 관측중단자료인 경우 수작업으로 도시하기가 용이하지 않으므로 완전 및 우측 관측중단인 경우에 주로 활용되며, 이와는 달리 와이블 누적고장률 용지는 다중 관측중단자료인 경우에도 유용하므로 활용범위가 넓으며 그 적용절차는 다음과 같다.

분석절차

[단계 1] 관측중단되었든지 고장시간이 관측되었든 관계없이 올림차순으로 정렬하며 역순위(k: reverse rank)에 의해 자료를 분류한다. 즉, 첫 번째 시간은 n, 두 번째 시간은 $n-1, \cdots, n$번째 시간은 1의 순위를 부과한다.

[단계 2] 각 고장난 단위에 대해서만 누적고장률 기여값을 역순위(즉, $100/k$:$\Delta H(\%)$ = 100/직전까지 작동중인 시험단위의 수(k))에 의해 계산한다.

[단계 3] 각 고장난 단위에 대해 ΔH를 가산하여 누적고장률 값을 계산한다. 누적고장률 값은 100%보다 클 수 있지만 물리적 의미는 없다.

[단계 4] 적합 가능한 이론적 분포의 누적고장률 용지, 즉 와이블 누적고장률 용지를 선택한다.

[단계 5] 누적고장률 용지의 수평축에서, 자료 값의 범위를 포함할 수 있도록 시간 눈금을 표시한다.

[단계 6] 고장난 단위에 대해 수평 축의 수명값과 수직 축에서 누적고장률 값을 찾아서 타점한다.

[단계 7] 타점된 점들에 대해 직선 여부를 결정하고 모수 등을 추정한다.

모수 추정방법은 [그림 6.21]과 같이 타점된 점들을 가장 잘 표현하는 직선을 그린 후, 와이블 확률지의 형상모수 β를 추정하는 방법과 동일하게 찾는다. β추정점에서 그린 직선에 평행선을 긋고, 세로 주축과의 교점을 구하여 그 점을 그대로 오른쪽으로 연장하여 오른쪽의 눈금에서 읽으면 이 값의 절대치가 β가 된다.

식 (6.13)의 t에 η를 대입하면 1이 되므로 척도모수 η는 [그림 6.21]과 같이 적합된 직선이 $H(t)$가 100%인 가로축과 만나는 점에서 아래쪽으로 연장하여 횡축(시간 축)으로부터 읽어낸 t눈금이 된다.

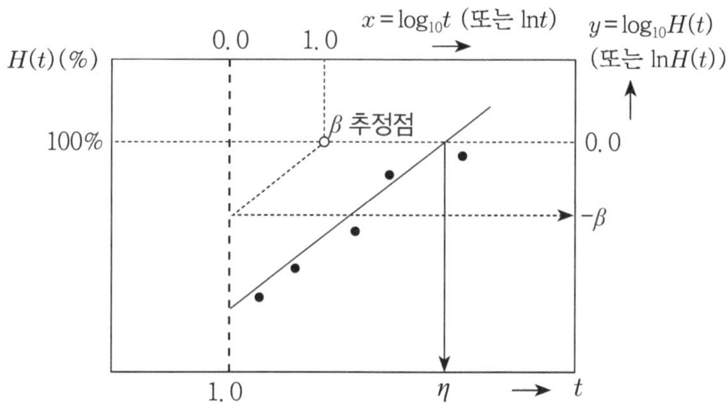

그림 6.21 와이블 누적고장률 용지 사용법

예제 6.8

20개의 기계부품에 대하여 수명시험을 행한 결과로 [표 6.8]과 같이 수명자료가 얻어졌다. 이 자료는 와이블 분포를 따른다고 알려져 있을 경우 와이블 누적고장률 용지를 이용하여 와이블 분포의 적합도를 평가하고 모수를 추정하라.

표 6.8 기계부품의 수명자료

(단위 : 시간)

800	350	730	1770	390	110	100	160	940	320
40	190	590	1260	420	250	490	1060	290	630

[단계 1~3]을 수행한 결과인 [표 6.9]의 수명과 H 값을 와이블 누적고장률 용지([부록 D]의 누적고장률 용지는 상용대수가 아닌 자연대수로 눈금 크기를 매김)에 도시한 결과 점

들이 직선에 가깝다고 보이므로 와이블 분포를 따른다고 판정할 수 있으며 이 점들을 통과하는 직선을 그은 후 모수를 추정하면 **[그림 6.22]**와 같이 $\beta = 1.15$, $\eta = 590(5.9 \times 100)$이 된다.

표 6.9 수명, ΔH, H의 값

i	k	$t_{(i)}$	$\Delta H(\%)$	$H(\%)$
1	20	40	5.000	5.000
2	19	100	5.263	10.263
3	18	110	5.556	15.819
4	17	160	5.882	21.701
5	16	190	6.250	27.951
6	15	250	6.667	34.618
7	14	290	7.143	41.761
8	13	320	7.692	49.453
9	12	350	8.333	57.786
10	11	390	9.091	66.877
11	10	420	10.000	76.877
12	9	490	11.111	87.988
13	8	590	12.500	100.488
14	7	630	14.286	114.774
15	6	730	16.667	131.441
16	5	800	20.000	151.441
17	4	940	25.000	176.441
18	3	1060	33.333	209.774
19	2	1260	50.000	259.774
20	1	1770	100.000	359.774

또한 Minitab의 "신뢰성/생존 분석(Reliability/Survival)" 기능을 이용하여 두 모수를 추정하기 위해서는 직접적으로 이용할 수 있는 메뉴가 없기 때문에 **[표 6.9]**와 같이 t와 H를 직접 워크시트에 입력하여 아래의 Minitab 메뉴로서 회귀모형에 적합시킨 후 회귀직선의 기울기를 β로 추정하고, H가 100%일 때 t 값을 η의 추정치로 삼을 수 있다.

즉, **[그림 6.23]**에서 타점된 값들이 직선상에 산점되어 있으므로(결정계수(R^2)도 매우 높음) 이 수명자료는 와이블 분포를 따른다고 보여진다.

여기서 회귀직선 추정식은 $\log_{10}H = -1.233 + 1.173\log_{10}t$ 가 되어 이 직선의 기울기는 $\beta = 1.173$으로 추정되며, 다음과 같이 H가 100%일 때의 t값을 구하여 η를 추정할 수 있다.

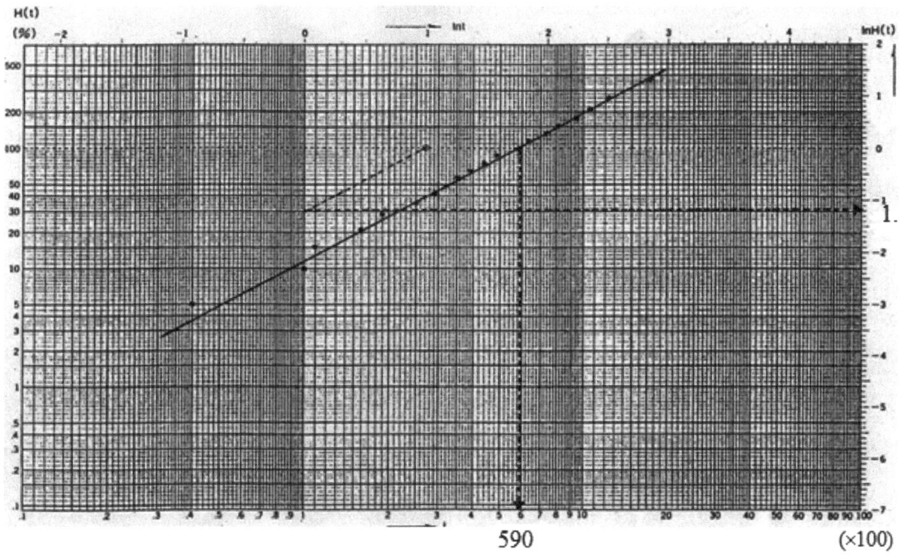

그림 6.22 와이블 누적고장률 용지 타점 결과: [예제 6.8]

▶ 통계분석(Stat)→회귀 분석(Regression)→적합선 그림(Fitted Line Plot)(옵션(Options) 대화상자에서 두 변수(Y, X)에 대해 상용대수(log10)변환과 로그 척도 표시 칸에 모두 체크)

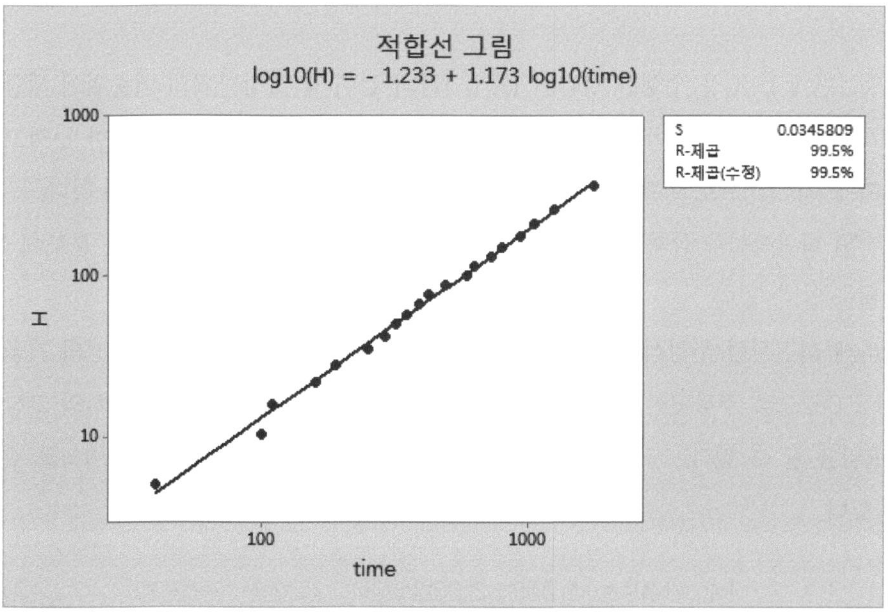

그림 6.23 Minitab에 의한 누적고장률 용지 타점한 결과: [예제 6.8]

$$\log_{10}(100) = -1.233 + 1.173\log_{10}\eta$$
$$\eta \approx 570.40(\text{hr})$$

수작업으로 와이블 누적고장률 용지에 도시된 결과와 Minitab의 결과는 거의 일치함을 보여주고 있다.

예제 6.9 다중 관측중단자료의 경우

[표 6.10]의 자료는 전자부품으로 구성된 어떤 단말장치 16개를 자동측정장치를 가지고 수명시험한 결과이다. "+"기호는 관측중단자료를 표시하고 있으며, 관측중단시각이 다수 개 존재하여 다중 관측중단자료에 속한다. 즉, 7개의 장치가 고장났으며, 9개의 장치는 관측중단되었다. 이 자료는 와이블 분포를 따른다고 알려져 있으며 이 분포의 적합도를 평가하고 모수를 추정하라.

표 6.10 전자부품의 수명자료 : 다중 관측중단자료

(단위 : 시간)

875+	658	317	942+	1000	1300+	750+	575
440	883+	740	650+	1250	960+	1092+	750+

먼저 [단계 1~3]을 수행한 결과인 [표 6.11]과 같이 각 고장단위의 역순위에 해당하는 ΔH와 이를 누적하여 합한 H값을 구한다. 고장시간과 H의 쌍들을 타점한 누적고장률 용지에 Minitab으로 회귀직선을 적합한 결과를 [그림 6.24]에서 확인할 수 있다.
추정된 회귀직선을 살펴보면 점들이 직선에 근접하므로 이 자료는 와이블 분포에 잘 적합됨을 알 수 있다.
따라서 회귀직선 추정식은 $\log_{10}H = -4.359 + 2.0621\log_{10}t$가 되어 이 직선의 기울기는 $\beta = 2.062$으로 추정되며, 추정된 형상모수 값이 1보다 크므로 이 단말장치의 고장률은 IFR임을 알 수 있다. 그리고 다음과 같이 H가 100%일 때의 t값을 구하여 η를 추정할 수 있다.

$$\log_{10}(100) = -4.359 + 2.062\log_{10}\eta$$
$$\eta \approx 1213.11(\text{hr})$$

표 6.11 누적고장률(H)의 계산

수명	k	ΔH(%)	H(%)
317	16	100/16	6.3
440	15	100/15	12.9
575	14	100/14	20.1
650+	13		
658	12	100/12	28.4
740	11	100/11	37.5
750+	10		
750+	9		
875+	8		
883+	7		
942+	6		
960+	5		
1000	4	100/4	62.5
1092+	3		
1250	2	100/2	112.5
1300+	1		

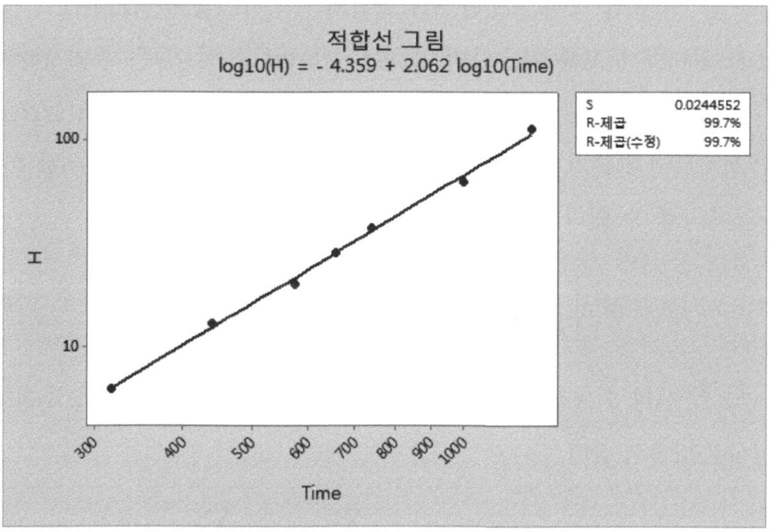

그림 6.24 누적고장률 용지 적합 결과: [예제 6.9]

이상과 같이 신뢰성 분석과 통계적 방법에 익숙하지 못한 독자도 비교적 간편한 확률지와 누적고장률 용지를 이용하여 가정된 분포의 적합여부와 이 분포의 모수를 추정할 수 있다.

6.5 와이블 분포: 모수추정법

6.5.1 최소제곱법

단일 우측관측중단 하에서 두 개 이상의 수명자료가 얻어진다면 단순 회귀분석에 적용되는 최소제곱법(Least Squares Estimation; LSE)을 이용하여 β과 η의 추정치를 용이하게 구할 수 있다(Montgomery 등(2012)).

와이블 분포의 신뢰도함수의 양변에 대수를 두 번('lnln') 취하면 결과는 다음과 같이 된다.

$$\ln\frac{1}{R(t)}=\left(\frac{t}{\eta}\right)^{\beta}$$

$$\ln\ln\frac{1}{R(t)}=\beta\ln t-\beta\ln\eta \tag{6.16}$$

예를 들어 완전자료일 경우 고장난 시험단위의 수명자료를 올림차순으로 정렬한 $t_{(1)}$, $t_{(2)},\cdots,t_{(n)}$가 와이블 분포를 따른다면 점$(\ln t_{(i)},\ \ln\ln(1/R(t_{(i)}))$은 위의 관계에 의해서 일직선상에 존재하므로, $y_i=a+\beta x_i$의 관계가 되며 $x_i=\ln t_{(i)}$, $y_i=\ln\ln(1/R(t_{(i)}))$가 된다. y_i의 추정치로서 확률지 도시에 사용되는 $\hat{F}(t_{(i)})$ 추정치인 $(i-0.5)/n$을 이용하여 식 (6.17)과 같이 구할 수 있다.

$$\hat{y}_{(i)}=\ln\ln\left[\frac{1}{\hat{R}(t_{(i)})}\right]=\ln\ln\left[\frac{1}{1-\hat{F}(t_{(i)})}\right]=\ln\ln\left(\frac{1}{n-i+0.5}\right) \tag{6.17}$$

$\hat{y}_{(i)}=a+\beta x_i$의 선형 회귀직선에 대해 최소제곱법을 이용하여 β과 a를 추정할 수 있으며 그 추정식은 다음과 같다.

$$\hat{\beta}=\frac{\sum_i(x_i-\bar{x})(\hat{y}_i-\bar{\hat{y}})}{\sum_i(x_i-\bar{x})^2},\quad \bar{x}=\frac{\sum_i x_i}{n},\quad \bar{\hat{y}}=\frac{\sum_i\hat{y}_i}{n} \tag{6.18}$$

$$\hat{a}=\bar{\hat{y}}-\hat{\beta}\bar{x}$$

또한 $a=-\beta\ln\eta$이므로 $\hat{\eta}$는 다음과 같이 구할 수 있다.

$$\hat{\eta}=\exp\left(-\frac{\hat{a}}{\hat{\beta}}\right)$$

Minitab에서는 $x_i = \ln t_{(i)}$, $y_i = \ln\ln(1/R(t_{(i)})$를 각각 설명변수와 반응변수로 설정하여 단순 회귀분석을 적용하는 것보다 두 변수를 바꾸어 변동이 큰 $x_i = \ln t_{(i)}$를 반응변수, $y_i = \ln\ln(1/R(t_{(i)})$를 설명변수로 설정하여 최소제곱법을 적용하고 있다. 요즈음은 이 방식이 식 (6.17)보다 정확하게 두 모수를 추정한다고 알려져 있다. 여기서는 다음과 같이 기울기의 역수가 형상모수의 추정치가 된다.

$$\ln t = \frac{1}{\beta}\ln\ln\frac{1}{R(t)} + \ln\eta$$

확률지에 타점하여 최소제곱법으로 추정하는 방법을 rank regression으로 통칭하며, 특히 $\hat{F}(t_{(i)})$의 타점 방식으로 메디안 랭크방법을 채택하면 MRR(median rank regression)으로 부르기도 한다.

한편 Minitab에서는 우측 관측중단과 임의 관측중단인 경우에도 확률지에 적용할 수 있도록 $\hat{F}(t_{(i)})$의 추정법을 수정하여 최소제곱추정치를 구할 수 있도록 개발되어 있다.

6.5.2 최우추정법

와이블 수명분포의 모수를 추정할 때 최소제곱법보다 최우추정법(Maximum Likelihood Estimation; MLE)을 주로 사용하고 있는데, 이를 추정하기 위해서는 다음의 비선형 방정식의 해를 구하는 연산 절차가 필요하므로 Newton-Raphson 방법과 같은 수치적 방법을 이용하여 구한다. 두 추정법에 관한 선택지침은 7.1.3절을 참고하기 바란다.

1 모수의 점추정

결합 확률밀도함수 형태인 우도함수(likelihood function)를 구하여 대수를 취한 대수우도함수를 최대화하는 모수 β, η를 추정하는데, 이러한 추정법을 최우추정법이라고 하며, 이때의 두 모수의 최우추정치는 식 (6.19)의 비선형방정식에 의해서 형상모수 β를 먼저 구한 후 식 (6.20)에 의해 척도모수 η를 추정할 수 있다(Bain and Engelhardt(1991)).

$$\frac{\sum_{i=1}^{r}\ln t_i}{r} = \frac{\sum_{i=1}^{n} t_i^{\hat{\beta}}\ln t_i}{\sum_{i=1}^{n} t_i^{\hat{\beta}}} - \frac{1}{\hat{\beta}} \tag{6.19}$$

$$\hat{\eta} = \left(\frac{\sum_{i=1}^{n} t_i^{\hat{\beta}}}{r}\right)^{1/\hat{\beta}} \tag{6.20}$$

여기서, 고장개수가 r인 단일 관측중단인 경우에 t_i, $i=1,\cdots,n$ 중에서 최초 r개의 $t_{(i)}$는 고장발생 시간 $t_{(1)},\cdots,t_{(r)}$이, 관측중단되는 시험단위의 $t_{r+1},\cdots,t_n$은 t_c(제1종 관측중단 경우의 관측중단시간) 또는 $t_{(r)}$(제2종 관측중단 경우)이 된다.

2 100q 백분위수의 추정

와이블 수명자료에 대한 분위수는 모수의 점추정치를 이용하여 수명의 분위수를 다음 식과 같이 추정할 수 있다. 최소제곱법에 의한 100q 백분위수 추정도 해당 모수로 최소제곱 추정치를 대입하면 된다.

$$\hat{t}_q=\hat{\eta}[-\ln(1-q)]^{1/\hat{\beta}} \tag{6.21}$$

3 신뢰도 추정

와이블 수명분포를 따를 경우 t시간에서의 신뢰도를 다음과 같이 추정할 수 있다. 여기서도 최소제곱법에 의해 추정할 때도 해당 모수로 최소제곱 추정치를 대입하면 된다.

$$\hat{R}(t)=\exp\left[-\left(\frac{t}{\hat{\eta}}\right)^{\hat{\beta}}\right] \tag{6.22}$$

예제 6.10 [예제 6.8]의 계속

6.4.5절에서 누적고장률 용지에 도시된 **[예제 6.8]**의 기계부품 20개의 수명자료는 와이블 분포를 따르고 있었다. Minitab으로 두 모수 추정법에 의해 와이블 분포의 형상모수와 척도모수를 구하여 누적고장률 용지를 이용한 추정치와 비교하라.

먼저 Minitab에서 모수추정법으로 최소제곱법을 지정하여 와이블 분포의 모수를 추정한 결과가 확률지 그림인 **[그림 6.25]**에 있다. 확률지 적합결과를 보면 와이블 분포의 형상모수는 1.32로, 척도모수는 584.8로 추정되었으며, 전 소절의 누적고장률 용지를 이용한 결과와 비교하면 거의 유사하게 도출되었음을 확인할 수 있다. 최소제곱법 선택 시는 적합된 직선의 수명자료에 대한 적합도를 나타내는 상관계수(0.997)도 확인할 수 있다. 최우추정법을 적용하면 **[그림 6.26]**에서 와이블 분포의 형상모수는 1.29로, 척도모수는 590.1로 추정되었는데, 최소제곱법과 비교하면 형상모수 값에 약간의 차이가 발생한다.

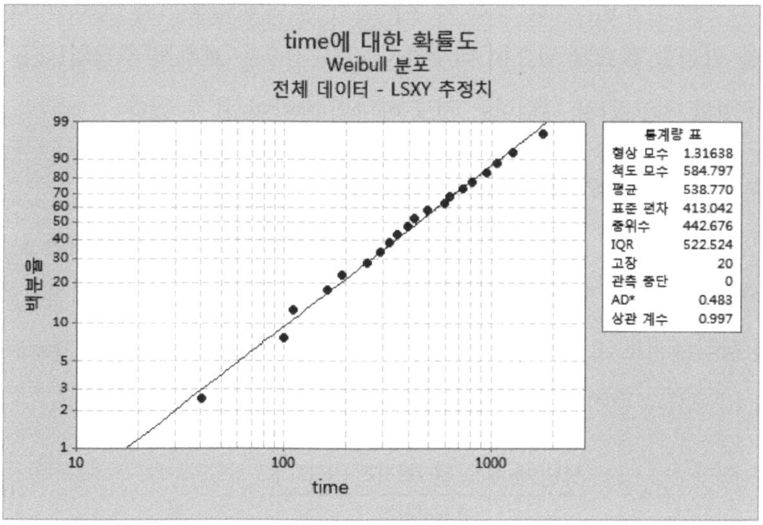

그림 6.25 최소제곱법 적용 결과: [예제 6.10]

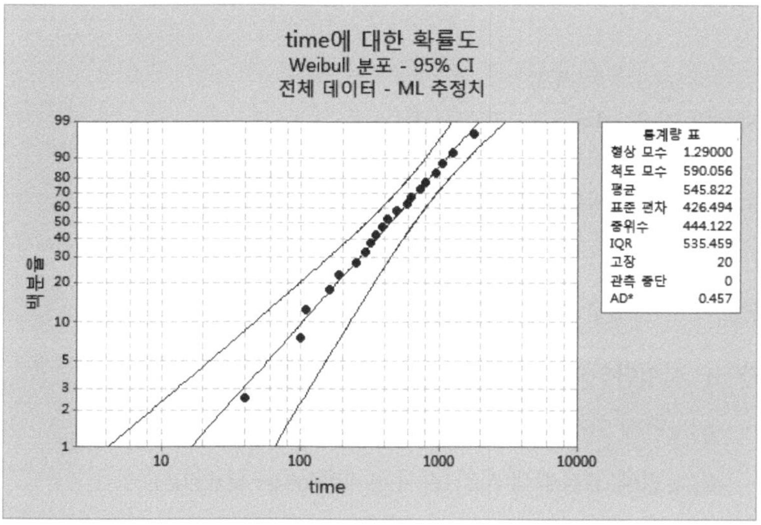

그림 6.26 최우추정법 적용 결과: [예제 6.10]

일반적으로 최우추정법이 최소제곱법보다 정확한 모수 추정치를 제공할 가능성이 크지만 소표본 또는 관측중단비율이 높은 경우에는 후자가 전자보다 더 정확할 수도 있다. 특히 이 경우에 최우추정법은 와이블 분포 적합 시 형상모수를 과대 추정할 수 있으므로, 낮은 백분위수 추정을 과대평가할 수 있다. 따라서 표본 수가 작거나 관측중단비율이 클 때는 무조건 최우추정법만 적용하는 것 보다는 두 추정방법에 의한 적용 결과를 비교하여 일치여부를 확인할 필요가 있으며 비슷하지 않은 경우는 보수적 추정치(예를 들면, 지수분포일 경우 θ의 작은 값)을 채택하는 것도 하나의 방안이 될 수 있다.

4 지수분포를 따를 경우 척도모수의 최우추정법

지수분포의 모수 θ(또는 형상모수가 알려져 있을 때 와이블 분포의 η)에 대한 최우추정치 $\hat{\theta}$은 다음 식과 같이 관측중단자료의 포함여부와 고장난 시험단위의 교체여부와 관계없이 어떤 시험 상황에서도 고장개수와 시험에 투입된 총시간(Total Time on Test; TTT)을 이용하여 식 (6.23)과 같이 구할 수 있다.

$$\hat{\theta} = \frac{1}{\hat{\lambda}} = \frac{\text{시험에 투입된 총시간(TTT)}}{\text{고장갯수}} \tag{6.23}$$

예를 들면 θ의 최우추정치는 단일 우측관측중단 하에서 관측중단 여부에 따라 다음의 식으로 표현할 수 있다.

- 완전자료일 경우: $\hat{\theta} = \dfrac{\sum_{i=1}^{n} t_i}{n}$
- 제1종 관측중단(정시종결)일 경우: $\hat{\theta} = \dfrac{\sum_{i=1}^{r} t_{(i)} + (n-r)t_c}{r}$
- 제2종 관측중단(정수종결)일 경우: $\hat{\theta} = \dfrac{\sum_{i=1}^{r} t_{(i)} + (n-r)t_{(r)}}{r}$

단, n : 시험단위의 수, r : 고장개수

t_i : i번째 고장발생 시간, t_c: 관측중단시간

$t_{(i)}$: i번째 고장발생 시간(순서 통계량(order statistic))

특히 완전자료(또는 제2종 관측중단)일 경우 $\hat{\theta}$의 분포는 다음과 같이 자유도 $2n$(또는 $2r$)인 χ^2분포를 따르므로, 이를 이용하여 모수 θ에 대한 정확한 신뢰구간을 설정할 수 있다. 제1종 관측중단을 포함한 다양한 시험 상황 하에서 모수 θ에 대한 신뢰구간과 가설검정은 전문서적을 참고하기 바란다(서순근(2017), 서순근 외(2015), Leemis(2009)).

$$\frac{2r\hat{\theta}}{\theta} = \frac{2TTT}{\theta} \sim \chi^2(2r) \tag{6.24}$$

예제 6.11 [예제 6.8]의 계속

[예제 6.8]의 기계부품 20개의 수명자료는 지수분포를 따른다고 볼 수도 있다. 지수분포를 따른다고 간주하여 θ의 최우추정치와 90%신뢰구간을 구하고 100(hr)일 때의 신뢰도를 추정하라.

식 (6.23)과 식 (6.24)에 의해 $TTT=10,890$이므로 θ의 최우추정치와 90%신뢰구간이 다음과 같이 계산된다.

$$\hat{\theta}=\frac{800+350+\cdots+630}{20}=\frac{10,890}{20}=544.5$$

$$\left[\frac{2TTT}{\chi^2_{\frac{0.1}{2}}(2\cdot 20)}=\frac{2(10,890)}{55.76}=390.6,\quad \frac{2TTT}{\chi^2_{1-\frac{0.1}{2}}(2\cdot 20)}=\frac{2(10,890)}{26.51}=821.6\right]$$

여기서 자유도 v인 χ^2분포에서 우측꼬리의 확률인 α인 $\chi_\alpha^2(v)$는 [부록 B]나 Minitab (2.3.6절 참고)를 이용하여 구한다. 그리고 100(hr)일 때의 신뢰도는 형상모수가 '1'임을 반영하여 식 (6.22)에 의해 다음과 같이 추정된다.

$$\hat{R}(t)=e^{-\frac{100}{544.5}}=0.832$$

한편 Minitab은 지수분포일 때 식 (6.24)와 같이 정확한 신뢰구간을 구할 수 있는 경우에도 근사적이지만 보다 일반화 방법으로 신뢰구간을 제공하고 있음에 유의해야 한다.

5 형상모수가 알려져 있는 경우

와이블 분포를 따르는 경우에 형상모수 β이 알려져 있는 경우는(2장 3절 참조) t_i 대신 t_i^β로 대체하여 지수분포 모수 θ의 추정량 $\hat{\theta}$를 구하고 $\hat{\theta}$로부터 $\hat{\eta}=\hat{\theta}^{1/\hat{\beta}}$을 추정할 수 있다. 따라서 이 경우의 가설검정과 신뢰구간은 지수분포로 변환하여 적용할 수 있다.

Minitab의 "신뢰성/생존 분석(Reliability/Survival)"의 "모수 분포 분석(Parametric Distribution Analysis)"의 '추정치(Estimate)' 옵션 메뉴의 'Bayes 분석(Bayes Analysis)'에서 이와 같은 경우를 다룰 수 있다. 즉, 먼저 수명 t_i가 입력된 열에 대해 알려져 있는 형상모수 β를 이용하여 t_i^β의 값을 구한 후에, 상기의 메뉴에서 모수를 추정할 때 가정된 분포를 지수분포를 선택하여 모수 θ를 추정하고, 이로부터 $\eta=\theta^{1/\beta}$의 관계를 이용하여 척도모수 값을 구하면 된다.

연습문제

6.1 [표 6.12]는 시장에 출하된 10,000개의 제품을 100시간마다 조사하여 고장나지 않는 잔존 아이템의 수를 정리한 자료이다.

표 6.12

(단위: hr)

관측시간($t_{(i)}$)	0	100	200	300	400	500	600	700	800	900	1000
잔존 아이템의 수	10,000	8,535	7,790	7,154	6,565	5,979	5,163	3,868	2,297	926	162

(1) 경험분포법에 의해 신뢰도, 확률밀도, 고장률을 추정하라.

(2) (1)에서 추정된 세 가지 함수를 도시하고 분석하라.

6.2 연습문제 2.1의 데이터를 가지고 경험분포법에 의해 누적고장확률을 추정하고 이를 도시하라.

6.3 [표 6.13]에는 16개의 장치에 관한 수명시험 자료이다. 다중 관측중단된 경우의 자료로서 16개 시험단위 중에 7개가 고장이 발생했으며, 나머지 9개의 시험단위는 서로 다른 7가지 시점에서 관측중단이 발생되었다. 신뢰도에 관한 Kaplan-Meier 추정치를 구하고 도시하라.

표 6.13 장치의 수명시험 자료

(단위: hr)

고장시간	관측중단시간
70, 58, 106, 32, 66, 44, 110	94, 75, 65, 75, 130, 109, 88, 102, 88

6.4 대상 수명자료가 와이블 분포를 따를 경우에 $\ln t$와 $\ln[-\ln(1-F(t))]$으로 눈금을 정한 와이블 확률지에 타점하면 왜 직선이 되는지를 설명하고 척도모수(η)를 추정하는 과정을 그림 또는 문장으로 표현하라. 또한 와이블 확률지 도시 과정에서 형상모수를 추정하는 과정도 그림 또는 문장으로 표현하라.

6.5 어떤 전기부품 20개의 수명시험 결과는 **[표 6.14]** 와 같고(완전자료임), 이 부품은 과거의 자료로부터 와이블 분포를 따른다고 알려져 있다.

표 6.14 전기부품의 수명시험 결과

(단위: 일)

80,	35,	73,	160,	39,	11,	7,	16,	94,	32
4,	19,	59,	126,	42,	22,	49,	106,	25,	63

(1) [부록 C]의 와이블 확률지 용지에 도시하여 분포 적합여부 및 모수를 추정하라.

(2) Minitab의 확률지 도시 방법을 이용하여 도시하고 형상모수(β)와 척도모수(η) 값을 추정하라.

(3) 두 결과를 비교 검토하라.

6.6 자동차의 전조등에 쓰이는 램프를 연속작동으로 수명시험을 실시하여 획득한 16개의 수명자료가 **[표 6.15]** 에 수록되어 있다.

표 6.15 자동차용 램프 수명시험 결과

(단위: hr)

1,710	1,750	1,280	1,480	1,750	1,620	1,380	1,310
1,610	1,370	1,740	1,300	1,290	1,760	1,720	1,490

(1) 램프 수명자료를 와이블 확률지에 도시하라.

(2) 와이블 분포의 적합여부를 판정하고, 적합된다면 모수(β와 η)를 추정하라.

(3) Minitab을 이용하여 와이블 분포의 적합여부를 판정하라.

(4) (3)에서 와이블 분포에 적합된다면 최소제곱법과 최우추정법에 의해 각각 모수를 추정하라.

6.7 **[표 6.16]** 에는 66개의 세탁기 모터를 가속시험한 자료로 사용조건의 수명으로 환산한 데이터이다. 여기서 괄호안의 숫자는 그 시점에서 둘 이상 관측중단된 모터의 대수이다.

표 6.16 세탁기 모터 수명시험 자료

(단위: 년)

고장시간	관측중단시간
9.6 13.5 16.8 17.4 18.7 19.3 20.9	4.5 6.7 7.5 10.6 10.7 17.5(4) 17.8 19.7 20.1(48)

(1) 모터의 수명시험 자료를 대상으로 와이블 분포로 가정하여 확률지에 도시하고 와이블 분포의 적합여부를 판정하라.

(2) 모수(β와 η)를 추정하라.

(3) Minitab을 이용하여 분포의 적합여부와 최우추정법에 의해 모수를 추정하라.

6.8 연습문제 6.3의 **[표 6.13]**에 대해 물음에 답하라.

(1) 이 자료를 대상으로 [부록 D]에 수록되어 있는 와이블 누적고장률 용지에 도시하여 형상모수(β)와 척도모수 (η)를 추정하라.

(2) Minitab으로 (1)을 수행하라.

(3) 와이블 확률지에 도시하여 적합된 결과와 비교 검토하라.

6.9 **[표 6.17]**은 로마제국의 황제(Augustus부터 Theodosius 세까지 50명)들의 재위기간에 대한 데이터이다(Khmaladze et al. (2007)).

표 6.17 로마 황제 재위기간

(단위: 년)

41	23	4	13	14	1	0.75	0.20	10	2
15	2	19	21	23	19	12	0.25	18	6
1	4	13	3	1	6	5	2	2	7
8	2	5	1	6	1	1	21	19	6
13	13	3	10	11	2	1	11	3	17

(1) Minitab으로 와이블 확률지에 도시하여 적합여부를 판정하라.

(2) 형상모수가 '1'이 될 수 있는지 검토하라.

(3) (2)로부터 로마제국의 황제들의 재위기간에 대해 어떤 해석을 할 수 있는가?

6.10 다음 자료는 지수분포를 따른다고 알려져 있는 부품 12개에 대해 수명시험을 실시하여 모두 고장을 관측한 결과이다.

1, 4, 10, 23, 27, 29, 31, 41, 54, 73, 91, 96(일)

(1) 평균 θ를 추정하라.

(2) θ에 대한 95% 신뢰구간을 구하라.

(3) 만약에 수명시험을 모든 부품이 고장날 때까지 관측하지 않고 60일에서 시험을 중단한 경우일 때 θ를 추정하라.

6.11 다음 자료는 지수분포를 따른다고 알려져 있는 부품 18개에 대해 수명시험을 실시하여 9개의 고장을 관측한 시점에서 시험을 중단한 결과이다.

8, 17, 21, 33, 47, 59, 75, 82, 99(일)

(1) $t=25$에서 신뢰도에 대한 Kaplan-Meier 추정치를 구하라.

(2) 확률지에 타점할 때 5번째 고장시간인 47(hr)에 대응되는 $F(t)$의 추정치는 얼마인가?

(3) 평균 θ를 추정하라.

(4) θ에 대한 90% 신뢰구간을 구하라.

(5) 만약에 상기결과가 수명시험을 108일에서 시험을 중단한 경우로 간주한다면 θ를 추정하라.

6.12 지수분포를 따른다고 알려진 6개 전자부품을 시험한 결과(단위: 일)이다.

7, 15, 22, 30, 61, 105

(1) 평균을 추정하라.

(2) 변동계수를 구하여 지수분포를 따르는지 검토하라.

(3) 평균에 대한 90% 신뢰구간을 구하라.

(4) 만약 40일 동안 시험하다가 중단하였다면, 이 경우에 평균을 추정하라.

(5) 만약 4개까지 고장이 날 때 시험을 중단하였다면, 이 경우에 평균을 추정하라.

6.13 평균이 θ인 지수분포를 따른다고 알려진 12개 전자부품을 75시간동안 비교체 시험하였으며, 다음은 고장난 부품의 수명이다.

17, 25, 27, 30, 51, 60

(1) θ를 추정하라.

(2) B5 수명을 추정하라.

(3) 100시간에서의 신뢰도와 고장률을 추정하라.

(4) 만약 상기자료가 12개의 시험장치에 의해 75시간 동안 고장난 부품을 교체하여 시험한 6회의 고장시각일 경우 θ를 추정하라.

6.14 와이블 확률지에서 타점된 점들의 형태가 직선이 되지 않고 위로 볼록한 형태가 될 경우에 어떤 분석이 추가로 필요한가?

제7장

신뢰성 자료 분석: Minitab 활용

7.1 수명분포 선택

신뢰성 분석을 수행하기 위한 첫 단계로 대상 수명자료를 가장 잘 나타내는 수명분포를 선택해야 한다. 이 절에서는 선택된 수명분포의 적정성을 판정하는 분포 적합도 검정과 Minitab에서 선택 가능한 수명분포, 모수추정법 등을 다룬다.

7.1.1 주요 분포 적합도 검정

6.1.3절의 (ii)단계에 속하는 획득된 수명자료를 어떠한 수명분포에 적합 시킬 수 있는지를 판정하는 적합도 검정(goodness-of-fit test)의 주요 검정법에 관하여 간략하게 소개한다. Minitab에서는 주로 경험적 누적분포함수(6.2.1절)를 이용한 Anderson-Darling(이하 A-D로 표시) 검정값을 사용하며, 이외에 A-D 검정과 형태가 유사한 Kolmogorov-Smirnov 검정(이하 K-S 검정)과 연속형 자료를 몇 개의 범주로 구분하여 적용할 수 있는 χ^2검정 등이 있다(Tobias and Trindade (2011)).

1 Anderson-Darling 적합도 검정

후술되는 K-S 검정과 유사하게 연속분포에 적용할 수 있는 적합도 검정방법의 하나로서, A-D 통계량 값은 확률지에 도시된 점과 이들을 적합한 직선의 대응점, 또는 경험적 누적분포함수와 이론적 분포함수 값과의 차이를 측정하는데, 분포의 꼬리 부분에 큰 가중치를 가지도록 하여 적합된 직선과 도시된 점과의 가중된 제곱 거리(weighted squared distance)의 합을 구한 값이다. 즉, 수명자료에 대해 분포적합 시 후보 분포 중에서 더 작은 A-D 통계량 값을 가지는 분포에 잘 적합된다는 것을 의미한다.

2 K-S(Kolmogorov-Smirnov) 검정과 χ^2검정

K-S 검정은 A-D 검정과 같이 연속분포에만 적용할 수 있으며, A-D 검정과 유사하지만 이와는 달리 경험적 누적분포함수와 이론적 누적분포함수의 차의 최대값을 이용한 방법으로 A-D 검정보다 보편화된 검정방법이다. 분포의 꼬리와 중앙에 동일한 가중치를 부여함으로서 분포의 꼬리의 적합도 판정 시 A-D 검정보다 검정력이 떨어진다.

한편 χ^2(chi-square) 검정방법은 이산형 자료 또는 연속형 자료를 몇 개의 범주로 구분하여 분포의 적합 여부를 판정하는데, 전술된 두 검정방법보다 일반화되고 역사가 오래된 방법이지만 통계적 우수성(즉, 검정력) 측면에서 두 방법보다 떨어지며, 이 방법의 적용 시 적절한 구간 수와 구간 폭을 설정할 수 있는 명백한 기준을 찾기가 쉽지 않다.

7.1.2 Minitab의 수명분포

Minitab에서 제공되는 신뢰성 분석에 주로 쓰이는 적합도 검정 대상인 11가지 수명분포(1 모수 1종류, 2 모수 6종류, 역치모수가 포함된 경우 4 종류)에서 역치모수가 포함된 분포를 제외한 7가지 분포에 대해 수명과 대수로 변환한 수명 그리고 확률변수가 가지는 값의 범위에 따른 수명분포의 관계가 [표 7.1]에 정리되어 있으며, 왼편 분포들에 대한 보다 자세한 성질은 2.3절의 주요 수명분포의 성질을 참조하면 된다. 여기서 음의 값을 가질 수 있는 대수 수명에 해당되는 분포들도 적절한 조건(예를 들면 정규분포일 경우 $\mu-3\sigma \gg 0$일 경우)만 만족되면 $\ln T$로 변환되지 않은 원 수명자료에 적합시킬 수 있다. 또한 [표 7.2]와 [표 7.3]은 이들 분포를 역치모수의 포함여부에 따라 구분하여 확률밀도함수와 Minitab에서 표시되고 있는 모수형명을 보여주고 있다.

표 7.1 Minitab에서 제공하는 분포 중 7가지 수명분포의 관계

수명 (T)	대수 수명($\ln T$)
와이블(Weibull) 대수정규(lognormal) 대수로지스틱(loglogistic) 지수(exponential)	최소 극단값(smallest extreme value) 정규(normal) 로지스틱(logistic) 최소 극단값(smallest extreme value) 분포에서 σ=1인 경우
$t \geq 0$	$-\infty < t < \infty$

7.1.3 모수 추정법의 선택

최우추정법은 대수 우도함수(log-likelihood)를 최대화하는 모수를 수치해법을 이용하여 추정하는 방법으로, 와이블 분포일 때 1개의 고장이 발생할 경우도 추정이 가능할 수 있다. 한편, 역치모수가 포함된 분포의 경우는 점근적 분산의 계산이 불가능하여 신뢰구간이 설정되지 않으므로, Minitab에서는 역치모수를 고정값으로 취급하여 신뢰구간을 계산하고 있다.

표 7.2 Minitab에서 활용되는 주요 수명분포의 확률밀도함수와 모수

분포	확률밀도함수	모수		
		형상	척도	위치
지수 (exponential)	$f(t;\theta)=\frac{1}{\theta}\exp\left(-\frac{t}{\theta}\right)$	$(\beta=1)$	$\theta=1/\lambda$	-
정규 (normal)	$f(t;\mu,\sigma)=\frac{1}{\sqrt{2\pi}\sigma}\exp\left[-\frac{(t-\mu)}{2\sigma^2}\right]$	-	σ	μ
대수정규[1] (lognormal)	$f(t;\mu,\sigma)=\frac{1}{\sqrt{2\pi}\sigma t}\exp\left[-\frac{(\ln t-\mu)^2}{2\sigma^2}\right]$	-	σ	μ
와이블 (Weibull)	$f(t;\beta,\eta)=\frac{\beta}{\eta}\left(\frac{t}{\eta}\right)^{\beta-1}\exp\left[-\left(\frac{t}{\eta}\right)^{\beta}\right]$	β	η	-
최소 극단값 (smallest extreme value)	$f(t;\mu,\sigma)=\frac{1}{\sigma}\left[\exp\left\{\frac{t-\mu}{\sigma}-\exp\left(\frac{t-\mu}{\sigma}\right)\right\}\right]$	-	σ	μ
로지스틱 (logistic)	$f(t;\mu,\sigma)=\frac{1}{\sigma}\frac{\exp\left(\frac{t-\mu}{\sigma}\right)}{\left\{1+\exp\left(\frac{t-\mu}{\sigma}\right)\right\}^2}$	-	σ	μ
대수로지스틱[1] (loglogistic)	$f(t;\mu,\sigma)=\frac{1}{\sigma}\frac{(te^{-\mu})^{\frac{1-\sigma}{\sigma}}}{e^{\mu}[1+(te^{-\mu})^{1/\sigma}]^2}$	-	σ	μ

(주) 1) 일부 분포에서 실제 모수의 형과 Minitab에서 표시되는 모수형명이 다를 수 있음.

표 7.3 Minitab에서 활용되는 역치(threshold) 모수가 포함된 수명분포의 확률밀도함수와 모수

분포	확률밀도함수	모수			
		형상	척도	위치	역치[1]
2-모수 지수 (2-parameter exponential)	$f(t;\theta,\gamma)=\frac{1}{\theta}\exp\left(-\frac{t-\gamma}{\sigma}\right)$	-	θ	-	γ
3-모수 대수정규 (3-parameter lognormal)	$f(t;\mu,\sigma,\gamma)=\frac{1}{\sqrt{2\pi}(t-\gamma)}\exp\left[\frac{\{\ln(t-\gamma)-\mu\}^2}{2\sigma^2}\right]$	-	σ	μ	γ
3-모수 와이블 (3-parameter Weibull)	$f(t;\beta,\eta,\gamma)=\frac{\beta}{\eta}\left(\frac{t-\gamma}{\eta}\right)^{\beta-1}\exp\left[-\left(\frac{t-\gamma}{\eta}\right)^{\beta}\right]$	β	η	-	γ
3-모수 대수로지스틱 (3-parameter loglogistic)	$f(t;\mu,\sigma,\gamma)=\frac{1}{\sigma}\frac{[(t-\gamma)e^{-\mu}]^{\frac{1-\sigma}{\sigma}}}{e^{\mu}[1+\{(t-\gamma)e^{-\mu}\}^{1/\sigma}]^2}$	-	σ	μ	γ

(주) 1) 상기 분포의 역치모수는 위치모수에 속하므로 Minitab에서 정의된 모수형명과는 다름.

한편 최소제곱법은 확률지에 타점된 점을 일차 직선으로 적합하여 추정하는 방법으로 소표본일 경우에만 최우추정법보다 더 정확히 추정할 가능성이 존재한다. 특히 최소제곱법은 제1종 관측중단경우에 이 정보가 추정 시에 반영되지 않으므로, 와이블 분포를 따를 때 소표본일 경우에도 최우추정량이 편의(bias) 측면에서 최소제곱 추정량보다 더 클 수도 있지만 평균제곱오차(MSE) 측면에서 우수하다고 보고되고 있다.

일반적으로 최우추정법이 최소제곱법보다 우수한 정밀도를 제공하므로 이 책에서는 Minitab Release 14~16에서 기본값(default)으로 지정된 최소제곱법보다 Release 13과 최근의 Release 17~18에서 기본값으로 지정된 최우추정법을 모수추정법으로 삼고자 한다.

Minitab의 "신뢰성/생존 분석(Reliability/Survival)" 기능을 이용하여 자료를 수명분포에 적합시킬 때, 최우추정법(Maximum Likelihood Estimation(MLE))을 선택하면 적합정도에 대한 검정통계량 값으로 조정된 Anderson-Darling 값(adjusted A-D(AD^*))이 제공되며, 최소제곱법(Least Squares Estimation(LSE)) 선택 시에는 조정된 Anderson-Darling 값과 더불어 확률지에 도시된 적합 직선의 상관계수 값이 제공된다.

7.1.4 수명분포의 선정기준

수명분포로 가장 널리 쓰이는 와이블과 대수정규분포를 대상으로 평균과 분산(표준편차)을 동일하게 설정한 [그림 7.1]의 확률분포를 보면, 분포선택에 따라 신뢰성 분석에서 주

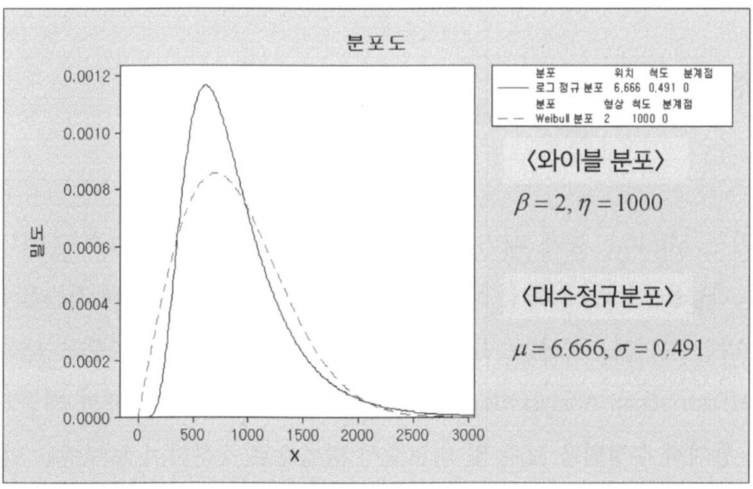

그림 7.1 와이블 분포와 대수정규분포의 비교

관심대상인 낮은 분위수 값에 상당한 차이(와이블이 대수정규분포보다 작아짐)가 발생되므로 수명분포의 선택은 매우 중요하다. 하지만 수명자료는 관측중단비율이 높으며, 고장개수도 그리 많지 않아 데이터를 가장 적합하는 분포를 선택할 수 있는 절차와 기준을 설정하고 이를 제공하기가 매우 어렵다.

Minitab에서는 분포선택을 위한 기준으로 제공되는 A-D 값(AD^*)은 대상 데이터가 어떤 분포에 가장 잘 적합되는 지를 판단할 수 있는 기초정보를 제공해 준다. 동일한 수명자료에 대해 신뢰성/생존 분석 메뉴에서 제공되는 다수 분포에 적합시킬 경우 가장 적은 A-D 값을 가지는 분포가 가장 잘 적합됨을 의미한다. 하지만 이 자료는 모집단의 특정 일부분의 결과이므로, 특정 수명분포가 다른 분포보다 모집단 분포로서 적합도가 높음을 통계적으로 판단할 수 있는 기준(P값 등)이 없으면 약간의 차이로 분포를 확정하기 어렵다.

특히 역치모수가 포함되면 분포적합에 대한 유연성이 높아지므로, A-D 값이 어느 정도 낮아져야 이를 포함시킬 수 있는지에 대한 정보를 Minitab에서는 제공하지 않는다.

따라서 역치모수의 포함여부는 2-모수분포들로서 확률지의 타점결과가 만족스럽지 못할 경우에만 후보로 검토하며, A-D 값과 확률지의 타점된 점들의 직선 적합도와 더불어 유사제품 정보, 과거 데이터에 대한 정보, 관련 고장물리와 고장 메커니즘에 관한 이론적 근거와의 부합도, 유관 분야의 통상적 관행 등을 고려하여 최종 분포의 선택을 추천한다.

그리고 와이블 분포를 따르고 형상모수가 '1' 근처이면서 지수분포로 단순화할 필요가 있을 때는 Minitab의 "신뢰성/생존 분석(Reliability/Survival)" 기능에서 제공되는 통계적 가설검정([예제 7.3] 참고)에 의해 지수분포로의 채택여부를 따져 볼 수 있을 것이다.

7.2 Minitab의 신뢰성 분석 기능

[그림 7.2]는 Minitab 통계 패키지의 신뢰성 분석용 "신뢰성/생존 분석(Reliability/Survival)" 기능을, **[그림 7.3]**은 Minitab에서 제공하는 신뢰성 분석 기능을 5가지로 구분하여 정리한 것이며, **[그림 7.4]**은 "신뢰성/생존 분석" 기능의 "분포 분석(우측/임의 관측 중단)(Distribution Analysis(Right/Arbitrary Censoring))" 메뉴에서 제공되는 수명자료에 대한 통계적 추정법을 모수 및 비모수적 방법으로 구분하여 보여주고 있다.(서순근(2017)과 Minitab (2017)).

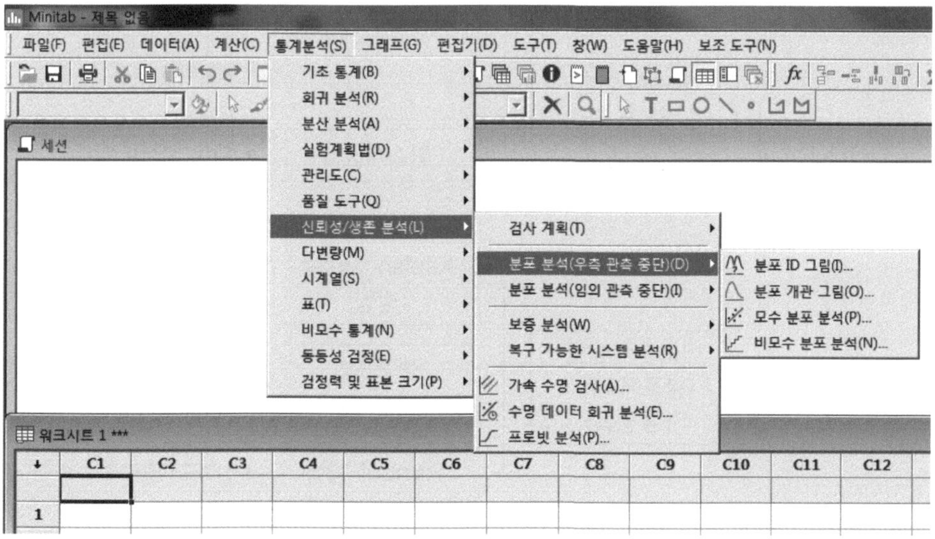

그림 7.2 Minitab의 "신뢰성/생존 분석" 기능

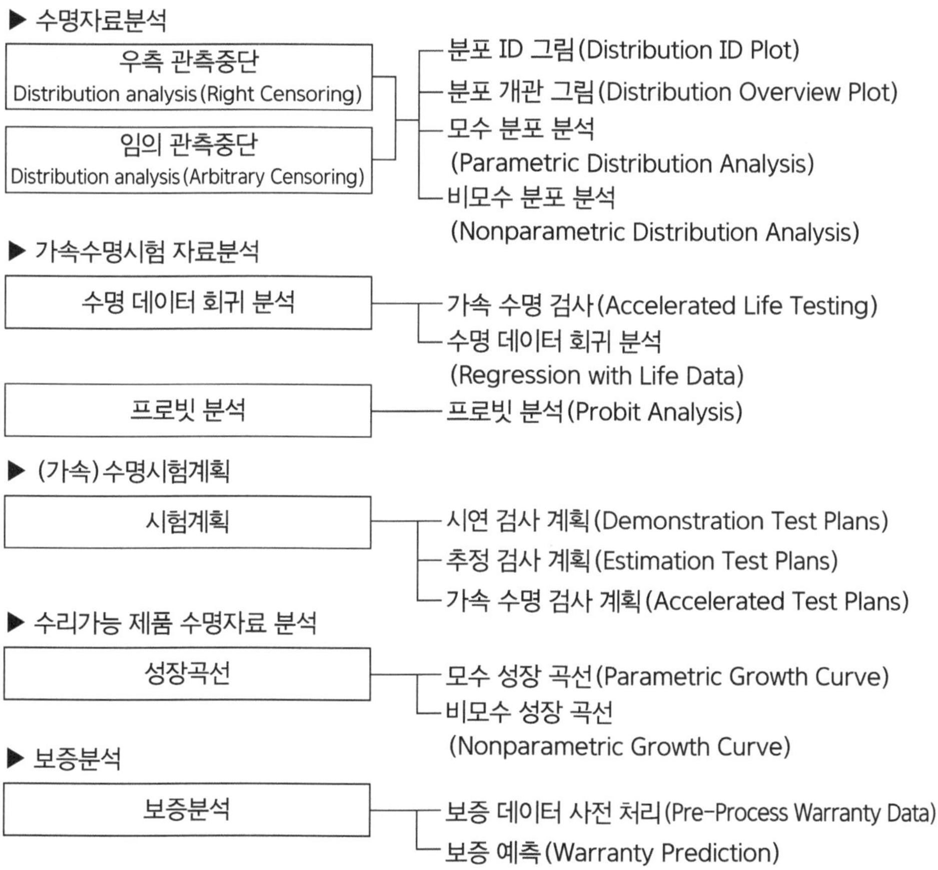

그림 7.3 Minitab의 "신뢰성/생존 분석" 기능 분류

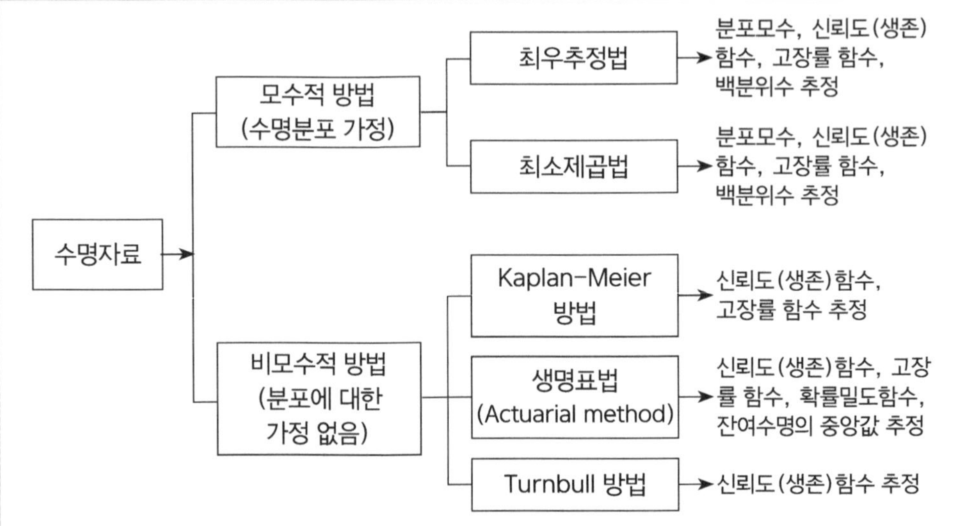

그림 7.4 Minitab에서 제공되는 "분포 분석" 메뉴의 추정방법

7.2.1 Minitab의 신뢰성/생존 분석 기능

Minitab 통계 패키지의 신뢰성 데이터에 대한 통계적 분석 기능은 [그림 7.3]의 5가지로 대별할 수 있으며 다음과 같은 기본적 내용을 제공한다.

1 수명자료분석(Distribution Analysis-Right/Arbitrary Censoring)

관측된 수명자료를 대상으로 자료의 도시, 다양한 관련 신뢰성 척도함수, 분포 적합 및 모수 추정 등의 통계적 분석이 가능하다. 관측중단자료(2.1절에서 자세히 설명)에 따른 "분포 분석(Distribution Analysis)" 메뉴(우측 관측 중단/임의 관측 중단)는 다음과 같은 차이점이 있다.

- **우측 관측중단**(Right Censoring): 수명시험을 실시하거나 신뢰성 자료가 수집될 때 경제적 이유 혹은 시험특성상 정해진 시간(정시 또는 제 1종 관측중단)이나 특정 고장 개수(정수 또는 제 2종 관측중단)까지만 관측하는 단일 및 우측 관측중단자료가 얻어지는 경우로 완전자료도 포함됨.
- **임의 관측중단**(Arbitrary Censoring): 한 자료집합에 좌측, 우측, 구간 관측중단(left, right, interval censoring)자료 등 여러 가지 관측중단자료가 포함된 경우임.

또한 "우측 관측중단(Right Censoring)"과 "임의 관측중단(Arbitrary Censoring)"은 여

러 관측중단자료의 포함 여부에만 차이가 있으므로 두 종류의 관측중단방법을 분리하지 않고 하나의 메뉴로 간주하여 살펴본다.

- **분포 ID 그림**(Distribution ID Plot) 메뉴
  관측중단자료를 포함하는 수명자료를 입력하여, Minitab 신뢰성 분석에서 제공하는 11종류의 주요 분포(최소 극단값, 와이블, 3-모수 와이블, 지수, 2-모수 지수, 정규, 대수정규, 3-모수 대수정규, 로지스틱, 대수 로지스틱, 3-모수 대수 로지스틱)중에서 '모든 분포 사용' 또는 '지정(4개까지 선택가능)' 옵션을 선택하여 분포 적합, 분포에 따른 분위수값(사용자가 다수 개 지정 가능함)과 이의 표준오차, MTTF, 그리고 사용자가 선택한 분포의 확률지 그림(Probability Plot), 분포선택을 위한 기준으로 쓸 수 있는 A-D 값(AD^*) 등의 분석결과를 제공한다.
- **분포 개관 그림**(Distribution Overview Plot) 메뉴
  관측중단자료를 포함하는 수명자료에 대해 선택한 수명분포로 적합한 확률밀도함수(pdf), 신뢰도 또는 생존함수(survival function; sf), 고장률함수(hf)와 확률지를 볼 수 있다.
- **모수 분포 분석**(Parametric Distribution Analysis) **메뉴**: 본 교재 6장에서 활용
  최우추정법(MLE) 또는 최소제곱법(LSE) 등을 이용하여 가정한 분포의 모수 추정값 및 여러 가지 통계량 값들을 구할 수 있다.
- **비모수 분포 분석**(Nonparametric Distribution Analysis) **메뉴**: 본 교재 6장에서 활용
  다양한 비모수적 방법, 즉 완전/우측 관측중단자료일 경우는 Kaplan-Meier 추정방법과 생명표법(Actuarial method), 임의 관측중단자료일 경우는 생명표법과 Turnbull 방법을 선택하여 수명자료를 분석할 수 있다.

2 가속수명시험(Accelerated Life Test) 자료분석

가속시험에 의해 획득된 수명자료의 통계적 분석방법으로 "가속 수명 검사(Accelerated Life Testing; 가속수명시험)" 메뉴를 선택할 수 있으며, 보다 일반적인 경우는 비정규분포에 적용할 수 있도록 개발된 회귀분석모형을 통해 (가속)수명자료의 통계적 분석을 수행하는 "수명 데이터 회귀분석(Regression with Life Data)" 메뉴를, 가속시험 조건까지 포함하여 반응변수의 값이 두 종류인 경우의 통계적 분석일 경우는 "프로빗 분석(probit Analysis)" 메뉴를 택할 수 있으므로 다양한 가속수명시험의 분석에 유용하게 활용될 수 있다.

- **가속 수명 검사**(Accelerated Life testing) **메뉴**: 본 교재 9장에서 활용
  각 스트레스 수준에 따른 가속시험자료를 대상으로 수명분포와 가속모형의 모수 추정, 수명과 스트레스의 관계 도시 등과 같은 가속수명자료의 신뢰성 분석결과를 제공한다.
- **수명 데이터 회귀 분석**(Regression with Life Data) **메뉴**
  다수의 스트레스 변수와 질적변수가 포함되는 가속수명시험 자료를 대상으로 회귀분석을 통한 신뢰성 분석결과를 제공한다.
- **프로빗 분석**(Probit Analysis) **메뉴**
  반응변수 값이 두 종류인 계수반응 자료일 경우에 다수의 설명변수에 따른 신뢰성 분석결과를 제공한다.

3 시험계획

신뢰성시험 중에서 가장 널리 쓰이는 세 종류의 시험에 대한 계획 수립 시 필요한 기능을 제공한다.

- **추정 검사 계획**(Estimation Test Plans)**메뉴**: 본 교재 8장에서 활용
  우측과 구간 관측중단 하에서 주어진 정밀도(신뢰구간)를 만족하는 분위수와 신뢰도를 추정하는 신뢰도 결정시험 유형에 필요한 시험계획(시험 표본크기)을 구할 수 있다.
- **시연 검사 계획**(Demonstration Test Plans) **메뉴**: 본 교재 8장에서 활용
  신뢰도 적합시험 중에서 우측과 구간 관측중단 하의 신뢰성 실증시험 유형에 필요한 시험계획(시험 표본크기 또는 시험시간)을 제공한다.
- 가속 수명 검사 계획(Accelerated Test Plans) 메뉴
  우측과 구간 관측중단 하에서 가속수명시험을 실시하기 위한 시험계획, 즉, 각 시험 스트레스에 할당되는 시험 표본크기 등을 제공한다.

4 수리가능 시스템의 수명자료 분석

이 메뉴는 수리불가능 제품의 신뢰성 분석에 활용되는 상기의 세 가지 주 메뉴와 달리 수리가능 시스템의 신뢰성 자료를 성장곡선(Growth Curve) 모형에 의해 모수적과 비모수적 방법으로 분석할 수 있도록 제공하고 있다.

5 보증 분석

보증자료가 획득되는 형태로부터 신뢰성 분석용의 통상적 형식의 자료로 변환하는 기능(Pre-Process Warranty Data)과 이로부터 미래의 보증청구 개수나 비용을 추정하는 보증예측(Warranty Prediction) 메뉴로 구성되어 있다.

7.3 완전자료일 경우

6장과 7.1~2절까지의 신뢰성 자료 분석에 관한 기초 이론을 토대로 Minitab의 신뢰성/생존 분석 기능을 활용한 분석과정을 예시하고자 한다. 다섯 가지 예제의 수명자료는 완전자료(2가지), 제1종 다중 관측중단자료(2가지), 구간자료를 포함하는 임의 관측중단자료로 대별할 수 있다.

예제 7.1

[표 7.4]의 자료는 비행 중에 발생한 30개의 비행기 에어컨에 관한 고장시간자료로서(Lawless(2003)에서 재인용) 다음 사항을 Minitab을 이용하여 분석하고자 한다.

표 7.4 비행기 에어컨 수명자료

(단위: hr)

23	261	87	7	120	14	62	47	3	95	225	71	246	21	42
20	5	12	120	11	14	71	11	14	11	16	90	1	16	52

(1) 수명자료의 기술통계량 및 히스토그램을 도시하라.

(2) 수명분포 중 A-D 검정 통계량을 이용하여 가장 잘 적합되는 분포를 찾아라

(3) 적합된 분포의 확률밀도(pdf), 신뢰도(Minitab에서는 생존함수(sf)라고 명함), 고장률(hf) 함수 그림과 확률지를 도시하라.

(4) 적합된 분포의 모수를 추정하고 이의 95% 신뢰구간을 구하라.

---

(1) 완전자료이므로 다음과 같은 기초통계 Minitab 메뉴를 실행하면 [그림 7.5]의 기술통계량과 히스토그램을 볼 수 있다.

▶ 통계분석(Stat)→기초 통계(Basic Statistics)→그래픽 요약(Graphical Summary)

여기서 히스토그램과 A-D 통계량 값(A-Squared)의 P값(0.005, 귀무가설은"수명자료가 정규분포를 따른다"임)을 보면 정규분포를 따르지 않음을 파악할 수 있다.

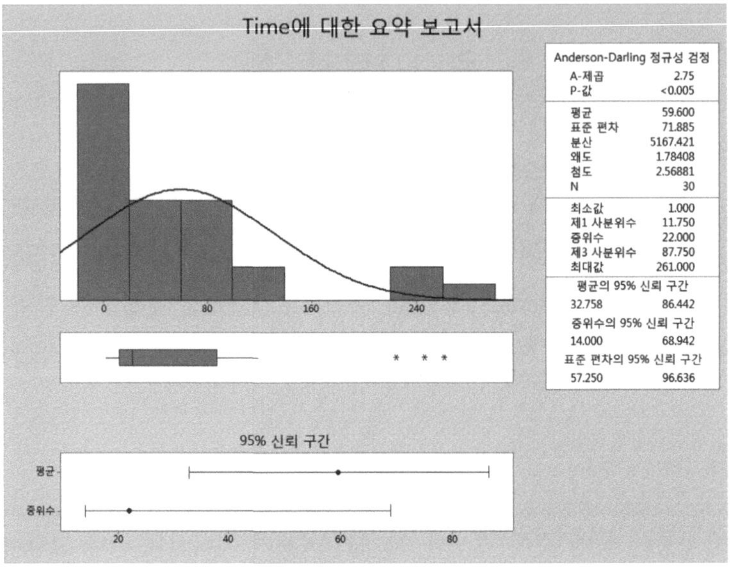

그림 7.5 기술통계량-그래픽 요약 결과: [예제 7.1]

(2) 수명분포 중 가장 잘 적합되는 분포를 다음 Minitab 메뉴를 이용하여 찾는다.

▶ 통계분석(Stat)→신뢰성/생존 분석(Reliability/Survival)→분포 분석(우측 관측 중단)(Distribution Analysis(Right Censoring))→분포 ID 그림(Distribution ID Plot)

예제의 자료를 11가지 수명분포 중에서 역치모수가 포함되지 않는 7가지 분포를 중심으로 적합한 확률지 도시 결과인 **[그림 7.6]** (a)~(b)와 A-D값을 비교하면 대수정규분포에 가장 잘 적합됨을 알 수 있다. 또한 **[그림 7.6]** (c)의 A-D값을 보면 3-모수 대수정규분포(0.666) 등을 고려할 필요가 없으므로, 이 자료를 가장 잘 적합하는 분포로 (2-모수) 대수정규분포(0.657)를 선택할 수 있다.

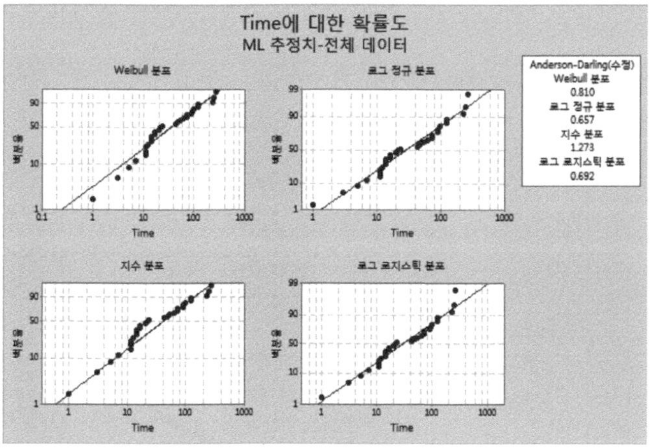

그림 7.6(a) "분포 ID 그림" 결과: [예제 7.1]

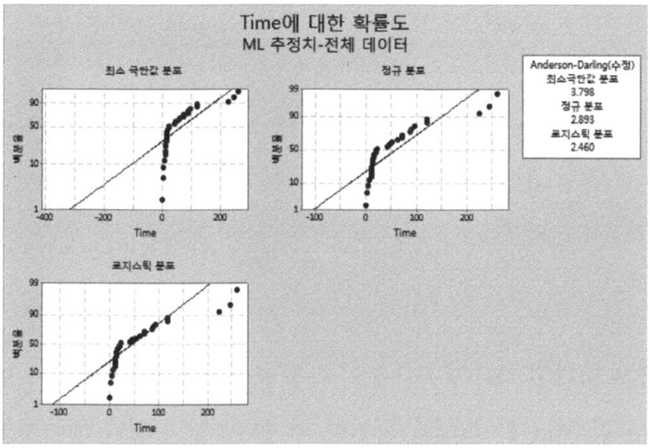

그림 7.6(b) "분포 ID 그림" 결과: [예제 7.1]

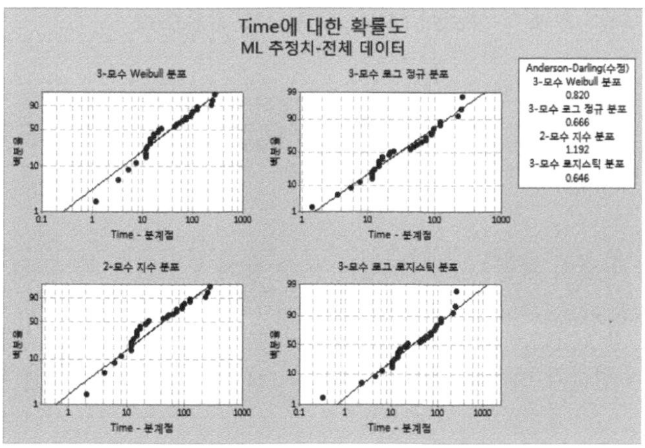

그림 7.6(c) "분포 ID 그림" 결과: [예제 7.1]

(3) 적합된 분포의 pdf, cdf, sf 등의 함수 도시는 다음의 Minitab 메뉴를 활용하여 구한다.

> ▶ 통계분석(Stat)→신뢰성/생존 분석(Reliability/Survival)→분포 분석(우측 관측 중단)(Distribution Analysis(Right Censoring))→분포 개관 그림(Distribution Overview Plot)

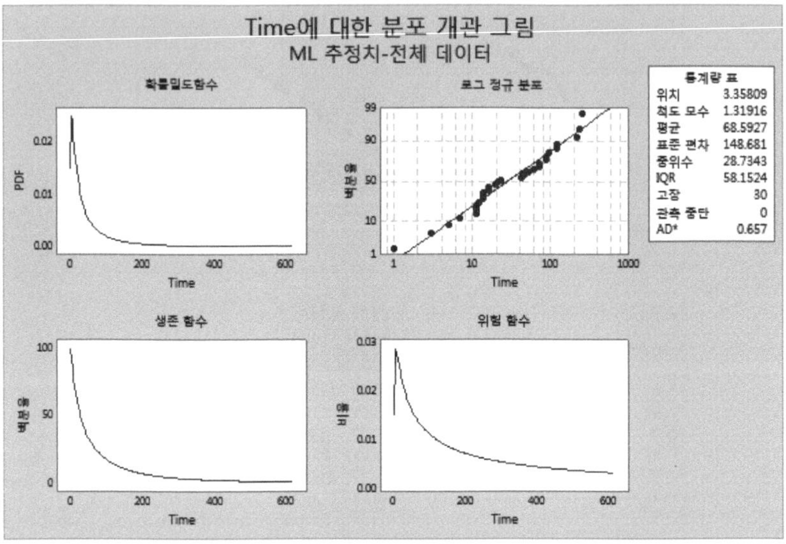

그림 7.7 적합된 "분포 개관 그림" 도시: [예제 7.1]

[그림 7.7] 은 적합된 대수정규분포의 확률밀도함수(pdf), 확률지 도시, 신뢰도함수(sf), 고장률함수(hf)의 형태를 확인할 수 있으며, 비행기 에어컨의 수명은 다음과 같이 대수정규분포 $LN(3.3581,\ 1.3192^2)$을 따름을 알 수 있다.

(4) 모수 및 분위수 추정은 아래의 Minitab 메뉴를 이용한다.

> ▶ 통계분석(Stat)→신뢰성/생존 분석(Reliability/Survival)→분포 분석(우측 관측 중단)(Distribution Analysis(Right Censoring))→모수 분포 분석(Parametric Distribution Analysis)

[그림 7.8]과 같이 확률지 도시그림과 모수 등의 추정값을 볼 수 있으며, **[그림 7.9]**의 세션 출력창에는 수명분포에 대한 추정결과로, 분석자가 중앙값, 사분위수, 백분위수의 추정값과 이의 표준편차(standard error), 신뢰구간 등을 확인할 수 있다.

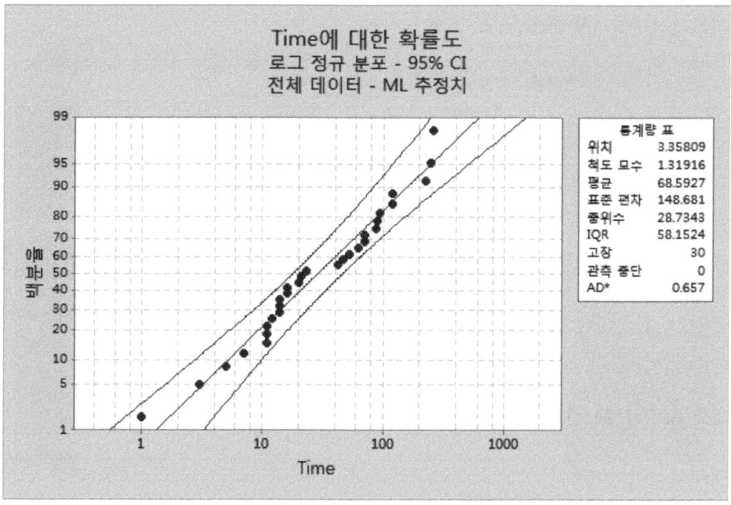

그림 7.8 적합된 분포의 확률지 도시 및 신뢰구간 도시: [예제 7.1]

분포 분석: Time

변수: Time

관측 중단

관측 중단 정보	카운트
관측 중단되지 않은 값	30

추정 방법: 최대우도법

분포: 로그 정규 분포

모수 추정치

			95.0% 정규 CI	
모수	추정치	표준 오차	하한	상한
위치 모수	3.35809	0.240845	2.88604	3.83014
척도 모수	1.31916	0.170303	1.02426	1.69898

로그 우도 = -151.621

적합도

Anderson-Darling(수정)
0.657

분포의 특성

			95.0% 정규 CI	
	추정치	표준 오차	하한	상한
평균(MTTF)	68.5927	22.5916	35.9689	130.806
표준 편차	148.681	82.1312	50.3560	438.993
중위수	28.7343	6.92051	17.9223	46.0689
제1 사분위수(Q1)	11.8027	3.14938	6.99603	19.9119
제3 사분위수(Q3)	69.9551	18.6665	41.4657	118.018
사분위간 범위(IQR)	58.1524	16.8629	32.9411	102.659

백분위수 표

백분율	백분위수	표준 오차	95.0% 정규 CI 하한	95.0% 정규 CI 상한
1	1.33544	0.619172	0.538229	3.31345
2	1.91336	0.812533	0.832384	4.39816
3	2.40372	0.963295	1.09588	5.27235
4	2.85380	1.09378	1.34642	6.04876
5	3.28137	1.21222	1.59074	6.76880
6	3.69541	1.32271	1.83227	7.45309
7	4.10121	1.42763	2.07304	8.11365
8	4.50223	1.52854	2.31440	8.75824
9	4.90089	1.62650	2.55729	9.39226
10	5.29899	1.72230	2.80241	10.0197
20	9.46741	2.65341	5.46597	16.3982

그림 7.9 세션 출력 창의 결과: [예제 7.1]

예제 7.2 두 집단의 수명분포의 특성 비교

[표 7.5]의 자료는 자동차의 브레이크 패드 마찰재 마모수명에 관한 자료로서 주행시험장(Proving Ground; PG)에서의 차량 내구시험 결과와 자가차량 모니터(M)결과이며, 단위는 주행거리인 km이다(서순근(2017)에서 재인용). 이 자료를 대상으로 두 집단의 수명분포를 구하고 유의수준 5%에서 분포의 모수에 대한 동일성 검정을 실시하라.

표 7.5 자동차 브레이크 패드 마찰재 마모수명

PG 차량 내구시험 수명	PG 차량 내구시험 빈도	자가차량 모니터(M) 수명	자가차량 모니터(M) 빈도
20,000	1	51,000	1
28,500	1	51,500	1
30,500	1	52,500	1
34,000	1	54,000	1
38,000	1	56,000	1
39,500	1	59,500	1
40,500	1	61,000	1
41,000	1	66,500	1
42,000	1	76,000	1
44,000	1	76,500	1
46,000	1	78,000	1
50,000	1	81,000	2
50,500	2	82,000	1
51,000	1	83,000	1
58,000	1	84,000	1
59,000	1	88,000	1
61,000	2	94,000	1
67,000	1		

두 종류의 자료에 대하여 적합된 분포를 찾기 위한 관련 메뉴는 **[예제 7.1]**의 (2)와 같으며, 각 확률지에 두 자료가 동시에 도시된 11가지 분포적합 결과가 **[그림 7.10]** (a)~(c)에 수록되어 있다.

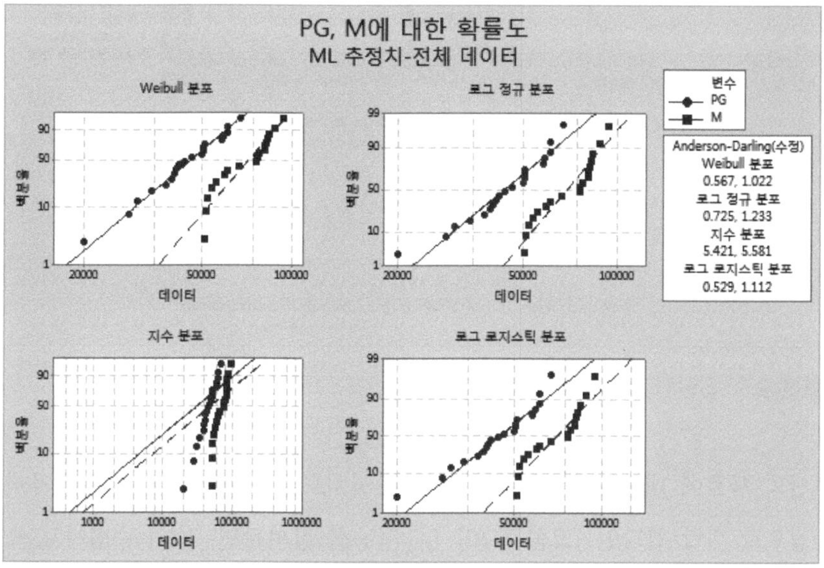

그림 7.10(a) 두 집단의 분포 적합 결과: [예제 7.2]

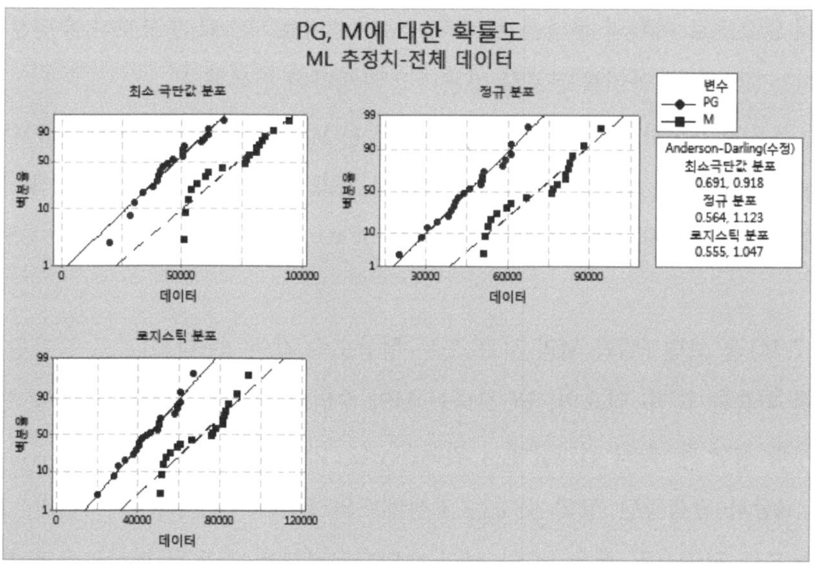

그림 7.10(b) 두 집단의 분포 적합 결과: [예제 7.2]

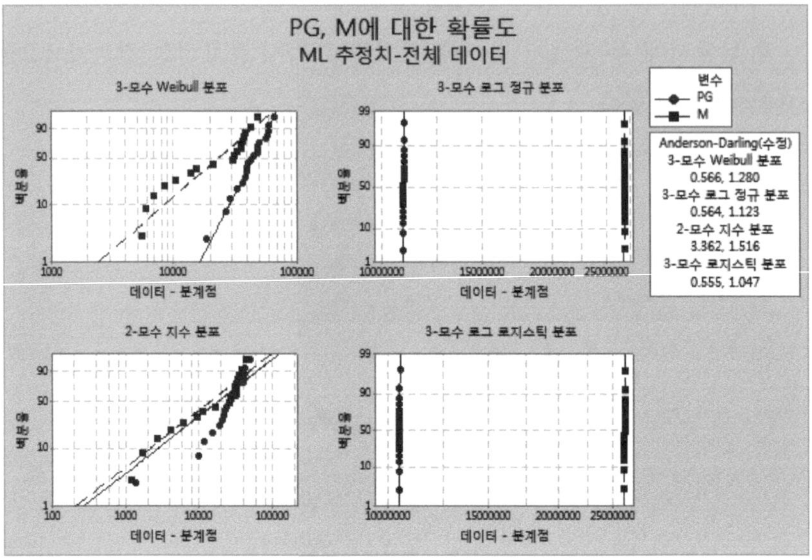

그림 7.10(c) 두 집단의 분포 적합 결과: [예제 7.2]

두 집단의 자료에 대한 11가지 분포 중에서 역치모수가 포함되지 않은 7가지의 분포를 중심으로 적합 결과인 **[그림 7.10]** (a)~(b)를 살펴보면, M의 수명자료는 PG보다 적합도가 떨어지지만, 두 경우 모두 와이블(0.567(PG), 1.022(M))과 대수로지스틱(0.529(PG), 1.112(M)) 분포가 비교적 적합도가 높다. 그리고 **[그림 7.10]** (c)에서 (2-모수) 와이블 분포에 비해 3-모수 와이블 분포(0.566(PG), 1.280(M))의 적합도가 높지 않으므로 이후의 분석은 두 수명자료가 대수로지스틱 분포보다 수명분포로 널리 쓰이는 (2-모수) 와이블 분포를 따른다고 가정하여 분석한다.

와이블 분포를 가정하여 **[예제 7.1]**의 (4)와 같은 Minitab 메뉴를 이용하여 모수 추정을 실시하면 세션 출력 창에서 PG와 M에 대하여 각각 모수 추정 결과를 살펴볼 수 있다. 여기서는 지면 관계상 **[그림 7.11]**과 같이 두 표본의 확률지 도시결과만을 가지고 설명한다.

[그림 7.11]을 보면 PG와 M의 자료 모두 형상모수 값이 1보다 크므로 증가형 고장률(IFR)을 따름을 알 수 있으며, PG보다는 M의 수명이 길다는 것을 파악할 수 있다. 그림의 우측 상단 두 줄의 결과값에서 위쪽은 PG, 아래쪽은 M의 모수추정 결과를 나타내며, 고장과 관측중단 열의 숫자는 고장개수와 관측중단개수를 의미한다. 또한 와이블 분포로 적합시킬 경우 PG와 M의 수명자료로부터 추정된 형상모수와 척도모수

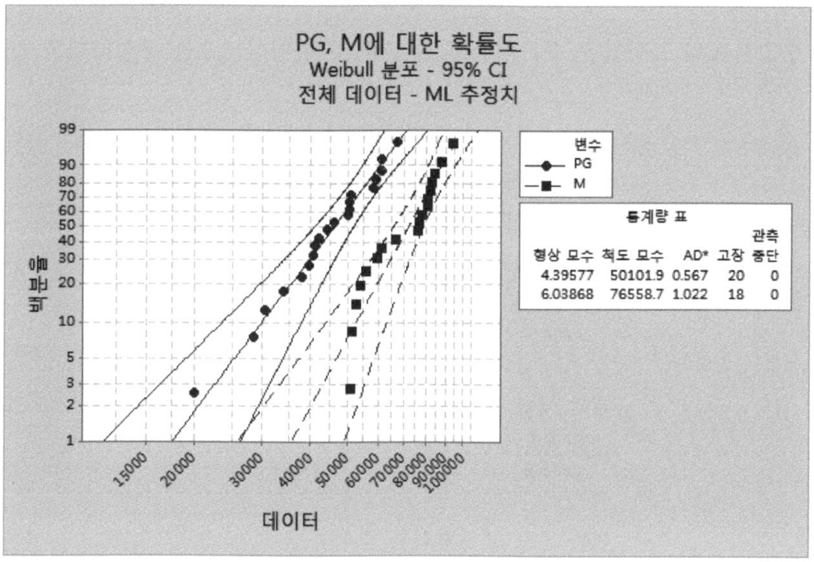

그림 7.11 두 집단의 와이블 분포 확률지 도시: [예제 7.2]

를 비교하여 동일성 검정을 실시할 수 있는데, Minitab의 "모수 분포 분석(Parametric Distribution Analysis)"메뉴에서 '검정(Test)' 옵션을 선택하면 된다.

두 수명자료의 형상모수와 척도모수의 동일성 검정을 실시한 결과가 [그림 7.12]의 세션 출력 창에 요약되어 있는데 이를 고찰하면 다음과 같다.

(i) 형상모수 및 척도모수의 동일성 검정(H_0:$\beta_{PG}=\beta_M$및 $\eta_{PG}=\eta_M$)결과는 P값이 0.000이 되어 매우 유의적이므로 유의수준 5%에서 두 모수는 동일하지 않음을 알 수 있다.

(ii) 형상모수(β)의 동일성 검정(H_0:$\beta_{PG}=\beta_M$)결과는 P값이 0.224이므로 유의수준 5%에서 두 표본의 형상모수는 동일하다고 판단할 수 있다.

(iii) 척도모수(η)의 동일성 검정(H_0: $\eta_{PG}=\eta_M$)결과는 P값이 0.000이 되어 매우 유의적이므로 유의수준 5%에서 두 표본의 척도모수는 동일하지 않음을 알 수 있다.

(iv) 세션 출력 창의 하단에서 두 집단의 형상모수의 비인 β_M/β_{PG}와 척도모수의 비인 η_M/η_{PG}의 Bonferroni 방법을 이용한(두 모수비의 각각 97.5% 신뢰구간임) 동시 신뢰구간이 수록되어 있다. 또한 위치모수일 경우는 Minitab에서 두 모수의 차에 대한 신뢰구간을 제공해 준다.

이상의 결과를 요약하면, 두 집단 중에서 자가 모니터(M)하는 차량의 경우가 수명이 길며, 두 수명자료의 고장률은 증가형 고장률(IFR)로써 형상모수는 동일하다고 판정할 수 있다.

분포 분석: PG, M

동일 형상 및 척도 모수에 대한 검정

카이-제곱	DF	P
39.9929	2	0.000

동일 형상 모수에 대한 검정

카이-제곱	DF	P
1.48169	1	0.224

동일 척도 모수에 대한 검정

카이-제곱	DF	P
39.3996	1	0.000

Bonferroni 95.0%(개별 97.50%) 동시 CI

PG에 대한 형상 모수를 다음으로 나눔:

변수	하한	추정치	상한
M	0.7655	1.374	2.465

Bonferroni 95.0%(개별 97.50%) 동시 CI

PG에 대한 척도 모수를 다음으로 나눔:

변수	하한	추정치	상한
M	1.313	1.528	1.778

그림 7.12 세션 출력 창 : 두 집단의 형상모수와 척도모수의 동일성 검정 결과: [예제 7.2]

이와 같이 형상모수가 동일하다고 판정되면 9. 6절에서 설명되는 가속계수를 구하여 PG의 결과로부터 관심대상인 M에 대한 신뢰성 척도를 용이하게 추정할 수 있다.

7.4 다중 우측 관측중단자료일 경우

다음 예제는 단일 우측관측중단보다 복잡한 다중 우측중단인 경우로 관측중단자료를 구별하여 Minitab이 이를 인식할 수 있도록 하는 작업 외에는 [예제 7.1]의 Minitab 메뉴와 동일한 절차를 이용한다.

예제 7.3 [예제 6.4]의 계속

[표 6.4]는 70개의 디젤 발전기 fan에 대해 수명시험을 실시한 제1종 다중 관측중단 자료이며 단위는 시간이다. 이 자료를 가장 잘 적합시키는 분포를 찾고, B10 수명과 10,000시간일 때의 신뢰도를 추정하라.

먼저 Minitab의 신뢰성/생존 분석 기능에서 [예제 7.1]의 (2)와 "분포 ID 그림(Distribution ID Plot)" 메뉴의 '모든 분포 사용(Use all distributions)' 또는 4개 분포까지 '지정(Specify)'하는 옵션을 선택하고 관측중단 여부를 인식할 수 있도록 관측중단(Censor) 옵션의 대화상자에서 이를 지정한 후에 실행하면 된다. 실행결과의 분포별 A-D 통계량 값을 비교한 후 가장 잘 적합시키는 분포를 선택하면 된다. 일반적으로 유

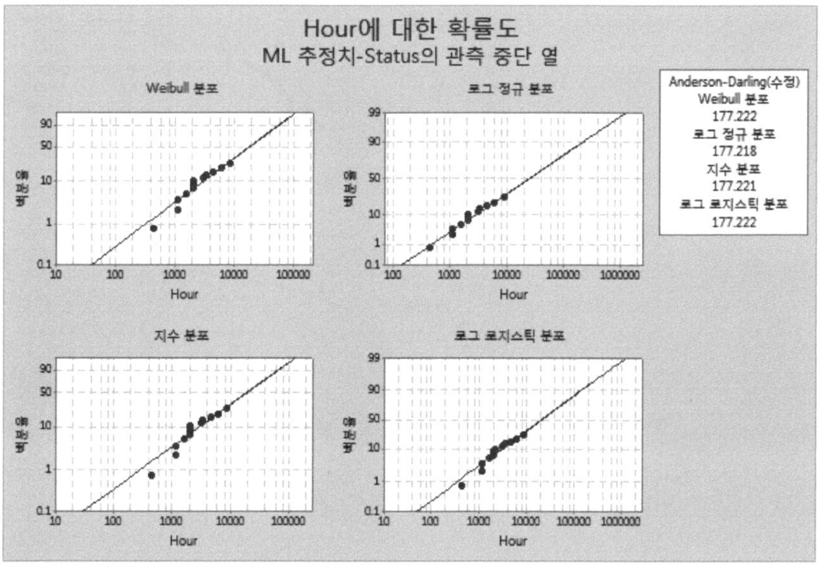

그림 7.13 분포 적합 결과: [예제 7.3]

사한 크기의 A-D값이 도출될 경우에는 신뢰성 공학 분야에서 수명분포로 실질적으로 많이 활용되고 있는 와이블, 지수, 대수정규분포 등을 선택하면 분석결과의 타당성을 높일 수 있으며 결과의 해석을 용이하게 수행할 수 있다.

[그림 7.13]은 사용자가 선택한 4가지 분포(와이블, 대수정규, 지수, 정규분포; 기본값임)의 적합한 결과와 A-D 검정통계량 값을 나타내고 있으며 정규분포 외의 세 분포가 잘 적합됨을 알 수 있다.

이 자료를 대상으로 수명분포로 가장 널리 쓰이는 와이블 분포를 사용자가 선택할 경우에는 **[예제 7.1]**의 (3)에 적시된 메뉴를 이용하여 **[그림 7.14]**와 같이 선정된 수명분포의 확률밀도함수, 확률지 도시, 신뢰도(생존)함수, 고장률함수의 형태를 보여 주고 있다.

그리고 **[예제 7.1]**의 (4)에서 활용한 메뉴를 이용하면(추정치 옵션 대화상자의 '이 시간(값)에 대한 확률 추정'에서 10000을 입력), **[그림 7.15]**의 세션 출력 창을 얻을 수 있다. 이로부터 B10 수명이 3,137(hr)이고, 10,000(hr)일 때의 신뢰도가 0.698로 추정되며, 이들의 신뢰구간도 파악할 수 있다.

여기서 형상모수가 '1' 근처이므로 보다 단순한 지수분포를 적용할 수 있는지 추가적으로 분석해 보자. 다음 메뉴로서 지수분포의 적합도를 검정할 수 있다.

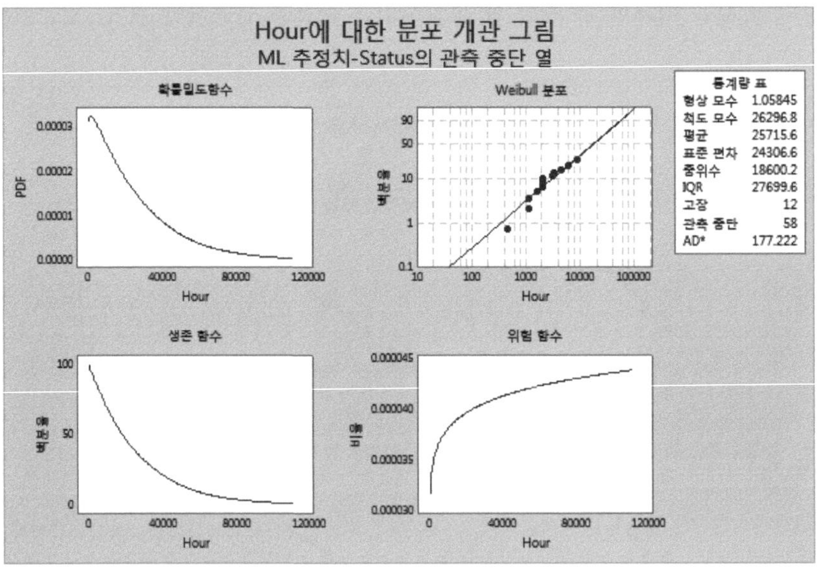

그림 7.14 적합된 와이블 분포의 "분포 개관 그림" 결과: [예제 7.3]

분포 분석: Hour

변수: Hour
빈도: Count

관측 중단

관측 중단 정보	카운트
관측 중단되지 않은 값	12
우측 관측 중단 값	58

관측 중단 값: Status = 0

추정 방법: 최대우도법
분포: Weibull 분포

모수 추정치

			95.0% 정규 CI	
모수	추정치	표준 오차	하한	상한
형상 모수	1.05845	0.268251	0.644082	1.73939
척도 모수	26296.8	12251.4	10552.1	65534.4

로그 우도 = -135.153

적합도

Anderson-Darling(수정)
177.222

분포의 특성

			95.0% 정규 CI	
	추정치	표준 오차	하한	상한
평균(MTTF)	25715.6	13979.9	8860.42	74634.5
표준 편차	24306.6	18708.9	5377.12	109875
중위수	18600.2	7404.17	8524.75	40584.0
제1 사분위수(Q1)	8103.91	2301.96	4644.15	14141.1
제3 사분위수(Q3)	35803.5	19021.5	12638.8	101426
사분위간 범위(IQR)	27699.6	17405.4	8083.74	94915.3

백분위수 표

			95.0% 정규 CI	
백분율	백분위수	표준 오차	하한	상한
1	340.723	263.530	74.8244	1551.52
2	659.001	408.456	195.570	2220.60
3	971.290	517.979	341.517	2762.39
4	1280.86	607.631	505.474	3245.68
5	1589.25	684.659	683.110	3697.39
6	1897.37	753.370	871.313	4131.72
7	2205.83	816.696	1067.63	4557.48
8	2515.07	876.802	1270.01	4980.76
9	2825.45	935.378	1476.70	5406.07
10	3137.24	993.790	1686.21	5836.93
20	6374.68	1742.62	3730.51	10893.0

생존 확률 표

		95.0% 정규 CI	
시간	확률	하한	상한
10000	0.698109	0.509549	0.825671

그림 7.15 세션 출력 창의 결과: [예제 7.3]

▶ 통계분석(Stat)→신뢰성/생존 분석(Reliability/Survival)→분포 분석(우측 관측 중단)(Distribution Analysis(Right Censoring))→모수 분포 분석(Parametric Distribution Analysis)에서 검정(Test) 옵션

지수분포는 와이블 분포의 형상모수가 "1"인 경우($\beta=1$)이므로 이를 설정하여 검정을 수행한 [그림 7.16]의 세션 출력 창에서 P값이 0.823이므로 이 자료는 유의수준 5~10%에서도 충분히 지수분포를 따른다고 볼 수 있다.

분포 분석: **Hour**

1와(과) 동일한 형상에 대한 검정

카이-제곱	DF	P
0.0502316	1	0.823

Bonferroni 95.0%(개별 **95.00%**) 동시 **CI**

형상 모수:

변수	하한	추정치	상한
Hour	0.6441	1.058	1.739

그림 7.16 세션 출력 창의 결과: 형상모수=1에 대한 검정

다음은 동일 제품에 대한 수명자료이지만 한 묶음으로 분석을 하게 되면 잘못된 판단을 내릴 수 있는 경우로 환경조건이 달라 층별로 나누어 분석을 실시해야 될 사례를 예시하고 있다.

예제 7.4

[표 7.6]은 군용항공기의 엔진의 특정 모듈에 관한 데이터(Hahn and Doganaksoy (2008))로 와이블 분포를 따른다고 알려져 있다('+' 는 관측중단 표시임). 2,256대의 엔진에서 19대가 고장이 발생하였으며, 19대중 10대가 군 기지 D에서 발생하였다. 분석 목적은 3,000(hr)까지의 고장확률을 추정하고자 한다.

먼저 기지에 대한 구별없이 모든 데이터에 대해 와이블 분포를 지정하여 [예제 7.1]의 (4)와 같이 Minitab의 "모수 분포 분석" 메뉴를 실행한(추정치 옵션 대화상자의 '이 시간(값)에 대한 확률 추정에서' 3000을 입력하고 '누적 고장확률 추정' 체크 표시) 확률지 그림이 [그림 7.17]에 있다.

표 7.6 군용항공기의 엔진의 모듈 데이터

(단위: hr)

수명/관측 중단시간	총 대수 (D기지 해당대수)	수명/관측 중단시간	총 대수 (D기지 해당대수)	수명/관측 중단시간	총 대수 (D기지 해당대수)
12+	39(0)	750+	109(9)	1,251	1(1)
20+	52(0)	808	1(0)	1,350+	67(11)
30+	46(0)	828	1(1)	1,405	1(0)
32	1(0)	850+	123(23)	1,428	1(0)
50+	31(0)	872	1(0)	1,450+	64(11)
64	1(0)	884	2(2)	1,550+	75(20)
85+	48(0)	950+	83(27)	1,568	1(0)
150+	102(0)	1,013	1(1)	1,650+	63(8)
153	1(0)	1,050+	75(20)	1,750+	59(4)
212	1(0)	1,082	1(1)	1,850+	57(2)
250+	160(2)	1,105	1(1)	1,950+	155(3)
400+	312(0)	1,150+	78(22)	2,050+	155(3)
550+	103(2)	1,198	1(1)	2,150+	1(1)
650+	103(2)	1,249	1(1)		
708	1(1)	1,250+	77(22)		

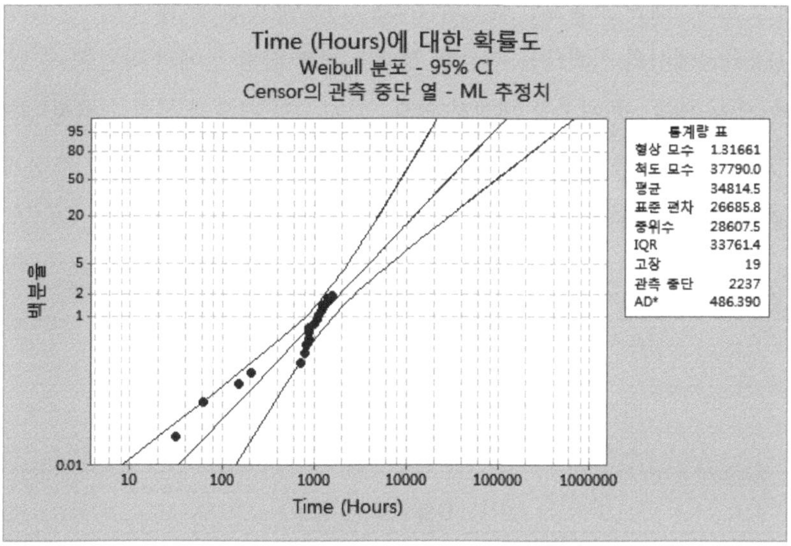

그림 7.17 와이블 분포 적합 결과(기지 구분 없는 모든 데이터): [예제 7.4]

이를 보면 와이블 분포에 잘 적합되지 않으며, **[그림 6.15]**의 (b) 곡선 형태로 600시간 전·후에서 기울기가 변화됨을 알 수 있다. 문제에서 기술한 바와 같이 전체 대수에 1/10에 미달하는 기지 D의 보유엔진(202대)에서 고장의 절반 이상이 발생한 혼합 모집단으

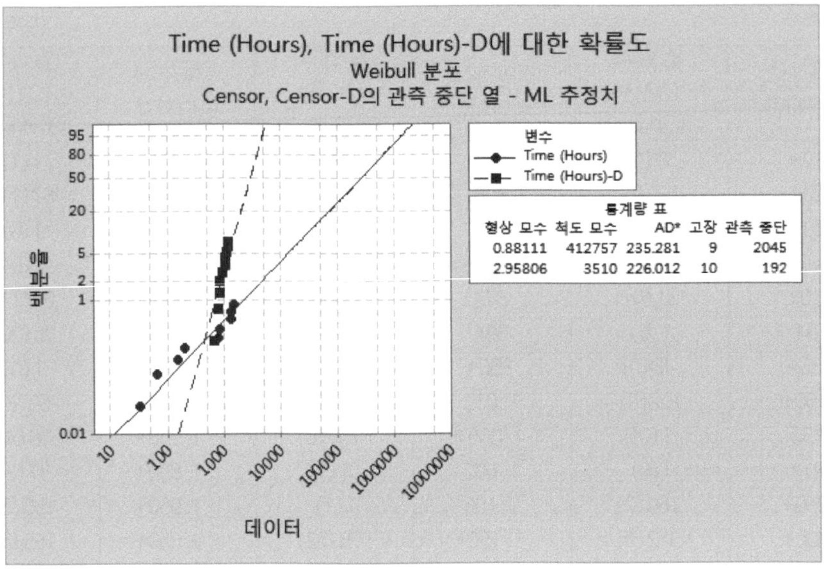

그림 7.18 와이블 분포 적합 결과(기지 구분): [예제 7.4]

로 판단된다. 따라서 기지 D와 다른 기지를 구별하여 워크시트를 작성하고 Minitab의 "모수 분포 분석" 메뉴를 실행한 결과를 [그림 7.18]에서 볼 수 있다.

또한 3,000(hr)에서의 신뢰도를 추정한 결과를 세션 출력 창에서 확인할 수 있는데, 기지 구분이 없는 경우, 기지 D를 제외한 경우, 기지 D의 경우에 신뢰도 추정 결과가 다음에 요약되어 있다. 이를 보면 모집단의 층별 없이 분석하게 되면 신뢰도 추정에 큰 차이가 발생함을 파악할 수 있다.

〈기지 구분이 없는 경우〉

누적 고장 확률 표

		95.0% 정규 CI	
시간	확률	하한	상한
3000	0.0349693	0.0193662	0.0627350

〈기지 D를 제외한 경우〉

누적 고장 확률 표

		95.0% 정규 CI	
시간	확률	하한	상한
3000	0.0129676	0.0058201	0.0287645

〈기지 D 경우〉

```
누적 고장 확률 표
                          95.0% 정규 CI
시간      확률          하한        상한
3000   0.466531    0.160757   0.894905
```

7.5 구간자료일 경우

다음 예제는 구간자료인 경우로 전술한 3가지 예제와 달리 Minitab의 임의관측중단 메뉴로 분석해야 한다.

예제 7.5

[표 7.7]의 자료는 부품의 결함발생 시간자료로서 연속검사가 아닌 간헐적 검사에 의해서 획득된 수명자료(Nelson(1982))이며, 이 중에서 마지막 구간의 73개는 63.48월까지 고장이 나지 않았다. Minitab을 이용하여 다음 사항을 분석하라.

표 7.7 부품 결함발생 시간자료

(단위: 월)

검사구간		수(167개)
Start	End	
0	6.12	5
6.12	19.92	16
19.92	29.64	12
29.64	35.40	18
35.40	39.72	18
39.72	45.24	2
45.24	52.32	6
52.32	63.48	17
63.48+	∞	73

(1) 수명분포 중에서 A-D 검정 통계량을 이용하여 가장 잘 적합되는 분포를 찾고 적합된 분포의 확률 밀도, 신뢰도, 고장률함수를 도시하라.

(2) 확률지에 도시하여 적합된 분포의 모수를 추정하고 추정된 직선 및 95% 신뢰구간을 도시하라.

(3) B3 수명과 제1사분위수를 추정하라.

---

(1) 수명분포 중 가장 잘 적합되는 분포를 다음 메뉴를 이용하여 찾을 수 있는데 이 자료는 구간자료이므로 다음과 같은 "임의 관측 중단(Arbitrary Censoring)" 메뉴를 이용한다.

▶ 통계분석(Stat)→신뢰성/생존 분석(Reliability/Survival)→분포 분석(임의 관측 중단)(Distribution Analysis(Arbitrary Censoring))→분포 ID 그림(Distribution ID Plot)

[그림 7.19]의 (a)~(c)에서 적합된 11가지 분포 중에서 역치모수가 포함되지 않은 7가지 분포를 중심으로 보면 와이블 분포(39.023)와 정규분포(39.020)의 A-D값이 작으며 역치모수가 포함된 분포의 적합도와 차이가 극히 작으므로, 수명분포로의 활용도가 더 높은 와이블 분포가 적절하다고 판단하여 이후의 신뢰성 자료 분석을 실시한다. 그리고 적합된 분포의 세 가지 함수와 확률지를 도시하는 메뉴는 다음과 같다.

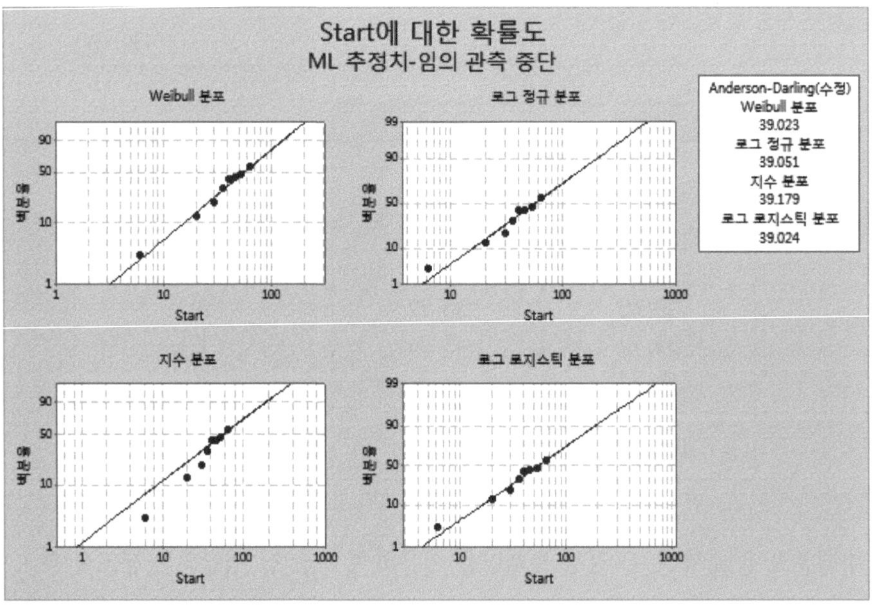

그림 7.19(a) 분포 적합 결과: [예제 7.5]

▶ 통계분석(Stat)→신뢰성/생존 분석(Reliability/Survival)→분포 분석(임의 관측 중단)(Distribution Analysis(Arbitrary Censoring))→분포 개관 그림(Distribution Overview Plot)

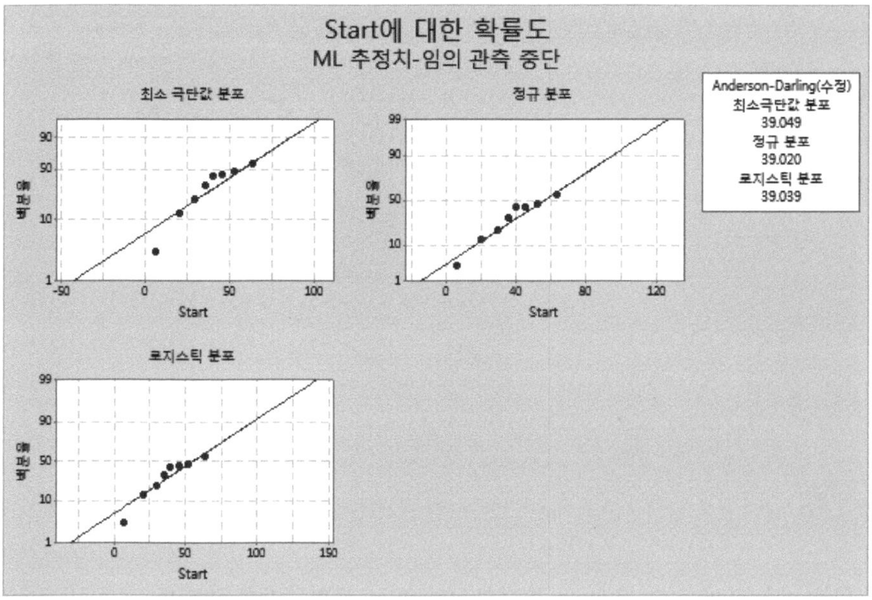

그림 7.19(b) 분포 적합 결과: [예제 7.5]

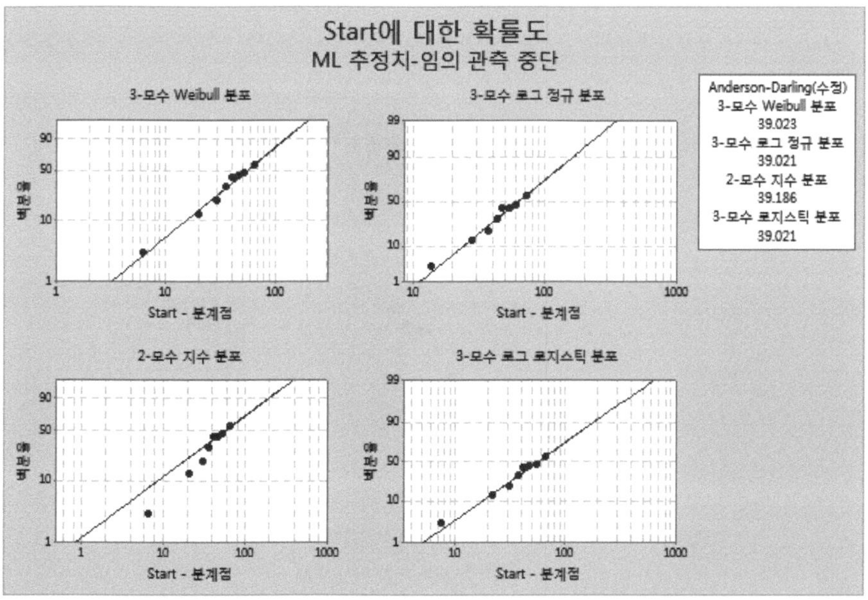

그림 7.19(c) 분포 적합 결과: [예제 7.5]

따라서 [그림 7.20] 으로부터 이 수명자료는 형상모수 1.4854와 척도모수 71.69인 와이블 분포를 따르며 형상모수가 1보다 크므로 고장률 증가형(IFR)에 속함을 알 수 있다.

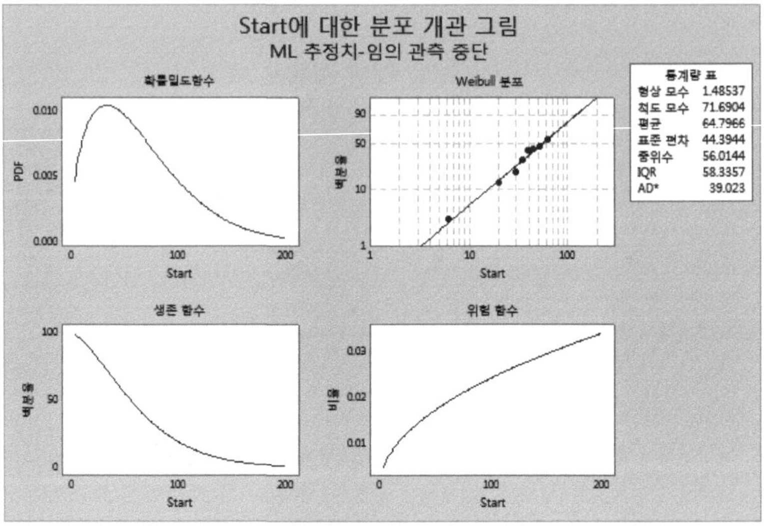

그림 7.20 '임의 관측 중단 - 분포 개관 그림' 수행 결과: [예제 7.5]

(2) 다음 메뉴로서 모수 추정 및 추정직선과 95% 신뢰구간을 구한다.

▶ 통계분석(Stat)→신뢰성/생존 분석(Reliability/Survival)→분포 분석(임의 관측 중단)(Distribution Analysis(Arbitrary Censoring))→모수 분포 분석(Parametric Distribution Analysis)

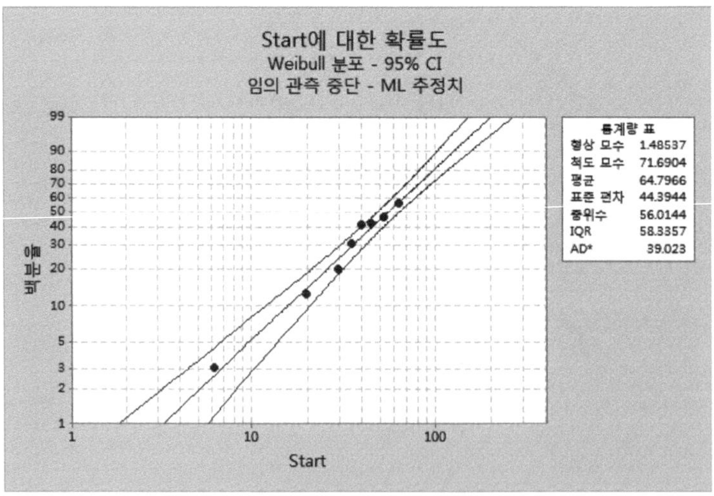

그림 7.21 적합된 분포의 확률지 도시 및 신뢰구간 도시: [예제 7.5]

[그림 7.21]과 같이 구간자료의 경우에 "분포분석(임의 관측 중단)(Distribution Analysis Arbitrary Censoring))" 메뉴를 이용하여 수명자료에 가장 잘 적합되는 분포를 지정하여, 모수를 추정하고 관심있는 수명 정보 등을 구할 수 있다. [그림 7.22]의 세션 출력 창에서 분위수의 추정값 등 상세한 정보를 확인할 수 있다.

(3) B3 수명과 제1사분위 수명의 추정

[그림 7.22]의 세션 출력 창에서 B3 수명은 6.83(월)로, 제1사분위 수명은 30.99(월)으로 추정된다. 여기서 제1사분위 수명을 추정하기 위해서는 상기 메뉴의 추정치 옵션 대화상자의 '추가 백분율에 대한 백분위 수 추정'에 25를 지정해야 한다.

분포 분석(시작 = Start 및 종료 = End)

변수 시작: Start 끝: End
빈도: Count

관측 중단

관측 중단 정보	카운트
우측 관측 중단 값	73
구간 관측 중단 값	94

추정 방법: 최대우도법

분포: Weibull 분포

모수 추정치

모수	추정치	표준 오차	95.0% 정규 CI 하한	95.0% 정규 CI 상한
형상 모수	1.48537	0.146541	1.22421	1.80223
척도 모수	71.6904	5.33349	61.9634	82.9444

로그 우도 = -309.668

적합도

Anderson-Darling(수정)
39.023

분포의 특성

	추정치	표준 오차	95.0% 정규 CI 하한	95.0% 정규 CI 상한
평균(MTTF)	64.7966	5.16342	55.4272	75.7498
표준 편차	44.3944	6.54575	33.2523	59.2699
중위수	56.0144	3.89411	48.8792	64.1911
제1 사분위수(Q1)	30.9872	2.76855	26.0095	36.9176
제3 사분위수(Q3)	89.3229	7.55768	75.6732	105.435
사분위간 범위(IQR)	58.3357	7.28480	45.6708	74.5127

백분위수 표

백분율	백분위수	표준 오차	95.0% 정규 CI 하한	상한
1	3.23937	0.931237	1.84401	5.69062
2	5.18328	1.25816	3.22099	8.34105
3	6.83359	1.48115	4.46842	10.4506
4	8.32276	1.65141	5.64120	12.2790
5	9.70577	1.78869	6.76333	13.9283
6	11.0121	1.90308	7.84815	15.4516
7	12.2599	2.00053	8.90411	16.8804
8	13.4614	2.08491	9.93696	18.2358
9	14.6252	2.15890	10.9509	19.5322
10	15.7578	2.22445	11.9491	20.7804
20	26.1159	2.63274	21.4337	31.8211
25	30.9872	2.76855	26.0095	36.9176
30	35.8126	2.90558	30.5475	41.9852
40	45.6100	3.27410	39.6239	52.5005
50	56.0144	3.89411	48.8792	64.1911
⋮	⋮	⋮	⋮	⋮

그림 7.22 세션 출력 창의 결과: [예제 7.5]

연습문제

7.1 다음은 어떤 회사에서 생산되는 주력제품의 수명자료에 대해 Minitab으로 분포 적합한 결과이다.

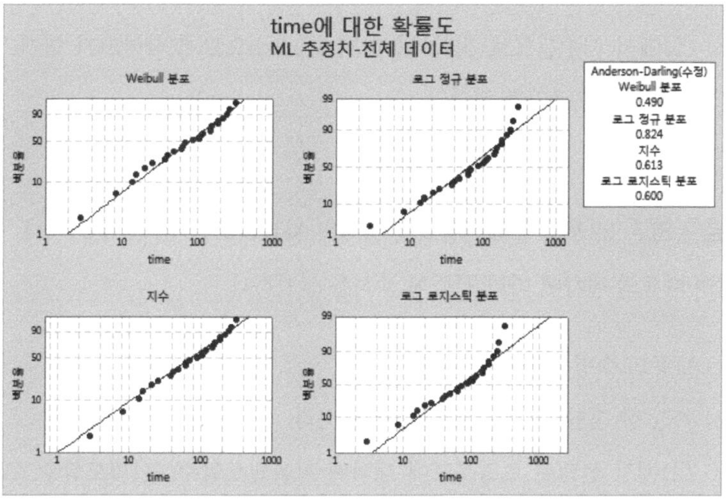

모수 추정치

		95.0% 정규 CI		
모수	추정치	표준 오차	하한	상한
형상 모수	1.14432	0.186848	0.830927	1.57592
척도 모수	108.431	19.9115	75.6561	155.404

(1) 어떤 분포의 적합도가 가장 높은가?

(2) (1)에서 선택된 분포로부터 신뢰도 함수를 구하라.

(3) 상기의 결과를 이용하여 $t=50$시간일 때 신뢰도를 추정하라.

7.2 다음 자료는 와이블 분포를 따른다고 알려진 자동차 부품 20개에 대해 수명시험을 실시하여 8개의 고장을 관측한 후에 시험을 중단한 결과이다. Minitab을 수행하여 다음 물음에 답하라.

33, 47, 21, 8, 82, 59, 75, 100(일)

(1) 와이블 확률지에 타점하고 이 분포의 적합여부를 판정하라.

(2) 최우추정법에 의해 형상모수와 척도모수를 추정하라.

(3) (2)에서 B5 수명을 추정하라.

(4) (2)에서 30(일)일 때의 신뢰도는 얼마가 되겠는가?

(5) 최우추정법으로 Minitab을 수행한 결과 7종의 분포(역치모수가 포함된 분포는 제외) 중에서 통계적 적합도만 고려할 경우에 가장 잘 적합되는 분포는?

(6) (5)에서 지수분포로 적합가능하지 Minitab으로 조사하고자 한다. 적합여부를 판정하고 이의 근거를 적어라.

7.3 **[표 7.8]**은 23개의 볼베어링의 수명시험 자료(단위 : 10^6사이클)이다. 이 자료를 이용하여 다음의 절차에 따라 신뢰성 분석을 실시하라.

(1) 11종의 수명분포에 적합하라.

(2) 가장 잘 적합되는 수명분포를 선택하라.

(3) (2)에서 선택된 수명분포에 대하여 확률밀도함수, 신뢰도함수, 고장률함수를 그려라.

(4) (2)에서 선택된 수명분포의 모수를 최우추정법으로 추정하고, 적합된 분포의 확률지 도시(95% 신뢰구간 포함)를 해석하라.

(5) B3 수명을 구하라.

(6) (2)~(4)에서 적합시킨 결과를 이용하여 이 수명자료의 고장률이 IFR 또는 DFR인지를 판정하라.

표 7.8 볼베어링의 수명시험 결과

(단위: 10^6사이클)

17.88,	28.92,	33.00,	41.52,	42.12,	45.60,	48.48,	51.84
51.96,	54.12,	55.56,	67.80,	68.64,	68.64,	68.88,	84.12
93.12,	98.64,	105.12,	105.84,	127.92,	128.04,	173.40	

7.4 암컷 초파리는 자손을 생산함으로써 수명이 줄어든다고 알려져 있으나 수컷 초파리는 그렇지 않을 것으로 보여 실험한 자료이다. 배우자가 있는 수컷(A 그룹)과 없는 수컷(B 그룹)으로 구분하여 수명(단위: 일)을 조사한 결과이다.

표 7.9 수컷 초파리 수명

(단위:일)

〈A 그룹〉	40 37 44 47 47 47 68 47 54 61 71 75 89 58 5962 79 96 58 62 70 72 75 96 75
〈B 그룹〉	46 42 65 46 58 42 48 58 50 80 63 65 70 70 7297 46 56 70 70 72 76 90 76 92

(1) 두 그룹에 대해 가장 잘 적합되는 수명분포를 선정하라.

(2) (1)에서 선택된 수명분포에 대하여 확률밀도함수, 신뢰도함수, 고장률함수를 그려라.

(3) (1)에서 선택된 수명분포의 모수를 최우추정법으로 추정하고, 적합된 분포의 확률지 도시(95% 신뢰구간 포함)를 해석하라.

(4) B10 수명과 평균을 구하라.

(5) 두 그룹의 수명차이가 있는지 판정하라.

7.5 신뢰성 인증을 받기 위해 전문시험기관에 의뢰된 백열전구를 수명시험한 결과이다. 정격조건의 110%(242V)에서 36개의 시료를 500(hr) 가속 시험을 실시하였으며 30개가 고장이 발생하였는데, 필라멘트가 끊어지거나 광속유지율이 초기의 85%이하가 되면 고장으로 판정하였다('+'는 관측중단 표시임).

표 7.10 백열전구 수명시험 결과

(단위:hr)

482,	500+,	348,	353,	443,	371,	353,	452,	463,	443,	364,	428,
443,	478,	459,	500+,	383,	468,	476,	500+,	436,	425,	478,	414,
500+,	440,	485,	500+,	443,	468,	400,	459,	485,	405,	500+,	478

(1) 11종의 수명분포에 적합하라.

(2) 가장 잘 적합되는 수명분포를 선정하라.

(3) (2)에서 선택된 수명분포에 대하여 확률밀도함수, 신뢰도함수, 고장률함수를 도

시하라.

(4) (2)에서 선택된 수명분포의 모수를 최우추정법으로 추정하고, 적합된 분포의 확률지 도시(95% 신뢰구간 도시 포함)를 해석하라.

(5) 가속조건하에서 B5 수명을 추정하라.

(6) 신뢰수준 90%(단측 신뢰구간)에서 가속조건하의 B10 수명이 300시간 이상인지 판정하라.

7.6 조명기기에 들어가는 부품을 가속시험을 실시한 결과와 사용현장에서 얻은 수명자료가 [표 7.11]에 있다. 가속시험 데이터는 20개를 2,000(hr) 동안 시험하여 얻은 관측중단자료이고 사용현장 데이터는 200개를 18,000(hr)을 관측하여 얻은 고장시간(괄호 안 숫자는 고장개수임)만 기록한 자료이다.

표 7.11 조명기기 수명자료

(단위:hr)

〈가속시험〉
1,460 1,540 1,600 1,620 1,660 1,700 1,760 1,780 1,800 1,860
〈사용현장 데이터〉
12,600(2) 14,000(2) 16,800(3) 17,800(3)

(1) 두 종의 자료에 대해 가장 잘 적합되는 수명분포를 결정하라.

(2) 가속시험의 결과가 유용하기 위해서는 두 자료에 대한 수명분포가 동일해야 하며, 와이블(대수정규) 분포를 따르면 형상(척도)모수가 같아야 한다. 이런 조건하에서 두 종의 데이터를 확률지에 도시하라.

(3) 형상(또는 척도)모수가 동일한지 검정하라.

(4) (3)의 검정결과에 따라 두 종의 자료에 대한 B10 수명을 구하고 이를 해석하라.

7.7 [표 7.12]는 Minitab 세션 창에 출력된 자료로 어떤 타이어 마모에 관한 수명자료가 입력되어 있다(단위: 마일). C1열에는 시험구간의 시작시점을 나타내는 'Start' 이름으로, C2열에는 시험구간의 검사(종료)시점을 나타내는 'End' 이름으로, 그리고 C3열에는 고장개수를 나타내는 'Freq' 이름으로 입력되어 있으며, "*"는 관측중단을 의미

한다. 총 773개의 타이어 중에서 71개는 90,000마일에서 우측 관측중단 되었으며, 구간자료는 694개, 그리고 좌측 관측중단자료는 8개로 구성되어 있다.

(1) "분포 분석(임의 관측 중단)(Distribution Analysis(Arbitrary Censoring)) - 분포 ID 그림(Distribution ID Plot)" 메뉴를 이용하여 가장 잘 적합되는 수명분포를 선택하라.

(2) (1)에서 선택된 수명분포에 대하여 확률밀도함수, 신뢰도함수, 고장률함수를 도시하라.

(3) (1)에서 선택된 수명분포의 모수를 최우추정법으로 추정하고, 적합된 분포의 확률지 도시(95% 신뢰구간 포함)를 해석하라.

표 7.12 입력 자료의 출력: 타이어 수명자료(임의 관측중단)

데이터 표시

행	Start	End	Freq
1	*	10000	8
2	10000	20000	10
3	20000	30000	14
4	30000	40000	25
5	40000	50000	37
6	50000	60000	87
7	60000	70000	145
8	70000	80000	231
9	80000	90000	145
10	90000	*	71

7.8 **[표 7.13]**은 어떤 지역의 강우량에 관한 자료이다(Testa et al. (2007)). 10년 간격으로 3년간 하루 강우량을 구간으로 나누어 그 구간에 속한 일수를 기록하고 있다.

(1) "분포 분석(임의 관측 중단)(Distribution Analysis(Arbitrary Censoring)) - 분포 ID 그림(Distribution ID Plot)" 메뉴를 이용하여 가장 잘 적합되는 강우량 분포를 선정하라.

(2) (1)에서 선택된 분포의 모수를 최우추정법으로 추정하고, 적합된 분포의 확률지 도시(95% 신뢰구간 포함)를 해석하라.

표 7.13 강우량 데이터

강우량 구간(단위: mm)	1990	2000	2010
0 ~ 1	289	290	288
1 ~ 4	22	25	26
4 ~ 16	38	37	36
16 ~ 32	9	10	11
32 ~ 64	4	3	3
64 ~ 128	2	1	1
128 ~ 256	1	0	0

제8장

신뢰성시험

8.1 신뢰성시험이란?

8.2 신뢰도 추정시험계획

8.3 신뢰성 실증시험계획

8.4 신뢰성 샘플링검사 계획

8.1 신뢰성시험이란?

생산자의 제품 신뢰성에 대한 높은 관심과 더불어 사용자의 신뢰성과 안전성에 대한 요구가 점차 증대되고 있다. 이에 따라 생산자가 제품의 수명에 관한 올바른 정보를 획득하는데 필요한 신뢰성시험은 시간적으로나 경제적으로 매우 중요한 과제로 대두되고 있다. 따라서 시험 대상 제품에 따른 적절한 신뢰성시험 방법의 종류와 제품이 가지고 있는 신뢰성에 대한 문제를 조기에 발견하기 위한 신뢰성시험에 관하여 소개하고자 한다.

8.1.1 신뢰성시험의 종류

신뢰성시험은 제품의 설계품질이나 제조기술에 관계되는 고유 신뢰도를 확인하기 위한 시험과 제품의 사용조건 하에서 실제 운용 신뢰도를 확인하기 위한 시험으로 크게 구분할 수 있다. 두 시험은 신제품 개발이나 고장분석 등에서 중요시되는 시험이며, 시간적·경제적인 제약과 같은 다양한 조건하에서도 효과적인 정보를 얻기 위한 시험방법에 대한 연구가 현재에도 지속되고 있다. 신뢰성에 관한 기술정보가 적고 축적된 경험이 활용되기 어려운 경우에는 정량적 신뢰도의 확인이 곤란하기 때문에 단시간 내에 제품의 결함과 잠재 결함을 발견하거나 혹은 품질보증한계를 확인하는 정성적인 신뢰도 확인시험을 적용해야 하며, 비파괴시험인 스크리닝 시험(screening test) 등이 이에 포함된다.

운용 신뢰도의 확인 시 실제의 제품을 운용상태와 동일한 조건하에서 시험하는 내구시험이나 실동부하(實働負荷) 시험 등이 유효하지만 실제의 운용조건은 복잡하고 다양하므로 이를 모의화한 조건에서의 시험도 시간적, 경제적으로 용이하지 않다. 그러므로 대표적인 운용조건을 선정하거나 수명보증이라는 입장에서 가혹한 운용조건을 설정해서 정성적인 운용 신뢰도를 추정하거나 보증하는 경우가 많다.

신뢰성시험은 시험 대상, 즉 시스템, 유닛, 부품, 또는 재료에 따라 다를 뿐만 아니라 전자계와 기계계와 같이 제품의 고유기술의 차이에 의해서도 달라질 수 있다. 대규모의 시스템이나 장치의 경우는 현장시험, burn-in 시험, ESS(Environmental Stress Screening) 등이 주요 시험방법이 되지만 하위 시스템 수준에서는 정성적인 (가속)열화시험, 환경시험 등을 실시할 수 있다. 엘리먼트의 수가 작은 조립품이나 부품 또는 재료의 수준에서는 가속수명시험(일정 및 단계 스트레스(step-stress)), 한계시험, 스크리닝 시험 등 각종의 신뢰성시험을 실시할 수 있다. 그러나 기계와 같이 구성요소의 성능 열화현상이 서로 관련되어 고장으로 발전하는 제품에서는 구성요소 자체의 신뢰성시험만으로는 불충분하며, 구성요소 상호간의 영향을 확인하는 신뢰성시험도 필요하다. 이와 같이 신뢰성시험을 명쾌하게 구별하기는 쉽지 않지만 신뢰성시험의 분류방법 중 의 한 가지로서 신제품 개발 단계별로 적용되는 신뢰성시험의 목적, 대상, 시험 유형 방법에 따라 [표 8.1]에 열거되어 있다.

표 8.1 신제품 개발 단계별 신뢰성시험 유형 및 방법

개발 단계	시험 목적	시험 대상	시험 유형·방법
제품 니즈·시장 정보수집	• 중요한 특성치 추출 및 평가 • 성능한계, 고장 메커니즘 확인	• 재료·부품 • 시제품 (요소기술)	• 한계시험 • 내구시험 • 환경시험 • 피로시험 등
기획			
개발·설계	• 의도한 환경·사용 조건하의 설계/제조 검증 및 타당성 확인	• 설계 시제품(모형)	• 신뢰도 성장시험 • 수명시험 • 가속시험
시제품·생산준비		• 양산 시제품(생산)	
외주·구매	• 구입품 검사	• 구입부품	• 실증시험
생산	• 초기고장 배제 • 제품 균일성 유지 확인	• 양산품	• screening • burn-in • 샘플링검사
판매·운용·A/S	• 부적합 정보수집/분석 및 피드백	• 동작 중 제품 • 고장품, 예비부품	• 현장시험 • 재현시험
폐기	• 잔존수명 확인	• 사용 완료 제품	• 수명시험

8.1.2 신뢰성시험의 목적에 따른 분류

일본의 JIS Z 8115 신뢰성 용어에 의하면 신뢰성시험을 신뢰성 결정시험과 신뢰성 적합시험의 총칭으로 정의하고 있다. 따라서 시험 목적, 주요인자, 시험스트레스 수준 등에 따라 다음과 같이 신뢰성시험을 구분할 수 있다(塩見弘 外(1983)).

1 시험의 실시 목적

- 신뢰도 결정시험(Reliability Determination Test): 시험단위의 신뢰성 특성값을 결정하기 위한 시험(통계적 추론 중 추정에 대응).

- 신뢰도 적합시험(Reliability Compliance Test): 시험단위의 신뢰성 특성값이 규정된 신뢰성 요구에 합치되는지의 여부를 판정하기 위한 시험(통계적 가설검정에 대응).

2 주요인자(시간 또는 환경인자)

- 수명시험(Life Test): 어떤 규정조건하에서의 시험단위의 수명을 평가하거나 비교하기 위한 시험.
- 환경시험(Environmental Test): 아이템에 대한 환경의 영향을 조사하는 시험으로서 제품이 저장, 운송, 사용 중 경험하게 될 여러 가지 환경조건([표 8.2] 참고)에서 또는 환경조건에 노출된 후 정상적인 기능을 수행할 수 있는지 평가하는 시험. 예를 들면 고온시험, 저온시험, 습도시험, 진동시험, 소음시험, 강우시험, 온도충격시험, 기계적 충격시험, 모래·먼지 시험, 태양열 복사시험 등이 포함된다.

표 8.2 환경조건의 분류

대분류	내역
기상조건	온도, 습도, 강우, 기압, 바람, 일사량 등
생물적 조건	동물계, 식물계
화학적 활성물질	염수, 눈에 용해된 염분, 오존, 염소, 염화수소, 불화수소, 암모니아, 황화수소, 이황화물, 질소화합물
기계적 활성물질	먼지, 모래
기계적 조건	진동, 충격, 동적하중

표 8.3 복합 환경스트레스의 영향

환경 스트레스	(1)	(2)	(3)	(4)	(5)	(6)	(7)	(8)	(9)	(10)	(11)
(1) 고온	–	*	A	A	B	A	C	C	D	A	C
(2) 저온		–	A	B	E	B	E	A	D	A	C
(3) 습도			–	B	E	E	F	C	E	A	C
(4) 염수 분무				–	C	A	B	C	C	A	C
(5) 모래와 먼지					–	E	C	C	C	A	C
(6) 태양 복사						–	*	C	D	A	C
(7) 강우							–	C	C	C	C
(8) 기계적 충격								–	C	C	C
(9) 열 충격									–	C	C
(10) 기계적 진동										–	C
(11) 음향 진동											–

(주) A:가속 열화, B:상호 약화, C:독립적인 환경, D:영향 모름, E:의미 있는 복합효과 없음, F:상호연관 환경, *:불가능한 경우

[표 8.3]에는 환경조건에 포함되는 스트레스가 복합적으로 가해질 경우의 관계가 정리되어 있으므로 이들 관계를 이용하여 환경시험과 가속시험 등에 반영할 수 있을 것이다(Pascoe(2011)).

3 시험스트레스 수준

- 정상(수명) 시험: 기준 또는 사용조건하에서 시험되는 수명시험.
- 가속시험(Accelerated Test): 시험시간을 단축할 목적으로 기준조건보다 가혹한 조건에서 실시하는 시험으로서 관찰대상에 따라 다음 두 가지로 분류할 수 있다.
  - 가속수명시험(Accelerated Life Test): 관찰 대상이 고장 발생시간
  - 가속열화시험(Accelerated Degradation Test): 관찰 대상이 고장에 관련된 성능 특성치

4 시험의 실시장소

- 실험실 신뢰성시험(Laboratory Reliability Test): 실험실에서 실제 사용 시의 조건을 모의하거나 규정된 동작 및 환경조건에 실시하는 신뢰성시험.
- 현장 신뢰성시험(Field Reliability Test): 실사용 상태에서 시험단위의 동작·환경·보전·관측결과에 대한 정보를 기록하면서 행하는 신뢰성시험.

5 시험단위의 파괴여부

- 파괴시험(Destructive Test): 시험단위가 파손되는 시험으로 대부분의 수명시험이 이에 해당됨.
- 비파괴시험(Nondestructive Test): 시험단위를 파손시키지 않고 대상물의 각종 결함을 탐지하거나 결함 발생을 검지하는 시험.

6 시험의 표준화 여부

- 정형시험: IEC, KS, JIS, MIL 등 공인된 규격이나 사내 규격에 규정된 전자와 기계부품, 재료 등에 관한 표준화된 시험.
- 비정형시험: 신기술의 이용도가 높거나 사용현장의 정보가 불충분하며, 고장모드와 고장메커니즘이 불분명한 경우 등에 적용하는 시험

7 개발 생산 단계에서 실시되는 시험

- 신뢰도 성장시험(Reliability Growth Test): 장치를 실제와 가깝거나 가혹한 상태에서

시험하여 인증에 앞서 개발단계에서의 결함을 발견, 개선하고자 하는 목적으로 시행하는 시험.

- 신뢰성 입증(인증, 인정)시험(Reliability Qualification Test; RQT): 사용자가 생산인가의 목적으로 규정된 신뢰성 요구에 대한 만족 여부를 파악하기 위해 실시하는 시험으로 신뢰성 샘플링검사(Reliability Acceptance Sampling Plan) 방식을 채택한 고정기간 시험(Fixed-Length Test)과 시간 절단 축차시험(Time Truncated Sequential Test) 계획이 주로 사용된다. 신뢰성 실증시험(Reliability Demonstration Test)도 RQT의 일종이라 볼 수 있다.
- 생산 신뢰도 수락 시험(Production Reliability Acceptance Test; PRAT): 생산된 출하 가능 제품을 규정된 실사용 조건에서 평가하여 규정된 신뢰성 요구를 만족하는지를 확인하는 시험으로 전술된 두 가지 RQT 방식을 일정한 간격으로 반복 적용하거나 일정기간 생산된 전 장비에 대해 축차시험(전 고장 PRAT)방식을 적용한다.
- ESS(Environmental Stress Screening): 부품 및 장치의 취약부분이나 기능상 결함을 명확히 하여 개선을 촉진하기 위한 시험으로서, 특히 초기의 잠재적 결함을 촉진하는 조건에서 실시한다.
- Burn-in: 시험단위를 길들이거나 특성을 안정시키기 위해 사용 전 일정한 시간동안 동작을 시켜 고장률을 경감시키는 시험.

MIL-STD-785B를 기초로 상기 시험이 시험의 실시 단계별, 즉 개발, 설계, 생산단계에 따라 구분하여 이를 **[그림 8.1]**에 도시되어 있으며 이 시험들의 주요 용도가 **[표 8.4]**에 요약되어 있다(Elsayed(2012)).

[그림 8.1]의 신뢰성 입증시험과 생산 신뢰도 수락 시험에 주로 사용되는 시험 방식인 신뢰성 샘플링검사 형식으로 개발된 시험법으로 IEC 61124, 미 군용규격인 MIL-STD-781D, MIL-STD-690C와 그리고 8.4.3절에서 자세히 다루는 H-108 등이 있다.

한편 **[표 8.1]**의 신뢰성시험 중에 이 소절에 언급되지 않았으나 부연설명이 필요한 시험으로 내구시험과 한계시험을 들 수 있다. 내구시험(또는 내구성 시험)은 규정된 스트레스 및 이들의 결합조건을 지속적 또는 반복적으로 인가하여 아이템에 미치는 영향을 조사하기 위해 일정기간 실시하는 시험으로 고장이 발생할 때까지 행하면 수명시험이 된다. 또한 한계시험은 사용할 수 있는 아이템의 한계를 확인하기 위해 실시하는 시험으로 주로 스트레스를 시간에 따라 단계적으로 증가시켜(9.4.3절 단계 스트레스 시험 참고) 사용할 수 있는 스트레스의 한계치를 파악하고 이를 규정된 기준치와 대비하여 설계 등에 반영할 수 있다.

표 8.4 신뢰성시험의 용도

신뢰성시험	고장모드 조사와 설계 개량	개발 단계 신뢰도 향상	신뢰도 입증	신뢰도 예측	제조결함 단위 제거	로트 채택 여부
신뢰성 성장시험(RGT)		○				
신뢰성 실증시험(RDT)			○			○
사용조건 수명시험(LT)			○	○		
가속수명시험(ALT)			○	○		
HALT	○	○				
HASS					○	○
열화시험(DT)			○	○		
가속열화시험(ADT)			○	○		
burn-in 시험					○	
ESS					○	
신뢰도 수락 시험			○			○

㈜ HALT: Highly Accelerated Life Test; HASS: Highly Accelerated Stress Screen

8.1.3 신뢰성시험 계획의 수립

신뢰성시험의 종류, 방법, 규모 등은 대상 제품이나 요구 목적에 따라서 선택된다. 실제로는 시간적 및 경제적인 제약이 있으므로 시험계획의 사전검토가 중요하다. 본 시험에 앞서서 예비시험을 하거나 유사제품의 신뢰성시험 방법과 시험결과를 조사하고 사내 및 사외의 신뢰성시험 규격의 설정 근거를 확인하거나 사용현장 자료를 수집하여 사내 신뢰성시험 계획을 수립해야 한다. 오랫동안 성공과 실패의 반복으로 인해 얻은 경험과 기술이 신뢰성시험의 기초가 되는 것은 사실이지만 종래의 관행이나 외부 규격에 의존하는 안이한 시험을 계획하지 않는 편이 좋다.

신뢰성시험 계획을 수립할 때 검토해야 할 항목들은 다음과 같다.

- 목적 및 평가 척도의 명확화
- 고장의 정의와 고장 판정조건의 명확화
- 측정 파라미터의 선정과 측정방법
- 스트레스의 종류와 수준 및 인가하는 방법

- 시험단위 수의 결정
- 시험시간
- 시험장치
- 시험비용
- 자료의 해석 수준과 고장 제품의 분석방법

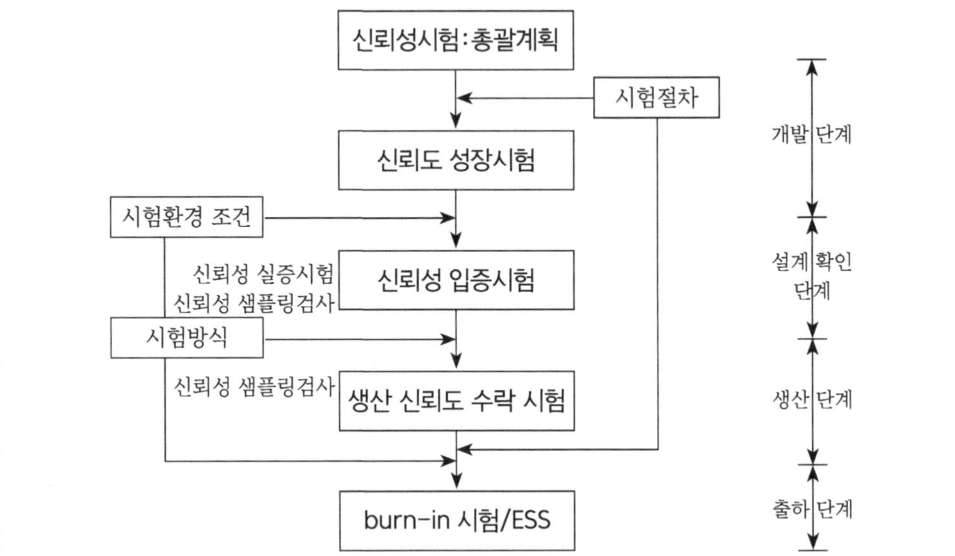

그림 8.1 개발, 설계, 생산단계에서 실시되는 신뢰성시험

8.2 신뢰도 추정시험계획

8.2.1 기본 개념

수명시험과 신뢰성 평가용도의 현장추적 연구는 비용이 많이 소요되므로 시험을 신중하게 계획하는 것은 매우 중요하다. 이 절은 시험단위의 신뢰성 특성값을 추정하는데 필요한 신뢰도 결정시험의 일종을 주 대상으로 삼고자 한다. 즉, 시험계획 시 자주 받게 되는 질문이 "수명의 제10백분위수(B10 수명, $t_{0.1}$)를 추정하기 위하여 얼마나 많은 단위들을 시험해야 하는가? " 또는 "수명시험을 얼마나 오래 동안 수행해야 하는가? "이다.

요약하면 시험단위를 더 많이 투입할수록, 시험시간이 길수록 더 많은 정보를 획득할 수 있으므로 추정량의 정밀도(precision)를 향상시킬 수 있을 것이다. 그러나 추정량의 정밀도를 비롯한 시험계획의 특성은 실제 모형과 그 모수에 따라 달라진다. 특정한 시험계획에서 기대되는 성과를 표현하기 위해서는 추정되는 수명분포에 관한 '계획 정보(planning information)'가 필요하다. 일반적으로 이러한 계획 정보는 유사한 제품 또는 재료에 대한 설계사양, 전문가 의견, 또는 과거 경험을 통해 얻어진다.

예제 8.1

새로 개발된 절연체의 수명분포로부터 B10 수명을 추정하고자 한다. 고장이 빨리 발생하도록 사용 전압 스트레스(kV/mm : 절연내력)보다 더 높은 스트레스 수준에서 작은 수의 시험편으로 시험하고자 한다. 수명시험시간은 1,000시간이며, 개발담당부서는 수명시험계획의 설정에 도움이 되는 정보를 제공하였는데 이를 정리하면 다음과 같다.

- 처음 500시간내에 시험편의 약 12%가, 시험시간 1,000시간까지는 약 20%의 시험편이 고장날 것으로 추측된다(즉, 관측중단시간 내 고장날 비율(P_c)은 대략적으로 0.2로 추정된다).
- 시험자는 수명의 변동을 수용하기 위하여 와이블 분포 또는 대수정규분포를 이용하여 분석하고자 한다.

상기의 정보를 와이블 분포의 누적분포함수에 대입하여 β과 η에 대하여 풀면 $\beta=0.8037$, $\eta=6,464$인 '계획값'을 얻을 수 있다. 이와 유사하게 대수정규분포의 누적분포함수를 적용하면 $\mu=8.658$, $\sigma=2.079$이 된다.

즉, 수명시험의 계획을 설정하기 위해서는 모형의 규정과 모형 모수에 대한 '계획값'이 먼저 필요하다. 물론, 일반적으로 모형 모수들은 미지인데, 이것이 대체로 수명시험을 수행하게 되는 이유가 된다. 그러나 계획값은 전술한 바와 같이 유사 제품 또는 엔지니어의 판단과 같은 경험으로부터 획득할 수 있다. 이와 더불어 계획값의 범위 내에서 시뮬레이션에 의해 시험계획을 평가할 수 있다.

8.2.2 이론적 접근법

제안된 시험계획의 특성을 결정하기 위한 시뮬레이션은 컴퓨터 프로그램과 장시간의 분석과정이 소요되므로 이보다 단순한 대표본 근사로 통해 다음과 같은 정보를 이용할 수 있다(Meeker and Escobar(1998)).

- 규정된 추정량의 근사정밀도를 직접적으로 계산할 수 있는 표본크기의 함수인 간소한 형태의 식.
- 추정량의 규정된 정밀도의 함수로서 필요한 표본크기를 구하는 간략화한 근사식.
- 시험계획 설정 시(예를 들면, 표본크기와 시험시간) 상충관계를 쉽게 평가하고 통찰할 수 있도록 분산을 계산할 수 있는 표 또는 그래프.

이 소절에서는 첫 번째와 두 번째를 주로 설명하고자 한다.

대부분의 현실적인 문제에서 관심의 대상은 하나 이상 모수($\boldsymbol{\theta}$로 통칭)로 구성된 스칼라 함수, 즉 $g=g(\boldsymbol{\theta})$가 된다. $g(\boldsymbol{\theta})$의 최우추정량인 $g(\hat{\boldsymbol{\theta}})$는 점근적으로 정규분포를 따른다. 또한 함수 $g(\boldsymbol{\theta})$는 모든 $\boldsymbol{\theta}$에 대해 양수(예를 들면, 분위수, 신뢰도, MTTF 등)이면 대수로 변환한 $\ln[g(\hat{\boldsymbol{\theta}})]$도 점근적으로 정규분포를 따른다.

여기서 $g(\hat{\boldsymbol{\theta}})$의 점근적 분산이 $Avar(\hat{g})$이면 $\ln[g(\hat{\boldsymbol{\theta}})]$의 점근적 분산은 델타(delta) 방법에 의해 근사적으로 $Avar[\ln(\hat{g})]=(1/g)^2 Avar(\hat{g})$이 된다. 또한 분산인자를 $V_g=n\cdot Avar(\hat{g})$와 $V_{\ln(g)}=n\cdot Avar[\ln(\hat{g})]$로 정의하면 이들은 $\boldsymbol{\theta}$의 실제 값에 의존하지만 n에 의존하지 않는다.

먼저 $-\infty<g(\boldsymbol{\theta})<\infty$일 때 $g(\boldsymbol{\theta})$에 대한 근사 $100(1-\alpha)\%$ 신뢰구간은 다음과 같은 형태로 적을 수 있다.

$$[\underset{\sim}{g},\ \bar{g}]=\hat{g}\pm z_{\alpha/2}(1/\sqrt{n})\sqrt{\hat{V}_{\hat{g}}}=\hat{g}\pm D \tag{8.1}$$

상기 식에서 z_α는 표준정규분포의 $1-\alpha$ 분위수이고([부록 A]) $\hat{V}_{\hat{g}}$는 $\hat{\boldsymbol{\theta}}$에서 계산된 분산인자 $V_{\hat{g}}$이다. 신뢰구간 폭의 절반 $D=(\bar{g}-\underset{\sim}{g})/2$는 신뢰구간의 정밀도에 대한 척도이다. 규정된 정밀도하에서 필요한 표본크기를 계산하기 위해서 D_T를 D에 대해 규정된 목표치라 정의하고 식 (8.1)에 $\hat{V}_{\hat{g}}$ 대신에 $V_{\hat{g}}$를 대입한 후 n에 대해 정리하면 다음과 같이 된다.

$$n=\frac{z_{\alpha/2}{}^2 V_{\hat{g}}}{D_T^2} \tag{8.2}$$

여기서 $V_{\hat{g}}$는 계획값 $\boldsymbol{\theta}$에서 계산된 값이며, n을 구하기 위해서는 $1-\alpha$, D_T, t_c(관측중단시간)와 $V_{\hat{g}}$를 계산하는데 필요한 계획값 $\boldsymbol{\theta}$가 먼저 설정되어야 한다.

예제 8.2

백열전구의 수명은 평균수명은 1,000(hr)이고 표준편차는 200(hr)인 정규분포에 적합시킬 수 있다. 마케팅 요구사항을 만족시키기 위하여 새로 개발된 전구의 평균수명을 추정하기 위한 수명시험을 계획하고자 하며, 이때 95% 신뢰구간 길이의 절반을 약 30시간으로 설정하고자 한다. 생산 기술자는 신 개발품의 수명이 표준편차가 $\sigma=200$시간을 넘지 않는 정규분포에 적합할 수 있다고 보고 있으며 시험에 필요한 충분한 시간적 여유가 있으므로 모든 전구가 고장이 날 때까지 시험을 실시할 예정이다. 기초 통계이론에 의해 $\hat{\mu}=\bar{x}$이면 $V_{\hat{\mu}}=nVar(\bar{x})=\sigma^2$이므로 분산인자 $V_{\hat{\mu}}=\sigma^2=(200)^2$이다. 식 (8.2)에 이 값과 $D_T=30$을 대입하면 필요한 전구 수를 다음과 같이 구할 수 있다.

$$n=\frac{z_{\alpha/2}^{\;2}V_{\hat{\mu}}}{D_T^2}=\frac{(1.96)^2(200)^2}{30^2}\approx 171$$

또한 모든 $\boldsymbol{\theta}$에 대해 $g(\boldsymbol{\theta})>0$일 때 일반적으로 대수변환을 하면 정규분포에 대한 근사도가 높아진다고 알려져 있으므로(Meeker and Escobar(1998)), $\ln[g(\boldsymbol{\theta})]$에 대한 근사 $100(1-\alpha)\%$ 신뢰구간을 식 (8.3)과 형태로 설정할 수 있다.

$$\begin{aligned}[\underline{\ln(g)}, \overline{\ln(g)}] &= \ln(\hat{g}) \pm (1/\sqrt{n})z_{\alpha/2}\sqrt{\hat{V}_{\ln(\hat{g})}} \\ &= \ln(\hat{g}) \pm \ln(R)\end{aligned} \tag{8.3}$$

따라서 $g(\boldsymbol{\theta})$에 대한 신뢰구간은 지수변환을 적용하면 $[\underline{g}, \bar{g}]=[\hat{g}/R, \hat{g}R]$가 되므로 R은 식 (8.4)와 같이 신뢰상한과 추정치 또는 추정치와 신뢰하한의 비, 그리고 신뢰상한/신뢰하한의 제곱근으로 나타낼 수 있다.

$$R=\exp\left(\frac{1}{\sqrt{n}}z_{\alpha/2}\sqrt{\hat{V}_{\ln(\hat{g})}}\right)=\frac{\bar{g}}{\hat{g}}=\frac{\hat{g}}{\underline{g}}=\sqrt{\bar{g}/\underline{g}} \tag{8.4}$$

식 (8.4)는 신뢰구간의 정밀도(폭)을 나타내는 척도이므로, R_T를 정밀도 인자 R에 대한 목표치라고 정의하자. R에 대한 전형적인 값은 1.2와 1.5인데 이는 추정치와 상한

(또는 하한)간에 기대편차가 약 20%와 50%임을 나타낸다. 식 (8.4)에서 $\hat{V}_{\ln(\hat{g})}$ 대신에 $V_{\ln(\hat{g})}$를 대입하여 n에 대하여 풀면 다음과 같이 된다.

$$n=\frac{z_{\alpha/2}^2 V_{\ln(\hat{g})}}{[\ln(R_T)]^2} \tag{8.5}$$

예제 8.3

신규 개발된 절연체는 가속조건하에서 시험편의 평균수명을 시험할 필요가 있다. 즉, 이 시험은 고장정보를 더 빨리 얻기 위해서 사용전압보다 더 높은 전압에서 수행된다. 모든 시험편들을 동시에 시험하여 500(hr)에 시험이 종료되며(즉, $t_c=500$), 시험자는 계획값인 평균(θ)이 1,000이고 95% 신뢰구간의 상한이 추정된 평균으로부터 근사적으로 50% 떨어져 있을 경우, 즉, $D_T=1,000\times 0.5=500$ 또는 $R_T=1.5$일 때 필요한 표본크기를 구하라.

지수분포의 평균에 대한 최우추정치는 식 (6.23)에서 $\hat{\theta}=TTT/r$로서 계산되는데, TTT는 총 시험시간이고 r은 고장개수이다. 지수분포일 경우 $\hat{\theta}$의 대표본 근사 분산인자는 다음과 같다(Leemis(2009)).

$$V_{\hat{\theta}}=n\cdot Avar(\hat{\theta})=\frac{\theta^2}{1-\exp\left(-\frac{t_c}{\theta}\right)}$$

대수로 변환할 경우에 델타법을 이용하여 $V_{\ln(\hat{\theta})}$를 구하면 다음과 같다.

$$V_{\ln(\hat{\theta})}=\frac{V_{\hat{\theta}}}{\theta^2}=\frac{1}{1-\exp\left(-\frac{500}{1000}\right)}=2.5415$$

따라서 이 시험을 수행하기 위해 필요한 대수변환 여부에 따라 두 가지(식 (8.2)와 식 (8.5))로 구한 시험단위의 크기는 다음과 같다.

$$n_{\theta}=\frac{z_{\alpha/2}^2 V_{\hat{\theta}}}{D_T^2}=\frac{(1.96)^2(1000^2\times 2.5415)}{500^2}\approx 39$$

$$n_{\ln\theta}=\frac{z_{\alpha/2}^2 V_{\ln(\hat{\theta})}}{[\ln(R_T)]^2}=\frac{(1.96)^2(2.5415)}{[\ln(1.5)]^2}\approx 60$$

8.2.3 Minitab을 이용한 시험계획 도출

신뢰도 추정시험계획을 도출할 수 있는 Minitab의 메뉴는 다음과 같으며, 추정 대상모수(백분위수와 특정 시점의 신뢰도)를 지정하고 시험의 정밀도(추정값과 신뢰하한(또는 신뢰상한)과의 거리임), 대상 분포, 4종류의 계획값 후보 중 2가지(일례로 **[예제 8.1]**에서 두 종의 P_c)를 입력하면 된다(서순근(2017)).

> ▶ 통계분석(Stat)→신뢰성/생존 분석(Reliability/Survival)→추정 검사 계획(Estimation Test Plans)

예제 8.4

스위치에 사용되는 금속부품의 제10백분위수(B10 수명)를 추정하기 위한 수명시험 계획을 실시하고자 한다. 시험시간은 100,000사이클로서 정시종결(제1종 관측중단)방식으로 시험을 실시한다. 40,000과 100,000사이클까지 고장이 발생할 제품의 비율은 각각 5%, 15%라고 기대하고 있으며, 이 금속부품의 수명은 와이블 분포를 따른다고 알려져 있다. B10 수명에 대한 95% 신뢰구간의 하한이 추정값으로부터 20,000사이클 이내가 되도록 시험을 실시하고자 할 때 시험계획을 수립하라.

추정 검사 계획

유형 I 우측 관측 중단 데이터(단일 관측 중단)
추정된 모수: 10 번째 백분위수
계산된 계획 추정치 = 70867.5
목표 신뢰 수준 = 95%
모수에 대한 하한을 제공하는 단측 신뢰 구간에 대한 정밀도.
계획 값
백분위수 값 = 40000, 100000, 백분율 = 5, 15

계획 분포

분포	척도 모수	형상
Weibull 분포	423612	1.25859

검정 계획

관측 중단 시간	정밀도	표본 크기	실제 신뢰 수준
100000	20000	119	95.0077

그림 8.2 세션 출력 창의 결과: [예제 8.4]

[그림 8.2]의 세션 출력 창의 결과로부터 제10백분위수(B10 수명)를 추정 시 이의 95% 신뢰하한이 추정값에서 20,000사이클 이내가 되도록 하려면 119개의 부품을 100,000 사이클 동안 시험을 수행하여야 한다.

예제 8.5 [예제 8.3]의 계속

[예제 8.3]을 대상으로 Minitab을 이용한 결과와의 일치 여부를 확인할 수 있다.

이 예제는 지수분포의 평균을 추정하기 위해 필요한 절연체의 표본크기를 구하는 경우이다. 따라서 대상모수는 평균(특성수명)이므로 백분위율로 63.2를, θ의 계획값으로 척도모수란에 1,000을, R_T가 1.5이므로 양측 신뢰구간의 하한으로부터의 거리인 1,000−(1,000/1.5)=333.3을 입력하고, 관측중단시간 500을 지정하면 [그림 8.3]의 세션 출력 창에서 표본크기 60임을 확인할 수 있다. 즉, Minitab에서는 대수변환하여 근사 표본크기를 구하고 있음을 알 수 있다.

추정 검사 계획

유형 I 우측 관측 중단 데이터(단일 관측 중단)
추정된 모수: 63.2 번째 백분위수
계산된 계획 추정치 = 999.672
목표 신뢰 수준 = 95%
양측 신뢰 구간의 하한에 대한 정밀도.

계획 분포

분포	척도 모수
지수	1000

검정 계획

관측 중단 시간	정밀도	표본 크기	실제 신뢰 수준
500	333.3	60	95.1235

그림 8.3 세션 출력 창의 결과: [예제 8.5]

예제 8.6 [예제 8.1]의 계속

[예제 8.1]의 시험상황은 절연체 시험편이 500(hr)까지 고장이 발생할 확률이 약 12%이고, 1,000(hr)까지 고장확률을 약 20%이라고 가정하고 있다. 95% 양측 신뢰구간의 하한이 $t_{0.1}$(B10 수명)의 최우추정치로부터 편차가 100이고, 시험시간이 1,000(hr)일 때 와이블 분포의 B10 수명을 추정할 수 있도록 필요 표본크기를 찾아라.

Minitab메뉴를 실행한 분석결과인 **[그림 8.4]**의 세션 출력 창으로부터 503개의 시험단위가 필요함을 알 수 있다.
여기서 식 (8.4)의 R_T는 세션 출력 창으로부터 다음과 같이 계산된다.

$$R_T = \frac{\text{참값(추정치)}}{\text{신뢰구간 하한}} = \frac{393.094}{393.094-100} \approx 1.34$$

추정 검사 계획

유형 I 우측 관측 중단 데이터(단일 관측 중단)
추정된 모수: 10 번째 백분위수
계산된 계획 추정치 = 393.094
목표 신뢰 수준 = 95%
양측 신뢰 구간의 하한에 대한 정밀도.
계획 값
백분위수 값 = 500, 1000, 백분율 = 12, 20

계획 분포

분포	척도 모수	형상
Weibull 분포	6464.18	0.803708

검정 계획

관측 중단 시간	정밀도	표본 크기	실제 신뢰 수준
1000	100	503	95.0100

그림 8.4 세션 출력 창의 결과: [예제 8.6]

8.3 신뢰성 실증시험계획

8.3.1 신뢰성 실증시험

제품 수명주기의 설계 및 개발 단계에서 완성된 설계안에 따른 시제품이 제품기획단계에서 규정된 기능적, 환경적, 신뢰성, 법적인 요건을 만족하는지 검증이 필요하다. 이런 업무를 산업계에서 설계검증(DV, Design Verification)이라 부르며 신뢰성 DV시험은 설계검증의 중요한 요소가 되며, 특히 설계 신뢰도를 검증하는데 유용하다(Yang(2007)).

이런 시제품이 DV시험을 통과하면 생산단계로 넘어가 최소 변동으로 설계요건을 만족하는 제품을 제조하는 공정설계를 수행한다. 따라서 양산단계 이전에 산업계에서 공정타당성확인(PV, Process Validation)이라 명명되는 입증시험을 통과해야 한다. DV와 PV 단계에 실시되는 신뢰성 입증시험에는 신뢰성 실증시험(Reliability Demonstration Tests)과 신뢰성 수락시험(Reliability Acceptance Tests)이 포함된다. 이 절에서는 신뢰성 실증시험과 시험계획을, 8.4절에서는 신뢰성 수락시험에 쓰이는 신뢰성 샘플링검사 계획(Reliability Acceptance Sampling Plans; RASP)을 다룬다.

다시 말하면, 제품이 신뢰도 요건을 만족시키는지 또는 새로운 설계가 예전 설계에 비해 신뢰도의 향상을 가져왔는지를 밝히고자 할 때 신뢰성 실증시험을 수행하게 된다.

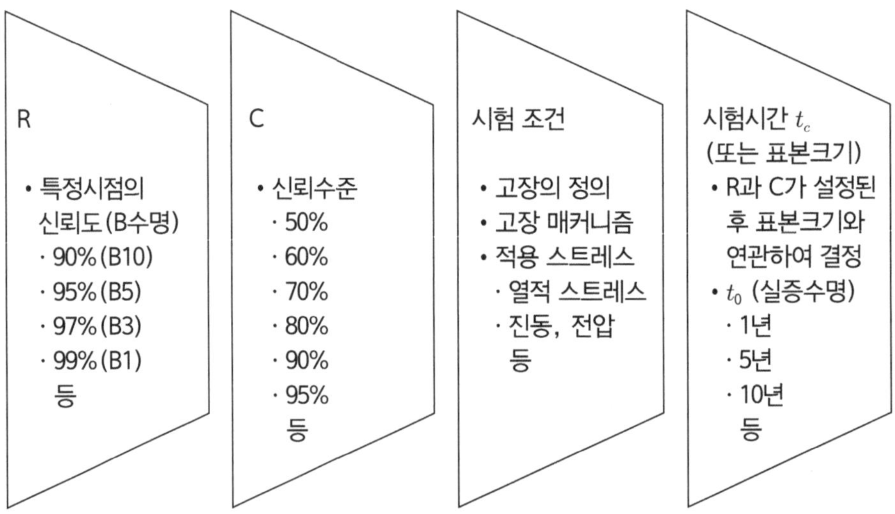

그림 8.5 신뢰성 실증시험의 요소

신뢰성 실증시험에서 가장 널리 쓰이는 무고장시험(자동차 업계는 'bogey test'로 부름(Wasserman(2003))은 일정기간 미리 정해진 크기의 표본으로 시험하는 것으로 하나의 고장이라도 발생하지 않으면 요구되는 신뢰도 요건을 충족한다고 판정한다. 이 시험법의 표본크기와 시험시간의 설정방법은 다음 소절에서 다룬다. 이런 유형의 시험은 시험기간 성능의 측정이나 고장 모니터링을 요구하지 않기 때문에 실시하기가 용이하여 자동차 업계를 비롯한 산업계에서 널리 쓰이고 있다. 또한 우리나라에서 제정되고 있는 신뢰성 규격(RS)의 보편적인 시험방식으로 채택되고 있다.

신뢰성 실증시험은 [그림 8.5]와 같이 특정 신뢰수준(C)에 대해 신뢰도(R)가 주어진 기준을 초과하였는지를 실증하기 위한 신뢰성시험으로, 신뢰도 기준은 모수, 신뢰도, B 수명(분위수) 등 여러 가지가 쓰일 수 있다.

예를 들면, 신뢰도 기준이 분위수, 즉 t_q($B100q$ 수명)로 규정될 경우 고객들이 $t_q > t_0$(단, t_0는 규정된 값으로 설계수명 목표 등이 되며, 자동차 업계는 'bogey 수명'으로 부름)에 대한 실증시험을 요구할 수 있다. 일반적으로 만약 $\underline{t}_q$가 t_q에 대한 $100C\%$ 신뢰구간의 하한이라고 할 때 $\underline{t}_q > t_0$이면, $t_q > t_0$는 $100C\%$ 신뢰수준에서 성공임을 실증하는 것이 된다. 이를 반영하여 $R100(1-q)/C100C$로 표기되는 신뢰성 실증시험 방식이 국내 신뢰성 평가·인증 사업의 품목별 신뢰성 입증시험에 관한 전형적인 시험법으로 채택되고 있다.

예제 8.7

상대적으로 값비싼 부품이 1년 보증기간을 가지는 제품에 설치된다. 이 제품의 제조자가 구매처로부터 이 부품을 구입하고자 하며, 구매처에게 $t_{0.01}$이 $24 \times 365 = 8,760$(hr)을 초과하는지를 실증하도록 요구할 수 있다.

상기 규정방법을 고장확률 또는 신뢰도 요구조건으로 바꾸면 $F(t_0) < q_0$ 또는 $R(t_0) \geq 1 - q_0$로 규정할 수 있다. 즉, 이 예제의 경우에 $t_0 = 8,760$이고 $q_0 = 0.01$이 된다.

8.3.2 이항분포를 이용한 실증시험

신뢰수준 100C% 하에서 특정 기준시점 t_0에서의 신뢰도가 R_0이상임을 보여주고자 할 때 다음의 귀무가설과 대립가설로 동등하게 표현할 수 있다.

$$H_0: R(t_0) \geq R_0, \quad H_1: R(t_0) < R_0 \tag{8.6}$$

즉, 크기 n의 확률표본을 추출하여 각 시험단위는 t_0까지 시험하여 이 시점 이전에 고장난 개수(r)가 임계 고장개수 c보다 크면 H_0가 기각된다. 여기서 r은 이항분포를 따르므로 H_0가 채택될 확률은 다음과 같이 표현된다.

$$\Pr(r \leq c) = \sum_{i=0}^{c} \binom{n}{i} (1-R_0)^i R_0^{n-i}$$

대립가설이 참일 때 이를 기각할 확률인 제2종 오류(소비자 위험)가 $1-C$(여기서 C는 신뢰수준)이하가 되도록 하려면, 다음 조건을 만족해야 하며,

$$\Pr(r \leq c) = \sum_{i=0}^{c} \binom{n}{i} (1-R_0)^i R_0^{n-i} \leq 1-C \tag{8.7}$$

여기서 c, R_0, C가 주어지면 최소 표본크기가 구해진다.

가장 단순한 $c=0$인 무고장 시험일 경우 식 (8.7)은 다음 식이 되므로

$$R_0^n \leq 1-C$$

최소 표본크기는 식 (8.8)을 만족하는 최소의 정수로 주어진다.

$$n \geq \frac{\ln(1-C)}{\ln(R_0)} \tag{8.8}$$

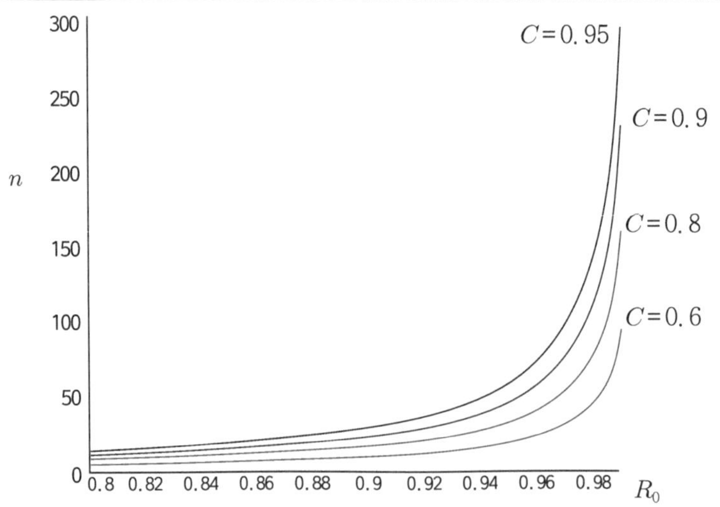

그림 8.6 이항분포 하의 무고장 실증시험

수명분포에 대한 가정이 필요 없는 이런 실증시험계획은 n개의 표본을 시험하여 무고장이 되면 대상 제품이 신뢰수준 100C%에서 요구 신뢰도 R_0을 실증한다고 표현할 수 있으며, $R100R_0/C100C$시험으로 표기하기도 한다.

[그림 8.6]은 여러 가지 신뢰수준(C)과 요구 신뢰도(R_0)에 따른 표본크기를 도시하고 있는데, 주어진 신뢰수준 하에서 R_0가 커지면 필요 표본크기는 증가되며, 또한 주어진 요구 신뢰도 하에서 C가 커지면 필요 표본크기가 증가되고 있다. 더불어 R_0가 1에 근접해 가면 필요 표본크기가 급격하게 늘어난다.

예제 8.8

신뢰수준 90%, 요구 신뢰도가 0.9이면 R90/C90 실증시험으로 표기되는데, 이런 무고장 시험방식의 표본크기는? 또한 R99/C90의 표본크기는 얼마인가?

식 (8.8)에 대입하면 필요 표본크기는 22가 되며,

$$n \geq \frac{\ln(1-0.9)}{\ln(0.9)} = 21.9$$

동일한 방법으로 $R_0 = 99\%$이고 $C = 90\%$일 때 상기 식에 대입하면 필요 표본크기는 230이 된다.

8.3.3 지수분포 하의 실증시험

적절한 시험계획 또는 바람직한 실험설계는 성공적인 실험의 가장 중요한 요소이다. 실증시험을 포함한 시험계획에 관한 이론은 관측중단자료에 따른 복잡성과 신뢰성 분석에 활용되는 다수의 수명분포의 형태로 인해 대부분의 전형적인 경우에도 쉽게 해결할 수 없는 해석적 및 수치적 분석에 어려움이 존재하고 있다.

그러나 타 분포와는 달리 지수분포인 경우(6.5.2절의 형상모수가 알려져 있는 와이블 분포 경우도 포함)는 이론적 어려움이 존재하지 않으므로, 실증시험을 실시할 경우에 사전에 결정해야 되는 필요한 표본크기 또는 시험시간 등을 설정하는 수리적 방법을 다음과 같이 살펴보고자 한다.

다음 정보가 사전에 정해지면 시험단위의 수(표본 또는 시료크기)를 결정할 수 있다.

- 실증하고자 하는 MTTF(θ_0) 또는 고장률(λ_0)
- 원하는 신뢰수준(C)
- 가능한 시험시간(t_c)
- 허용 가능한 합격 고장개수(c)

상기 조건이 규정되면 식 (8.7)은 식 (8.9)와 같이 설정할 수 있다

$$\sum_{i=0}^{c}\binom{n}{i}(1-e^{-t_c/\theta_0})^i e^{-(n-i)t_c/\theta_0} \le 1-C \tag{8.9}$$

상기 식은 고장난 시험단위를 교체하는 교체시험일 경우에 적용할 수 있으며 θ의 $C\%$ 신뢰하한이 t_0이상임을 보여 주는 것과 동치가 된다. 따라서 θ에 대한 $C\%$ 신뢰하한은 $2nt_c\chi^2_{1-C}(2c+2)$가 되므로 필요 표본크기는 식 (8.10)을 만족하는 가장 작은 정수값으로 주어진다. 여기서 교체일 경우는 정확한 식이며, 비교체 시험인 경우는 근사식이 된다.

$$n \ge \frac{\theta_0 \chi^2_{1-C}(2c+2)}{2t_c} \tag{8.10}$$

여기서 자유도 v인 χ^2분포의 $(1-\alpha)$분위수인 $\chi_\alpha^{\ 2}(v)$는 [부록 B]나 Minitab(2.3.6절 참고)를 이용하여 구한다.

그리고 또한 표본크기(n)가 주어지면 시험시간(t_c)도 식 (8.10)으로부터 쉽게 구할 수 있다.

또한 신뢰성 실증시험에서 시험단위의 크기 또는 시험시간을 가장 적게 설정하려면 허용 고장개수를 '0'으로 설정하면 된다. 즉, 이 경우에 하나 이상의 고장이 발생하면 요구 신뢰수준 하에서 목표 MTTF를 실증할 수 없다.

고장난 시험단위의 교체여부와 관련없이 설정할 수 있는 무고장 시험의 필요 표본크기 또는 시험시간을 구하려면 식 (8.11) 및 식 (8.12)의 공식을 이용하면 된다.

$$n = \frac{\theta_0 \chi^2_{1-C}(2)}{2t_c} = \frac{-\theta_0 \ln(1-C)}{t_c} \tag{8.11}$$

$$t_c = \frac{-\theta_0 \ln(1-C)}{n} \tag{8.12}$$

예제 8.9

다음과 같은 경우에 무고장 실증시험을 실시할 경우 무고장 시험계획을 구하라.

(1) 신뢰수준 90%와 8,000(hr)으로 목표 MTTF가 40,000(hr)임을 실증하려면 시험 표본의 최소 크기는?

$$n=\frac{-40,000\times\ln(0.1)}{8,000}=11.51\approx 12$$

(2) 목표 고장률이 10FIT($10\times 10^{-9}=10^{-8}$)임을 신뢰수준 80%로 실증하고 싶다. 대상 부품은 값싼 저항기로 10,000개를 시험할 수 있을 때 필요 시험시간은?

$$\theta=10^{8}$$

$$t_c=\frac{-10^{8}\times\ln(0.2)}{10,000}=16,094(\text{hr})$$

예제 8.10

지수분포를 따르는 전자부품의 목표 MTTF가 500,000(hr)임을 90% 신뢰수준으로 실증하는 시험을 실시하고자 한다. 실시 가능한 시험시간이 5,000(hr)이며 5개까지 고장을 허용하고 교체시험을 할 경우에 시험표본 크기는?

$$n=\frac{500,000\chi^{2}_{0.1}(12)}{2\times 5,000}=927.5\approx 928$$

예제 8.11

신뢰수준 95%로 MTTF가 20,000(hr)임을 실증하기 위해 100개의 시험단위를 준비하고 있다. 허용가능 고장개수가 10개일 때 비교체 시 필요 시험시간은 얼마인가?

$$t_c\approx\frac{\theta_0\chi^{2}_{1-C}(2c+2)}{2n}=\frac{20,000\chi^{2}_{0.05}(22)}{2\times 100}=3,392$$

이를 Minitab으로 실행하면(8.3.4절 참고) 시험시간 값이 3,576(hr)으로 수계산 결과와 조금 다름을 파악할 수 있다. Minitab은 비교체 시험일 경우의 시험시간을 수치해법으로 설정하고 있지만, 식 (8.10)은 교체일 경우의 식을 차용하고 있으므로 상기 결과는 근사값이 된다. 즉, 신뢰성 실증시험의 보편적 방식인 비교체 시험일 경우 c가 클 때 Minitab 결과가 보다 정확한 값을 제공하며, 식 (8.10)은 교체시험인 경우만 정확한 값을 도출한다.

8.3.4 무고장 시험계획: 와이블 분포

이 소절에서는 와이블 분포를 대상으로 기술하고자 하며 대수정규분포 등 다른 분포인 경우에도 동일한 방법으로 시험계획을 도출할 수 있다. 또한 Minitab으로 도출된 결과도 예시하고자 한다.

수명이 형상모수 β가 알려진 와이블 분포를 따른다고 가정하자(즉, T가 Weibull(β, η)를 따르면 T^{β}은 Exp$(\theta = \eta^{\beta})$임을 이용함). 최소 표본크기 시험계획은 n개 단위를 t_c까지 시험하여 만약 고장이 하나도 발생하지 않으면 이 실증시험은 성공하게 된다. 표본크기 n은 신뢰수준 C, 신뢰도 R_0(분위수이면 $q(\equiv 1 - R_0)$분위수), t_c, 그리고 와이블 형상모수 β에 의존한다.

식 (8.6)의 가설검정을 수행하기 위해 표본크기 n을 랜덤하게 추출하여 t_c동안 시험할 경우 t_c시점의 특정 시험단위의 신뢰도는 다음과 같이 구해진다.

$$R(t_c) = \exp[-(t_c/\eta)^{\beta}]$$

만약 n개 중에서 고장이 하나도 발생하지 않는다면 이 확률은 다음과 같이 되며,

$$\Pr(r=0) = \exp[-n(t_c/\eta)^{\beta}]$$

표본크기 n_0를 랜덤하게 추출하여 t_0동안 시험을 실시한다면 상기 확률은 다음과 같이 되므로,

$$\Pr(r=0) = \exp[-n_0(t_0/\eta)^{\beta}]$$

두 식의 관계로부터 다음이 성립되며, 표본크기는 $1/k^{\beta}$에 비례함을 알 수 있다.

$$n = \frac{n_0}{k^{\beta}} \tag{8.13}$$

여기서 $k = t_d/t_0$로 bogey 비율로 불린다.

따라서 필요한 표본크기 n은 식 (8.8)과 식 (8.13)으로부터 다음 식을 만족하는 최소의 정수가 된다.

표 8.5 무고장 실증시험의 표본크기: 와이블 분포

β	k \ 100C	60			80			90			95		
	100R_0	90	95	99	90	95	99	90	95	99	90	95	99
1.25	1	9	18	91	16	32	161	22	45	230	29	59	299
	1.5	6	11	55	10	19	97	14	28	139	18	36	180
	2	4	8	39	7	14	68	10	19	97	12	25	126
	2.5	3	6	29	5	10	51	7	15	73	10	19	95
	3	3	5	24	4	8	41	6	12	59	8	15	76
	4	2	4	17	3	6	29	4	8	41	6	11	53
1.5	1	9	18	91	16	32	161	22	45	230	29	59	299
	1.5	5	10	50	9	18	88	12	25	125	16	32	163
	2	4	7	33	6	12	57	8	16	82	11	21	106
	2.5	3	5	24	4	8	41	6	12	58	8	15	76
	3	2	4	18	3	7	31	5	9	45	6	12	58
	4	2	3	12	2	4	21	3	6	29	4	8	38
1.75	1	9	18	91	16	32	161	22	45	230	29	59	299
	1.5	5	9	45	8	16	79	11	23	113	14	29	147
	2	3	6	28	5	10	48	7	14	69	9	18	89
	2.5	2	4	19	4	7	33	5	10	47	6	12	60
	3	2	3	14	3	5	24	4	7	34	5	9	44
	4	1	2	9	2	3	15	2	4	21	3	6	27
2	1	9	18	91	16	32	161	22	45	230	29	59	299
	1.5	4	8	43	7	14	72	10	20	102	13	26	133
	2	3	5	23	4	8	41	6	12	58	8	15	75
	2.5	2	3	15	3	6	26	4	8	37	5	10	48
	3	1	2	11	2	4	18	3	5	26	4	7	34
	4	1	2	6	1	2	11	2	3	15	2	4	19
2.5	1	9	18	91	16	32	161	22	45	230	29	59	299
	1.5	4	7	33	6	12	59	8	17	84	11	22	109
	2	2	4	17	3	6	29	4	8	41	6	11	53
	2.5	1	2	10	2	4	17	3	5	24	3	6	31
	3	1	2	6	1	3	11	2	3	15	2	4	20
	4	1	1	3	1	1	6	1	2	8	1	2	10
3	1	9	18	91	16	32	161	22	45	230	29	59	299
	1.5	3	6	27	5	10	48	7	14	68	9	18	89
	2	2	3	12	2	4	21	3	6	29	4	8	38
	2.5	1	2	6	1	3	11	2	3	15	2	4	20
	3	1	1	4	1	2	6	1	2	9	2	3	12
	4	1	1	2	1	1	3	1	1	4	1	1	5

$$n \geq \frac{1}{k^{\beta}} \times \frac{\ln(1-C)}{\ln(R_0)} = \frac{1}{k^{\beta}} \times \frac{\ln(1-C)}{\ln(1-q)} \tag{8.14}$$

식 (8.14)을 k(또는 t_c), β, 또는 C에 대해서도 풀 수 있다. 특히, n가 규정되어 있을 때 무 고장 시험의 최소 시험시간은 식 (8.15)를 이용하여 구할 수 있다.

$$k \geq \left[\frac{1}{n} \times \frac{\ln(1-C)}{\ln(R_0)}\right]^{1/\beta} \tag{8.15}$$

[표 8.5]는 대표적인 β, C, R_0, k에 대해 필요 표본크기를 정리한 것으로 예를 들면 β가 2일 때 R90/C80인 무고장 시험계획은 k가 1.5일 경우 필요 표본크기가 7이 됨을 알 수 있다.

예제 8.12

어떤 업체에서 제조한 제품에 5백만 사이클(어림하여 10년 동안 기대되는 가장 긴 주기 회수)동안 10%보다 적게 고장이 발생하는 베어링이 필요하다. 따라서 t_0=5백만 사이클이 된다. 이 회사는 구매처로부터 이런 조건을 만족하면서 저가인 새로운 베어링을 구입할 계획이며, 구매처에게 99% 신뢰수준을 실증하도록 시험계획을 제공하고자 한다. 이와 유사한 베어링의 수명자료를 조사한 결과 형상모수가 $\beta=1.5$인 와이블 분포를 따른다고 볼 수 있으며, 5개의 표본으로 시험할 때 무고장 시험시간은 얼마로 설정해야 하는가?

식 (8.15)에 대입하면 k는 4.24가 되어 $t_c=4.24\times5=21.2$백만 사이클까지 무고장 실증시험이 수행되어야 한다. 이를 Minitab으로 분석하기 위한 메뉴는 다음과 같다.

▶ 통계분석(Stat) → 신뢰성/생존 분석(Reliability/Survival) → 시연 검사 계획 (Demonstration Test Plans)

[그림 8.7]의 Minitab 세션 출력 창으로부터 Minitab 계산 결과와 수 계산한 결과가 일치함을 확인할 수 있으며 **[그림 8.8]**의 합격확률(POP) 그림도 볼 수 있다.

세션 출력 창에서 B10 수명이 5,000,000사이클 이상임을 실증하려면 5개를 약 21,200,000사이클 동안 시험하여 무고장이어야 99% 확신할 수 있다.

시연 검정 계획

신뢰도 검정 계획
분포: Weibull 분포, 형상 = 1.5
백분위수 목표 = 5000000, 실제 신뢰 수준 = 99%

검정 계획

고장 검정	표본 크기	검사 시간
0	5	21217874

그림 8.7 세션 출력 창: [예제 8.12]

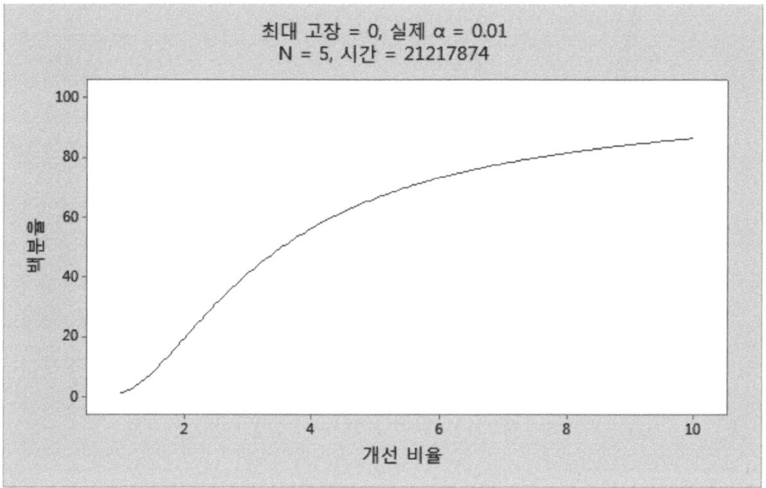

그림 8.8 실증시험의 합격확률(POP) 그림: [예제 8.12]

Minitab에서 제공되는 실증시험의 합격확률(POP; Probability of Passing the Demonstration Test) 그림은 시험계획의 모수값이 변할 때 합격확률의 변화를 보여주고 있다. 즉, 99% 신뢰수준 하에서 본 예제의 무고장 시험계획이 합격할 확률은 먼저 개선비율(w=참 모수값/실증하고자 하는 모수값)이 1일 때 1%임을 알 수 있다. 즉, 참값이 실증하기 위한 값에 미달할 때 합격할 확률이 $1-C$(즉, 1%) 미만임을 보증하고 있음을 알 수 있으며 w가 1에서 10까지 증가함에 따라 꾸준하게 증가되는데 이 비율이 6이상으로 높아질 경우는 합격확률(즉, 검정력(power))의 증가속도가 상당히 둔화되고 있다. 따라서 이 신뢰성 실증시험은 상당히 높은 개선비율에 도달하더라도 검정력이 높지 않으므로 시험 표본크기를 증가시키거나, 신뢰수준 또는 실증하고자하는 모수(t_0)를 줄이는 것을 고려해야 한다.

$k>1$인 무고장 실증시험을 실시하는 경우에 참값보다 더 작은 β값을 가지는 경우는 안전하나 만약 규정된 β값이 참값보다 더 크다면 식 (8.15)로부터 설정된 실증시험의 타당성이 상실될 수 있으므로 **[그림 8.9]**와 같이 가능한 β(예를 들면, $1.5 \leq \beta \leq 3$)중에서 작은 값($\beta = 1.5$)을 채택해야 한다. 한편 $k<1$인 최소 표본크기 무고장 시험계획도 가능하다. 이 경우에 참값보다 더 큰 β값을 가지는 것은 안전하므로, **[그림 8.10]**과 같이 가능한 β(예를 들면, $1.0 \leq \beta \leq 1.5$) 중에서 큰 값($\beta = 1.5$)을 채택해야 한다.

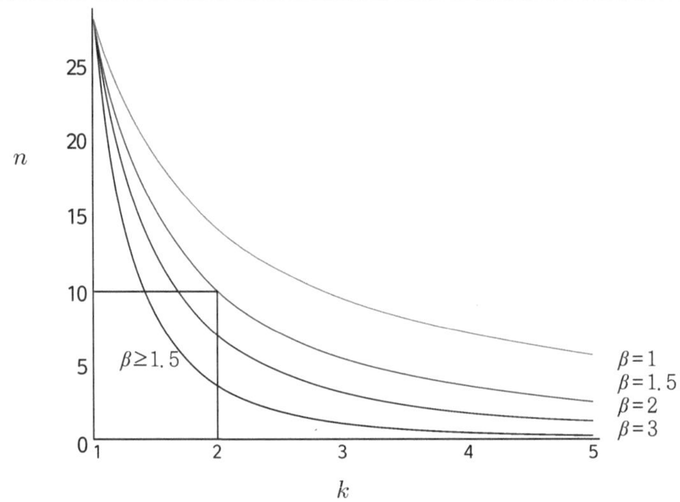

그림 8.9 $k>1$일 경우 β와 k에 따른 표본크기

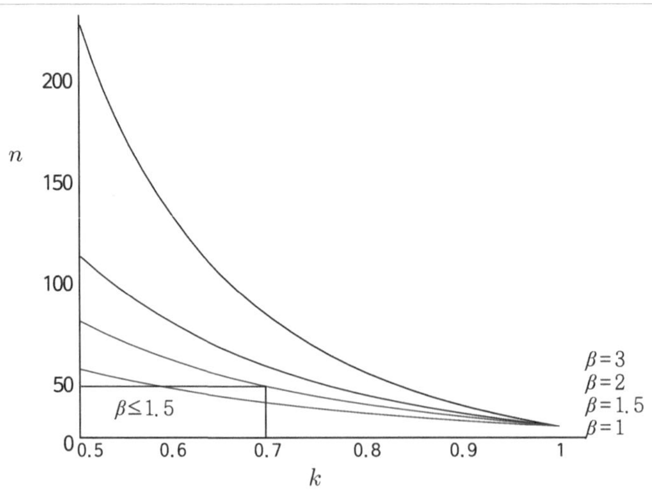

그림 8.10 $k<1$일 경우 β와 k에 따른 표본크기

설정된 시험시간이 너무 길어 이 시간동안 실증시험을 실시하기 힘든 경우가 자주 발생된다. 이럴 경우 가혹한 스트레스 수준에서 시험하는 가속수명시험(9.4~9.7절)이 채택된다. 즉, 사용수준과 채택된 가속 스트레스 수준에서의 가속계수(AF: 9.6절 참고)가 알려져 있다면 실제 시험시간(t_a)은 다음과 같이 주어진다.

$$t_a = \frac{t_c}{AF}$$

또한 신뢰수준을 낮추면 시험시간을 줄일 수 있다. 보통 실증시험방식은 기준시점 t_0에서 신뢰도가 R_0일 때 이 시험을 통과할 확률이 $1-C$이므로 상당히 엄격한 조건을 부과하고 있다. 따라서 양산단계의 정기적 입증시험과 같이 공정이 안정되어 있는가를 확인하는 경우에는 리스크가 적으므로 현업에서는 신뢰수준을 낮추어 60%를 택하기도 한다.

8.3.5 다른 신뢰성 실증시험 계획: 와이블 분포

무고장 시험계획은 단지 하나의 미지 모수를 가지는 다양한 수명 분포에 대해 적용될 수 있으며 또한 하나 이상의 고장을 가지는 시험계획으로 확장할 수 있다. 이런 시험계획은 더 많은 시험단위들이 필요하지만 $t_q > t_0$에 관한 실증시험이 성공할 확률, 즉 검정력을 무고장 시험보다 높일 수 있다.

1 하나 이하의 고장 시험계획

새로운 설계가 기존 설계보다 부분적으로 개선된다고 믿을 수 있도록 고장모드에 대한 정보를 충분히 알 수 있는 경우가 있지만, 이런 새로운 설계에 따른 제품이 가끔 무고장 시험에 실패할 수도 있다. 즉, 하나 이하의 고장 시험계획(One or Zero Failure Test Plans; 이하 1-고장 시험계획)은 이런 시험이 실패할 확률을 감소시킬 수 있다.

[표 8.6]의 값 k'(시험시간을 η의 배수로 나타냄)는 수명이 와이블 분포를 따를 경우 식 (8.16)과 같이 신뢰수준 C와 실증 신뢰도 R_0일 때 이항분포(식 (8.7) 참고)를 이용한 다음 조건을 만족하도록 계산된다.

$$1-C = R_0^{\,n} + nR_0^{\,n-1}(1-R_0) \qquad (8.16)$$

단, $t_c = k'\eta$

특히 [표 8.6]은 신뢰수준 90%일 때 하나 이하의 고장을 허용하는 시험계획을 설정하는 데 이용할 수 있다(Abernethy(2006)).

한편 식 (8.16)은 비선형 방정식으로 이의 해를 구하려면 수치적 해법이 필요하며, 이 식을 일반화하여 1-고장 실증시험에서 식 (8.17)과 같이 다수(c) 고장 실증시험으로 쉽게 확장할 수 있지만 활용도가 높지 않다.

$$1-C=\sum_{i=0}^{c}\binom{n}{i}R_0^{\,i}(1-R_0)^{n-i} \tag{8.17}$$

표 8.6 β에 따른 하나 이하의 고장 시험계획에 대한 특성수명의 배수 k'(신뢰수준 90%)

n \ β	0.5	1.0	1.5	2.0	2.5	3.0	3.5	4.0	4.5	5.0
2	8.819	2.969	2.066	1.723	1.545	1.437	1.365	1.313	1.274	1.243
3	2.659	1.630	1.385	1.277	1.216	1.177	1.150	1.130	1.115	1.103
4	1.295	1.138	1.090	1.067	1.053	1.044	1.037	1.033	1.029	1.026
5	0.769	0.876	0.916	0.936	0.949	0.957	0.963	0.968	0.971	0.974
6	0.510	0.714	0.799	0.845	0.874	0.894	0.908	0.919	0.928	0.935
7	0.363	0.603	0.713	0.776	0.817	0.845	0.865	0.881	0.894	0.904
8	0.272	0.521	0.648	0.722	0.771	0.805	0.830	0.850	0.865	0.878
9	0.211	0.459	0.595	0.678	0.733	0.772	0.801	0.823	0.841	0.856
10	0.169	0.411	0.553	0.641	0.701	0.743	0.776	0.801	0.821	0.837
12	0.115	0.339	0.486	0.582	0.649	0.697	0.734	0.763	0.786	0.805
14	0.083	0.289	0.437	0.537	0.608	0.661	0.701	0.733	0.759	0.780
16	0.063	0.251	0.398	0.501	0.575	0.631	0.674	0.708	0.736	0.759
18	0.049	0.222	0.367	0.472	0.548	0.606	0.651	0.687	0.716	0.740
20	0.040	0.200	0.342	0.447	0.525	0.584	0.631	0.668	0.699	0.725
25	0.025	0.159	0.293	0.399	0.479	0.542	0.591	0.631	0.664	0.692
30	0.017	0.132	0.259	0.363	0.445	0.509	0.561	0.603	0.638	0.667
40	0.010	0.098	0.213	0.314	0.396	0.462	0.515	0.560	0.597	0.629
50	0.006	0.079	0.183	0.280	0.362	0.428	0.483	0.529	0.568	0.601

예제 8.13

기계부품의 수명은 와이블 분포를 따르며 형상모수 2.0이고 특성수명이 500(hr)으로 알려져 있다. 새로 개발된 부품에 대해 신뢰수준 90%하에서 3개의 시험단위로 하나의 고장을 허용하는 실증시험계획을 찾고자 한다.

[표 8.5]에서 대응되는 표의 값을 찾으면 1.277이므로 이 실증시험계획에서 필요한 시험시간은1.277 × 500 = 639(hr)이 된다. 따라서 이와 같은 조건하에서 1-고장 시험계획은 3개의 시험단위 각각에 대해 639(hr)을 시험하게 된다. 만약 한 단위이하가 시험시간 내에 고장이 발생한다면 90% 신뢰수준 하에서 요구 신뢰도를 실증하고 있다고 볼 수 있다. 이 경우에 무고장 시험을 적용하면 시험시간이 438(hr)이 되므로 하나 이하의 고장을 허용함으로써 지불되는 비용은 시험단위당 201(hr), 즉, 총 603(hr)이다. 그러나 만약 부품들을 순차적으로 시험했을 때 처음 두 개가 고장이 나지 않았다면 조기에 합격판정을 할 수 있으므로 총 시험시간 감소측면에서 성공적이라 볼 수도 있다.

동일한 방식으로 [예제 8.13]의 Minitab 메뉴를 실행한 [그림 8.11]의 세션 출력 창을 보면 전술된 수계산과 같이 무고장과 1-고장 시험의 필요 시험시간이 438과 638(hr)임을 확인할 수 있다.

시연 검정 계획

신뢰도 검정 계획
분포: Weibull 분포, 형상 = 2
척도 목표 = 500, 실제 신뢰 수준 = 90%

검정 계획

고장 검정	표본 크기	검사 시간
0	3	438.043
1	3	638.487

그림 8.11 세션 출력 창의 결과: [예제 8.13]

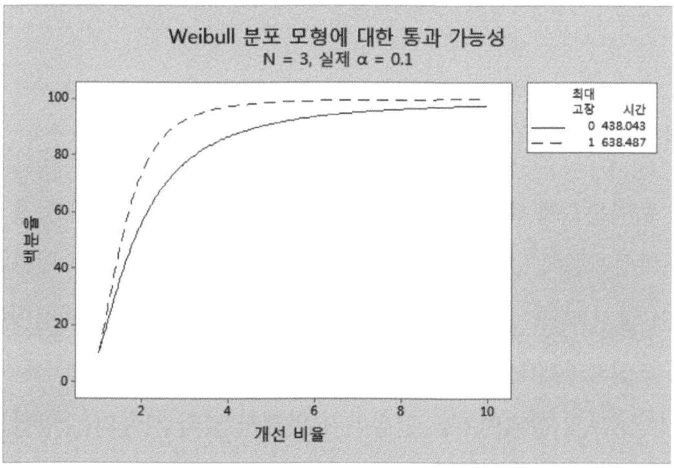

그림 8.12 1-고장과 무고장 시험의 POP그림: [예제 8.13]

1-고장 실증시험계획의 장점은 참값이 실증 모수값 보다 클 때 무고장 시험계획보다 시험계획이 합격될 확률이 보다 높다는 것이다. [예제 8.13]의 경우에 [그림 8.12]의 POP 그림을 보면 고장개수에 따른 합격확률과 더불어 이와 같은 효과를 확인할 수 있다.

8.4 신뢰성 샘플링검사 계획

신뢰성시험 계획을 설정하는 하나의 방법으로 통계적 품질관리의 샘플링검사 원리를 적용한 신뢰성 샘플링검사 계획(Reliability Acceptance Sampling Plan; RASP)을 이용할 수 있으므로 본 절에서는 이에 관해 다루고자 한다.

즉, 제품을 로트(lot)단위로 구분하고 로트에서 취한 샘플을 검사하여 얻은 품질특성의 값을 이용해서 로트의 합격여부를 판정하는 것을 샘플링검사(Sampling Inspection 또는 Acceptance Sampling)라 하는데, 검사 대상 품질특성이 제품의 수명특성치인 경우를 신뢰성 샘플링검사라 한다. 신뢰성 샘플링검사는 관측하는 품질특성이 제품의 수명이므로, ① 품질특성을 관측하기 위해서 수명시험을 수행해야 하고, 수명시험에 소요되는 시간을 줄이기 위해서 시험도중에 관측을 중단하거나 가속수명시험을 적용하며, ② 보통의 샘플링검사에서 고려하는 정규분포보다는 지수분포, 와이블 분포, 대수정규분포, 감마 분포 등의 수명분포가 채택되는 특징이 있다.

샘플링검사에서 취하는 샘플의 크기와 로트의 합격판정기준 등의 설정은 샘플링검사를 적용함에 있어서 매우 중요하며, 이를 샘플링검사 방식(sampling plans)이라고도 부른다.

8.4.1 신뢰성 샘플링검사의 특징

신뢰성시험은 수명분포에 대한 자료를 얻어 제품의 신뢰도와 고장률 등을 추정하는 용도로 쓰인다. 신뢰성시험에 있어서 어떤 것은 비파괴적으로 실시할 수 있으나 오히려 파괴적 성격의 것이 많기 때문에 전수검사가 아닌 샘플링검사로서 입증시험이나 수락시험 및 품질보증시험을 실시하게 된다.

샘플링검사는 로트의 합격여부를 판정하기 위해서 널리 사용되는 방법으로 제품의 품질특성치가 신뢰성 척도일 때 제품의 적합도를 판정하기 위해서 신뢰성 샘플링검사를 수행하게 된다. 신뢰성 샘플링검사는 로트로부터 추출한 일부 시험제품들을 미리 정한 시점까지 고장발생 시간을 관측하거나 주어진 개수의 고장이 관측될 때까지 고장발생 시간을 관측하여 로트의 합격여부를 판정한다.

신뢰성 샘플링검사의 특징 중 중요한 것은 신뢰성시험에서 일정시간이 경과하거나 또는 표본 중 일정 개수가 고장이 나면 시험을 중단하는 관측중단시험을 많이 적용하고 있다. 그리고 시험시간이나 표본크기는 제품의 수명이 어떤 분포를 따르는가에 의해 샘플링검사 방식이 달라진다. 제품 수명은 품질분야와는 달리 지수분포를 따르는 경우가 제법 존재하며, 이에 대한 신뢰성 샘플링검사의 연구 결과와 표준규격이 많이 개발되어 있다. 그러나 와이블 분포인 경우는 이론적 연구는 되어 있으나 널리 인정받는 표준규격이 없으므로 형상모수 β을 안다는 전제 하에서 지수분포의 샘플링검사 방식을 활용할 수 있다.

8.4.2 샘플링검사의 설계방법

신뢰성 샘플링검사는 품질관리에서의 OC 곡선, p_0(AQL(Acceptance Quality Level); 합격품질수준), p_1(RQL(Rejectable Quality Level; 불합격 품질수준), LQ(Limiting Quality; 한도품질), LTPD(Lot Tolerance Percent Defective; 로트 허용불량률))을 이용한 샘플링검사 방식과 본질적으로 차이가 없지만 신뢰성시험에서는 품질의 척도로서 부적합품률(불량률) 대신에 MTTF(평균수명), MTBF(평균 고장간격), 분위수, 고장률 및 신뢰도를 채택하게 된다.

1 지수분포일 경우

평균수명을 θ, 가능한 합격시키고 싶은 평균수명의 최소값을 θ_0, 가능한 불합격시키고 싶은 평균수명의 최대값을 θ_1이라고 가정하면 수명이 지수분포를 따를 경우의 샘플링검사의 설계를 위한 가설을 다음과 같이 정의할 수 있다.

귀무가설 $H_0 : \theta = \theta_0$

대립가설 $H_1 : \theta = \theta_1$

단, $\theta_1 < \theta_0$

[그림 8.13]과 같이 로트의 평균수명(θ)이 θ_0일 때 로트 합격확률 $L(\theta_0) = 1-\alpha$, 로트의 평균수명이 θ_1일 때 로트 합격확률 $L(\theta_1) = \beta$가 되도록 시험계획을 설정할 수 있다.

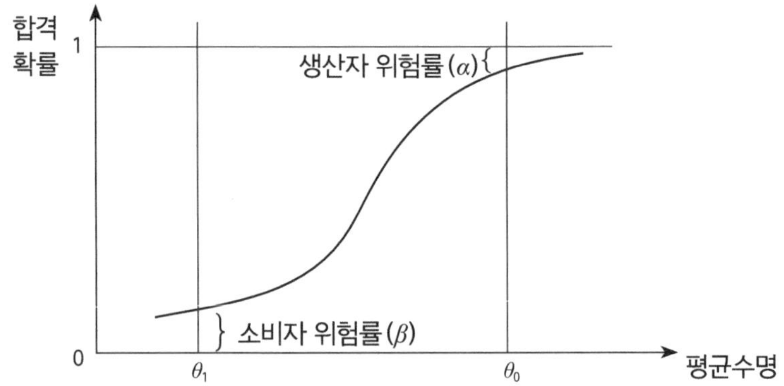

그림 8.13 OC(Operating Characteristic) 곡선

신뢰성 샘플링검사 방식의 설계 시 사용되는 용어를 정리하면 다음과 같다.

- Acceptable Mean Life(θ_0) : 합격 평균수명
  ARL(Acceptable Reliability Level) : 합격 신뢰도 수준
  AFR(Acceptable Failure Rate) : 합격 고장률(λ_0)
- Unacceptable Mean Life(θ_1) : 불합격 평균수명
  LTFR(Lot Tolerance Failure Rate) : 로트 허용고장률(λ_1)
- α : 생산자 위험률
- β : 소비자 위험률(기호가 와이블 분포의 형상모수와 동일하나 널리 쓰이는 기호이므로 중복 사용함: 독자의 구별이 필요함)
- n : 시험 표본 크기
- r : 관측된 고장개수
- $\dfrac{\theta_1}{\theta_0} = \dfrac{\lambda_0}{\lambda_1}$: 판별비(discrimination ratio)

신뢰성 샘플링검사에서 기준이 되는 척도가 평균수명 외에 고장률을 척도로 하는 경우는 λ_0를 합격 고장률(AFR), λ_1을 로트 허용고장률(LTFR)이라 부르며, λ_0에 대한 로트 합격확률과 $\lambda_1(>\lambda_0)$에 대한 로트 합격확률은 각각 $1-\alpha$와 β로 규정된다.

한편 n개의 표본에 대하여 제1종 관측중단(정시종결) 또는 제2종 관측중단(정수종결)이 될 경우에 평균수명의 추정값($\hat{\theta}$)은 6.5.2절에서 학습한 바와 같이 TTT가 총 시험시간이고, r이 시험 중 고장난 시험단위의 개수일 때 $\hat{\theta}=TTT/r$로 추정된다.

2 제2종 관측중단하의 샘플링검사 설계방법: 지수분포

지수분포를 따르는 수명자료가 제2종 관측중단될 경우는 [그림 8.13]과 같이 OC 곡선의 두 점을 통과하는 샘플링검사를 이론적으로 엄밀하게 설계할 수 있다. 즉, 시험 표본크기 n, 고장개수 r이 주어지면, r번째 고장이 발생할 때까지 시험하여 얻은 자료로부터의 추정값($\hat{\theta}$)을 구한 후 이 추정값이 합격판정시간(C_0)이상이면 이 로트는 합격이 된다. 제2종 관측중단인 경우 표본크기(n)와 고장개수(r)가 규정되면 샘플링검사의 설계를 위한 생산자와 소비자 위험률은 다음과 같이 정의된다.

$$\alpha = \Pr(\text{reject } H_0 \mid \theta = \theta_0) \qquad (8.18)$$
$$\beta = \Pr(\text{not reject } H_0 \mid \theta = \theta_1)$$

지수분포 하에서 $2r\hat{\theta}/\theta$는 식 (6.24)와 같이 자유도가 $2r$인 χ^2분포를 따른다. 따라서 θ_0일 때 로트 합격확률은 $1-\alpha$(즉, 1-생산자 위험률)이고, θ_1일 때 로트 합격확률은 β(소비자 위험률)보다 크지 않도록 관측중단개수 r과 합격판정기준 C_0를 구할 수 있다. 즉, 생산자 위험률에 관한 다음 조건으로부터 $C_0 = \theta_0 \chi_\alpha^2(2r)/2r$로 설정할 수 있다.

$$\alpha = \Pr(\hat{\theta} < C_0)$$

그리고 관측중단개수 r은 식 (8.19)를 만족하도록 설정해야 한다.

$$\Pr(\text{reject } H_0 \mid \theta = \theta_0) = \Pr(2r\hat{\theta}/\theta_1 < 2rC_0/\theta_1 \mid \theta = \theta_1) \qquad (8.19)$$
$$= \Pr(\chi^2(2r) < 2rC_0/\theta_1 \mid \theta = \theta_1) = 1-\beta$$

따라서 $2rC_0/\theta_1 = \chi_\beta^2(2r)$, 이로부터 $\chi_{1-\alpha}^2(2r)/\chi_\beta^2(2r) = \theta_1/\theta_0 = d$가 되는데, 여기서 d는 판별비로 부른다. 그런데 r이 정수이므로 식 (8.19)를 정확하게 만족하는 r을 구할 수가 없으므로 이 확률이 $1-\beta$ 이상이 되도록 다음 부등식을 만족하는 가장 작은 정수를 구하면 된다.

$$\chi_\beta^2(2r) \le \frac{\theta_1}{\theta_0} \chi_{1-\alpha}^2(2r)$$

여기서 $\chi_{1-\alpha}^2(2r)/\chi_\beta^2(2r)$은 $\alpha < 0.5$, $\beta < 0.5$일 때 r의 감소함수이므로 상기 식을 충족하는 r을 유일하게 설정할 수 있다.

8.4.3 지수분포일 경우의 신뢰성 샘플링검사

전자부품 등 제품 수명이 지수분포를 따르는 경우가 제법 많으며 이론적으로 가장 단순한 수명분포이므로 이를 가정한 샘플링검사의 연구결과와 표준규격 등이 많이 개발되어 있다. 이를 신뢰성 특성치 형태, 판정횟수, 대상 모수, 교체 여부에 따라 다음과 같이 대별할 수 있다.

- 특성치 형태: 계수, 계량
- 판정횟수: 1회, 2회, 축차
- 대상 모수: 고장률, 평균
- 교체 여부: 교체(복원), 비교체(비복원)
  여기서 교체는 시험단위가 고장이 발생하면 다른 시험단위로 대체하여 시험을 지속하는 방식으로 비교체 방식보다 시험장치의 활용도를 높일 수 있다.

이 중에서 미군에서 개발된 주요 표준규격은 다음과 같으며,

- 계량 1회(대상 모수: 평균): H-108(DOD-HDBK), MIL-STD-781D
- 계수 1회(고장률): MIL-STD-690C, MIL-STD-19500C
- 계량 축차(평균): H-108, MIL-STD-781D

이외에 최근에 공표된 IEC 61124도 있다.

1 H-108의 구성

이 책에서는 표준규격 중에서 널리 쓰이며 이론적으로 잘 개발되어 있는 H-108을 중심으로 설명하고자 한다.

H-108의 대상 모수는 지수분포의 평균이며, 완전표본과 제2종 관측중단하의 1회 샘플링검사방식, 제1종 관측중단하의 1회 샘플링검사 방식, 그리고 계량 축차 샘플링검사방식 등을 제공하고 있다. 또한 이들 검사방식은 교체와 비교체 시험상황에 적용할 수 있도록 개발되어 있다.

2 1회 샘플링검사: 제2종 관측중단시험일 경우

제2종 관측중단 시 1회 샘플링검사표는 고장이 발생했을 때 교체하는 경우와 비교체하는 경우로 구분할 수 있지만, 이 두 가지 경우에 사용될 수 있는 샘플링검사표는 [표 8.7]과

같이 하나로 통일할 수 있다.

제2종 관측중단인 경우 샘플링검사의 결정규칙은 주어진 값 α, β 그리고 판별비 $d=\theta_1/\theta_0$를 이용하여 [표 8.7]에서 샘플링검사 방식인 r과 C_0/θ_0를 구할 수 있다. 따라서 표본크기 n개를 샘플링하여 r번째 고장으로부터 계산된 식 (8.20)과 (8.21)의 $\hat{\theta}$가 C_0보다 크거나 같으면 합격으로 판정하게 된다.

$$\text{비교체 : } \hat{\theta}=\frac{1}{r}\left[\sum_{i=1}^{r}t_{(i)}+(n-r)t_{(r)}\right] \tag{8.20}$$

$$\text{교체 : } \hat{\theta}=\frac{nt_{(r)}}{r} \tag{8.21}$$

단, $t_{(i)}$는 i번째 고장발생 시간(비교체)이나 고장시점(교체)임.

[그림 8.14]는 교체시험상황을 예시한 그림으로 최초 5개의 시험단위로 시험을 실시하여 6번째 고장이 발생한 시점에서 시험을 종결했는데(즉, 제2종 관측중단), 여기서 $n(5)$은 총 시험단위의 수가 아닌 최초 시험단위(또는 시험장치)의 수이며, 또한 $t_{(6)}$은 6번째 고장단위의 수명이 아니고 고장난 시점을 가리킨다.

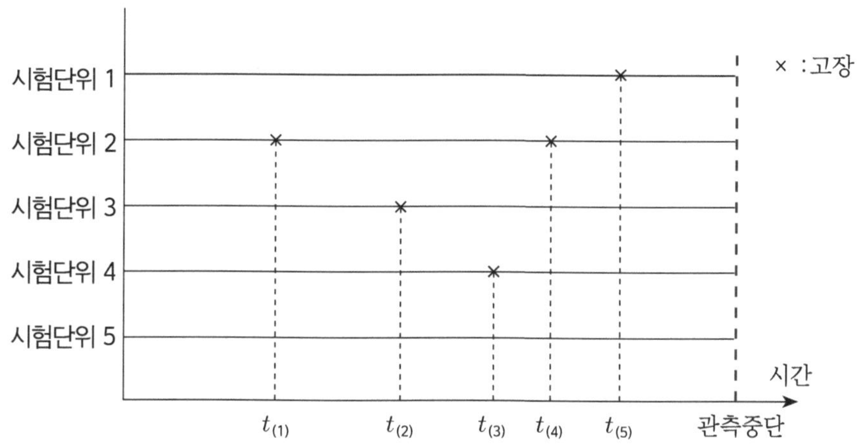

그림 8.14 제 2종 관측중단하의 교체시험의 예시: $n=5, r=6$

그리고 이 경우에 H-108에서 규정되어 있지 않은 표본크기 n은 시험제품을 비교체할 경우와 교체할 경우에 다음의 기대 시험종료시간을 이용하여 결정하거나 비용모형 등을 통해 구할 수 있다.

표 8.7 제2종 관측중단 시의 샘플링검사표(H-108)

θ_1/θ_0	$\alpha=.01,\ \beta=.01$		$\alpha=.01,\ \beta=.05$		$\alpha=.01,\ \beta=.10$		$\alpha=.01,\ \beta=.25$	
	r	C_0/θ_0	r	C_0/θ_0	r	C_0/θ_0	r	C_0/θ_0
2/3	136	.811	101	.783	83	.762	60	.724
1/2	46	.689	35	.649	30	.625	22	.572
1/3	19	.544	15	.498	13	.469	10	.431
1/5	9	.390	8	.363	7	.333	5	.256
1/10	5	.256	4	.206	4	.206	3	.145
θ_1/θ_0	$\alpha=.05,\ \beta=.01$		$\alpha=.05,\ \beta=.05$		$\alpha=.05,\ \beta=.10$		$\alpha=.05,\ \beta=.25$	
	r	C_0/θ_0	r	C_0/θ_0	r	C_0/θ_0	r	C_0/θ_0
2/3	95	.837	67	.808	55	.789	35	.739
1/2	33	.732	23	.683	19	.655	13	.592
1/3	13	.592	10	.543	8	.498	6	.436
1/5	7	.469	5	.394	4	.342	3	.272
1/10	4	.342	3	.272	3	.272	2	.178
θ_1/θ_0	$\alpha=.10,\ \beta=.01$		$\alpha=.10,\ \beta=.05$		$\alpha=.10,\ \beta=.10$		$\alpha=.10,\ \beta=.25$	
	r	C_0/θ_0	r	C_0/θ_0	r	C_0/θ_0	r	C_0/θ_0
2/3	77	.857	52	.872	41	.806	25	.754
1/2	26	.758	18	.712	15	.687	9	.604
1/3	11	.638	8	.582	6	.525	4	.436
1/5	5	.487	4	.436	3	.367	3	.367
1/10	3	.367	2	.266	2	.266	2	.266
θ_1/θ_0	$\alpha=.25,\ \beta=.01$		$\alpha=.25,\ \beta=.05$		$\alpha=.25,\ \beta=.10$		$\alpha=.25,\ \beta=.25$	
	r	C_0/θ_0	r	C_0/θ_0	r	C_0/θ_0	r	C_0/θ_0
2/3	52	.876	32	.876	23	.853	12	.793
1/2	17	.827	11	.784	8	.744	5	.674
1/3	7	.726	5	.674	4	.634	2	.481
1/5	3	.576	2	.481	2	.481	1	.288
1/10	2	.481	2	.481	1	.288	1	.288

표 8.8 비교체하에서 기대 시험종료시간의 비

r	n/r					
	1.1	1.2	1.3	1.5	2	3
10	0.69	0.55	0.46	0.35	0.23	0.14
20	0.61	0.47	0.39	0.30	0.19	0.11
30	0.57	0.43	0.36	0.27	0.17	0.10
50	0.51	0.39	0.32	0.24	0.15	
100	0.45	0.34				

㈜ 기대 시험종료시간의 비 $=\dfrac{E[n\text{개 중 } r\text{개 고장 시}]}{E[r\text{개 중 } r\text{개 고장 시}]}$

$$\text{비교체} : \sum_{i=1}^{r} \frac{\theta}{n-i+1}$$

$$\text{교체} : \frac{n}{r\theta}$$

[표 8.8]은 비교체 시험을 수행할 때 n과 r의 크기에 따른 기대 시험종료시간의 비를 요약하고 있으므로 이를 이용하면 [예제 8.15]의 예시와 같이 n을 선택하는데 도움이 된다.

예제 8.14

$\theta_0 = 10,000(\text{hr})$, $\theta_1 = 2,000(\text{hr})$, 생산자 위험률 5%, 소비자 위험률 10%일 때 제2종 관측중단 하에서 구한 시험방식을 설명하라.

$\alpha = 0.05$, $\beta = 0.1$이고 $\theta_1/\theta_0 = 2,000/10,000 = 1/5$일 때 [표 8.7]에서 구하면 $r = 4$, $C_0 = \theta_0 \times 0.342 = 3,420$이 된다. 즉, 비교체일 때는 $n \geq 4$의 표본크기를 임의로 정하고 비교체 시험하여 4번째 고장난 시점에서 식 (8.20)으로 구한 $\hat{\theta}$가 3,420(hr)이상이면 합격이고, 그렇지 않으면 불합격이 된다. 교체일 때는 임의의 표본크기로 교체 시험하여 4번째 고장난 시점에서 식 (8.21)로 구한 $\hat{\theta}$가 3,420(hr)이상이면 합격이고, 그렇지 않으면 불합격이 된다.

예제 8.15 기대 시험종료시간

$r = 10$, $n = 11(n/r = 1.1)$이면 11개 중 10개 고장 시 시험을 종료할 경우의 기대 시험종료시간은 [표 8.8]에서와 같이 10개를 모두 고장 시까지 관측할 경우의 69%가 된다.

3 1회 샘플링검사: 제1종 관측중단시험일 경우

제1종 관측중단과 비교체를 적용할 경우에 관측중단시간 t_c가 먼저 규정될 경우에 사용할 수 있는 1회 샘플링검사표는 [표 8.9], 교체할 때의 샘플링검사표는 [표 8.10]과 같다. 이 경우 먼저 r과 n의 조건($n = ar$, $a = 2, 3, 4, 5, 6, 8, 9, 10, 20$)이 규정되면 [표 8.11]의 총괄표를 이용하여 t_c를 찾는 시험계획도 있으나 이 책에서는 생략한다.

샘플링검사 결정규칙은 주어진 α, β, t_c/θ_0하에서 필요한 표본크기 n(교체일 경우는 최초 표본크기)과 불합격 판정 고장개수 r을 [표 8.9] 또는 [표 8.10]으로부터 설정한 후에 표본크기 n개를 동시에 시험하여 t_c시간까지의 고장개수(y)가 판정 고장개수 $r-1$ 이하이면 이 로트는 합격이고 그렇지 않으면 불합격된다.

예제 8.16

$\theta_0=10,000$(hr), $\theta_1=2,000$(hr), 생산자 위험률 5%, 소비자 위험률 10%, 시험 종료시간이 500(hr)일 때 필요한 표본크기와 판정 고장개수를 구한 후 비교체와 교체 시 시험 방식을 설명하라.

$\alpha=0.05$, $\beta=0.1$일 때 $\theta_1/\theta_0=2,000/10,000=1/5$과 $t_c/\theta_0=500/10,000=1/20$이 만나는 칸의 r과 n을 비교체일 경우 [표 8.9]에서 구하면 $n=29$, $r=4$가 되고, 교체일 경우 [표 8.10]으로부터 $n=27$, $r=4$를 구할 수 있다. 따라서 비교체 시 시험방식은 표본크기 $n=29$개를 500(hr)까지 시험했을 때 고장개수가 3개 이하이면 합격이고 그렇지 않으면 불합격된다. 또한 교체 시 시험방식은 최초 표본크기 $n=27$개를 500(hr)까지 교체 시험하여 누적 고장개수가 3개 이하이면 합격이고 그렇지 않으면 불합격이 된다.

이 경우는 [그림 8.15]와 같이 합격 시는 제1종 관측중단, 불합격 시는 제2종 관측중단 형태가 되므로 혼합(hybrid) 관측중단 샘플링검사로 불리고 있다.

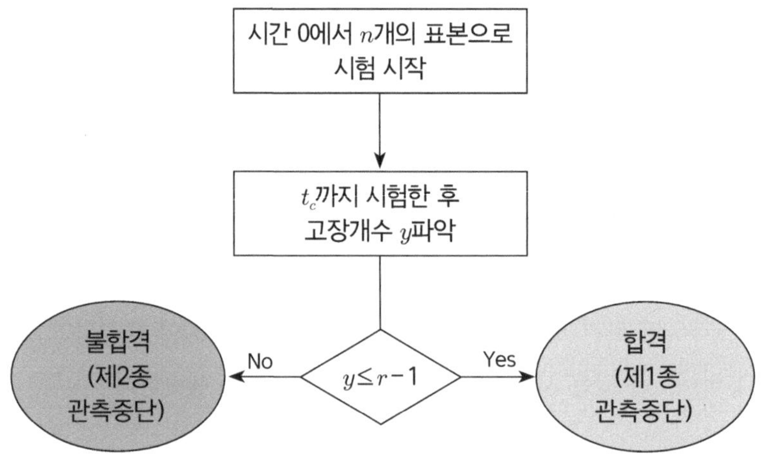

그림 8.15 혼합 관측중단 샘플링검사

표 8.9 제1종 관측중단 시의 샘플링검사표(H-108): 비교체

θ_1/θ_0	r	t_c/θ_0				r	t_c/θ_0			
		1/3	1/5	1/10	1/20		1/3	1/5	1/10	1/20
		n	n	n	n		n	n	n	n
		α=0.01, β=0.01					α=0.05, β=0.01			
2/3	136	403	622	1172	2275	95	289	477	843	1639
1/2	46	119	182	340	657	33	90	138	258	499
1/3	19	41	61	113	216	10	30	45	83	160
1/5	9	15	22	39	74	7	13	20	36	69
1/10	5	6	9	15	28	4	6	9	15	29
		α=0.01, β=0.05					α=0.05, β=0.05			
2/3	101	291	448	842	1632	67	198	305	575	1115
1/2	35	87	132	245	472	23	59	90	168	326
1/3	15	30	45	82	157	10	21	32	59	113
1/5	8	13	18	33	62	5	8	12	22	41
1/10	4	4	6	10	18	3	4	5	9	17
		α=0.01, β=0.10					α=0.05, β=0.10			
2/3	83	234	359	675	1307	55	159	245	462	895
1/2	30	72	109	202	390	19	47	72	134	253
1/3	13	25	37	67	128	8	16	24	43	83
1/5	7	11	15	26	50	4	6	9	15	29
1/10	4	4	6	10	18	3	4	5	9	17
		α=0.01, β=0.25					α=0.05, β=0.25			
2/3	60	162	248	465	899	35	96	147	276	535
1/2	22	49	74	137	262	13	30	45	83	150
1/3	10	18	26	46	87	6	11	16	29	55
1/5	5	6	9	15	28	3	4	5	9	17
1/10	3	3	4	6	10	2	2	2	4	8
		α=0.10, β=0.01					α=0.25, β=0.01			
2/3	77	238	369	699	1358	52	168	261	496	965
1/2	26	73	112	210	407	17	51	79	149	289
1/3	11	27	40	75	145	7	19	29	54	105
1/5	5	10	14	26	51	3	6	10	18	36
1/10	3	5	7	12	23	2	3	5	10	20
		α=0.10, β=0.05					α=0.25, β=0.05			
2/3	52	156	242	456	886	32	101	156	296	576
1/2	18	48	73	137	265	11	31	48	91	177
1/3	8	18	27	50	97	5	12	19	36	69
1/5	4	7	10	19	36	2	3	5	10	20
1/10	2	2	3	6	11	2	3	5	10	20
		α=0.10, β=0.10					α=0.25, β=0.10			
2/3	41	121	186	351	681	23	71	110	207	403
1/2	15	39	59	110	213	8	22	33	63	123
1/3	6	12	18	34	66	4	9	14	27	52
1/5	3	5	7	12	23	2	3	5	10	20
1/10	2	2	3	6	11	1	1	1	3	6
		α=0.10, β=0.25					α=0.25, β=0.25			
2/3	25	69	107	201	389	12	34	53	101	196
1/2	9	21	31	58	113	5	12	19	36	69
1/3	4	7	10	19	36	2	3	5	10	20
1/5	3	5	7	12	23	1	1	1	3	6
1/10	2	2	3	6	11	1	1	1	3	6

표 8.10 제1종 관측중단 시의 샘플링검사표(H-108): 교체

θ_1/θ_0	r	t_c/θ_0 1/3	1/5	1/10	1/20	r	t_c/θ_0 1/3	1/5	1/10	1/20
		n	n	n	n		n	n	n	n
		$\alpha=0.01,\ \beta=0.01$					$\alpha=0.05,\ \beta=0.01$			
2/3	136	331	551	1103	2207	95	238	397	795	1591
1/2	46	95	158	317	634	33	72	120	241	483
1/3	19	31	51	103	206	13	23	38	76	153
1/5	9	10	17	35	70	7	9	16	32	65
1/10	5	4	6	12	25	4	4	6	13	27
		$\alpha=0.01,\ \beta=0.05$					$\alpha=0.05,\ \beta=0.05$			
2/3	101	237	395	790	1581	67	162	270	541	1082
1/2	35	68	113	227	454	23	47	78	157	314
1/3	15	22	37	74	149	10	16	27	54	108
1/5	8	8	14	29	58	5	6	10	19	39
1/10	4	3	4	8	16	3	3	4	8	16
		$\alpha=0.01,\ \beta=0.10$					$\alpha=0.05,\ \beta=0.10$			
2/3	83	189	316	632	1265	55	130	216	433	867
1/2	30	56	93	187	374	19	37	62	124	248
1/3	13	18	30	60	121	8	11	19	39	79
1/5	7	7	11	23	46	4	4	7	13	27
1/10	4	2	4	8	16	3	3	4	8	16
		$\alpha=0.01,\ \beta=0.25$					$\alpha=0.05,\ \beta=0.25$			
2/3	60	130	217	434	869	35	77	129	258	517
1/2	22	37	62	125	251	13	23	38	76	153
1/3	10	12	20	41	82	6	7	13	26	52
1/5	5	4	7	13	25	3	3	4	8	16
1/10	3	2	2	4	8	2	1	2	3	7
		$\alpha=0.10,\ \beta=0.01$					$\alpha=0.25,\ \beta=0.01$			
2/3	77	197	329	659	1319	52	140	234	469	939
1/2	28	59	98	197	394	17	42	70	140	281
1/3	11	21	35	70	140	7	15	25	50	101
1/5	5	7	12	24	48	3	5	8	17	34
1/10	3	3	5	11	22	2	2	4	9	4
		$\alpha=0.10,\ \beta=0.05$					$\alpha=0.25,\ \beta=0.05$			
2/3	52	128	214	429	859	32	84	140	280	560
1/2	18	38	64	128	256	11	25	43	86	172
1/3	8	13	23	46	93	5	10	16	33	67
1/5	4	5	8	17	34	2	3	5	10	19
1/10	2	2	3	5	10	2	2	4	9	19
		$\alpha=0.10,\ \beta=0.10$					$\alpha=0.25,\ \beta=0.10$			
2/3	41	99	165	330	660	23	58	98	196	392
1/2	15	30	51	102	205	8	17	29	59	119
1/3	6	9	15	31	63	4	7	12	25	50
1/5	3	4	6	11	22	2	3	4	9	19
1/10	2	2	2	5	10	1	1	2	3	5
		$\alpha=0.10,\ \beta=0.25$					$\alpha=0.25,\ \beta=0.25$			
2/3	25	56	94	188	376	12	28	47	95	190
1/2	9	16	27	54	108	5	10	16	33	67
1/3	4	5	8	17	34	2	2	4	9	19
1/5	3	3	5	11	22	1	1	2	3	6
1/10	2	1	2	5	10	1	1	1	2	5

4 축차 샘플링검사

축차 샘플링검사는 미리 표본크기를 결정하지 않고 자료를 획득할 때마다 합부판정을 할 수 있는 샘플링검사 방식으로 시험에 투입되는 단위 수나 시험시간의 기대값을 1회 샘플링검사보다 줄일 수 있는 방식이다.

축차 샘플링검사의 결정규칙은 $H_0(H_1)$하에서 $\theta_0(\theta_1)$일 때, 주어진 α, β, θ_1/θ_0하에서 확률비 $P_1/P_0 \geq A$이면 이 로트는 불합격, $P_1/P_0 \leq B$이면 이 로트는 합격, 이외의 경우는 시험계속역에 속하므로 시험을 계속 진행하게 된다. 여기서, 생산자 위험률과 소비자 위험률을 동시에 만족하는 A와 B는 각각 근사적으로 $(1-\beta)/\alpha$, $\beta/(1-\alpha)$가 된다(서순근 외 (2015)).

상기와 같은 관계로부터 합격선 $T_a(=sr+h_0)$와 불합격선 $T_r(=sr+h_1)$과 세 영역을 도시하면 [그림 8.16]과 같다. 즉, 총 시험시간이 TTT일 경우 $TTT \geq T_a$이면 로트는 합격이 되며, $TTT \leq T_r$일 경우는 로트를 기각한다. 또한 두 경우에 속하지 않다면 시험을 계속 속행한다. 그리고 축차시험이 무한히 또는 장시간 지속되는 것을 방지하기 위해 최대

표 8.11 축차 시험계획 총괄표(Code)

α=0.01 β=0.10		α=0.05 β=0.10		α=0.10 β=0.10		α=0.25 β=0.10		α=0.50 β=0.10	
code	θ_1/θ_0	code	θ_1/θ_0	code	θ_1/θ_0	code	θ_1/θ_0	code	θ_1/θ_0
A-1	.004	B-1	.022	C-1	.046	D-1	.125	E-1	.301
A-2	.038	B-2	.091	C-2	.137	D-2	.247	E-2	.432
A-3	.082	B-3	.154	C-3	.207	D-3	.325	E-3	.502
A-4	.123	B-4	.205	C-4	.261	D-4	.379	E-4	.550
A-5	.160	B-5	.246	C-5	.304	D-5	.421	E-5	.584
A-6	.193	B-6	.282	C-6	.340	D-6	.455	E-6	.611
A-7	.221	B-7	.312	C-7	.370	D-7	.483	E-7	.633
A-8	.247	B-8	.338	C-8	.396	D-8	.506	E-8	.652
A-9	.270	B-9	.361	C-9	.418	D-9	.526	E-9	.667
A-10	.291	B-10	.382	C-10	.438	D-10	.544	E-10	.681
A-11	.371	B-11	.459	C-11	.512	D-11	.608	E-11	.729
A-12	.428	B-12	.512	C-12	.561	D-12	.650	E-12	.759
A-13	.470	B-13	.550	C-13	.597	D-13	.680	E-13	.781
A-14	.504	B-14	.581	C-14	.624	D-14	.703	E-14	.798
A-15	.554	B-15	.625	C-15	.666	D-15	.737	E-15	.821
A-16	.591	B-16	.658	C-16	.695	D-16	.761	E-16	.838
A-17	.653	B-17	.711	C-17	.743	D-17	.800	E-17	.865
A-18	.692	B-18	.745	C-18	.774	D-18	.824	E-18	.882

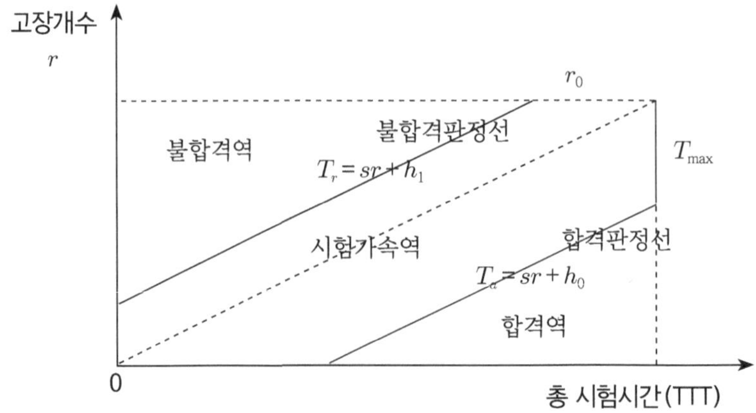

그림 8.16 축차 샘플링검사 방식

고장개수 r_0을 설정하여, $TTT \geq T_{max} = sr_0$이면 로트를 합격시키고 $r = r_0$일 때 $TTT \leq sr_0$일 경우이면 로트를 기각하는 규칙을 추가하고 있다.

[표 8.11]은 H-108의 축차 샘플링검사 방식을 총괄한 코드표이며, [표 8.12]에는 그 중에서 α와 β가 각각 0.05이고 0.1일 때 합격 판정선과 불합격 판정선 등을 구할 수 있는 정보가 요약되어 있다. 여기서 r_0는 [표 8.11]과 동일한 시험 코드를 가지는 제1종 관측 중단 샘플링검사에서 구한 r의 3배로 설정하고 있다.

예제

지수분포를 따르는 어떤 부품의 신뢰성을 평가하기 위해 $\theta_0 = 1,000$(hr), $\theta_1 = 400$(hr), $\alpha = 0.05$, $\beta = 0.10$일 때의 축차 샘플링검사를 실시하고자 한다. 축차시험방식은?

먼저 [표 8.11]로부터 대상 샘플링검사는 B-10 계획에 속하여 [표 8.12]에서 다음을 구할 수 있으므로,

$$r_0 = 30,\ h_0 = 1,392,\ h_1 = -1,787,\ s = 595$$
$$T_{max} = 30 \times 595 = 17,850$$

두 판정선은 $T_a = 595r + 1,392$, $T_r = 595r - 1,787$이 된다.

만약 10개를 비교체 시험하여 100, 200, 400(hr)에서 고장이 발생하였다면 [표 8.13]과 같이 3번째 고장 전에 합격으로 판정된다. 즉, 불합격될 때는 고장 시에 판정되지만,

표 8.12 $\alpha = 0.05, \beta = 0.1$일 때 축차시험계획

code	r_0	h_0/θ_0	h_1/θ_0	s/θ_0	$E_0(r)$	$E_{\theta_1}(r)$	$E_s(r)$	$E_{\theta_0}(r)$
B-1	3	0.0506	-0.0650	0.0859	0.8	0.8	0.4	0.0
B-2	6	0.2254	-0.2894	0.2400	1.2	1.6	1.1	0.3
B-3	9	0.4098	-0.5261	0.3405	1.5	2.3	1.9	0.6
B-4	12	0.5805	-0.7453	0.4086	1.8	3.0	2.6	0.9
B-5	15	0.7345	-0.9430	0.4576	2.1	3.7	3.3	1.2
B-6	18	0.8842	-1.1352	0.4972	2.3	4.3	4.1	1.6
B-7	21	1.0209	-1.3107	0.5282	2.5	5.0	4.8	1.9
B-8	24	1.1495	-1.4757	0.5538	2.7	5.6	5.5	2.3
B-9	27	1.2719	-1.6329	0.5756	2.8	6.3	6.3	2.7
B-10	30	1.3916	-1.7866	0.5948	3.0	6.9	7.0	3.0
B-11	45	1.9101	-2.4523	0.6607	3.7	10.0	10.7	5.0
B-12	60	2.3620	-3.0325	0.7024	4.3	13.1	14.5	7.0
B-13	75	2.7516	-3.5327	0.7307	4.8	16.1	18.2	9.1
B-14	90	3.1217	-4.0079	0.7530	5.3	19.2	22.1	11.2
B-15	120	3.7522	-4.8173	0.7833	6.2	25.0	29.5	15.3
B-16	150	4.3314	-5.5610	0.8053	6.9	31.5	37.1	19.7
B-17	225	5.5386	-7.1109	0.8391	8.5	45.6	55.9	30.5
B-18	300	6.5773	-8.4444	0.8600	9.8	60.4	75.1	41.6

표 8.13 축차시험 결과: [예제 8.17]

고장 수(r)	고장시각	TTT	T_r	$T_a(r-1)$	$T_a(r)$
1	100	1,000	0	1,392	1,987
2	200	1,900	0	1,987	2,582
3	400	3,500	0	2,582	3,177

합격될 때는 고장발생 이전(즉, 3,500(hr) 이전인 3,177(hr))에도 판정될 수 있다.

[표 8.11]에 포함되지 않는 경우에 축차 샘플링검사를 적용하고자 한다면 s, h_0, h_1은 다음 식으로부터 구할 수 있다.

$$s = D\ln(\theta_0/\theta_1)$$
$$h_0 = D\ln((1-\alpha)/\beta)$$
$$h_1 = D\ln(\alpha/(1-\beta)) \qquad (8.22)$$

단, $D = \dfrac{\theta_0\theta_1}{\theta_0-\theta_1} = \theta_0\dfrac{d}{1-d}$

8.4.4 와이블 분포하의 신뢰성 샘플링검사

수명이 와이블 분포를 따르고 형상모수 β'을 알고 있을 경우에 특성수명 η를 기준으로 한 샘플링검사 계획에 대한 귀무가설과 대립가설은 다음과 같이 설정할 수 있다.

$$H_0 : \eta = \eta_0$$
$$H_1 : \eta = \eta_1$$

그리고 수명 T가 형상모수 β', 척도모수 η인 와이블 분포를 따를 때, $T' = T^{\beta'}$은 평균 $\theta = \eta^{\beta'}$인 지수분포를 따르므로 상기의 가설검정은 다음과 같이 재표현할 수 있다.

$$H_0 : \theta = \eta_0^{\beta'} (\equiv \theta_0)$$
$$H_1 : \theta = \eta_1^{\beta'} (\equiv \theta_1)$$

따라서 전 절의 지수분포에 관한 H-108의 샘플링검사 방식을 다음 예제와 같이 적용할 수 있다.

예제

어떤 로트에 속한 부품 B1수명이 1,800사이클 이상인 경우 95% 이상의 확률로 합격시키고 싶고, 1,000 사이클 이하인 경우 90% 이상의 확률로 불합격 처리하고 싶다. 수명은 와이블 분포를 따르며 형상모수는 2로 알려져 있다. 고장난 단위를 비교체하며, 시험시간은 6,000사이클에서 종료하고자 한다. 필요 시험단위 수와 판정고장개수를 구하라.

(ⅰ) 먼저 가설을 설정하는데, 두 종의 모수에 대해 3가지 형태로 표현할 수 있다.

① $H_0 : t_{0.01} = 1,800$

$H_1 : t_{0.01} = 1,000$

② $H_0 : \eta = 17,955 (= \eta_0)$

$H_1 : \eta = 9,975 (= \eta_1)$

단, $\eta = \dfrac{t_q}{\{-\ln(1-q)\}^{1/\beta'}} = \dfrac{t_{0.01}}{(-\ln 0.99)^{1/2}} = 9.9749\, t_{0.01}$

③ $H_0 : \theta = 17,955^2 (= \theta_0)$

$$H_1 : \theta = 9,975^2 (= \theta_1)$$

단, $\theta = \eta^{\beta'} = \eta^2$

(ii) 시험 종료시간은 $t'_c = t_c^{\beta'} = 6,000^2$가 된다.

(iii) $\alpha = 0.05$, $\beta = 0.10$, $\theta_1 / \theta_0 \approx 0.31$이고 $t'_c / \theta_0 \approx 0.11$이므로 [표 8.9]로부터 $n \approx 43$, $r \approx 8$을 얻는다.

또한 형상모수를 알고 있는 와이블 분포일 경우에 축차 샘플링검사를 적용할 수 있다. 여기서 $T' = T^{\beta'}$은 지수분포를 따르므로 $TTT = \sum_{i=1}^{n} t_i^{\beta'}$($t_i$는 고장발생 시간 또는 관측중단 시험시간)에 대한 s, h_0, h_1은 식 (8.23)과 같이 구할 수 있다.

$$s = D\beta' \ln(\eta_0 / \eta_1)$$
$$h_0 = D \ln((1-\alpha)/\beta)$$
$$h_1 = D \ln(\alpha / (1-\beta)) \qquad (8.23)$$

단, $D = \dfrac{\eta_0^{\beta'} \eta_1^{\beta'}}{\eta_0^{\beta'} - \eta_1^{\beta'}}$

예제

어떤 기계부품은 형상모수가 1.5인 와이블 분포를 따른다고 알려져 있다. 제조업자는 특성수명이 55,000사이클 이상이 되도록 요구받았으며, 현 공정의 기준 특성수명은 45,000사이클이다. α, β가 각각 0.05, 0.1일 때 축차시험계획을 구하라.

먼저 통계량은 r번째 고장 시 $TTT = \sum_{i=1}^{r} t_i^{1.5}$으로 주어지고, 식 (8.23)에 의해 s, h_1, h_2를 구하면 계속 시험영역은 다음과 같이 된다.

$$11.1 \times 10^6 r - 10^6 \times 10^6 < TTT < 11.1 \times 10^6 r + 82.7 \times 10^6$$

한편 형상모수에 대한 충분한 정보가 없을 경우 Yang(2007)은 다음과 같은 절차를 제안하였다.

(i) 최소 3단위를 하나씩 모두 고장이 날 때까지 시험한다.

(ii) 시험 데이터로부터 와이블 분포의 형상모수와 척도모수를 추정한다.

(iii) 이로부터 T_a, T_r를 설정한다.

(iv) 데이터를 얻은 순서에 따라 (iii)의 영역에 적용한다. 여기서 채택역과 기각역에 들어가면 시험을 중단하고, 그렇지 않으면 단계 (v)로 간다.

(v) 한 단위를 더 취하여 고장날 때 또는 채택영역에 도달할 때까지 시험한다. 고장나면 단계 (ii)로 간다.

연습문제

8.1 신뢰성 엔지니어는 스위치에 사용된 금속 부품의 $t_{0.05}$수명을 예측하기 위한 수명시험을 실시하고자 한다. 이 분위수에 대한 95% 신뢰구간의 하한이 최우추정치의 1/1.5배가 되도록 표본크기를 구하고자 하며, 100,000사이클까지 시험을 실시할 계획이다. 그리고 이 시험시간까지 시험편의 15%, 40,000사이클까지 시험편의 5% 정도가 고장이 날 것으로 기대된다.

(1) 상기의 정보를 와이블 확률지에 도시하거나 누적 확률분포함수를 이용하여 와이블 분포 모수에 대한 '계획값(β과 η)'을 구하라.

(2) Minitab을 이용하여 추정 시험계획을 설정하고자 한다. 이의 입력에 필요한 양측 신뢰구간의 하한과의 편차를 구하고, 시험계획의 필요 시험표본 크기를 찾아라.

8.2 **[예제 8.6]**과 동일한 시험상황이지만 적용되는 분포는 대수정규분포라 가정하여 95% 양측 신뢰구간의 하한이 $t_{0.05}$의 최우추정치로부터 편차가 100일 때 $t_{0.05}$를 추정할 수 있도록 시험을 계획하고자 한다.

(1) 시험표본 크기를 구하라.

(2) 95% 양측 신뢰구간에서 하한과의 편차가 50일 때 필요 시험표본 크기를 구하여 비교하라.

8.3 와이블 분포의 형상모수가 2이고, 척도모수가 3,000일 때 R_T=2로 B3 수명을 추정할 수 있도록 시험표본 크기를 구하라. 여기서 시험시간은 2,000시간이고, 신뢰수준은 90%이다. 먼저 B3 수명과 신뢰구간의 정밀도를 달성할 수 있는 이에 대한 양측 신뢰구간의 하한을 먼저 구하라.

8.4 설계수명까지의 요구 신뢰도가 0.95일 때, 신뢰수준이 70, 80, 90, 95%일 경우에 설계수명까지 시험하는 무고장 시험방식의 표본크기는 얼마인가?

8.5 지수분포를 따르는 전자부품을 새로 개발하였다. 90% 신뢰수준 하에서 무고장 및 1-고장시험으로 2,500(hr)까지의 시험시간 하에서 50,000(hr)의 MTTF를 실증하기 위한 최소 시험단위의 수를 구하고 Minitab에 의한 수행결과와 비교하라.

8.6 형상모수가 2.5인 와이블 분포를 따른다고 알려져 있는 제품에 대해 신뢰수준 90% 하에서 B10 수명이 5년(1년=8,760(hr))임을 보증하기 위하여 신뢰성 실증시험을 설계하고자 한다. 시험에 투입되는 시험단위 수가 각각 10개와 20개이고 허용 고장개수가 각각 0과 1인 경우에 4가지의 실증시험에 대한 시험시간을 구하고 Minitab 수행결과와 비교하라.

8.7 지수분포를 따르는 제품에 대해 H-108의 샘플링검사를 적용하고자 한다. $\alpha=0.05$, $\beta=0.1$, $\theta_0=1,000$, $\theta_1=200$일 때 제2종 관측중단과 비교체 하에서 샘플링검사 계획을 구하라. 그리고 n를 r, $2r$, $3r$로 설정할 때 θ_0하의 기대 시험종료시간을 구하라.

8.8 지수분포를 따르는 제품에 대해 H-108의 샘플링검사 계획을 적용하고자 한다. $\alpha=0.05$, $\beta=0.1$, $\theta_0=1,500$, $\theta_1=500$일 때 제2종 관측중단과 교체 및 비교체하에서 샘플링검사 계획을 구하라. 만약 16개가 교체 시험될 경우에 8번째 고장이 400(hr)에 관측되었다면 이 로트는 채택가능한가?

8.9 지수분포를 따르는 제품에 대해 샘플링검사를 적용하고자 한다. $\alpha=0.05$, $\beta=0.1$, $\theta_0=1,000$, $\theta_1=200$일 때 200(hr)에 시험을 중단한 제1종 관측중단과 비교체를 적용할 경우에 H-108 샘플링검사 계획을 구하라.

8.10 $\alpha=0.05$, $\beta=0.1$, 판별비$=1/3$하에서 H-108의 축차 샘플링검사 계획을 적용하고자 한다.

(1) θ_0가 2,000(hr)일 때 θ_1과 T_{max}(최대 총시험시간)은?

(2) 합격판정과 불합격판정, 시험계속 영역을 도시하라.

(3) 20개를 동시에 시험하여 다음과 같이 고장발생 시간이 관측되었다. 몇 개가 고장이 발생한 시점에서 합격 또는 불합격이 판정되는가?

150, 250, 350, 500, ⋯

8.11 지수분포를 따르는 어떤 부품의 신뢰성을 평가하기 위해 H108의 신뢰성 샘플링검사를 적용하고자 한다.

(1) θ_0와 θ_1이 2,000시간과 1,000시간이고 α와 β가 각각 0.05, 0.1이다. 제 2종 관측중단 하에서 교체와 비교체로 구분하여 샘플링 검사계획과 시험의 실시방법과 의사결정기준을 적어라.

(2) (1)의 조건 하에서 축차 샘플링검사 계획의 합격, 불합격, 시험계속 영역을 구체적으로 도시하라

(3) (2)에서 18개의 아이템을 동시에 비교체 시험하여 100, 200, 300, 550, 650, ⋯ 시간에 각각 한 개의 고장이 발생하였다. 어떤 시점에 어떤 의사결정을 내릴 수 있겠는가?

8.12 **[예제 8.18]** 과 동일한 시험상황 하에서 와이블 분포의 형상모수가 1.5일 때 필요 시험단위 수와 판정고장개수를 구하라.

제9장

고장해석과 가속수명시험

고장해석(failure analysis)은 발생 고장 메커니즘을 규명하고, 이로부터 고장원인을 찾아서 이의 발생을 멈추게 하고 고장재발을 방지하는 위한 조사연구 과정을 가리킨다. 여기서 1장과 4장에서 언급된 바와 같이 고장 메커니즘은 '고장 발생을 유발하는 물리적·화학적 과정'을, 고장원인은 '고장을 초래하는 설계, 제조 또는 사용조건'으로 정의된다.

고장해석에는 고장 메커니즘을 과학 및 공학적으로 탐구하는 고장물리가 중요한 역할을 하며, 고장물리를 통해 획득된 지식은 스트레스와 수명간의 관계를 나타내는 가속모형에 관한 이론적 기반을 제공한다. 따라서 요즈음 가장 널리 쓰이는 가속수명시험을 8장의 신뢰성시험보다 고장물리와 연관시켜 이 장에서 다룬다.

9.1 고장해석이란?

고장해석이란 "아이템에 잠재적이거나 현재화하여 발생된 고장에 대해 고장 메커니즘의 원인 및 고장원인을 규명하여, 고장의 재발방지 등의 시정조치를 정하기 위한 체계적인 조사연구"라고 정의된다. 또는 "고장 메커니즘, 고장원인 및 고장을 초래하는 결과를 식별하고 분석을 실시하여, 고장 아이템에 대한 논리적이고 체계적인 조사검토 과정으로 시정조치를 결정하는 활동까지 포함된다"로 정의된다. 이를 도시한 것이 **[그림 9.1]**의 하단 부분이며, 고장해석의 목적은 '신뢰성 향상, 고객만족도 제고, 수율 제고, 연구개발 촉진'으로 볼 수 있다(鈴木和幸(2008)). **[그림 9.1]**의 중간 부분은 고장해석의 역할이나 목적을 나타내고 있으며, 상단의 사전과 사후 고장해석으로 구분된다.

실무적인 고장해석은 기술적으로 보면 고장원인을 조사하는 것이 주 업무가 되는 것으로 보이지만, 그보다 고장의 재발방지와 미연방지를 목표로 삼는 기업경영 상의 매우 중요한 역할로 설정하고 있다.

즉, 신뢰성공학은 원래 사고나 고장을 예측하여 미연에 방지하는 것이 기본 원칙이지만 실제 발생한 중대고장에 대해서는 고장해석에 따라 원인을 규명하여 근본적인 재발방지 대책을 수립함과 더불어 조사연구 성과를 조직 전 구성원이 공유함으로써 보다 확실하게 광범위한 재발방지 대책을 수립해야 한다.

또한 새로운 기술을 수용한 신제품을 개발할 경우에 개발·설계단계에서 제작된 시제품에 대해 신뢰성시험을 실시할 때 발생한 고장이나 부적합을 대상으로 고장해석을 실시하

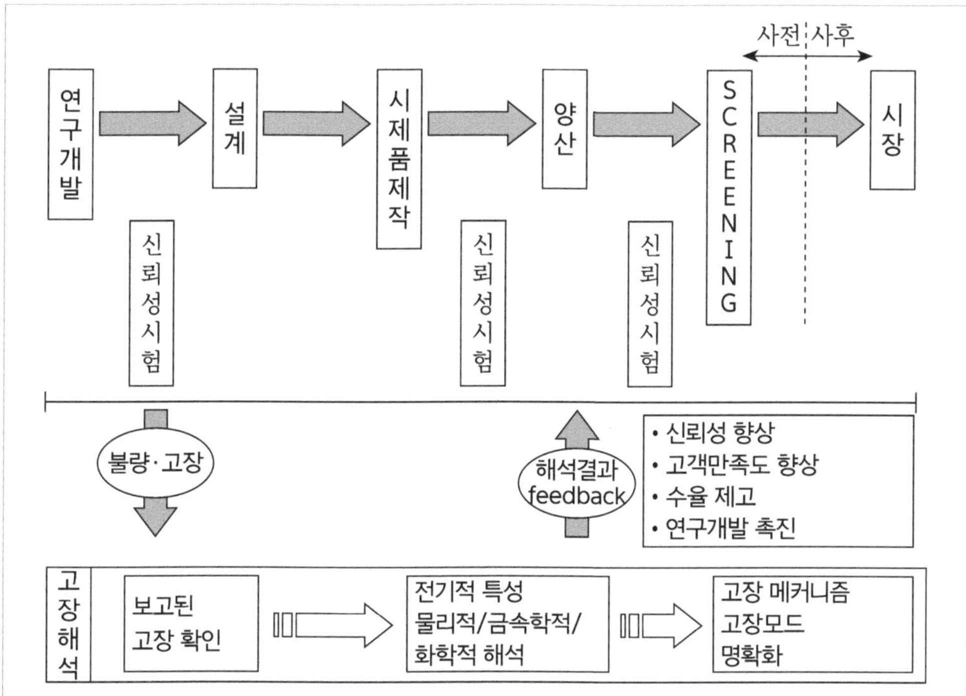

그림 9.1 고장해석의 범위와 역할

여 규명된 고장 메커니즘을 기반한 기술개선을 지속적으로 적용해야 한다.

9.2 고장해석 절차

고장해석의 최종 목표는 고장이 전혀 발생하지 않게 함으로써 제품과 시스템의 높은 신뢰성과 안정성을 보증하는데 있다. 고장해석을 실시할 때 고장이 사회나 고객에 미치는 손해 또는 영향을 평가하여 대국적 관점에서 운영관리를 추진하는 것이 매우 중요하다.

고장해석은 활용하는 시점([그림 9.1] 참고)과 목적에 따라 사전 및 사후 고장해석으로 대별된다(眞壁肇(2010)). 전자는 제품이 시장에 출하되기 전에 잠재하는 고장을 예상하고 검출하여 사전에 그 원인을 규명함으로써, 사고와 고장을 미연에 방지하는 것을 목적하고 삼고 있다. 그리고 사후 고장해석은 시장에 출하된 제품을 사용 또는 운용될 때 드러난 고장의 근본원인(root cause)을 규명하여 제거하는 기술을 확보함으로써 재발방지책을 수립하는 것을 주된 목적으로 설정하고 있다.

9.2.1 사전 고장해석

제품의 개발·설계단계에서 설계심사나 FMEA 등의 신뢰성 기법에 의해 찾아낸 고장이나, 설계단계에서 제작된 시제품에 대한 신뢰성시험에서 검출된 고장 등에 대해 사전 고장해석이 수행된다. 이 때 시제품이나 양산품에 대한 신뢰성시험을 실시할 때 시장의 사용환경 조건보다 엄격한 조건을 설정하여 실시하기도 한다. 이를 통해 기술적으로 잠재된 고장을 드러나게 할 수 있다. 이 단계의 고장해석에는 유한요소법(FEM)을 이용한 응력해석 또는 열해석 등의 공학적 연속형 시뮬레이션 등을 활용할 수 있다.

특히 사전 고장해석 단계에서 신뢰성을 향상시키기 위해서는 스트레스-고장 메커니즘-고장모드의 3가지 관점에서 착안하는 것이 매우 중요하다. 즉, 외부 또는 내부 스트레스에 의해 어떤 물리적·화학적 변화가 발생하며, 이 변화가 어느 정도 진행하면 고장이 발생하게 되므로 신뢰성의 확보를 위해서는 대상 제품의 엘리먼트에 대해 3가지의 관점에서 파악하는 것이 필수적이다.

모든 시스템은 내부 및 외부 스트레스의 영향을 받는다. 가령 최근의 차량탑재용 반도체디바이스는 내비게이션 제어뿐만 아니라 DMB 수신, 차량간 통신 시스템의 기능도 요구된다. 이에 따라 동작온도의 범위가 종래의 -40~85℃에서 -40~125℃로 확대되어 요구되고 있다. 또한 자동차 시장이 글로벌해짐에 따라 여건이 다른 미국 및 유럽과 BRIC 시장의 환경 스트레스의 차이점을 고려해야 한다. 예를 들면, 러시아에서의 전원전압의 안정공급, 도로의 포장상태, 교차로에서의 엔진 정지에 의한 시동횟수 빈도가 우리와 다르므로 우리나라나 미국의 사양을 그대로 적용하게 되면 여러 문제점이 발생한다.

특히 고장메커니즘은 물리적, 화학적, 또는 금속학적 변화에 의해 생기는데, 복수적 변화가 동시에 발생할 수도 있다. 사람에게서 질병의 메커니즘이 규명되면 그 치료법의 개발이 가능한 것처럼 고장메커니즘을 파악하는 것이 신뢰성 제고에 매우 중요하다.

고장모드는 기능상실이나 고장상태를 외부에서 관측할 수 있는 형태로 분류된 것이다. 일례로 배관의 고장모드로 균열, 막힘, 파단, 변형을 들 수 있다. 4.3절에서 언급한 바와 같이, 원자력 발전소 일차계통의 냉각수 공급용 파이프, 일반 가정용 수도용 배관, 사람의 뇌혈관, 손끝의 혈관 등의 고장모드도 모두 균열, 막힘, 파단, 변형이 된다. 다만 뇌혈관과 손끝의 혈관의 막힘에 의한 영향은 천차만별이며, 그 원인도 여러 가지가 된다. 즉, 원인-고장모드-영향의 연결흐름에서 고장모드는 한정되지만 그 원인과 영향은 여러 가지가 될 수 있다. 따라서 고장모드가 추출되면 그 영향의 크기를 평가할 수 있으므로 중점적으로 다루야 할 목표를 설정할 수 있을 것이다.

9.2.2 사후 고장해석

사후 고장해석은 현업에서 발생한 사고나 고장에 대하여 직접 현장에 가서 이를 복구하거나 더불어 고장이 발생한 현물을 확보하여 고장 발생경위나 사용 환경조건 등 현장과 현물을 기반으로 원인을 파악하는 것이 매우 중요하다.

사후 고장해석의 대상이 되는 고장유형과 그 대책, 시점과 장소, 운용 및 사용되고 있는 제품과 시스템 종류에 따라 적용과정이 달라진다. 여기서는 제품수준에서 사후 고장해석 절차를 설명한다.

고장모드나 고장 메커니즘을 해석하기 위해서는 우선 고장부위를 찾아야 한다. **[그림 9.2]**는 제품수준의 일반적인 고장해석의 흐름을 나타내고 있다(鈴木和幸(2008)).

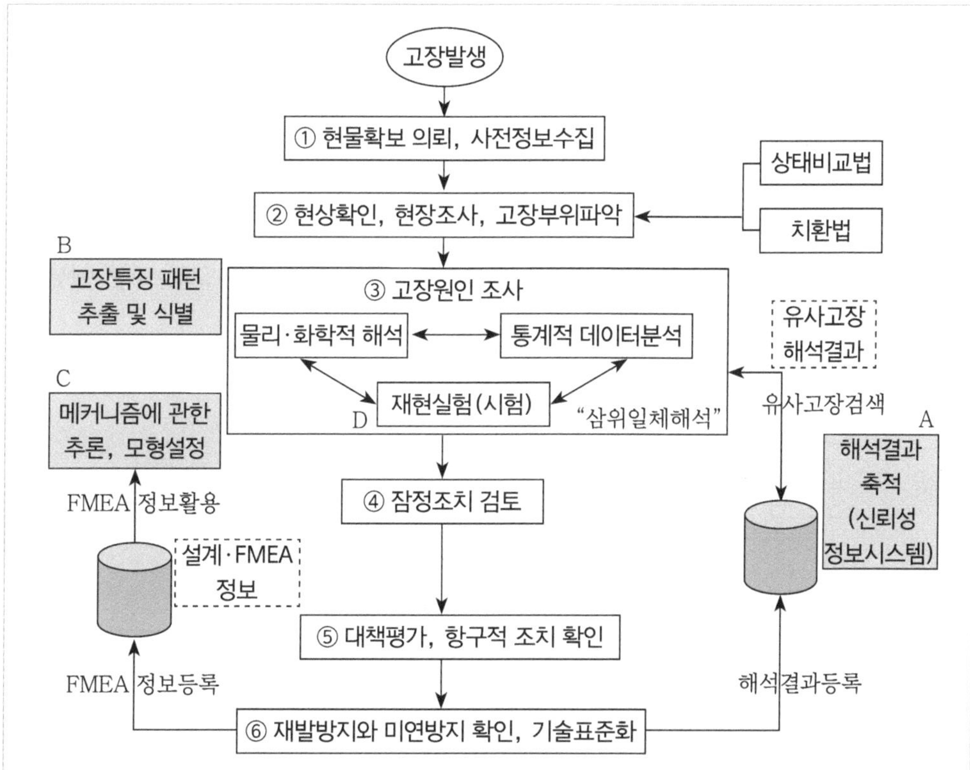

그림 9.2 사후 고장해석의 흐름

(ⅰ) 고장 발생 시 즉시 긴급한 조치가 필요한 경우가 아니면 우선 현물을 확보하고 발생한 고장에 대해 현장조사를 실시하기 전에 관련정보를 수집한다.

(ⅱ) 현장조사 시에 고장난 현물이 작동 가능한 상태이면 현상을 확인하고 상태비교법(고장이 난 장치와 정상 작동하는 장치를 비교하여 양 쪽의 차이로부터 고장부위를 찾는 방법)이나 치환법(고장부위를 추정할 수 있고 그 부위를 교체할 수 있을 경우에 그 부위를 정상적인 장치의 대응부위와 교환하여 고장부위를 확인하는 방법)을 적용하여 고장부위를 찾는다. 고장발생 장치를 회수할 때 고장사건이 재현되지 않는 경우가 있다. 이럴 때 현장조사 시 여건이 허용되면 현상의 확인까지는 현장에서 하는 것이 바람직하다. 그리고 고장현상과 고장부위로부터 고장모드를 정하고 고장모드의 상위요인에 관련된 정보를 수집한다.

(ⅲ) 고장부위가 확인되면 가장 중요한 단계인 고장원인을 조사한다. 고장물리에 의한 물리·화학적 분석, 와이블 분석 등에 의한 통계적 자료분석, 가설에 기반한 재현실험 등을 종합적으로 실시한다. 본격적인 고장해석은 고장 발생 메커니즘을 물리·화학적 지식에 기반하여 조사하는 것으로 시작한다. 고장해석은 [그림 9.3]과 같이 고장이 발생하는 과정에 따라 1차 -> 2차 원인 순으로 이의 인과관계를 과학적으로 소급하면서 거꾸로 확인하는 것이라는 것을 개념적으로 나타내고 있다. 이런 방식은 결과와 원인을 나타내는 사건간 인과관계를 검증하는 FT 분석과 동일하다. 또한, 이 단계의 고장해석은 문제가 되는 고장에 대해 그 메커니즘과 원인을 명확하게 위해 인과관계를 공학적·통계적으로 검증하는 [그림 9.4]의 재현실험이 활용된다. 현장에 관한 사용환경을 조사하고 분석하여 동일한 고장 또는 예상 고장에 대한 고장 메커니즘을 재현하는 시험을 지칭한다.

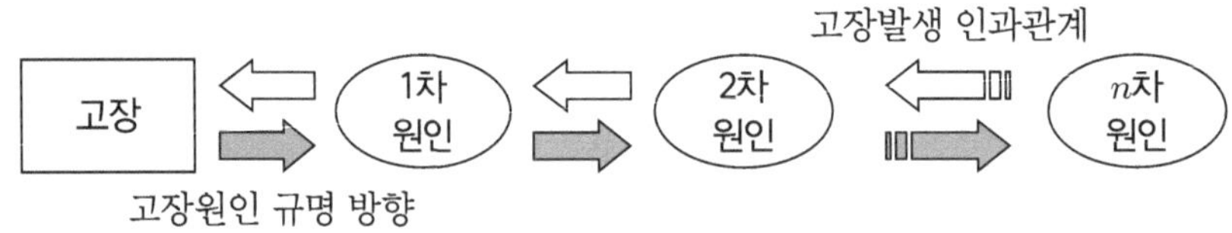

그림 9.3 고장현상과 인과관계

(ⅳ) 고장원인이 파악되면 대책과 조치를 수립하고 검토한다. 고장이 발생한 아이템 중에서 가동중인 아이템에 대해서는 잠정조치를, 생산중인 아이템에 대해서는 항구조치로 구분하여 대책을 수립한다.

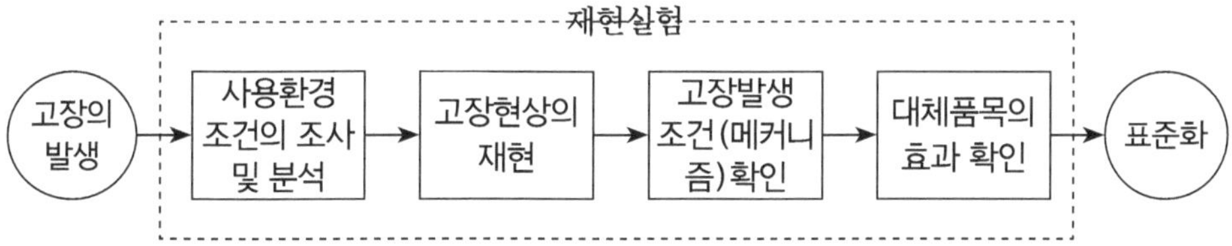

그림 9.4 재현실험

(v) 잠정조치의 결과 등으로부터 대책을 평가하고 항구조치의 실행을 통하여 그 효과를 확인한다. 조치의 결과로부터 고장사건이 관측되지 않음을 확인할 뿐만 아니라 추정된 원인에 의해 관측된 모든 사건이 과학 및 공학법칙에 따라 객관적으로 이해할 수 있고 설명이 가능할 수 있어야 한다. 고장발생이 단순한 내부요인만으로 설명될 수 있으면 해석결과의 대책과 평가가 용이하다. 그러나 고장이 사용조건이나 환경조건 등의 외적 요인 또는 내부와 외부 요인이 결합되어 있는 경우는 고장 대책을 수립하는 것이 쉽지 않다. 이럴 경우는 고장 메커니즘에 따라 재현실험을 실시하고 고장대책과 조치의 효과를 면밀하게 검토해야 한다. 이들 대책의 평가에는 비용, 대책실시의 용이성, 제조공정의 공정능력 등을 고려하여 최선의 대책을 선정한다.

(vi) 마지막으로 고장해석의 결과보고서를 작성하고 정보의 축적과 재발 및 미연 방지를 위해 관련부문에 공유시킨다. 또한 이런 대책에 포함된 기술개선 방안을 기술표준과 작업표준에 반영한다. 이후에 교육훈련과정에 이를 포함시켜 성과의 성공여부에 대한 후속조치를 강구해야 한다.

하여튼 사후 고장해석의 달성 효과를 제고하기 위해서는 신뢰성공학 기법을 도입하여 상시 고장해석의 기술수준을 향상해야 한다.

9.2.3 고장해석 시 유의할 점

고장해석은 고도기술사회에서의 복잡한 제품이나 시스템의 신뢰성과 안전성을 소비자 사회에 보증하는 기술적 활동 중에서 중추적인 역할을 담당하고 있다. 이를 달성하기 위한 몇 가지 유의사항을 기술한다.

1 고장요인 계통의 정확한 파악

고장해석의 초동조사 단계부터 바르게 시작해야 한다. 즉, 고장모드를 올바르게 파악했더라도 한 걸음 더 나아가 요인계통의 정보를 해석할 때 잘못된 주관이 들어가기도 한다. 과거의 고장해석에 의해 습득된 지식에 기반하여, 고장정보를 수시로 접하는 기술자나 영업 및 보전담당자를 대상으로 현지·현물에 대한 교육훈련을 철저하게 실시하는 것이 매우 중요하다.

2 근본원인분석의 적용

고장해석은 의료계에서 쓰이는 대증요법(감기이면 열을 낮추는 등의 증상에 대처하는 치료법)보다는 고장원인을 끝까지 찾아서 근본원인에 의한 재발방지 대책을 강구할 수 있는 근본원인분석(Root Cause Analysis; RCA)을 실시해야 한다.

[그림 9.5]는 [그림 9.3]과 유사한 방식으로 전동차의 주행불능의 원인이 '브레이크 부품 파손'으로 판명되면, 이 부품을 바꾸면 전동차의 주행기능이 회복되는데, 이런 대책은 명백하게 대증요법에 속한다. 즉, 공장의 제조공정을 개선하지 않으면 불량부품의 생산은 근절되지 않으므로, 이런 대책으로는 '전동차 주행불능'에 대한 재발방지를 달성할 수 없다.

[그림 9.5]를 보면 열처리 공정의 공정능력 부족이 근본원인(예를 들면 특성요인도 상에서 물고기 뼈의 말단 가지에 있는 요인)이 된다. 그러나 이것도 충분하지 않을 수 있다. 즉, 이의 원인으로 부품 제조공장의 품질관리 활동의 실태까지 고려할 필요성이 있기 때문이다. 따라서 신뢰성 향상과 고장해석의 성과는 회사의 품질경영 부문과 긴요하게 연계되어 있음을 유의해야 한다.

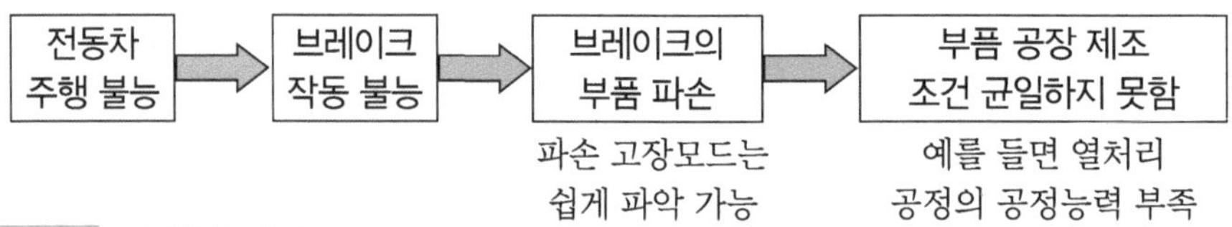

그림 9.5 근본원인 예시

3 실행과 정보화

고장의 근본원인에 대한 시정조치를 정착시켜야 한다. 기술·작업 표준과 교육훈련 시에 이를 포함시키고 신뢰성 정보시스템에 등록하여 엔지니어나 현장작업자가 활용할 수 있는 체제를 구축해야 한다.

또한 고장해석을 포함하는 일련의 활동을 체계적으로 정리하고 이를 포함한 '실패 사례집' 을 작성하고 신뢰성 정보시스템의 DB화하는 것도 좋은 방안이 된다. 그리고 고장요인으로 명확하게 판명된 특성치에 대해서는 중점관리 대상으로 설정하고 추이를 관리하는 그래프 등을 작성하게 하는 것이 고장해석의 결과를 현장에 정착시키는데 도움이 될 것이다.

9.2.4 고장해석 기기와 방법

일반적으로 고장해석 기기와 방법을 비전문가를 대상으로 설명하려면 의료기기와 대응시키는 것이 보다 수월하다. 기본적인 물리매체(X선, 초음파, 전기, 자장, 광, 전자/양전자. 이온 등)를 기준으로 의료 분야와 고장해석 분야를 대응시킨 유사한 주요 고장해석 기기와 방법이 [표 9.1]에 정리되어 있다(日本信頼性學會(2014)). 이들 기기와 방법으로 고장발생 아이템의 전기적 특성, 물리적, 금속학적, 화학적 해석 등을 통해 고장모드와 고장메커니즘, 고장원인을 규명할 수 있다.

표 9.1 고장해석 기기와 방법: 의료 분야 대응

기본 매체	X선	초음파	전기	자장	광	전자/양전자	이온 등
의료 분야	X선 (뢴트겐) 검사/ X선 CT (컴퓨터 단층 촬영법)	초음파 검사	심전도	MRI(자기공명 영상법)/ 초전도 양자 간섭 소자-뇌 자기도 (SQUID-MEG)	안저 검사	PET (양전자 방출 단층 촬영법)	중성자선 치료법/ 중입자선 치료법
고장 해석	X선 투시/ X선 CT	초음파 탐상	시간영역 반사율 측정법 (TDR)	SQUID 현미경	푸리에 변환 적외 분광법/발광해석법/레이저 이용 각종 해석법	SEM(주사전자현미경)/ TEM(투과전자현미경)/ Auger 전자분광법/ 전자탐침 미량분석 기법 (EPMA)	집속 이온빔 (FIB)/2차 이온 질량분석법/3차원 원자 탐침

9.3 고장물리와 고장해석

고장물리(Physics of Failure)는 부품이나 재료에서 발생한 고장에 대하여 원자, 분자 또는 입자수준의 마이크로 관점에서 고장 메커니즘을 규명하여 부품과 재료를 개선하는 과학기술분야이다. 고장의 성질 및 형상과 이의 발생원인을 계량적으로 탐구하는 통계적 접근법과는 대조적으로 고장물리는 정성적인 접근법을 주로 채택하고 있다. 따라서 이런 두 가지 접근법을 유기적으로 잘 활용하여 고장해석을 효과적으로 진행하는 것이 매우 중요하다.

고장물리의 대상으로 전자이주(electromigration), 피로파괴, 부식(erosion, corrosion), 마모 등과 이들이 복합된 것 등 여러 가지가 있지만 이 절에서는 앞에서 언급된 4가지만 서술한다(眞壁肇(2010), O'Connor and Kleyner (2012)). 더불어 고장물리와 와이블 분포의 관계를 통해 이 분포의 유용성을 살펴본다.

9.3.1 전자이주

대규모 집적회로(LSI)의 금속배선에 전류가 흐르면 금속원자가 이동하는 현상이 관측되는 경우가 있다. 이런 현상을 전자이주라 부른다. 즉, LSI 배선은 방열성이 우수한 절연막 속에 형성되므로 발열에 따른 온도상승이 발생하지 않지만, 일반적으로 전선보다도

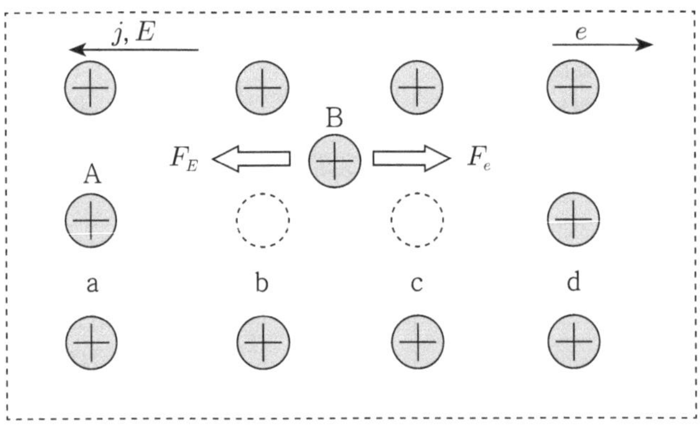

j : 전류밀도 E : 전개 e : 전자 F_E : 전계로부터 받는 힘
F_e : 전자와의 충돌로부터 받는 힘 E_a : 활성화 에너지

그림 9.6 전자이주 기초 물리모형: 실제 공간에 대한 도식적 모형

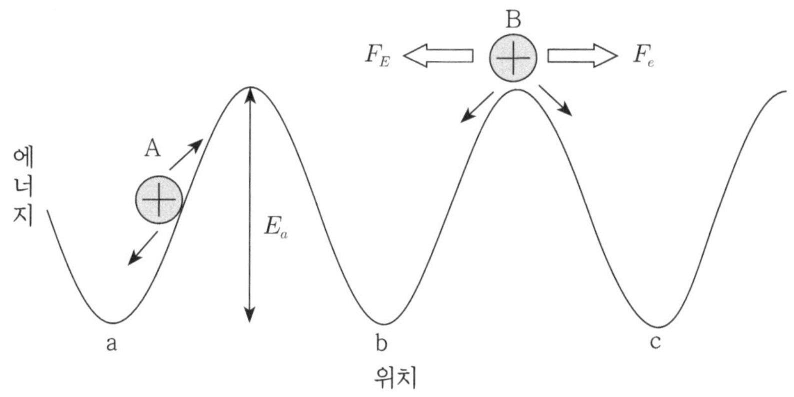

그림 9.7 전자이주 기초 물리모형: 포텐셜 공간 내의 운동

높은 전류밀도의 전류를 보낼 수 있으므로 통상적으로 발생하지 않는 전자이주에 의한 고장이 생길 수 있다.

금속은 **[그림 9.6]**의 도식적 모형과 같이 전자운 내에 규칙적으로 배열된 구조를 가진다. 이 금속에 전류가 흐르면 금속원자 B는 전계에서 직접 받는 힘 F_E와 전자와의 충돌에서 받는 힘 F_e 등 2종의 힘을 받는다.

금속원자 B는 **[그림 9.7]**과 같이 포텐셜(potential) 공간에서 주기적으로 열운동을 하고 있다. 원자는 어떤 확률로 포텐셜 에너지의 봉을 넘는데, 그 확률은 온도가 높을수록, 또한 활성화 에너지(E_a)로 표시되는 골의 깊이가 낮을수록 크게 된다. 이 때 원자 B는 원자가 없는 **[그림 9.6]**의 격자점 b, c로 이동한다. LSI 배선금속(알루미늄 또는 동)에서 F_E보다 F_e쪽이 크기 때문에 원자 B는 c로, 동일한 이유로 원자 A는 b로 이동하여, 차례로 원자는 전자의 흐름 방향(즉, 전류의 역방향)으로 이동한다. 이런 현상이 전자이주이다.

금속원자의 이동량이 불균일한 장소에서 금속의 결핍(void) 또는 축적에 의해 개방(open) 또는 단락(short, 합선) 고장이 발생된다. 이런 전기적 접속이상의 고장모드는 전자이주에 의한 것이다.

전자이주 고장에 따른 특정 수명(예를 들면 중앙값 또는 특성수명)과 스트레스의 관계는 식 (9.1)의 Black의 경험모델을 따르는 것으로 알려져 있다.

$$B_{50} = \frac{A}{J^{\beta}} \exp\left(\frac{E_a}{kT}\right) \qquad (9.1)$$

여기서 A는 재질과 구조 등에 의존하는 상수, J는 전류밀도,

β는 전류밀도 의존성 계수, E_a는 활성화 에너지,

k는 볼츠만(Boltzmann)의 상수, T는 절대온도임.

Black 모형은 **[그림 9.8]**과 같이 수명이 전류밀도와 온도에 의존하고 있음을 나타내며 (양대수로 변환하면 직선 형태), 전류밀도가 높을수록, 또한 온도가 높을수록 수명이 단축됨을 알 수 있다.

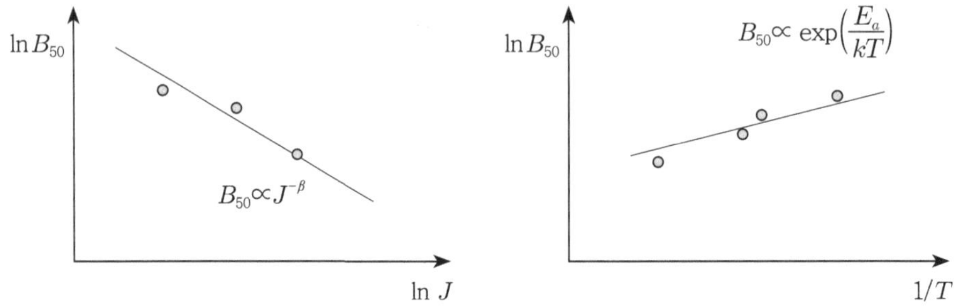

그림 9.8 Black 모형

LSI 내에는 막대한 배선이 들어 있으므로 수명분포를 가정하여 상당히 낮은 B수명을 추정할 필요가 있다. 전자이주에 의한 수명분포는 와이블 분포보다 대수정규분포를 따르는 것으로 알려져 있으며, Black 모형에서는 와이블 분포의 특성수명(η)보다 중앙값 수명($B50$ 수명)과 대수정규분포를 이용하여 신뢰성 관련 척도를 추정하고 검증한다.

9.3.2 피로파괴

건물과 교량 등의 건조물, 항공기와 자동차 등의 시스템, 전자부품의 내부까지 고장의 원인으로 재료파괴에 의해 발생되는 경우가 많다. 이들의 파괴 메커니즘은 재료물성, 온도, 부하·응력, 습도 등의 환경 스트레스 및 전기적 스트레스나 이온화 경향 등의 특성 등, 여러 가지 복합요인에 의해 결정된다. 이 소절에서는 금속재료를 중심으로 응력에 의한 피로파괴를 개략적으로 다룬다.

구조물을 형성하는 재료는 정적하중으로 강도 이하의 응력이더라도 반복하여 인가하게 되면 파괴에 이를 수가 있다. 즉, 구조물의 재료에 극히 소량의 결함이 내재되어 있으면 반복 하중이 가해진다든지, 부식 등의 재료열화 환경에 노출됨에 따라 이 결함의 발생원

에 의해 균열이나 부식이 성장하게 되는데, 이를 피로파괴라 부른다.

파괴는 균열발생, 균열진전, 최종파괴로 3단계로 구분된다. **[그림 9.9]**와 같이 II단계의 균열진전단계에서 피로 균열진전속도 da/dN과 응력확대계수범위 ΔK는 양대수용지상에서 거의 직선형태가 된다. 이는 Paris 법칙으로 불리며 식 (9.2)로 표현된다.

$$\frac{da}{dN} = C(\Delta K)^m \tag{9.2}$$

a:균열의 길이, N:반복응력횟수, C, m:재료에 따른 상수

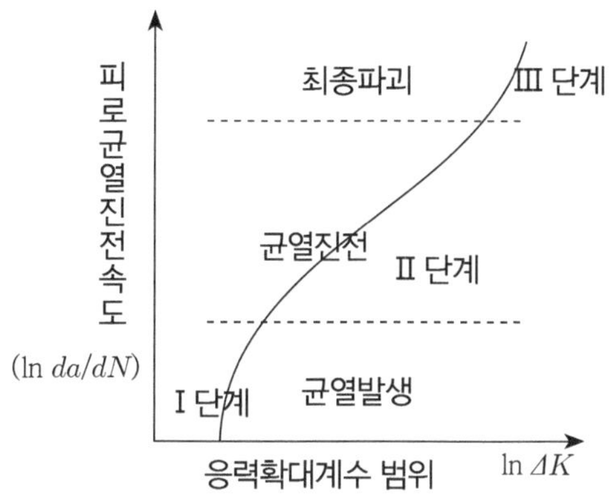

그림 9.9 피로균열 진전속도와 응력확대계수 범위

여기서 응력확대계수(stress intensity factor) K는 $c\sigma\sqrt{a}$ (여기서 σ:응력, c:부재, 형상 등에 따른 상수)로 주어지므로 a가 커지면 K도 커진다. K는 흠이나 결함의 첨단 부분에 응력이 집중됨을 나타내고 있으며, 반복 응력의 최대와 최소의 차가 ΔK이다. m은 금속재료에서 2 이상, 알루미늄 합금에서 4 근처 값으로 알려져 있다. 이런 균열의 진전을 점검하고 평가할 수 있다면 부재가 파괴에 이르기 전에 파괴를 미연에 방지하는 것이 가능하게 된다.

한편, 일반적으로 제품은 임무 및 용도 등에 따라 다양하게 변동하는 하중을 받게 된다. 이와 같은 변동하중을 받는 피로해석에는 5.5절에서 소개한 바와 같이 S-N 곡선을 이용한 Miner 법칙 등을 이용하여 안전수명의 추정이 가능하다.

9.3.3 부식

부식은 재료가 환경에 존재하는 물질과 반응함에 따라 열화해가는 현상이다. 이런 열화는 산소에 의한 부식반응과 고온·고압에 의한 재료열화로 대별된다. 또한 부식은 수분의 존재(상대습도 60% 이상)에 따라 습식부식(전기화학 반응)과 건식(산화반응)으로 나눌 수 있다. 습식에서는 금속용액에 대한 전위와 용액의 수소이온 농도 pH에 의해 부식여부가 결정된다.

한편 고온(100~200℃)에서는 수분이 존재하지 않고 건식속도가 크게 되므로 건식부식이 중요해진다. 여기서는 습식에 대해서만 자세히 기술한다.

철 Fe는 산소와 화합하여 산화 제2철 Fe_2O_3이 생성될 때 다음 식과 같이 740kJ/mol의 에너지가 방출된다.

$$2Fe + (3/2)O_2 \rightarrow Fe_2O_3 + 740kJ/mol$$

이 때 열역학 제2법칙 "모든 현상은 온도와 압력이 일정한 값 이하에서는 자유 에너지가 감소하는 방향으로 진행된다"에 따라 반응은 좌에서 우로 진행된다. 즉, 철 단체(홑원소 물질)나 산소 단체로 존재하기 보다는 Fe_2O_3로서 존재하는 것이 자유 에너지가 적기 때문에 반응은 좌에서 우로 진행된다. 따라서 열역학 법칙에 따르면 금과 백금은 반응이 좌에서 우로 진행하지 않으므로 녹이 쓸지 않는 것을 알 수 있다. 이런 상태를 불활성 상태라 부른다.

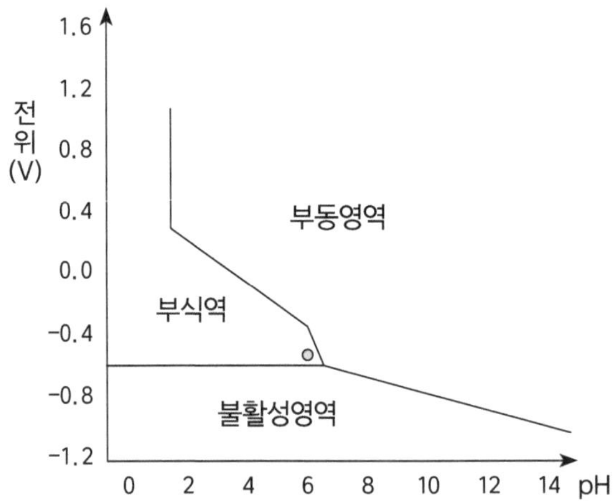

그림 9.10 철의 Pourbaix 다이어그램

이상의 열역학 법칙에 기반하여 거의 모든 금속에 대해 M. Pourbaix 다이어그램이 작성되어 있으며, **[그림 9.10]**에는 철에 관한 Pourbaix 다이어그램이다.

예를 들면, 수돗물과 접촉하는 철 파이프에 대해 pH가 7.5이고 전위(수소기준 전극에 대한 전위)가 -0.445V이면(**[그림 9.9]**에서 작은 원으로 표시된 점), 그림 중의 부식영역에 속하므로 철 파이프는 부식하게 된다. 반대로 전위를 낮추면 수돗물과 접촉하더라도 불활성 상태가 되어 부식방지가 가능함을 알 수 있다.

9.3.4 마모

마모(wear)는 다른 구성부품이나 물질과 연관된 기계적 운동의 결과로서 구성부품의 단단한 표면으로부터 물질이 제거되는 현상이다. 마모는 다양한 메커니즘에 의해 발생하고 특정 상황에서는 둘 이상의 메커니즘이 작동하기도 하지만 마모로 인해 제거된 물질이 적어 발견이 힘든 점이 특징으로 볼 수 있다. 구두나 타이어의 편마모 등 우리가 많이 접할 수 있는 현상으로 부식보다 서너 배 많이 발생하는 재료의 기능가치 상실이나 고장원인으로 알려져 있다. 공학에서 마모를 해석하고 제어하는 과학적 방법론이 포함된 학문분야를 마찰학(tribology)이라 한다.

주요한 마모 메커니즘은 다음의 4가지로 대별된다.

- 응착(adhesive)마모: 응착마모는 두 물체가 상대 운동 시에 물체의 일부분이 떨어져 나와 다른 표면에 전이되었다가 느슨한 마모입자를 형성하거나, 다시 전이를 하는 마모현상이다. 특히 원자가 매우 가깝게 접착했을 때 원자 간의 응착력에 의해 접착부의 일부에서 발생하며, 응착마모의 유용한 용도로 연필로 필기를 하는 것을 들 수 있다.
- 연마(abrasive)마모: 단단한 표면이나 단단한 입자가 포함된 연한 표면에서 연한 표면과 상대운동을 할 때 발생하며 연삭작용에 의해 물질 표면이 제거되는 마모 현상이다. 연마입자가 직접 예리한 긁힘을 만들거나, 긁힘을 일으키는 입자가 표면에 응착하여 연마를 하는 두 종의 형태로 구별된다. 특히 불규칙적으로 발생하고 마멸입자의 양도 작은 편에 속한다.
- 표면 피로(surface fatigue)마모: 반복적인 상대 운동이나 하중 하에서 표면에 크랙이 발생하고 성장하여 재료의 이탈을 가져오는 마모현상을 가리킨다.

- 부식(corrosive)마모: 부식환경에서 접촉표면의 주위환경과 표면물질의 화학작용에 의해 생긴 화합물이 표면에서 떨어져 가는 마모현상이다. 상대 운동이 없는 상태에서 부식물체는 표면에 부식막을 형성하여 부식의 진행을 차단한다.

마모는 점유율 측면에서 응착 > 연마 > 표면 피로 > 부식마모 순이며, 주로 응착과 연마마모가 80~90% 정도를 차지한다고 알려져 있다. 이외에 미동마모(fretting: 접촉표면이 미세한 크기의 진동을 받는 경우), 침식(erosive)마모, 충격(impact)마모, 취성 파괴(brittle fracture)마모 등이 있다.

마모를 감소시키는 주요 방법으로 다음을 들 수 있다.

① 진동 표면의 접촉과 같은 마모를 유발할 수 있는 조건과 격리시켜 설계단계에서 마모 잠재성의 최소화.

② 내마모 또는 자체 윤활이 가능한 재료와 표면처리의 선정.

③ 적절한 윤활과 효율적인 윤활 시스템 및 윤활을 위한 접근이 용이한 설계.

마모 문제가 사용 중에 발생할 때, 어떤 다양한 마모 메커니즘 또는 메커니즘의 조합에 발생했는지 고장 메커니즘을 파악하기 위해 마모된 표면을 시험하는 것이 고장해석을 위한 필수적인 출발점이 된다. 예를 들면, 평 베어링이 한 쪽 극단에서 응착마모의 흔적이 있을 경우 윤활유 막의 두께 및 대상 물체의 휨 또는 정렬 불량을 확인하여야 한다. 문제가 연마마모라면 윤활유 및 접착표면으로부터 오염에 의한 것인지, 또는 마멸입자인지를 점검하여야 한다.

특히 마모가 발생할 수 있는 부품이나 시스템은 보전방식에 매우 의존적이므로, 정기적인 예방보전이나 검사, 계획된 윤활유 모니터링 등을 통해 수명과 신뢰도를 높일 수 있다.

9.3.5 고장물리와 와이블 분포

스웨덴의 Weibull는 1939년 반복되는 응력에 대한 재료의 파괴 연구 과정에서 경험적으로 2장에서와 같은 와이블 분포의 형태를 도출하였다.

즉, 신뢰성공학에서 확률변수 X의 누적분포함수 $F(x)$는 일반적으로 다음과 같이 나타낼 수 있는 형태가 많다.

$$F(x)=1-\exp(-w(x)),\ x>0$$

n개의 고리로 연결된 체인은 인장 응력이 가해질 때 하나의 고리가 끊어지면 이 체인은 단선된다. 스트레스가 x일 때 하나의 고리가 파괴될 확률이 q이면 $q(x)=1-\exp(-w(x))$로 나타낼 수 있으므로 이 체인이 고장 날 확률은

$$Q_n(x)=1-(1-q(x))^n=1-\exp(-nw(x)) \tag{9.3}$$

가 되며, 최약연결모형(weakest link model)을 표현하고 있다.

1951년 Weibull은 $w(x)$의 요건으로 양수값을 가지며, x의 증가함수이고, 어떤 값 이하에서는 '0'이 되는 단순한 형태로 다음 식을 제안하였다.

$$w(x)=\frac{(x-x_a)^\beta}{x_0},\quad x>x_a \tag{9.4}$$

그는 실제 물리적으로 엄밀한 의미를 가지는 모형은 얻기 힘들므로, 물리적 근거는 없더라도 실용면에서 가장 단순한 형태의 식을 채택하는 것이 유용하다고 주장하고 있다.

따라서 식 (9.3)에 식 (9.4)를 대입하면,

$$Q_n(x)=1-\exp\left[-\frac{n(x-x_a)^\beta}{x_0}\right] \tag{9.5}$$

가 되어, 2장의 3-모수 와이블 분포(즉, $\eta=(x_0/n)^{1/\beta}$, $\gamma=x_a$)가 된다.

식 (9.3)을 2회 대수변환하면

$$\ln[-\ln(1-Q_n(x))]=\ln(n/x_0)+\beta\ln(x-x_a)$$

와 같이 직선 형태로 변환할 수 있으므로, 그는 강철의 항복강도의 분포에 적용하여 직선이 됨을 보여주었다.

만약 개별 고리에 가해지는 스트레스가 l일 때, 여러 체인에 대해 인장시험을 행할 경우에 개개 체인의 최약 고리의 강도는 달라진다. 이에 따라 해당 체인의 파괴강도 분포는 최약 고리의 강도분포에 의존하므로, n개의 고리로 구성된 체인의 시간 t에서의 파괴확률은

$$F(t,l)=1-(1-w(t,l))^n$$

로 나타낼 수 있으며, 파괴되지 않을 확률인 신뢰도는 다음과 같이 나타낼 수 있다.

$$R(t,l)=(1-w(t,l))^n$$

여기서 $w(t,l) \ll 1$이면 $e^y \approx 1+y$를 이용하여

$$R(t,l)=(\mathrm{e}^{-w(t,l)})^n=\exp(-nw(t,l)) \tag{9.6}$$

스트레스에 의존하는 신뢰도 함수가 구해진다.

만약 고리가 t_a를 초과하는 시간에서 열화가 시작되며 다음과 같은 누승모형을 따른다면,

$$w(t,l) \propto (t-t_a)^\beta$$

식 (9.6)은 다음과 같은 3-모수 와이블 분포가 된다. 여기서 β는 형상모수, θ는 척도모수, t_a는 위치(역치)모수로 '0'이 되면 2-모수 와이블 분포가 된다.

$$R(t,l)=\exp\left[-\left(\frac{(t-t_a)^\beta}{\theta}\right)\right], \quad t>t_a \tag{9.7}$$

일례로 상기의 최약연결모형은 인가되는 스트레스가 전압인 반도체의 절연막 산화경시파괴(Time Dependent Dielectric Breakdown, TDDB)의 수명분포 등에 널리 쓰이고 있다(日本信頼性學會(2014)). 이와 같이 와이블 분포는 열화 물리에 기반하고 있으므로 외부 스트레스에 대한 열화 의존성이 누승형태를 따르는 물리현상 하의 수명분포로 활용될 수 있다.

한편 Brown(1995)은 암석 등의 고체 덩어리를 순차적으로 분쇄할 때 생성된 파편의 질량분포가 와이블 분포가 됨을 보여주고 있다.

질량이 m(즉, m과 $m+dm$사이의 질량)인 파편 수의 분포는 질량 $m'(>m)$의 파편이 분쇄되어 나타나는 질량 m의 분포가 $g(m' \to m)$이면, 질량 m'인 모든 파편의 기여분을 합하여

$$n(m)=c\int_m^\infty n(m')g(m' \to m)dm' \tag{9.8}$$

가 된다. 그는 $g(m' \to m)$로 명확한 물리적 근거가 없지만 다음과 같은 역누승 형태(9.5절 참고)를 제안하였다.

$$g(m' \to m) = \left(\frac{m}{m_1}\right)^{\alpha}, \quad -1 \le \alpha < 0 \tag{9.9}$$

단, m_1은 파편의 평균질량

Brown은 상기모형을 실험 데이터에 기반하여 제시하였으며, m이 작아질수록 파편의 수가 증가하는 실제 현상을 반영하고 있다. c를 m_1^{-1}로 두고 식 (9.9)을 식 (9.8)에 대입하면

$$n(m) = \left(\frac{m}{m_1}\right)^{\alpha} \int_m^{\infty} n(m') d\left(\frac{m'}{m_1}\right)$$

이 되므로, 이 방정식의 해는 정규화하면 다음과 같이 와이블 분포의 형태가 된다.

$$n(m) = \frac{N_T}{m_1}\left(\frac{m}{m_1}\right)^{\alpha} \exp\left[-\frac{(m/m_1)^{\alpha+1}}{\alpha+1}\right]$$

여기서 N_T는 파편의 총수로 $N_T = \int_0^{\infty} n(m)dm$임.

따라서 신뢰도 형태인 m보다 큰 파편의 비율 $N(>m)/N_T$는 다음과 같이 된다.

$$\frac{N(>m)}{N_T} = \frac{\int_m^{\infty} n(m)dm}{\int_0^{m} n(m)dm} = \exp\left[-\frac{(m/m_1)^{\alpha+1}}{\alpha+1}\right] \tag{9.10}$$

Brown은 경험적 근거와 더불어 이론적 근거로 길이 a인 파편의 수를 a^{-D_f}(여기서 D_f는 프랙탈의 차원)로 나타낼 수 있는 프랙탈(Fractal) 시스템을 도입하면

$$g(m' \to m) = m^{-D_f/3}, \quad 0 \le D_f < 3$$

가 되므로, 도출된 식 (9.10)의 와이블 분포(즉, $\alpha = -D_f/3$)가 경험적인 분포에 한정되지 않는 물리현상을 수용하는 이론적 분포라고 보고하고 있다.

9.4 가속수명시험

9.4.1 가속시험방법

고 신뢰도 제품의 수명분포 또는 장기 성능의 추정은 특히 어렵다. 요즈음 상당수의 제품은 수년, 수십 년 혹은 그 이상 고장이 없이 사용이 가능하도록 설계된다. 그러므로 통상 사용조건에서 실용적인 시험기간 내에 적절한 고장 또는 성능 저하가 되는 제품은 거의 없다. 예를 들면, 통신 위성의 설계와 발사대 건설 시 구조물은 10~15년 동안 서비스를 제공하기로 기대되는 부품을 시험하기 위하여 단지 8개월의 시험기간을 허용하고 있다. 이에 따라 가속시험(Accelerated Test; AT)은 특히 단순 부품과 재료의 신뢰도 정보를 신속하게 얻고자, 제조 기업에서 널리 활용되고 있다.

다양한 형태로 고장이 발생할 수 있는 복잡한 제품의 수명을 가속화하는 데는 실용적이고 통계적 측면에서 어려운 문제점들이 존재한다. 가속변수의 낮은 수준인 사용조건의 수명 혹은 장기간 성능의 추정치를 구하기 위해서는 물리적 및 통계적 모형을 통하여 하나 이상의 가속 변수(예를 들어, 사용률, 온도, 전압, 압력 등)의 고 스트레스 수준에서의 시험결과 정보로부터의 외삽이 필요하다. 어떤 경우에는 스트레스를 시험과정 중에 증가시키거나 변경시킨다(단계 스트레스와 점진적 스트레스 가속시험).

가속시험의 결과는 부품과 하위 시스템의 신뢰도 평가 또는 실증, 부품 인증, 수정 가능한 고장모드의 발견, 다수 제조자의 비교 등을 위해서 신뢰도 설계 과정에서 폭넓게 활

표 9.2 제품단계별 신뢰성시험

제품 설계		제품 생산
재료 부품의 입증시험	(하위) 시스템의 원형시험	(하위) 시스템의 생산과 생산 후 선별 시험
가속수명시험(ALT) 가속열화시험(ADT)	Robust Design Test STRIFE Test AST, HALT, RGT	Burn-In ESS

(주)
- STRIFE: Stress for Life, Stressful Life
- AST: Accelerated Stress Test(가속 스트레스시험)
- HALT: Highly Accelerated Life Test(초 가속수명시험)
- RGT: Reliability Growth Test(신뢰도 성장시험)
- ESS: Environmental Stress Screening

용된다. 가속시험은 급변하는 기술, 더 많은 부품으로 이루어진 복잡한 제품, 보다 나은 신뢰도에 대한 소비자의 기대의 증대, 그리고 빠른 제품 개발에 관한 필요성 등의 이유로 점점 중요한 시험방법이 되고 있다.

[표 9.2]에는 제품 설계 및 생산 단계별로 기업이나 연구소 등에서 활용되고 있는 신뢰성시험 중에서 가속시험을 실시하는 종류를 열거하였는데, 이 중 가장 널리 이용되는 것이 가속수명시험이다.

특히 AST, HALT, STRIFE 시험은 유사한 시험방법으로 가속수명시험이 주로 재료나 부품을 대상으로 가속모형을 통한 외삽에 의해 사용조건하에서 수명을 추정하기 위해 실시되는 데 비해 이들 시험은 (하위) 시스템 수준에서 제품의 약점발견이나 설계 개선을 위해 복합 스트레스를 가하여 동작 및 파괴 한계(설계 여유)을 평가하거나 잠재적 결함을 찾아 조기에 신뢰성을 향상시키는 신뢰성시험법이다. 그리고 Robust Design(강건설계) 시험은 우수한 품질이란 생산과정과 사용현장에서 접하게 되는 잡음에 둔감해야 되며, 이를 달성하기 위해서는 선행 단계인 제품 및 공정 설계단계에서 품질관리 활동이 이루어져야 한다는 Taguchi의 강건설계 이론 등을 신뢰성시험에 접목한 기법으로 요즈음 전문가와 학자들의 관심대상이 되고 있다.

이 절은 서순근(2017)을 기반으로 기술하였으며, 이에 관한 보다 자세하고 전문적인 내용은 Meeker and Hahn(1999), Neson(1990), 서순근(2017)을 참고하면 된다.

9.4.2 가속시험 절차

가속시험은 [그림 9.11]의 시험절차에 따른 시험의 분석과정을 통하여 보증기간의 신뢰성 평가, 신제품의 신뢰도 예측과 비교 등의 신뢰성 분석에 활용된다. 이 장에서는 [그림 9.11]에 열거된 단계별 가속시험 절차 중에서 이론적 배경설명이 필요한 가속모형과 가속계수, 가속시험의 통계적 분석과정을 다루고자 한다.

9.4.3 가속수명시험

시험기간을 단축하기 위한 목적으로 기준조건(통상 사용조건)보다 가혹한 조건에서 실시하는 시험이다. 고 스트레스 수준에서 스트레스를 인가하는 스트레스 가속과 간헐동작

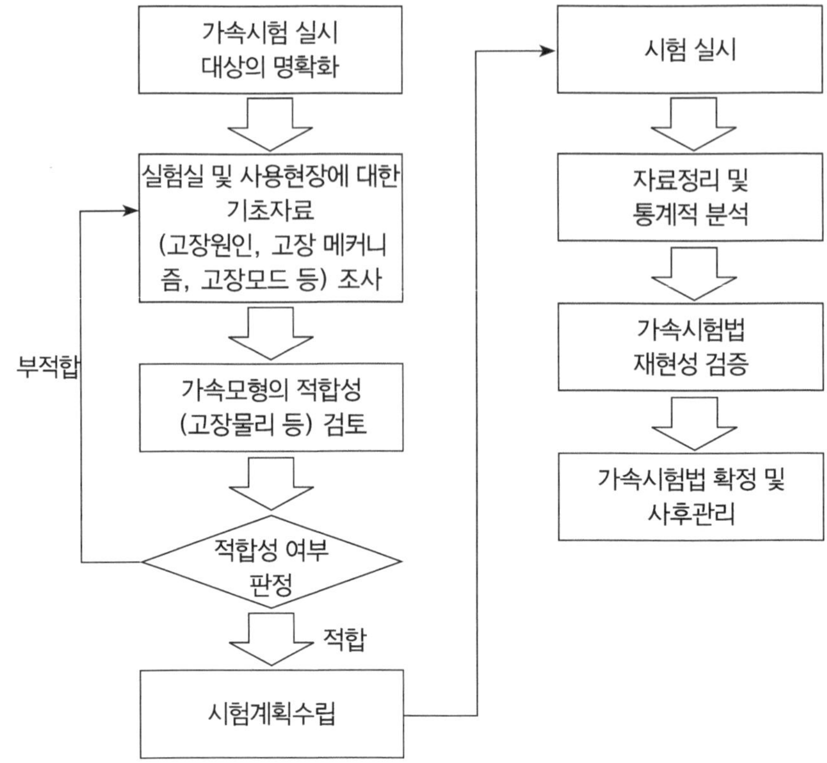

그림 9.11 가속시험의 절차

시에 반복횟수를 증가시키거나 연속동작 시 지속시간을 늘이는 시간 가속을 실시하여 제품의 고장 메커니즘을 촉진하여 수명을 측정하는 시험방법이다. 따라서 가속한 조건의 시험결과로부터 기준조건의 수명 또는 고장률을 추정하기 위해 두 조건 사이에 존재하는 규칙성을 활용하여 가속계수를 구하며, 일반적으로 두 조건에서의 고장 메커니즘이 동일해야 한다.

고 신뢰도를 갖는 제품에 대한 적절한 신뢰성 평가 시에 직면하게 되는 시간과 시험단위 수의 제약을 극복하여 짧은 기간에 제품의 신뢰도와 성능을 파악하기 위해서는 가속수명시험이 요즈음 필수적인 도구로 자리매김을 하고 있다.

1 가속 방법

한편 신뢰성시험에서 활용되는 세 가지 주요 가속 방법은 다음과 같이 요약할 수 있다.

① 제품의 사용률 증가

매일 두 번의 사용률을 가진다고 가정한, 20년의 중앙값 수명으로 설계된 토스터기의 신뢰도를 평가할 경우에 매일 365회 토스터기를 시험한다면 약 40일로 중앙값 수명을 줄일 수 있다. 또한 수명시험 기간 내에 모든 제품의 고장 발생이 필요하지 않기 때문에, 유용한 신뢰도 정보를 몇 달 대신 몇 일내에 획득할 수 있다.

② 제품의 노화율(aging rate) 증가

일례로 온도 혹은 습도 등의 환경 변수의 수준을 증가시키는 시험법으로 접착 본드의 화학적 열화, 또는 전도성 필라멘트가 절연체를 넘어 성장함으로써 결과적으로 단락을 유발하는 등의 고장 메커니즘의 화학적 과정을 가속화시킬 수 있다.

③ 시험 단위가 운용되는 스트레스 수준(온도 주기, 전압, 압력 등)의 증대

예를 들면 운용 스트레스가 제품의 강도를 초과할 때 고장이 발생되는 경우로서 고스트레스하의 제품은 저 스트레스에서 고장이 발생되는 것보다 일반적으로 급속하게 고장이 발생된다.

그리고 여러 가지 가속화 방법의 조합된 경우도 활용 가능하다. 전압과 온도 주기와 같은 변수들은 전기화학 반응율의 증가(노화율 가속)와 더불어 제품강도보다 상대적으로 더 크게 운용 스트레스를 증가시킬 수 있다. 이런 상황에서 가속 변수의 영향이 복잡할 때 적절한 고장물리 모형을 구축할 수 있는 충분한 물리적 지식이 없을 수 있다. 따라서 경험적 모형이 사용조건으로의 외삽을 위해 유용할 수도 있다.

이외에 고장판정 조건을 엄격히 설정하거나 치수효과(size effect)를 고려한 가속화 방법도 활용되고 있다.

2 스트레스 부과방법

(가) 일정 스트레스 시험(constant-stress accelerated test)

스트레스 부과방법의 가장 대표적인 것으로 시험단위에 일정한 수준의 스트레스를 시험종결시간까지 유지하는 방법이다. 이 방법은 시험에 적용하기가 편리하고, 시험 시 스트레스의 유지가 쉬우며, 일정 스트레스 수준 하에서의 가속모형이 널리 개발되어 있고 경험적인 검증도 많이 이루어져 있는 장점이 있다.

(나) 단계형 스트레스 시험(step-stress accelerated test)

단계 스트레스 부과방법은 스트레스 수준을 계단형으로 변환(주로 증가)시키는 시험으로 시험단위의 고장을 빨리 유발시킬 수 있는 장점이 있으나 시험단위의 고장까지

각 스트레스에서 노출된 누적효과가 전이되는 모형이 필요하다. 즉, 고장물리에 의해 입증된 누적효과에 대한 모형이 보편적으로 정립되지 않아 신뢰도 평가를 수행할 때 어려움이 발생되고 있다.

(다) **점진 스트레스 시험**(progressive-stress accelerated test)

시간에 따라 스트레스를 연속적으로 증가시키면서 시험하는 방식으로, 특히 이 방식 중에서 선형적으로 증가하는 경우를 램프(ramp-stress)시험이라 부른다. 단계 스트레스 시험과 동일한 장단점을 가지고 있으며, 고가의 시험장비를 사용하더라도 스트레스 증가율을 일정비율로 유지하기가 쉽지 않을 수 있다.

(라) **주기적 스트레스 시험**(cyclic-stress accelerated test)

시험제품에 가해지는 스트레스 수준이 사인곡선 등과 같이 주기적으로 변하는 시험법으로 금속부품들의 스트레스 부과방법에 많이 적용된다. 예를 들면 금속의 강도를 파악하기 위하여 금속시료에 대해 일정기간 인장-압축시험을 반복하게 되는데 이와 같이 주기적으로 기계적 스트레스를 반복하는 시험 등이 해당된다.

[그림 9.12]는 시험단위에 부과되는 상기의 4가지 스트레스 부과 방법을 나타내고 있으며, 이 외에 특정한 유형 없이 랜덤하게 스트레스를 가하는 방법도 있다. Minitab에서

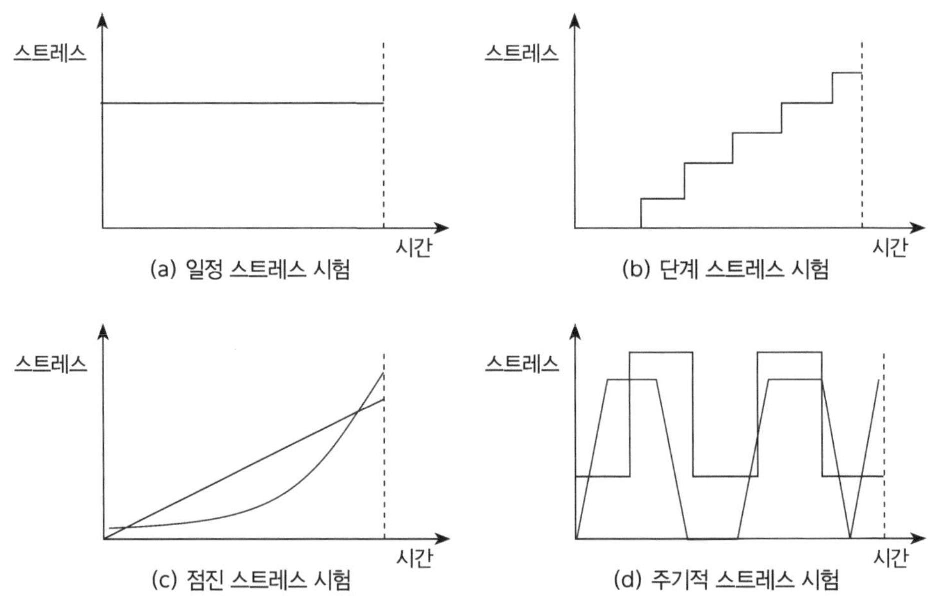

그림 9.12 스트레스 부과방법

는 일정 스트레스 시험만 분석할 수 있으므로 이 책에서는 일정 스트레스 가속수명시험에 한정하고자 한다.

9.5 가속모형

시험제품의 수명과 스트레스의 관계를 나타내는 모형을 가속모형이라 명명하며, 이를 스트레스를 가속하는 유형의 가속시험에 활용할 수 있다. 즉, 가속모형은 수명분포의 모수(평균, 분위수, 표준편차)를 스트레스 변수들의 함수로 표현하는데, 가속수명시험 계획의 수립과 가속수명자료를 분석할 때 매우 중요한 역할을 한다. 여기서는 여러 가지 모형들 중에서 고장을 발생시키는 물리·화학적 과정에 대한 이론적 근거 없이 가용자료를 잘 적합하는 경험적(empirical) 가속모형보다는 고장유발과정을 기술하는 물리· 화학적 이론에 기반한 물리적(physical) 가속모형을 중심으로 활용도가 높은 가속모형을 다룬다.

9.5.1 아레니우스 모형(Arrhenius model)

1903년 노벨 화학상 수상자인 아레니우스에 의해 개발된 이 모형은 화학적 반응률에 대한 아레니우스 법칙에 기초하여 온도와 반응 속도가 밀접한 관계를 갖는 경우에 적용할 수 있는 가속시험에 관한 모형의 일종으로서 적용 제품은 다음과 같다.

- 전기 절연체와 유전체
- 윤활유와 그리스
- 반도체 기기
- 플라스틱
- 축전지
- 백열전구 필라멘트 등

즉, 아레니우스 모형은 온도 스트레스에 의한 물리적 및 화학적 반응속도의 의존성을 나타낸다. 따라서 반응률 v와 온도 T(절대온도이며, 온도는 가장 보편적으로 쓰이는 T로 표현되므로, 이 책에서 수명에 대한 확률변수로 정의되는 T와 혼동하지 말 것)의 관계식은 다음

식 (9. 11)과 같이 나타낸다.

$$v = \alpha_0 \cdot \exp\left(-\frac{E_a}{kT}\right) \tag{9.11}$$

단, v: 반응률 또는 반응속도.

α_0: 대상제품의 고장 메커니즘과 시험조건의 특성에 따른 상수

E_a: 활성화 에너지(단위는 전자볼트(electronvolt)인 eV)

k: Boltzmann 상수

$$\left(\begin{array}{l} 1.38\times10^{-23}\text{J/K} = 1.38\times10^{-23}/1.6\times10^{-19}\text{eV/K} \\ = 8.6171\times10^{-5}\text{eV/K} = \dfrac{1}{11,605}\text{eV/K} \end{array}\right)$$

T: 절대온도(°K, ℃ + 273. 15)

제품의 화학반응량 혹은 열화량(성능 저하량) x는 수명 t에 대하여 $x = vt$의 관계를 갖는다. 이때 열화량이 x_0에 도달하면 고장이 발생한다고 할 때, 명목수명 L은 식 (9. 12)와 같이 나타낼 수 있다.

$$x_0 = \alpha_0 \cdot \exp\left(-\frac{E_a}{kT}\right) \cdot L$$

$$L = \left(\frac{x_0}{\alpha_0}\right)\exp\left(\frac{E_a}{kT}\right) = \alpha \cdot \exp\left(\frac{E_a}{kT}\right) \tag{9.12}$$

단, $\alpha = \dfrac{x_0}{\alpha_0}$

식 (9. 12)의 양변에 대수를 취하면, 식 (9. 13)과 같으므로 $\ln L$과 $1/T$는 직선 관계가 성립된다.

$$\ln L = \ln\alpha + \left(\frac{E_a}{k}\right)\frac{1}{T} = a + b\frac{1}{T} = a + E_a T' \tag{9.13}$$

단, $a = \ln\alpha$, $b = \dfrac{E_a}{k}$, $T' = \dfrac{11,605}{T}$

따라서 L의 대수값과 절대온도의 역수 $1/T$를 그래프에 도시했을 때 직선이 되면 아레니우스 모형을 따른다고 볼 수 있으며, 가로축은 수명의 대수척도, 세로축은 절대온도의 역수척도를 설정한 눈금의 간격으로 재획정하여 온도(℃)를 도시할 수 있는 용지를 아레니우스 용지([부록 E])라 부른다.

1 활성화 에너지

[그림 9.13]은 활성화 에너지의 의미를 도시하고 있으며 이 활성화 에너지는 고장 메커니즘에 의존하는데, 이에 관한 전자이주 고장모드에 관한 고장물리 모형을 9.3.1절에서 자세히 다루었다.

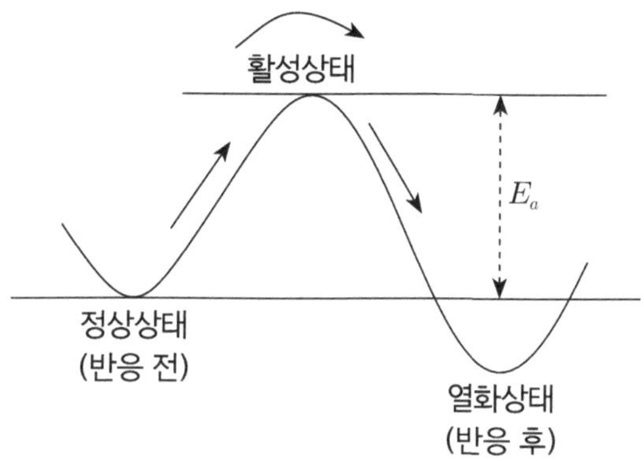

그림 9.13 활성화 에너지

9.5.2 역누승 모형(Inverse power law model)

역누승(逆累乘, 역거듭제곱) 모형은 전기 절연체, 베어링, 금속피로(metal fatigue) 등에 널리 사용되고 있는 가속모형으로 적용 제품으로는 다음과 같은 것이 있다.

- 전기 절연체와 유전체(전압을 이용한 내구시험)
- 플래시 램프
- 볼베이링과 롤러 베어링
- 기계적 부하에 따른 단순 금속 피로
- 백열전구(진공관 필라멘트) 등

역누승 모형의 관계식은 일반적으로 식 (9.14)와 같이 표현된다.

$$L = \frac{\alpha}{V^{\beta}} \tag{9.14}$$

단, α, β 상수, L은 명목수명, V는 스트레스(전압 등)의 값

식 (9. 14)의 양변에 대수를 취하면, $\ln L$과 $\ln V$는 직선관계가 됨을 알 수 있다.

$$\ln L = \ln\alpha - \beta\ln V = \alpha' - \beta\ln V$$

경험적 모형으로도 볼 수 있는 역누승 모형에 포함시킬 수 있는 몇 가지 물리적으로 정립된 모형을 소개하면 다음과 같다.

1 전압 스트레스 모형

$L(v_a)$와 $L(v_0)$를 고 전압과 사용전압 조건에서 시험한 아이템의 수명이라고 정의하면 전압 스트레스 모형에 관한 역누승 관계식을 식 (9. 15)와 같이 표현할 수 있다.

$$L(v_a) = \frac{L(v_0)}{(v_a/v_0)^{\beta}} \qquad (9.\ 15)$$

단, $v_a > v_0$이며, $\beta > 0$으로 제품의 특성값

2 Coffin-Manson 관계식

온도 주기(thermal cycling)에 의한 금속의 피로고장(fatigue failure)에 사용되는 모형으로 고장까지의 사이클 수를 N, 온도 주기의 온도범위를 ΔT라고 할 때, N은 식 (9. 16)과 같이 표현된다.

$$N = \frac{\alpha}{(\Delta T)^{\beta}} \qquad (9.\ 16)$$

3 Palmgren 공식

롤러(roller)와 볼 베어링(ball bearing)의 수명에 적용되는 모형으로 C를 베어링 가용능력(bearing capacity), P를 등가 회전부하(equivalent radial load)라고 할 때, 수명의 제10백분위수인 B10 수명을 구하는 식은 (9. 17)과 같이 나타낼 수 있다.

$$\mathrm{B10} = \left(\frac{C}{P}\right)^{\beta} \times 10^6 = \frac{\alpha}{P^{\beta}} \times 10^6 \qquad (9.\ 17)$$

단, $\alpha = C^{\beta}$이며, 볼 베어링일 경우 $\beta = 3$, 롤러 베어링일 경우 $\beta = 10/3$

4 S-N 곡선

기계 및 금속공학 분야에서는 재료의 인장-압축 시험을 통하여 재료의 피로한도를 구할 때, S-N 곡선을 이용하여 응력과 수명의 관계를 표현한다.

S-N 곡선은 종축에 응력진폭(stress amplitude) 또는 최대응력(S)을, 횡축에 피로파괴까지 응력 반복수(number of cycles to failure) N을 취해 실험치를 적합하는 곡선으로서 응력의 감소에 따라 반복수는 증가한다. S-N 곡선은 **[그림 9.14]**와 같이 시간강도를 나타내는 경사부와 피로한도에 해당하는 수평부로 나누어지는데, 시간강도는 지정된 반복수에서 파괴가 발생하는 응력치를 나타내며, 피로한도(fatigue limit)는 파괴가 일어나지 않는 최대응력 수준으로 내구한도(endurance limit)라고도 한다. 철이 함유된 재료는 피로한도가 대부분 존재하지만 철이 함유되지 않은 재료에서는 피로한도가 존재하지 않을 수도 있는데, 5.6.2절에서 언급한 바와 같이 이 경우에는 $N=10^7$에 대한 시간강도를 피로한도 대신에 사용하기도 한다. 그리고 수명이 10^4정도보다 짧은 저 사이클 피로에서는 응력과 수명관계 대신에 변형률과 수명의 관계가 사용된다.

[그림 9.14]는 5.6.2절에서 소개한 바와 같이 피로한도가 나타내는 재료의 전형적인 S-N 곡선을 보여주고 있다.

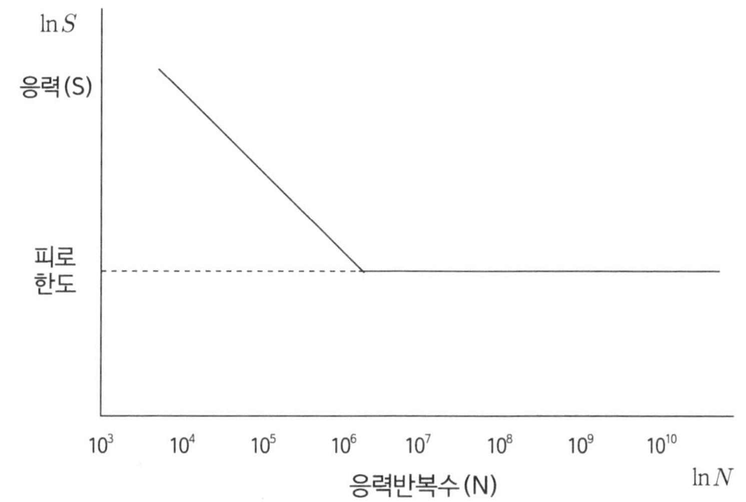

그림 9.14 피로한도를 나타내는 재료의 S-N 곡선

따라서 S-N 곡선을 표현하는 모형을 식 (9.18)과 같이 표현할 수 있다.

$$N=\begin{cases} \gamma_0/(S-S_0)^{\gamma_1} & S>S_0 \\ \infty & S\le S_0 \end{cases} \tag{9.18}$$

단, γ_0와 γ_1는 상수, S_0는 피로한도

또한 식 (9. 18)을 주로 대수변환하여 사용하는데, S'를 $S-S_0$로 두면 다음 식 (9. 19)와 같이 역누승 모형과 동일한 형태가 된다.

$$\ln N = \begin{cases} \ln\gamma_0 - \gamma_1 \ln S' & S' > 0 \\ \infty & S' \leq 0 \end{cases} \tag{9. 19}$$

9. 5. 3 아이링 모형(Eyring model)

어떤 제품에 대해 아레니우스 모형이 온도에 대한 가속모형으로 적절하지 못한 경우가 있다. 이 때 양자역학으로부터 도출된 아이링 모형이 더 적정할 수 있는데, 수명과 온도 스트레스(T)의 관계는 다음과 같이 구해진다.

$$L = \frac{\alpha}{T} \cdot \exp\left(\frac{\beta}{kT}\right) \tag{9. 20}$$

아이링 모형은 아레니우스 모형에 $1/T$이 추가되어 있어 온도가 후자에 비해 더 큰 영향을 미치나, 실제 적용되는 제품은 그리 많지 않다.

9. 5. 4 일반화 아이링 모형(Generalized Eyring model)

스트레스 변수가 두 가지 이상 존재할 경우, 예를 들어 온도 T와 그 외의 스트레스 V를 함께 인가하는 시험에 적용되는 모형으로 다음과 같이 나타낼 수 있다.

$$L = \frac{\alpha}{T^m} \cdot \exp\left(\frac{\beta}{kT}\right) \cdot \exp\left[V\left(\gamma + \frac{\delta}{kT}\right)\right] \tag{9. 21}$$

단, α, β, γ, δ, m은 상수

전 소절의 아이링 모형을 확장한 일반화 아이링 모형은 양자역학의 아이링 방정식으로부터 유도되었으며 이 중에서 식 (9. 21)을 단순화한 식 (9. 22)가 많이 활용된다.

$$L = \alpha \cdot \exp\left(\frac{E_a}{kT}\right) \cdot \exp(\gamma V) \tag{9. 22}$$

9.5.5 온·습도 가속모형

매우 다양한 모형이 알려져 있으며 일반적으로 다음과 같은 관계식이 주로 사용된다.

$$L = \alpha \cdot \exp\left(\frac{E_a}{kT}\right) \cdot f(RH) \tag{9.23}$$

여기서, α는 상수, RH는 상대습도

자주 활용되는 함수 f의 형태는 식 (9.24)와 같다.

$$f(RH) = \begin{cases} \beta \cdot \exp\left(\frac{\gamma}{RH}\right) \\ RH^{\beta} \\ \left(\frac{RH}{1-RH}\right)^{\beta} \end{cases} \tag{9.24}$$

9.5.6 온도-비열 스트레스 모형

가속 스트레스로 온도와 더불어 전압, 진동, 전류밀도 등의 비열(non-thermal) 스트레스를 적용하는 경우로서 아레니우스와 역누승 관계를 조합한 다음의 모형이 주로 활용되고 있다.

$$L = \frac{\alpha}{V^{\beta}} \cdot \exp\left(\frac{E_a}{kT}\right) \tag{9.25}$$

여기서 V : 비열 스트레스, α, β : 상수

상기 모형은 온도와 더불어 전압 스트레스가 적용될 때 다 스트레스인 경우의 아이링 모형과 유사하다. 예를 들면 1960년대에 Black은 전자이주(electromigrartion)을 반영한 와이어의 MTTF를 추정할 수 있는 식 (9.1)과 동등한 형태인 다음과 같은 모형(Black 모형으로 9.3.1절 참고)을 제안하였다.

$$MTTF = \frac{\alpha}{(J-J_0)^{\beta}} \cdot \exp\left(\frac{E_a}{kT}\right)$$

여기서 J : 전류밀도, J_0: 전류밀도의 역치

β : 2~3.5에 속하는 상수

9.6 가속성과 가속계수

9.6.1 가속성의 성립

두 가속시험 조건에서의 수명자료를 확률지에 타점했을 경우 각 조건에서 적합한 직선이 서로 평행하면 두 조건 사이에 가속성이 성립한다고 판단할 수 있다. 예를 들어, 와이블 분포일 경우에는 두 직선의 형상모수 β가, 대수정규분포일 경우에는 척도모수 σ가 같아야 한다(Nelson(1990)).

9.6.2 가속계수

임의의 두 스트레스 조건 1과 2 사이에 가속성이 성립한다고 하면(단, 조건 2가 1보다 열악) 두 조건에서의 수명 t_1, t_2는 가속계수(Acceleration Factor; AF)와 다음 관계가 성립한다.

$$t_1 = (AF)t_2 \tag{9.26}$$

위 관계식은 두 수명분포의 임의의 분위수에도 동일하게 성립하므로 $t_{1,0.5} = (AF)t_{2,0.5}$ 또는 $t_{1,0.01} = (AF)t_{2,0.01}$ 가 되므로 다음의 관계로부터 가속계수를 쉽게 구할 수 있다.

$$AF = \frac{t_{1,0.632}}{t_{2,0.632}} = \frac{\eta_1}{\eta_2} \qquad : \text{와이블 분포}$$

$$AF = \frac{t_{1,0.5}}{t_{2,0.5}} = \frac{\exp(\mu_1)}{\exp(\mu_2)} = \exp(\mu_1 - \mu_2) \qquad : \text{대수정규분포}$$

또한 가속계수와 누적분포함수 그리고 고장률함수와의 관계식은 다음과 같으며, 이런 관계가 성립되는 모형을 통칭하여 SAFT모형(Scale-Accelerated Failure Time Model)이라고 부른다.

$$F_2(t) = F_1(AF \cdot t)$$

$$h_2(t) = AF \cdot h_1(AF \cdot t)$$

따라서 9.5절에 언급된 중요한 가속모형들의 가속계수를 다음과 같이 설정할 수 있다.

(가) 온도 스트레스 경우의 가속계수: 아레니우스 모형

$$AF = \frac{L_1}{L_2} = \exp\left[\frac{E_a}{k}\left(\frac{1}{T_1} - \frac{1}{T_2}\right)\right] \tag{9.27}$$

아레니우스 가속계수로부터 소위 'θ도 법칙'을 다음과 같이 유도할 수 있다.

$$AF = 2^{(T_2 - T_1)/\theta} \tag{9.28}$$

즉, 온도차 $T_2 - T_1$가 θ이면 가속계수는 2배가 됨을 알 수 있으며 전자부품은 이 값이 8~12℃ 범위에 있는 것이 많다. θ와 활성화 에너지 관계는 다음과 같이 설정할 수 있지만 식이 성립하는 범위가 한정되어 있음에 유의해야 된다.

$$\theta = \frac{kT_1T_2\ln 2}{E_a} \tag{9.29}$$

(나) 역누승 모형하의 가속계수

$$AF = \frac{L_1}{L_2} = \left(\frac{V_2}{V_1}\right)^{\beta} \tag{9.30}$$

(다) 아이링 모형하의 가속계수

$$AF = \frac{T_2}{T_1} \cdot \exp\left[\frac{E_a}{k}\left(\frac{1}{T_1} - \frac{1}{T_2}\right)\right] \tag{9.31}$$

(라) 일반화 아이링 모형하의 가속계수

두 스트레스 변수만 존재할 경우(식 (9.22))의 가속계수는 다음과 같다.

$$AF = \exp\left[\frac{E_a}{k}\left(\frac{1}{T_1} - \frac{1}{T_2}\right)\right] \cdot \exp[\gamma(V_1 - V_2)] \tag{9.32}$$

(마) 온·습도 가속모형하의 가속계수

습도에 관한 함수가 식 (9.24)의 첫 번째 형태일 경우 가속계수는 다음과 같다.

$$AF = \exp\left[\frac{E_a}{k}\left(\frac{1}{T_1} - \frac{1}{T_2}\right)\right] \cdot \exp\left[\gamma\left(\frac{1}{RH_1} - \frac{1}{RH_2}\right)\right] \tag{9.33}$$

(바) 온도-비열스트레스 가속모형하의 가속계수

$$AF = \exp\left[\frac{E_a}{k}\left(\frac{1}{T_1} - \frac{1}{T_2}\right)\right] \cdot \left(\frac{V_2}{V_1}\right)^{\beta} \tag{9.34}$$

표 9.3 가속모형별 가속계수

가속모형	가속계수	비고
아레니우스모형	$AF = \exp\left[\frac{E_a}{k}\left(\frac{1}{T_1} - \frac{1}{T_2}\right)\right]$	온도 스트레스
역누승 모형	$AF = (V_2/V_1)^{\beta}$	
아이링 모형	$AF = \frac{T_2}{T_1} \cdot \exp\left[\frac{E_a}{k}\left(\frac{1}{T_1} - \frac{1}{T_2}\right)\right]$	
일반화 아이링 모형	$AF = \exp\left[\frac{E_a}{k}\left(\frac{1}{T_1} - \frac{1}{T_2}\right)\right] \cdot \exp[\gamma(V_1 - V_2)]$	두 스트레스 변수 경우
온·습도 가속모형	$AF = \exp\left[\frac{E_a}{k}\left(\frac{1}{T_1} - \frac{1}{T_2}\right)\right] \cdot \exp\left[\gamma\left(\frac{1}{RH_1} - \frac{1}{RH_2}\right)\right]$	식 (9.24)의 첫 번째 관계식
온도-비열 스트레스 가속모형	$AF = \exp\left[\frac{E_a}{k}\left(\frac{1}{T_1} - \frac{1}{T_2}\right)\right] \cdot \left(\frac{V_2}{V_1}\right)^{\beta}$	

예제 9.1

어떤 고장 메커니즘의 활성화 에너지는 0.78eV이며 정상 사용온도는 65℃이고 가속시험 조건은 85℃이다. 가속계수를 구하라.

식 (9.27)에 대입하면 가속계수는 4.46으로 구해진다.

$$AF = \frac{L_1}{L_2} = \exp\left[\frac{0.78\text{eV}}{8.6171 \times 10^{-5}}\left(\frac{1}{338.15} - \frac{1}{358.15}\right)\right] = 4.46$$

활성화 에너지 값은 가속계수의 결정에 큰 영향을 미친다. [표 9.4]에는 [예제 9.1]의 두 조건의 시험 하에서 활성화 에너지의 변동 범위에 따라 가속계수를 계산한 값으로 이의 변화 범위가 상당히 큼을 알 수 있으며, 또한 다른 스트레스 등의 요소와 결합하게 되면 더욱 크게 변하게 된다.

역누승 모형일 경우에 두 스트레스의 비가 2정도가 되더라도 β가 2, 3, 5이면 가속계수가 4, 9, 25로, β가 커짐에 따라 급속하게 증가한다.

표 9.4 활성화 에너지와 가속계수

활성화 에너지(eV)	가속계수
0.6	3.16
0.65	3.48
0.7	3.83
0.75	4.21
0.78	**4.46**
0.8	4.64
0.85	5.11

한편 전자제품의 신뢰성 예측에 가속계수를 이용하여 고장률 또는 MTTF를 추정하는 방법이 널리 쓰인다. 즉, 지수분포를 따른다고 가정하여 고장률(또는 이의 역수인 MTTF)를 추정한 후에 신뢰수준(통상적으로 60%와 90%)을 반영한 고장률의 신뢰상한(MTTF의 신뢰하한)을 이 제품의 신뢰성 예측값으로 삼는다.

수명시험 등의 결과를 기초로 산정된 고장률은 총 시험시간(TTT) 및 가속계수와 다음과 같은 관계를 가진다.

$$\lambda \propto \frac{1}{TTT \times AF}$$

따라서 다수의 고장 메커니즘이 존재한다면 신뢰수준이 $1-\alpha$일 때 이 아이템의 고장률(단위: FIT)의 신뢰상한인 $\lambda_{100(1-\alpha)\%}$는 고장률의 점 추정값 $\hat{\lambda}$로부터 식 (9.35)와 같이 예측할 수 있으며, **[예제 9.2]** 에서 이 과정을 자세하게 예시하고 있다.

$$\hat{\lambda} = \left(\sum_{i=1}^{m} \frac{r_i}{TTT_i \times AF_i}\right) 10^9 \quad (\text{단위: FIT})$$

$$\lambda_{100(1-\alpha)\%} = \frac{\hat{\lambda}\chi_{\alpha}^{2}(2r+2)}{2r} \tag{9.35}$$

여기서, m은 고장메커니즘의 수이며,

r_i는 고장 메커니즘 i에 의한 고장개수,

r(즉, $\sum_{i=1}^{m} r_i$)은 총 고장개수임.

만약에 단일 고장 메커니즘(즉, $m=1$)에 하나도 고장이 발생하지 않는다면 식 (9.35)는 다음과 같이 단순화된다.

$$\lambda_{100(1-\alpha)\%} = \frac{\chi_{\alpha}^{2}(2)}{2TTT \times AF}$$

예제 9.2

반도체 600개를 주위온도 150℃에서 3,000(hr) 동안 가속수명시험을 실시한 결과 1,500과 2,000(hr)에서 감광수지 결점(활성화 에너지 0.7eV)에 의해, 2,700(hr)에서 산화물 결함(활성화 에너지 0.3 eV)에 의해 고장이 각각 한 개씩 발생하였다. 내부온도는 주위온도보다 20℃ 상승되며, 사용조건의 주위온도는 55℃이다. 신뢰수준 60%와 90%에서 고장률과 MTTF를 추정하라.

r_1, r_2, r('1'은 감광수지 결함, '2'는 산화물 결함 고장 메커니즘)은 각각 2, 1, 3이 되며 두 고장메커니즘에 대해 총 시험시간과 가속계수를 구하면,

$$TTT_1 = 600 \times 1,500 + 599 \times 500 + 598 \times 700 + 597 \times 300 = 1,797.200$$

(2,700(hr)에서 산화물 결함에 의해 고장난 1개를 관측중단으로 간주함)

$$TTT_2 = 600 \times 1,500 + 599 \times 500 + 598 \times 700 + 597 \times 300 = 1,797.200$$

(1,500(hr)과 2,000(hr)에서 감광수지 결함에 의해 고장난 1개씩을 관측중단으로 간주함)

$$AF_1 = \exp\left\{\frac{0.7}{8.6171 \times 10^{-5}}\left(\frac{1}{55+20+273.15} - \frac{1}{150+20+273.15}\right)\right\} = 148.7$$

$$AF_2 = \exp\left\{\frac{0.3}{8.6171 \times 10^{-5}}\left(\frac{1}{348.15} - \frac{1}{443.15}\right)\right\} = 8.53$$

가 되므로 고장률의 점 추정값은 두 고장 메커니즘의 고장률을 더하면 된다.

$$\hat{\lambda} = \left(\frac{2}{1,797,200 \cdot 148.7} + \frac{1}{1,797,200 \cdot 8.53}\right)10^{9} = 72.71(\text{FIT})$$

따라서 신뢰수준 60%와 90% 하에서 고장률의 상한과 MTTF의 하한은 각각 다음과 같이 예측된다.

$$\lambda_{60\%} = 72.71 \cdot \chi^{2}_{1-0.6}(2 \cdot 3 + 2)/(2 \cdot 3) = 72.71 \cdot 8.35/6 = 101.2(\text{FIT})$$

$$\lambda_{90\%} = 72.71 \cdot \chi^{2}_{0.1}(8)/6 = 72.71 \cdot 13.36/6 = 161.9(\text{FIT})$$

$$MTTF_{60\%} = \frac{1}{\lambda_{60\%}} = \frac{10^9}{101.2} = 9.88 \times 10^6 (\text{hr})$$

$$MTTF_{90\%} = \frac{1}{\lambda_{90\%}} = \frac{10^9}{161.9} = 6.18 \times 10^6 (\text{hr})$$

9.7 가속수명자료의 분석

이 절에서는 가속시험 조건하에서 수명자료(가속수명자료로 통칭)를 획득할 경우에 먼저 사용법이 비교적 간편한 확률지를 이용한 가속수명자료의 분석방법을 설명하고, 이를 토대로 아레니우스 가속모형을 따를 경우의 사례에 대해 Minitab에서 제공되는 가속수명시험 메뉴를 이용하여 분석과정을 예시하고자 한다.

9.7.1 확률지를 이용한 가속수명자료의 분석

여러 가속 조건에서의 수명자료를 확률지에 타점하였을 때, 서로 다른 스트레스 수준에서의 자료들을 적합한 직선들의 기울기가 동일한 경우에 가속성이 성립한다. 먼저 수작업으로도 가능한 완전 또는 단일 우측관측중단인 경우에 6.3절에 서술된 확률지를 이용하여 가속성의 성립여부를 확인하고 가속계수를 구하는 방법을 소개한다. 또한 온도 스트레스인 경우에 아레니우스 모형을 따를 때 아레니우스 도시 용지를 이용하여 활성화 에너지를 구하고 사용조건하에서의 수명을 추정하는 절차를 다음과 같이 기술하고자 한다.

[단계 1] 확률지에 수명자료 도시

각 시험 스트레스에 대하여 수명자료의 크기순으로 수명자료를 정렬하여 순위를 정하고 6.3절에서와 동일한 방법으로 적합하고자 하는 분포의 확률지에 각 스트레스 수준에서 $(t_{(i)}, F(t_{(i)}))$의 쌍을 도시한다. 수작업으로 확률지에 도시할 수 있는 자료형태는 완전자료와 단일 우측 관측중단자료에 한정된다.

[단계 2] 분포적합 평가

각 스트레스 수준에서 도시된 점들이 직선에 근접하면 선택된 분포에 잘 적합됨을 알 수 있다.

[단계 3] 스트레스 수준별 직선 적합

각 스트레스 수준에 대하여 자료를 잘 적합시키는 직선을 그린다. 각 스트레스에 적합된 직선의 기울기가 정확하게 평행으로 나타나지는 않지만, 기울기가 유사하다면 가속성이 성립한다고 판정한다. 이는 와이블 분포의 경우에 형상모수(β), 대수정규분포일 경우에 척도모수(σ)가 스트레스 수준과 무관하게 동일하다는 가정을 만족하고 있음을 나타내며, 만약 어떤 스트레스 수준에서의 기울기가 현저하게 차이가 날 경우에는 적합된 직선으로부터 멀리 떨어진 점을 확인하여 제거시킬 수 있는지 검토해야 한다.

[단계 4] 평행한 직선적합

각 스트레스에서의 수명자료들이 공통 기울기를 갖도록 평행한 직선을 적합시켜 도시한다.

[단계 5] 사용조건의 수명 및 모수 추정

확률지로부터 모수, 백분위 수명과 신뢰도함수 등의 수명정보에 관련된 특성값들을 추정한다. 예를 들어, 와이블 확률지를 이용하여 각 수준에서의 특성수명을 추정하였다면, 이 추정된 특성수명을 아레니우스 도시 용지([부록 E])에 도시하여 활성화 에너지 값과 사용조건 하에서의 수명을 추정할 수 있다.

예제 9.3 와이블 분포-아레니우스 모형

[표 9.5]는 세 수준 온도 스트레스 40℃, 60℃, 80℃에서 5,000(hr)까지 A 장치의 가속수명시험을 실시한 결과로서 사용조건의 온도는 30℃이다(Meeker and Escobar (1998)). 여기서 F와 C는 고장과 관측중단 상태를 나타낸다.

이 장치의 수명분포는 와이블 분포를 따른다고 알려져 있는 경우로 이 자료를 확률지 도시방법에 의해 모수를 추정하고 가속 스트레스인 60℃하에서 사용조건(30℃)에 대한 가속계수를 구하라.

(1) 먼저 다음의 Minitab 메뉴를 이용하여 와이블 분포를 가정하고 분포적합을 실시한다.

> ▶ 통계분석(Stat) → 신뢰성/생존 분석(Reliability/Survival) → 분포 분석(우측 관측 중단)(Distribution Analysis(Right Censoring)) → 모수 분포 분석(Parametric Distribution Analysis)

표 9.5 A 장치의 온도-가속수명시험 자료

수명 (hr)	상태	개수	온도	수명 (hr)	상태	개수	온도
521	F	1	40	4,106	F	1	60
1,390	F	1	40	4,674	F	1	60
2,560	F	1	40	5,000	C	11	60
3,241	F	1	40	283	F	1	80
3,261	F	1	40	361	F	1	80
3,313	F	1	40	515	F	1	80
4,501	F	1	40	638	F	1	80
4,568	F	1	40	854	F	1	80
4,841	F	1	40	1,024	F	1	80
4,982	F	1	40	1,030	F	1	80
5,000	C	90	40	1,045	F	1	80
581	F	1	60	1,767	F	1	80
925	F	1	60	1,777	F	1	80
1,432	F	1	60	1,856	F	1	80
1,586	F	1	60	1,951	F	1	80
2,452	F	1	60	1,964	F	1	80
2,734	F	1	60	2,884	F	1	80
2,772	F	1	60	5000	C	1	80

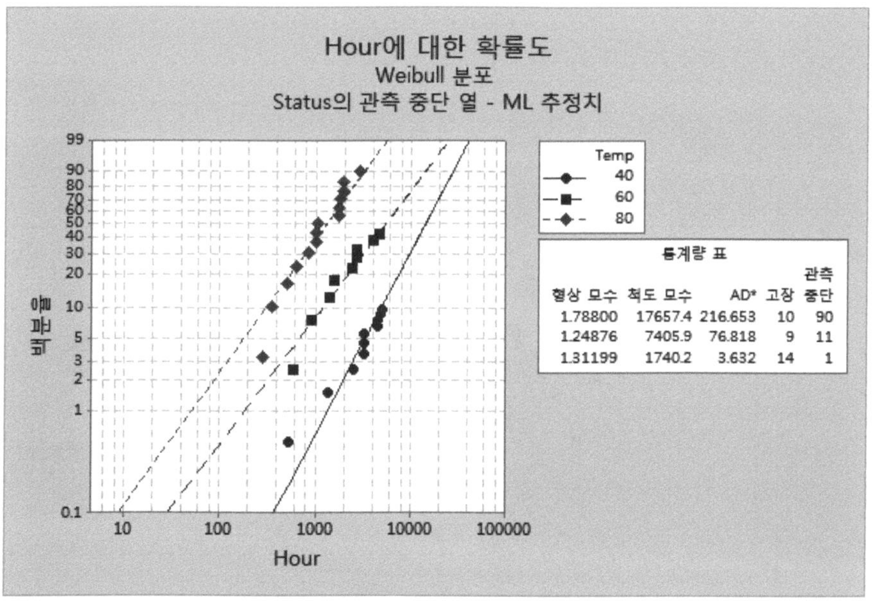

그림 9.15 와이블 확률지 도시 결과: [예제 9.3]

상기의 메뉴를 적절히 실행하면 [그림 9.15]와 같은 온도수준별 와이블 확률지의 도시 결과를 확인할 수 있다. 또한 [그림 9.16]은 '추정치(Estimate)' 옵션 대화상자에서 '공통 형상모수…'를 체크 표시하여 실행한 것으로. 가속성이 성립한다고 가정하여 동일한 기울기(와이블 분포의 경우 형상모수가 동일)로 설정하여 확률지에 도시하고 모수를 추정한 결과이다.

[그림 9.15]에서 3개의 기울기 중 온도가 40℃인 경우는 다른 직선과 약간의 차이가 있다고 보이므로 각 스트레스 수준에서의 기울기(와이블 분포의 경우이므로 형상모수 β)가 동일한지 가설검정을 실시하여 가속성이 성립하는지 확인해야 될 필요성도 있다. [그림 9.16]의 결과로부터 각 스트레스 수준별로 특성수명은 $\eta_{40℃}=25,795$, $\eta_{60℃}=7,053$, $\eta_{80℃}=1,763$으로 추정할 수 있다. 여기서 확률지를 통한 수작업 또는 Minitab의 "가속 수명 검사(Accelerated Life Testing)" 메뉴를 적용하면 특성수명 추정값에 약간 또는 미세한 차이가 발생할 수 있다.

(2) 사용조건(30℃)에서의 수명 추정과 활성화 에너지 E_a도 도식적인 방법으로 구할 수 있다. 만약 [그림 9.15]와 [그림 9.16]의 기울기가 동일하다고 판정되면 [그림 9.17]의 아레니우스 도시 용지([부록 E])를 이용하여 [그림 9.17]에서와 같이 각 스트레스 수준(온도)에서의 추정된 값을 타점한 후에 이 점들을 지나는 직선을 적합하여 사

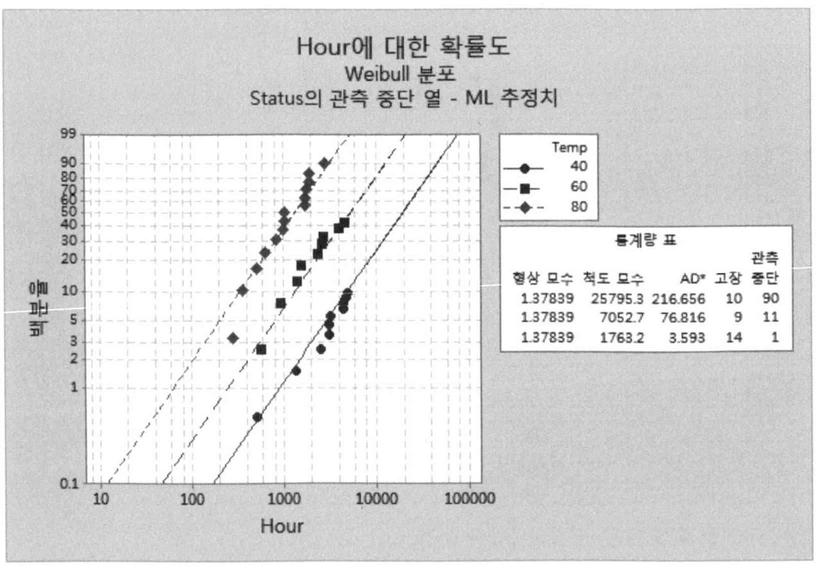

그림 9.16 확률지 도시 결과(기울기(형상모수) 동일): [예제 9.3]

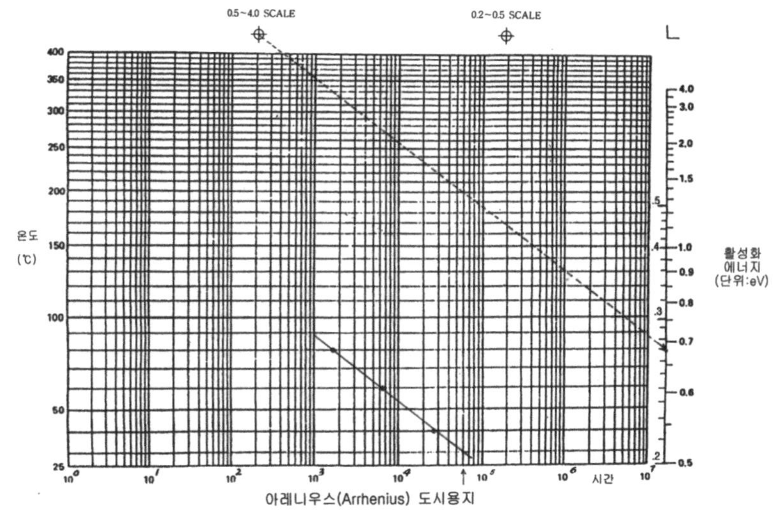

그림 9.17 아레니우스 도시 용지를 이용한 사용조건에서의 특성수명과 E_a추정: [예제 9.3]

용조건(온도 30℃)에서의 수명 값을 읽는다. 즉, 적합된 직선을 평행 이동하여 참고점(아레니우스 도시 용지의 위쪽에 있음)을 지나도록 한 후 이를 연장하여 활성화 에너지 축의 값을 읽는다. 이 예제에 대한 사용조건하에서의 수명은 약 60,000(hr)이고, E_a값은 약 0.68로 추정할 수 있다.

가속조건과 정상조건(u) 사이의 가속계수를 구해보자. 9.6절에서 가속계수는 $AF=\eta_u/\eta_{가속}$이므로 정상조건(30℃)에 대한 80℃의 가속조건의 가속계수를 다음과 같이 구할 수 있다.

$$AF=\frac{60,000}{1,763}=34.0$$

9.7.2 Minitab을 활용한 가속수명자료의 분석

가속모형은 가속 스트레스 변수와 수명을 적절히 변환하면 선형모형에 속하므로 Minitab의 "가속 수명 검사(Accelerated Life Testing)" 메뉴에서 제공되는 스트레스와 수명과의 관계와 설명변수의 형태를 [표 9.6]에 정리하였다.

여기서 수명을 대수변환하게 되면 가속수명시험에 널리 쓰이는 와이블 분포의 경우는 최소 극단값 분포로, 대수정규분포는 정규분포로 적합시키는 결과가 되며 Minitab의 가속수명시험 메뉴는 다음과 같다.

▶ 통계분석(Stat) → 신뢰성/생존 분석(Reliability/Survival) → 가속 수명 검사 (Accelerated Life Testing)

표 9.6 Minitab에서 사용가능한 가속모형과 스트레스 변수(X)의 관계

관 계	설명변수 형태
선형(Linear)	무변환(default)
Arrhenius	$\frac{1}{k(X+273.16)}=\frac{11605}{T}$ 1) k: Boltzmann 상수(8.6171×10^{-5}), T : 절대온도
역온도 (Inverse Temp.)	$\frac{1}{X+273.16}=\frac{1}{T'}$, T : 절대온도
Loge(Power)	$\ln(X)$

㈜ 1) '273.15'가 정확한 값인데 Minitab에서 '273.16'을 채택하고 있으며, 그 차는 극히 미미함.

또한 이 메뉴는 완전/우측관측중단(uncens/right censored data)과 임의 관측중단자료(arbitrary censored data)에 구분하여 적용할 수 있도록 구성되어 있다.

본 소절에서는 가장 널리 활용되는 아레니우스 모형 사례를 대상으로 Minitab을 통한 가속수명자료의 분석법을 예시하고자 한다.

예제 9.4 아레니우스 모형 사례

[표 9.7]은 온도의 세 수준(100℃, 150℃, 200℃)에서 시험한 가속수명자료를 이용하여 와이블 수명분포에 적합시켜 모수를 추정하라. 또한, 사용조건 온도를 25℃일 때 특성수명(η)을 추정하고, 가속조건 200℃일 경우의 가속계수와 사용조건에서 반년 내 고장이 날 확률을 구하라.

상기의 "가속 수명 검사(Accelerated Life Testing)" 메뉴를 선택한 후 제 옵션을 사용자가 적절히 지정하면 세션 출력 창과 그래프 창에 그 결과가 출력된다.

먼저 예제에 대한 분석 내용을 [그림 9.18]의 세션 출력 창의 결과와 [그림 9.19]와 [그림 9.20]의 그래프를 통해 살펴보자. 세션 출력 창의 결과로부터 다음의 신뢰성 분석 결과를 확인할 수 있다.

표 9.7 온도-가속수명시험 자료

(단위: 시간)

100℃ 수명	150℃ 수명	200℃ 수명
174	40	30
279	95	40
345	120	50
354	134	62
376	144	67
488	170	70+
520	180+	70+
540+	180+	70+
540+	180+	70+
540+	180+	70+

(주) + 표시는 관측중단자료임.

- 입력자료의 요약
- 추정방법과 선택한 분포, 수명과 스트레스 변수의 관계
- 모수 추정과 이의 표준오차와 신뢰구간 등
- 각 스트레스 수준에서 적합된 분포에 대한 A-D 적합도 검정 통계량(AD^*)
- 관심 있는 추정값 결과 등

[그림 9.18] 의 세션 출력 창으로부터 와이블 분포의 형상모수 β는 2.74683으로, 특성수명(제63.2백분위수)은 $\eta_{100℃}=507.592$, $\eta_{150℃}=181.890$, $\eta_{200℃}=80.9656$, 또한 사용조건하에서의 수명은 4,511.89시간으로 추정된다.

또한 가속계수는 $AF=\dfrac{\eta_{u(25℃)}}{\eta_{가속(200℃)}}$로 구할 수 있으므로, 정상조건에 대한 200℃ 조건의 가속계수는 $AF=4,511.89/80.9656=55.7$이 된다.

그리고 Minitab의 옵션메뉴를 활용하면 정상 사용조건에서 반년(4,380시간) 이내 고장날 확률이 0.602가 됨을 **[그림 9.18]** 의 세션 출력 창에서 추가적으로 볼 수 있으며, 추정된 모수값과 시간을 와이블 누적분포함수에 직접 대입하여 그 값을 확인할 수도 있다.

$$F(4,380)=1-\exp\left[-\left(\frac{4,380}{4,511.89}\right)^{2.74683}\right]=0.602$$

[그림 9.19] 는 확률지 도시결과로 가속변수(온도)에 따른 적합된 직선 도시와 모수값, A-D값이 도출되어 있다. 여기서, 고장과 관측중단 값은 각 온도수준에서 고장개수와

가속 수명 검사: Time 대 Temp

반응 변수: Time
빈도: Count

관측 중단

관측 중단 정보	카운트
관측 중단되지 않은 값	18
우측 관측 중단 값	12

관측 중단 값: Censor = 0

추정 방법: 최대우도법

분포: Weibull 분포

가속 변수와의 관계: Arrhenius

회귀 분석 표

					95.0% 정규 CI	
예측 변수	계수	표준 오차	Z	P	하한	상한
절편	-2.45578	0.921645	-2.66	0.008	-4.26217	-0.649387
Temp	0.279290	0.0325818	8.57	0.000	0.215430	0.343149
형상 모수	2.74683	0.583014			1.81203	4.16389

로그 우도 = -111.558

Time에 대한 확률도(적합된 Arrhenius)

Anderson-Darling(수정) 적합도

각 가속 수준에서

수준	적합 모형
100	21.751
150	31.056
200	38.996

표준화 잔차= 55.658

백분위수 표

				95.0% 정규 CI	
백분율	Temp	백분위수	표준 오차	하한	상한
63.2	25	4511.89	1632.80	2219.82	9170.61
63.2	100	507.592	66.3907	392.809	655.915
63.2	150	181.890	16.7443	151.862	217.855
63.2	200	80.9656	11.9781	60.5862	108.200

누적 고장 확률 표

			95.0% 정규 CI	
시간	Temp	확률	하한	상한
4380	25	0.60205	0.12272	0.99847
4380	100	1.00000	1.00000	1.00000
4380	150	1.00000	1.00000	1.00000
4380	200	1.00000	1.00000	1.00000

그림 9.18 세션 출력 창의 결과 : [예제 9.4]

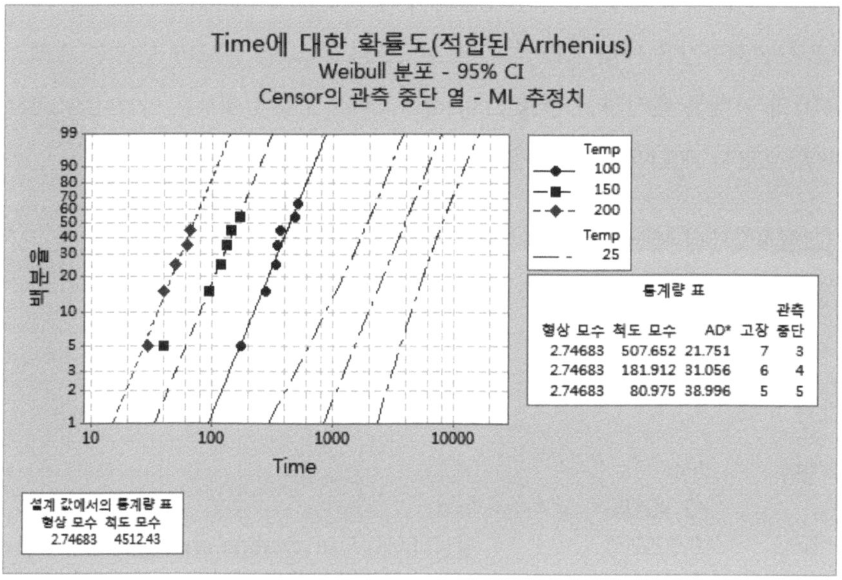

그림 9.19 와이블 확률지 도시 및 사용조건하의 직선추정과 신뢰구간 도시: [예제 9.4]

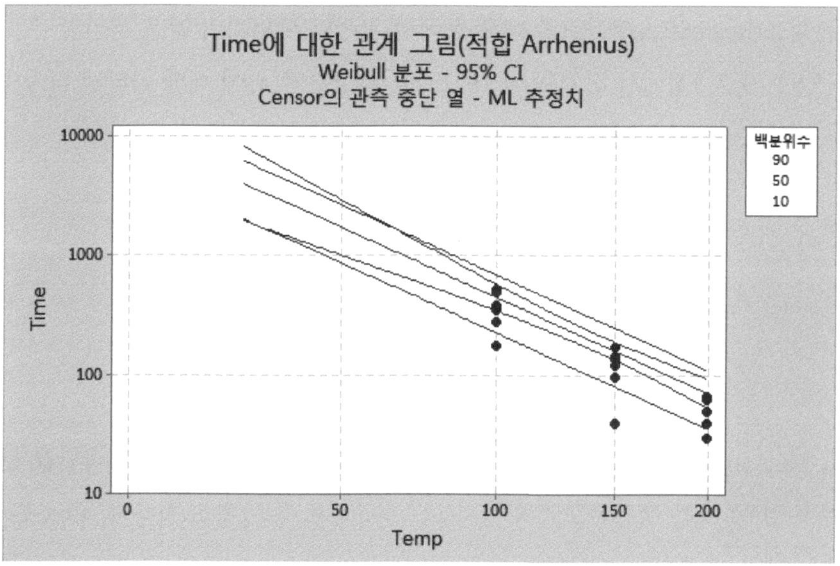

그림 9.20 관계 그림 결과: [예제 9.4]

관측중단 개수를 나타내며, 도시된 그림의 우측부분의 세 개의 선은 25℃에서의 추정직선과 95% 신뢰구간을 나타내고 있다. 또한 **[그림 9.20]**은 온도와 분위수(제10, 50, 90 백분위수)의 관계를 표시하는 관계 그림(아레니우스 모형일 경우는 아레니우스 도시 용지에 해당됨)으로서 제50백분위수의 95% 신뢰구간도 도시하고 있다.

한편 **[그림 9.21]**의 세션 출력 창의 결과에서 활성화 에너지(Temp의 계수)를 다음과 같이 추정할 수 있다.

회귀 분석 표

예측 변수	계수	
절편	-2.45578	⇒ ln α
Temp	0.279290	⇒ 활성화 에너지(activation energy)
형상모수	2.74683	⇒ 와이블 분포의 형상모수(shape parameter)

그림 9.21 회귀분석표: [예제 9.4]

회귀 분석표(Regression Table)의 내용 중에서 활성화 에너지의 값을 파악할 수 있으며 이의 근거는 9.5.1절에서 전개된 식 (9.13)을 특성수명(η)에 대해 나타낸 다음의 아레니우스 모형으로부터 확인할 수 있다.

$$
\begin{aligned}
\ln\eta &= \ln\alpha + \frac{E_a}{k}\cdot\frac{1}{T} \\
&= -2.45578 + \frac{0.279290}{8.6171\times10^{-5}}\cdot\frac{1}{T} \\
&= -2.45578 + 0.279290\cdot\frac{11,605}{T}
\end{aligned}
$$

그리고 Minitab으로 분석 시에 모형진단에 쓰이는 표준화 잔차는 최소 극단값 분포(와이블 분포 경우) 또는 정규분포의 확률지(대수정규분포 경우)에 도시하며, Cox-Snell 잔차는 지수분포 확률지에 도시하여 모형(수명분포와 가속모형 등)의 적합도를 직선성 여부로 판정하는데, 신뢰구간 내에 잔차들이 도시되고 도시된 점들이 직선 근처에 산점이 되면 가정한 분포와 가속모형에 적합도가 높다고 판단할 수 있다(Lawless(20003)와 Meeker and Escobar(1998)).

[그림 9.22]는 Cox-Snell 잔차보다 보편적으로 쓰이는 표준화 잔차를 도시한 것으로 이

예제의 가속수명자료가 모형과 잘 적합되고 있음을 확인할 수 있다.

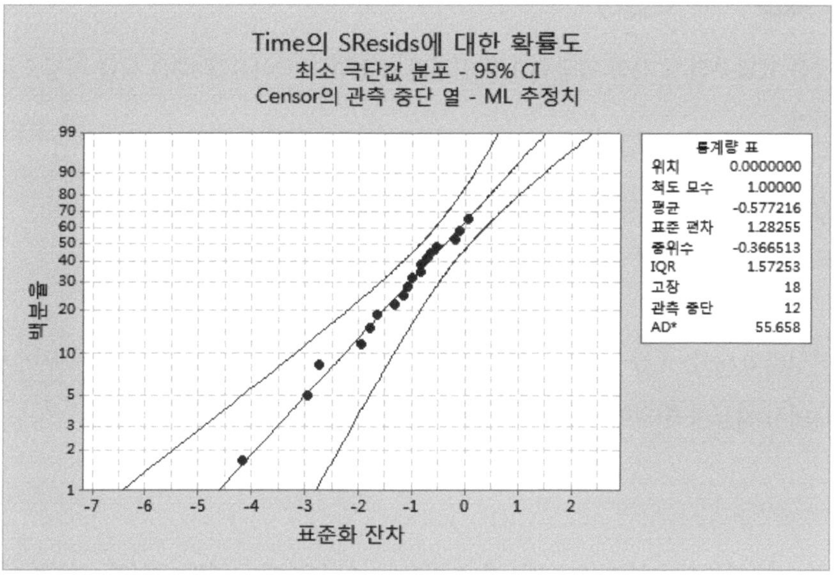

그림 9.22 표준화 잔차에 대한 확률지 그림: [예제 9.4]

연습문제

9.1 금은 옛날부터 고가의 귀금속으로 인정받고 있다. 그 이유를 다음 식을 바탕으로 기술하라.

$$2Au + (3/2)O_2 \rightarrow Au_2O_3 - 163kJ/mol$$

9.2 산성비의 pH는 4.5~5.5가 된다. 물건을 옥외에 둘 때 반드시 비스듬하게 두어 빗물이 모이지 않도록 주의해야 한다. 그 이유를 적어라.

9.3 Paris 법칙을 이용하여 스트레스가 $\Delta\sigma$이고, m이 2일 때 균열의 길이가 a_0에서 $a_f(>a_0)$에 도달할 때까지의 반복응력횟수 N를 산출하는 식을 유도하라. 단, $\Delta K = b \cdot \Delta\sigma \cdot \sqrt{a}$

9.4 활성화 에너지가 0.5eV일 때 기준 온도가 25℃일 경우에 100℃와의 가속계수를 구하라.

9.5 절대온도가 θ℃가 높아지면 수명이 1/2로 줄어든다는 θ도 법칙과 아레니우스 법칙과의 관계(식 (9.28)과 (9.29))를 구하라.

9.6 x가 섭씨온도일 때 아레니우스 모형의 명목수명에 대한 관계식은 다음과 같다.

$$L = \alpha \exp\left[E_a \times \frac{11605}{(\qquad)}\right]$$

(1) 괄호를 메워라.

(2) 볼츠만(Boltzmann) 상수 값은?

(3) 다음 Minitab output의 일부를 참조하여 α와 활성화 에너지 값을 구하라.

회귀 분석 표

예측 변수	계수	표준 오차	Z	P	95.0% 정규 CI 하한	95.0% 정규 CI 상한
절편	−8.44325	1.88771	−4.47	0.000	−12.1431	−4.74340
x	0.465527	0.0624571	7.45	0.000	0.343114	0.587941
형상 모수	6.39558	1.43651			4.11806	9.93270

(4) 사용조건이 30℃이고 가속온도가 100℃일 때 가속계수를 구하라.

9.7 다음은 가속수명시험자료를 분석한 Minitab output의 일부이다.

추정 방법: 최대우도법

분포: Weibull 분포

가속 변수와의 관계: Arrhenius

회귀 분석 표

예측 변수	계수	표준 오차	Z	P	95.0% 정규 CI 하한	95.0% 정규 CI 상한
절편	-15.1554	2.33823	-6.48	0.000	-19.7383	-10.5726
temp	0.779169	0.0885230	8.80	0.000	0.605667	0.952671
형상 모수	2.74321	0.582378			1.80947	4.15880

로그 우도 = -111.592

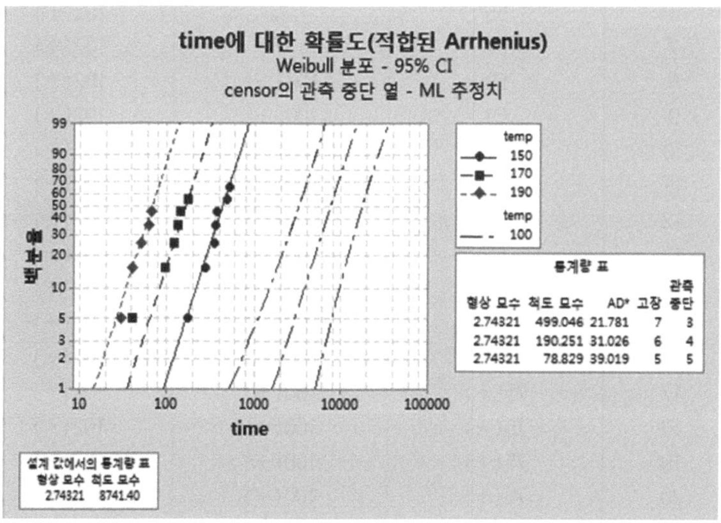

(1) 활성화 에너지 값을 구하라.

(2) 가속성이 성립해야 가속계수를 구할 수 있다. 가속성의 성립여부를 어떻게 판정할 수 있는가? 이는 와이블 분포의 모수가 어떤 조건을 만족할 경우인가?

(3) 100℃에 대한 170℃의 가속계수를 구하라.

(4) 무상보증기간이 1년(8,760시간)일 때 100℃에서 이 기간 동안 고장나는 제품 비율은?

9.8 **[표 9.8]** 의 자료는 건전지의 수명시험자료이다(서순근(2017)에서 재인용). 스트레스는 온도(℃)이고 수명과 스트레스와의 관계는 아레니우스 모형을 따른다. 세 스트레스 수준인 50℃, 60℃, 70℃에서 각각 20개의 시험단위로서 시험하였으며 관측중단자료는 (+)기호로 표시하였다. 시간단위는 사이클이며 수명은 와이블 분포를 따른다고 알려져 있으므로 이 분포에 적합시키고자 한다.

표 9.8 온도-가속수명시험 수명자료

(단위: 사이클)

순위	70℃	60℃	50℃
1	43	58	91
2	47	64	102
3	47	67	102(+)
4	52	69	102(+)
5	54	81	102(+)
6	55	82	102(+)
7	57	87	102(+)
8	59	100(+)	102(+)
9	59	100(+)	102(+)
10	61	100(+)	102(+)
11	64	100(+)	102(+)
12	65	100(+)	102(+)
13	65	100(+)	102(+)
14	68	100(+)	102(+)
15	70	100(+)	102(+)
16	75	100(+)	102(+)
17	75(+)	100(+)	102(+)
18	75(+)	100(+)	102(+)
19	75(+)	100(+)	102(+)
20	75(+)	100(+)	102(+)

(1) Minitab을 이용하여 수명분포와 아레니우스 모형의 적정성을 조사하라.

(2) 형상모수, 각 스트레스 수준에서의 특성수명과 활성화 에너지를 추정하라.

(3) 사용조건의 온도(20℃)에 대해 가속 스트레스 수준(50℃, 70℃)에서의 추정된 수명정보를 이용하여 가속계수를 추정하라.

9.9 **[표 9.9]**는 기계부품 수명자료로 Minitab worksheet 입력자료를 출력한 것이다. 가속 스트레스는 온도이고 수명과 스트레스와의 관계는 아레니우스 모형을 따른다. 절대온도의 네 수준인 300K, 350K, 400K, 500K에서 10개씩 100시간까지 시험하였다. 수명은 와이블 분포를 따른다고 알려져 있으며, 사용조건의 온도는 20℃이다.

(1) Minitab을 이용하여 수명분포와 아레니우스 모형의 적정성을 조사하라.

(2) 형상모수, 각 스트레스 수준에서의 특성수명과 활성화 에너지를 추정하라.

(3) 각 가속 스트레스에서 추정된 수명 정보를 이용하여 사용조건에 대한 가속계수를 추정하라.

표 9.9 기계부품 가속수명자료

데이터 표시

행	Temperature	Lifetime	censor
1	300	100.0	0
2	300	100.0	0
3	300	100.0	0
4	300	80.7	1
5	300	100.0	0
6	300	29.1	1
7	300	100.0	0
8	300	100.0	0
9	300	100.0	0
10	300	100.0	0
11	350	47.5	1
12	350	73.7	1
13	350	100.0	0
14	350	100.0	0
15	350	86.2	1
16	350	100.0	0
17	350	100.0	0
18	350	100.0	0
19	350	100.0	0
20	350	71.8	1

데이터 표시

행	Temperature	Lifetime	censor
21	400	29.5	1
22	400	100.0	0
23	400	52.0	1
24	400	63.5	1
25	400	100.0	0
26	400	99.5	1
27	400	56.3	1
28	400	92.5	1
29	400	100.0	0
30	400	100.0	0
31	500	80.9	1
32	500	76.6	1
33	500	53.4	1
34	500	100.0	0
35	500	47.5	1
36	500	26.1	1
37	500	77.6	1
38	500	100.0	0
39	500	61.8	1
40	500	56.1	1

(주) censor가 '1'이면 고장, '0'이면 관측중단 표시임

9.10 대수정규분포를 따른다고 알려진 전동기의 주요 부품인 절연체에 가속수명시험을 실시한 결과이다. 스트레스는 온도이며 아레니우스 모형을 따르고 다음과 같이 세 수준(190, 210, 230℃)에서 **[표 9.10]**과 같은 구간자료(단위: 시간)를 획득하였다. 물음에 답해라.

(1) Minitab을 이용하여 수명분포와 아레니우스 모형의 적정성을 조사하라.
(2) 형상모수, 각 스트레스 수준에서의 중앙값과 활성화 에너지를 추정하라.
(3) 사용조건의 온도(155℃)에 대해 가속 스트레스수준(190℃)에서 추정된 수명정보를 이용하여 가속계수를 구하라.

표 9.10 온도-가속수명시험 구간자료

구간 초	구간 말	고장개수	온도
1680	2016	3	190
1344	1680	2	190
672	768	2	210
480	576	2	210
576	672	1	210
96	120	2	230
144	168	2	230
120	144	1	230

제10장

보전관리

10.1 보전도

10.1.1 보전성과 보전도

보전은 아이템이 요구기능을 수행할 수 있는 상태로 유지하거나 회복시키기 위한 관리활동을 포함한 모든 기술적·행정적 활동의 조합으로 정의된다. 보전을 수행하는 보전시스템을 하나의 변환과정으로 간주하여 이익을 추구하는 기업시스템과 생산시스템의 하위시스템으로 도해한 것이 [그림 10.1]이다. 이 그림에서 보전과 생산시스템의 입력과 출력 요소가 되는 보전도, 가용도, 예비부품의 관리 등에 관해 중점적으로 다룬다.

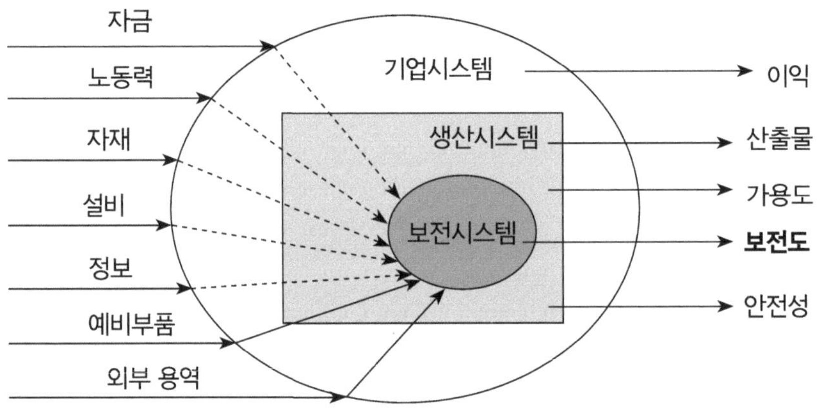

그림 10.1 보전시스템: 입·출력모형

보전은 내·외적요인에 의해 고장이 발생하여 야기된 아이템의 비계획적(unscheduled) 정지시간(down time)에 수행되는 고장보전(일명 '수리(repair)')과 예방보전 또는 예지보전 형태의 선행(proactive) 보전으로 대별된다. 예방보전은 계획(scheduled) 보전으로 아이템의 고장확률 또는 기능열화를 줄이기 위해 주로 정기적으로 수행되며, 검사, 수리, 교체, 청결 및 정돈, 윤활, 조절, 조정 등이 수행된다. 예지보전은 상태기준 보전으로 불리며 진단 도구 및 측정을 통해 아이템의 동작상태 및 열화경향을 관측하여 거의 고장에 근접할 때 교체하거나 수리하여 고가의 비계획적 보전활동을 감소시킨다. 이런 선행보전은 일반적으로 사후보전보다 비용이 적게 소요되며 비계획적 고장을 줄이고 수명을 연장해야 하므로 비용 대비 성과를 고려하여 수행되어야 한다.

고장이 발생할 때 보전에 관련된 정지시간은 [그림 10.2]와 같이 다양한 보전업무와 지연시간으로 구성된다. 여기서 공급지연(supply delay) 시간은 보전을 위해 필요한 예비부품이나 부품을 조달하는데 필요한 시간으로 행정적 처리, 생산 또는 구매 리드타임, 고장 발생 엘리먼트의 조달시간으로 구성된다. 공급지연 시간은 주로 수리설비에서 가용할 수 있는 예비부품(spare part)의 다양성과 수에 의존하며, 필요한 교체부품이 즉시 조달 가능하면 이 시간은 '0'이 된다.

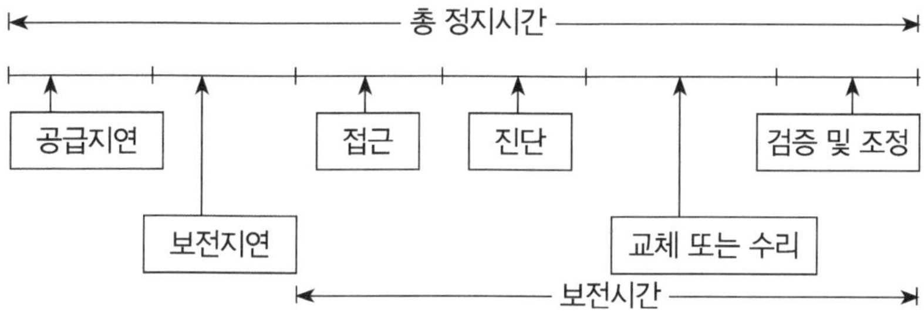

그림 10.2 정지시간의 구성

보전지연(maintenance delay) 시간은 인력, 시험 및 지원 장비, 공구, 매뉴얼 및 기술자료 등의 보전자원이나 수리 독(비행기와 선박), 서비스 구역(자동차 정비소), 고정 시험대(test stand) 등의 설비를 이용하기 위해 기다리는 시간으로 통보 및 이동시간을 포함한다. 이 시간은 수리과정을 시작하여 완료하는데 필요한 필요 보전자원 및 설비로 정의되는 수리 채널의 병렬 개수에 의존한다. 이 시간도 하나의 수리 채널이 즉시 가용할 수 있으면 '0'이 된다.

공급과 보전 지연시간은 시스템을 벗어난 외적요인에 의해 영향을 받으므로 아이템의 고유한 보전시간에는 포함되지 않는다. 고유한 보전시간은 접근, 진단, 교체 또는 수리, 검증 및 조정 작업시간으로 구분된다. 접근시간은 고장발생 부품을 찾는데 소요되는 시간이며, 진단시간은 고장원인을 파악하는 시간이고, 교체 또는 수리시간은 원상태로 회복시키는 과정을 완료하는데 실제 소요되는 시간으로, 예비부품, 인력과 장비의 추가조달에 필요한 지연시간은 이에 포함되지 않고 전술된 지연시간에 포함시킨다. 아이템이 회복되면 어떤 고장은 이를 검증하거나 작동조건으로의 복원을 확실하게 검증하기 위해 조정검사 등이 요구될 수 있으며, 이런 시간은 보전시간에 포함된다.

보전성(maintainability)은 아이템이 주어진 조건에서 규정된 절차와 자원을 사용하여 보전이 수행될 때, 요구기능을 수행할 수 있는 상태로 유지 또는 회복되는 능력이며, 이를 정량한 한 척도인 보전도는 주어진 조건 하에서 규정된 기간에 보전이 완료될 확률로 다음과 같이 정의되며,

$$\Pr(T \leq t) = \int_0^t m(x)dx \tag{10.1}$$

여기서 $m(t)$는 보전시간 T을 나타내는 확률분포의 확률밀도함수이다.

[표 10.1]에서 신뢰도와 보전도의 확률적 특징을 비교하여 요약하고 있다.

표 10.1 보전도와 신뢰도

구 분	신 뢰 도	보 전 도
(여) 누적분포함수	신뢰도함수: $R(t)$	$1-M(t)$
	불신뢰도함수: $F(t)$ 고장상태에 있는 확률 고장나기 쉬운 정도	보전도함수: $M(t)$ 보전에서 정상상태로 되돌아올 확률, 수리하기 쉬운 정도
확률밀도함수	$F(t) = \dfrac{dF(t)}{dt}$	$m(t) = \dfrac{dM(t)}{dt}$
비율(시간 당)	고장률: $h(t) = f(t)/R(t)$	수리율: $\mu(t) = m(t)/(1-M(t))$
지수분포의 경우 누적분포함수와 평균시간	$F(t) = 1-e^{-\lambda t}$ $MTBF(MTTF) = 1/\lambda$	$M(t) = 1-e^{-\mu t}$ $MTTR = 1/\mu$

보전도에 직접 영향을 미치는 아이템에 관한 설계 활동은 내장 시험(built-in test) 장비, 모듈화, 부품 배치, 부품의 종류(기계계 대 전자계), 인간공학적 요소, 표시기, 표준화 및 호환성 등의 활용 수준에 의존하며, 이차적 요인인 보전기술 수준, 수리공의 수, 수리 수준, 보전절차의 명확성과 사용빈도 등이 영향을 미친다.

상기와 같은 보전도 외에 다음과 같은 다양한 보전성 척도가 쓰이고 있다.

1 MTTR(Mean Time to Repair)

현업에서 가장 널리 쓰이는 척도로 다음과 같이 보전시간의 평균으로 사후보전에 의해 초래된 시간만 해당된다.

$$MTTR = \int_0^\infty tm(t)dt \tag{10.2}$$

이외에 보전시간분포의 중앙값(median) 또는 아래와 같은 보전시간의 분위수가 채택되기도 한다.

2 최대 보전시간

보전의 95%가 완료되는 시간(즉, [그림 10.3]과 같이 보전도가 95%가 되는)을 다음과 같이 최대 보전시간으로 설정할 수 있다. 이는 신뢰도의 척도인 B5 수명에 대응되는 보전성의 척도로 볼 수 있다.

$$M(t_{max}) = 0.95 \text{ 또는 } t_{max} = M^{-1}(0.95) \qquad (10.3)$$

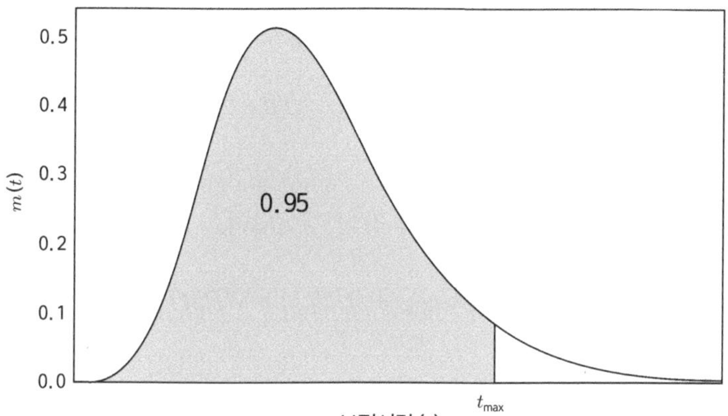

그림 10.3 최대 보전시간

3 평균 정지시간($\overline{M}$; Mean System Downtime)

예방보전시간을 포함한 평균 시간개념으로 공급과 보전 지연시간은 제외된다. 예방보전 등의 계획보전시간은 설계단계에 고려되므로 설계 단계에서 하나의 기준이 되며 식(10.4)와 같이 구해진다.

$$\overline{M} = \frac{\overline{N}(t_d)MTTR + (t_d/T_{PM})MPMT}{\overline{N}(t_d) + (t_d/T_{PM})} \qquad (10.4)$$

단, T_{PM}: 평균 예방보전 간격

t_d : 아이템의 설계 또는 경제수명

$MPMT$: 평균 예방보전 시간(Mean Preventive Maintenance Time)

$\overline{N}(t_d)$: 구간 $(0, t_d]$의 고장 기대 수

여기서 t_d/T_{PM}은 t_d기간의 예방보전 횟수가 되며, 특히 일정 고장률일 경우 $\overline{N}(t_d)=\lambda t_d$가 되어 t_d를 약분시킬 수 있다.

4 작동시간 당 보전작업 인·시

이 보전작업 척도는 신뢰도와 수리에 필요한 보전인력의 수가 반영된 수리시간(man-hour)을 결합한 형태로 작동시간 당 보전작업 인·시(MH/OH; man-hour per operating hour)는 다음과 같이 주어진다.

$$\text{MH/OH} = \frac{\overline{N}(t) \times MTTR \times n_{crew}}{t} \tag{10.5}$$

여기서 n_{crew}는 평균 보전인력의 수이고 t는 설계수명 또는 특정시간을 나타내며, 일정 고장률일 때는 다음과 같이 간략화 된다.

$$\text{MH/OH} = \lambda \times MTTR \times n_{crew}$$

예방보전이 포함되면 이 척도는 다음과 같이 주어지며,

$$\text{MH/OH} = \frac{\overline{N}(t) \times MTTR \times n_{crew} + (t/T_{PM}) \times MPMT \times n_{crew-PM}}{t} \tag{10.6}$$

$n_{crew-PM}$은 예방보전의 평균 보전인력 수이며, 기술수준, 경험, 교육정도를 고려한 임률을 곱함으로써 더 정교한 척도를 얻을 수 있다.

예제 10.1

어떤 시스템의 보전시간은 μ가 ln3.5(즉, 중앙값 t_0이 3.5(hr))이고 σ가 0.18인 대수정규분포를 따르며, 5(hr) 내에 보전이 완료될 확률이 0.95(즉, $t_{\max}=5$(hr))이상을, 또한 100(hr) 당 3(hr) 미만의 보전 인·시가 요구되도록 규정하고 있다. 200작동시간(OH)마다 2(hr)의 예방보전이 수행되고, 보전인력은 안전을 고려하여 항상 2명을 유지하고 있으며, 이 시스템의 수명은 MTBF가 1,000(hr)인 지수분포를 따른다면 요구조건을 만족하고 있는가?

먼저 보전도 규정과 비교하면

$$M(5) = \Phi\left(\frac{\ln 5 - \ln 3.5}{0.18}\right) = \Phi(1.98) = 0.976$$

이므로 만족한다.

대수정규분포의 평균에 관한 공식으로부터 $MTTR = t_0 e^{0.5\sigma^2} = 3.5e^{0.5(0.18)^2} = 3.557$이고 $\overline{N}(t) = \lambda t = (1/1,000)200 = 0.2$이므로 다음과 같이 보전작업 인·시 요구조건도 만족한다.

$$\text{MH/OH} = \frac{0.2 \times 3.557 \times 2 + 2 \times 2}{200} = \frac{5.4228}{200} = 0.027 < 0.03$$

또한 $\overline{M}$도 식 (10.4)에서 t_d를 약분하여 다음과 같이 구할 수 있다.

$$\overline{M} = \frac{0.001(3.557) + (1/200)(2)}{0.001 + (1/200)} = 2.2595(\text{hr})$$

10.1.2 보전시간 분포

보전성을 정량화하기 위해서는 먼저 보전시간 분포를 찾아야 한다. 보전시간은 다양한 고장모드와 부품에 의해 발생되며, 보전인력의 기술수준, 경험, 훈련 정도에 따라 확률변수로 표현된다. 고장수리 업무는 잠재적 문제를 해결하는 순서 또는 운에 의존하는 경향이 강하므로 시간 길이의 변동이 꽤 크며, 조정·교정시간은 설계공차에 의존하므로 아이템별로 변동적이고, 부품교체 시간은 교체부품의 호환성에도 의존한다.

보전도는 식 (10.1)로 주어지므로 식 (10.2)의 MTTR는 다음과 같이 적을 수 있다.

$$MTTR = \int_0^\infty t m(t)dt = \int_0^\infty (1 - M(t))dt$$

1 지수 보전시간분포

단위시간 당 수리횟수를 나타내는 수리율이 일정한 $\mu = 1/MTTR$인 지수분포를 따르면 보전도는 다음과 같다.

$$M(t) = \int_0^t \mu e^{-\mu u} du = 1 - e^{-\mu t}$$

예제 10.2

어떤 동일한 장비가 일(8(hr)) 당 10회의 비율로 수리된다. 수리율이 일정하다면 특정 보전시간이 1(hr)보다 클 확률을 구하라.

$MTTR=1/10$(일) $=8/10$이므로 $\mu=1/0.8=1.25$가 되어 보전도는 다음과 같이 구해진다.

$$\Pr(T>1)=1-M(1)=e^{-1.25(1)}=0.2865$$

지금까지는 한 장비(부품)의 비작동시간에 대해서 다루었다. 이제 n개의 독립적인 부품을 가진 직렬구조 시스템을 고려해보자. 직렬 시스템에 속하면 하나의 부품이 고장이 나면 시스템은 고장상태가 되므로 이 부품을 수리하여야 한다. 부품 i의 고장률은 λ_i이고 부품 i의 고장으로 인한 시스템의 평균 비작동시간이 MDT_i, $i=1, 2, \cdots, n$이라고 하자. 시스템이 고장난 경우 그 고장이 부품 i에 의한 고장일 확률은 $\lambda_i/\sum_{j=1}^{n}\lambda_j$가 되므로 이 시스템의 평균 비작동시간은 식 (10.7)로 나타낼 수 있다.

$$MDT=\frac{\sum_{j=1}^{n}\lambda_j MDT_j}{\sum_{j=1}^{n}\lambda_j} \tag{10.7}$$

식 (10.7)은 하나의 부품이 고장이 나면 다른 부품은 고장이 나지 않는다는 가정 하에서 정확히 성립되는 식이다. 만일 부품들의 고장이 독립인 경우에 대해서는 근사적으로 사용할 수 있으며, 또한 대부분의 시스템에서 식 (10.7)은 아주 좋은 근사값을 제공한다.

예제 10.3

3개의 독립적인 유닛을 가진 장치를 고려하자. 유닛들의 고장률은 0.002, 0.004, 0.006이라고 알려져 있다. 각 유닛의 고장이 발생할 때 시스템을 복구하는데 각각 10, 20, 50(hr)이 소요된다고 한다. 이 때 시스템의 평균 비작동시간은 식 (10.7)에 따라 근사적으로

$$\frac{0.002 \cdot 10 + 0.004 \cdot 20 + 0.006 \cdot 50}{0.012} = 33.33(\text{hr})$$

이 된다.

2 대수정규 보전시간분포

대수정규분포는 보전시간 분포로 가장 널리 사용되며, 우측으로 꼬리가 긴 [그림 10.4]의 형태의 분포로, T가 $LN(\mu \equiv \ln t_0, \sigma^2)$를 따를 때 확률밀도함수는 다음과 같다.

$$m(t) = \frac{1}{\sqrt{2\pi}\sigma t} \exp\left[-\frac{(\ln t - \ln t_0)^2}{2\sigma^2}\right]$$

여기서 t_0는 T의 중앙값이며 보전도와 MTTR는 다음과 같다.

$$M(t) = \Phi\left(\frac{\ln t - \ln t_0}{\sigma}\right)$$

$$MTTR = t_0 e^{\sigma^2/2} \qquad (10.8)$$

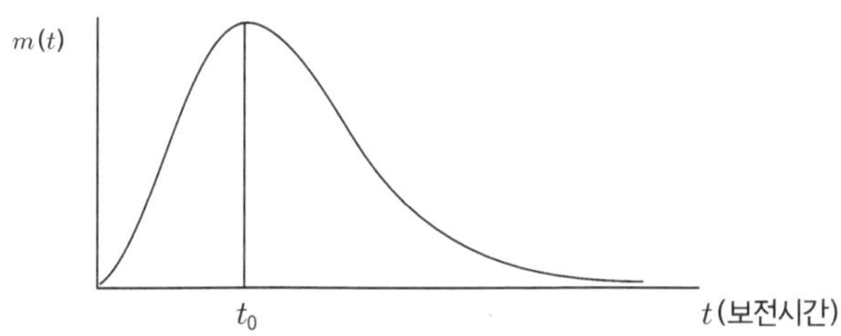

그림 10.4 대수정규 보전시간 분포

예제 10.4

엔진 연료펌프의 보전기준은 3시간 내에 90%의 보전이 이루어지도록 요구하고 있다. 보전시간분포는 $\sigma = 0.45$인 대수정규분포를 따른다면 이 기준을 만족하려면 MTTR는 얼마나 되어야 하는가?

$M(3) = \Phi\left(\frac{\ln 3 - \ln t_0}{0.45}\right) = 0.9$이므로, 이로부터 다음과 같이 중앙값을 구할 수 있다.

$$\frac{\ln 3 - \ln t_0}{0.45} = z_{0.1} = 1.28, \qquad t_0 = e^{0.5226} = 1.686(\text{hr})$$

따라서 식 (10.8)에 의해 $MTTR = 1.686e^{(0.45)^2/2} = 1.866$(hr)이 된다.

한편 만약 MTTR이 동일한 값을 가지는 지수분포를 따르면,

$$M(3) = 1 - e^{-3/1.866} = 0.80$$

이므로 적합한 보전시간 분포의 선택이 매우 중요함을 알 수 있다.

10.2 가용도

수리불능 아이템에 쓰이는 신뢰성과 달리 고장발생 시 원상태로 회복시키는 보전능력을 도입한 아이템에 관한 시스템 성능척도가 가용성(availability)이다. 가용성은 신뢰성, 보전성, 보전지원성에 의존하며, 가용성의 계량적 척도인 가용도를 추정하기 위해서는 수명 및 보전시간 분포를 고려해야 한다.

가용도는 수리 가능한(수리계) 아이템이 규정된 방법으로 작동되고 보전될 때 특정 시점이나 규정된 기간 중에 요구되는 기능을 수행하고 있는 확률로 정의되며 아이템이 작동할 확률 또는 시간비율로서 해석된다.

가용도는 시간범위에 따라 다음과 같이 순간, 구간, 극한, 다양한 안정상태 가용도 등으로 구분된다.

10.2.1 가용도의 종류

가용도는 관심 대상시점의 범주와 포함되는 시간의 범위에 따라 여러 가지로 구분되는데, 먼저 전자에 대해 다음의 네 가지로 구별한다.

1 순간 가용도

t시점의 순간 또는 점 가용도(instantaneous or point availability)는 군용 시스템에 널리 사용되며 신뢰도와 유사하지만 보전정보를 고려하여 다음과 같이 정의된다.

$$A(t) = \Pr(\text{시스템이 } t\text{시점에 작동}) \tag{10.9}$$

2 구간 가용도

구간 또는 평균 가용도(interval or average availability)는 순간 가용도를 시간에 따른 평균 개념을 적용한 것으로 정기보전을 실시하는 시스템이나 제조 및 통신 장비에 일반적으로 적용된다.

$$\overline{A}(t_0)=\frac{1}{t_0}\int_0^{t_0}A(t)dt,\ \ t_0>0 \tag{10. 10}$$

이 가용도는 다음의 구간 또는 임무(mission) 가용도로 일반화 될 수 있다.

$$\overline{A}(t_1, t_2)=\frac{1}{t_2-t_1}\int_{t_1}^{t_2}A(t)dt \tag{10. 11}$$

3 장기평균 가용도

장기평균 가용도(long-run average availability) $\overline{A}_\infty$는 시스템이 장기간 운용 시 구간 가용도의 점근값이 된다.

$$\overline{A}_\infty=\lim_{t_0\to\infty}\overline{A}(t_0) \tag{10. 12}$$

4 안정상태 가용도

극한 가용도(limiting availability) A는 순간 가용도의 극한치로서,

$$A=\lim_{t_0\to\infty}A(t_0) \tag{10. 13}$$

A가 존재하면 $A=\overline{A}_\infty$가 되어 안정상태 가용도(steady-state availability)로 불리며, 이 값의 수렴속도는 적용되는 보전의 성격과 대상 시스템의 복잡성에 의존한다.

또한 널리 쓰이는 안정상태 가용도는 다음의 비율로 볼 수 있으며([그림 1. 10] 참고),

$$\text{가용도}=\frac{\text{작동시간}}{\text{작동시간}+\text{정지시간}}$$

작동시간과 정지시간에 포함되는 범위에 따라 다음과 같이 여러 가지 형태의 안정상태 가용도가 존재한다.

5 고유 가용도

고유 가용도(inherent availability)는 식 (10. 14)와 같이 정의되며,

$$A_I = \lim_{t_0 \to \infty} \overline{A}(t_0) = \frac{MTBF}{MTBF + MTTR} \tag{10.14}$$

수명(고장시간)분포와 보전시간 분포에 전적으로 의존한다. 이 가용도는 장비의 설계 파라미터에 속하며 신뢰도-보전도 상충관계가 이 관점에서 분석된다. 특별한 언급이 없으면 이 책에서는 안정상태 가용도로 고유 가용도를 채택한다.

예제 10.5

사무자동기기의 수명은 중앙값 $t_0 = 40$(hr)이고 $\sigma = 0.86$인 대수정규분포를 따르다. 보전시간은 평균이 3.5(hr)이고 표준편차가 1.8(hr)인 정규분포를 따른다면 고유 가용도는 얼마인가?

대수정규분포의 평균에 관한 식 (10.8)로부터 MTBF를 구한 후에 식 (10.14)에 대입하면 고유 가용도는 다음과 같이 구해진다.

$$MTBF = t_0 e^{\sigma^2/2} = 40e^{0.86^2/2} = 57.9$$

$$A_I = \frac{57.9}{57.9 + 3.5} = 0.943$$

6 성취 가용도

성취 가용도(achieved availability)는 예방보전까지 고려한 가용도로 식 (10.15)와 같이 정의된다.

$$A_a = \frac{MTBM}{MTBM + \overline{M}} \tag{10.15}$$

$\overline{M}$는 10.1절에서 식 (10.4)로 정의된 시스템 정지시간이며, MTBM(Mean Time Between Maintenance)은 비계획적 보전과 예방보전을 고려한 평균 간격으로 다음과 같이 주어진다.

$$MTBM = \frac{t_d}{\overline{N}(t_d) + (t_d/T_{PM})} \tag{10.16}$$

여기서 수명이 지수분포를 따르면 $\overline{N}(t_d) = \lambda t_d$이므로 t_d가 소거될 수 있으며, 다만 예방보전을 너무 자주 실시하면 성취 가용도에 부정적 영향을 미칠 수 있다.

7 운용 가용도

운용 가용도(operational availability)는 다음과 같이 정의된다.

$$A_O = \frac{MTBM}{MTBM + \overline{M}'} \tag{10.17}$$

여기서 $\overline{M}'$는 $\overline{M}$과 달리 보전시간에 연관된 모든 공급지연 및 보전지연 시간을 포함시킨 것으로 예비부품과 수리 채널의 수를 결정할 때 유용하다. 다만 제품의 설계관점에서는 지연시간이 제품설계의 외적요인이기 때문에 이 척도보다 고유 또는 성취 가용도가 더 의미가 있다.

8 작동 준비성

작동 준비성(operational readiness) 또는 일반화 운용 가용도(general operational availability)는 대상 아이템이 연속적으로 가동하지 않을 경우에 고장간격과 예방보전 간격이 작동시간 관점으로 표현될 때 적절한 척도로 다음과 같이 정의된다.

$$A_G = \frac{MTBM + RT}{MTBM + RT + \overline{M}'} \tag{10.18}$$

여기서 RT(ready time)는 준비, 대기, 휴지시간으로 이 기간 중에는 고장이 발생하지 않는다고 가정한다.

10.2.2 시스템 가용도

가용도도 확률이므로 5장의 시스템 신뢰도와 같은 계산방법으로 시스템 가용도를 계산할 수 있다. 즉, 각 부품의 가용도가 $A_i(t)$인 s개(5장에서 정의된 n이 이 장에서 다른 용도로 쓰임)의 독립부품이 직렬과 병렬구조를 구성한다면 각 경우의 시스템 가용도 $A_S(t)$는 다음과 같이 주어진다.

$$\text{직렬: } A_S(t) = \prod_{i=1}^{s} A_i(t) \tag{10.19}$$

$$\text{병렬: } A_S(t) = 1 - \prod_{i=1}^{s} [1 - A_i(t)] \tag{10.20}$$

이 공식은 독립성을 만족한다면(즉, 간섭현상이 발생하지 않는 충분한 수리공 확보 등의 조건이 필요함) 복잡한 시스템 구조에 적용할 수 있으며 구간 및 안정상태 가용도에도 적용할 수 있다.

예제 10.6

일정 고장률이 시간 당 0.01이고 일정 수리율이 시간 당 0.2인 세 독립 부품으로 이루어진 직렬과 병렬 시스템의 안정상태 가용도를 구하라.

단일 부품: $A=\dfrac{0.2}{0.01+0.2}=0.952$

직렬 구조: $A_S=0.952^3=0.863$

병렬 구조: $A_S=1-(1-0.952)^3=0.9999$

최근에 Sherwin(2000)은 직렬구조에 적용되는 식 (10.19)가 고장나지 않는 부품이 보전기간 중에 작동상태에 있다고 가정하고 있으므로 이 공식은 범위가 제한적이라 보고하고 있다. 즉, 일부 전자부품은 이 경우에 속할 수 있지만, 고장이 나지 않는 부품은 비작동 상태에 있는 것이 일반적이므로 이 기간 중에는 고장이 발생할 수 없다. 그는 Markov 분석을 이용하여 이런 여건을 감안한 (10.21)과 같은 가용도 공식을 제시하였다.

$$A_{S2}=\left[1+\sum_{i=1}^{s}\frac{\lambda_i}{\mu_i}\right]^{-1} \tag{10.21}$$

여기서 $A_S<A_{S2}$, $s\geq 2$이고 $A_S=A_{S2}$, $s=1$이 성립한다.

10.2.3 가용도를 고려한 설계

가용도를 직접 규정하거나 구할 수 있는 경우라도 신뢰도와 보전도 사이는 분명한 상충관계가 존재한다. 예를 들어 A가 먼저 정해지면 MTTR와 MTBF는 다음 관계가 성립된다.

$$MTTR=\frac{1-A}{A}MTBF \tag{10.22}$$

즉, 규정된 가용도에 대해 MTTR는 MTBF의 일정비율이 되어 MTBF가 증가되면 MTTR도 증가되는 상충관계가 존재한다. MTBF가 MTTR보다 가용도의 주된 관심이 될 수 있는 경우가 많이 존재하더라도, 신뢰도(또는 MTBF)와 보전도(또는 MTTR)가 설계과정의 구성요소가 되면 이런 상충관계를 고려하여 보전도를 설계에 반영해야 한다.

1 보전도 배분

시스템 가용도가 설계 사양서의 하나의 요건이고 신뢰도 배분이 수행되면, **[그림 10.5]** 로부터 식 (10.23)에 의해 부품의 MTTR에 대한 상한조건을 부과할 수 있다. 시스템이 s개의 직렬부품으로 구성되어 있으면 각 부품에 등배분기법을 적용한 후에 각 부품의 MTTR에 대한 식 (10.23)의 조건을 설계에 반영할 수 있다.

$$A_i = A^{1/s}$$

$$MTTR_i \leq \frac{1-A_i}{A_i} MTBF_i \qquad (10.23)$$

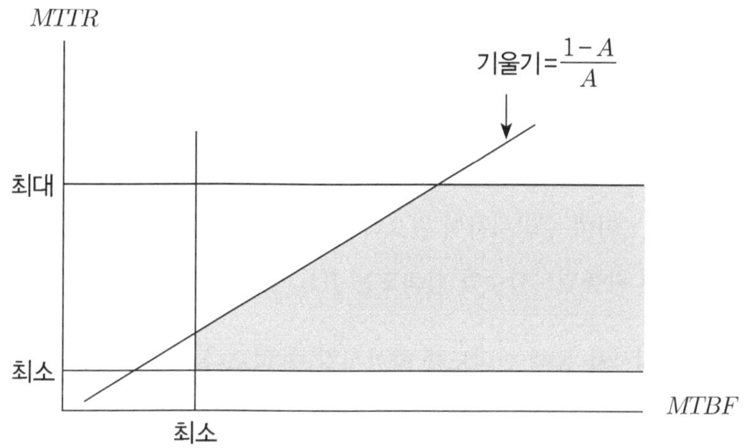

그림 10.5 가용도를 고려한 설계의 실행가능영역

예제 10.7

일정 고장률을 가지는 4개의 직렬부품의 MTBF가 각각 2,100, 3,200, 5,000, 1,700(hr)이며 이 직렬 시스템의 가용도는 0.99로 규정되어 있다. 등배분기법을 적용하여 각 부품의 MTTR에 대한 제약 범위를 구하라.

각 부품의 가용도는 $A_i = 0.99^{1/4} = 0.9975$이고 $(1-A_i)/A_i = 0.0025$이므로 다음과 같은 조건을 얻을 수 있다.

$MTTR_1 \le 5.25(\text{hr})$, $MTTR_2 \le 8(\text{hr})$

$MTTR_3 \le 12.5(\text{hr})$, $MTTR_4 \le 4.25(\text{hr})$

10.2.4 검사 및 수리하의 가용도 모형

경보장치나 대기 시스템의 대기부품같이 간헐적으로 운용되는 장비의 고장은 즉시 탐지되지 않고 작동이 요구될 때까지 관측되지 않는다. 비작동 상태에서 검출되지 않는 고장은 검사에 의해서 고장여부를 판정할 수 있으므로 검사 빈도는 가용도에 영향을 미친다. 이런 고장은 부식이나 기계적 파손 등에 의해 고장이 발생하며, 주요 고장원인은 잠재적인 제조 결함에 기인하다. 검사 시 장비가 일정시간 정지된다면 이런 정지시간과 고장의 검출과 회복시간과는 상충관계가 발생한다.

본 소절의 모형은 다음과 같은 가정 하에서 안정상태 가용도를 최대화하고자 한다.

① 주기적(T_0)으로 검사

② 검사 후 신품과 동일한 상태로 회복된다.

③ 검사시간은 t_1이며 수리시간이 필요하면 t_2가 소요된다.

④ 장비 수명의 확률밀도함수와 신뢰도는 $f(t)$, $R(t)$이다.

이 모형 하에서 검사를 통해 신뢰도를 향상시킬 수 없으나 가용도를 높일 수 있다.

먼저 특정 순번째의 검사완료 시점에서 다음 번째의 검사시점을 사이클로 정의하면 이의 기대치는 $T_0 + t_1 + t_2(1 - R(T_0))$가 된다.

그리고 대상 장비의 사이클 당 기대 가용시간 $L(T_0)$을 다음과 같이 적을 수 있다.

$$L(T_0) = \int_0^{T_0} f(t)\,dt + T_0 \int_{T_0}^{\infty} f(t)\,dt = \int_0^{T_0} R(t)\,dt \tag{10.24}$$

따라서 구간 가용도는 가용시간과 사이클 시간의 비로서 다음과 같이 된다.

$$\overline{A}(T_0) = \frac{\int_0^{T_0} R(t)\,dt}{T_0 + t_1 + t_2(1 - R(T_0))} \tag{10.25}$$

이를 최대화 하는 T_0는 황금분할법(golden section search) 같은 수치해법으로 구할 수 있다.

1 지수분포일 경우

장비의 고장률이 λ로 일정한 지수분포인 경우의 식 (10.25)은 다음과 같이 된다.

$$\overline{A}(T_0) = \frac{1 - e^{-\lambda T_0}}{\lambda[T_0 + t_1 + t_2(1 - e^{-\lambda T_0})]} \tag{10.26}$$

여기서 t_1과 t_2를 무시할 수 있다면(즉, $t_j << T_0$, $j = 1, 2$), 식 (10.26)은 다음과 같이 간략한 형태의 식이 되며,

$$\overline{A}(T_0) = \frac{1}{\lambda T_0}(1 - e^{-\lambda T_0}) \tag{10.27}$$

식 (10.27)에서 2차 항까지 Taylor급수 전개를 이용하면 식 (10.28)로 근사할 수 있다.

$$\overline{A}(T_0) \approx \frac{1}{\lambda T_0}\left[1 - \left(1 - \lambda T_0 + \frac{(\lambda T_0)^2}{2}\right)\right] = 1 - \frac{\lambda T_0}{2} \tag{10.28}$$

예제 10.8

원자력 발전소에는 여러 가지의 고급 방사능 검출기가 있다. 이 검출기의 고장률이 시간 당 0.0002이며, 정기적으로 검출기를 분리하여 검사를 수행한다. 검사시간은 16(hr)이며 결점이 발견되면 교체되는데 소요시간이 48(hr)이다. 최적 검사주기는 얼마인가?

구간 가용도를 식 (10.26)에 대입하여 구하면

$$\overline{A}(T_0) = \frac{1 - e^{-0.0002T_0}}{0.0002[T_0 + 16 + 48(1 - e^{-0.0002T_0})]}$$

이므로, T_0에 따라 계산된 **[표 10.2]**의 구간 가용도를 보면 최적 검사주기는 400(hr)이 된다. 이 근처에서 가용도 값이 민감하지 않음을 확인할 수 있다.

표 10.2 [예제 10.8]의 구간 가용도

T_0	100	200	300	400	500	600	700	800	900
$\overline{A}(T_0)$	0.847	0.900	0.913	0.916	0.914	0.910	0.904	0.898	0.891

2 비용 최소화 모형

고장률이 일정한 지수분포를 따를 경우에 최적화 기준으로 비용을 고려하자. 1회 검사 당 비용 c_1이고 수리를 포함한 동작불능시간 당 손실이 c_2이다.

기대 동작불능시간을 구하면 다음과 같다.

$$D=\int_0^{T_0}(T_0-t)f(t)dt=\int_0^{T_0}(T_0-t)\lambda e^{-\lambda t}dt$$

$$=T_0-\frac{1}{\lambda}(1-e^{-\lambda T_0})$$

단위시간 당 기대비용으로 T_0를 결정하는 기준으로 설정하고 상기 식에 2차 항까지 Taylor 급수를 적용하면 다음과 같이 근사할 수 있다.

$$C(T_0)=\frac{c_1+c_2D}{T_0}\approx\frac{c_1+c_2\left[T_0-\frac{1}{\lambda}\left(\lambda T_0-\frac{(\lambda T_0)^2}{2}\right)\right]}{T_0} \tag{10.29}$$

식 (10.29)로부터 최적 $T_0(T_0^*)$를 구하면 식 (10.30)이 된다.

$$T_0^*=\sqrt{\frac{2c_1}{\lambda c_2}} \tag{10.30}$$

예제 10.9

$\lambda=0.001/$(일)이고 $c_1=10$(만원)이고 $c_2=5$(만원/일)인 경보장치의 최적 검사주기를 구하라. 그 때의 구간 가용도는?

식 (10.30)에 대입하면

$$T_0^*=\sqrt{\frac{2\times 10}{0.001\times 5}}=63.2(\text{일})$$

되며, 이를 식 (10.27)과 (10.28)에 대입하면 다음과 같이 거의 동일한 값이 도출되고 있다.

$$\overline{A}(63.2)=\frac{1}{0.001\times 63.2}(1-e^{-0.001\times 63.2})=0.969$$

$$\overline{A}(63.2)\approx 1-\frac{0.001\times 63.2}{2}=0.968$$

10.2.5 가용도의 추정

수명과 보전시간이 각각 평균이 $1/\lambda$, $1/\mu$인 지수분포를 따른다면 안정상태 가용도(A)에 대한 신뢰구간을 설정할 수 있다.

MTBF와 MTTR의 추정량은 평균이 되므로 표본크기가 둘 다 n일 때 작동시간과 보전시간의 평균을 $\overline{X}$, $\overline{Y}$로 두면 보전계수 $\rho=\lambda/\mu=MTTR/MTBF$의 점추정량을 다음과 같이 구할 수 있으며.

$$\hat{\rho}=\frac{\overline{Y}}{\overline{X}}$$

χ^2분포의 성질을 이용하면 $\rho/\hat{\rho}$는 자유도가 $2n$, $2n$인 F분포를 따른다.

따라서 A에 대한 $100(1-\alpha)\%$신뢰하한은 다음 식으로부터

$$\Pr\left(\frac{\rho}{\hat{\rho}}\le F_{\alpha}(2n,2n)\right)=1-\alpha$$

에서 식 (10.31)과 같이 유도할 수 있으므로,

$$\Pr\left(A=\frac{1}{1+\rho}\ge\frac{1}{1+\hat{\rho}F_{\alpha}(2n,2n)}\right)=1-\alpha \tag{10.31}$$

단, $F_{\alpha}(\phi_1,\phi_2)$는 자유도가 ϕ_1,ϕ_2인 F 분포의 $(1-\alpha)$분위수임

신뢰하한은 $\dfrac{1}{1+\hat{\rho}F_{\alpha}(2n,2n)}$가 된다.

그리고 $100(1-\alpha)\%$ 양측 신뢰구간을 구한다면 다음과 같이 되는데,

$$\left[\frac{1}{1+\hat{\rho}F_{\frac{\alpha}{2}}(2n,2n)},\ \frac{1}{1+\hat{\rho}F_{1-\frac{\alpha}{2}}(2n,2n)}\right] \tag{10.32}$$

F분포의 분위수 값은 Minitab 등으로부터 구할 수 있다(2.3.6 절 참고).

예제 10.10

어떤 장치의 고장시간을 누적시킨 누적 작동시간(X)과 보전시간(Y)을 구한 결과가 [표 10.3]에 정리되어 있다.

표 10.3 장치의 수명과 보전시간

(단위: 시간)

누적 작동시간(X)	보전시간(Y)
360	35
430	4
460	16
710	22
820	16
960	3
1050	9

$\overline{X}=1,050/7=150$, $\overline{Y}=105/7=15$이므로 $\hat{\rho}=15/150=0.1$이 되어 A는 $1/(1+0.1)$로 추정된다.

여기서 A에 대한 90% 신뢰하한과 90% 양측 신뢰구간은 식 (10.31)과 (10.32)로부터 구하면 다음과 같이 된다.

$$\left[\frac{1}{1+0.1F_{0.1}(14,14)}=\frac{1}{1+0.1(2.022)}=0.832,\ 1\right]$$

$$\left[\frac{1}{1+0.05F_{0.05}(14,14)}=\frac{1}{1+0.1(2.484)}=0.801,\ \frac{1}{1+0.05F_{0.95}(14,14)}=\frac{1}{1+0.1(0.4026)}=0.961\right]$$

10.3 보전 유형

전 절에서도 언급하였으나 보전은 시스템을 작동상태로 유지하거나, 복귀시키기 위한 모든 활동으로 다양한 기준에 의해 분류가 가능하다. 보전유형은 **[그림 10.6]**과 같이 고장이 발생하지 않게 하거나 적게 일어나게 예방적 차원(현재 시스템은 가동되고 있음)에서 실시하는 보전활동(예방보전)과 고장이 발생한 후에 시스템의 상태를 가동상태로 복귀시키기 위한 보전활동(일반적으로 고장보전(수리))으로 대별하여 설명할 수 있다(서순근 외 (2015)).

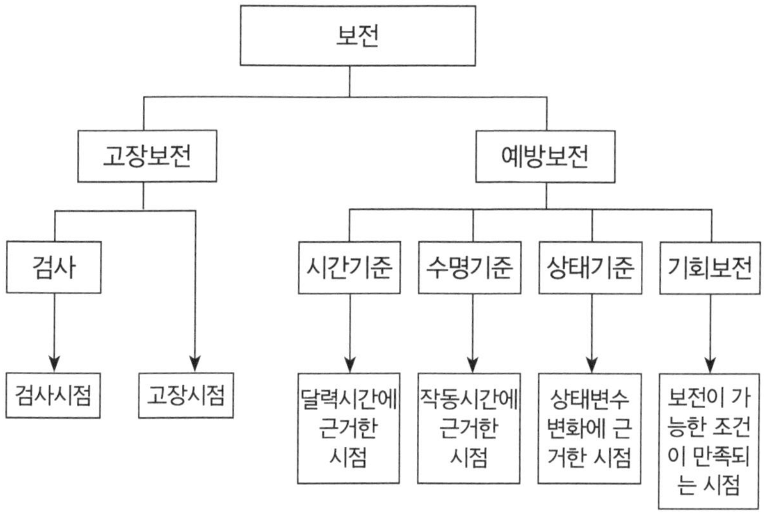

그림 10.6 보전 유형별 분류

10.3.1 예방보전

예방차원의 보전(Preventive Maintenance; PM)은 작동중인 장비의 미래에 발생 가능한 고장을 사전에 방지하기 위해 미리 정해진 기준에 의해 보전을 실시한다. 실시되는 보전활동으로는 검사, 조정, 윤활, 부품 교환, 눈금조정, 그리고 노후화 과정에 들어간 장비를 보전하는 활동이 포함된다.

최적의 예방보전을 실시하기 위해서는 고장모형과 비용요소가 파악되어야 하며, 이를 기반으로 구성된 최적화 기준이 정해져야 한다. 특히 고장모형은 예방보전정책의 형태를 결정하는데 결정적인 영향을 준다고 볼 수 있다. 고장이 발생하는 현상을 표현하는 수학적인 모형인 고장모형이 고장발생 시간을 확률분포로 가정하는 모형(와이블 분포 등)이라면, 일정시간을 경과하기 전에 예방보전을 실시하는 방식인 수명기준방식이 보다 합리적임을 알 수 있다. 왜냐하면 시스템을 작동할수록 비록 고장이 발생하지 않았다 하더라도 고장가능성이 증가하는 것이 일반적인데, 미리 선제적으로 시스템을 보전함으로써 알 수 없는 미래시점의 고장을 미연에 방지할 수 있을 것으로 여겨지기 때문이다. 이런 예방보전

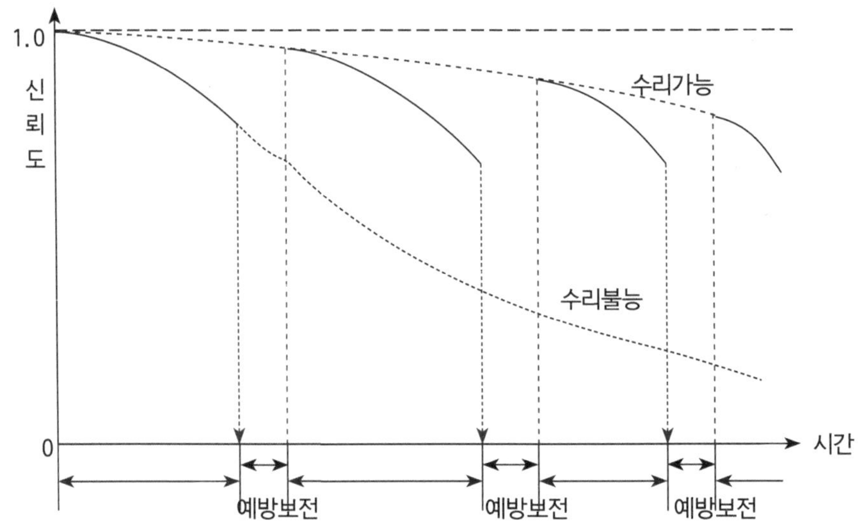

그림 10.7 예방보전의 이점: 신뢰도 측면

을 통해 수리가능 아이템의 신뢰도가 제고되는 이점을 [그림 10.7]에서 확인할 수 있다.

따라서 예방보전의 중심 문제는 어떤 간격으로 예방보전을 실시할 것인가 인데, 이런 최적 예방보전시간의 결정을 위해 최적화 기준에 대한 정보가 요구된다. 최적화 기준으로는 예방보전비용과 고장보전비용 등 비용요소들을 종합적으로 고려하는 기대 총 비용과 예방보전시간과 고장보전시간 등 시간적인 요소를 종합적으로 고려하는 시스템 가용도가 주로 채택된다. 예방보전의 종류로는 대표적으로 다음과 같은 방식들이 있다.

1 수명기준보전(age based maintenance)

위에서 언급한 바와 같이 이 방식의 예방보전은 대상 장비의 사용수명(연령)에 근거하여 교체·수리 등을 실행한다.

여기서 사용수명이란 고장모형에서 가정하고 있는 시간축의 척도에 따라 달라질 수 있다. 예를 들어 고장을 달력시간으로 측정할 수도 있으며, 작동시간(시스템은 작동과 정지 상태를 반복하는 경우가 많으므로, 작동된 시간의 합으로 시간축을 표시하는 경우임)을 채택하는 경우와 작동 사이클을 채택하는 경우도 자주 있다. 이에 따라 예방보전도 고장없이 작동한 달력시간, 작동시간의 합, 총 작동 사이클 수가 일정 수준에 도달하면 실시하게 된다. 예를 들어 스위치는 일정 사이클 수, 비행기 바퀴는 정해진 이착륙 횟수 후에 실시하게 된다. 10.3.4절에서 다루는 연령교체 정책은 수명기준보전의 전형적인 방식이다.

2 시간기준보전(time based maintenance)

이 방식의 보전은 정해진 시점에 교체·수리 등이 적용된다. 예를 들어 한 달 혹은 3개월마다 1회씩 수행하는 방식이다. 10.3.4절에서 소개되는 일괄교체 정책은 시간기준보전의 예이다.

시간기준보전 방식은 일반적으로 보전업무가 지정된 시점에서 정기적으로 실시되므로 수명기준보전 방식보다 관리가 수월하다고 할 수 있다. 두 방식의 차이를 예방보전이 3개월 간격으로 실시하는 경우로 예로 들자. 연 초에 예방보전을 실행했다면, 시간기준보전은 3개월 기간 중에 고장이 발생하더라도 다음 3개월 후인 4월 초에 예방보전을 실시한다. 이에 반해 수명기준보전 방식은 3개월 간 고장이 발생하지 않으면 4월 초에 보전을 실시하지만, 3월 이전인 2월초에 장비가 고장이 나서 수리를 실시하였다면 수리 후 다시 3개월이 경과한 5월 초에 예방보전을 계획하게 된다.

3 상태기준보전(condition-based maintenance)

상태기준보전(CBM)은 예지보전(predictive maintenance)이라고도 불리는데 예방보전을 시스템의 하나 혹은 여러 가지 상태변수의 측정된 수치에 근거하여 실시된다. 즉, 상태변수가 한계치에 도달하거나 초과할 때(상태 모니터링) 보전이 실시되는데, 정기적으로 상태변수를 조사하여 교체여부를 판단하는 방식과 연속적으로 모니터링하는 방식으로 구분할 수 있다.

상태변수의 예로는 진동크기, 온도, 윤활유 상태, 소음수준, 마모수준 등을 들 수 있다. 상태변수는 연속적으로 혹은 일정한 간격으로 관측되며 측정된 수치에 근거하여 예방보전실시 여부가 결정될 것이다.

이런 형태의 예방보전을 고려하기 위해서는 상태변수의 변화를 나타내는 모형을 파악하고 상태변수에 의해 고장이나 보전실행 기준이 설정되어야 된다. 이에 관한 고장모형으로 열화모형(degradation model)과 다 상태 고장모형(multi-state failure model) 등이 있다.

4 기회보전(opportunistic maintenance)

이 방식은 다 장비 시스템에 적용 가능한 보전 방식으로 하나의 장비를 수리하는 경우에 고장이 나지 않은 다른 장비들도 함께 보전하는 방식이다. 예를 들어 자동차의 브레이크 패드를 교체할 때 경우 엔진 오일과 필터 등을 점검하고 교체하는 경우가 이에 속한다.

이 경우에 보전을 위해 할애해야 하는 시간이나 비용을 전체적으로 줄일 수 있으므로,

다 장비 시스템의 보전체제에서 공통 예방보전 주기를 적용하는 대상이 된다. 이런 보전 방식은 저 비용으로 보전을 실시할 수 있는 기회를 활용함으로써 전체적으로 보전비용을 절감할 수 있다.

10.3.2 고장보전

수리라고도 자주 불리는 고장보전(Breakdown 또는 Corrective Maintenance; BM)은 시스템이 고장이 나서 이를 복구하기 위해 실시하는 보전으로서 대상 시스템이나 장비가 고장난 이후에 수행된다. 고장보전은 가능한 한 신속하게 고장을 회복시키는 것이 목적이다.

일반적으로 고장발생 시점을 미리 알 수 없으므로 고장난 부품들을 수리 혹은 교체하여 장비를 정상화시키는데 필요한 자원(수리 작업공과 수리장비 등)과 교체를 위한 예비부품이 적절히 준비되어야 신속한 보전이 이루어질 것이다. 하지만 과다한 자원의 보유는 비용이 수반되므로 적절한 관리의 필요성이 매우 높은 분야이다.

특히 예비부품 관리는 보전관리에서 매우 중요한 의미를 가지게 된다. 너무 많은 예비부품을 준비하는 것은 지속적인 재고 유지비용이 발생하여 낭비를 초래하며, 너무 적은 예비부품의 보유는 이의 부족으로 인해 보전지연을 야기시킬 수 있다. 그러므로 적절한 예비부품 보유수량을 정하는 것은 [예제 10.11]과 같이 보전에서 주요한 의사결정문제가 된다.

예제 10.11

공작기계에 연간 고장률이 0.05/(년)으로 일정한 유닛이 포함되어 있다. 회사는 수리불가능한 이 유닛의 예비부품으로 2대를 확보하고 있다. 공작기계의 설계수명이 10년이라면 두 대의 예비부품으로 충분할 확률은 얼마인가?

모든 부품이 동일한 일정 고장률 λ를 가질 때(즉, 지수분포), 시간 t까지 고장이 나는 부품 수($N(t)$)는 평균이 λt(즉, $0.05 \times 10 = 0.5$)인 Poisson 분포를 따르므로(2.3.1절 참고), 다음과 같이 구해진다.

$$\Pr(N(10) \le 2) = \sum_{j=0}^{2} \frac{e^{-0.5} 0.5^j}{j!} = e^{-0.5}\left(1 + 0.5 + \frac{0.5^2}{2!}\right) = 0.9856$$

10.3.3 검사에 의한 고장발견보전

이 보전방식은 10.2.4절에서 소개된 모형과 같이 시스템의 기능이나 작동여부 등 시스템의 상태를 조사하는 보전으로서 특히 보호장비, 백업 시스템과 같은 오프라인 기능의 시스템의 적절한 작동여부를 점검하는 보전방식이 포함된다. 이 방식은 고장보전에 속하지만, 예방보전의 특수한 형태로도 볼 수 있다.

고장발견보전은 이미 발생된 비검출 고장을 파악하기 위한 보전으로서 일정한 간격으로 실시하는 것이 일반적이다. 특히 보호장비 등의 비검출 고장은 안전성에 영향을 미칠 수 있으므로 적정한 검사간격의 설정문제는 기능안전성 분야(1.4.2절 참고) 등에서 매우 중요하게 다루며, 신뢰성 분야에서는 최적 검사일정계획 문제에 해당된다.

10.3.4 예방교체정책

이 절에서는 고전적 예방교체정책, 즉, 주로 부품수준에 적용되는 연령교체(age replacement)와 일괄교체(block replacement)정책을 소개하며, 특히 연령교체정책을 보다 자세하게 서술한다.

1 연령교체

이 정책은 아이템이 고장나거나 또는 규정된 누적 작동시간(T_0)에 먼저 도달하면 교체하는 정책으로 고장 시 교체 비용이 계획된 교체비용보다 높고 고장률 증가형일 때 유용하다.

고장 시 교체비용은 즉각적 대비와 교체가 힘들어 이에 따른 기회비용이 추가적으로 발생하고, 다른 아이템까지 고장이 발생할 가능성이 상대적으로 높으며, 고장난 부품의 낮은 처분가치 등으로 인해 계획된 교체 시(정상적 작동 아이템 교체)보다 꽤 높다고 보는 것이 타당하다.

수명 T의 확률밀도함수, 고장률함수, 신뢰도함수가 각각 $f(t)$, $h(t)$, $R(t)$로 정의하며, 고장난 아이템의 교체시간은 무시할 수 있고 연속된 교체간격을 주기(cycle)로 명명한다.

정기적 교체 연령 T_0하의 기대 교체주기(Mean Time Between Replacements: MTBR)는 식 (10.32)와 같이 주어진다.

$$MTBR(T_0) = \int_0^{T_0} f(t)\,dt + T_0\int_{T_0}^{\infty} f(t)\,dt \qquad (10.33)$$
$$= \int_0^{T_0} R(t)\,dt$$

식 (10.33)의 $MTBR(T_0)$는 T_0보다 항상 적으며 $\lim_{T_0\to\infty} MTBR(T_0) = MTBF$가 된다.

관련 비용요소는 연령 T_0에 발생되는 예방교체 시 개 당 교체비용(아이템 구입 및 노무비)는 c이고 연령 T_0이전의 고장에 의해 발생되는 개 당 교체비용을 $c+k$(k는 전술된 기회비용을 포함한 추가비용)으로 구별할 수 있으며, 이런 관계가 **[그림 10.8]** 에서 도시되어 있다.

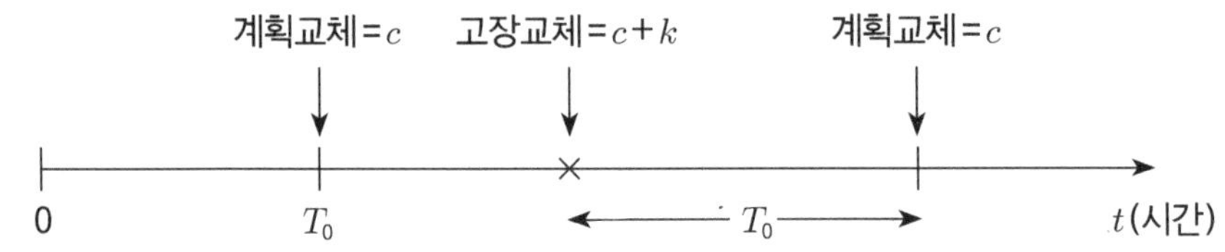

그림 10.8 연령교체정책

[그림 10.8] 에서 주기 당 기대발생 비용은 $c\int_{T_0}^{\infty} f(t)\,dt + (c+k)\int_0^{T_0} f(t)\,dt = c + kF(T_0)$이 되므로, 이 비용을 식 (10.33)으로 나눈 단위시간 당 기대비용을 최소화하는 최적 교체주기는 $r=k/c$ 일 때 다음 식을 만족하는 T_0^*이 된다.

$$h(T_0^*)\int_0^{T_0^*} R(t)\,dt - (1 - R(T_0^*)) = \frac{c}{k} = \frac{1}{r} \qquad (10.34)$$

식(10.34)의 좌변은 $h(t)$가 IFR이면 T_0의 단조 비감소 함수가 되므로, CFR 또는 DFR이거나 k가 c보다(즉, $r=k/c$가) 상당히 크지 않으면 T_0^*가 존재하지 않는다(Barlow and Proschan(1975)). 식 (10.34)의 조건을 만족하는 T_0^* 하에서 식 (10.34)의 단위시간 당 기대비용은 다음과 같이 단순화된다.

$$C_A(T_0^*) = kh(T_0^*)$$

여기서 고장발생 시에 교체를 수행할 때(즉, $T_0^* = \infty$)의 기대비용 $(c+k)/MTTF$와 대비하여 목적함수를 다음과 같이 나타낼 수 있으므로 연령교체의 효율성을 평가할 수 있다.

$$\frac{C_A(T_0)}{C_A(\infty)} = \frac{c + kF(T_0)}{\int_0^{T_0}(1 - F(t))dt} \cdot \frac{MTTF}{c+k} = \frac{1 + rF(T_0)}{\int_0^{T_0}(1 - F(t))dt} \cdot \frac{MTTF}{1+r} \tag{10.35}$$

예제 10.12

수명이 형상모수가 2.5인 와이블 분포를 따를 때 r이 2.5, 5, 10일 경우 최적 교체주기를 구하라.

T_0가 η(특성수명)의 배수로 표현될 때 식 (10.35)를 도시한 **[그림 10.9]**와 같이 T_0^*를 수치적 방법에 의해 구할 수 있으며(각각 0.60η, 0.45η, 0.34η), r이 커질수록 T_0^*가 감소하고 있다.

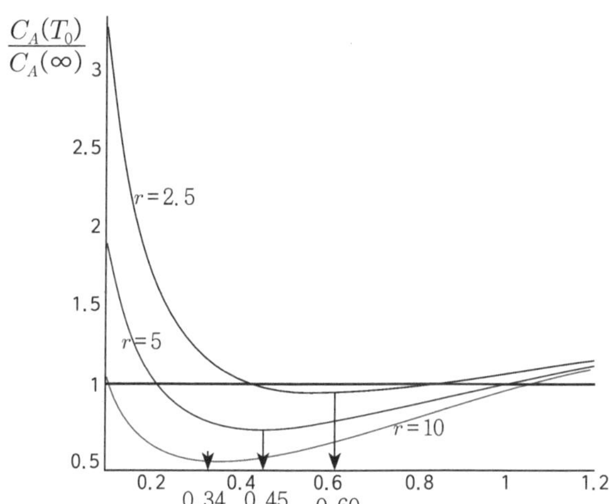

그림 10.9 연령교체: 최적 교체주기

관련 기대비용 등을 최소화하는 최적 교체연령을 수리적으로 결정하는 수학적 접근법은 Rausand and Hoyland(2004)의 전문서적 등을 참조하기 바란다. 하여튼 이 정책의 교체시간은 완전한 계획보전형태가 아니며, 각 장비의 연령을 모니터해야 되고 교체시점이 다양해지므로 매우 많은 수의 장비가 있을 경우 적용하기가 쉽지 않다.

2 일괄교체

일괄교체 정책에 의해 관리되는 장비나 시스템은 고장이 나면 고장교체가 이루어지지만, 사용연령에 상관없이 정해진 시점(T_0, $2T_0$, $\cdots$)에도 예방교체가 수행된다. 일괄교체 정책은 일괄교체 기간 사이에 발생하는 고장교체에 상관없이 정해진 시점들에서 예방교체가 이루어지므로 예방보전형태의 관리를 용이하게 적용할 수 있다.

따라서 일괄교체 정책은 운용 중인 아이템이 유사하고 수가 많을 경우에 주로 사용된다. 일괄교체 정책에서는 거의 새 것에 가까운 아이템도 계획된 예방교체 시점이 되면 다시 교체되기 때문에 낭비적인 요소가 포함될 수 있다.

10.3.5 보전체제의 구축

대형 장비나 시스템의 보전을 최적화하는 문제는 전 소절의 단순화된 수학적 모형으로 해결될 수 있을 정도로 수월하지 않다. 따라서 복잡하고 대형화된 시스템과 관련된 보전을 최적화하기 위해서는 체계적인 절차와 구체적 방법론이 요구된다. 이 소절에서는 RAM 관점에서 보전체제의 구축전략 및 절차에 대해 설명하고자 한다.

전통적으로 시스템 보전체제에 포함된 보전작업의 결정과 보전관련 자원(인력과 장비)의 활용은 (i) 법정요건, (ii) 사내 표준, (iii) 장비 제조자와 협력업체로부터의 권고사항, (iv) 그리고 자체적인 보전 경험에 기반하여 이루어진다. [그림 10.10]은 이와 같은 보전체제 구축전략에 필요한 결정요소들을 보여주고 있다.

보전체제를 구축 시에 가장 기본적인 고려사항은 사회의 법적 규제요건이다. 이에 따

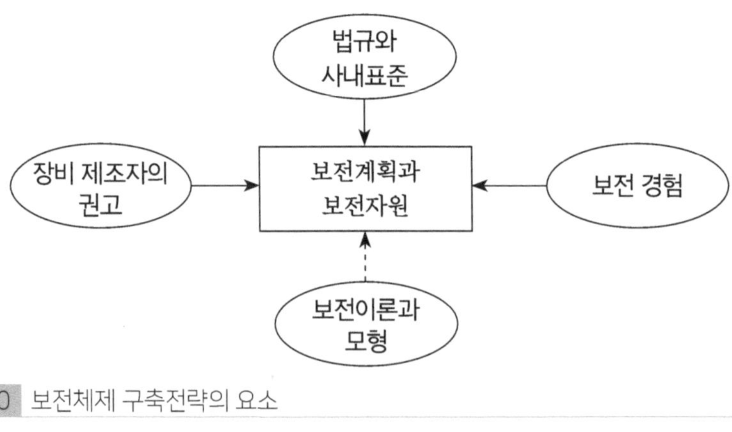

그림 10.10 보전체제 구축전략의 요소

라 대다수의 기업이나 개인은 자신의 시스템에 대한 구체적인 보전체제를 주어진 산업안전법이나 환경 보호법 등 법적인 규정을 만족하면서 비용을 최소화하도록 구축하고 실행하여야 한다.

다음으로 보전엔지니어는 사용하는 장비의 제조업자로부터의 추천된 방식이나 선진기업의 사례연구를 통해 경험에 근거하여 구체적인 보전방식을 수립하는 것이 일반적이다. 또한 경영자들은 보전의 문제를 기술적 문제로만 취급하므로 기술자의 판단에 전적으로 일임하는 경우도 많다. 그러나 이 같은 정보들은 불완전하며 개별기업이나 시스템에 최적이 아닐 가능성이 높다.

대부분의 장비 제조회사들은 보증기간이 끝난 후에는 장비 사용자들로부터 장비관련 정보를 피드백 받는 경우는 매우 드물다. 따라서 장비 제조회사의 권장사항은 가끔 사용장비에 대해 수리/보전시간을 최소화하기 보다는 예비부품의 매출을 최대화 하는 경향이 있으며, 제조물 책임법으로 인해 장비 제조자의 조언이 대단히 보수적으로 결정되었을 가능성이 높다.

기업에 적합한 보전체제의 구축은 시스템의 초기 구상설계 단계에서부터 반영되어야 하지만 일반적으로 설계단계 후반부에서 고려되므로 적절한 대처가 불가능한 경우도 있다. 세부적인 보전방식은 시스템의 운영이전에 수립되어야 하지만 이것 역시 잘 수립되지 않는 경우도 있다. 또한 시스템의 운영이 지속되면 기본적으로 개별 시스템에 적합한 보전방식을 확정할 수 있는 자료가 충분히 축적되어서 이를 바탕으로 최적의 보전방식을 수립하고 실시할 수 있지만 현장에서는 자료의 축적에 소홀한 경우도 허다하다.

따라서 이런 난점을 고려하여 기업별로 해당 기업의 여건에 적정한 보전체제를 채택해야 하며, 다음 절에서 이의 구축에 도움이 될 수 있는 RCM과 TPM을 소개한다.

10.4 RCM과 TPM

[표 10.4]는 시대 순으로 보전기능과 주요 보전 유형을 개괄적으로 보여 주고 있다. 1950년 이전의 선진국의 기업에서는 이익률이 매우 높은 시대였으므로 이럴 경우에 타당한 전략인 고장 시에 수리하는 고장보전(BM) 유형을 채택하였다. 1960년 들어서면서 빈번하게 돌발적으로 발생하는 고장에 대한 대책으로 예방보전(PM)이 소개되었으며, 예방

보전 정책이 널리 보급되었다.

1975년 중반에 들어 산업계는 자동화와 컴퓨터가 정착화 됨에 따라 전환기를 맞이하였다. 특히 신뢰도와 가용도가 기업의 주요 핵심요소가 됨에 따라 기존의 예방보전으로는 복잡한 제조 시스템에 대응하기가 힘들어짐에 따라 상태기반보전(CBM), 신뢰성기반 보전(Reliability Centered Maintenance; RCM), 종합생산보전(Total Productive Maintenance; TPM), 전산화 보전관리 시스템(Computerized Maintenance Management System; CMMS) 등이 새로운 보전관리 전략으로 대두되었다.

이 절에서는 대형 시스템이나 일반적 시스템에 대한 보전체제를 구축하는 데 유용한 보전 최적화 개념인 RCM과 기업에 널리 보급되어 있는 TPM을 다룬다.

표 10.4 시대별 보전 특징

시대 구분	1950년 이전	1950 ~ 1975년	1975년 이후
생산 기능	인력	기계화	자동화/글로벌화
보전 기능	고장 시 수리 생산 담당자 업무	설비 운영자/ 보전요원의 분리 생산부문의 업무	아웃소싱/정보화 보전업무의 사내외 협력
보전 유형	고장(사후)보전	욕조곡선에 기반한 예방보전 정책	CBM RCM TPM CMMS

10.4.1 RCM

RCM(신뢰성기반 보전)은 1960년대에 미국 정부와 항공산업계의 협력 사업에 의해 점점 대형화되고, 첨단화되며, 보유 비행기 대수가 점증하는 항공기 업계의 보전활동을 설계하는 논리적 프로세스를 확립하기 위해 시작되었다. 이후 군수 사업과 원자력 산업(발전설비 산업), 해양 석유와 가스 산업뿐만 아니라 여러 산업에서 40여년 이상 다양하게 적용되어 오고 있다.

지금까지 여러 산업분야에서의 적용과 관련하여 보고된 연구에 의하면 RCM의 적용이 시스템의 가용도를 높이거나 예방보전 비용의 뚜렷한 절감효과를 가져오는 것으로 인식되고 있다.

RCM은 시스템 기능과 고장 메커니즘을 체계적으로 분석하여 적용 가능하고 효과적인 예방보전 활동을 경제적인 측면과 안전성을 기준으로 결정하는 방법론이다. RCM에서는 시스템의 하드웨어적인 측면이 아니라 시스템의 기능적인 측면에 초점을 두고 분석한다. RCM은 이를 통해 불필요한 보전을 제거하고 시스템의 가장 중요한 기능에 초점을 맞춤으로써 보전비용을 절감시킬 수 있다. 만약 보전 프로그램이 이미 시행되고 있다면, RCM 분석결과는 비효율적인 예방보전 업무를 제거하는 데 도움이 될 수 있다.

RCM과 관련하여 이의 기초개념, 표준, 사례연구 등이 다양하게 제정되거나 보고되어 있는데 세부적인 절차는 다소 차이가 있지만 기본적 사고와 접근방식은 동일하다.

이 절에서는 RCM의 기본적인 절차를 설명하고자 한다(Moubray(1997)와 Rausand and Hoyland(2004)).

RCM에서의 보전작업이란 시스템의 기능 저하나 고장과 관련된 보전만을 고려한다. 예를 들어 외부를 청소하거나 도색작업을 통하여 시스템의 외관을 보기 좋게 하는 작업들은 RCM의 분석범위에 포함되지 않는다. 그러나 이와 같은 보전계획도 RCM에 연관된 계획과 통합하여 수립되어야 한다.

기본적으로 RCM은 예방보전 프로그램을 개선하기 위한 기술이다. RCM에서는 대상 시스템의 고유 신뢰도는 설계와 제조품질에 의해 결정되는 것으로 가정한다. 그리고 효과적인 예방보전이란 그 시스템의 고유 신뢰도가 달성되도록 보증하는 활동이다. 따라서 RCM이 잘못된 설계, 부적절한 제조·설치 품질과 바람직하지 못한 보전방식의 문제를 보전단계에서 해결해 주는 만능의 방법론이 아님을 유의하여야 한다. 한편 시스템의 고유 신뢰성의 제고는 재설계나 수정에 의해서만 가능하므로, RCM은 시스템의 고유 신뢰성 향상을 목표로 하는 방법론이 아님을 유념해야 한다.

예방보전의 적용과 관련하여 종종 잘못 이해되고 있는 점들이 있다. 예를 들어 장비에 대해 일상적으로 보전이 많이 실시될수록 신뢰도가 증가한다고 생각하는 것은 잘못된 인식이다. 반대의 경우로 보전을 실시함으로써 고장이 더욱 자주 발생하는 경우도 있다.

RCM은 최대의 비용대비 효율적인 예방보전 방식을 채택하기 위해 비용과 수익 관계를 파악하고 조정하여 설계되어야 한다. 이를 달성하기 위해 바람직하다고 판단되는 시스템의 성과표준(performance standard)이 규정되어야 한다. 자재손상, 생산손실, 환경위험, 인간의 상해와 관계된 기대손실을 줄일 수 있는 예방보전이 모든 고장을 미연에 방지하지 않으므로, 각 고장에 대해 잠재적인 영향이 무엇인지 그리고 어느 정도 자주 발생할 것인가에 대해 분석하여야 한다. 예방보전 방식은 성과와 적용 가능성 기준에 근거하여 고장에 대처할 수 있도록 선택된다.

RCM 분석을 통해 기본적으로 아래의 7가지 질문에 대한 답을 얻을 수 있다.

① 장비(시스템)의 현재 운용 상황에서 이의 기능과 성능표준은 무엇인가?
② 장비에서 고장이 어떻게 발생하는가?
③ 각 기능고장의 원인은 무엇인가?
④ 각 고장이 발생하면 어떠한 일이 발생하는가?
⑤ 각 고장이 발생하면 어떠한 방식으로 문제가 되는가?
⑥ 각 고장을 예방하려면 무엇을 해야 하는가?
⑦ 적절한 예방작업이 없다면 무엇을 해야 하는가?

다양한 실제 사례를 통한 연구들을 보면 RCM 분석노력의 약 30%가 기능 정의와 성과표준, 즉 질문 ①에 답하는 데 관련되어 있다고 알려져 있다. RCM에서 수행해야 될 주요한 업무가 [그림 10.11]에 나와 있다.

[그림 10.11]을 보다 세분한 RCM 분석을 위한 절차는 다음과 같이 단계적으로 이루어지는데 일부 단계의 경우는 중첩되거나 동시에 이루어지기도 한다(Rausand and Hoyland(2004)). 여기서 대상 시스템은 플랜트(시스템의 집합)-시스템-하위 시스템-차하위 시스템-보전가능 아이템(maintainable items)으로 계층화 될 수 있는 데 RCM은 시스템 계층수준을 출발점으로 추천된다. 예를 들면 해상 석유·가스 플랫폼에 대한 RCM

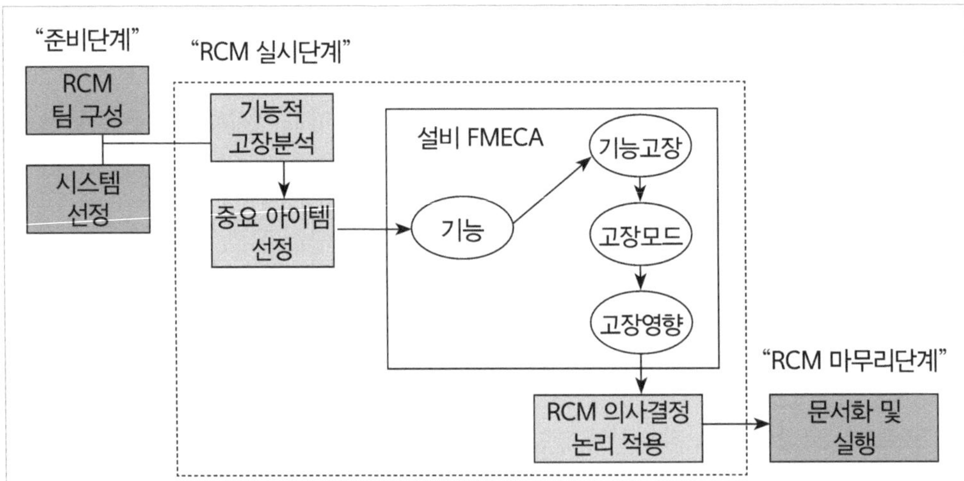

그림 10.11 RCM의 주요 수행내용

분석의 출발점은 전체 시스템보다 이에 속하는 가스압축시스템 등이 되어야 한다. 특히 보전가능 아이템은 단독으로 제 기능을 발휘할 수 있는 아이템(일례로 펌프, 밸브, 전기 모터 등)으로서 최소한의 하나의 주요 기능을 수행할 수 있는 엘리먼트를 가리킨다.

[단계 1] 연구 준비
[단계 2] 대상 시스템 선정과 정의
[단계 3] 기능고장 분석
[단계 4] 중요 아이템 선정
[단계 5] 자료 수집과 분석
[단계 6] RCM-FMECA
[단계 7] 보전활동 선택
[단계 8] 보전간격 결정
[단계 9] 예방보전 비교분석
[단계 10] 경미 아이템 처리
[단계 11] 실행
[단계 12] 현장 자료 수집과 분석

이 절에서는 중요하다고 여겨지는 [단계 3~4]과 [단계 6~8]에 대해 자세히 기술한다.

1 [단계 3] 기능고장 분석

[단계 2]에서 RCM 분석을 위해 선택된 시스템을 대상으로 다음의 세 단계로 구분된 절차에 따라 수행한다.

- 시스템에 요구되는 기능과 성능기준을 확인하고 기술한다.
- 시스템이 작동하기 위해 요구되는 입력 인터페이스를 기술한다.
- 시스템의 기능고장이 발생되는 방식을 확인한다.

이 중에서 가장 중요한 세 번째 절차단계에서 주요한 시스템 고장모드를 기술하고 확인하기 위한 기능적 고장분석(Functional Failure Analysis; FFA)이 수행된다. 대부분의 경우 시스템 고장모드는 기능고장으로 정의된다. 기능고장은 FFA 용지에 기록되는데, [표 10.5]는 FFA 양식을 예시하고 있다.

이 양식의 첫 번째 칸에는 시스템의 다양한 운용모드가 기록된다. 각 운용모드에서 관련된 모든 시스템 기능은 두 번째 칸에, 각 기능에 대한 성능 요구사항(성능 목표 값이나 허용범위 등)은 세 번째 칸에 기록된다. 그리고 두 번째 칸의 각 시스템 기능에 관련된 모든 기능고장은 네 번째 칸에, 다섯 번째 칸에서 여덟 번째 칸까지는 규정된 운용모드에서의 각 기능고장의 중요도 순위가 기록된다.

중요도 순위가 포함되어 있는 이유는 중요하지 않은 고장에 대하여 시간을 낭비하지 않음으로써 이후 분석범위를 한정할 수 있다. 특히 시스템이 대형이고 복잡한 경우는 이 같은 선정과정이 매우 유용하나, 만일 주요한 모드를 초기에 잘못 누락하게 되면 그 영향이 막대할 수 있으므로 유의해야 한다.

중요도는 플랜트(산출물을 생산하기 위해 함께 기능을 하는 시스템의 집합) 수준에서 판단되어야 하며 4가지 중요결과의 등급에 의해 순위가 매겨진다.

- S: 작업자의 안전성
- E: 환경 영향
- A: 생산 가용도
- M: 원재료 손실

표 10.6 기능적 고장분석(FFA) 양식 양식

시스템: 작성자:
번호: 작성 날짜:

운용모드	시스템 기능	기능적 요구사항	기능고장	중요도				빈도
				S	E	A	M	

이런 4가지 중요결과의 각각에 대해 높음(H), 중간(M), 낮음(L), 무시할 수 있음(N) 등과 같이 범주형 등급을 부여할 수 있다. 여기서 범주의 정의는 적용분야에 따라 달라질 수 있다. 일반적으로 기능고장에 대한 위의 네 가지 중요결과 등급에서 최소 하나라도 중간 이상으로 평가되면 그 기능고장의 중요도는 높게 분류되고 보충분석이 필요하게 된다.

기능고장의 빈도도 역시 4가지 범주의 등급으로 분류되며, 이런 빈도 등급은 중요한 기능고장들 간의 우선순위를 결정하는 데 이용될 수 있다. 만약 기능고장의 4가지의 중요도가 모두 낮거나 무시할 수 있고 그 빈도가 낮다면 그 고장은 중요하지 않다고 분류되고, 분석을 더 이상 수행하지 않아도 된다.

2 [단계 4] 중요 아이템 선정

이 단계의 목적은 [단계 3]에서 확인된 기능고장에 관하여 잠재적으로 중요성을 가지는 보전 가능 아이템을 확정하는 것이다. 이런 보전 가능 아이템은 기능적 중요 아이템, 즉, FSI(Functional Significant Item)로 분류된다. 이보다 덜 중요한 기능고장 중 일부는 이 단계에서 배제된다. 단순한 시스템에서는 체계적 분석을 하지 않고도 시스템 기능에 명백하게 영향을 미치는 FSI들을 쉽게 확인할 수 있다.

다수의 용장성 구조 혹은 완충수단을 보유한 복합 시스템에서 FSI를 확인하기 위하여 체계적인 접근법이 필요하다. 시스템의 복잡성에 따라 FT 분석이나 신뢰성 블록도 혹은 몬테카를로 시뮬레이션 등의 기법을 이용하여 아이템별 중요도 순위결정이 가능하다.

FSI 외에 높은 고장률, 높은 수리비용, 낮은 보전도, 긴 리드타임을 가지는 예비부품 그리고 외부 보전인원을 요구하는 아이템을 구별할 필요가 있다. 이런 보전 가능 아이템을 보전비용 중요 아이템인 MCSI(Maintenance Cost Significant Item)로 분류하며 FSI와 MCSI를 보전 중요 아이템인 MSI(Maintenance Significant Item)이라 부른다. [단계 6]의 FMECA에서 MSI의 각각에 대한 중요한 고장모드와 영향분석을 다룬다.

3 [단계 6] RCM-FMECA

이 단계는 [단계 4]에서 확인된 MSI들의 주요한 고장모드를 확인하는 것이다. 여러 종류의 RCM 용도의 FMECA(즉, 설비 FMEA) 양식이 있는 있는데 [표 10.6]은 그 중 대표적인 양식을 보여주고 있다.

4 [단계 7] 보전활동 선택

이 단계는 RCM이 다른 보전계획과 관련된 방법론과 비교하면 가장 독특한 단계로 볼 수

표 10.6 RCM-FMECA 양식

시스템 :   작성자:
번호 :   날짜:

아이템			고장모드	고장영향								MTTF	중요도	고장원인	고장 메카니즘 고장	%MTTF	고장특성	보전활동	고장 특성 척도	보전간격
MSI	운영모드	기능		중요결과 등급				최악경우 확률												
				S	E	A	M	S	E	A	M									

있다. 이 단계에 쓰이는 의사결정 로직은 질문과 답을 하는 과정을 통하여 분석자의 의사결정에 도움을 줄 수 있다.

RCM 의사결정 로직에 대한 입력 자료는 [단계 6]에서 얻은 주요한 고장모드가 된다. 각각의 주요 고장모드에 대해 PM 업무가 적용 가능하고 효과적인지, 아니면 의도적으로 고장이 날 때 고장보전을 수행하는 것이 좋을지를 결정하는 단계가 된다.

일반적으로 PM 업무는 다음 세 가지 목적을 위해 수행된다.

- 고장을 방지하기 위해
- 고장의 시초를 검출하기 위해
- 숨겨진 고장을 발견하기 위해

이와 같은 목적을 달성하기 위해 고려되는 보전방식으로 다음과 같은 다섯 가지 유형이 적용된다.

① 계획 상태기반 보전
② 계획 완전분해수리(overhaul)
③ 계획 교체
④ 계획 기능시험
⑤ 고장까지 작동(예방보전 없음)

(가) 계획 상태기반 보전

계획 상태기반 보전은 아이템의 상태를 모니터링하여 그 상태에 따라 적절한 보전활동을 수행하는 것이다. 상태기반 보전이 적용 가능하기 위해서는 다음 세 가지 조건이 충족되어야만 한다.

- 특정 고장모드에 대해 열화된 강도(고장 저항력의 감소)를 감지하는 것이 가능해야 한다.
- 명확하게 감지될 수 있는 잠재적인 고장상태를 정의할 수 있어야 한다.
- 검출이 가능한 잠재적 고장(P) 시점과 기능고장(F) 시점 사이에 합리적이고 일관성 있는 기간이 존재하여야 한다.

현재 사용되는 모니터링 기술에 의하여 검출될 수 있는 잠재적 고장시점인 P(Potential failure point)에서 기능고장 시점인 F(Functional failure point)가 일어나기까지의 간격을 PF 간격이라고 한다. PF 간격은 기능고장이 발생되기 전에 존재하는 잠재적인 경고기간으로 여길 수 있다. PF 간격이 길수록 좋은 의사결정이나 계획 활동이 가능하게 된다. [그림 10.12]에서 P를 충격이 가해진 후 잠재적 고장이 검출될 수 있는 최초의 시점이라 하고, F를 아이템이 기능적으로 고장난 시점이라고 정의하자. 시점 P에서 시점 F까지의 구간을 PF 간격이라고 부르며 일반적으로 확률변수이다. 그림에서 검사가 P와 F 사이에 이루어져 잠재적 고장이 검출되면 고장을 예방하므로 고장으로 인한 사고(피해)를 피할 수 있는 시간구간이다.

PF 간격의 길이는 일반적으로 부품의 재료와 물성, 고장모드, 고장 메커니즘과 환경 및 작동조건들에 의존한다. PF 간격의 설정은 신뢰성 관련 자료만으로는 불가능하며, 운용자, 고장 메커니즘 기술자, 시스템 설계자 등으로 구성된 전문가들에 의해 추정될 수 있다.

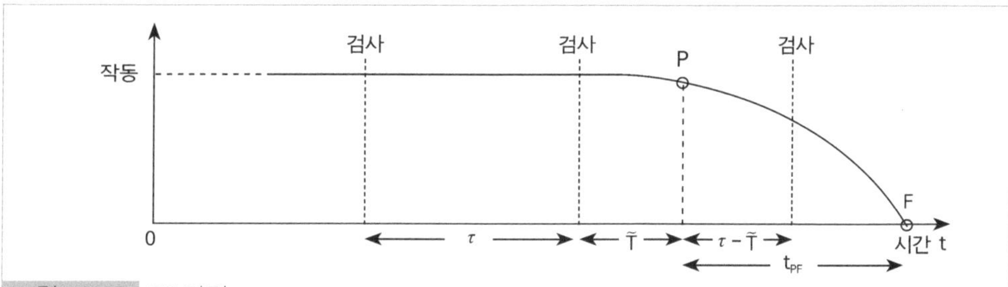

그림 10.12 PF 간격

(나) **계획 완전분해수리**

계획 완전분해수리는 완전분해에 의해 검사 및 복원수리(overhaul)를 하는 것을 가리키며, 또한 규정된 수명 한계점에서나 그 이전에 실시되는 것으로 항공기 업계 등에서 하드타임(hard time) 보전이라고 부르기도 한다. 완전분해수리 방식은 다음의 기준이 충족되어야 적용 가능하다.

- 아이템의 고장률함수에서 고장률이 급증하는 확인 가능한 수명시점이 있어야 한다.
- 대부분의 아이템이 상기의 수명시점까지 작동해야 한다.
- 완전분해수리를 통해 대상 아이템의 초기 강도(고장 저항력) 수준으로 회복될 수 있어야 한다.

(다) 계획교체

계획교체는 특정 수명에 도달하기 전이나 한계시간 이전에 아이템을 교체하는 것으로, 계획교체 방식은 다음 환경 하에서만 적용 가능하다.

- 해당 아이템은 중요한 고장과 관련이 있어야 한다.
- 해당 아이템은 중요한 잠재적인 중요결과를 초래하는 고장과 관련이 있어야 한다.
- 해당 아이템의 고장률함수에서 고장률이 급증하는 수명시점이 확인 가능해야 한다.
- 대부분의 아이템들이 상기 수명까지 작동되어야 한다.

(라) 계획 기능검사

계획 기능검사는 계획된 고장발견 업무나 고장을 확인하기 위해 숨겨진 기능을 검사하는 방식으로, 숨겨진 기능의 고장을 발견하여 갑작스러운 고장을 미연에 방지하는 관점에서 예방적 활동에 속한다. 계획된 기능검사 방식은 다음의 조건하에서 적용 가능하다.

- 해당 아이템은 일상적인 활동기간 동안에 아이템 운영자가 확인할 수 없는 기능고장과 관련이 있어야 한다. 여기서 일상적 활동이란 고장률, PM 업무로 예방될 수 있는 고장의 중요결과와 비용, PM 업무의 비용과 위험 등에 관한 정보에 근거하여 실시되어야 하는 업무를 포함한다.
- 해당 아이템에 대해 적용 가능하며 효과적인 다른 유형의 활동이 없다.

(마) 고장까지 작동

고장까지 작동은 다른 예방적 보전방식이 불가능하거나 경제적인 측면에서 비효율적일 때 적용가능하다.

하여튼 예방보전 활동은 모든 고장을 예방하지는 못한다. PM 활동을 통해 고장확률을 만족스러운 수준으로 줄일 수 없는 것이 명백하다면 그 고장모드에 관련된 아이템은 수정이나 재설계가 필요하다. 특히 고장의 중요결과가 안전이나 환경문제에 관련되는 경우는 당연히 재설계되어야 한다. 고장으로 인해 운용적 혹은 경제적 측면에서 한 쪽의 중요결과만 발생하는 경우의 재설계는 비용 및 수익 관점에서 평가되어야 한다. 여러 가지 보전방식과 관련하여 기준은 적절한 방식을 선택하기 위한 지침으로만 사용되어야 하며, 보전방식이 비록 기준의 일부를 충족시키지 못하더라도 적절한 것으로 판단될 수도 있다.

간단한 구조에서부터 매우 복잡한 구조를 가진 다양한 RCM 의사결정 로직 다이어그램이 적용영역에 따라 제안되었으나 고려되는 보전업무들은 유사하다. [그림 10.13]에는 단순화된 의사결정 로직 다이어그램을 나타내고 있는데, 지금까지 기술된 의사결정 로직을 보여주고 있다. 의사결정 로직 다이어그램은 적용되는 시스템에 따라 다소 차이가 있는 것이 당연하며 구체적인 시스템을 가지고 RCM 분석을 하는 경우는 제안된 로직 다이어그램 중에서 가장 적합한 유형을 검토하여 채택하여야 할 것이다.

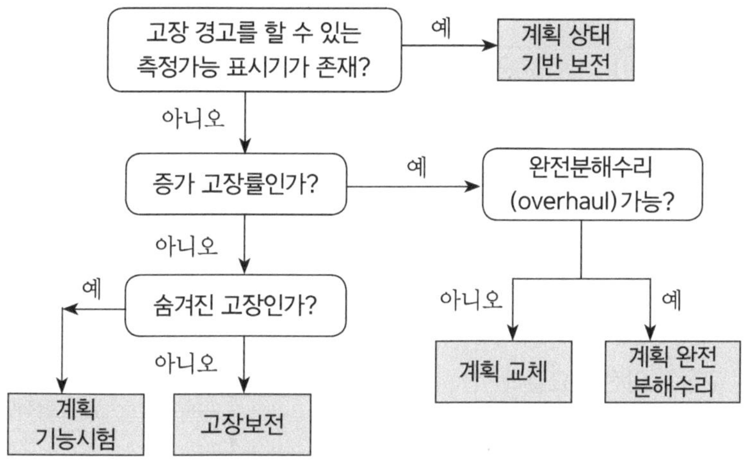

그림 10.13 보전활동 선택 로직 다이어그램

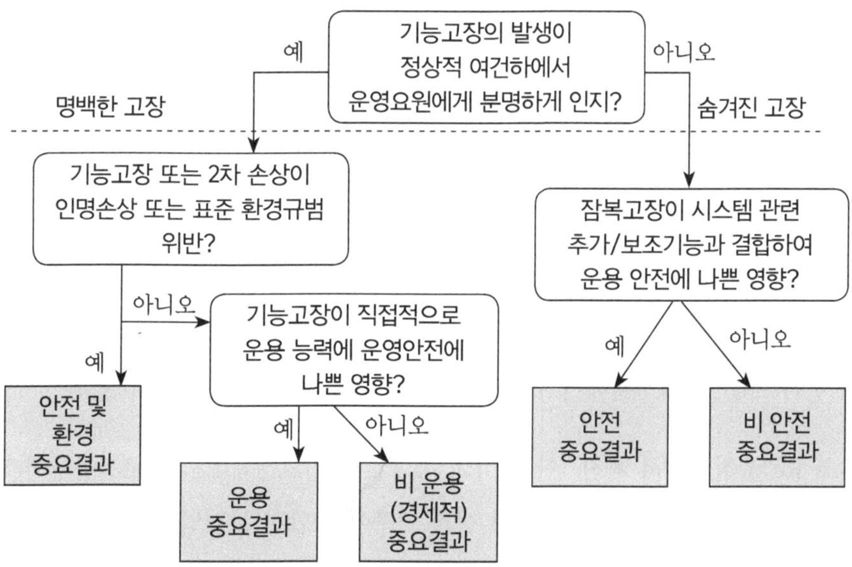

그림 10.14 IEC 60300-3-11의 보전활동 선택 로직 다이어그램: 수준 1

[그림 10.14]는 IEC 60300-3-11에서 제시된 로직인데, 수준 1에서 기능고장의 중요결과를 정한다. 즉, 고장을 명백한 고장과 숨겨진 고장으로 대별하며, 전자는 안전 및 환경, 운영, 비운용(경제적) 중요결과로, 후자는 안전과 비안전 중요결과로 먼저 구분한다. 각각의 중요결과에 적합한 보전활동을 의사결정 로직에 따라 수준 2에서 설정하는데, 이 중에서 가장 복잡한 숨겨진 고장-안전 중요결과에 대한 로직 다이어그램이 [그림 10.15]에 수록되어 있다.

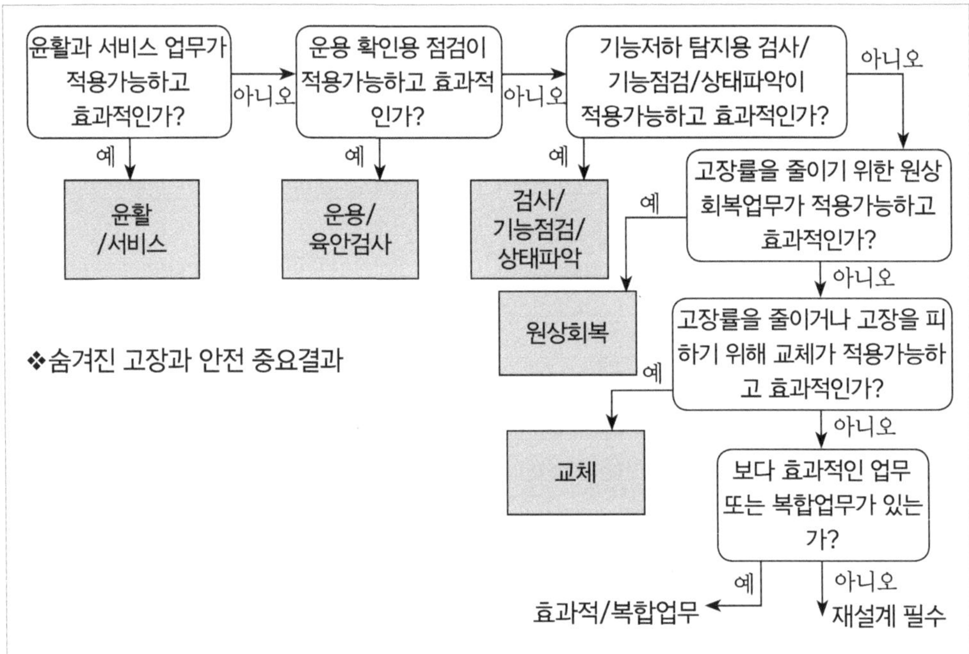

그림 10.15 IEC 60300-3-11의 보전활동 선택 로직 다이어그램: 수준 2

5 [단계 8] 보전간격 결정

대개의 PM 업무는 정해진 시간간격으로 수행된다. 최적 보전간격은 고장률함수, PM 업무에 의해 예방되는 중요결과와 비용, PM 업무 자체의 비용과 위험 등에 근거하여 결정되어야 한다. 10.2~10.3절에서 소개된 수학적 모형이 여기에 활용될 수 있다.

그리고 RCM 절차에서 빠진 [단계 9]의 예방보전 비교분석에서는 보전업무의 적용가능성과 고장보전에 대비한 예방보전의 성과 기준에 적합한 보전업무를 선정하며, [단계 10]에서는 MSI에 속하지 않는 경미 아이템에 대해서는 간략한 비용분석을 통해 추가 분석의 필요한지 결정될 수 있다.

시스템 보전에서는 다양한 엘리먼트들을 그룹으로 분류하여 그룹에 대해 공동보전의 실시를 고려한다. 예를 들어 대, 중, 소 보전으로 분류하여 대보전은 대개 연 단위로 실시하며 중보전은 6개월마다, 소보전은 주나 월 단위로 실시하는데 이때 각 보전그룹에서 어떤 구체적인 보전방식을 선정할 것인가가 주요한 주제가 된다. 그러므로 대국적인 경제적 관점에서 직전 절에서 다룬 효과적인 보전체제를 구축하는 것이 매우 중요하다.

10.4.2 TPM

1940년 말~1950년대 초 미국에서 개발된 생산보전은 고장보전, 일상보전·계획보전·예지보전을 포함한 예방보전, 개량보전(설비의 열화방지를 위한 설비의 체질개선), 보전예방(신 설비의 설계 또는 구입 시에 고장이 나지 않고 보전이 용이한 설비 선택)으로 구분된다. 이런 생산보전에 대해 보전기능에 의해서만 효율성 제고가 거의 불가능하므로 이를 종합적이고 학제적으로 접근해야 된다는 논리가 대두되었다. 이에 따라 종합생산보전(TPM)은 생산보전을 기반으로 한 보전관리에 대한 하나의 방법론으로 1970년대 새롭게 개발된 도요타 생산시스템의 적시 생산(JIT)의 수행과 생산품질을 향상시키기 위한 활동을 지원하기 위하여 일본의 도요타 자동차 협력업체인 일본전장에서 최초로 전개되어, 1970~80년대 일본 제조업이 세계 최고 수준이 되는 원동력의 하나가 되었다.

TPM은 기존의 설비관리와 달리 ① 설비의 고장은 사람이 부주의 등으로 인해 장애를 발생시키는 경우가 많으므로 전원참가를 통해 제조현장에서 인간의 사고방식과 행동을 중요시하며, ② 운용 중에 발생하는 대부분의 고장은 설계나 기술적인 측면보다 작업자가 기본을 지키지 않는데 있다고 볼 수 있으므로 현장 및 현물을 중요시 하며, ③ 일상예방-건강진단-조기치료가 적용되는 예방적 의료활동과 같이 일상보전-일상점검-예방보전의 예

표 10.7 TPM과 TQM

구분	TPM	TQM
대상	설비(입력과 원인)	품질(출력과 영향)
목표	로스와 낭비 제거	품질수준 제고
목표 달성 수단	하드웨어 지향, 종업원 참여	소프트웨어 지향, 관리 체계화
추진주체	고유기술 중심	관리기술 중심

방철학 개념을 도입하여 효율적으로 고장을 미연에 방지한다는 기본사고로 추진된다.

또한 TPM은 ① 최고경영자에 의한 프로그램의 종합적인 실행이 요구되며, ② 개선활동을 수행하기 위한 권한과 능력이 작업자들에게 주어지거나 지원되어야 하고, ③ TPM이 구축되어 운영되기 위해 수년이 소요될 수 있으므로 장기적인 관점을 가지고 접근해야 한다는 등 여러 관점에서 TQM과 매우 유사하지만, [표 10.7]과 같은 차이점이 있다.

TPM 활동은 설비와 관련된 6가지 주요한 손실을 정의하고 이를 제거하기 위한 활동을 전사적 측면에서 단계적으로 실시하는 종합적인 보전개선활동 방법론이다. 6가지 손실은 다음과 같다.

[1] 가용성 손실

① 설비 고장 손실: 비작동시간, 인력, 그리고 예비부품과 관련된 비용을 포함하는 손실

② 준비 그리고 조정 손실: 생산 전환, 교대 전환, 운전조건에서 변화가 일어나는 동안에 발생하는 손실

[2] 성능(속도) 손실

③ 유휴상태와 경미 정지손실: 대개 10분이내의 짧은 시간동안 발생하는 것으로 기계 걸림이나 기록하기도 어려운 간단한 정지들로서 보통 효율성 보고서에서 드러나지 않는 손실이지만, 개별적으로는 경미하더라도 전체로 보면 그들은 상당한 설비 비작동시간을 나타낼 수 있다.

④ 감소된 속도의 손실: 설비가 품질 결함이나 경미한 정지를 예방하기 위해 속도를 낮추는 경우이다. 해당 설비가 낮은 속도이기는 하지만 계속 작동을 하고 있으므로, 대부분의 경우에서 이런 손실은 기록되지 않는다. 이런 속도 손실은 자산 활용도나 생산성 관점에서 부정적인 영향을 미치게 되는 손실이다.

[3] 품질 손실

⑤ 공정 중 결함과 재작업 손실: 재작업이나 폐기되어야 하는 부적합품에 의해 발생한다. 이 손실은 부적합품 생산과 관련된 재료비와 노무비가 포함된다.

⑥ 수율 손실: 초기 생산, 생산전환, 설비의 한계, 잘못된 설비의 설계에 의해 불합격되거나 폐기된 원자재와 관련된 손실이다. 이는 정상적인 생산과정 동안에 발생하는 결함손실(범주 ⑤)을 제외한 손실이다.

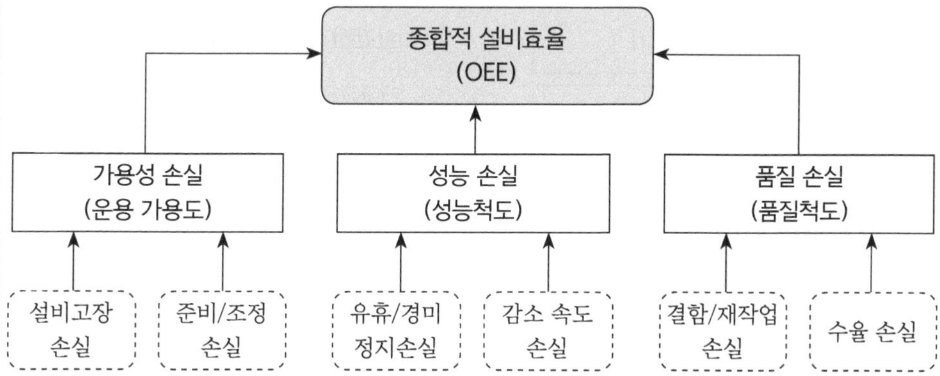

그림 10.16 TPM에서 종합적 설비효율(OEE)

6종의 주요한 손실은 [그림 10.16]과 같이 종합적 설비 효율인 OEE(Overall Equipment Efficiency)를 결정한다. OEE는 설비 가용성 손실(범주 ①과 ②)와 설비 성능 손실(범주 ③과 ④) 그리고 품질 손실(범주 ⑤와 ⑥)의 곱으로 표시된다.

TPM에 사용되는 시간구분은 [그림 10.17]에 표시되어 있다. 이로부터 OEE를 산정하는 데 필요한 세 가지 손실척도는 다음과 같이 정의된다.

$$\text{운용 가용도: } A_O = \frac{t_O}{t_L}$$

$$\text{성능척도: } R_P = \frac{t_P}{t_O}$$

$$\text{품질척도: } R_Q = \frac{t_V}{t_P}$$

여기서 성능척도와 품질척도는 다음과 같이 산정될 수 있으므로,

$$\text{성능척도: } R_P = \frac{\text{생산공정에서 가공 제품의 수}/t_O}{\text{단위시간 당 목표 가공량}}$$

$$\text{품질척도: } R_Q = \frac{\text{생산공정에서 가공 제품의 수} - \text{부적합품의 수}}{\text{생산공정에서 가공 제품의 수}}$$

이에 따라 OEE는 다음과 같이 정의된다.

$$\text{OEE} = A_O \cdot R_P \cdot R_Q \tag{10.36}$$

OEE는 설비/생산라인/공정이 가용도, 성능, 품질 측면에서 얼마나 손실 없이 운용되

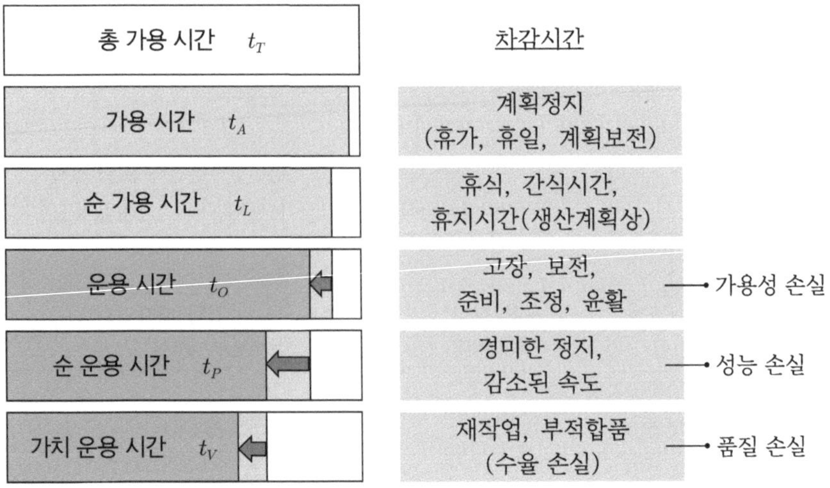

그림 10.17 TPM에서 시간 구분

는지를 나타내는 종합적 척도이다. OEE 85%이면 일반적으로 설비의 효율성이 세계적 수준이라고 볼 수 있다.

예제 10.13

이 회사의 1교대시간은 점심시간을 제외한 8시간 근무기간 중에 15분의 2회 휴식시간, 30분의 간식시간, 35분의 생산계획상의 휴지시간으로 구성된다, 분 당 55개를 생산할 계획 하에서, 총 19,500개를 생산하였는데 411개가 부적합품이다. OEE를 계산하라.

세 가지 손실 척도와 OEE는 식 (10.36)에 따라 다음과 같이 계산된다.

$$A_O = \frac{480-60-35}{480-30-30} = \frac{385}{420} = 0.9167(91.67\%)$$

$$R_P = \frac{19,500/385}{55} = 0.9209(92.09\%)$$

$$R_Q = \frac{19,500-411}{19,500} = 0.9789(97.89\%)$$

$$OEE = 0.9167 \times 0.9209 \times 0.9789 = 0.8264(82.64\%)$$

TPM에서는 보전과 관련된 부서들의 체계적이며 협력적으로 활동하는 것을 요구한다. 일반적으로 보전은 보전부서에서 전적으로 담당하는 기술적인 문제로서 고장이 나면 보전부서에 일임하면 되는 것으로 인식되어 있으나, TPM에서는 생산과 보전 관련 그룹이나 팀이 보전과 생산부문 사이에 협력적인 관계를 형성한다. 즉, 생산에 종사하는 작업자들은 설비를 모니터링하고 유지함에 있어서 일정한 역할을 수행하고 있으므로 보전작업에 연관된다. 이는 생산에서의 작업자의 기술을 향상시키고 좋은 환경에서 시스템 보전을 더 효율적으로 되도록 허용하므로 이를 자주보전체계라고 하며, 아래와 같이 TPM을 지탱하는 8대 기둥 활동의 하나에 속한다.

그리고 TPM에서는 보전, 생산 그리고 엔지니어링 부문 등 여러 부서의 엔지니어나 기술자들로 구성된 팀을 기반으로 한 활동이 중요한 역할을 하므로 이들의 기술력과 보전 엔지니어나 설비 운영자의 경험이 이 팀을 통하여 공유된다.

한편 TPM은 5S(정리, 정돈, 청소, 청결, 습관화)를 초석으로 다음과 같은 8가지 기둥역할을 하는 활동으로 전개된다.

(i) 개별개선(focused improvement): 설비의 효율을 저해하는 모든 손실을 규명하고 이를 배제하여 설비효율(즉, OEE)을 극한까지 추구하는 체계적인 현장 개선활동.

(ii) 자주보전(autonomous maintenance) 활동: 생산 작업자가 참여하는 소집단 활동을 중심으로 자기가 운전하는 설비를 모니터링 하는 역할과 권한을 부여받아 스스로 관리(청결화-주유-조음-조정-검사-재조정)하는 보전활동.

(iii) 계획보전(planned maintenance) 활동: 보전작업에 대한 계획(보전방식 선택 등을 포함) 및 관리, 보전비용·보전자재·보전정보 등에 대한 관리를 효율적으로 추진하여 고장 및 부적합 불량을 극소화하여 회사가 추구하는 보전 성과 달성을 목적으로 하는 체계화된 활동.

(iv) 교육·훈련(education and training): 정기적인 집합 교육과 전달 교육을 통해 설비 운전자와 보전인원의 전문기술 능력을 향상시키고 조직의 목표에 부합되는 종업원을 양성하는 활동.

(v) 개발관리(development management): 기존설비에 관한 지식과 경험을 새 설비의 도입 시에 활용하여 새 설비의 문제점과 시운전 시간을 줄이고, 제작이 용이한 제품개발과 다루기 쉬운 설비를 개발하여 시제품 제작 리드타임을 감소시켜 신제품과 신설비의 초동 관리체제를 구축하는 활동.

(vi) 품질보전(quality maintenance) 활동: 품질문제가 설비에 좌우되므로, 부적합 현상을 기본적으로 재검토하고, 발생 메커니즘·근본원인을 분석하여 바람직한 설비상태를 유지함으로써 인적·물적 품질보증 체계를 구축하는 활동.

(vii) 사무 TPM(office TPM): 번잡한 절차를 제거하고 사무부문에 5S를 도입하여 생산부문과 관리 및 간접부문과의 시너지 효과를 제고하는 활동.

(viii) 안전·위생·환경(safety, health and environment) 관리: 안전한 작업환경을 제공하고 산업재해를 제로화하며, 표준작업 절차를 제공하는 체계를 구축하는 활동.

마지막으로 TPM의 특징은 다음과 같이 요약된다.

첫째, 전 생산시스템의 유효성을 항상 최대화(즉, OEE를 증대)할 수 있도록 문화와 환경을 조성하며, 둘째, 생산 시스템의 생애주기를 통해 모든 유형의 로스를 미연에 방지할 수 있도록 '무사고, 무결점, 무중단' 시스템을 구축하는 실용적인 접근법이다. 셋째, 생산부문 외에 개발, 판매, 관리부문이 포함되며, 넷째, 조직의 최고 경영진부터 현장작업자까지 모든 수준의 구성원이 참여하며, 다섯째 무로스를 달성하기 위해 기존의 소집단 활동을 활용한다.

연습문제

10.1 4개의 부품이 직렬로 구성되어 있는 시스템을 고려하자. 부품들의 고장률이 단위시간당 0.02, 0.01, 0.02, 0.02이며, 각 부품이 고장난 경우 평균 복구시간은 각각 2, 1, 0.5, 0.5(단위시간)이다. 이 시스템을 운용하는 경우 시스템 비작동시간의 평균은 얼마인가?

10.2 시스템이 일정한 고장률 $\lambda=0.002/(\mathrm{hr})$을 나타낸다. 시스템이 고장나면 그것은 새 것과 같은 상태로 보전되며, 평균 보전시간은 6시간이다. 그리고 시스템은 장기적으로 운용된다고 가정하자.

(1) 시스템 장기 평균 가용도를 구하라.

(2) 시스템이 연속적으로 작동한다면 평균적으로 1년 8,760(hr) 동안 얼마나 비작동 상태에 있는가?

10.3 보전시간은 MTTR이 2(hr)이고 σ가 0.2인 대수정규분포를 따를 때 물음에 답하라.

(1) 보전시간의 중앙값을 구하라.

(2) 보전의 95%가 포함되는 최대 보전시간을 구하라.

(3) 어떤 보전이 100분내에 완료될 확률(보전도)을 구하라.

10.4 작동시간의 평균은 10,000(hr)이고 보전시간의 평균은 100(hr)을 따른다.

(1) 장기 평균 가용도를 구하라.

(2) 보전시간이 지수분포를 따른다면 50(hr)이내에 보전이 완료될 확률(보전도)을 구하라.

(3) 보전시간이 $\sigma=0.5$인 대수정규분포를 따른다면 중앙값 t_0는 얼마가 되겠는가?

(4) 작동시간이 형상모수가 2인 와이블 분포를 따른다면 특성수명 η는 얼마가 되겠는가? ([표 2.3]의 감마함수 값을 이용할 것)

10.5 고장률이 0.1/(일)인 계전기를 고려하자. 이 계전기는 고장이 발생하면 MTTR이 2.5(일)인 보전작업이 요구된다. 안정상태 가용도를 구하라.

10.6 작동시간은 지수 또는 와이블 분포를, 보전시간은 지수 또는 대수정규분포를 따른다,

(1) 작동시간은 고장률이 0.001인 지수분포를, 보전시간은 수리율이 0.01인 지수분포를 따른다면 장기 평균 가용도는 얼마가 되는가?
(2) 보전시간이 대수정규분포, 즉 $LN(2, 1^2)$를 따를 때 20(단위시간)이내에 보전이 완료될 확률(보전도)을 구하라.
(3) 보전시간이 $LN(2, 1^2)$를 따르고 장기 평균 가용도가 0.99이라면 MTBF는 얼마가 되는가?
(4) (3)에서 작동시간이 와이블 분포, 즉, Weibull(1.5, η)를 따른다면 η는 얼마가 되는가?

10.7 아파트 단지의 각 엘리베이터는 고장률과 수리률이 각각 0.005, 0.25/(일)인 지수분포를 따른다.

(1) $t=7$(일)일 때 보전도를 구하라.
(2) 엘리베이터 1대의 안정상태 가용도를 구하라.
(3) 하나의 아파트 건물의 엘리베이터 구조를 3대로 이루어진 병렬 시스템으로 간주할 경우 전용 수리공이 배정된다고 가정하여 연간(8,760시간) 평균 비작동시간을 구하라.

10.8 일정 고장률 $\lambda=0.0001/(\text{hr})$를 따르는 3개의 동일한 부품으로 이루어진 다음 시스템에 대해 물음에 답하라.

a: 직렬　　b: 병렬　　c: 3 중 2　　d:

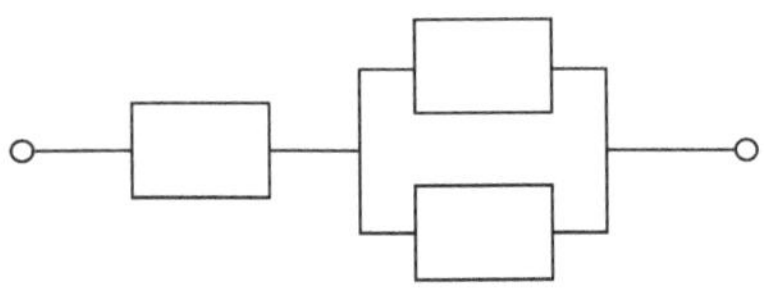

(1) 각 부품별로 동일한 능력을 가진 전용 수리공이 배정되어 있다. 각 부품의 안정상태 가용도가 0.98이상이 되려면 MTTR의 상한은?

(2) 보전시간의 평균이 (1)의 MTTR(상한)인 지수분포를 따를 경우에 $t=100$(hr)일 때 각 부품의 보전도는?

(3) 전용 수리공이 충분히 확보되어 있고 단일 부품의 안정상태 가용도가 0.98일 때 a ~ d 구조의 안정상태 가용도를 구하라.

10.9 일정 고장률을 가진다고 간주할 수 있는 시스템의 MTBF가 5,000(hr)이며 이 시스템의 가용도는 0.97로 규정되어 있다. 이 시스템의 MTTR에 대한 제약 범위를 구하라.

10.10 상수 고장률을 가지는 소방장비는 6개월에 한 번씩 정기검사를 받으며 검사 후에는 신제품 상태로 회복된다.

(1) 검사받는 장비의 10%가 고장이었다면 월 당 고장률은?

(2) 검사 및 수리(교체)시간을 무시한다면 소방장비의 구간 가용도는?

(3) 검사 1회 당 비용이 10,000원이고 동작불능 월 당 손실비용이 30,000원일 때 단위기간 당 총비용을 최소화하는 검사주기는?

10.11 **[예제 10.11]**에서 10년간 예비부품으로 충분할 확률이 0.995이상이 되려면 몇 개의 예비부품이 필요한가?

10.12 연령교체 정책을 채택한 어떤 부품의 교체주기는 500(hr)이고 수명은 평균 1000(hr)인 지수분포를 따른다.

(1) 평균 교체주기를 구하라.

(2) 정상부품의 교체비용은 100,000원이고, 고장 시의 교체 및 부대비용은 300,000원일 때 주기 당 기대 발생비용을 구하라.

(3) 단위시간 당 기대 발생비용을 최소화하는 T_0가 ∞임을 확인하라.

10. 13 상태기반보전을 적용한 사례를 찾아 예시하라.

10. 14 RCM이 종래의 보전관리 접근법과 차별화 되는 특징을 적어라.

10. 15 이 회사의 1교대시간은 점심시간을 제외한 8시간 근무기간 중에 10분의 5회 휴식시간, 30분의 간식시간, 평균적으로 20분의 계획정지시간이 포함된다, 시간 당 6,000개를 생산할 계획 하에서, 총 37,300개를 생산하였는데 그 중에서 부적합품이 32개이다. TPM의 종합적 설비효율(OEE)을 계산하라.

부록

A 정규분포표

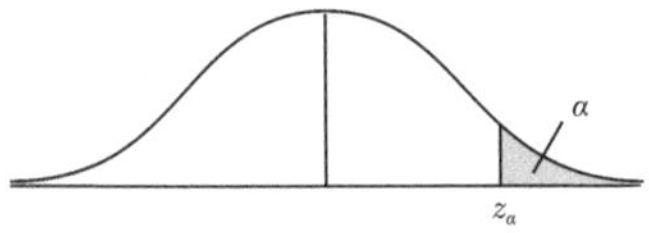

z	.00	.01	.02	.03	.04	.05	.06	.07	.08	.09
0.0	.5000	.4960	.4920	.4880	.4840	.4801	.4761	.4721	.4681	.4641
0.1	.4602	.4562	.4522	.4483	.4443	.4404	.4364	.4325	.4286	.4247
0.2	.4207	.4168	.4129	.4090	.4052	.4013	.3974	.3936	.3897	.3859
0.3	.3821	.3783	.3745	.3707	.3669	.3632	.3594	.3557	.3520	.3483
0.4	.3446	.3409	.3372	.3336	.3300	.3264	.3228	.3192	.3156	.3121
0.5	.3085	.3050	.3015	.2981	.2946	.2912	.2877	.2843	.2810	.2776
0.6	.2743	.2709	.2676	.2643	.2611	.2578	.2546	.2514	.2483	.2451
0.7	.2420	.2389	.2358	.2327	.2296	.2266	.2236	.2206	.2177	.2148
0.8	.2119	.2090	.2061	.2033	.2005	.1977	.1949	.1922	.1894	.1867
0.9	.1841	.1814	.1788	.1762	.1736	.1711	.1685	.1660	.1635	.1611
1.0	.1587	.1562	.1539	.1515	.1492	.1469	.1446	.1423	.1401	.1379
1.1	.1357	.1335	.1314	.1292	.1271	.1251	.1230	.1210	.1190	.1170
1.2	.1151	.1131	.1112	.1093	.1075	.1056	.1038	.1020	.1003	.0985
1.3	.0968	.0951	.0934	.0918	.0901	.0885	.0869	.0853	.0838	.0823
1.4	.0808	.0793	.0778	.0764	.0749	.0735	.0721	.0708	.0694	.0681
1.5	.0668	.0655	.0643	.0630	.0618	.0606	.0594	.0582	.0571	.0559
1.6	.0548	.0537	.0526	.0516	.0505	.0495	.0485	.0475	.0465	.0455
1.7	.0446	.0436	.0427	.0418	.0409	.0401	.0392	.0384	.0375	.0367
1.8	.0359	.0351	.0344	.0336	.0329	.0322	.0314	.0307	.0301	.0294
1.9	.0287	.0281	.0274	.0268	.0262	.0256	.0250	.0244	.0239	.0233
2.0	.0228	.0222	.0217	.0212	.0207	.0202	.0197	.0192	.0188	.0183
2.1	.0179	.0174	.0170	.0166	.0162	.0158	.0154	.0150	.0146	.0143
2.2	.0139	.0136	.0132	.0129	.0125	.0122	.0119	.0116	.0113	.0110
2.3	.0107	.0104	.0102	.0099	.0096	.0094	.0091	.0089	.0087	.0084
2.4	.0082	.0080	.0078	.0075	.0073	.0071	.0069	.0068	.0066	.0064
2.5	.0062	.0060	.0059	.0057	.0055	.0054	.0052	.0051	.0049	.0048
2.6	.0047	.0045	.0044	.0043	.0041	.0040	.0039	.0038	.0037	.0036
2.7	.0035	.0034	.0033	.0032	.0031	.0030	.0029	.0028	.0027	.0026
2.8	.0026	.0025	.0024	.0023	.0023	.0022	.0021	.0021	.0020	.0019
2.9	.0019	.0018	.0018	.0017	.0016	.0016	.0015	.0015	.0014	.0014
3.0	.0013	.0013	.0013	.0012	.0012	.0011	.0011	.0011	.0010	.0010
3.1	.0010	.0009	.0009	.0009	.0008	.0008	.0008	.0008	.0007	.0007
3.2	.0007	.0007	.0006	.0006	.0006	.0006	.0006	.0005	.0005	.0005
3.3	.0005	.0005	.0005	.0004	.0004	.0004	.0004	.0004	.0004	.0003
3.4	.0003	.0003	.0003	.0003	.0003	.0003	.0003	.0003	.0003	.0002

B χ^2분포표

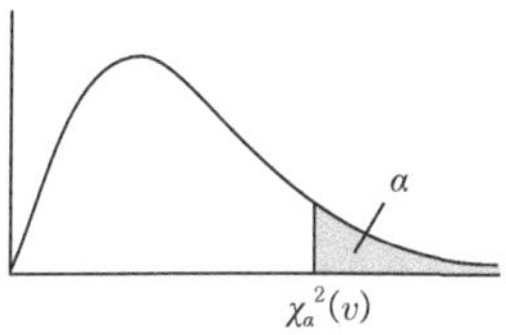

df(v) \ α	.9995	.999	.9975	.995	.990	.975	.950	.900	.750	.500
1	0.00	0.00	0.00	0.00	0.00	0.00	0.00	0.02	0.10	0.45
2	0.00	0.00	0.01	0.01	0.02	0.05	0.10	0.21	0.58	1.39
3	0.02	0.02	0.04	0.07	0.11	0.22	0.35	0.58	1.21	2.37
4	0.06	0.09	0.14	0.21	0.30	0.48	0.71	1.06	1.92	3.36
5	.016	0.21	0.31	0.41	0.55	0.83	1.15	1.61	2.67	4.35
6	0.30	0.38	0.53	0.68	0.87	1.24	1.64	2.20	3.45	5.35
7	0.48	0.60	0.79	0.99	1.24	1.69	2.17	2.83	4.25	6.35
8	0.71	0.86	1.10	1.34	1.65	2.18	2.73	3.49	5.07	7.34
9	0.97	1.15	1.45	1.73	2.09	2.70	3.33	4.17	5.90	8.34
10	1.26	1.48	1.83	2.16	2.56	3.25	3.94	4.87	6.74	9.34
11	1.59	1.83	2.23	2.60	3.05	3.82	4.57	5.58	7.58	10.34
12	1.93	2.21	2.66	3.07	3.57	4.40	5.23	6.30	8.44	11.34
13	2.31	2.62	3.11	3.57	4.11	5.01	5.89	7.04	9.30	12.34
14	2.70	3.04	3.58	4.07	4.66	5.63	6.57	7.79	10.17	13.34
15	3.11	3.48	4.07	4.60	5.23	6.26	7.26	8.55	11.04	14.34
16	3.54	3.94	4.57	5.14	5.81	6.91	7.96	9.31	11.91	15.34
17	3.98	4.42	5.09	5.70	6.41	7.56	8.67	10.09	12.79	16.34
18	4.44	4.90	5.62	6.26	7.01	8.23	9.39	10.86	13.68	17.34
19	4.91	5.41	6.17	6.84	7.63	8.91	10.12	11.65	14.56	18.34
20	5.40	5.92	6.72	7.43	8.26	9.59	10.85	12.44	15.45	19.34
21	5.90	6.45	7.29	8.03	8.90	10.28	11.59	13.24	16.34	20.34
22	6.40	6.98	7.86	8.64	9.54	10.98	12.34	14.04	17.24	21.34
23	6.92	7.53	8.45	9.26	10.20	11.69	13.09	14.85	18.14	22.34
24	7.45	8.08	9.04	9.89	10.86	12.40	13.85	15.66	19.04	23.34
25	7.99	8.65	9.65	10.52	11.52	13.12	14.61	16.47	19.94	24.34
26	8.54	9.22	10.26	11.16	12.20	13.84	15.38	17.29	20.84	25.34
27	9.09	9.80	10.87	11.81	12.88	14.57	16.15	18.11	21.75	26.34
28	9.66	10.39	11.50	12.46	13.56	15.31	16.93	18.94	22.66	27.34
29	10.23	10.99	12.13	13.12	14.26	16.05	17.71	19.77	23.57	28.34
30	10.80	11.59	12.76	13.79	14.95	16.79	18.49	20.60	24.48	29.34
40	16.91	17.92	19.42	20.71	22.16	24.43	26.51	29.05	33.66	39.34
50	23.46	24.67	26.46	27.99	29.71	32.36	34.76	37.69	42.94	49.33
60	30.34	31.74	33.79	35.53	37.48	40.48	43.19	46.46	52.29	59.33
80	44.79	46.52	49.04	51.17	53.54	57.15	60.39	64.28	71.14	79.33
100	59.90	61.92	64.86	67.33	70.06	74.22	77.93	82.36	90.13	99.33

〈계속〉

df(v) \ α	.250	.200	.150	.100	.050	.025	.020	.010	.005	.0025	.001	.0005
1	1.32	1.64	2.07	2.71	3.84	5.02	5.41	6.63	7.88	9.14	10.83	12.12
2	2.77	3.22	3.79	4.61	5.99	7.38	7.82	9.21	10.60	11.98	13.82	15.20
3	4.11	4.64	5.32	6.25	7.81	9.35	9.84	11.34	12.84	14.32	16.27	17.73
4	5.39	5.99	6.74	7.78	9.49	11.14	11.67	13.28	14.86	16.42	18.47	20.00
5	6.63	7.29	8.12	9.24	11.07	12.83	13.39	15.09	16.75	18.39	20.51	22.11
6	7.84	8.56	9.45	10.64	12.59	14.45	15.03	16.81	18.55	20.25	22.46	24.10
7	9.04	9.80	10.75	12.02	14.07	16.01	16.62	18.48	20.28	22.04	24.32	26.02
8	10.22	11.03	12.03	13.36	15.51	17.53	18.17	20.09	21.95	23.77	26.12	27.87
9	11.39	12.24	13.29	14.68	16.92	19.02	19.68	21.67	23.59	25.46	27.88	29.67
10	12.55	13.44	14.53	15.99	18.31	20.48	21.16	23.21	25.19	27.11	29.59	31.42
11	13.70	14.63	15.77	17.28	19.68	21.92	22.62	24.72	26.76	28.73	31.26	33.14
12	14.85	15.81	16.99	18.55	21.03	23.34	24.05	26.22	28.30	30.32	32.91	34.82
13	15.98	16.98	18.20	19.81	22.36	24.74	25.47	27.69	29.82	31.88	34.53	36.48
14	17.12	18.15	19.41	21.06	23.68	26.12	26.87	29.14	31.32	33.43	36.12	38.11
15	18.25	19.31	20.60	22.31	25.00	27.49	28.26	30.58	32.80	34.95	37.70	39.72
16	19.37	20.47	21.79	23.54	26.30	28.85	29.63	32.00	34.27	36.46	39.25	41.31
17	20.49	21.61	22.98	24.77	27.59	30.19	31.00	33.41	35.72	37.95	40.79	42.88
18	21.60	22.76	24.16	25.99	28.87	31.53	32.35	34.81	37.16	39.42	42.31	44.43
19	22.72	23.90	25.33	27.20	30.14	32.85	33.69	36.19	38.58	40.88	43.82	45.97
20	23.83	25.04	26.50	28.41	31.41	34.17	35.02	37.57	40.00	42.34	45.31	47.50
21	24.93	26.17	27.66	29.62	32.67	35.48	36.34	38.93	41.40	43.78	46.80	49.01
22	26.04	27.30	28.82	30.81	33.92	36.78	37.66	40.29	42.80	45.20	48.27	50.51
23	27.14	28.43	29.98	32.01	35.17	38.08	38.97	41.64	44.18	46.62	49.73	52.00
24	28.24	29.55	31.13	33.20	36.42	39.36	40.27	42.98	45.56	48.03	51.18	53.48
25	29.34	30.68	32.28	34.38	37.65	40.65	41.57	44.31	46.93	49.44	52.62	54.95
26	30.43	31.79	33.43	35.56	38.89	41.92	42.86	45.64	48.29	50.83	54.05	56.41
27	31.53	32.91	34.57	36.74	40.11	43.19	44.14	46.96	49.64	52.22	55.48	57.86
28	32.62	34.03	35.71	37.92	41.34	44.46	45.42	48.28	50.99	53.59	56.89	59.30
29	33.71	35.14	36.85	39.09	42.56	45.72	46.69	49.59	52.34	54.97	58.30	60.73
30	34.80	36.25	37.99	40.26	43.77	46.98	47.96	50.89	53.67	56.33	59.70	62.16
40	45.62	47.27	49.24	51.81	55.76	59.34	60.44	63.69	66.77	69.70	73.40	76.09
50	56.33	58.16	60.35	63.17	67.50	71.42	72.61	76.15	79.49	82.66	86.66	89.56
60	66.98	68.97	71.34	74.40	79.08	83.30	84.58	88.38	91.95	95.34	99.61	102.7
80	88.13	90.41	93.11	96.58	101.9	106.6	108.1	112.3	116.3	120.1	124.8	128.3
100	109.1	111.7	114.7	118.5	124.3	129.6	131.1	135.8	140.2	144.3	149.4	153.2

C 와이블 확률지

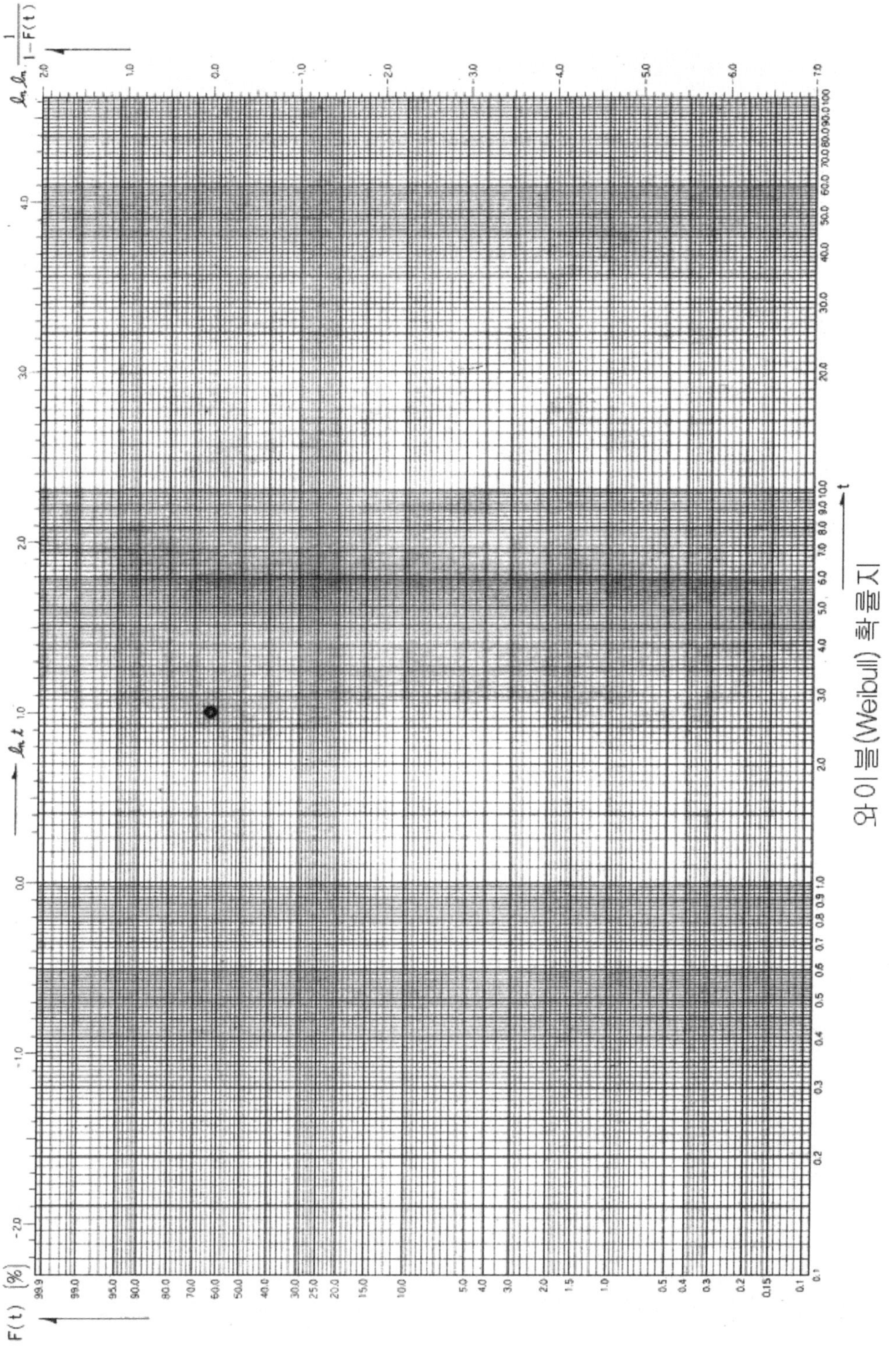

와이블(Weibull) 확률지

D 와이블 누적고장률 용지

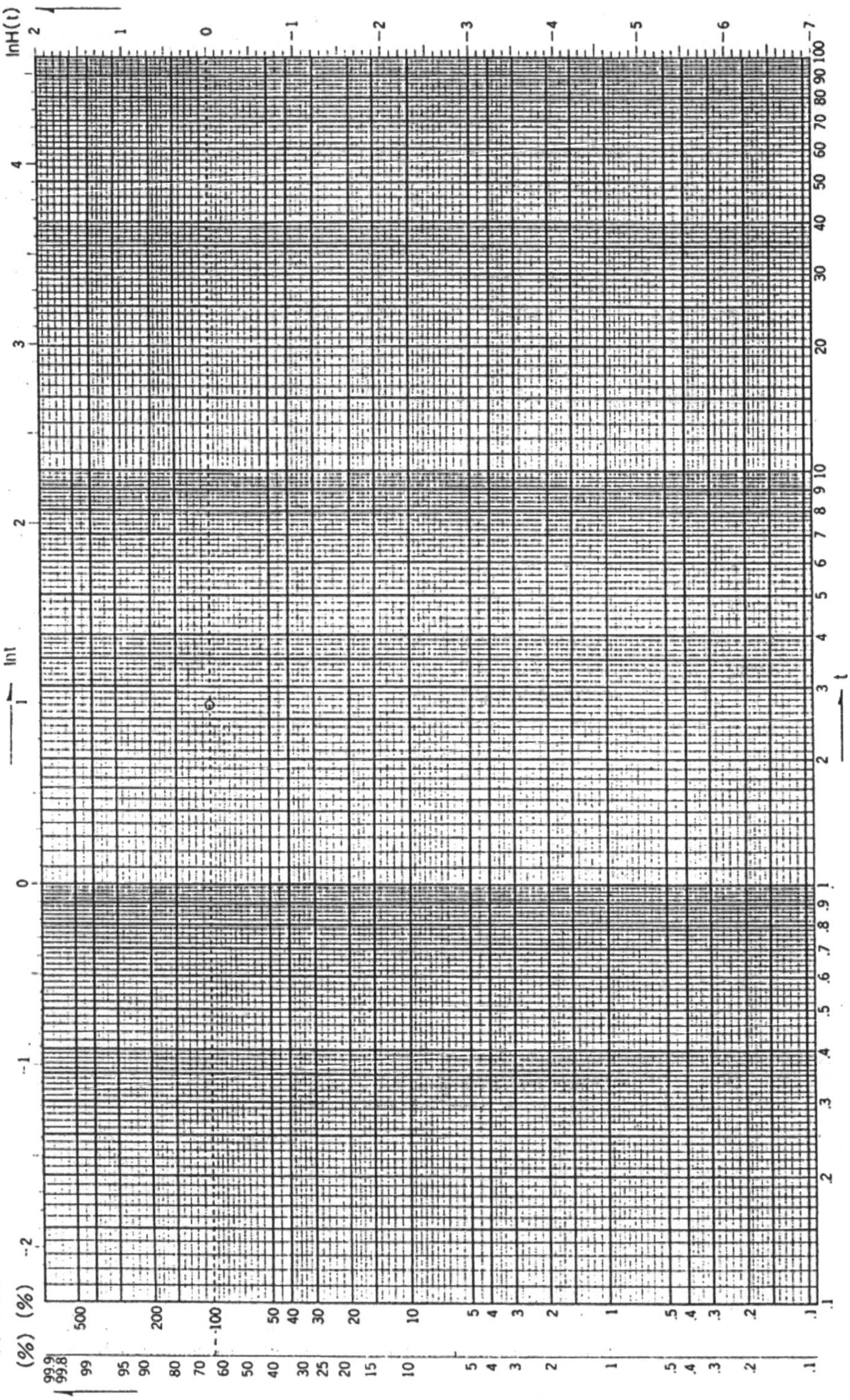

와이블(Weibull) 누적고장률 용지

E 아레니우스(Arrhenius) 도시용지

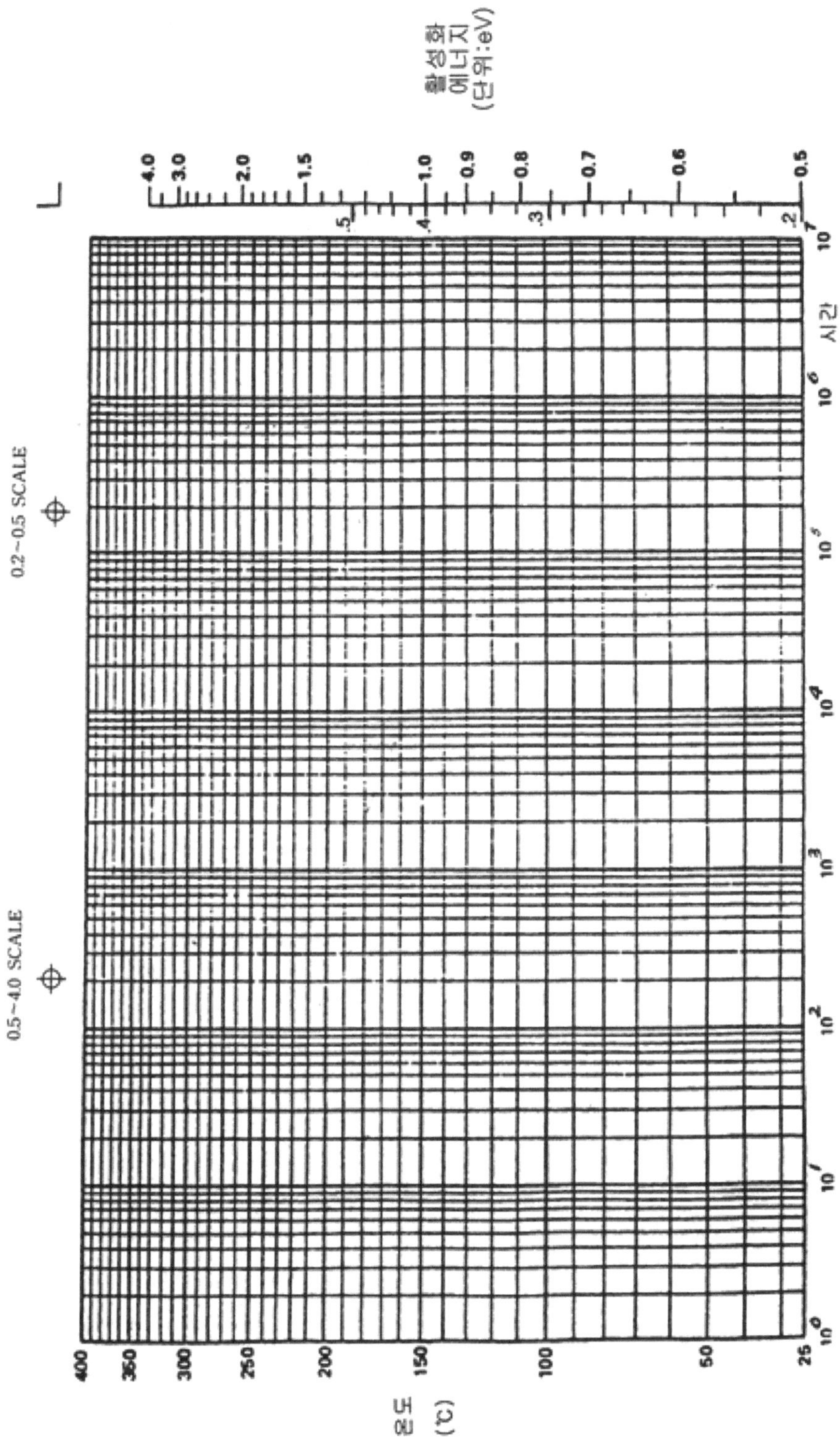

아레니우스(Arrhenius) 도시용지

참고문헌

서순근 (2017), Minitab 신뢰성분석, 개정 3판, 이레테크.

서순근, 김호균, 권혁무, 이승훈, 김영진, 송하주, 차명수, 윤원영 (2013), ASIL 인증을 위한 제품개발 프로세스, 청람.

서순근, 김호균, 권혁무, 차명수, 윤원영 (2015), 신뢰성공학, 2판, 교보문고.

大津亘 (2009), 中小企業に役立つFMEA實踐ガイド, 日本規格協會.

門田靖 (2012), 信賴性と安全性, 日科技連.

塩見弘 外 (1983), 日科技連信賴性工學ツリーズ 第4巻：信賴性における確率紙のつかい方, 日科技連.

塩見弘 外 (1985), 日科技連信賴性工學ツリーズ 第10巻：信賴性試験－総論•部品, 日科技連.

鈴木和幸 (2008), 信賴性七つ道具 R7, 日科技連.

鈴木和幸 (2009), 信賴性データ解析, 日科技連.

日經 Automotive Technology 編集 (2012), ISO26262實踐ガイドブッ 入門編, 日經BP社.

日本信賴性學會(編) (2014), 新版 信賴性ハンドブック, 日科技連.

野中保雄 (1983), 日科技連信賴性工學ツリーズ 第5巻：信賴性データのとり方, まとめ方, 日科技連.

眞壁肇 (2010), 信賴性工學入門, 日本規格協會.

益田昭彦, 高橋正弘, 本田陽廣 (2012), 新FMEA技法, 日科技連.

Abernethy, R. B. (2006), *The New Weibull Handbook*, 5th ed., Published by R. B. Abernethy.

Automotive Industry Action Group (2008), *Potential Failure Mode & Effects Analysis FMEA Reference Manual*, 4th ed. AIAG.

Bain, L. J. and Engelhardt, M. (1991), *Introduction to Probability and Mathematical Statistics*, 2nd ed., Duxbury Press.

Barlow, R. anf Proschan, F. (1975), *Statistical Theory and Life Testing: Probability Models*, Holt, Reinhart, and Winston.

Birolini, A., *Reliability Engineering: Theory and Practice*, Springer, 8th. ed, 2017.

Brown, W. K., and Wohletz, K. H. (1995), "Derivation of the Weibull Distribution Based on Physical Principles and Its Connection to the Rosin-Rammler and Lognormal Distributions," *Journal of Applied Physics*, Vol. 78, 2758-2763.

Carlson, C. (2012), *Effective FMEAs Achieving Safe, Reliable, and Economical Products and Processes Using Failure Mode and Effects Analysis*, John Wiley & Sons.

Cox, D. R. and Oakes, D. (1984), *Analysis of Survival Data*, Chapman & Hall(CRC Press).

Dietrich, D. L. (2010), "Introduction to RAM Management," *2010 Reliability and Maintainability Symposium*, AR&MS Tutorial Notes.

Elsayed, E. A. (2012), *Reliability Engineering*, 2nd ed, John Wiley & Sons.

H-108 (1960), *Sampling Procedures and Tables for Life and Reliability Testing*, Office of the Assistant Secretary of Defense.

Hahn, G. J. and Doganaksoy, N. (2008), *The Role of Statistics in Business and Industry*, John Wiley & Sons.

Khmaladze, E. V., Brownrigg, R. and Haywood, J. (2007), "Brittle Power: On Roman Emperors and Exponential Lengths of Rule, " *Statistics and Probability Letters*, 77, 1248-1257.

Kitagawa, K. (1985), "A Reliability-Program Case-History on Design Review," *IEEE Transaction on Reliability*, Vol. R-34, 212-215.

Lawless, J. F. (2003), *Statistical Models and Methods for Lifetime Data*, 2nd ed., John Wiley & Sons.

Leemis, L. M. (2009), *Reliability: Probabilistic Models and Statistical Methods*, 2nd ed., Lightning Source.

Meeker, W. Q. and Escobar, L. A. (1998), *Statistical Methods for Reliability Data*, John Wiley & Sons.

Minitab (2017), *MINITAB Release 18 for Windows*, Minitab Inc.

Moubray, J. (1997), *Reliability-Centered Maintenance II*, 2nd ed., Industrial Press.

Montgomery, D. C., Peck, E. A. and Vining, G. G. (2012), *Introduction to Linear Regression Analysis*, 5th ed., John Wiley & Sons.

Nelson, W. (1982), *Applied Life Data Analyses*, John Wiley & Sons.

Nelson, W. (1990), *Accelerated Testing*, John Wiley & Sons.

O'Connor, P. P. and Kleyner, A. (2012), *Practical Reliability Engineering*, 5th ed., John Wiley & Sons.

Pascoe, N. (2011), *Reliability Technology: Principles and Practice of Failure Prevention in Electronic Systems*, 5th ed., John Wiley & Sons.

Rade, L. (1993), "Reliability Equivalence," *Microelectronics and Reliability*, Vol. 33, 323-325.

Rausand, M., and Hoyland, M. (2004), *System Reliability Theory: Models, Statistical Methods, and Applications*, 2nd ed., John Wiley & Sons.

Reliability Analysis Center (1999), *Failure Reporting, Analysis and Corrective Action System (FRACAS) Application Guidelines*, Alion System Reliability Center.

Sherwin, D. J. (2000), "Steady State Series Availability," *IEEE Transactions on Reliability*, Vol. R-48, pp. 131-132.

Stapelberg, R. F. (2009), *Handbook of Reliability, Availability, Maintainability, and Safety in Engineering Design*, Springer-Verlag.

Testa, O., Colacino, M., Lavagnini, A., and Malvestuto, V. (2006), "A Study of Rainfall in the Roman Area in the Years 1951-2000," *Nuovo Cimento della Societ Italiana di Fisica - C: Geophysics and Space Physics*, 29, 191-213.

Tobias, P. A. and Trindade, D. C. (2011), *Applied Reliability*, 2nd ed., CRC Press.

Wasserman, G. S. (2003), *Reliability Verification, Testing, and Analysis in Engineering Design*, Marcel Dekker.

Weibull, W. (1951), "A Statistical Distribution Function of Wide Applicability," *ASME Journal of Applied Mechanics*, Vol. 18, 293-297.

Yang, G. (2007), *Life Cycle Reliability Engineering*, John Wiley & Sons.

찾아보기

저자소개

서순근 skseo@dau.ac.kr

서울대학교 공과대학 산업공학과(공학사)

과학기술원 산업공학과(공학석사, 공학박사)

동아대학교 공과대학 산업경영공학과 교수(현)

동아대학교 산업정보대학원장, 도서관장 역임

부산품질혁신센터 소장, 대한 산업공학회 부회장 역임

〈주 연구 분야〉 신뢰성공학, 품질공학, 확률모형, 경제성공학

〈주요 저서〉

서순근, 김호균, 권혁무, 차명수, 윤원영, 신뢰성공학, 2판, 교보문고, 2015.

서순근, Minitab 신뢰성 분석, 개정 3판, 이레테크, 2017.

정승학, 서순근, 이대주(옮김), 알기 쉬운 경제성공학, 텍스트북스, 2017.

SMART 신뢰성공학

펴낸날 | 2018년 8월 25일
지은이 | 서순근
펴낸이 | 김동현
펴낸곳 | 민영사
주 소 | 서울시 성동구 독서당로 39길 43 1층
전 화 | (02) 711-1224~5
팩 스 | (02) 711-1226
등 록 | 2014년 1월 1일 제2014-000001호
Home | http://www.minyoungsa.com
E-mail | myspub@hanmail.net

ISBN | 979-11-86378-26-7 93410

정 가 | 30,000원